I0748369

ACADEMIA SCIENTIARVM GERMANICA
BEROLINENSIS

BIBLIOTHECA
SCRIPTORVM GRAECORVM ET ROMANORVM
TEVBNERIANA

EDITA CONSILIO ATQVE AVCTORITATE

INSTITVTI

GRAECOROMANAE ANTIQVITATIS

STVDIIS COLENDIS DESTINATI

LIPSIAE IN AEDIBVS B.G.TEVBNERI MCMLXVIII

ALBVMASARIS
DE REVOLVTIONIBVS
NATIVITATVM

EDIDIT

DAVID PINGREE

LIPSIAE IN AEDIBVS B.G.TEVBNERI MCMLXVIII

BIBLIOTHECAE TEVBNERIANAE
HVIVS TEMPORIS
REDACTOR: JOHANNES IRMSCHER

HOC VOLVMEN IMPRIMENDVM
CVRAVIT BRVNO DOER

VLN 294/375/6/68 · ES 7M

PRINTED IN THE GERMAN DEMOCRATIC REPVBLIC
LIPSIAE: TYPIS B.G.TEVBNERI (III/18/154)

PRAEFATIO

DE AVCTORE ET OPERE

Abū Ma'shar[1]) Ja'far ibn Muḥammad (*'Απομάσαϱ*, Albumasar), celeberrimus medii aevi astrologus, natus est in Balkh die 10. Augusti anno 787[2]). eum induxit in secreta philosophiae et in astrorum scientiae studium instigavit ille primus Arabum philosophus, Ya'qūb ibn Isḥāq al-Kindī; sed non ante animum ad astrologiam vertit quam annos 47 vitae suae compleverat. hinc est concludendum eum inter annum 834 atque mortem eius in urbe Wāsiṭ, die 8. Martii anno 886 libros novem scripsisse Aḥkām taḥāwīl sinī al-mawālīd (De revolutionibus annorum nativitatum).

Qui libri, ut multi alii ab Abū Ma'shar scripti, magnam habebant famam apud medii aevi astrologos sive Mahometanos sive Christianos. restant hodie quattuor codices textum Arabicum continentes[3]) et epitome a sectatore Abū Ma'shar saeculi X nomine Abū Sa'īd Aḥmad ibn 'Abd al-Jalīl al-Sijzī facta[4]); idem al- Sijzī in linguam Persicam 'De rev. nat.' transtulit[5]). versio Graeca autem

---

1) H. Suter, Die Mathematiker und Astronomen der Araber und ihre Werke, Abh. zur Gesch. der math. Wiss., X. Heft, Leipzig 1900, impr. sec. Ann Arbor 1963, 28–30; C. Brockelmann, GAL² I, Leiden 1943, 250–251 et Suppl. I, Leiden 1937, 394–396.

2) Vide horoscopum cap. 3, 1 servatum et JAOS 82, 1962, 487 n. 6. Erravi versionem Byzantinam asserens e translatione Persica al-Sijzī dependere.

3) Duo Escorialenses (917 atque 977), unus Parisinus (B. N. ar. 2588), et unus Oxoniensis (Bodl. I 878 = Laud. A 137).

4) Tres sunt codices huius epitomes Constantinopolitani (Hamidiye 837 ff. 31–62; Aşir Reis 570 ff. 28^{v}–58^{v}; et Esat 1998 ff. 26^{v}–53^{v}), unus Oxoniensis (Bodl. I 948 = Hunt. 437).

5) C. A. Storey, Persian Literature II, 1, London 1958, 39.

ab ignoto Byzantino facta est exeunte saeculo X[1]); et haec reddita est Latine[2]) saeculo XIII[3]), fortasse anno 1262[4]). atque invenitur etiam in codice ad Bibliothecam Nationalem pertinente Parisiis hoc opus in linguam Francogallicam versum.[5])

Non autem opus Abū Ma'shar solum de revolutionibus annorum nativitatum tractat; fundamenta doctrinae apud mathematicos inveniuntur imperii Romani. et primo de illa (quanto nosci potest) scripsit Dorotheus Sidonius, astrologus primi post Christum natum saeculi famosissimus, in libro quarto Pentateuchi. Pentateuchus in sermonem Pahlavicum est translatus medio saeculi III; cuius translationis revisionem fine IV vel initio V factam saeculi in linguam Arabicam vertit 'Umar ibn al-Farrukhān al-Ṭabarī c. annum 800[6]); e Dorotheo doctrinam exhauserunt et Hephaestio Thebanus[7]) et Rhetorius Aegyptius[8]). vestigia autem methodorum in De rev. nat.

---

1) Cf. infra p. VIII

2) Ed. a H. Wolf in *Εἰς τὴν τετράβιβλον τοῦ Πτολεμαίου ἐξηγητὴς ἀνώνυμος* etc., Basileae 1559, 207—279; verum auctorem huius libri Hermeti attributi recognovit C.-E. Ruelle in Comptes rendus Acad. Inscr. et belles-lettres, 1910, 34—39.

3) Codicem XIII saec. invenit C. H. Haskins, Studies in Mediaeval Science, ed. sec., Cambridge, Mass., 1927, 222. codices alii enumerantur a Haskins, loc. cit., et a F. J. Carmody, Arabic Astronomical and Astrological Sciences in Latin Translation, Berkeley and Los Angeles 1956, 95.

4) In codice olim servato in William Alexander Percy Memorial Library, Greenville, Mississippi, titulus cuiusdam operis Abū Ma'shar legitur: De annorum revolutionibus, de Graeco in Latinum translatum anno 1262; vide S. de Ricci et W. J. Wilson, Census of Medieval and Renaissance Manuscripts in the United States and Canada, New York 1935, sub Mississippi, Greenville. incertum autem est utrum hoc opus sit De revolutionibus annorum nativitatum an De revolutionibus annorum mundi; codex a Greenville fugitavit. sed De rev. ann. mundi non e Graeco redditum est.

5) Carmody, loc. cit.

6) Pentateuchi, libri in historia astrologiae praestantissimi, nunc praeparo editionem, quae paucis annis, ut spero, apparebit.

7) 2, 26—27 in CCAG 8, 2; 91—92 et 6; 102.

8) CCAG 5, 3; 125 et 8, 1; 241—242.

expositarum inveniuntur quoque in Yavanajātaka[1]) libro quem Yavaneśvara („Dominus Graecorum") e lingua Graeca in Sanscriticam transtulit anno 149/150 et quem Sphujidhvaja metrice redegit anno 269/270; in Anthologiis[2]) Vettii Valentis, quae etiam in sermonem Pahlavicum sunt versae sub nomine Vizhīdhak (= Arabice Bizīdaj); in Mathesi[3]) Firmici Materni; in Introductione[4]) Pauli Alexandrini; in Commentario in Paulum Alexandrinum[5]) false ad Heliodorum attributo; et in Fructo[6]), cuius auctor non recte est nominatus Ptolemaeus. hinc et in imperio Romanorum et in illo Sassanidum revolutionibus studuisse annorum nativitatum videtur astrologos; hanc scientiam Arabis tradiderunt libri Pahlavici.

Quod confirmatum est auctorum nominibus de revolutionibus nativitatum annorum operum in libro Fihrist[7]) ab Ibn al-Nadīm scripto memoratorum et in compilatione[8]) ab al-Damaghānī facto excerptorum. hi enim sunt:

Graeci: Hermes, Valens, Dorotheus, Ptolemaeus.

Persae saec. VIII/IX: Zādhān Farrukh al-Andarzghar, Māshā'allāh ibn Atharī al-Basrī (Iudaeus), Abū Sahl al-Faḍl ibn Naubakht, Abū Bakr ibn 'Umar ibn al-Farrukhān al-Ṭabarī (filius Dorothei translatoris), al- Ḥasan ibn Sahl ibn Naubakht.

Discipuli Persarum: Abū 'Alī Yaḥyā ibn Ghālib al-Khayyāt (discipulus Māshā'allāh), 'Abdallāh ibn Masrūr al- Nasrānī (discipulus Abū Ma'shar).

Alii auctores eiusdem temporis: Sahl ibn Bishr al-Yahūdī (lector Pentateuchi Dorothei assiduus), Ya'qūb

1) Editio mea textus Sanscritici mox publicabitur in serie librorum Harvard Oriental Series nuncupata.

2) Passim, sed maxime 4; 5, 5–6; 6, 4; 9, 2; et CCAG 8, 1; 161–171.

3) 5, 3, 3 (parodicus Saturnus).

4) 34 (p. 91, l. 13 ed. Boer) atque schol. 91–92 (p. 132 ed. Boer).

5) 38; cf. CCAG 7; 101–102.

6) 24; 31; 65; et 87. Vide etiam CCAG 2; 195–203.

7) 7, 2 (pp. 265–285) in ed. G. Flügel, Leipzig 1871.

8) MS. Ar. 970 = 512 (H) collectionis Garrett in Princeton University Library. vide etiam codices Or. 5583 et Or. 5671 Musei Britannici; Brockelmann, GAL, Suppl. I, 864.

ibn Isḥāq al-Kindī (magister Abū Ma'shar qui et in aliis de astrologia libris suis doctrinas sequitur temporis Sassanidum).

Ergo omnia fere quae de hac doctrina in libris Arabicis inveniuntur tempore primorum Abbasidum calipharum scriptis procul dubio deprompta sunt ex operibus Pahlavicis nunc miserrime perditis. astrologia autem Persica florescente Sassanidum imperio doctrinarum erat commixtio Graecarum, Indicarum, atque Iranicarum.[1])

De fato translationis De rev. nat. Byzantinae non est multum quod adhuc dici potest. usi sunt certe hoc libro auctor Hermippi anonymus[2]) astrologusque c. annum 1015[3]) atque etiam Eleutherius Zebalenus[4]), qui natus est die 12. Augusti anno 1040; vide etiam capitulum anonymum in manuscripto **V**.[5]) ex his apparet versionem Graecam hic editam primo esse Constantinopoli c. annum 1000 lectam.

---

1) Vide Isis 54, 1963, 229 -246.

2) Vide F. Boll et C. Bezold, Eine arabisch-byzantinische Quelle des Dialogs Hermippos, Sitz.-Ber. Heidelberg. Akad. Wiss., Phil.-hist. Kl. 3, 1912, Abh. 18, Crediderunt F. Schumacher, De Ioanne Katrario Luciani imitatore, Bonn 1898, et Boll Hermippum a scriba Ioanne Catrario (fl. 1309—1322) compositum esse; sed hanc opinionem refutavit G. Mercati, BZ 24, 1923/24, 300—305. Sed vide nunc F. Jürss, BZ 59, 1966, 275—284.

3) Tempus huius astrologi ex his locis cognoscitur in **P**:
a) ff. 74—76^{v}, cap. 218 (CCAG 8, 1; 253—255): *θεμάτιον* diei 21 Septembris 1002 et mentio diei 18 Aprilis 1009;
b) ff. 77—78, cap. 222: *θεμάτια* dierum 11. Octobris 984 et 13 Octobris 1011;
c) ff. 80^{v}—81, cap. 232: *θεμάτιον* diei 26 Septembris 1006;
d) ff. 82^{v}—84, cap. 235: *θεμάτια* dierum 12 Septembris 972 et 7 Maii 977;
e) ff. 94—94^{v}: *θεμάτιον* diei 29 Augusti 1011; et
f) f. 129. cap. 335 (CCAG 2; 139—150): dodecaeteris anno 996 scripta.

Eius De rev. nat. lectio foliis 74—78^{v}, cap. 219 atque 222—225, et foliis 82^{v}—84, cap. 235, probatur. Vide etiam capitula „Rhetorii" contaminata in CCAG 8, 1; 232—237 edita.

4) Vide CCAG 2; 132—136 atque 5, 1; 227—228.

5) Vide CCAG 5, 1; 239—240. Hoc opus ab Abū Ma'shar ipso quoque citatur in Vat. gr. 1056, f. 231^{v}. Astrologus Mytilenaeus Ioannes Abramius (fl. c. 1375—1400) mentionem Abū Ma'shar doctrinarum fecit de revolutionibus annorum non nativitatum

DE CODICIBVS

Parisinus Graecus 2506[1]), codex 216 foliorum, initio saeculi XIV a duobus est transcriptus librariis, quorum alius ff. 1–144 scripsit, alius ff. 145—216 (f. 149 a manu tertia scriptum). folia 1–163 Parisini Graeci 2424[2]) e foliis 1–148^{v} codicis **P** exeunte saeculo XIV translata sunt. **P**

Prima certe **P** pars (et, ut credo, fere totus codex) compilationem continet Constantinopoli[3]) factam fine saeculi XI[4]); sed compilator frequentius opere astrologi c. annum 1015 usus est, cuius fragmenta et in aliis manuscriptis inveniuntur.

In **P** servatae sunt haec operis Abū Maʿshar capitula:

ff. 156–158^{v} (cap. 389) = 9, 7 (pp. 229–239)
ff. 173^{v}–175^{v} (cap. 433–435) = 3, 9–10 (pp. 170 u. ad 182) et 5, 7 (p. 224).

Vaticanus Graecus 191[5]) scriptus quoque est initio saeculi XIV. De rev. nat. invenitur in ff. 248^{v}–286^{v}: **V**

ff. 248^{v}–263^{v} = pp. 1–83
ff. 268^{v}–281 = pp. 83–166

---

sed mundi in marg. Laur. 28, 16; quorum scholiorum aliqua a G. Mercati sunt edita in libro eius eruditissimo, Scritti d'Isidoro il cardinale Ruteno, Studi e testi 46, Roma 1926, 97 n. 2.

1) CCAG 8, 1; 74—115.

2) CCAG 8, 1; 69—74.

3) Compilatorem Constantinopoli vixisse noscitur e duobus locis in **P**:
a) f. 42, cap. 65: *ἐπὶ ὑποδείγματός ἐστιν ὁ γεννητικὸς ὡροσκόπος Λέων κα λζ, ἀναφοραὶ διὰ Βυζαντίου ρλε*; et
b) f. 126, cap. 329: *περίοδος τῶν ζῳδίων τοῦ διὰ Βυζαντίου.*

4) Tempus quo vixit etiam duobus locis attestatur:
a) f. 57, cap. 145 (CCAG 2; 213): *ὑποδείγματος χάριν ἔτους ͵ςφογʹ* (= 1065); et
b) f. 95^{v}, cap. 244: *μηνὶ Ἰαννουαρίῳ δʹ ἡμέρᾳ αʹ ἰνδ. βʹ ἔτους ͵ςφοβʹ* (= Dominica dies 4 Ianuarii 1064).
Studium astrologiae scientiae temporibus imperatorum Comnenorum tractavit L. Oeconomos, La vie réligieuse dans l'empire byzantin au temps des Comnènes et des Anges, Paris 1918, 65—102.

5) CCAG 5, 2; 3—23 atque I. Mercati et P. Franchi de' Cavalieri, Codices Vaticani Graeci I, Romae 1923, 220—227. nunc videas librum viri in rebus palaeographicis peritissimi A. Turyn.

ff. 283^{v}–285^{v} = pp. 167–182
ff. 281 –283^{v} = pp. 182–194
ff. 263^{v}–268^{v} = pp. 195–224
ff. 285^{v}–286^{v} = pp. 224–228 et appendices tertia quartaque.

Hinc videtur **V** e codice 34 foliorum dependere, quorum unumquodque 125/130 continet linearum nostrae editionis; haec 34 folia autem confusa sunt et a codicis **V** scriba hoc ordine transcripta:

ff. 1–13 cont. indicem et 1503 ll.;
ff. 18–29 cont. 1533 ll.;
ff. 32–33 cont. 251 ll.;
ff. 30–31 cont. 251 ll.;
ff. 14–17 cont. 536 ll.; atque
f. 34 cont. 133 ll.

V in manibus erat celeberrimi Cardinalis Isidori[1]), qui obiit 27. die Aprilis anno 1563 aetate c. 80 annorum[2]).

---

1) Mercati, Scritti, p. 68.

2) De Isidoro post librum Mercati editum tractatus scribebantur multi, quorum tituli sunt hi:

G. Mercati, Atti della Pontificia Accademia Romana di Archeologia, ser. III, Mem. I, 1, 26—30; impr. sec. in Opere minore IV, Città del Vaticano 1937, 188—192.

A. Ziegler, Isidore de Kiev, apôtre de l'Union florentine, Irénikon 13, 1936, 393—410.

A. Ziegler, Die Union des Konzils von Florenz in der russischen Kirche, Würzburg 1938, passim.

Concilium Florentinum: Documenta et Scriptores, ed. G. Hofmann et al., Romae 1942 sqq., passim.

G. Hofmann, Papst Kalixt III und die Frage der Kircheneinheit im Osten, Miscellanea Giovanni Mercati III, Studi e testi 123, Città del Vaticano 1946, 209—237.

G. Hofmann, Ein Brief des Kardinals Isidor von Kiew an Kardinal Bessarion, Or. Chr. Per. 14, 1948, 405—414.

A. G. Welykyj, Analecta Ordinis s. Basilii, Ser. II, II, 1, 1950, 285—292.

A. W. Ziegler, Vier bisher nicht veröffentlichte griechische Briefe Isidors von Kijev, BZ 44, 1951, 570—577.

A. W. Ziegler, Die restlichen vier unveröffentlichten Briefe Isidors von Kijev, Or. Chr. Per. 18, 1952, 135—142.

G. Hofmann, Quellen zu Isidor von Kiew als Kardinal und Patriarch, Or. Chr. Per. 18, 1952, 143—157.

Vaticanus Graecus 1066[1]) saeculo XV est scriptus. con- **V**
tinet partem tantum De rev. nat.:

ff. 103v–124 = 3, 9–4, 7 (pp. 170–206).

RECENSIO ISIDORI

Ille Cardinalis Isidorus qui in sua possessione **V** habebat recensionem fecit De rev. nat. correctioribus politioribusque usus syntaxi sermoneque. haec recensio non ad finem ducta in duobus servatur codicibus manu Isidori ipsius scriptis.

Parisini Graeci 2507[2]) folia 79–134 e ff. 239–286v codi- **P**
cis **V** dependent, ut apparebit ex apparatu critico. ordo autem foliorum hodie turbatus est, et aliqua eorum sunt perdita; restituendus est sic:

ff. 113v–123v = pp. 4, 1–53, 19
(quattuor? ff. nunc perdita)
ff. 124 –128 = pp. 68, 7–83, 20
ff. 101 –101v = pp. 83, 20–85, 16

D. A. Zakythinos, Le despotat grec de Morée, vol. 2, Athènes 1953, passim, sed praes. pp. 278 et 329—331.

G. Stökl, Reisebericht eines unbekannten Russen (1437—1440), Europa im XV. Jahrhundert von Byzantinern gesehen, Byzantinische Geschichtsschreiber II, Wien 1954, 149—189.

A. W. Ziegler, Unveröffentlichte Gebete Isidors von Kijev, Or. Chr. Per. 21, 1955, 327—334.

O. Halecki, Rome, Kiev et Moscou après la prise de Constantinople par les Turcs, Comptes rendus Acad. Inscr. et belles-lettres, 1956, 236—243.

D. A. Zakythinos, *Μανουὴλ Β' ὁ Παλαιολόγος καὶ ὁ Καρδινάλιος Ἰσίδωρος ἐν Πελοποννήσῳ*, Mélanges Octave et Melpo Merlier III, Athens 1957, 45—69.

G. Hofmann, Untersuchung über die Konzilsrede Isidors von Kiev am 14. Nov. 1438, Studi bizantini e neoellenici 9 (Silloge bizantina in onore di Silvio Giuseppe Mercati), 1957, 227—232.

H. G. Beck, Kirche und theologische Literatur im byzantinischen Reich, München 1959, 765—767.

J. Gill, The Council of Florence, Cambridge 1959, passim.

V. Laurent, Isidore de Kiev et la Métropole de Monembasie, Rev. Ét. Byz. 17, 1959, 150—157.

J. Decarreaux, L'arrivée des Grecs en Italie pour le Concile de l'Union des Eglises d'après les mémoires de Syropoulos (1437 u. ad 1438), Rev. Ét. italiennes 7, 1960, 27—58.

1) CCAG 5, 1; 74—79.

2) CCAG 8, 4; 45—65.

ff. 128 –134 = pp. 85, 17–112, 6
ff. 85 – 96 = pp. 112, 7–166, 26
ff. 82 – 82ᵛ = appendix prima (pp. 240,1–244,18)
ff. 82ᵛ– 83 = pp. 176, 22–180, 11
ff. 96 – 97ᵛ = pp. 182, 1–188, 12
(quattuor? ff. nunc perdita)
ff. 98 –101 = pp. 207, 1–224, 1
ff. 83 – 84 = pp. 224, 8–228, 4
ff. 84 – 85 = appendix tertia (pp. 274,1–277,25)
ff. 79 – 81ᵛ = appendix secunda (pp. 248, 12 u. ad 260, 9).

Hunc codicem Romae anno 1542 acquisivit Georgius d'Armagnac[1]) (ob. 5. die Iunii anno 1585 aetate c. 78 annorum), qui Legatus fuit Regis Franciae ab anno 1540 u. ad 1545 penes Sedem Apostolicam. similis est **p** historia alterius Isidori codicis, Parisini Graeci 3017[2]). ambo enim in manus devolverunt Georgii illius successoris in episcopatu Tolosano Caroli de Montchal nomine (ob. anno 1651), et postea in collectionem venerunt Archiepiscopi Rhemensis, Caroli Le Tellier, in qua notabatur **p** numero 77; hanc collectionem donavit Archiepiscopus Bibliothecae Regis (nunc Nationali) Parisiis.

w Vaticanus Graecus 1698[3]) tantum fragmentum continet recensionis Isidori:

ff. 86–104 = appendix secunda (pp. 245,1–273,33) et p. 224, 1–7
ff. 104–106 = 3,8 (pp. 167, 1–170, 5).

Possidebant hunc codicem et Laurentius de Medici et Picus de Mirandula; in bibliothecam Urbani VIII intravit dono Ludovici Lollini Belluniensis Episcopi.

DE TEXTVS CONSTITVENDI RATIONE

PV paucis paginis ubi ambo textus sunt testes inter se congruunt in pluribus gravioribusque lectionibus quam **Pv**

1) In calce f. 1 legitur: *δώρω καὶ τῷ εὐεργετεῖν τὴν πατρίδα πόθω τοῦ σεβασμιωτάτου τῶν Ῥυθένων ἐπισκόπου Γεωργίου Ἀρμενιακοῦ τότε ἐν Ῥώμῃ πρὸς Παῦλον τὸν τρίτον πρεσβεύτου ἔτει ͵αφμβʹ.*
2) Mercati, Scritti, 99.
3) CCAG 5, 4; 19–21 et Mercati, Scritti, 90.

aut **Vv**; maxime est notandum quod **PV** finem cap. 5, 7 in medium inserunt 4, 1. deinde versio Latina, quamvis multis locis vicinior sit textui Arabico quam codici **V**, tamen cum **V** in operis extensione consentit. ergo potest proponi hoc codicum stemma:

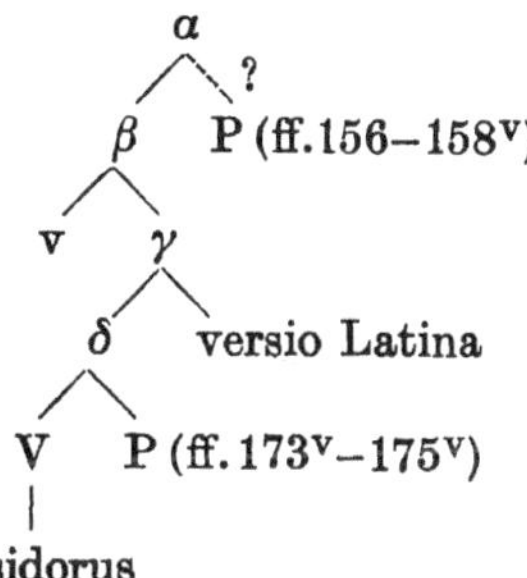

In hac igitur figura ***α*** apographum significat archetypi translationis Byzantinae, quo fortasse usus est **P** in sua recensione cap. 9, 7; ***β*** codicem libros quinque primos continentem; ***γ*** manuscriptum hos libros cum additione appendicis tertiae habentem (non est impossibile certe ut ***β*** atque ***γ*** unus idemque codex sint); atque ***δ*** codicem cuius folia turbata sunt c. annum 1300.

Quod **P** (ff. 156–158v) non textum continet purum translationis rationibus probatur sequentibus:

a) quod stilus ab reliqui operis stilo differt;
b) quod vocabula etiam differunt (e.g., *ὁ κυηθείς* in loco *ὁ γεννηθείς* et *τὸ ἐνναтημόριον* in loco *τὸ ἔννατον*);
c) quod textum Arabicum non eadem fidelitate quam demonstrat reliquum operis Graece reddit; et
d) quod in textum inserit verba ad obscuritates illuminandas.

Concludendum est ergo hoc capitulum revisionem esse translationis ab astrologo c. annum 1015 factam.

DE APPARATIBVS CRITICIS

Primus omnes varias lectiones continet codicum **PVv**. Secundus omnes mutationes ab Isidoro factas designat. verba ad textum a me addita non inveniuntur in codicibus Isidori nisi notantur in apparatu; et verba in parenthesibus quadratis inclusa leguntur in Isidori textu nisi contrarie in apparatu affertur.

Tertius lectiones exhibet versionis Latinae quae notabiliores videntur:

a) quia textum Graecum indicant a nostro differentem;
b) quia lectiones unius codicis aut duorum corroborant contra eas alterius vel aliorum;
c) quia erroneae sunt (non notavi omnes); aut
d) quia aliquid exhibent non exspectandum.

Quartus supplet textum originalem Arabicum (usus sum codice Esc. Ar. 917) quorundam locorum in quibus aut confirmat lectionem nostram aut errorem indicat a translatore Byzantino factum.

INDEX CAPITVLORVM SECVNDVM TEXTVM ARABICVM

LIBER 3. DE DIRECTIONE
Cap. 1. De directione, divisione, divisore, atque participe
Cap. 2. De significationibus bonorum malorumque dominorum finium et eorum participium
Cap. 3–7. De significationibus divisorum atque eorum participium
Cap. 8. De significationibus inter se connexis domini anni, divisionis, divisoris, et horoscopi
Cap. 9. De nonis (Sanscritice: navāṃśa[1]), dominis earum, directionibus, atque tertiis earum (Sanscritice: bhāṃśa[2]) secundum opinionem Indorum
Cap. 10. De inveniendo domino anni a nonis secundum opinionem Indorum

LIBER 4. DE PERIODIS
Cap. 1–7. De periodis planetarum

LIBER 5. DE TRANSITIBVS PLANETARVM
Cap. 1. De transitibus
Cap. 2–8. De transitibus planetarum

LIBER 6. DE CONDICIONIBVS PLANETARVM SIGNORVMQVE
Cap. 1. De domino periodi
Cap. 2. De periodis signorum in nativitate et de assignatione graduum
Cap. 3. De significationibus signi anni aut horoscopi revolutionis
Cap. 4. De significationibus adventus anni in signo
Cap. 5. De significationibus planetarum in cardinibus nativitatis
Cap. 6. De significationibus dominorum locorum

1) Navāṃśāḥ primo a Sphujidhvaja in Yavanajātaka describuntur; eos invenias apud astrologos Byzantinos etiam cap. 140 libri primi Mysteriorum Abū Ma'shar atque in tractatu a Māshā'allāh scripto in Vat. gr. 1056, ff. 48–48^{v}, cap. 21; interpolata sunt verba de eis cap. 114 compilationis Palchi (CCAG 9, 1; 165–166).

2) Hi bhāṃśāḥ apud mathematicos Indicos primo apparent in Pūrvakhaṇḍa 3, 74–76 operis Bṛhatpārāśarahorāśāstra, quod compositum est inter annos 600 et 750.

DE EDITIONIBVS PRIORIBVS

1, 7 ed. a F. Boll in F. Boll et C. Bezold, Eine arabisch-byzantinische Quelle des Dialogs Hermippos, Sitz-Ber. Heidelberg. Akad. Wiss., Phil.-hist. Kl. 1912, Abh. 18, Heidelberg 1912.

Recensionis Isidori:

3, 8 ed. a S. Weinstock in CCAG 5, 4; 152–154

appendix secunda ed. a S. Weinstock in CCAG 5, 4; 133–152; Rhetorius ed. a F. Boll in CCAG 7; 213–224.

Textus Arabici, ut supra indicabatur, verbum est fere pro verbo in linguam Graecam translatum; et hinc oritur quaedam in principio confusio. index enim librorum et capitulorum neque cum semet ipso congruit neque cum operis textu. divertit autem ab Arabico duobus tantum modis. primo, numeros sua voluntate adscripsit translator Byzantinus summarii cuiusque libri partibus; atque secundo, in indice voces confudit Arabicas maqâla (*λόγον*, „librum") et faṣl (*τμῆμα*, „capitulum"), quas in textu recte reddidit.

Alii autem sunt errores. indicem praecedunt e consuetudine in codicibus Arabicis tria: operis titulus nomenque auctoris, invocatio dei, introductio brevis. omnia omissa aut a translatore aut a codicis scriba sunt. et post indicem in versione Graeca invenitur quasi introductio *εἰ τάχα δὲ* . . . sine titulo: etiam in textu Arabico non extat titulus, sed capitulum *περὶ τῆς ἐναλλαγῆς τῶν γενεθλίων* secundum numeratur non primum. liber primus ergo Arabicus novem continet capitula ut dicitur in indice, Graecus octo tantum haberet nisi octavum in duo scinderet.

Nunc gratias quam maximas ago viro doctissimo B. Doer, qui hoc volumen imprimendum curavit, et mulieri in rebus astrologicis peritissimae, Æ. Boer, quae plagulas meas diligentissime perlegit.

SIGLA

P Parisinus Graecus 2506 (XIV in.)
V Vaticanus Graecus 191 (XIV in.)
v Vaticanus Graecus 1066 (XV)

Recensionis Isidori:
ϱ Parisinus Graecus 2507 (XV)
w Vaticanus Graecus 1698 (XV)

Versio Latina: Editio H. Wolf, Basileae 1559

Textus Arabicus: Escorialensis arabicus 917

[ ] delendum
⟨ ⟩ addendum

⟨ΠΕΡΙ ΤΗΣ ΤΩΝ ΕΤΩΝ ΕΝΑΛΛΑΓΗΣ⟩

[f. 248ᵛ] *Τμῆμα πρῶτον περιέχον λόγους ἐννέα*

α′ Περὶ ἐναλλαγῆς τῶν γενεθλίων
β′ Περὶ ἀνατροπῆς τῶν μὴ δεχομένων αὐτήν
γ′ Τίς ὠφέλεια ἡ ἀπὸ τῆς ἐναλλαγῆς τῶν ἐτῶν
δ′ Περὶ τῆς τῶν ἀστέρων διαθέσεως ⟨ἐν⟩ τῇ ἐναλλαγῇ
ε′ Περὶ σχηματογραφίας τῆς ἐναλλαγῆς
ϛ′ Περὶ ἡλικίας τοῦ ἀνθρώπου καὶ λοιπῶν τινων
ζ′ Ὅσα δεῖ προγνῶναι τὸν ἐπιστήμονα πρὸ τοῦ ἀποτελεῖσθαι

Τὸ δεύτερον τμῆμα περιέχον λόγους ιγ̅

α′ Περὶ ἀριθμοῦ τῶν σημαινόντων τὸ ἔτος
β′ Καὶ τῶν σημαντικῶν τῆς ψυχῆς
γ′ Καὶ τῶν σημαντικῶν τοῦ σώματος
δ′ Καὶ τοῦ ζῳδίου τῆς ἐναλλαγῆς ἤγουν ἔνθα κατήντησεν ὁ χρόνος
ε′ Περὶ τοῦ σαλχαδάη ἤτοι τοῦ κυρίου τοῦ ἔτους καὶ τῆς σημασίας αὐτοῦ καὶ περὶ ὧν δηλοῦσιν οἱ ἀστέρες οἱ ἐφορῶντες αὐτόν
ϛ′ Περὶ τῆς σημασίας τοῦ τόπου ἐν ᾧ ἐστιν ὁ σαλχοδάης κατὰ τὴν τοῦ χρόνου ἐναλλαγήν
ζ′ Περὶ τοῦ ὡροσκόπου τοῦ ἔτους καὶ τοῦ κυρίου αὐτοῦ καὶ ἧς ἔχει κοινωνίας πρὸς τὸν τόπον ἔνθα κατήντησεν ἡ ἐναλλαγὴ καὶ τὸν σαλχαδάην, ἔτι δὲ καὶ πρὸς ἕτερον

V: 9 *δὴ* | *ἀποτελέσθαι* || **17** *σαχαλδάη* | *ἢ τὸ* || **18** *οἱ*[2]] *ὁ*

Τμῆμα τρίτον περιέχον λόγους δέκα

α′ Περὶ ἀναγνώσεως ἐτῶν καὶ τοῦ τόπου τοῦ μερισμοῦ καὶ τοῦ ἐπιμερίζοντος καὶ τοῦ κοινωνοῦντος αὐτῷ

β′ Περὶ ὧν σημαίνουσιν οἵ τε ἀγαθοποιοὶ ἐπιμερίζοντες καὶ οἱ κακοποιοὶ καὶ οἱ κοινωνοῦντες κατά τε ὅριον καὶ κατὰ τὰς ἀκτῖνας

γ′ Καὶ περὶ τῆς παραδόσεως τοῦ ἑνὸς πρὸς τὸν ἕτερον

δ′ Περὶ τῆς σημασίας τῶν ἀστέρων ὅτε ὁ μὲν εἷς αὐτῶν ἐπιμερίζει, ὁ δὲ κοινωνεῖ αὐτῷ

ε′ Περὶ τῆς σημασίας τοῦ χρονοκράτορος καὶ τοῦ ἐπιμερίζοντος ⟨καὶ⟩ τοῦ ὡροσκόπου

ς′ Περὶ ὧν εἶπον οἱ Ἰνδοὶ περὶ τοῦ νουπεῦχρες καὶ περὶ ὧν σημαίνει ἀγαθῶν καὶ κακῶν

Τμῆμα τέταρτον περιέχον λόγους ζ̄

α′ Περὶ τῆς περιόδου τῶν ζ̄ ἀστέρων τῆς λεγομένης φαρταρίας

β′ Καὶ περὶ τοῦ Ἀναβιβάζοντος καὶ Καταβιβάζοντος

Τμῆμα πέμπτον περιέχον λόγους η̄

α′ Περὶ τῆς ἀποκατα⟨στά⟩σεως τῶν ἀστέρων ἐν ταῖς τῶν χρόνων ἐναλλαγαῖς εἰς τοὺς ἰδίους τόπους καὶ τῆς εἰς ἀλλήλους αὐτῶν ἐπεμβάσεως

Τμῆμα ἕκτον περιέχον λόγους ς̄

α′ Περὶ τῆς σημασίας τοῦ κυρίου τῆς περιόδου

β′ Περὶ τοῦ περιπάτου τῶν οἴκων καὶ τοῦ περιπάτου τῶν μοιρῶν

γ′ Περὶ τῆς σημασίας τοῦ ζῳδίου ἔνθα κατήντησεν ὁ χρόνος

δ′ Καὶ τοῦ ὡροσκόπου τῆς ἐναλλαγῆς ὅτε τύχοι εἶναί τις τῶν κατὰ πῆξιν οἴκων

V: 4 *οἷ*] *ἥ*

ε′ *Περὶ τῆς σημασίας τῶν ζ ἀστέρων καὶ τοῦ Ἀναβιβάζοντος καὶ Καταβιβάζοντος καθ᾽ ἕνα ἕκαστον οἶκον ἐν τῇ ἐναλλαγῇ*

ς′ *Περὶ τῆς σημασίας τοῦ κατὰ πῆξιν ἀστέρος ὅτε ὁ χρόνος ⟨ἔλθοι⟩ εἰς τὸ ζῴδιον ἔνθα ἦν*

ζ′ *Περὶ τοῦ συσχηματισμοῦ τῶν ἀστέρων πρὸς ἀλλήλους καὶ τῆς ἀπορροίας αὐτῶν*

Τμῆμα ἕβδομον

α′ *Περὶ μεταστάσεως τῶν ἀστέρων καὶ τοῦ Ἀναβιβάζοντος καὶ Καταβιβάζοντος καθ᾽ ἕνα ἕκαστον οἶκον*

Τμῆμα ὄγδοον περιέχον λόγους ε̅

α′ *Περὶ σημασίας τῶν ἀστέρων ὅτε εὑρεθῶσιν ἐν τοῖς ἰδίοις ὁρίοις καὶ ἐν ἀλλοτρίοις, καὶ ὅτε τύχωσιν ἐν τοῖς νεφελοειδέσι τόποις καὶ ἐν τοῖς λοιποῖς τόποις τοῦ ζῳδιακοῦ*

Τμῆμα ἔννατον περιέχον λόγους ἐννέα

α′ *Περὶ τῆς σημασίας τῶν μηνῶν καὶ τῆς ἐναλλαγῆς αὐτῶν, καὶ περὶ τῆς διαθέσεως τῶν ἀστέρων καὶ τῆς σημασίας ⟨ἐν⟩ τῷ τετάρτῳ τόπῳ, καὶ περὶ ὡρῶν καὶ ἡμερῶν, καὶ περὶ χρόνου κλιμακτηρικοῦ, καὶ περὶ ἰδίων ἐξετάσεων τῶν ἐν τῷ ἔτει γινομένων*

V: **1** *ἀναβιβάζον* || **7** *ἀποροίας* || **18** *τῆς* $^{\delta\iota\alpha}$*θέσεως* (sic)

[f. 249] *Εἰ τάχα δὲ ἐν τούτῳ τῷ βιβλίῳ πεποιήκαμεν τὰς τοιαύτας διαιρέσεις καὶ ⟨διὰ⟩ σαφῶν λέξεων ταύτας ἐσαφηνίσαμεν, ἀλλ' οὖν ἐν τῇ χρήσει καὶ τοῖς ἀποτελέσμασι τῶ⟨ν⟩ ἐναλλα⟨γῶν⟩ πολλὴ δυσχέρεια ἔσται τοῖς ταύτην μετιοῦσι τὴν τέχνην· καὶ διὰ τοῦτο ἕτερον βιβλίον ἐξεθέμεθα διὰ παραδειγμάτων ἐν ᾧ ἐσαφηνίσαμεν ἅπερ διέγνωμεν εἶναι δυσχερῆ.*

⟨ΛΟΓΟΣ ΠΡΩΤΟΣ⟩

⟨Πρῶτον⟩. Περὶ τῆς ἐναλλαγῆς τῶν γενεθλίων

Τοῦ Ἡλίου ὄντος ἔν τινι τόπῳ κατὰ τὸν τοῦ γενεθλίου καιρόν, καὶ κινουμένου ἐν τῷ ζῳδιακῷ, καὶ διερχομένου $\overline{τξ}$ μοίρας, καὶ ἀποκαθισταμένου διὰ $\overline{τξε}$ ἡμερῶν καὶ μορίου, γίνεται τῷ γεννηθέντι ἔτος α', καὶ ἄρχεται τὸ β' ἔτος· ἐν τῇ β' ἀποκαταστάσει ἄρχεται τὸ γ' ἔτος, καὶ ἑξῆς ὁμοίως. δεῖ οὖν ἐν τῇ ἐναλλαγῇ τοῦ ἔτους στῆσαι τὸν ὡροσκόπον καὶ ποιῆσαι τοὺς $\overline{ιβ}$ τόπους καὶ ἐκθέσθαι τὰς ἐποχὰς τῶν ἀστέρων. παραλ⟨λ⟩άσσονται γὰρ οἱ ὡροσκόποι ἐν ταῖς τῶν χρόνων ἐναλλαγαῖς καὶ αἱ τῶν ἀστέρων ἐποχαί. καὶ τὸ μὲν πρῶτον ἔτος δηλοῦσιν ⟨ὁ ὡροσκόπος καὶ⟩ οἱ

V: **6** *παραδειγμίων* || **7** *δυσχερῶς* || **11** *ζῳδίῳ* || **17** *παραλάσσονται*

Isidorus (*ϱ*): **2** *διὰ* || **4** *τῶν ἐναλλαγῶν* om. || **9** *περὶ ἐναλλαγῆς* || **11** *ζῳδιακῷ*] *δυτικῷ* || **14** *ἐν τῇ*] *καὶ μετὰ τὴν* | *ἀποκατάστασιν πάλιν ἄρχεται* | *ἔτος*² om. || **17** *ἀστρῶν* || **18** *ἀστρῶν*

Versio Latina: Incipit linea 9 || **14** incipit tertius annus in tertia || **16** horoscopum secundum quod inferius denotatur || **18** *ἐποχαί*] directiones || **19**—p. 5, 1 horoscopus et stellae

Textus Arabicus: **19** برج الطالع

κατὰ πῆξιν ἀστέρες, εἶτα τὸ β′ σημαίνει ὁ β′ τόπος, τὸ δὲ γ′ ὁ γ′, τὸ δὲ δ′ ὁ δ′, καὶ ἑξῆς ὁμοίως. ἐπειδὴ παραλλάσσεται τὸ ζῴδιον τῆς ἐναλλαγῆς καὶ ὁ ὡροσκόπος τῆς ἐναλλαγῆς καὶ οἱ τόποι τῶν ἀστέρων, διὰ τοῦτο διάφορα γίνεται τὰ περὶ τοὺς ἀνθρώπους συμβαίνοντα.

Δεύτερον. Ἀνατροπὴ τῶν μὴ δεχομένων τὸ ἔτος, καὶ ἀπόδειξις τούτου καὶ τῶν μηνῶν καὶ ἡμερῶν

Τινὲς τῶν ἀνθρώπων ἐξενίσθησαν τοὺς λόγους τῶν ἀρχαίων τοὺς περὶ τοῦ ἡλιακοῦ ἔτους, καὶ εἶπον, διὰ τί τῇ κινήσει τοῦ Ἡλίου τῇ ἀποκαταστατικῇ ἐχαρακτήρισαν τὸ ἔτος, καὶ οὐχὶ τῇ διαμέτρῳ ἢ ἑτέρῳ τινὶ τόπῳ; ἕτερον δὲ εἶπον· τοῦ χρόνου ὄντος ι̅β̅ μηνῶν, διὰ τί τὸν Ἥλιον μόνον ἔλαβον εἰς τὴν ἐναλλαγὴν τῶν ἐτῶν, καὶ οὐχὶ τὴν ἀποκατάστασιν τῆς Σελήνης τὴν διὰ ι̅β̅ περιόδων εἰς τὸν οἰκεῖον τόπον τῆς καταρχῆς; καὶ πρὸς μὲν τοὺς πρώτους ῥητέον ὅτι ὁ ἐνιαυτὸς διαιρεῖται εἰς καιροὺς δ̅ ἔαρ, θέρος, φθινόπωρον, χειμῶνα. τούτων οὖν τῶν καιρῶν πληρουμένων, ἀποκαθίσταται ὁ ἐνιαυτὸς εἰς τὴν πρώτην διάθεσιν, καὶ εἰ ἐλλείπει τι τοῦ τοιούτου καιροῦ, ἐλλιπὴς ἔσται καὶ ὁ ἐνιαυτός. τελειοῦνται οὖν αἱ ὧραι διὰ τῆς ἐν τοῖς ι̅β̅ ζῳδίοις πορείας τοῦ Ἡλίου· ἀποκαθισταμένου γὰρ αὐτοῦ εἰς τὸν ἐξ ἀρχῆς τόπον, ἀποκαθίστανται καὶ αἱ ὧραι. τὸ αὐτὸ δὲ

V: **2** παρεστήσεται || **12** ἔλαβε || **19** ἐλλίπει

Isidorus (ϱ): **1** εἶτα τὸ] τὸ δὲ || **2** τὸ δὲ δ′] καὶ τὸ δ′ | ἐπεὶ δὲ | παραλλάσσει || **3** τῆς ἐναλλαγῆς om. || **4** οἱ τόποι τῶν ἀστέρων] οἱ ἀστέρες || **6** δεύτερον om. | τὸ ἡλιακὸν ἔτος || **7** αὐτοῦ | καὶ τῶν μηνῶν καὶ ἡμερῶν om. || **9** καὶ ἀπορήσαντες εἶπον || **9.10** τῇ ἀποκαταστατικῇ κινήσει τοῦ ἡλίου || **11** οὐ | ἕτερον] ἄλλοι | δὲ πάλιν εἶπον || **12** διὰ τί τοῦ ἔτους ι̅β̅ μηνῶν ὄντος τὸν ἥλιον || **13** οὐ || **15** καὶ om. | μὲν] τοίνυν | τοὺς πρώτους] καὶ ἀμφοτέρους || **19** ἐλλείποι || **22** – p. 6, 1 τὸ αὐτὸ δὲ γίνεται καὶ om.

Versio Latina: **3** τὸ ζῴδιον] signa || **6.7** de utilitate revolutionis

γίνεται καὶ ἐν τῇ δευτέρᾳ ἀποκαταστάσει· ⟨ἐν δὲ τῇ ἀποκαταστάσει⟩ τῆς Σελήνης ἢ ἑτέρου ἀστέρος οὐ γίνεταί τι τοιοῦτον οὔτε μὴν ἀποκαθίσταται ὁ καιρός. διὰ τοῦτο ἐχαρακτήρισαν τὸ ἔτος τῇ κινήσει τοῦ Ἡλίου καὶ τῇ ἀποκαταστάσει αὐτοῦ. καὶ γεγόνασιν οἱ δ̅ καιροὶ μέρη τοῦ χρόνου καὶ διηρέθησαν οἱ ι̅β̅ μῆνες κατὰ τὰ ι̅β̅ ζῴδια. ἔτι δὲ ἐπεὶ ὁ ἐνιαυτὸς διαιρεῖται εἰς δ̅ καιρούς, ἕκαστος δὲ καιρὸς ἀρχὴν ἔχει καὶ μέσον καὶ τελευτήν, ἐπιβάλλουσι καθ' ἕκαστον καιρὸν ζῴδια γ̅ ἅτινα τετράκις πολυπλασιαζόμενα γίνονται ι̅β̅. ἔτι δὲ ἐπεὶ καθ' ἕνα ἕκαστον ἐνιαυτὸν ὁ Ἥλιος τέμνει τ̅ξ̅ μοίρας αἵτινες ἐπὶ ι̅β̅ μεριζόμεναι ποιοῦσι λ̅, ἔσται ὁ ἡλιακὸς μὴν μοιρῶν λ̅. λέγομεν τοίνυν ὡς ⟨ὁ⟩ Ἥλιος, ὅτε ἄρξεται ἀπό τινος τόπου κινεῖσθαι καὶ διελεύσεται β̅ λεπτὰ καὶ λ̅ δευτερόλεπτα, ποιεῖ ὥραν· ὅτε δὲ τελειώσει μοῖραν, ποιεῖ ἡμέραν· ὅτε δὲ λ̅, ποιεῖ μῆνα· ὅτε δὲ τ̅ξ̅, ποιεῖ χρόνον. ὅμως τινὲς τῶν ὡρῶν καὶ τῶν ἡμερῶν καὶ τῶν μηνῶν παραλλάττουσι πρὸς ἑτέρας ὥρας καὶ ἡμέρας καὶ μῆνας διὰ τὸ διάφορον τῆς κινήσεως τοῦ Ἡλίου.

V: **6** *διηρέσθησαν* ‖ **14.15** *λ̅ – δὲ*[1] om. *ποιεῖ μῆνα* del. *δευτερόλεπτα – μῆνα* supra lineam scr. ‖ **17** *παραλάττουσι*

Isidorus (ϱ): **1** *ἐν δὲ τῇ* ‖ **3** *τι*] *τὸ* ‖ **6** *χρόνου*] *ἔτους* | *κατὰ τὸν ἀριθμὸν τῶν ι̅β̅ ζῳδίων* ‖ **9** *ἅτινα καὶ τετράκις πολλαπλασιαζόμενα* ‖ **10** *ἔτι δὲ*] *καὶ ἔτι* ‖ **11** *τέμνει* om. | post *μοίρας* add. *ἤτοι τὸν ὅλον δίεισι κύκλον* | *παρὰ τὸν ι̅β̅* ‖ **12** *λ̅*[1]] *τριακοντάδας ι̅β̅* | *τοίνυν*] *οὖν* ‖ **13** *ὁ ἥλιος* ‖ **14** *πρῶτα λεπτὰ β̅ καὶ β′ λ′′* ‖ **15** post *τελειώσει* add. *ἔγγιστα* ‖ **16** *ἐνιαυτόν. ταῦτα δὲ πλατύτερα λέγεται καὶ οὐ κατ' ἀκρίβειαν· οὔτε γὰρ καθ' ἡμέραν πλεῖαν* (sic) *μοῖραν δίεισιν ὁ ἥλιος, ἀλλὰ καὶ μείονα ταύτης. αἱ μὲν γὰρ μοῖραι τοῦ ζῳδιακοῦ κύκλου ⟨τ̅ξ̅⟩, αἱ δὲ ἡμέραι τοῦ ἐνιαυτοῦ τ̅ξ̅ε̅ καὶ μόριόν τι· οὔτε καθ' ἑκάστην τῶν ὡρῶν β′ λ′′ λεπτά, ἀλλ' ἔν τισι καὶ ἔλαττον* ‖ **16–19** *ὅμως – ἡλίου*] *διὰ τοῦτο καὶ αἱ ὧραι, ἔτι δὲ καὶ αἱ ἡμέραι καὶ οἱ μῆνες τὴν ἰσομοιρίαν παραλλάττουσιν*

Versio Latina: **1.2** in restitutione vero lunae ‖ **4** *τὸ ἔτος*] tempus ‖ **7.8** unumquodque tempus unicuique initium habet ‖ **15** *λ̅*] triginta gradus ‖ **16** *τ̅ξ̅*] 360 gradus

Textus Arabicus: **1.2** للقمر

Τρίτον. Πρὸς τοὺς ἀνατρέποντας ⟨τὰς⟩ τῶν ἐτῶν ἐναλλαγάς

Τινὲς τῶν ἀνατρεπόντων τὴν ἀστρονομίαν εἶπον μὴ χρείαν εἶναι τῆς τῶν ἐτῶν ἐναλλαγῆς, πείθειν ἐπιχειροῦντες τὸ τοιοῦτον διὰ β̄ δείξεων· μιᾶς μὲν ὅτι τὰ γενέθλια δηλοῦσι τὰ τῶν ἀνθρώπων καὶ ὁ κατὰ πῆξιν ὡροσκόπος, ματαία ἐστὶν ἡ ἐτῶν ἐναλλαγή· ἑτέρας δὲ ὅτι λέγουσιν ὡς ἡ σημασία τοῦ γενεθλίου ἰσχυροτέρα ἐστὶ τῆς ἐναλλαγῆς. εἰ γοῦν τις ἀστὴρ κατὰ πῆξιν ἐδήλωσεν ὡς ἄνθρωπός τις ὑποστήσεται κλιμακτῆρα ἔν τινι ἔτει, εἰ ἐναλλάξει τὸ ἔτος ἐκεῖνο καὶ ὁ ἀστὴρ ἐκεῖνος οὐ δηλώσει σύμπτωμα, [f. 249v] ἆρα σχολάσει ὁ κλιμακτὴρ ἢ οὐ σχολάσει; καὶ εἰ μὲν εἴπωσι „σχολάσει", ἀνατρέπουσιν ἑαυτοὺς λέγοντες τὴν σημασίαν τοῦ γενεθλίου ἰσχυροτέραν εἶναι τῆς σημασίας τῆς ἐναλλαγῆς τῶν χρόνων· εἰ δὲ εἴπωσιν „οὐ σχολάσει",

V: 4 πείθον || 10 ἐναλλαγῇ

Isidorus (ϱ): 1 τρίτον om. || 1.2 τὰς τῶν ἐτῶν ἀναλλαγῆς || 3 πάλαι τινὲς τῶν ἐπιχειρούντων ἀνατρέπειν || 3–4 εἶπον – ἐναλλαγῆς] ἀντιπαραστατικῶς μὴ χρείαν εἶναι τῆς τῶν ἐτῶν φασιν ἐναλλαγῆς || 4.5 πείθειν – δείξεων] καὶ τοῦτο δυσὶν ἐπιχειρήμασιν ὡς οἴονται ἀποδεικνύουσιν || 5 μιᾶς] ἑνὶ | ὅτι ἐπεὶ || 6 τὰ – ὡροσκόπος] τὸ γενέθλιον καὶ ὁ κατὰ πῆξιν ὡροσκόπος δηλοῦσιν ἀκριβῶς τὰ συμβαίνοντα τοῖς ἀνθρώποις παρ' ὅλον τὸν τῆς ζωῆς αὐτῶν χρόνον || 7 ἡ ἐτῶν ἐναλλαγή] ἡ σκέψις τῆς τῶν ἐτῶν ἐναλλαγῆς | ἑτέρῳ || 7.8 λέγουσιν ὡς om. || 9 εἰ – ἐδήλωσεν] ἔστω οὖν ὅτι κατὰ πῆξιν ἐδήλωσέ τις ἀστὴρ | ὡς ὁ γεννηθεὶς ἄνθρωπος || 10 τις om. | post ἔτει add. εἶτα ἐρωτῶσιν || 10.11 εἰ οὖν ἐν τῇ ἐναλλαγῇ τοῦ ἔτους ἐκείνου καθ' ὃ δεδήλωται ἐν τῇ γενέσει συμβήσεσθαι τὸν κλιμακτῆρα ὁ ἀστὴρ οὐ δηλώσει τὸ σύμπτωμα || 12 post κλιμακτὴρ add. ἐκεῖνος || 13 εἴποιεν | ἀνατρέπουσιν] λέγουσιν | αὐτοὺς ἑαυτοὺς || 13.14 ἀνατρέπειν λέγονται τὴν τῆς ἐναλλαγῆς σημασίαν ἰσχυροτέραν || 14 εἶναι om. || 14.15 τῆς – χρόνων] τῆς κατὰ τὸ γενέθλιον || 15 εἴποιεν

Versio Latina: 5 τὰ γενέθλια] horoscopus || 8 τῆς ἐναλλαγῆς] significatione revolutionis || 13–15 ἑαυτοὺς – χρόνων] significationem nativitatis asserentes fortiorem esse significationem (sic) revolutionis annorum

φαμὲν αὐτοῖς ὡς περιττή ἐστιν ἡ τῶν ἐτῶν ἐναλλαγή. οὓς δὴ καὶ τρισὶν ἀνετρέψαμεν ἀποδείξεσιν.

Μιᾷ μὲν ὡς οὐ μιᾷ διαθέσει τοῦ ἀστέρος τεκμαιρόμεθα τοῦ γενησομένου πράγματος, ἀλλὰ δυσὶν ἢ καὶ πλείοσιν. ὅτε οὖν δηλώσει ἀστὴρ ἐν τῷ γενεθλίῳ ὡς ἔν τινι ἔτει ἔσται τόδε, δεόμεθα γνῶναι καὶ τὴν διάθεσιν τοῦ ἀστέρος ἐκείνου κατ' ἐκεῖνο τὸ ἔτος ὡς ἂν ἀκριβῶς διαγνῶμεν τὴν τοῦ πράγματος ἐκείνου ὕπαρξιν. ἡ ἑτέρα δεῖξις πρόεισιν οὕτως, ὡς ὁ ἀστὴρ ὅτε δηλώσει κατὰ πῆξίν τι ἀγαθὸν ἢ κακόν, οὐ διαγινώσκεται ἀπὸ τοῦ γενεθλίου ἡ ποσότης ἐκείνου οὔτε ἡ ποιότης ἀκριβῶς. ἔστι γάρ τι ἀγαθὸν μέγα καὶ ἀγαθὸν μέσον καὶ ἀγαθὸν ἐλάχιστον· ὡσαύτως καὶ τὸ κακόν. διαγινώσκεται γὰρ ἑκάστου τὸ μέγεθος καὶ ἡ ὕφεσις ὅτε σκοπηθῇ ἡ διάθεσις τοῦ ἀστέρος κατὰ τὸν καιρὸν τῆς ἐναλλαγῆς. εἰ γοῦν συνδραμῇ ἡ τοῦ ἀστέρος διάθεσις ἀγαθὴ οὖσα κατά τε τὴν καταρχὴν καὶ κατὰ πάροδον, ἔσται τὸ ἀγαθὸν ἐκεῖνο μέγιστον· εἰ δὲ διαφωνεῖ ἡ καταρχὴ πρὸς τὸ κατὰ πάροδον, ἔσται τὸ ἀγαθὸν ἐλάχιστον· εἰ γὰρ ἀστὴρ κατὰ πῆξιν δηλώσει ἀγαθόν τι ἔσεσθαι τῷ γεννηθέντι, κἀκείνῳ δὲ τῷ ἔτει οὐ δηλώσει τι ἔσεσθαι ἀγαθόν, οὐ πάντῃ σχολάσει τὸ ἀγαθόν, ἀλλ' ἔσται τι ἐλάχιστον, μὴ σχολαζούσης τῆς κατὰ πῆξιν σημασίας διὰ τὴν ἐναλλα-

V: **8** ἡ] ἣν || **15** συνδράμη || **21** τὸ] τὴ

Isidorus (ϱ): **1** φαμὲν – ἐναλλαγή] λέγουσιν εὐθὺς ὡς ἄρα περιττή ἐστιν ἡ σκέψις τῆς τῶν ἐτῶν ἐναλλαγῆς || **1.2** οὓς – ἀποδείξεσιν] τούτους δ' ἡμεῖς δυσὶν ἀνατρέπομεν ἐπιχειρήμασιν || **3** ἑνὶ || **4** τὸ γενησόμενον πρᾶγμα || **5** ἀστήρ τις || **6.7** τὴν — ἔτος] τὴν κατὰ τὸ ἔτος τῆς ἐναλλαγῆς διάθεσιν τοῦ αὐτοῦ ἀστέρος || **8** post ὕπαρξιν add. ὡς τὸ ἀναγκαίως καὶ ἀμφοτέρας παραλαμβάνομεν τὰς σκέψεις | ἡ ἑτέρα δεῖξις] τὸ δὲ ἕτερον ἐπιχείρημα || **9** post ὡς add. ἡνίκα | ὅτε] τις || **10** ἀπὸ τοῦ γενεθλίου] τηνικαῦτα | οὔτε ἡ || **13** τὸ κακόν] ἐπὶ τοῦ κακοῦ | γάρ] οὖν || **14** σκοπηθείη || **15** συνδραμῇ] τυχῇ || **16** κατά τε] καὶ κατὰ | καταρχὴν] ἀρχὴν | κατὰ τὴν πάροδον || **20** κἀκείνῳ δὲ τῷ ἔτει] ἐν δὲ τῇ ἐναλλαγῇ τοῦ ἔτους || **21.22** μὴ σχολαζούσης] καὶ σχολάσει τὸ μέγεθος

Versio Latina: **1** φαμὲν αὐτοῖς] dicunt || **17.18** διαφωνεῖ – πάροδον] dissonat transitus ab initio || **20** κἀκείνῳ δὲ τῷ ἔτει] in anno vero revolutionis

γήν, ἀλλὰ φανήσεται ἡ τοῦ ἀστέρος ἐκείνου ἐνέργεια. εἰ μὴ γὰρ εἶχον οἱ ἀστέρες καθ' ἕκαστον καιρὸν διαφόρους διαθέσεις, οὐκ ἂν ἐδεόμεθα τῆς τῶν χρόνων ἐναλλαγῆς. ἡ δὲ τρίτη δεῖξις τοιῶσδε προχωρεῖ, ὡς ὁ ἀστὴρ σημαίνει τὰ παρῳχηκότα καὶ τὰ ἐνεστῶτα καὶ τὰ μέλλοντα. καὶ σημαίνει μὲν τὰ ἐνεστῶτα κατ' ἐκεῖνον τὸν καιρόν, τὰ δὲ παρῳχηκότα καὶ τὰ μέλλοντα δηλοῖ διὰ τῆς συγκράσεως τοῦ ἐνεστῶτος πρὸς τὸ παρῳχηκὸς ἢ τὸ μέλλον. καὶ συγκρίνομεν πρὸς ἀλλήλους καὶ τεκμαιρόμεθα τοῦ πράγματος ἀκριβέστερον, ὥστε οὐ περιττὴ ἡ τῶν χρόνων ἐναλλαγή.

Τινὲς δὲ καὶ οὕτως ἀνέτρεψαν τὰς τῶν χρόνων ἐναλλαγάς, λέγοντες ὡς διὰ τοῦτο ποιῶμεν τὸν περίπατον ὡς ἂν διαγνῶμεν τοὺς χρόνους καθ' οὓς συνάπτουσιν οἱ σημαντικοὶ ἀστέρες καὶ τόποι τοῖς τε ἀγαθοποιοῖς καὶ κακοποιοῖς· καὶ διὰ τοῦτο ἀνόνητός ἐστιν ἡ τῶν χρόνων ἐναλλαγή. ἐσφάλησαν δὲ οἱ τοιοῦτοι περὶ τὰς τοιαύτας ἀνατροπάς· ἀτονοῦντες γὰρ συγκιρνᾶν τὰς διαθέσεις τῶν κατὰ πῆξιν ἀστέρων ταῖς κατὰ πάροδον διαθέσεσιν, προφασίζονται τὰ τοιαῦτα. ὅτε γὰρ γένηται τῶν κατὰ πῆξιν ἀστέρων ὁ περί-

Isidorus (ϱ): **1** *ἀλλὰ — ἐνέργεια* om. || **2** *ἕκαστον καιρὸν*] *ἑκάστην πάροδον* || **3** *θέσεις* || **4** *τὸ δὲ τρίτον ἐπιχείρημα* || **4.5** *ὁ ἀστὴρ — μέλλοντα*] *ἕκαστος τῶν ἀστέρων σημαίνει μὲν τά τε παρῳχηκότα, τὰ ἐνεστῶτα, καὶ τὰ μέλλοντα* || **5** *καὶ*[3]] *ἀλλὰ* || **6** *τὰ μὲν ἐνεστῶτα σημαίνει* | post *καιρόν* add. *καθ' ὃν ἡ τούτου λαμβάνεται διάθεσις* || **7** *καὶ*] *ἢ* | *δηλοῖ* om. || **8** *ἐνεστῶτος — μέλλον*] *τε παρελθόντος χρόνου καὶ τοῦ ἐνεστῶτος ἢ τοῦ ἐνεστῶτος καὶ τοῦ μέλλοντος* | *καὶ* om. || **9.10** *συγκρίνομεν — ἀκριβέστερον*] *συγκρίνοντες οὖν τοὺς τοιούτους χρόνους πρὸς ἀλλήλους τῶν κατ' αὐτοὺς πραγμάτων στοχαζόμεθα πρὸς τὸ ἀκριβέστερον* || **10.11** *ὥστε — ἐναλλαγή* om. || **12** *ἐπεχείρησαν ἀνατρέπειν τὰς κατὰ τὴν ἐναλλαγὴν τοῦ ἔτους σκέψεις τῶν ἀστέρων* || **13** *ποιοῦμεν περίπατον τῶν ἀστέρων* || **15** *καὶ τοῖς κακοποιοῖς* || **16** *καὶ* om. | *ἀνόνητος οὖν διὰ τοῦτο* | *ἔσται* || **17** *ἐσφάλησαν — τοιοῦτοι*] *ἀλλὰ καὶ οὗτοι ἐσφάλησαν* | *τὰς τοιαύτας ἀνατροπάς*] *τὴν τοιαύτην ἀνατροπήν* || **18** *ἀγνοοῦντες* | *κιρνᾶν* || **19** *τὰ* om. || **20** *ὅταν*

Versio Latina: **6.7** *κατ' ἐκεῖνον τὸν καιρόν, τὰ δὲ παρῳχηκότα* om. || **13** *ποιῶμεν τὸν περίπατον*] in nativitatibus facimus directiones ad corpora bonorum et malorum || **17** *ἀνατροπάς*] revolutiones || **20** *περίπατος*] directio

πατος καὶ ἔν τινι χρόνῳ καταντήσει ἐπί τινα σημασίαν, δεῖ διαγινώσκειν καὶ ἔτος ἐκεῖνο ὁποῖόν ἐστι καὶ συγκιρνᾶν τὰ τούτου σχήματα πρὸς τὰ τοῦ γενεθλίου σχήματα. εἰ γὰρ διαγνῷς τὰς διαθέσεις αὐτῶν τὰς ἐν τῇ καταρχῇ καὶ οὐ διαγνῷς τὰς ἐν τῇ ἐναλλαγῇ, οὐ δυνήσει διακρῖναι ἀκριβῶς τὰς σημασίας αὐτῶν. δεῖ οὖν ἐξ ἀνάγκης γνῶναι τὰς τῶν ἀστέρων διαθέσεις κατὰ τὸν καιρὸν τῆς ἐναλλαγῆς καὶ συγκρίνειν ταύτας πρὸς τὸ κατὰ πῆξιν διάθεμα καὶ ἀποτελεῖν ἀκριβέστερον.

Λέγουσι δὲ καὶ τοιοῦτόν τι ἐπιχείρημα, ὡς ἐν ταῖς ἐναλλαγαῖς τῶν χρόνων τὸ ζῴδιον σκοπεῖται ἔνθα κατήντησε τὸ ἔτος· ἀπὸ δὲ τοῦ ὡροσκόπου ἔτους οὐ δυνατὸν ἀποτελεῖν. ὅτε γὰρ ψηφισθῇ γενέθλιόν τινος διά τινος κανονίου, εἶτα γένηται ἡ ἐναλλαγὴ τοῦ ἔτους δι' ἑτέρου κανονίου, πολλὴ διαφορὰ γενήσεται περὶ τὴν ὡροσκοποῦσαν μοῖραν, πολλάκις καὶ περὶ αὐτὸ τὸ ὡροσκοποῦν ζῴδιον καὶ αὐτὴν τὴν ἡμέραν. καὶ ἐπειδὴ περὶ τὰ τοιαῦτα [f. 250] διαφωνοῦσι τὰ κανόνια, οὐκ ἔστιν ἀκριβής, μᾶλλον δὲ ἀκατάληπτος ὑπάρχει ἡ τῶν χρόνων ἐναλλαγή. οὗτοι δὲ ἀσυλλογίστως περὶ τοῦ τοιούτου ἀπεφήναντο· πᾶς γὰρ ὁ ἀνατρέπων τὸν ὡροσκόπον τῆς ἐναλλαγῆς ἀγνοεῖ καὶ τὸ τέλος τοῦ ἔτους καὶ τὴν ἀρχήν, καὶ αὐτὸ τὸ ἔτος ἀγνο-

V: **4.5** *τὰς — διαγνῷς* supra lineam scr. || **18** ante *διαφωνοῦσι* ins. p. 7, 12 *ἆρα* — **15** *σχολάσει* (initium f. 249ᵛ)

Isidorus (ϱ): **1** *καταντήσῃ* || **2** *τὸ ἔτος* | *ποῖόν* | *κιρνᾶν* || **3** *ἐὰν* || **4** post *διαγνῷς* add. *καὶ* || **5** *δυνήσῃ* || **8** post *καὶ*² add. *οὕτως* || **10** *ἄλλοι δὲ πάλιν λέγουσιν* | *δὲ — ἐπιχείρημα* om. || **11** *τὸ μὲν ζῴδιον* || **12** *τοῦ ἔτους* || **13** *ἀποτελεῖν*] *τοῦτο λαμβάνεσθαι* | *ὅταν* || **16** *καὶ περὶ αὐτὴν τὴν ἡμέραν* || **17** *καὶ ἐπειδὴ*] *ἐπεὶ οὖν* || **18** *διαφωνοῦσι τὰ κανόνια*] *κανόνια συμβαίνει διαφωνία* (sic) || **19** *εὐκατάληπτος* | *ὑπάρχει* om. | *καὶ οὗτοι δὲ* || **21.22** *ἀγνοεῖ — ἀγνοεῖται*] *ἀγνοεῖ καὶ τὴν ἀρχὴν τοῦ ἔτους καὶ τὸ τέλος, ἅμα δὲ καὶ αὐτὸ τὸ ἔτος*

Versio Latina: **12** *ἀπὸ — ἔτους*] ab horoscopo vero revolutiones ipsius anni || **13.14** per quosdam canones || **14.15** per alios canones || **18** non est revolutio certa || **19.20** *οὗτοι — ἀπεφήναντο*] ad quod dicimus || **22** *καὶ*² — *ἀγνοεῖται*] quibus incognitis et ipse annus necessario ignoratur

εἶται. καὶ τοῦτο πάντων ἀτοπώτατον· δῆλον γάρ ἐστι τὸ τοῦ χρόνου τέλος, καὶ ἡ τοῦ ἑτέρου ἀρχὴ διὰ τῆς ἀποκαταστάσεως τοῦ Ἡλίου πρὸς τὸν οἰκεῖον τόπον γινομένη. τούτου οὖν διαγινωσκομένου καὶ ὁ ὡροσκόπος τῆς ἐναλλαγῆς διαγινώσκεται. διαφωνήσει δὲ τὰ κανόνια διὰ τὸ ἄλλως ἐκλαμβάνεσθαι καὶ ἄλλως τὸ ἐτήσιον δρόμημα τοῦ Ἡλίου, ὥσπερ τὰ Αἰώνια Κανόνια διαφωνοῦσι πρὸς τὸ τοῦ Πτολεμαίου καὶ ἄλλα ἄλλοις, καὶ διὰ τοῦτο γίνεται διαφορὰ περί τε τὰ ὁμαλὰ κινήματα καὶ τὰ ἀνώμαλα. δεῖ οὖν ψηφίσαι τοὺς ὡροσκόπους τῶν ἐτῶν διὰ τῶν ὁμαλῶν κινημάτων καὶ τῶν περιόδων δι' ὧν ἐψηφίσθη τὸ τῆς καταρχῆς θεμάτιον ὥστε μὴ διαφωνεῖν. ἀκριβὴς τοίνυν ἐστὶν ὁ τοῦ ἔτους ὡροσκόπος λαμβανόμενος ἀπὸ τοῦ ἐτησίου κινήματος τοῦ Ἡλίου παρατηρηθέντος παρὰ τοῦ Πτολεμαίου δι' ὧν ἐμνήσθη ὀργάνων ἐν τῇ Μεγάλῃ Συντάξει, εὑρεθείσης τῆς τοῦ Ἡλίου ἀποκαταστάσεως διὰ $\overline{\text{τξε}}$ ἡμερῶν καὶ τετάρτου λείποντος τριακοσιοστοῦ μέρους ἡμέρας.

V: 7 διαφωνῆσαι || 9 τε] τή || 11 ἐψηφίσθαι || 15 ὀργάνῳ

Isidorus (ϱ): 1 καὶ τοῦτο] τοῦτο δέ ἐστι | τὸ πάντων ἀτοπώτατον | post ἐστι add. ὅτι || 5 διαφωνοῦσι || 5.6 διὰ τὸ ἄλλως ἐκλαμβάνεσθαι καὶ ἄλλως] οὐ παρὰ τὴν αἰτίαν ἣν οὗτοι λέγουσιν, ἀλλὰ παρὰ τὸ ἄλλως καὶ ἄλλως λαμβάνεσθαι || 7 post αἰώνια add. καλοῦσιν | διαφωνοῦσι om. || 8 τὸ] τὰ | post πτολεμαίου add. διαφωνοῦσι || 10 ψηφίζειν | ὁμαλῶν om. || 11 κινήσεων | καὶ τῶν περιόδων] τοῦ ἡλίου || 11.12 ἐψηφίσθη — θεμάτιον] καὶ τὸ τῆς καταρχῆς θεμάτιον ἐψήφισται || 12.13 ἐστὶν — λαμβανόμενος] ὡροσκόπος τοῦ ἔτους ἐστὶν ὁ λαμβανόμενος || 15 μεγάλῃ om. || 15.16 εὑρεθείσης — ἡμερῶν] εὑρέθη δὲ παρ' αὐτοῦ ἡ τοῦ ἡλίου ἀποκατάστασις γινομένη δι' ἡμερῶν $\overline{\text{τξε}}$ || 17 μορίου

Versio Latina: 2 finis anni praecedentis et sequentis initium || 6 ἐτήσιον δρόμημα] annus currens || 7 τὰ αἰώνια κανόνια] universales canones || 8 τοῦ πτολεμαίου] philosophi || 9 τὰ ἀνώμαλα] loca planetarum || 14 τοῦ πτολεμαίου] philosopho || 15 μεγάλῃ συντάξει] almagesto quod graeci magnam constructionem appellant || 17 τριακοσιοστοῦ] centesima

Τέταρτον. Περὶ ὧν συμβάλλεται πρὸς διάγνωσιν τῶν διαθέσεων ἡ τῶν ἐτῶν ἐναλλαγὴ ἤτοι περὶ τῆς ὠφελείας τῆς ἀπὸ τῶν ἐναλλαγῶν τῶν ἐτῶν

Ἡ μὲν ἀρετὴ τῆς διαγνώσεως κατὰ τοὺς ἀνθρώπους πραγμάτων καὶ διαθέσεων ἀπὸ τῆς τῶν ἐτῶν ἐναλλαγῆς πρόδηλος· ἅπαντα γὰρ τὰ ἔθνη, οἵ τε Βαβυλώνιοι καὶ Πέρσαι καὶ Ἰνδοὶ καὶ Αἰγύπτιοι, καὶ οἱ τούτων βασιλεῖς καὶ ἰδιῶται οὐ πρότερον ἐπεχείρουν τινὶ πράγματι ἔν τινι ⟨ἔτει⟩ πρὶν ἢ ἰδεῖν τὴν ἐναλλαγὴν τοῦ χρόνου τοῦ γενεθλίου αὐτῶν. καὶ εἰ μὲν εὕρισκον τὸν χρόνον ἀγαθόν, ἐπεχείρουν αὐτῷ ἔργῳ· εἰ δὲ ἐναντίον, παρῃτοῦν τὸ αὐτό. οἱ μὲν οὖν βασιλεῖς καὶ τῶν ὑπερεχουσῶν κεφαλῶν τοῦ στρατοῦ τὰ γενέθλια ἑώρων καὶ ἐτήρουν καὶ τὰς τῶν χρόνων αὐτῶν ἐναλλαγάς. καὶ εἰ μὲν εὕρισκον τὴν ἐναλλαγὴν τοῦ χρόνου τινὸς αὐτῶν δηλοῦσαν κράτος καὶ νίκην κατ' ἐχθρῶν, ἀπέστελλον αὐτούς· εἰ δὲ μή, κατελίμπανον. καὶ οὐ μόνον τούτων τὰ γενέθλια ἐτήρουν, ἀλλὰ καὶ τῶν πρεσβέων αὐτῶν εἴπερ δηλοῖ εὐόδωσιν ἡ ἐναλλαγὴ τοῦ χρόνου αὐτῶν. καὶ εἰ μὲν εὕρισκον σημεῖα εὐοδώσεως, ἀπέστελλον αὐτούς· εἰ δὲ τοὐναν-

V: **2** ἡ] ἢ ‖ **3** ἤσοι ‖ **9.10** πρινῆ ‖ **11** ἑόρισκον ‖ **18** πρεσβίων

Isidorus (ϱ): **1** τέταρτον om. | πρὸς] εἰς ‖ **3.4** ἤτοι — ἐτῶν] καὶ ἡ κατ' αὐτὴν σκέψις ‖ **5** ἡ μὲν οὖν διάγνωσις τῶν κατὰ ‖ **7** post πρόδηλος add. ἐστιν | ἅπαντα γὰρ τὰ ἔθνη] ἅπαντες γὰρ οἱ τῷ ἀστρολογικῷ μαθήματι χρώμενοι | οἱ πέρσαι ‖ **8** οἱ ἰνδοί, οἱ αἰγύπτιοί τε καὶ οἱ ἕλληνες, οἵ τε κατ' αὐτοὺς | οἱ ἰδιῶται ‖ **9** ἔν τινι ἔτει om. ‖ **11** αὐτῷ] τῷ προκειμένῳ ‖ **12** τοὐναντίον ‖ **13** τῶν ὑπερεχουσῶν κεφαλῶν τοῦ στρατοῦ] οἱ τῶν στρατευμάτων ἡγεμόνες | τὰ ἑαυτῶν γενέθλια ‖ **14** καὶ ἐτήρουν] ἐτήρουν δὲ | χρόνων] ἐτῶν | αὐτῶν om. ‖ **15** τοῦ χρόνου τινὸς] τινος χρόνου ‖ **16** ἀπέστελλον αὐτούς] ἐποιοῦντο τὴν κατ' αὐτῶν ἐκστρατείαν ‖ **17** τούτων τὰ γενέθλια] τὰ ἑαυτῶν γενέθλια ‖ **18** τῶν πρεσβέων αὐτῶν] οὓς ἔμελλον πέμπειν πρέσβεις | δηλοῖ] ἐδήλου

Versio Latina: **1—4** quantum antiqui utebantur revolutionibus ‖ **7** τὰ ἔθνη om. ‖ **9** anno ‖ **19.20** quod si prosperitatem significabat

τίον, ἀντ᾽ ἐκείνων προσεκαλοῦντο ἑτέρους ὧν αἱ ἐναλλαγαὶ τῶν χρόνων ἐδήλουν εὐόδωσιν. ὁμοίως δὲ οἱ βασιλεῖς ὅτ᾽ ἑώρων ἐν τοῖς γενεθλίοις αὐτῶν κατά τινα χρόνον ἐμποδισμὸν ἔν τινι πράξει, οὐκ ἐπεχείρουν αὐτῇ. ὡσαύτως ἐτήρουν αὐτοί τε καὶ ἰδιῶται ἀπὸ τῆς ἐναλλαγῆς τῶν ἐτῶν τὰς λυσιτελούσας αὐτοῖς ἰατρείας καὶ τὰ βρώματα καὶ πόματα καὶ τὰς πράσεις καὶ τὰς ἀγορὰς καὶ πάσας τὰς αὐτῶν καταρχάς, καὶ ἐχρῶντο αὐτοῖς καταλιμπάνοντες τὰ βλάπτοντα ἐν ἐκείνῳ τῷ ἔτει. ἐτεκμαίροντο δὲ τῶν πραγμάτων ἀπό τε τῶν οἰκείων γενεθλίων καὶ τῶν ἀλλοτρίων· οἱ γὰρ ἄνδρες τὸ πρὶν βουλόμενοι τεκνογονῆσαι οὐ τὸ οἰκεῖον ἔτος ἐτήρουν μόνον, ἀλλὰ καὶ τὸ γυναικεῖον. καὶ εἰ μὲν τὰ δύο θέματα ἐδήλουν τεκνογονίαν, συνεγίνοντο αὐταῖς· εἰ δὲ μή, ἐπεζήτουν ἑτέρας ὧν τὰ γενέθλια τεκνογονίαν ἐδήλουν, ὥστε κατὰ πολὺ λυσιτελὴς καὶ ὠφέλιμος ἡ τῶν χρόνων ἐναλλαγή.

Πέμπτον. Περὶ τῆς κατασκευῆς καὶ σχηματοποιΐας τῆς ἐναλλαγῆς τοῦ ἔτους καὶ τῶν ταύτῃ ἐγγραφομένων

Εἰ βούλει ποιῆσαι τὴν σχηματογραφίαν τῆς ἐναλλαγῆς τοῦ ἔτους μετὰ καὶ τῶν ταύτῃ ἐγγραφομένων καὶ ἐρ- [f. 250^{v}] *γάσασθαι ταύτην τελείαν, ποίησον σχῆμα κυκλι-*

V: **7** *πράσσεις*

Isidorus (*ρ*): **2** *οἱ βασιλεῖς*] *καὶ* || **3** *ὅτε* | *γενεθλίοις αὐτῶν*] *ἑαυτῶν γενεθλίοις* || **5** *οἱ ἰδιῶται* || **7** *τὰ πόματα* || **8** *αὐτῶν καταρχάς*] *ἐπερχομένας πράξεις αὐτοῖς* | *ἐχρῶντο αὐτοῖς*] *οὕτως ἐπεχείρουν αὐταῖς* || **13** *τὰ δύο θέματα*] *καὶ ἄμφω τὰ θέματα* | post *ἐδήλουν* add. *ἀγαθὴν* || **14** post *γενέθλια* add. *τοιαύτην* || **16** *ἡ σκέψις τῆς τῶν χρόνων ἐναλλαγῆς* || **17** *πέμπτον* om. || **20** *τὴν σχηματογραφίαν*] *θεματίου ἔκθεσιν* || **21** *καὶ*[1] om. | *ταύτῃ*] *ἐν τούτῳ* | *ἐργάσασθαι*] *ἀπαρτίσαι* || **22** *τοῦτο τελείως*

Versio Latina: **2** *εὐόδωσιν*] processus || **3** *ἐν — αὐτῶν* om. | *κατά τινα χρόνον*] in aliquo anno nativitatis || **5** *αὐτοί*] ipsi reges || **8.9** nocitura || **11** *τὸ πρὶν* om. || **17—19** de ordinatione figurae revolutionis || **21.22** *καὶ ἐργάσασθαι ταύτην τελείαν* om.

κὸν ἢ τετραγωνικόν, καὶ μέρισον τοῦτο εἰς ιβ̄ τμήματα καθὼς οἱ καθ' ἡμᾶς ἄρτι ποιοῦσι τὰ θέματα. εἶτα γνῶθι τὸν ὡροσκόπον τοῦ ἔτους καὶ τὴν μοῖραν αὐτοῦ καὶ τὸ λεπτόν, καὶ ἀπόγραψαι τοὺς ιβ̄ οἴκους καθεξῆς μετὰ καὶ τῶν μοιρῶν αὐτῶν καὶ τῶν λεπτῶν, ἐργαζόμενος ταῦτα διὰ τῶν ὡριαίων χρόνων καὶ τῶν ἀναφορῶν τῆς ὀρθῆς σφαίρας· καὶ ἀπόγραψαι ἐν τῷ τοιούτῳ θέματι τὰς ἐποχὰς τῶν ἀστέρων κατὰ τὸν καιρὸν τῆς ἐναλλαγῆς καὶ τὰ ὑψώματα αὐτῶν καὶ τὰ ταπεινώματα καὶ τοὺς ἀναποδισμοὺς καὶ τὰς ἀκτινοβολίας καὶ τὰ δωδεκατημόρια, ὡσαύτως καὶ τὰ δωδεκατημόρια τῶν μοιρῶν τῶν οἴκων, καὶ τοὺς κλήρους καὶ τὸν Ἀναβιβάζοντα καὶ τὸν Καταβιβάζοντα, καὶ ἀπόγραψαι πάντα ἕκαστα ἐν ᾧ ἐστιν οἴκῳ. εἶτα γράψον ἐν τῷ τοιούτῳ θέματι τοὺς κατὰ πῆξιν ἀστέρας καὶ τὰς διαθέσεις αὐτῶν καὶ τὰς ἀκτινοβολίας καὶ τὰ δωδεκατημόρια καὶ τὰ δωδεκατημόρια τῶν οἴκων καὶ τοὺς κλήρους καὶ τὸν Ἀναβιβάζοντα καὶ Καταβιβάζοντα, ταῦτα πάντα κατὰ πῆξιν. εἶτα ἀπόγραψαι καὶ τὸν τόπον τοῦ κατὰ πῆξιν ὡροσκόπου ὡσαύτως καὶ τὸν τόπον ἔνθα κατέληξεν ἀπὸ

Isidorus (ϱ): **1** *ἢ τετραγωνικόν* om. | *δίελε αὐτὸ* | *εἰς ιβ̄ τμήματα*] *εἰς τόπους ιβ̄ ἢ τετραγωνικὸν μερισθὲν καὶ τοῦτο ὁμοίως* || **3** *τοῦ ἔτους*] *τῆς ἀρχῆς τοῦ ἔτους* || **3.4** *καὶ τὸ λεπτόν* om. || **4.5** *τοὺς — λεπτῶν*] *ἐφεξῆς τοὺς ιβ̄ προσγράφων τὰς μοίρας αὐτῶν καὶ τὰ λεπτὰ κατὰ τὰς κοινὰς ἀρχὰς καὶ τὰ τέλη αὐτῶν* || **5** *ταῦτα*] *τὴν τούτων διαίρεσιν* || **6** *διά τε τῶν χρόνων ἀναφορῶν καὶ τῶν τῆς ὀρθῆς* || **8.9** *τὰς κατ' αὐτὴν τὴν ἐναλλαγὴν ἔτι τε τὰ ὑψώματα αὐτῶν* || **9** *τοὺς προποδισμοὺς καὶ τοὺς ἀναποδισμοὺς* || **11** post *οἴκων* add. *αὐτῶν* || **13** *οἴκῳ*] *τόπῳ* || **17** *τὸν καταβιβάζοντα* || **17.18** *ταῦτα πάντα κατὰ πῆξιν* om. || **18.19** *τὸν — ὡροσκόπου*] *τὸν κατὰ πῆξιν τόπον τοῦ ὡροσκόπου* || **19** *ὡσαύτως*] *ἔτι δὲ* | *τοὺς τόπους* || **19 — p. 15, 2** *ἀπὸ — κατήντησεν* om.

Versio Latina: **6** *τῶν ὡριαίων χρόνων*] partes horarum || **12** *τὸν ἀναβιβάζοντα καὶ τὸν καταβιβάζοντα*] descendentem atque ascendentem scilicet caput et caudam || **12—19** *καί*[2] *— ὡροσκόπου*] haec omnia notabis quem ad modum sit in nativitate, postea notabis locum horoscopi nativitatis et planetas ipsius nativitatis et dispositionem eorum et radiationes et duodenas particulas tam stellarum quam domorum et sortes et ascendentem et descendentem, omnia notabis et singula in quacunque inventa fuerint domo secundum nativitatem || **19** *ὡσαύτως — κατέληξεν*] similiter et locum

τοῦ κλήρου τῆς τύχης τοῦ κατὰ πῆξιν καὶ τοὺς τόπους ἔνθα κατήντησεν ἡ ἐναλλαγὴ ἀπὸ τῶν κυριωτέρων τόπων τῆς καταρχῆς. εἶτα γράψον ἐν αὐτῷ ἔνθα κατήντησεν ὁ ἐπιμερισμὸς καὶ ὁ ἐπιμερίζων, πρὸς δὲ καὶ ὁ συνεπιμερίζων καὶ ὁ κύριος τοῦ φαρτάρου [ἤγουν τοῦ] καὶ ὁ συνεπιμερίζων αὐτῷ καὶ ὁ κύριος τοῦ κύκλου, ἕκαστα ἴδια ἐν ᾧ ἐστι ζῳδίῳ. εἰ δὲ ἐν τῇ μεσουρανούσῃ μοίρᾳ ἢ μετά τινος τῶν δύο φωστήρων ἢ μετά τινος τῶν πλανήτων ἐπὶ κέντρου ὄντος ἀστὴρ ὑπάρχει ἀπλανής, ἀπόγραψαι καὶ τοῦτον. ταῦτα δέ σου ποιήσαντος, γενήσεταί σοι ἐν τῷ τοιούτῳ θέματι ιδ ἀστέρες καὶ β Ἀναβιβάζοντες καὶ β ⟨Καταβιβάζοντες καὶ⟩ ἀκτινοβολίαι τοῦ κατὰ πῆξιν ὡροσκόπου καὶ αἱ ἀκτινοβολίαι τοῦ κατὰ πάροδον ἐν ϛϛ τόποις καὶ τὰ δωδεκατημόρια τῶν ζῳδίων καὶ τῶν ἀστέρων ἐν λη τόποις καὶ οἱ κλῆροι, εἴτε πολλοὺς βούλει εἴτε ὀλίγους· πλὴν ὅτε βούλει ἀπογράψασθαι ἔν τισιν οἴκοις τοὺς ἀστέρας καὶ ἔχει ὁ εἷς οἶκος πολλοὺς ἀστέρας, δεῖ σε ἀπογράψασθαι πρότερον τὸν ὀλίγας μοίρας ἐπέχοντα καὶ τελευταῖον θεῖναι τὸν τὰς πλείονας μοίρας τοῦ ζῳδίου ἐπέχοντα. τὸ αὐτὸ δὲ δεῖ σε ποιεῖν καὶ ἐπὶ τῶν ἀκτίνων καὶ τῶν κλήρων καὶ τῶν δωδεκατημορίων. ταῦτα ὅτε ποιήσεις τέλειον ἐξέθου τὸ τῆς ἐναλλαγῆς τοῦ χρόνου θέμα.

V: **5** φαρτάρου | lac. c. 18 litt. || **6** τὸν κύριον || **15** τοὺς κλήρους || **17** οἴκους

Isidorus (ϱ): **3.4** ὅ τε ἐπιμερισμὸς || **5** καὶ — συνεπιμερίζων om. || **6** τὸν κύριον | κύκλου] lac. c. 6 litt. | καὶ ἕκαστα τούτων ἴδια καὶ ἴδια || **7** δὲ] οὖν || **11** ἀναβιβάζοντες] καταβιβάζοντες | β] αἱ || **15** οἱ κλῆροι ἕκαστος ἐν δυσὶ τόποις | post βούλει add. ἐγγράψαι || **16** τισιν] τοῖς || **17** εἷς om. | πολλοὺς] πλείονας || **17.18** ἀπογράψασθαι πρότερον] πρῶτον γράφειν τὸν τὰς ἐλάττονας μοίρας τοῦ ζῳδίου ἐπέχοντα || **19** τελευταῖον θεῖναι] μετὰ τοῦτον | μοίρας τοῦ ζῳδίου ἐπέχοντα om. || **22** θέμα] σχῆμα

in quo pervenit annus ab horoscopo datus scilicet signum profectionis et locum in quo pervenit annus

Versio Latina: **1** τοὺς τόπους ἔνθα] locus in quibus || **2** ἡ ἐναλλαγὴ] profectio || **3** τῆς καταρχῆς] figurae || **5** ἤγουν τοῦ om. || **6.7** in quibus sunt signis || **11** et duo ascendentes id est capita et duo descendentes ⟨id est⟩ caudae draconis || **13** ἐν] et

Ἕκτον. *Περὶ τοῦ ὡροσκόπου τοῦ ἔτους καὶ τῶν διαθέσεων τῶν ἀστέρων κατὰ τὴν ἐναλλαγήν*

Ὅτε ποιήσεις τὸ θέμα τῆς τοῦ χρόνου ἐναλλαγῆς, ἴδε τὸν ὡροσκόπον ὁποῖός ἐστι τῶν κατὰ πῆξιν οἴκων, καὶ εἴτε ἐκ τῶν κέντρων ἐστὶν εἴτε ἐκ τῶν ἐπαναφορῶν εἴτε τῶν ἀποκλιμάτων, καὶ τίς ὑπῆρχεν ἐν αὐτῷ τῶν ἀστέρων κατὰ τὸν τῆς γεννήσεως καιρόν, καὶ ποῖαι ἀκτῖνες καὶ τίνες κλῆροι καὶ τίνων δωδεκατημόρια, καὶ τί⟨ς⟩ δὲ ἐπιβλέπει αὐτὸν ἐν τοῖς δυσὶ καιροῖς, καὶ τίνες εἰσὶν ἐπικρατήτορες αὐτοῦ, καὶ ἐν οἵῳ τόπῳ εἰσὶν ἀπ' αὐτοῦ, καὶ εἰ ἄρα ὑπάρχουσιν ἐν τόπῳ οἰκείῳ ἢ ἐν ἀλλοτρίῳ, καὶ εἰ ἔχει ὁ ἀστὴρ ἐκεῖνος ἕνα οἶκον ἢ β̄, καὶ εἰ ἔχει β̄ πότερον τὸν ἕνα αὐτῶν ὁρᾷ ἢ τοὺς β̄, εἰ δὲ ἕνα οἶκον ἔχει ἆρα ἐπιβλέπει αὐτὸν ἢ οὔ, καὶ εἰ προποδίζει ἢ ἀναποδίζει, καὶ εἰ δυνατὸς ὑπάρχει ἢ ἀδύνατος, καὶ εἰ ἐν τῷ ἀπογείῳ αὐτοῦ ὑπάρχει ἢ ἐν τῷ περιγείῳ, καὶ οἷον πλάτος ἐπέχει, καὶ εἰ ἐν τῷ ὑψώματι αὐτοῦ ὑπάρχει ἢ ἐν τῷ ταπεινώματι. σκόπει δὲ καὶ εἰ ἀποκεκλίκασιν ἀλλήλων οἱ ἀστέρες ἢ ἐφορῶσιν ἀλλήλους καὶ τὰς ἀκτῖνας αὐτῶν ἀπὸ τῶν ἑπτὰ ἡμερῶν καὶ τὰς συναφὰς αὐτῶν καὶ τὰς ἀλλήλων ὑποδοχὰς καὶ τοὺς συνεργοῦντας ἀλλήλοις ἢ βλάπτοντας καὶ τοὺς ἐναντιουμένους ἢ φιλουμένους καὶ τὰς συγκράσεις ἃς ἔχουσι πρὸς ἀλλήλους καὶ τοὺς τῆς ⟨αὐτῆς⟩ αἱρέσεως ἢ παραιρέτας καὶ τὰ δωδεκα [f. 251] τημόρια

V: **8** *δωδεκατημορίων* || **23** *αἳ*

Isidorus (ϱ): **1** *ἕκτον* om. || **2** *διαθέσεως* || **4** *οἴκων*] *τόπων* | *καὶ* om. || **5** *ἐκ*] *ἔν τινι* | *ἐκ*² om. || **8** *τίνων*] *τίνα* | *τίς δὲ*] *τίς* || **10** *οἵῳ τόπῳ*] *τίσι τόποις* || **12** *καὶ*²] *ἢ καὶ* || **14** *ἐπιβλέπειν* || **16** *ἐν* om. || **17** *ἐπέχει*] *ἔχει* | *ὑπάρχει*] *ἐστιν* || **20** *ἀπὸ τῶν ἑπτὰ ἡμερῶν*] *τὰς ἀπὸ ζ̄ μοιρῶν* || **21** *ἢ*] *καὶ* || **22** *φιλιουμένους* || **23.24** *τῆς αὐτῆς αἱρέσεως*

Versio Latina: **7** *ποῖαι*] quorum || **8** *τίς*] qui || **10** *αὐτοῦ*] ex eis | *ἀπ' αὐτοῦ*] ab eis || **12.13** *καὶ*² — *β̄* om. || **14** retrogradus vel directus || **15.16** *εἰ* — *περιγείῳ*] et si est ascendens in suo auge vel est descendens || **18.19** *εἰ* — *ἀλλήλους*] si aspiciunt se vel recesserunt abinvicem || **20** a septimo die || **23.24** *τοὺς* — *παραιρέτας*] planetas qui sunt in sua conditione sive similitudine quae arabice vocatur haiz et qui sunt in contraria

αὐτῶν, καὶ ὅπου κατήντησεν ἕκαστος ἐν ταῖς τῶν χρόνων ἐναλλαγαῖς κατὰ δωδέκατον περίπατον, καὶ εἰς τίνα κατήντησε τῶν κατὰ πῆξιν ἀστέρων καὶ εἰς τίνα τῶν κατὰ πάροδον, τῷ αὐτῷ δὲ τρόπῳ καὶ κατὰ τοὺς μῆνας ποῦ καταντῶσι. δεῖ δὲ σκοπεῖν καὶ τὰ πρὸς τὸν Ἥλιον τῶν ἀστέρων σχήματα, φημὶ δὴ τό τε ἑῷον καὶ τὸ ἑσπέριον καὶ τὸ ἐγκάρδιον καὶ τὸ ὕπαυγον, ὡσαύτως δὲ καὶ τὸ ἔξαυγον καὶ τὰ λοιπὰ πάθη τῶν ἀστέρων. ταῦτα δὲ δεῖ σκοπεῖν κατά τε πῆξιν καὶ κατὰ πάροδον· πολλάκις γὰρ ὑπάρχει ὁ ἀστὴρ κατὰ πῆξιν ἐφορῶν τινα τόπον ἢ ἀστέρα τῶν φιλίων αὐτῶν ἢ ἐναντιουμένων, ἐν δὲ τῇ τῶν χρόνων ἐναλλαγῇ ἀλλοῖος φαίνεται. καὶ διὰ τοῦτο δεῖ προσέχειν τῇ θέσει αὐτοῦ καὶ τοῖς σχήμασιν ἐν ἀμφοτέροις τοῖς καιροῖς ὡς διαφόρου οὔσης τῆς σημασίας.

Ἕβδομον. Περὶ τῆς τῶν ἡλικιῶν διαγνώσεως

Δεῖ ἐν ταῖς ἐναλλαγαῖς τῶν ἐτῶν πρῶτον διαγνῶναι τὴν ἡλικίαν τοῦ γεννηθέντος εἴτε παῖς ἐστιν εἴτε νέος εἴτε μεσαιπόλιος εἴτε γέρων εἴτε παρηβηκώς· ἕκαστος γὰρ τῶν ζ ἀστέρων ἔχει φυσικὴν σημασίαν καθ' ἑκάστην ἡλικίαν, καὶ οὐ τὸν αὐτὸν τρόπον λαμβάνεται ἐν ταῖς τῶν χρόνων ἐναλλαγαῖς. καὶ γὰρ ὁ παῖς διὰ λεπτότητα καὶ ἀσθένειαν τῆς οἰκείας φύσεως, πρὸς δὲ καὶ τὴν ἄγνοιαν, ὅτε δηλώσει τις ἀστὴρ περὶ γάμου αὐτοῦ ἢ τεκνογονίας ἢ ἀγῶνος περὶ πλούτου συναγωγὴν καὶ κτῆσιν οὐσίας ἢ

V Boll.: **15** incipit Boll. || **24** *συναγωγή*, corr. Boll. | *οὐσίας*] *οἴνων*, corr. Boll.

Isidorus (ϱ): **1** *ποῦ* || **2** *κατὰ τὸν δωδεκαδικὸν* || **6** *δὴ τό τε*] *δὲ τίνες* | *ἑῷοι καὶ τίνες ἑσπέριοι* || **7** *τὸ*[2] om. || **10.11** *φίλων αὐτῷ* || **15** *ἕβδομον* om. || **16** *δεῖ δὲ ἐν* || **24** *οὐσίας*] *οἴκων*

Versio Latina: **2** *περίπατον*] directionem domorum || **3** *τῶν*[1] u. ad *τίνα* om. || **11** *τῶν χρόνων* om. || **15** de eo quod debet astrologus praescire aetatem eius cuius est revolutio || **20** post *τὸν αὐτὸν τρόπον* add. planeta ipse semper || **24** aggregationem pecuniarum || **24** *οὐσίας*] stabilitatis

Textus Arabicus: **24** العقار

ἀποδημίας ἢ ἐπιχειρήσεως δυσχερῶν πραγμάτων ἢ πράγματα ἀδύνατα αὐτῷ, μὴ ἔχων ὁ τοιοῦτος δύναμιν οἵαν ἔχουσιν οἱ νέοι μήτε ὑπομονὴν μήτε φρόνησιν ἢ οἰκονομίαν, οὐ δύναται δέξασθαι τὰς τῶν ἀστέρων ἐνεργείας· ὡσαύτως ὁ παρηβηκὼς καὶ ἠτονηκὼς γέρων, ὅτε δηλώσουσιν οἱ ἀστέρες τεκνογονίαν αὐτοῦ καί τινα ἕτερα ἃ ποιῆσαι ἀδυνατεῖ. διὰ τοῦτο οὖν ἀναγκαῖόν ἐστιν προγνῶναι τὴν ἡλικίαν τοῦ γεννηθέντος ὡς ἂν τὸ ἀποτέλεσμα ᾖ κατὰ ταῦτα.

Ἀνέτρεψάν τινες τὸν τοιοῦτον λόγον καὶ εἶπον· ὁρῶμεν τὸ βρέφος καὶ τὸ νεογνὸν παιδίον ὅτι πρὸς γάμον λαμβάνεται καὶ γίνονται αὐτῷ ἀξιώματα καὶ ἐξουσίαι καὶ δοῦλοι καὶ ὑποζύγια· πολλάκις δὲ καὶ ἐν ἀποδημίαις προσλαμβάνεται, καὶ κληρονομεῖ πλοῦτον ἀξιόλογον, καὶ ἐπικτᾶται ἀκίνητον περιουσίαν. ἡμεῖς δὲ λέγομεν ὅτι τὰ τοιαῦτα οὐ δι' αὐτοῦ πράττει ὁ παῖς, ἀλλὰ διά τινων προνοητῶν αὐτοῦ οἱονεὶ γονέων ἢ ἑτέρων. ταῦτα δὲ ἐπιγίνεται αὐτῷ, ὅτε δηλοῖ τις ἀστὴρ τὰ τοιαῦτα, ἐκείνου μηδὲν γινώσκοντος ἢ θέλοντος ἢ διακρίνοντος. καὶ κατὰ τοῦτον ⟨τὸν⟩ τρόπον φαμὲν αὐτὸν μὴ δύνασθαι τὰ τοιαῦτα ποιῆσαι· καὶ γὰρ οὐδὲ συνουσιάζει οὐδὲ τεκνογονεῖ οὐδὲ δυσχερέσι πράγμασιν ἐπιχειρεῖ δι' ἑαυτοῦ. ἐν γὰρ τῇ τοιαύτῃ ἡλικίᾳ πρὸς τὰ τοιαῦτα ἀδυνατεῖ. ὅτε δὲ κατά τινα καιρὸν τῆς

V Boll.: **1** *πράγματα*] *γράμματα*, corr. Boll. || **8** *καὶ*, corr. Boll. || **16** *αὐτοῦ*, corr. Boll. || **19** *τὸν* suppl. Boll.

Isidorus (ϱ): **1** *περὶ ἀποδημίας* | *πράγματα*] *γραμμάτων* || **2** *ἀδύνατα αὐτῷ*] *ταῦτα πάντα ἀδύνατα γενέσθαι αὐτῷ* | *μὴ γὰρ ἔχων* || **4** post *ὡσαύτως* add. *καὶ* || **8** post *ἂν* add. *καὶ* | *κατὰ* || **10** *ἀνέτρεψαν δέ τινες καὶ* | *καὶ εἶπον*] *εἴποντες ὅτι* || **11** *τὸ* om. | *ὅτι πρὸς γάμον λαμβάνεται*] *λαμβάνομεν πρὸς γάμον* || **12** *καὶ γίνονται*] *γίνονται δὲ* || **16** *ἑαυτοῦ* || **18** *δηλώσει* || **19** *τὸν* || **21** *οὐδὲ συνουσιάζει οὐδὲ τεκνογονεῖ*] *οὐ τεκνογονεῖ οὐδὲ συνουσιάζει ἁπλῶς* || **21.22** *δυσχερέσιν ἐπιχειρεῖ πράγμασι*

Versio Latina: **5.6** aliquis planeta significabit || **6** post *ἃ* add. nequaquam || **12** alii vero promoventur ad dignitates et potestates acquiruntur eis etiam servi et iumenta || **17** *οἱονεὶ*] sed || **18.19** nihil eo valente aut sciente vel discernente || **20** *φαμὲν*] dicitur | *μὴ δύνασθαι* om.

ζωῆς αὐτοῦ ὑπάρχει ἐν τῇ ἀνηκούσῃ ἡλικίᾳ τῷ ἀστέρι ἐκείνῳ, δύναται ἐπιτηδεύεσθαι τὴν σημασίαν τοῦ ἀστέρος.

Κυβερνῶσι δὲ οἱ ἀστέρες τὰς ἡλικίας κατὰ τὴν τάξιν τῶν οἰκείων σφαιρῶν ἀρχόμενοι ἀπὸ τῆς κατωτέρω σφαίρας, οἱ μὲν ἰσάριθμον κυβερνῶντες καιρὸν τῇ ἐλαχίστῃ αὐτῶν περιόδῳ, οἱ δὲ τῷ ἡμίσει ἢ τῷ δεκάτῳ τῆς ἐλαχίστης ἢ τῆς μέσης αὐτῶν περιόδου. τὴν μὲν οὖν πρώτην τετραετίαν κυβερνεῖ ἡ Σελήνη πλησιεστέρα οὖσα τῶν λοιπῶν ἀστέρων ἡμῖν· καὶ γὰρ τὸ ἀσθενὲς τῆς φύσεως τοῦ παιδὸς καὶ ἡ ὑγρότης καὶ ἡ ἁπαλότης καὶ ἡ ὀλιγοτροφία καὶ ἡ κακοήθεια καὶ ἡ τῶν πραγμάτων ἄγνοια καὶ ἡ ἀποχὴ τῶν πρακτέων καὶ ἡ ἀπορία τῶν διανοήσεων καὶ τὸ τάχιον τῆς αὐξήσεως καὶ τὸ ἐπιδεκτικὸν τῶν μεταβολῶν δηλοῖ τὴν Σελήνην εἶναι τούτου κυβερνῆτιν. καὶ διακυβερνᾷ τοῦτον χρόνους δ̅ ἀπὸ τοῦ καιροῦ τῆς ἐκτέξεως. τέσσαρες δὲ ὑπετέθησαν οἱ τρόφιμοι χρόνοι κατὰ δ̅ στοιχεῖα ἐξ ὧν συνέστηκε τὸ ἡμέτερον σῶμα, ἑνὶ ἑκάστῳ στοιχείῳ ἔτος α̅· δηλοῖ δὲ ὅτι μόνα τὰ τέσσαρα ἔτη τῆς Σελήνης εἰσίν, ὅτι ὁ παῖς τὴν τοιαύτην τελειώσας ἡλικίαν μεθίσταται ἀπὸ τῶν εἰρημένων διαθέσεων ἐπὶ ἑτέραν διάθεσιν. ἕτεροι δὲ εἶπον ὡς ἐπεὶ ἡ Σελήνη δηλοῖ τοὺς τροφίμους ἐνιαυτούς, εἰσὶ δὲ [f. 251v] *τὰ μέσα αὐτῆς ἔτη λ̅θ̅ ἥμισυ, λαμβάνομεν τούτων τὸ δέκατον καὶ γίνονται δ̅ ἔγγιστα·*

V Boll.: **3** *κατὰ*] *καί*, corr. Boll. || **4** *ἀρχομένην*, corr. Boll. || **13** *τῶν ἐπιδεκτικῶν*, corr. Boll. || **15** *ἐκτάσεως*, corr. Boll. || **21** *τροφίμους*] *τρόπους*, corr. Boll.

Isidorus (*ϱ*): **3** *κατὰ* || **4** *κατωτάτω* || **5** *καὶ οἱ* | *κυβερνῶσι ἑαυτῶν* || **8** *κυβερνᾷ* | *πλησιεστέρα οὖσα*] *πλησίον ἡμῖν οὖσα* || **15** *τοῦτον χρόνους δ̅*] *οὖν τοὺς δ̅ τούτους χρόνους* || **16** *οἱ τρόφιμοι χρόνοι*] *οὗτοι οἱ χρόνοι* || **16–22** *κατὰ δ̅ — εἰσὶ δὲ*] *ὧν κυριεύει ἡ σελήνη ἐπειδὴ* || **22.23** *τὰ μέσα — τούτων*] *τὰ ἔτη τῆς μέσης περιόδου αὐτῆς εἰσι λ̅θ̅ ἥμισυ, τούτων* || **23** *καὶ γίνονται* om. | *ἔγγιστα δ̅*

Versio Latina: **3** aetatibus hominum || **5** tempus annorum || **18** et ideo luna quattuor annos significat || **21** nutribiles || **22** *λαμβάνομεν*] accipitur

Textus Arabicus: **21** المربية

ἔ⟨λαβον⟩ δὲ τὰ δ̅ ὡς δέκατον εἶναι τῶν μ̅ καὶ τὴν ⟨ἥττονα⟩ ἀναλογίαν πρὸς ταῦτα τηροῦντα. καὶ εἰ ἐλάβομεν τὸ ⟨ι′⟩ τῶν ἐλαχίστων αὐτῆς ἐτῶν, ἦσαν ἂν β̅ ἥμισυ ἐνιαυτοί, ἀλλ' οὐχ ὁρῶμεν ἐν τοσούτῳ καιρῷ μετατιθέμενον τὸν παῖδα ἀπό τινος διαθέσεως εἰς ἑτέραν διάθεσιν. καὶ εἴ γε ἔλαβον τὸ δέκατον τῶν μεγίστων αὐτῆς ἐτῶν, ια̅ ἂν ἦσαν ἔγγιστα, ἀλλὰ φανερῶς ὁρῶμεν μετατιθέμενον τὸν παῖδα καὶ μετα⟨βαλλόμενον⟩ πρὸ τοῦ τοιούτου καιροῦ.

Εἶτα παραλαμβάνει τὴν δευτέραν ἡλικίαν ὁ Ἑρμῆς καὶ κυβερνεῖ ἔτη ῑ ἤτοι τὸ ἥμισυ τῆς ἐλαχίστης αὐτοῦ περιόδου. τὸ γὰρ ἥμισύ ἐστι πρώτη σχέσις τῶν ἀριθμῶν καὶ μείζων, καὶ δηλονότι διὰ τοσούτων ἐτῶν μετατίθεται ὁ ἄνθρωπος ἀπό τινος διαθέσεως ἐπὶ ἑτέραν διάθεσιν. ἐγνώσθη δὲ διέπων ὁ Ἑρμῆς τὴν τοιαύτην ἡλικίαν ὡς προσεχῶς τῆς Σελήνης ὑπερκείμενος καὶ διὰ τὴν ἐμφαινομένην τῇ ἀνθρωπίνῃ φύσει τηνικαῦτα εὐφυΐαν καὶ διάνοιαν καὶ τῶν πραγμάτων διάκρισιν καὶ τὸ ἄρχεσθαι μανθάνειν καὶ παιδεύεσθαι, καὶ τὸ τέλος ταύτης τῆς ἡλικίας ἐστὶ τέλος τῆς παιδικῆς ἡλικίας.

V Boll.: **1** *ἔλαβον* suppl. Boll., lac. c. 4 litt. **V** | *ἥττονα* suppl. Boll., lac. **V** || **2** *ι′* suppl. Boll., lac. **V** || **3** *β̅ ἥμισυ*] *βς′* Boll. | *ἐνιαυτός* Boll. || **4** *ἀλλὰ χ'* **V**, *ἀλλ' οὐχὶ* Boll. || **6** *ἔλαβε*, corr. Boll. || **8** *μεταβαλλόμενον* suppl. Boll., lac. **V** | *πρός*, corr. Boll. || **13** *διά*

Isidorus (*ϱ*): **1.2** *δὲ τὰ — καὶ* om. || **2.3** *εἰ — ἐτῶν*] *εἰ γὰρ τὸ δέκατον τῆς ἐλαχίστης αὐτῆς περιόδου ἐλαμβάνομεν* || **4.5** *οὐχ — διάθεσιν* om. || **5–7** *καὶ — ἔγγιστα*] *καὶ εἰ τὸ δέκατον πάλιν τῆς μεγίστης αὐτῆς περιόδου ἐλαμβάνομεν, ἦσαν ἂν ἔγγιστα ἔτη ια̅* || **7.8** *μετατιθέμενον — καιροῦ*] *τὸν παῖδα μετὰ τὴν τῶν εἰρημένων δ̅ ἐτῶν παραδρομὴν μετατιθέμενον ἀπό τινος διαθέσεως εἰς ἑτέραν διάθεσιν* (cf. ll. **4.5**) || **9** post *εἶτα* add. *μετὰ τὴν σελήνην* || **11.12** *πρώτη — μείζων*] *μεῖζον μέρος πάντων τῶν μερῶν* || **12** *δηλονότι*] *πάλιν* || **13** *ἐπὶ*] *εἰς* || **14** *δὲ*] *οὖν* | post *προσεχῶς* add. *ἀνωτέρω ὢν* || **15** *ὑπερκείμενος* om.

Versio Latina: **1** accipiunt | minorem || **2** *ἐλάβομεν*] accepissent | decimam || **5** *διάθεσιν καὶ εἴ γε* om. || **6** accepissent || **11.12** *πρώτη — μείζων*] proprie minorum habitudo et maiorum || **13** ab

Textus Arabicus:
1 اقل || **2** عشر || **8** انتقال عن حاله فسدا التربية

Τὴν δὲ τρίτην ἡλικίαν παραλαμβάνει ἡ Ἀφροδίτη καὶ διέπει ἔτη ὀκτὼ κατὰ τὴν ἐλαχίστην αὐτῆς περίοδον. καὶ ἔστιν ἡ τοιαύτη ἡλικία ἀρχὴ τῆς νεανικῆς· παρελήφθη δὲ οὕτως διὰ τὸ ἄνωθεν ⟨εἶναι⟩ τὴν ἀφροδισιακὴν σφαῖραν τῆς ἑρμαϊκῆς καὶ ταύτῃ προσεχῆ. διὰ τοῦτο κινεῖται ἡ ὄρεξις τηνικαῦτα καὶ ἀκατάσχετος ἡ ὁρμὴ αὐτῆς πρὸς τὴν ⟨συν⟩ουσίαν γίνεται.

Τὴν δὲ τετάρτην ἡλικίαν διέπει ὁ Ἥλιος ἔτη ιθ̄ κατὰ τὴν ἐλαχίστην αὐτοῦ περίοδον· ὑπέρκειται γὰρ ἡ σφαῖρα αὐτοῦ τῆς ἀφροδισιακῆς προσεχῶς. τηνικαῦτα δὲ εὑρίσκομεν τὸν ἄνθρωπον φιλοῦντα τὴν δόξαν καὶ τὸ ὕψος καὶ μεταστῆναι ἀπὸ διαθέσεως εἰς ἑτέραν κρείττονα διάθεσιν καὶ ἀπὸ τῶν παιδικῶν ἐπὶ τὰς σπουδάς, καὶ κατέχοντα τὰς ἡδονὰς καὶ τὸ παίζειν ἀπαναινόμενον. καὶ ὥσπερ ⟨ὁ⟩ Ἥλιος μέσος ἐστὶ τῶν κάτω ἀστέρων καὶ τῶν ἄνω, τὸν αὐτὸν τρόπον καὶ αὕτη ἡ ἡλικία μέση ἐστὶ τῆς παιδικῆς καὶ τῆς γεροντικῆς· καὶ τὸ τέλος αὐτῆς τέλος ὑπάρχει τῆς νεανικῆς ἡλικίας.

Εἶτα παραλαμβάνει ὁ Ἄρης ⟨τὴν πέμπτην ἡλικίαν⟩ καὶ διέπει ἔτη ιε̄· καὶ ἡ ἀρχὴ ταύτης τῆς ἡλικίας ἐστὶν ἀρχὴ τῆς καθεστηκυίας· καὶ γὰρ ὁ Ἄρης ὑπέρκειται προσεχῶς

VBoll.: **4** *εἶναι* suppl. Boll. || **7** *οὐσίαν,* corr. Boll. || **15** *μέσον,* corr. Boll. || **19.20** *εἶτα — ἡλικίας* supra lineam scr. || **19** *τὴν πέμπτην ἡλικίαν* suppl. Boll.

Isidorus (*ϱ*): **4** post *σφαῖραν* add. *εἶναι* || **5** *καὶ ταύτῃ* om. | *προσεχῶς* || **6** *τηνικαῦτα ἡ τῶν ἀφροδισίων ὄρεξις καὶ ἔστιν ἡ ταύτης ὁρμὴ ἀκατάσχετος* || **6.7** *πρὸς — γίνεται* om. || **10** *εὑρίσκομεν*] *φαίνεται* || **11** *ὁ ἄνθρωπος* | *φιλοῦντα*] *ἐφιέμενος* | *τὴν* om. | *δόξης* | *τὸ* om. | *ὕψους* || **12** *μεταστῆναι*] *βούλεται μεταβαίνειν* — post *διαθέσεως* add. *νεωτερικῆς* | *κρείττονα*] *βελτίονα* | *διάθεσιν* om. || **13** *κατέχοντα τὰς ἡδονὰς*] *τῶν ἡδονῶν ἐπικρατέστερος εἶναι* || **14** *ἀπαναίνεται* || **14.15** *ὁ ἥλιος* || **15** *τῶν τε κάτω* || **20** *ἐστὶν ἀρχὴ*] *ἀρχή ἐστι*

Versio Latina: **3** post *παρελήφθη* add. ad gubernandam aetatem || **12** *ἀπὸ διαθέσεως* om. || **14** *καὶ*[1] — *ἀπαναινόμενον* om. | *ὥσπερ*] quem ad modum || **14.15** *ὁ ἥλιος* om. || **16** inter senilem et puerilem || **19** quintam aetatem || **20** post *ιε̄* add. iuxta minorum annorum suorum periodum

Textus Arabicus: **19** فى السنّ الخامس

τῆς ἡλιακῆς σφαίρας. διὰ τοῦτο ἐν τῇ τοιαύτῃ ἡλικίᾳ οἱ ἄνθρωποι ἀγωνίζονται ἐν τῷ κόσμῳ καὶ φροντίσιν ἑαυτοὺς περιπείρουσι καὶ κόποις καὶ μερίμναις καὶ μόχθοις καὶ πόνοις, ταλαιπωροῦσι, καὶ τὰς πλείονας ἡδονὰς καταλιμπάνουσιν.

Εἶτα παραλαμβάνει τὴν ἕκτην ἡλικίαν ὁ Ζεὺς καὶ διέπει ἔτη ιβ̅, ὑπερκείμενος προσεχῶς τοῦ Ἄρεως· καὶ ἔστιν ἡ τοιαύτη ἡλικία γεροντική. διὰ τοῦτο γὰρ οἱ ἄνθρωποι τηνικαῦτα καταλιμπ⟨άν⟩ουσι τοὺς πλείονας κόπους καὶ πόνους καὶ μόχθους καὶ ἀγῶνας καὶ τὸ σφαλερῶς ἐπιχειρεῖν, καὶ φροντίζουσιν ἐν τῇ τοιαύτῃ ἡλικίᾳ τῶν καλῶν καὶ ἀγαθῶν πράξεων, καὶ μνημονεύουσι τοῦ ἐκεῖθεν κόσμου, καὶ χρῶνται ταῖς εὐποιΐαις.

Εἶτα παραλαμβάνει τὴν ἑβδόμην ἡλικίαν ὁ Κρόνος καὶ διέπει ἄχρι τοῦ τέλους τῆς ζωῆς, ὑπερκείμενος προσεχῶς τοῦ Διός. καὶ διὰ τοῦτο οἱ ἄνθρωποι τηνικαῦτα παρακμάζουσι καὶ ἀδυνατοῦσι καὶ ψύχονται τὰ σώματα καὶ ὀκνοῦσι καὶ ἀποροῦσι καὶ ὀλιγοψυχοῦσιν ὥσπερ ἀπαγορευούσης τῆς φύσεως, καὶ ἐκκόπτονται τὰς ἐλπίδας καὶ ἐπιθυμιῶν ἐστέρηνται καὶ νόσοις πιέζονται.

V Boll.: 9 *καταλίμπουσι* V, *καταλείπουσι* Boll. || 20 concl. Boll.

Isidorus (*ϱ*): 1.2 *ἀγωνίζονται οἱ ἄνθρωποι* || 2 *ἐν τῷ κόσμῳ* om. || 4 *ταλαιπωροῦσί τε καὶ* | *τῶν πλειόνων ἡδονῶν οὐκ ἐπίπαν καταφρονοῦσιν* || 8 *γὰρ*] *οὖν* || 9 *καταλείπουσι* || 9.10 *καὶ πόνους* om. || 11 *καὶ φροντίζουσιν*] *φροντίζουσι δὲ μᾶλλον* || 12 *εἰς μνήμην ἄγουσι* | *τοῦ ἐκεῖθεν κόσμου*] *τὰ ἐκεῖσε δικαιωτήρια* (sic) || 13 *ταῖς* om. || 19 *τῶν ἐλπίδων* || 20 *στέρονται*

Versio Latina: 2 *ἀγωνίζονται*] fiunt exercitati et decertant | *φροντίσιν*] curis atque sollicitudinibus | *ἑαυτοὺς* om. || 3.4 laboribus, cogitationibus, doloribus, et fastidiis || 4 *ἡδονὰς*] voluptates atque delectationes || 7 post *ιβ̅* add. secundum minorum annorum suorum periodum || 10 *καὶ μόχθους* om. | *τὸ σφαλερῶς ἐπιχειρεῖν*] fallacias || 11 *ἐν τῇ τοιαύτῃ ἡλικίᾳ* om. || 13 beneficiis in huiusmodi utuntur || 18 *ἀπαγορευούσης*] relinquente et aversante

Ὄγδοον. Περὶ τῆς διαθέσεως τῶν ἀστέρων ἐν τοῖς γενεθλίοις καὶ κατὰ πάροδον

Ἐν ταῖς ἑπτὰ οὖν ἡλικίαις ταύταις ἕκαστος ἀστὴρ ἐμφαίνει τὴν οἰκείαν ἐνέργειαν κατὰ τὴν ἀρχῆθεν διάθεσιν αὐτοῦ καὶ κατὰ τὴν ἐν τῷ καιρῷ καθ' ὃν παραλαμβάνει τὴν τῆς ἡλικίας κυβέρνησιν. εἰ οὖν ἐν τοῖς δυσὶ καιροῖς καλῶς ὑπάρχει διατεθειμένος, δηλοῖ πολλὴν λυσιτέλειαν· εἰ δὲ κεκακωμένος εἴη τοῖς δυσὶ καιροῖς, σημαίνει πολλὴν βλάβην· εἰ δὲ διαφωνῶσιν οἱ $\overline{β}$ καιροί, ὅ τε κατὰ πῆξιν καὶ ὁ κατὰ πάροδον, μετρία ἔσται καὶ ἡ ὠφέλεια καὶ ἡ βλάβη. εἰ δέ τις τῶν ἀνθρώπων οὐ καταλάβῃ τὸ γῆρας ὥστε διελθεῖν τὰ ἔτη τῶν ἀστέρων, ἀποθανεῖται ἐν τῷ καιρῷ τῆς κυβερνήσεως τοῦ ἀστέρος ἐκείνου οὗ τὴν ἡλικίαν [f. 252] κατέλαβε.

Τινὲς δὲ εἶπον ὅτι κυβερνᾷ ὁ Κρόνος τὴν ζ' ἡλικίαν ἔτη $\overline{λ}$· εἰ δὲ ταῦτα παρέλθῃ, πάλιν κυβερνᾶται ὑπὸ τῆς Σελήνης· ἀσθενὴς γὰρ καὶ ὑγρὸς καὶ ὀλιγότροφος καὶ ἀργοκίνητος γίνεται. εἶτα ὑπὸ τοῦ Ἑρμοῦ καὶ καθεξῆς ⟨ὡς⟩ προείπομεν, πλὴν εἰ καὶ ἀποκαθίσταται ἡ κυβέρνησις ἐπὶ τῆς Σελήνης, ἀλλ' οὖν οὐ τὰ αὐτὰ ἕξει τῇ ἐξ ἀρχῆς ἡλικίᾳ· οὔτε γὰρ θηλάζει οὔτε γάλακτι τρέφεται. τότε γὰρ ἐδέξατο τὰς ἐνεργείας τῶν ἀστέρων ἀναλογούσας

V: **7** *διατεθειμένη* || **8** *κεκακωμένη* || **21** *θυλάζει*

Isidorus (ϱ): **1** *ὄγδοον* om. || **4** *κατά τε τὴν ἐξ ἀρχῆς* || **8** *εἴη τοῖς δυσὶ καιροῖς* om. || **9** *διαφωνοῦσι* || **11** *ἐὰν* || **15** post *κυβερνᾷ* add. *καὶ* || **15.16** *ἐπὶ ἔτη* $\overline{λ}$ || **16** *εἰ — σελήνης*] *ἐὰν δὲ παρέλθῃ καὶ ταῦτα ὁ ἄνθρωπος, πάλιν ἄρχεται κυβερνᾶν ἡ σελήνη* || **17 — p. 24, 13** *ἀσθενὴς — ἡλικίας*] *καὶ οἱ ἄλλοι ἀστέρες καθ' ἣν εἴπομεν πρότερον τάξιν. ὅπερ οὐκ εὔλογον εἶναι δοκεῖ· οὐδέποτε γὰρ μετὰ τὴν πρεσβυτικὴν ἡλικίαν εἰς παιδικὰ ἐπανέρχεται ὁ ἄνθρωπος. διὸ τῇ προτέρᾳ τάξει χρηστέον, ὡς πολὺ τὸ εὔλογον ἐχέθη* (?) *καὶ ὡς ὑπὸ τῶν μεγάλων καὶ ἀξιοπίστων παραδοθείσῃ* (sic) *σοφῶν.*

Versio Latina: **8** *τοῖς δυσὶ καιροῖς* om. || **12** morietur certe || **17** *ἀργοκίνητος*] ociosus ac immobilis || **19** praediximus ab aliis gubernatur planetis | *πλὴν*] sciendum est igitur quod | gubernatio seu dispositio

αὐτοῦ ἡλικίᾳ· ἐν δὲ τῇ ἐσχάτῃ ἡλικίᾳ ἀδρανῆ καὶ ἀμυδρὰ τὰ τῶν ἀστέρων εἰς αὐτὸν διαβαίνει ἐνεργήματα.

Τινὲς δὲ ἐσκόπουν τὰς ἡλικίας, καὶ ἑκάστην ἡλικίαν διῄρουν ⟨εἰς τοὺς⟩ ζ̅ ἀστέρας καθὼς καὶ ἐν τῷ φαρταρῇ ποιοῦμεν, πλὴν ⟨ὅτι οὐκ⟩ ἔχει τὸν τρόπον ἐκεῖνον διότι οἱ χρόνοι τοῦ φαρταροῦ τῷ ἀστέρι παρεξεβλήθησαν ἀπὸ τρόπου δι' οὗ κοινωνοῦσιν ἀλλήλοις πάντες οἱ πλανῆται. ἐτάχθησαν γὰρ κατὰ τὴν τάξιν τῶν ἐν τοῖς ζῳδίοις ὑψωμάτων αὐτῶν, ταῦτα δὲ τὰ ἔτη ὑπάρχουσι κατὰ τὴν ἀπάθειαν ἑνὸς ἑκάστου ἀστέρος πρὸς μίαν ἑκάστην ἡλικίαν. καὶ διὰ τοῦτο ὅτε ἐστὶν ὁ γεννηθεὶς ἐν κυβερνήσει τινὸς τῶν ἀστέρων κατά τινα ἡλικίαν, μόνῳ ἐκείνῳ τῷ ἀστέρι κυβερνᾶται ᾧ ἀναλογεῖ ἡ φύσις τῆς ἡλικίας.

Ἔννατον. Περὶ τοῦ τίνα δεῖ προγινώσκειν τὸν ἀστρολόγον περὶ τοῦ ἔχοντος τὴν ἐναλλαγήν

Δεῖ πρὸ τοῦ ἀποτελέσματος τῆς τῶν χρόνων ἐναλλαγῆς γινώσκειν ταῦτα τὰ δ̅. πρῶτον, ἐν ποίᾳ ἡλικίᾳ ἐστὶν ὁ ἔχων τὴν ἐναλλαγὴν τῶν ἡλικιῶν τῶν ἀστέρων· δεύτερον, ποίας τάξεώς ἐστι τῶν ἀνθρώπων· τρίτον, τὰς διαθέσεις αὐτοῦ περὶ ὧν ἐνδέχεται ἀποτελεῖν· τέταρτον, προειδέναι τινὰ τῶν κατ' αὐτὸν πραγμάτων. καὶ πρῶτον μὲν χρὴ

V: **1** *ἀδειανῆ* || **3** *ἑκάστου* || **4** lac. c. 8 litt. || **5** lac. c. 8 litt. | *ἐκεῖνο* || **6** *φαρταρον* (sic) || **6.7** *ἀπότροπον* || **8** *ἐτάστησαν*

Isidorus (ϱ): **14** *ἔννατον* om. || **20** post *ἀποτελεῖν* add. *καὶ* || **21** *καὶ* om. | *χρὴ*] *οὖν ἐστι τὸ*

Versio Latina: **1** in ultima vero restitutione non sic, sed || **2** *εἰς αὐτὸν* om. || **3** *τινὲς δὲ*] alii vero alio modo | aetates singulas || **4** per VII videlicet planetas | ferdaria || **5** *πλὴν*] nos vero dicimus | *ὅτι οὐκ*] quod . . . non || **6** ferdarii | *τῷ ἀστέρι* om. || **7** *πάντες* om. || **8** ordinati enim fuerunt anni ferdarii || **10** ad unamquamque planetae actatem || **11.12** quando natus ad aliquam aetatem pervenit || **15** *περὶ — ἐναλλαγήν* om. || **16** oportet astrologum || **19** ordinis vel gradus || **19.20** tertio habitudines et qualitates ipsius. quarto || **20** *προειδέναι* om. || **21** aliqua de rebus seu facultatibus suis

Textus Arabicus: **5** وليس ذلك كذلك

εἰδέναι πόσων ἐτῶν ἐστιν ὁ γεννηθείς· τούτῳ γὰρ γνωσθήσεται καὶ ἐν ποίᾳ ἡλικίᾳ ἐστὶν ὁ γεννηθείς, καὶ ὑπὸ ποίου ἀστέρος κυβερνᾶται. εἶπον δὲ ὅτι χρὴ καὶ τὸ τοιοῦτον εἰδέναι, ὅτι πάντες οἱ μοχθηροί, ὅτε ἀτονήσωσι πρὸς κατάληψιν μαθήματός τινος, παντὶ τρόπῳ βούλονται ἐξουδενοῦν καὶ διαβάλλειν ἐκεῖνο τὸ μάθημα ἵνα δόξωσι μὴ δι' ἀδυναμίαν φύσεως τούτου στερηθῆναι, ἀλλὰ διὰ τὸ εἶναι τὸ μάθημα σφαλερὸν καὶ ἄχρηστον· καὶ διὰ τοῦτο παντὶ τρόπῳ σπεύδουσι παραλογίζεσθαι καὶ διαβάλλειν τοὺς μετερχομένους αὐτό. τοιγαροῦν θέματα προκομίζουσί τινες τῶν τοιούτων βρέφους ἢ γέροντος παρηβηκότος, καὶ ὑποδεικνύουσι τοῦτό τινι τῶν ἀστρονόμων, καὶ ἐρωτῶσιν αὐτὸν περί τινων ἐνεργειῶν ὧν αἱ τοιαῦται ἡλικίαι ἄδεκτοι πρὸς τὸ διαβαλεῖν τὸ μάθημα· καὶ διὰ τοῦτο ἀναγκαῖόν ἐστι προειδένει τὸ ἔτος.

Δεῖ δὲ ἡμᾶς γινώσκειν καὶ τὰ τοῦ δευτέρου κεφαλαίου, ὅτι δ̅ εἰσιν αἱ τῶν ἀνθρώπων τάξεις· καὶ πρώτη μὲν ἡ τῶν βασιλέων, δευτέρα δὲ ἡ τῶν ⟨εὐγενῶν⟩, καὶ τρίτη ἡ

V: **1** post *γνωσθήσεται* add. *διαγινώσκεται* || **4** *πάντα* || **18** lac. c. 9 litt.

Isidorus (*ϱ*): **1.2** *τούτῳ — γεννηθείς*] *ἐν τούτῳ γὰρ γνωσθήσεται ἡ αὐτοῦ ἡλικία* || **3.4** *τὸ τοιοῦτον*] *τοῦτο* || **4** *πάντα* | *ὅτε*] *ὅσοι* | *ἀτονοῦσι* || **6** *διαβάλλειν καὶ ἐξουδενοῦν* | *ἐκεῖνο* om. || **6.7** *ἵνα – ἀδυναμίαν*] *ἵνα αὐτοὶ φαίνωνται ἀκριβείας ἐχόμενοι· οὐ γὰρ ὁμολογοῦσι δι' ἀδυναμίαν* || **7** *τούτου* om. | post *στερηθῆναι* add. *τοῦ τοιούτου μαθήματος* || **8** *σφαλερὸν καὶ ἐντεῦθεν ἄχρηστον* | *καὶ διὰ τοῦτο*] *διὰ τοῦτο οὖν* || **9** *σπουδάζουσι* || **10** *τοιγαροῦν*] *διὰ τοῦτο* || **10–13** *θέματα – αὐτὸν*] *πλάττουσι καὶ ἀπορίας ἐρωτῶντες δῆθεν* || **13–14** *αἱ – διαβαλεῖν*] *ἄδεκτός ἐστιν ἑκάστη ἡλικία ἵνα συνασπάσαντές τινα τῶν ἀστρολόγων μὴ εἰδότα τὴν ἡλικίαν περὶ οὗ ἐρωτῶσι, διαβάλουσι* (sic) || **14.15** *καὶ διὰ τοῦτο*] *διὰ τοῦτο οὖν* || **16** *δεῖ – κεφαλαίου*] *τὸ δὲ β' κεφάλαιον δεῖ ἡμᾶς προγινώσκειν* || **17** *καὶ* om. || **18** *τῆς συγκλήτου* | *καὶ* om.

Versio Latina: **2** *ὁ γεννηθείς* om. || **3** dicimus || **3.4** *τὸ τοιοῦτον*] annos nati || **4** praescire astrologum | omnes | fessi ac remissi fuerint || **5** *παντὶ τρόπῳ* om. || **9** modis omnibus | *παραλογίζεσθαι*] imponere verborum argutiis || **10.11** quidam nam eorum figuras deferunt revolutionis annorum || **12** ipsas astrologis || **13** *αὐτὸν*] eos || **18** nobilium

Textus Arabicus: **18** الملوك الدايموا (؟) السعادة والذين. دونهم

τῶν μέσων, καὶ τετάρτη ἡ τῶν πενήτων. πολλοὶ γὰρ οἱ διαβάλλοντες τὸ μάθημα· καὶ παραλογίζονται τοὺς λογίους, καὶ προσάγουσιν ἐναλλαγὴν χρόνων [πρὸς] βασιλέως, καὶ οὐ λέγουσιν αὐτοῖς, „Βασιλική ἐστιν ἡ ἐναλλαγή". ἐκεῖνοι δέ, ἀγνοοῦντες ποίας τάξεώς ἐστι τῶν ἀνθρώπων, οὐχ ὡς περὶ βασιλέως ἀποτελοῦσιν, ἀλλ' ὡς περί τινος τῶν κοινῶν. οἱ δὲ διαλαμβάνουσι τὸ τοιοῦτον πρὸς διαβολὴν τοῦ μαθήματος· τοῦ γὰρ βασιλέως ἐναλλαγὴ ὅτε ἐστὶν ἀγαθή, δηλοῖ ἐπικράτειαν κατὰ τῶν λοιπῶν ἐχθρῶν βασιλέων, καὶ ἐκπόρθησιν κάστρων καὶ πόλεων καὶ κλιμάτων, καὶ θησαυρῶν εὕρεσιν· ὅτε δέ ἐστί τινος τῶν κοινῶν ἡ ἐναλλαγή, δηλοῖ ἐχθρῶν ἐπικράτειαν, καὶ βασιλέως πρὸς αὐτὸν προσπάθειαν, καὶ ὑπεροχὴν πρὸς τοὺς τῆς ὁμοίας αὐτῷ τάξεως.

Τὸ δὲ τρίτον κεφάλαιον ἦν τὸ γνῶναι τὰς ἐνεργείας ὧν ἐστι δεκτικὸς ὁ τὴν ἐναλλαγὴν ἔχων. τοῦτο δὲ δεῖ εἰδέναι τὸν ἐπιστήμονα μή πως, περιτυχὼν ἐναλλαγῇ γενεθλίου εὐνούχου δηλούσῃ παίδων γονήν, ἀποτελέσῃ τι τοιοῦτον καὶ γελοῖος ὀφθῇ. ἡ γὰρ καταρχὴ τῆς γενέσεως ἐδήλου τὸν τοιοῦτον εὐνοῦχον γεγενῆσθαι καὶ ἄπαιδα· πῶς οὖν

V: **1.2** *τῶν διαβαλλόντων* | *καὶ γὰρ λογίζονται* || **3** *βασιλέα* || **10** *μὴ πόρθησιν* || **11** *εὕρεσιν*] *ἄθεσιν* || **14** *αὐτῷ*] *αὐτῶν* || **17** *ἐπιστάμονα* || **18** *δηλοῦσι*

Isidorus (*ϱ*): **1** *μέσων*] *πλουσίων μέν, τοῦ δήμου δὲ ὄντων* || **2** *λογίους*] *σοφούς* || **3** *προάγουσιν* || **3.4** *χρόνων — ἐναλλαγή*] *χρόνου τινὸς ἀνθρώπου ὡς βασιλέως, μὴ ὄντος βασιλέως* || **6** *οὐχ — ἀλλ'*] *περὶ οὗ ἐρωτῶσιν ἀποτελοῦσιν ὡς περὶ βασιλέως, καὶ οὐχ* || **7** *κοινῶν*] *ἄλλων* | *οἱ δὲ διαλαμβάνουσι*] *ἐκεῖνοι δ' εὐθὺς περισύρουσι* || **8** *πρὸς*] *εἰς* | *ἡ ἐναλλαγὴ* || **9** *λοιπῶν* om. || **10** *βασιλέων*] *αὐτοῦ* | *κάστρων, πολεμίων, ἢ πόλεων* || **11** *κλιμάτων*] *χωρῶν λεῖαν* || **12** *ἐχθρῶν ἐπικράτειαν*] *ἐπικράτειαν μὲν τῶν οἰκείων ἐχθρῶν* || **13** *καὶ βασιλέως*] *τοῦ δὲ βασιλέως* | post *προσπάθειαν* add. *ἤ τινος τῶν μειζόνων* || **14** *αὐτῷ*] *αὐτῶν* || **18** *παιδὸς* || **19.20** *ἐδήλου — ἄπαιδα*] *τὸν τοιοῦτον εὐνοῦχον γενήσεσθαι καὶ ἄπαιδα ἐδήλου*

Versio Latina: **2** peralogizant | eloquentes || **3** ostendentes ei revolutionem anni regis || **4** *αὐτοῖς* om. || **10** *ἐκπόρθησιν*] depredationem etiam ac depopulationem || **11** *εὕρεσιν*] accumulationem || **17.18** revolutionem eunuchi ostendentem filiorum procreationem inveniens || **19** ridiculosus non immerito videatur

δυνήσεται κατά τινα καιρὸν πατὴρ γεγονέναι ὁ καθάπαξ τὸ τοιοῦτον διὰ τῶν τῆς καταρχῆς σχημάτων ἀφαιρεθείς; ὡσαύτως καὶ εἴ ποτε περιτύχοιμεν ἐναλλαγῇ ἔτους παιδὸς δηλούσῃ τεκνογονίαν, οὐ λέγομεν τοῦτον τεκνογονῆσαι διὰ δύο αἰτίας· μίαν μὲν ὅτι ὁ ἀστὴρ ὁ κυβερνῶν τὴν ἡλικίαν αὐτοῦ οὐ δηλοῖ δύναμιν τεκνογονίας, ἑτέραν δὲ ὅτι ἡ φύσις αὐτοῦ ἄδεκτός ἐστι τῶν σημασιῶν [f.252^{v}] τῶν ἀστέρων. καὶ γὰρ εἴ τις ἐναλλάξει νεκροῦ ἔτος καὶ ἤδη τὰ σχήματα δηλοῦντά τινα, οὐδὲν περιγενήσεται αὐτῷ διὰ τὸ ἄδεκτον εἶναι τῶν τοιούτων. δεῖ οὖν ἀντιδιαστέλλειν τὸ ἀποτέλεσμα καὶ γράφειν ὅτι δηλοῦσιν οἱ ἀστέρες τῷ δεῖνι περιγενέσθαι τόδε καὶ τόδε εἴπερ ὑπάρχει ἐν ἡλικίᾳ δεκτικῇ τῶν τοιούτων ἀποτελεσμάτων· εἰ γὰρ μὴ εἴη δεκτικὴ τῶν τοιούτων, λέγομεν ὡς οἱ ἀστέρες καθολικῶς δηλοῦσι τόδε καὶ τόδε, καὶ ὡς ἡ φύσις τοῦ ἀνθρώπου τούτου εἴπερ ἦν δεκτικὴ τῶν τοιούτων, περιεγένοντο ἂν αὐτῷ.

Τέταρτον ἦν κεφάλαιον τὸ γινώσκειν τὰ κατὰ τὸν ἔχοντα τὴν ἐναλλαγὴν ὡς ἂν προσφυὲς τῷ προσώπῳ καὶ τὸ ἀποτέλεσμα γένηται. λέγομεν γὰρ περὶ τοῦ μὴ ἔχοντος πλοῦτον ὅτι ἐπικτήσεται, περὶ δὲ τοῦ ἔχοντος ὅτι αὐξήσει ὁ πλοῦτος αὐτοῦ. καὶ εἰ μὲν ἔχει ἀδελφούς, τῶν σχημάτων δηλούντων γένεσιν ἀδελφῶν, λέγομεν προσθήκην γενέσθαι τοῖς ἀδελφοῖς· εἰ δὲ μὴ ἔχει, λέγομεν ὡς γενήσονται αὐτῷ ἀδελφοί. ὡσαύτως καὶ περὶ τῶν γαιῶν καὶ

V: **1** *δυνήσηται*

Isidorus (ϱ): **7** *τῶν ἄλλων σημασιῶν* || **8.9** *ἐναλλάξει — ἤδη*] *ἐναλλαγὴν νεκρικοῦ ἔτους σκέψαιτο καὶ ἴδοι* || **9** *τὰ ἐν αὐτῇ σχήματα* | *δηλοῦντα — αὐτῷ*] *τῶν ἀστέρων οὐδὲν ἔσται αὐτῷ δηλούμενον ἀπὸ τούτων* || **10** *τοιούτων*] *σημαινομένων* || **11** *προσγράφειν* || **12** *περιγενέσθαι*] *ἔσεσθαι* | post *εἴπερ* add. *δηλονότι* || **14.15** *λέγομεν καθολικῶς ὡς οἱ ἀστέρες μὲν δηλοῦσι* || **15** *καὶ ὡς ἡ*] *ἡ δὲ* || **15.16** *φύσις — τούτου*] *φύσις καὶ ἡλικία τοῦ ἀνθρώπου* || **24** *γενέσθαι*] *γενήσεσθαι* | *λέγομεν* om. || **25** — p. 28, **1** *καὶ τῶν ἐξουσιῶν*

Versio Latina: **2** per figuram nativitatis || **4** plurimorum filiorum procreationem || **10** impotens est ad perceptionem ipsarum || **14** *τῶν τοιούτων* om. || **18** *τὰ*] substantiam et esse

ἐξουσιῶν καὶ τῶν ὁμοίων, ἀλλ' οὐδὲ ἀποτελοῦσι περὶ τοῦ μὴ ἔχοντος κτήματα ἢ προσόδους ὡς καταλυθήσονται τὰ τούτου κτήματα ἢ ὕφεσιν δέξονται αἱ τούτου πρόσοδοι. τινὲς δὲ λέγουσιν ὡς εἰ σημαίνουσι τὰ σχήματά τινι τελευτὴν γονέων καὶ οὐκ ἔχει γονεῖς, τελευτήσουσί τινες γέροντες ἐν τῷ οἴκῳ αὐτοῦ· καὶ ἐν τῇ καταρχῇ δηλούντων τῶν σχημάτων μὴ τεκνογονεῖν τὸν ἄνθρωπον, ἡνίκα ἐπιγένηται σχῆμα τεκνογονίας, οὐ τεκνογονεῖ, ἀλλὰ υἱοθετήσει τινά· καὶ εἴπερ οὐκ ἔχει κτήματα καὶ δηλοῦσι τὰ σχήματα κτημάτων ἀνόρθωσιν, ἔσται τοῦτο ἑτέρῳ τινὶ διὰ μεσιτείας αὐτοῦ· καὶ εἰ γάμον δηλοῦσι τὰ σχήματα, τῆς καταρχῆς γάμον μὴ δηλούσης, συνουσιάσει γυναικὶ χωρὶς γάμου· καὶ εἰ δηλοῦσι τὰ σχήματα πρὸς βασιλεῖς οἰκείωσιν, τοιοῦτόν τι τῆς καταρχῆς μὴ ὑποφαινούσης, ὁμιλήσει ἄρχουσιν. δεῖ δὲ καὶ τὸν ἐπιστήμονα εἰδέναι εἰ ἔστιν ἡ ἐναλλαγὴ ἀνδρὸς ἢ γυναικὸς ὡς ἂν κατὰ τὴν ἑκάστην φύσιν ἀποτελῇ· καὶ οὐ μόνον τοῦτο, ἀλλὰ καὶ τὰ κατ' αὐτούς· πολλάκις γὰρ καὶ γυναῖκες ἄρχουσι πόλεων. δεῖ οὖν καὶ τὰ τοιαῦτα προγινώσκειν. εἰ γὰρ καὶ ἀπὸ τῶν γενεθλίων δυνάμεθα διαγνῶναι τὰ τοιαῦτα, ἀλλ' οὖν ἡ τούτων διάγνωσις καθ' ἕκαστον ἔτος δυσχερεστάτη ἐστίν. διαγινώσκεται γὰρ ἀπὸ τῆς ἐναλλαγῆς τοῦ τεθνεότος

V: **10** τοῦτο] τούτῳ

Isidorus (ϱ): **7** ἡνίκα] ἐν τῇ ἐναλλαγῇ εἰ | ἐπιγένοιτο || **9** καὶ δηλοῦσι] δηλοῦσι δὲ || **10** τοῦτο om. | μεσιτείας] ἐνεργείας || **11** post δηλοῦσι add. ὁμοίως || **15** καὶ om. || **15.16** εἰδέναι καὶ τὴν ἐναλλαγὴν πότερον ἀνδρός ἐστιν ἢ γυναικὸς || **22** γὰρ] δὲ | τεθνεῶτος

Versio Latina: **2** ἢ προσόδους om. || **3** possessiones ipsius vel de non habente proventus quod proventus sui diminutionem habebunt || **7** ἡνίκα] et in revolutionis tempore || **8.9** certe non procreat, sed facit aliquando filium adoptivum || **9** κτήματα] bona stabilia || **10** erectionem seu reparationem rerum stabilium || **11** significaverit figura cuidam || **12** γάμον μὴ δηλούσης] negante | et cum figura revolutionis monstrabit contrarium, idem habebit sine nuptiis id est aliquam concubinam || **13** significaverit figura revolutionis alicui || **17** τὰ] esse et qualitates || **19** τὰ τοιαῦτα] accidentia hominum tempore revolutionis || **20** sciri possint

τὰ κατὰ παῖδα αὐτοῦ· γίνεται γὰρ ὡσανεὶ δευτέρα σχέσις τοῦ πατρὸς πρὸς τὸν παῖδα μετὰ θάνατον, ὥσπερ διαγινώσκεται τὰ περὶ τοῦ πατρὸς ἐκ τοῦ γενεθλίου τοῦ παιδός, εἰ καὶ τέθνηκεν ὁ παῖς.

Isidorus (ϱ): **1** *κατὰ τὸν παῖδα* || **4** *εἰ καὶ ὁ παῖς μετὰ τὸ γεννηθῆναι τεθνήξεται*

Versio Latina: **1** *τὰ κατὰ παῖδα αὐτοῦ*] filiorum eventus || **3** *τὰ*] accidentia

ΛΟΓΟΣ ΔΕΥΤΕΡΟΣ

Περὶ τοῦ ἀριϑμοῦ τῶν σημαντήρων τοῦ ἔτους. α'

Ἰστέον ὅτι τὸ ἓν ἔτος διαιρεῖται εἰς μῆνας καὶ εἰς ἡμέρας καὶ εἰς ὥρας, καὶ ἑκάστῳ τούτων εἰσὶ πολλοὶ σημαντῆρες. καὶ οἱ ἀστέρες τῇ διαφορότητι τῶν διαϑέσεων αὐτῶν δηλοῦσι ἑκάστοτε διαφόρους διαϑέσεις· καὶ οἱ μὲν δηλοῦσι κατὰ τὸν τῆς ἐναλλαγῆς καιρὸν τὴν τοῦ χρόνου ποιότητα, εἴτε ἀγαϑὴ εἴτε ἐναντία· ἔστι δὲ αὕτη ἡ σημασία ἡ καϑολική· οἱ δὲ ἰδιοτάτην τινὰ ἔχουσι σημασίαν κατά τινα καιρὸν μερικὸν τοῦ ἔτους διὰ τῶν ἐπιβάσεων αἵτινες δηλοῦσι τὰς ἐπιτάσεις καὶ ἀνέσεις τῶν ἀγαϑῶν καὶ τῶν κακῶν· οἱ δὲ δηλοῦσι τὴν τῶν μηνῶν ἐναλλαγὴν καὶ τῶν ἡμερῶν· καὶ ἔστιν αὕτη ἡ σημασία μερική. οἱ δὲ σημαντῆρες τοῦ ὅλου ἔτους εἰσὶ ιϑ̅·

α'. τὸ ζῴδιον ἔνϑα κατέληξε τὸ ἔτος καὶ ὁ κύριος αὐτοῦ.
β'. ὁ τόπος τοῦ μερισμοῦ καὶ ὁ ἐπιμερίζων.
γ'. ὁ συνεπιμερίζων αὐτῷ.
δ'. ὁ ἔχων τὸ φαρτὰρ καὶ ὁ συγκοινωνῶν αὐτῷ.
ε'. ὁ κυριεύων τῆς περιόδου.

V: **1** λόγος δεύτερος] τμῆμα δεύτερον || **9** ἰδιαιτάτην || **18** συνκοινωνῶν

Isidorus (ϱ): **1** λόγος δεύτερος om. || **2** α' om. || **3** εἰς² et **4** εἰς om. || **8** post ἀγαϑή add. ἐστιν | ἔστι δὲ] καὶ ἔστι || **9** ἡ om. | ἰδιαιτάτην || **10** ἐπεμβάσεων || **15** α' om. || **16** μερισμοῦ] ἐπιμερισμοῦ || **18** τὸ φαρτὰρ] τὸν ἐπιμερισμὸν τῆς περιόδου

Versio Latina: **1** λόγος δεύτερος] incipit liber secundus Hermetis de revolutionibus nativitatum || **3** ἓν om. || **7** in revolutione || **7—9** τὴν — καϑολική] anni generaliter qualitatem || **10** per ingressiones eorum ad signa || **15** ἔνϑα — ἔτος] profectionis || **18** fardaria || **19** quintus. defectus vel dominus orbis

ϛ΄. ὁ ὡροσκόπος τῆς ἐναλλαγῆς τοῦ ἔτους καὶ ὁ κύριος αὐτοῦ.

ζ΄. ἡ Σελήνη καὶ οἱ συνάπτοντες αὐτῇ ἀστέρες ὄντες ἐν τῷ ζῳδίῳ ἐν ᾧ ἐστιν· εἰ δὲ κενοδρομεῖ, λαβὲ τὸν κύριον τοῦ ζῳδίου [f. 253] ἐν ᾧ ἐστιν.

η΄. ἡ ἐπέμβασις τῶν ἀστέρων εἰς τοὺς κατὰ πῆξιν τόπους αὐτῶν, καὶ ἀλλήλων ἐπ᾽ ἀλλήλους μετάβασις.

ϑ.΄ ὁ χρονοκράτωρ ὅτε τύχῃ ἐν τῇ ἐναλλαγῇ ἔν τινι τόπῳ τῶν δώδεκα.

ι΄. οἱ τόποι τῶν ἀστέρων οἱ ἀπὸ τῶν οἴκων αὐτῶν καὶ οἱ τόποι τῶν οἴκων αὐτῶν ἀπ᾽ αὐτῶν.

ια΄. ἡ περίοδος τῶν ἀστέρων καὶ τῶν δώδεκα οἴκων.

ιβ΄. τὸ τυχεῖν τὸ χρονικὸν ζῴδιον ἢ τὸν ὡροσκόπον τῆς ἐναλλαγῆς ἔν τινι τόπῳ ἀστέρος τῶν κατὰ πῆξιν.

⟨ιγ΄. τὸ τυχεῖν τὸ χρονικὸν ζῴδιον ἢ τὸν ὡροσκόπον τῆς ἐναλλαγῆς ἐν τοῖς τόποις τῶν ἀστέρων κατὰ πῆξιν⟩,

ιδ΄. τὸ εἶναι τὸν ἀστέρα ἐν τῷ γενεθλίῳ ἔν τινι τόπῳ καὶ ἐν τῇ ἐναλλαγῇ ἐν ἑτέρῳ οἴκῳ.

ιε΄. αἱ συναφαὶ τῶν ἀστέρων πρὸς ἀλλήλους.

ιϛ΄. ἃ σημαίνει ἕκαστος ἀστὴρ μεταβαίνων ἀπὸ τόπου εἰς τόπον δι᾽ ὅλου τοῦ χρόνου.

ιζ΄. ὅσα σημαίνουσιν οἱ ἀστέρες τυχόντες ἔν τινι ζῳδίῳ τοῦ ἔτους.

V: **3** *αὐτῷ* | *ὄντες*] *οὖσῃ*

Isidorus (ϱ): **3** *ὄντες*] *οὖσῃ* || **4** *ἐστιν*] *κἀκεῖνοί εἰσιν* || **4. 5** *εἰ* u. ad *ἐστιν* om. || **8** *ὅταν* || **8. 9** *τινι τῶν ιβ̄ τόπων* || **15. 16** lac. unius lineae post *πῆξιν* || **18** *οἴκῳ* om.

Versio Latina: **3** *ὄντες*] existente || **4** sumitur dominus || **6** ingressio vel adventus || **7** *μετάβασις*] ingressio || **8. 9** *ὅτε* — *δώδεκα*] secundum significationem loci in quo est || **10** post *αὐτῶν* add. in alio rotatus || **12** periodus vel orbis | *οἴκων*] annorum || **13** *τὸ χρονικὸν ζῴδιον*] signum profectionis || **15. 16** tertius decimus. eventus signi profectionis aut ascendens revolutionis in locis planetarum nativitatis || **22** signorum

Textus Arabicus:

15. 16 الثالثة عشر موافقة برج السنتى او طالع التحويل لمواضع كواكب الاصل

ιη'. ὅσα σημαίνει ὁ ἀστὴρ ἐν ἰδίῳ οἴκῳ ὢν ἢ ἐν ἀλλοτρίῳ ἢ ἐν ἰδίῳ ὁρίῳ ἢ ἐν ἀλλοτρίῳ.

ιθ'. περὶ τῆς σημασίας τοῦ Ἀναβιβάζοντος καὶ Καταβιβάζοντος.

ταῦτά εἰσι τὰ σημαίνοντα τὴν τῶν γενεθλίων ἐναλλαγήν. καὶ ὁ πρῶτος ἰσχυρότερός ἐστι τοῦ ἐφεξῆς, καὶ ὁ β' τοῦ τρίτου· ἔδει οὖν διαγνῶναι τοῦτον τὸν λόγον καὶ καθεξῆς εἶναι καὶ περὶ τοὺς λόγους, ἀλλ' ἡμεῖς εὐσχήμονος χάριν διδασκαλίας καὶ τῆς συνεπείας τῶν λόγων προτάσσομεν ἐνίοτε τὰ ὕστερα τῶν προτέρων καὶ τὰ πρότερα ὑποτάσσομεν τοῖς ὑστέροις. ἔχει μὲν οὖν ἕκαστον τούτων τῶν εἰρημένων ἰδίαν τινὰ σημασίαν, πολλάκις δὲ καί τινας ἑτέρας σημασίας· ἐνίοτε δὲ τὴν αὐτὴν ἔχει σημασίαν τοῖς κυρίοις τῶν μηνῶν.

Τινὲς δὲ τῶν ἀστρολόγων βουλόμενοι ἐρευνῆσαι περὶ τῆς τῶν χρόνων ἐναλλαγῆς ποιοῦσι τὸν περίπατον τούτων ἁπάντων καὶ ἀναλύουσιν εἴς τε μῆνας καὶ ἡμέρας καὶ ὥρας. οὗτοι δὲ σφαλερῶς ἐπεχείρουν τοῖς τοιούτοις διὰ τὸ μὴ ἐπιμένειν τὰς αὐτὰς σημασίας, ἀλλὰ δεῖ τὸν ὡροσκόπον τοῦ μηνὸς στῆσαι καὶ τοὺς ἀστέρας ἀπογράψασθαι καὶ τὰς ἀκτινοβολίας καὶ τὰ δωδεκατημόρια καὶ τοὺς κλήρους, καὶ κατ' ἐκεῖνα ἀποτελεῖν προσλαμβάνοντας τούς τε κατὰ πῆξιν ἀστέρας καὶ τοὺς τῆς ἐναλλαγῆς. εἰ γὰρ εἷς ἀστὴρ ἐδήλου τὰ τοῦ ἀνθρώπου, ἦν ἂν πᾶσα ἕξις αὐτοῦ καὶ διάθεσις καὶ κίνησις κατὰ τὴν τοῦ ἀστέρος

V: **19** ἐπεμένειν | δὴ

Isidorus (ϱ): **3** περὶ τῆς σημασίας] αἱ σημασίαι | τοῦ καταβιβάζοντος || **6** καὶ ὁ πρῶτος] ἔστι δὲ ὁ μὲν πρῶτος | ἐστι om. | ἐφεξῆς] β' | ὁ β'] οὗτος || **7** τρίτου] ἐφεξῆς || **7—8** λόγον — λόγους] λόγον ὥστε προιέναι καὶ καθεξῆς οὕτως || **8** εὐσχήμονος] εὐσήμους || **13** σημασίας om. | δὲ — σημασίαν] δὲ καὶ τὴν αὐτὴν σημασίαν ἔχει || **20** post ἀπογράψασθαι add. εἰς τοὺς οἰκείους τόπους

Versio Latina: **1—3** ὅσα — ιθ' om. || **3** significationes || **7—11** ἔδει — ὑστέροις] oportuit nam rationes eorum componere ordinatim: sed causa insignis doctrinae et consequentiae sermonis quandoque praeponuntur posteriora prioribus et priora posterioribus postponuntur || **16** directionem || **24** accidentia hominis uno modo indicasset

ἐκείνου φύσιν· ἀλλ' ἐπεὶ πολλοί εἰσιν οἱ σημαίνοντες τὰ τοῦ ἀνθρώπου, διὰ τοῦτο διάφορά ἐστι καὶ τὰ κατ' αὐτὸν πάθη.

Δεύτερον. Περὶ τῶν σημασιῶν τῆς ψυχῆς καὶ τοῦ σώματος καὶ τῶν ἐν ταῖς ἐναλλαγαῖς σημασιῶν

Τὰς σημασίας ἃς προείπομεν λαμβάνομέν τινας μὲν ἐπὶ τῶν παθῶν τῆς ψυχῆς, τινὰς δὲ ἐπὶ τῶν ἕξεων τοῦ σώματος, τινὰς δὲ ἐπὶ τῶν διαθέσεων καὶ κινήσεων καὶ ἐνεργειῶν τοῦ ἀνθρώπου κατὰ πάντα καιρόν. καὶ πρῶτον μὲν ἐν τῇ ἐναλλαγῇ τοῦ ἔτους δεῖ σκοπεῖν τὴν διάθεσιν τῆς ψυχῆς καὶ τοῦ σώματος καὶ τὴν τούτων σύγκρασιν καὶ συμφωνίαν, εἶτα τὰς λοιπὰς διαθέσεις τοῦ ἀνθρώπου κατὰ τὸ ἔτος ἐκεῖνο ἅπαν. δηλοῦσι δὴ τὰ μὲν τοῦ σώματος πέντε·

α′ μὲν τὸ τῆς ἐναλλαγῆς ζῴδιον,

β′ τὸ ὅριον ἔνθα κατήντησεν ὁ ἀπὸ τοῦ ὡροσκόπου περίπατος,

γ′ τὸ ὅριον ἔνθα κατήντησεν ὁ ἀπὸ τοῦ ἀφέτου περίπατος,

δ′ ἡ Σελήνη,

ε′ ὁ ὡροσκόπος τῆς τοῦ ἔτους ἐναλλαγῆς.

τὰ δὲ τῆς ψυχῆς δηλοῦσιν η̅.

α′ ὁ κύριος τοῦ ἔτους,

β′ ὁ κύριος τῶν ὁρίων ἔνθα κατήντησεν ὁ ἀπὸ τοῦ ὡροσκόπου περίπατος,

V: **14** πέντη || **21** πέμπτον

Isidorus (ϱ): **4** δεύτερον om. || **6** post λαμβάνομεν add. οὐ πάσας ἐπὶ πάντων, ἀλλά || **14** πέντε] σημάντηρες ε̅ || **22** δηλοῦσιν om.

Versio Latina: **1.2** τὰ τοῦ ἀνθρώπου] contingentia hominibus || **2.3** diversae eis eveniunt passiones || **5** καὶ — σημασιῶν] ex revolutionibus || **10** in revolutionibus || **13** per totum annum revolutionis | τὰ] esse || **15** signum profectionis || **17** directio || **18** aphetae (quem Persae vocant hyleg) pervenit directio || **22** τὰ] esse || **24** termini || **25** directio

γ' ὁ κύριος τῶν ὁρίων ἔνθα κατήντησεν ὁ ἀπὸ τοῦ ἀφέτου περίπατος,

δ' ὁ συγκοινωνῶν καὶ συνεπιμερίζων τούτοις κατὰ σῶμα ἢ ἀκτινοβολίαν,

ε' ὁ κύριος τοῦ φαρτάρ,

ς' ὁ κύριος τῆς περιόδου,

ζ' ὁ ἀστὴρ ὁ δεχόμενος τὴν τῆς Σελήνης συναφὴν ἢ ὁ ἀστὴρ ὁ δεχόμενος τὴν συναφὴν τοῦ κυρίου τοῦ οἴκου αὐτῆς,

η' ὁ κύριος τοῦ ὡροσκόπου τῆς ἐναλλαγῆς τοῦ ἔτους.

ὅτε οὖν οἱ τοιοῦτοι ἤτοι οἱ σημαίνοντες τὰ τῆς ψυχῆς καὶ τοῦ σώματος ἢ οἱ πλείους αὐτῶν ὑπάρχουσιν ἐν τόποις καλοῖς τοῖς κατὰ τὴν οὐρανίαν θέσιν καὶ ὑπάρχουσιν ἀκάκωτοι, δηλοῦσι τὴν συμφωνίαν τῆς ψυχῆς καὶ τοῦ σώματος καὶ τὴν τούτων εὐεξίαν καὶ διαμονήν· τὰ δὲ λοιπὰ σημειωτικὰ σχήματα δηλοῦσι τὰς κινήσεις καὶ τὰς ἐνεργείας. εἰ δέ ποτε καιροῦ δηλώσουσί [f. 253v] τινα τῶν τῆς ψυχῆς καὶ τοῦ σώματος, ἡ σημασία ἐκείνη οὐκ ἔσται ἀρχέτυπος, ἀλλ' ἢ κατὰ συμβεβηκός. τὰ δὲ τοιαῦτα ἃ προείπομεν σημαίνειν τὰ κατὰ τὴν ψυχὴν καὶ τὸ σῶμα καὶ τὴν πρὸς ἄλληλα τούτων συμφωνίαν δηλοῦσι πρὸς τούτοις καὶ πάσας τὰς λοιπὰς διαθέσεις καὶ κινήσεις, πλὴν ἡ κυρία αὐτῶν καὶ ἰδία σημασία ἐστὶ περί τε τῆς ψυχῆς καὶ τοῦ σώματος, καὶ οὐκ ἔστιν εὑρεῖν παρά τινι τῶν σημαινόντων τὰ λοιπὰ τὰς τοιαύτας σημασίας ἃς οὗτοι σημαίνουσιν.

V: **3** συνκοινωνῶν

Isidorus (ϱ): **3** συνδιαμερίζων | post τούτοις add. ἢ || **4** κατὰ ἀκτινοβολίαν || **5** φαρτάρ] ἐπιμερισμοῦ τῆς περιόδου ἤγουν αὐτὸς ὁ ἐπιμερίζων || **11** ἤτοι οἱ om. | σημαντῆρες || **11.12** τὰ τῆς ψυχῆς καὶ τοῦ σώματος om. || **12** post ἢ add. πάντες ἢ || **13** τοῖς om. | διάθεσιν | καὶ ὑπάρχουσιν] ὄντες || **17** δέ ποτε καιροῦ] δ' ἔν τινι καιρῷ || **23** ἐστὶ om. || **24** post σώματός add. ἐστι

Versio Latina: **1** termini || **1.2** aphetae directio || **5** fedariae || **11.12** significatores praedicti aut omnes aut plures eorum || **17** τινα τῶν] de esse

Τρίτον. Περὶ τοῦ ζῳδίου τῆς ἐναλλαγῆς καὶ τοῦ κυρίου τοῦ ἔτους ἤτοι τοῦ χρονοκράτορος τοῦ λεγομένου Περσιστὶ σαλχαδάη, καὶ ἣν ἔχουσι σημασίαν

Δεῖ σε ἐν τῇ τῶν ἐτῶν ἐναλλαγῇ ἰδεῖν τὸν κατὰ πῆξιν ὡροσκόπον καὶ λογίσασθαι ζῴδιον ἓν κατ᾽ ἔτος ἕν, καὶ ἔνθα καταντήσει, ἐκεῖνο ἔσται τὸ ζῴδιον τῆς ἐναλλαγῆς· καὶ ὁ κύριος αὐτοῦ ἐστιν ὁ χρονοκράτωρ ὃς λέγεται Περσιστὶ σαλχοδάης· εἶτα ἰδεῖν τοῦτο τὸ ζῴδιον ποῖον τόπον ἐπεῖχεν ἐν τῷ θέματι τῆς καταρχῆς, ἆρα τῶν τεσσάρων ἦν κέντρων ἢ τῶν ἐπαναφορῶν ἢ τῶν ἀποκλιμάτων, καὶ τίνος μέν ἐστιν οἶκος, τίνος δὲ ὕψωμα, τίνος δὲ τρίγωνον, καὶ ἆρα ἀγαθοποιοῦ ἐστιν ἢ κακοποιοῦ, καὶ τίς ἦν ἐν αὐτῷ ἀστὴρ ἐν τῇ καταρχῇ, τίς δὲ κλῆρος, καὶ ποῖον δωδεκατημόριον, καὶ τίς τοῦτον ἐπέβλεπεν ἢ τίς ἀπὸ τῶν ἑπτὰ ἀστέρων τὴν ἀκτῖνα ἐπέβαλε, καὶ ἀπὸ ποίου ζῳδίου καὶ ποίας μοίρας τοῦτον ἔβλεπεν· ἆρα ἀπὸ τῶν συμφώνων αὐτῷ ζῳδίων ἢ τῶν ἐναντιουμένων, τῶν πολυαναφόρων ἢ τῶν ὀλιγοαναφόρων, τῶν ἰσοαναφόρων ἢ τῶν ὁμοζώνων, καὶ ἆρα ἀπὸ τῶν λαμπρῶν μοιρῶν ὁ σχηματισμός, ἀπὸ τῶν σκιερῶν καὶ ἀμαυρῶν, καὶ τῶν εὐτυχῶν ἢ τῶν δυστυχῶν, καὶ ἐπὶ ποῖον ὅριον, καὶ ἐπὶ ποῖον δεκανόν, καὶ ἐπὶ ποῖον ἐνατημόριον, καὶ ἐπὶ ποίαν μοῖραν τῶν λαμπρῶν ἢ τῶν σκιερῶν καὶ

V: **16** ἀστέρων] τόπων

Isidorus (ρ): **1** τρίτον om. || **2.3** τοῦ λεγομένου περσιστὶ σαλχαδάη om. || **3** ἔχει || **8** ὁ om. || **8.9** ὃς λέγεται περσιστὶ σαλχοδάης om. || **12** τίνος δὲ ὕψωμα] καὶ τίνος ὕψωμα || **16** ἀστέρων] τόπων | τὴν om. || **17** ἔβλεπεν] ἐπέβλεπεν || **19** τῶν[1] om. || **21** post σχηματισμὸς add. ἢ

Versio Latina: **1—4** de signo revolutionis et domino eius || **5** σε om. | in revocatione annorum || **7** signum profectionis || **9** salchodae || **10** in nativitatis initio || **13** bonum vel malum || **14.15** si quis planeta erat in eo nativitatis initio aut sors aut duodena particula || **16** a septem locis | radios || **19** paucarum directe ascendentium || **19.20** τῶν[2] — ὁμοζώνων] vel de his quae sunt unius anguli

ἀμαυρῶν κατήντησεν ἡ ἀκτίς. εἶτα ἴδῃς τὸ ζῴδιον τῆς ἐναλλαγῆς, ἆρα ἐν τῇ καταρχῇ ἀπόκλιμα ἦν καὶ οὐκ ἐφορᾶται παρὰ τῶν ἀκτίνων τῶν ἀστέρων. εἶτα σκόπησον ἐν τῇ ἐναλλαγῇ τοῦ ἔτους εἰ ἔστιν ἐν τῷ τῆς ἐναλλαγῆς ζῳδίῳ ἀστὴρ κατὰ πάροδον ἢ ἀστέρος ἀκτὶς ἢ δωδεκατημόριον, καὶ εἰ ἐφορᾶται παρά τινος ἢ ἀσύναπτός ἐστι πρὸς ἅπαντας· καὶ εἰ ἐφορᾶται παρά τινων ἢ πάντων, ἀπὸ ποιῶν μοιρῶν ἐφορᾶται, καὶ ποῦ ἦσαν ἐν τῇ καταρχῇ οἱ ἐφορῶντες ἀστέρες, ποῦ δὲ κατὰ πάροδον, καὶ πῶς ἦσαν ἐν τῇ καταρχῇ, πῶς δέ εἰσιν ἐν τῇ ἐναλλαγῇ. καὶ γνῶθι ἑκάστου διάθεσιν, καὶ μάλιστα τὴν διάθεσιν τοῦ χρονοκράτορος καθὼς προείπομεν. εἰ μὲν οὖν ἐστι τὸ ζῴδιον τῆς ἐναλλαγῆς ἀκάκωτον παρά τε τῶν κατὰ πῆξιν ἀστέρων καὶ τῶν κατὰ πάροδον, ὑπάρχει δὲ καὶ ὁ κύριος αὐτοῦ κατά τε πῆξιν καὶ κατὰ πάροδον προποδίζων, καὶ ἐν τῇ οἰκείᾳ αἱρέσει εἴτε ἡμερινὸς εἴη ἢ νυκτερινός, καὶ ἐν τόπῳ ἔνθα λόγους τινὰς ἔχει, καὶ ἐνδύναμος ὑπάρχει καθ' ἑαυτὸν ὡσαύτως καὶ οἱ ἐφορῶντες ἀστέρες, καὶ ἐν καλῷ τόπῳ ἑστήκοι ἀπό τε τοῦ ὡροσκόπου τῆς καταρχῆς καὶ τοῦ ζῳδίου τῆς ἐναλλαγῆς καὶ τοῦ ὡροσκόπου τῆς ἐναλλαγῆς, τότε δηλοῖ σώματος σωτηρίαν τοῦ ἔχοντος τὴν ἐναλλαγὴν καὶ εὐφροσύνην καὶ θυμηδίαν ἐπ' ἐκείνοις τοῖς πράγμασιν ὧν ἐστι σημαντικὸς ὁ χρονοκράτωρ καὶ οἱ συναπτίζοντες αὐτῷ ἀστέρες κατά τε πῆξιν καὶ κατὰ πάροδον, οἷον πλούτου καὶ ἀξίας καὶ δόξης καὶ κτήσεως ἀκινήτων καὶ παιδοποιΐας καὶ ἐπικτήσεως δούλων καὶ τέρψεως γυναικῶν κατὰ τὰς κράσεις τῶν ἀστέρων καὶ τοὺς οἴκους ἐν οἷς ὑπάρχουσιν.

V: **2** *ἄρα*

Isidorus (ϱ): **1** *ἴδε* || **2** *ἐφωρᾶτο* || **7** post *πάντων* add. *καὶ* || **10** *εἰσιν*] *ἦσαν* || **16** *εἴη* om. || **17** *καθ' ἑαυτὸν* om.

Versio Latina: **1** aspicere oportet | signum profectionis || **3.4** *ἐν—ἔτους* om. || **4** *ἐν—ζῳδίῳ*] in eodem signo || **5** per revolutionem || **6** vel nullum aspicit || **7** *ἐφορᾶται* om. || **9** *κατὰ πάροδον*] per transitum || **10** in transitu revolutionis | sciendum est || **12** signum profectionis || **13** tam in nativitate quam in revolutione || **14.15** in utraque figura || **23** coadiuvantes || **25** dignitatibus || **27** domorum

Εἰ δὲ ὁ κύριος τοῦ ἔτους ἐν μὲν τῷ κατὰ πῆξιν ὡροσκόπῳ ἀγαθυνόμενος ᾖ, ἐν δὲ τῇ ἐναλλαγῇ κακούμενος εἴτε διὰ τὸ ἀναποδίζειν εἴτε διὰ τὸ ὕπαυγον εἶναι ἢ διὰ τὸ ἐν ἀλλοτρίῳ τόπῳ τυχεῖν ἢ διὰ τὸ ἑσπέριον ὑπάρχειν ἢ διὰ τὸ συνοδεύειν κακοποιῷ ἢ σχηματίζεσθαι αὐτῷ ἢ διὰ τὸ παρ' αἵρεσιν εἶναι καὶ τὰ τοιαῦτα, δηλοῖ ὡς ἐν ἐκείνῳ τῷ ἔτει ἀμυδραὶ καὶ ἀσθενεῖς [f. 254] *ἔσονται αὐτοῦ* ⟨*τοῦ*⟩ *ἀστέρος ἐνέργειαι καὶ ἀναλόγως τῇ τοῦ ἀστέρος ἀπὸ τῶν εἰρημένων διαθέσεων κακώσει. εἰ δὴ ὁ τοῦ ἔτους κύριος κατὰ μὲν πῆξιν κεκακωμένος ᾖ, κατὰ δὲ τὴν ἐναλλαγὴν καλῶς διακείμενος, δηλοῖ μετρίως ἀγαθύνεσθαι τὰ τοῦ ἔχοντος τὴν ἐναλλαγὴν καὶ ἀνακαινισθήσεται εὐφροσύνη· μεγάλη γὰρ ἡ δύναμις τοῦ χρονοκράτορος εἰς τὰ τοῦ ἔτους ἀποτελέσματα. εἰ δὲ ὁ χρονοκράτωρ ἐν τῇ καταρχῇ καὶ ἐν τῇ τοῦ ἔτους ἐναλλαγῇ ὁμοῦ κεκακωμένος ᾖ, ἐπίτασιν δηλοῖ τῆς βλάβης κατὰ τὴν οἰκείαν σημασίαν.*

Σὺν τούτοις ἰδὲ τὸν αὐτὸν χρονοκράτορα ἐν ποίῳ τόπῳ ἐστὶ τοῦ θέματος τῆς τε καταρχῆς καὶ τῆς ἐναλλαγῆς, καὶ ἆρά ἐστιν ἀκάκωτος ἢ κεκακωμένος. εἰ μὲν οὖν ἐστιν ἐν τοῖς δυσὶ καιροῖς ἐν τόποις ἀγαθοῖς καὶ ἀκάκωτος, δηλοῖ ἐπιτυχίαν ἀγαθῶν καὶ ὠφέλειαν. εἰ δὲ ἐν μὲν τῇ καταρχῇ εὖ διακείμενός ἐστιν ὡσαύτως καὶ ἐν τῇ ἐναλλαγῇ, μήπω

V: **7** *ἀστέρου* || **8** *τῆς* || **9** *κακώσεως* || **12** *ἀνακαινισθήσονται* || **19** *ἄρα*

Isidorus (*ϱ*): **2** *ᾖ*] *εἴη* || **7** *αὐτοῦ τοῦ ἀστέρος* || **8** *αἱ ἐνέργειαι* || **9** *διαθέσεων*] *ἀστέρων* | *δὴ*] *δὲ* | *ὁ τοῦ ἔτους κύριος*] *τοῦ ἔτους ὁ κύριος* || **10** *ᾖ*] *εἴη* || **12** *ἀνακαινισθήσονται* | *μετ' εὐφροσύνης* || **13** *ἡ* om. || **14** *ἔν τε τῇ καταρχῇ* || **15** *ὁμοῦ* om. | *ᾖ*] *εἴη* || **18.19** *καὶ εἰ ἄρα* || **19** *εἰ μὲν οὖν ἐστιν*] *καὶ εἰ ἔστιν καὶ* || **20** post *καιροῖς* add. *τούτοις* || **22** *διακείμενός ἐστιν*] *διάκειται* | post *ὡσαύτως* add. *δὲ* || **22**—p. 38, **1** *μήπω δὲ*] *μὴ*

Versio Latina: **2** expeditus et bonus | impeditus seu malus || **2.3** iterum si sit ipse retrogradus sive sub radiis || **4.5** quia coniungetur per corpus vel aspectum || **5** malevolis | *ἢ σχηματίζεσθαι αὐτῷ* om. || **7** obscurae, debiles ac infirmae | *τοῦ ἀστέρος* om. || **8.9** iuxta proportionem infortunii contingentis sibi a dispositionibus supradictis || **12** renovabuntur ei laetitiae | magis || **17** aspicias || **21.22** in utraque figura

δὲ συσχηματίζεται ἀγαθοποιοῖς, δηλοῖ ὡς τεύξεται μὲν τῶν ἀγαθῶν, μειωθήσονται δὲ καὶ ἐλαττωθήσονται κατ᾽ ὀλίγον. εἰ δὲ ἔν τε τῇ καταρχῇ καὶ τῇ ἐναλλαγῇ κεκακωμένος ᾖ καὶ ἀποκεκλικώς, συσχηματίζεται δέ τισιν ἀγαθοποιοῖς, δηλοῖ εὑρήσειν μὲν ἀγαθὰ καὶ ἐλαχίστην ὠφέλειαν πραγμάτων μέντοι μηδαμινῶν καὶ εὐτελῶν. εἰ δὲ ὁ χρονοκράτωρ κεκακωμένος ᾖ τοῖς δυσὶ καιροῖς, ἐπίκεντρος δὲ ὑπάρχει τῷ θέματι τῆς ἐναλλαγῆς καὶ κακωθῇ ὑπὸ τοῦ ἀστέρος ἀπὸ τετραγώνου ἢ διαμέτρου, δηλοῖ περιστάσεις καὶ ἐναντιώματα καὶ συμπτώματα περιφανεῖν ἐν ἐκείνῳ τῷ ἔτει. εἰ δὲ ὁ κακοποιὸς ἐκεῖνος ἀναποδίζει ἢ φέρεται πρὸς τὸ ὕπαυγον, δηλοῖ ὡς ἡ ἀνάγκη ἐπιβρίσει αὐτῷ ἀπό τινος ἀναλόγου πράγματος. εἰ δὲ ἐν τοῖς δυσὶ καιροῖς ὑπάρχει κεκακωμένος καὶ ἐπίκεντρος, αὔξει μείζονα τὰ δεινά. εἰ δὲ ὁ χρονοκράτωρ τοῖς δυσὶ καιροῖς οὐχ ὑπάρχει ἐπίκεντρος, ἀλλὰ κεκακωμένος καὶ τὸν ὡροσκόπον ἐφορῶν, ἐλαττωθήσεται τὸ δεινὸν καὶ οὐ περίφημον καὶ διαβόητον γενήσεται, ἀλλὰ μόνοις τοῖς συγγενέσι καὶ τοῖς οἰκείοις γνωστόν. εἰ δὲ ἐν τοῖς τέσσαρσι τόποις ὑπάρχει τοῖς μὴ ἐφορῶσι τὸν ὡροσκόπον, ἤτοι τῷ β′, τῷ ς′, τῷ η′, τῷ ιβ′, ἔσται τὸ σύμπτωμα λαθραῖον καὶ κρύφιον

V: **9** *τοῦ*] estne legendum *τινος*?

Isidorus (*ϱ*): **1** post *συσχηματίζεται* add. *δὲ* || **2** *τῶν* om. | *καὶ ἐλαττωθήσονται* om. || **3** post *ὀλίγον* add. *τὰ ἀγαθά* | *ἔν τε*] *καὶ ἐν* | *καὶ ἐν τῇ* || **4** *ᾖ*] *εἴη* | *συσχηματίζοιτο* || **5** *εὑρήσειν*] *ὡς εὑρήσει* | post *ἀγαθά* add. *τινα* | post *ὠφέλειαν* add. *ἐκ* || **6** *μηδαμινῶν*] *οὐδαμινῶν* || **7** *ᾖ*] *εἴη ἐν* || **8** *ὑπάρχων ἐν* | *καὶ* om. | *κακωθείη* || **9** *τοῦ* om. || **10** *περιφανῆ* || **12** *ἐπιβρίσει*] *βαρέως ἐπελεύσεται* || **13** *ἀναλόγου*] *παραλόγου* || **14** *μείζονα*] *πρὸς μεῖζον* || **15** post *χρονοκράτωρ* add. *καὶ ἐν* || **17.18** *οὐ περίφημον καὶ διαβόητον*] *διαβόητον ἢ περίφημον οὐ* || **19** post *οἰκείοις* add. *ἔσται* || **19.20** *ἐν — ἐφορῶσι*] *ἔν τινι τῶν τόπων ὑπάρχει τῶν μὴ ἐφορώντων* || **20.21** *τῷ β′ ἢ τῷ ς′ ἢ τῷ η′ ἢ τῷ ιβ′*

Versio Latina: **3.4** in utraque figura || **8** in nativitate || **9** ab aliquo planeta malevolo || **10.11** adversitates, pericula, et delicta manifesta || **11.12** sub radios Solis vadit vel retrogradat || **12** necessitas irrationabilis || **13** *ἀναλόγου* om. || **14.15** in angulos maiores, amplius adversitates significat || **18** *μόνοις* om. || **19** in aliquo de 4 locis || **21** erit huius delictum

καὶ πᾶσιν ἀδιάγνωστον. εἰ δὲ ἀποκεκλικὼς μὲν ᾖ καθὼς εἴπομεν ἀπὸ τοῦ ὡροσκόπου, ἐφορᾶται δὲ παρά τινος ἐπικέντρου ἀστέρος, φανήσεται τὸ σύμπτωμα μετὰ τὸ ἐπί τινα καιρὸν κρυβῆναι. εἰ δὲ πάλιν ἐκεῖνος ὁ ἀστὴρ συνάπτει ἑτέρῳ ἀστέρι ἐπικέντρῳ, αὐτὸς ὁ τὴν ἐναλλαγὴν ἔχων ἐκφαυλίσει τὰ περὶ αὐτοῦ. σκόπει δὲ καὶ τὰς συνόδους τοῦ χρονοκράτορος πρὸς τοὺς ἀστέρας καὶ τὰς ἀκτινοβολίας καὶ τοὺς κλήρους καὶ τὰ δωδεκατημόρια, καὶ οὕτως ἀποφαίνου.

Τέταρτον. Περὶ τῆς χρονοκρατορίας τοῦ Κρόνου ὅτε ἀγαθυνόμενος ᾖ

Ὁ μὲν Κρόνος φύσει ἐστὶ κακοποιὸς καὶ φθοροποιός, ὁ δὲ Ζεὺς φύσει ἀγαθοποιὸς καὶ ἀγαθῶν δηλωτικός· πολλάκις δὲ ὁ κακοποιὸς δηλοῖ εὐτυχίαν, ὁ δὲ ἀγαθοποιὸς δηλοῖ δυστυχίαν κατὰ τὰς διαφόρους αὐτῶν διαθέσεις. καὶ ὁ μὲν κακοποιὸς κακῶς διακείμενος διά τε τὴν οἰκείαν φύσιν καὶ τὴν ἐναντίαν διάθεσιν δηλοῖ λύμας καὶ βλάβας· εἰ δὲ συσχηματισθῇ ἑτέρῳ τινὶ ἀστέρι κακῶς κἀκείνῳ διακειμένῳ, ἐπιταθήσεται ἡ τούτου βλάβη· ὅτε δὲ τύχῃ ὁ κακοποιὸς εὖ διακείμενος, οὐ βλαβήσεται διὰ τοῦ τριγώνου καὶ ⟨ἑξαγώνου⟩ σχήματος, ἀλλὰ μᾶλλον ἀγαθὰ σημαίνει. καὶ ὁ ἀγαθοποιὸς ὅτε κακῶς διάκειται καὶ ἀδυναμίαν ἔχει, ἀδυνατοῦσι καὶ αἱ τούτου σημασίαι· εἰ δὲ οὕτως

V: **6** αὐτοῦ

Isidorus (ρ): **1** ᾖ] εἴη || **6** αὐτοῦ || **10** τέταρτον om. || **11** ἀγαθυνόμενος] ἀκάκωτός | ᾖ] ἐστιν || **15.16** καὶ ὁ μὲν] ὁ μὲν γὰρ || **18** συσχηματισθείη || **19** τούτου] ἐκείνου | ὅτε] εἰ | τύχῃ] τύχοι || **20.21** οὐ — σχήματος] σχηματίζοιτο δὲ καὶ ὑφ' ἑτέρου κακοποιοῦ τριγωνικῶς, οὐ βλαβήσεται || **22** post ἀγαθοποιὸς add. ὡσαύτως || **22** καὶ[2] om. || **23** ἀδυνατοῦσι — σημασίαι] καὶ αἱ τούτου σημασίαι ἀδυνατοί εἰσιν

Versio Latina: **1** remotus || **1.2** ut dictum est || **4** ἐκεῖνος ὁ ἀστὴρ om. || **5** ἑτέρῳ om. || **6** publicabit delictum suum | considerandae sunt || **8** καὶ τοὺς κλήρους om. || **8.9** et sic postea poterit securius diffinire || **15** κατὰ] et || **19.20** ὁ κακοποιὸς] planeta ipse || **20.21** per trinum vel sextilem aspectum aspiciens

ἔχοντι ἐπιβλέψει αὐτῷ κακοποιός, δέχεται ἀπ᾿ ἐκείνου τὴν κακοποίησιν καὶ διενεργεῖ τὰς τοῦ κακοποιοῦ ἐνεργείας ὁ ἀγαθοποιὸς διὰ τὴν σύγκρασιν.

Ὁ μὲν οὖν Κρόνος ὅτε κακῶς διάκειται καὶ συσχηματισθῇ τούτῳ ὁ Ζεὺς ἤ τινες τῶν ἀγαθοποιῶν, ἐλαττοῦσι τὴν κακίαν αὐτοῦ. τοιγαροῦν ὁ Κρόνος χρονοκράτωρ γινόμενος καὶ κατά τε πῆξιν καὶ κατὰ [f. 254^{v}] *πάροδον ἀνατολικὸς ὢν καὶ προποδίζων ἐν ἰδίῳ οἴκῳ ἢ ὑψώματι ἢ ἔν τισι τόποις ὧν ἐν οἷς ἔχει λόγον ἢ ἔν τινι τόπῳ τῶν φίλων αὐτοῦ καὶ συνεργῶν καὶ ἐν καλῷ τόπῳ τῆς τῶν οἴκων διαιρέσεως καὶ ἐν ἰδίᾳ αἱρέσει ποιεῖ τὸν ἔχοντα τὴν ἐναλλαγὴν διοικητὴν λυσιτελῶν καὶ ὠφελίμων πραγμάτων καὶ εὐοδούμενον ἐν αὐτοῖς καὶ ἐνδύναμον καὶ ὑπομονητικόν, καὶ μάλιστα συνεργεῖ εἰς τὰς τῶν γαιῶν καὶ τῶν χωρίων διοικήσεις καὶ εἰς τὰς οἰκοδομὰς καὶ τὰς ἐπικτήσεις αὐτῶν καὶ τὰς τῶν οἴκων ἀνορθώσεις καὶ τὰς τῶν ὑδάτων μετοχ⟨ετ⟩εύσεις καὶ τὰς φυτείας τῶν δένδρων. εἰ δέ ἐστιν ὁ ἄνθρωπος τῶν ἀρχόντων ἢ τῶν βασιλέων καὶ τύχῃ ὁ Κρόνος οὑτωσὶ διακείμενος καὶ τριγωνίζων ἐν τῇ καταρχῇ τὸν Δία, δηλοῖ ὡς ἐν ἐκείνῳ τῷ ἔτει κτίσει πόλεις καὶ παλάτια καὶ περιτειχίσει ταῦτα καὶ ὑψώσει τὰ τείχη καὶ ἀνακαινίσει κήπους καὶ ἀγωγοὺς ποιήσει καὶ διορύξει ῥύακας καὶ τὰ διεφθαρμένα ἀνακαινίσει· εἰ δὲ ἐν τῇ καταρχῇ μὴ τριγωνίζει, ἀλλὰ ἑξαγωνίζει τὸν Δία, ἥττονα ἔσται τὰ τοιαῦτα. εἰ δὲ ὁ Ζεὺς καὶ κατὰ πάρ-*

V: **1** *κακοποιόν* || **24** *ἔττονα*

Isidorus (*ϱ*): **1** *ἔχοντα ἐπιβλέπει αὐτὸν* || **2** *τὴν* om. || **4** *συσχηματισθείη* || **5** *τινες*] *τις ἕτερος* | *ἐλαττοῦσι*] *ἐλαττοῖ* || **6** *ἑαυτοῦ* || **8** post *προποδίζων* add. *καὶ* || **9** *ὢν* om. | *λόγον ἔχει* | *τῶν — συνεργῶν*] *τινὸς τῶν συνοικειουμένων αὐτῷ* || **10** *τῆς τῶν οἴκων διαιρέσεως*] *τοῦ διαθέματος* || **12** *αὐτοῖς*] *αὐταῖς* || **13** *καὶ μάλιστα*] *μάλιστα δὲ* || **16** *μετοχετεύσεις* || **18** *τύχοι* || **19** *τριγωνίζει* || **21** *ποιήσει ἀγωγοὺς* || **23** *ἀλλ᾿* || **24** *καὶ* om.

Versio Latina: **1** ab eodem malevolo || **3** *διὰ τὴν σύγκρασιν* om. || **8** in domo propria conditione vel exaltatione | *ἢ*^{2} om. | *τισι* om. || **11.12** *λυσιτελῶν καὶ ὠφελίμων*] utilium rerum || **14** *τῶν χωρίων*] villarum | *διοικήσεις*] cura || **17** *ὁ ἄνθρωπος* om. || **17.18** de regibus aut principibus || **22** corrupta et vetera

οδον ἐφορᾷ τοῦτον ἀπὸ τριγώνου ἢ ἑξαγώνου, ἐπιβλέπει ⟨δὲ⟩ τοῦτον καὶ ἐν τῇ καταρχῇ, δηλοῖ πρὸς τούτοις καὶ ὡς διὰ τιμῆς ἔσται καὶ ἐν εὐφροσύνῃ διάξει καὶ ὡς ἐπικτήσεται πλοῦτον πολὺν καὶ εὐχαριστηθήσεται καὶ ὠφεληθήσεται διὰ πάντων αὐτοῦ τῶν ἔργων, καὶ εἰ ἕξει παῖδα, εὐφρανθήσεται ἐπὶ τῷ οἰκείῳ παιδί. εἰ δὲ τύχῃ ὁ Κρόνος κατά τε πῆξιν καὶ κατὰ πάροδον ἐν ζῳδίοις βασιλικοῖς τῷ Διῒ συσχηματιζόμενος, κυβερνήσει ὁ ἔχων τὴν ἐναλλαγὴν κατ' ἐκεῖνον τὸν χρόνον βασιλικὰ ἔργα· τὸ δ' αὐτὸ σημαίνει καὶ εἰ συνοδεύει τῷ Διΐ. δεῖ δὲ σὺν τούτοις ἐπιτηρεῖν καὶ τὰς ἀκτῖνας καὶ τοὺς κλήρους καὶ τὰ δωδεκατημόρια κατ' ἐκεῖνον τὸν χρόνον τῆς [τε] καταρχῆς καὶ τὰς κατὰ πάροδον, καὶ τίνι τούτων σύνεστιν ὁ Κρόνος, καὶ τίνα τούτων ἐφορᾷ ἐν τοῖς δυσὶ καιροῖς· [καὶ] τὰ τοιαῦτα γὰρ ἔχουσι σημασίας. εἰ μὲν οὖν ἔχει λόγον ὁ Κρόνος ἐν ᾧ ἐστι τόπῳ ἢ κυριεύει τοῦ οἴκου ἐν ᾧ ἐστιν ὁ κλῆρος ⟨τῆς τύχης⟩ ἢ ἐπιβλέπει τὸν κλῆρον ἀπὸ ζῳδίου ἔνθα ἔχει λόγον, περιγενήσεται αὐτῷ ἡ ὠφέλεια ἀπό τινος μέρους γνωρίμου ἢ ἀπό τινος φίλου· εἰ δὲ ἐν ἀλλοτρίῳ τόπῳ ὑπάρχει, γενήσεται ὠφέλεια ἀπὸ ξένου προσώπου.

Εἰ μὲν οὖν ὁ Κρόνος χρονοκράτωρ καὶ ὑπάρχουσιν αὐτός τε καὶ ὁ Ἄρης ἀγαθυνόμενοι κατά τε πῆξιν καὶ κατὰ πάροδον, ἐφορᾷ δὲ τοῦτον ὁ Ἄρης ἀπὸ τριγώνου ἢ ἑξαγώνου σχήματος καὶ προσδέχονται ἀλλήλους, ἔσται ὁ ἔχων τὴν ἐναλλαγὴν ἐν ἐκείνῳ τῷ χρόνῳ ἐπιχειρῶν πράγμασι βιω-

V: **21** ὑπάρχουσιν] ὑπάρχει

Isidorus (ϱ): **2** καὶ[1] om. || **4.5** καὶ ὠφεληθήσεται — ἔργων] παρὰ πολλῶν καὶ διὰ πάντων αὐτοῦ τῶν ἔργων ὠφεληθήσεται || **5** καὶ εἰ ἕξει] ἕξει δὲ καὶ | post παῖδα add. καὶ || **14** καὶ || **16** οἴκου] τόπου || **19** τινος om. || **20** ὠφέλεια] ἡ ὠφέλεια αὐτῷ || **21** εἰ μὲν οὖν] πάλιν εἰ || **21.22** καὶ ὑπάρχουσιν — ἀγαθυνόμενοι] ὑπάρχει, ἀγαθύνεται δὲ αὐτός τε καὶ ὁ ἄρης

Versio Latina: **2** sic in initio || **3** ἐν εὐφροσύνῃ διάξει] alacer || **4** εὐχαριστηθήσεται] regnabit || **5** εἰ ἕξει παῖδα] filium etiam procreabit || **10** observare in utraque figura || **11.12** κατ' — πάροδον om. || **13** in quibus horum || **16** sors fortunae || **20** ab aliena parte

φελέσι καὶ προστεθήσεται ὁ πλοῦτος αὐτοῦ καὶ ἡ δόξα καὶ ὁμιλήσει βασιλεῦσι καὶ εὐφρανθήσεται ἐπ' ἀδελφοῖς καὶ εὖ ἕξει τὰ κατ' αὐτούς. εἰ δὲ συνοδεύσει αὐτῷ ὁ Ἄρης ἐν τοῖς δυσὶ καιροῖς καὶ ὑπάρχωσιν ἀκάκωτοι, ἔσται ἐν ἐκείνῳ τῷ χρόνῳ εὖ ἔχειν καὶ ἐπιτήδειος εἰς τὸ συμβουλεύεσθαι καὶ εὐστόχως ἐπιβάλλειν τοῖς πράγμασιν καὶ εὐχερεῖς ἔσονται αὐτοῦ αἱ δουλεῖαι καὶ εὐμετάδοτος ἔσται καὶ πολυέξοδος.

Εἰ δὲ ὁ Κρόνος ἔσται χρονοκράτωρ καὶ ὑπάρχουσιν αὐτός τε καὶ ὁ Ἥλιος ἀκάκωτοι ἐν τοῖς δυσὶ καιροῖς, ἐφορῶντος αὐτὸν τοῦ Ἡλίου ἀπὸ σχήματος ἑξαγώνου, ἐξαύγου ὄντος τοῦ Κρόνου, δηλοῖ τῷ ἔτει ἐκείνῳ προσθήκην δόξης καὶ ὠφέλειαν τοῦ πατρὸς καὶ παρὰ βασιλέων ὠφέλειαν· εἰ δὲ ἐκ τριγώνου τοῦτον ἐφορᾷ ὁ Ἥλιος, τοῦ Κρόνου ἀρχομένου ἀναποδίζειν, ἥττονα ἔσται τὰ ἀγαθά. εἰ δὲ ἐν ἑνὶ τῶν β̄ καιρῶν ἐφορᾷ τοῦτον ὁ Ἥλιος ἀπὸ τετραγώνου ἢ διαμέτρου, ἐλαττοῦται τὰ ἀγαθά.

Εἰ δὲ τοῦ Κρόνου ὄντος χρονοκράτορος αὐτός τε καὶ ἡ Ἀφροδίτη ἀγαθύνονται κατὰ πῆξιν καὶ κατὰ πάροδον καὶ συσχηματισθῇ τούτῳ ἐν τοῖς δυσὶ καιροῖς ἀπὸ τριγώνου ἢ ἑξαγώνου, ἀγαθύνεται δὲ καὶ ὁ κλῆρος τοῦ γάμου, ἐν ἐκείνῳ τῷ ἔτει εὐφρανθήσεται ἐπὶ γυναιξὶ καὶ προστεθήσεται τῷ καλλωπισμῷ καὶ τῇ πλάστρᾳ καὶ ἁβρὸς ἔσται ὁ τούτου πλοῦτος, ἀγαπήσει δὲ καὶ ζωγραφίας καὶ τορεύ-

V: **7** post *πολυέξοδος* lac. c. 7 litt. || **8** *ὑπάρχει* || **10** post *ἑξαγώνου* add. *ἢ* || **22** *σπάστρᾳ*

Isidorus (ϱ): **4.5** *ἔσται — ἔχειν*] *εὖ ἕξει ἐν ἐκείνῳ τῷ χρόνῳ* || **5** post *ἐπιτήδειος* add. *ἔσται* | *εἰς τὸ*] *ἐν τῷ* | *συμβουλεύειν* || **6** *εὐχεροῖς* || **7** *αὐτῷ* || **8** *ἐστὶ* || **10.11** *ἔξαυγον ὄντα τὸν κρόνον* || **13** *ἐκ*] *ἀπὸ* || **13.14** *τοῦ κρόνου ἀρχομένου*] *ἀρχόμενον* || **16** *ἐλαττοῦται τὰ ἀγαθά*] *ἐξαύγου ὄντος τοῦ κρόνου, ἀγαθά* || **18** *κατά τε πῆξιν* || **19** *συσχηματισθείη* || **22** *τῇ πλάστρᾳ*] *ταῖς λαμπροφορίαις* || **23** *τορεύσεις*] *ποικιλίας τορευτῶν ξύλων*

Versio Latina: **2** notitiam habebit cum regibus || **2.3** processus sui prospere sibi succedent || **4** ambo fuerint || **5** cuius est revolutio bene se habens || **7** *αἱ δουλεῖαι*] negocia || **10.11** *ἐξαύγου — κρόνου* om. || **15.16** *ἀπὸ — ἀγαθά*] idem erit || **18** in duobus temporibus || **21.22** curam habebit de ornatu et puritate || **23** decorem

σεις ἐν τοῖς οἴκοις. [f. 255] εἰ δὲ ἐν τῷ ἑνὶ καιρῷ τοιου⟨το⟩τρόπως διάκειται, οὐ πάνυ τι ἄκρατα ἔσονται τὰ ἀγαθά, ἀλλὰ φθονήσουσιν αὐτῷ τινες καὶ καταμέμψονται αὐτοῦ καὶ λυπηθήσεται διὰ γυναῖκας καὶ γυναικώδεις ἄνδρας καὶ δυσχερῶς τεύξεται τῶν ἀφροδισίων καί τις τῶν αὐτοῦ γυναικῶν λυπηθήσεται καὶ διαφθαρήσεταί τι τῆς κινητῶν αὐτοῦ ὑποστάσεως ἢ τῶν μυριστικῶν αὐτοῦ καὶ διὰ μέσης τῆς χαρᾶς λυπηθήσεται καὶ διὰ μέσης τῆς παιδιᾶς σκανδαλισθήσεται.

Εἰ δὲ ὁ Κρόνος ᾖ χρονοκράτωρ καὶ ἀγαθύνονται αὐτός τε καὶ ὁ Ἑρμῆς κατά τε πῆξιν καὶ κατὰ πάροδον καὶ συσχηματίζεται αὐτῷ τριγωνικῶς ἢ ἑξαγωνικῶς καὶ προσδέχεται ὁ ἕτερος τὸν ἕτερον, ὑπάρχουσι δὲ καὶ ὁ κλῆρος τῶν δούλων καὶ ὁ κλῆρος τῶν τέκνων καὶ ὁ κλῆρος τῆς πράξεως εὖ διακείμενοι ἅμα τοῖς κυρίοις αὐτῶν, ἐν ἐκείνῳ τῷ ἔτει διὰ τιμῆς ἔσται καὶ εὐσταθὴς ὑπάρξει καὶ σχολάσει περὶ τὴν ἀνάγνωσιν τῶν γραφῶν καὶ τὰς ψηφηφορίας καὶ τὰ μαθήματα καὶ εὐφρανθήσεται ἐπὶ τέκνοις καὶ δούλοις. εἰ δὲ συνοδεύσει αὐτῷ ὁ Ἑρμῆς ἐν τοῖς δυσὶ καιροῖς, ἔσται πανευφυέστατος τῷ ἔτει ἐκείνῳ. εἰ δὲ ἐν τῷ ἑνὶ καιρῷ τοι⟨ουτ⟩οτρόπως διάκειται, ἐλαττοῦνται πάντα ὅσα εἴπομεν.

Εἰ δὲ ὁ Κρόνος ᾖ χρονοκράτωρ καὶ ἀγαθύνεται ἅμα τῇ Σελήνῃ κατά τε πῆξιν καὶ κατὰ πάροδον καὶ τριγωνισθῇ παρ᾽ αὐτῆς ἢ ἑξαγωνισθῇ ἐν τοῖς δυσὶ καιροῖς καὶ ὑπάρχει ἡ Σελήνη ἐν τοῖς φωσὶ καὶ τοῖς ἀριθμοῖς προσθετική,

V: **6** *κινηταῖς* || **10** *ἀγαθύνεται* || **13** *ὑπάρχει* || **15** *διακειμένοις* || **21** *διὰ κεῖνον* || **24** *αὐτῆς*] *αὐτοῖς*

Isidorus (ϱ): **1** *ἐν τῷ οἴκῳ* | *τοιουτοτρόπως* || **2** *τι*] *τοι* || **4** *καὶ*²] *ἢ* || **5** *τὰ ἀφροδίσια* || **10** *ᾖ*] *ἐστὶ* | *ἀγαθύνεται* || **13** *ὑπάρχει* || **17** *ψηφοφορίας* || **19** *συνοδεύει* || **20** *τοιουτοτρόπως* || **22** *ᾖ*] *ἐστὶ* || **23** *τριγωνίζεται* || **24** *αὐτῆς*] *αὐτοῖς* | *ἑξαγωνίζεται*

Versio Latina: **2** *ἄκρατα*] immoderata || **3** *φθονήσουσιν*] vili pendent || **6.7** de mobili substantia sua vel de unguentis suis || **11** in duobus temporibus || **13** sunt || **15.16** *ἐν — ἔτει* om. || **20** ingenii facundissimi || **21** omnia supradicta || **22.23** tam ipse quam luna fuerint in duobus temporibus expediti || **23.24** aspexerit eam per trinum vel sextilem

προστεθήσεται ἐν ἐκείνῳ τῷ χρόνῳ ὁ πλοῦτος αὐτοῦ καὶ ἡ δόξα καὶ κτήματα καὶ οἰκειωθήσεται βασιλεῦσι καὶ παρὰ πολλῶν ἐπαινεθήσεται καὶ εὐφρανθήσεται ἐπὶ μητράσι καὶ γυναιξί. εἰ δὲ ἐπιβλέψει τοῦτον ἐν τῷ ἑνὶ καιρῷ καὶ ὑπάρχουσι κεκακωμένοι, ἐλαττοῦνται πάντα ὅσα προείπομεν.

Πέμπτον. Περὶ τοῦ Κρόνου ὅτε ᾖ χρονοκράτωρ καὶ ὑπάρχει κεκακωμένος

Ὅτε ἐστὶν ὁ Κρόνος χρονοκράτωρ καὶ ὑπάρχει κεκακωμένος κατά τε πῆξιν καὶ κατὰ πάροδον, ἀποκεκλικὼς καὶ ἐν τόπῳ κακῷ καὶ ἐν ἀλλοτρίῳ ζῳδίῳ καὶ ὕπαυγος ᾖ ἢ ἀναποδίζων, καὶ μάλιστα ἐὰν ᾖ ἐν τῷ ἐναντιώματι αὐτοῦ μὴ βοηθούμενος παρὰ τοῦ Διὸς εἴτε κατὰ σχῆμα εἴτε κατὰ σύγκρασιν διὰ τῶν ἰσοδυναμούντων ζῳδίων, καὶ ὑπάρχει νυκτερινὴ ἡ ἐναλλαγή, καὶ ὑπάρχει ὑπὲρ γῆν εἴτε ἐν τῷ ζ′ εἴτε ἐν τῷ μεσουρανήματι, εἴτε τῆς ἐναλλαγῆς ἡμερινῆς οὔσης ὑπάρχει ὑπὸ γῆν καὶ μάλιστα ἐν τῷ ὑπογείῳ, δηλοῖ τῷ ἔτει ἐκείνῳ βλάβην ἐν τοῖς γέρουσι τοῦ οἴκου καὶ τοῖς πατράσι καὶ τοῖς πάπποις· καὶ εἰ ἔστι τὸ ζῴδιον ἄρρεν, ἔσται τὸ σύμπτωμα περὶ τοὺς ἄρρενας· εἰ δὲ θῆλυ, περὶ τὰς θηλείας· εἰ δέ ἐστιν ἐν δισώμῳ ζῳδίῳ, περὶ ἀμφότερα. σὺν τούτοις δηλοῖ ὅτι ὁ τὴν ἐναλλαγὴν ἔχων ὑποστήσεται μεγάλα συμπτώματα καὶ νόσους μακρὰς ἀπὸ ὑγρότητος καὶ

Isidorus (ϱ): **2** *τὰ κτήματα* || **4** *αὐτὸν* | *ὑπάρχουσι*] *ἀμφότεροι* || **6** *πέμπτον* om. || **6.7** *περὶ τῆς χρονοκρατορίας τοῦ κρόνου ὅτε ὑπάρχει κεκακωμένος* || **9** post *πάροδον* add. *ἤγουν* | *ἀποκεκλικώς τε καὶ* || **10** *ζῳδίῳ*] *οἴκῳ* | *ᾖ*] *καὶ* || **11** *ᾖ καὶ ἐν* | *ἑαυτοῦ* || **12** post *εἴτε*^{2} add. *κατὰ σύνοδον εἴτε* || **13** *διὰ* om. || **14** *καὶ ὑπάρχει*] *ὁ δέ κρόνος ἐν τῷ* || **15** post *ζ′* add. *τόπῳ* || **16** post *ὑπογείῳ* add. *κέντρῳ* | post *δηλοῖ* add. *ἐν* || **17** post *βλάβην* add. *ἔσεσθαι* | *ἐν τοῖς γέρουσι τοῦ οἴκου*] *ἐν τῷ οἴκῳ γέρουσι* || **19** post *ἔσται* add. *καὶ* || **20** post *ἀμφότερα* add. *τὰ γένη* || **20.21** *σὺν τούτοις δηλοῖ*] *δηλοῖ σὺν τούτοις καὶ*

Versio Latina: **2** *καὶ κτήματα* om. | adhaerebit regibus || **6** de significationibus saturni || **7** et fuerit mali esse || **14** *γῆν*] trinum (pro terram) || **17** *ἐν*] de || **17.18** et in parentibus et in avis || **19** viris || **19.20** in mulieribus || **20** in utrisque

ῥιγοπυρέτων καὶ τρόμου σώματος καὶ δυσουρίας καὶ μελαγχολικῶν νοσημάτων καὶ ἐκτικῶν πυρετῶν καὶ τῶν τοιούτων· σημαίνει δὲ καὶ βλάβην ἐν τοῖς κτήμασι καὶ τῷ πλούτῳ καὶ τοῖς ἀγροῖς καὶ τοῖς ὕδασι καὶ ἐν πάσῃ αὐτοῦ τῇ ὑποστάσει τῇ τε κινητῇ καὶ τῇ ἀκινήτῳ καὶ ἀργίαν ἐν τοῖς ἐπιχειρήμασι καὶ δυσεντερίαν, ὁμιλήσει δὲ φειδωλοῖς ἀνθρώποις καὶ δολίοις, καὶ μάλιστα εἰ στηρίζει. εἰ δὲ ὁ Κρόνος οὕτως ἔχων ὑπάρχει ἐν ἀλλοτρίῳ ζῳδίῳ, ὑποστήσεται ταῦτα ἐπὶ γαίης ἀλλοδαπῆς. εἰ δέ ἐστιν ὁ Κρόνος ἐν φιλίῳ τόπῳ, ὑποστήσεται ταῦτα παρὰ φίλων. εἰ δὲ ὁ κύριος τοῦ οἴκου τοῦ Κρόνου ἐφορᾷ αὐτὸν κατὰ πῆξιν, πείσεται ταῦτα παρὰ παλαιοῦ ἐχθροῦ· εἰ δὲ κατὰ πάροδον ἐφορᾷ τοῦτον, βλαβήσεται παρὰ νέου ἐχθροῦ· εἰ δὲ καὶ κατὰ πῆξιν καὶ κατὰ πάροδον ἐφορᾷ τοῦτον, βλαβήσεται παρ᾽ ἀμφοῖν. καὶ ἐν τοῖς τρισὶ τρόποις οἷς ἔφαμεν γνωστὸς ἔσται αὐτῷ πρότερον ὁ ἐχθρός.

Εἰ δὲ ὁ Κρόνος ὢν χρονοκράτωρ κατά τε πῆξιν καὶ κατὰ πάροδον ὑπάρχει ὕπαυγος, δηλοῖ τῷ ἔτει ἐκείνῳ διαμάχας καὶ φόβους ἀπὸ ἐξουσιαστοῦ [f. 255v] καὶ νόσον ἐν κρυφίῳ τόπῳ καὶ βλάβην ἀπὸ πατρῶν καὶ πάππων καὶ γερόντων κατὰ τὴν τοῦ κυρίου φυσικὴν ἰδιότητα. καὶ εἰ μὲν ὑπάρχει ὁ Ἥλιος δυναμικώτερος, ἐπιταθήσεται τὰ τῆς βλάβης· εἰ δὲ ἀδυνατώτερος, ἐλαττωθήσεται. εἰ δὲ τοιουτοτρόπως ὁ Κρόνος διακείμενος συνοδεύσει ἀστέρι ἢ ἀκτῖνι ἀστέρος ἢ κλήρῳ ἢ δωδεκατημορίῳ ἢ ἐναντίῳ σχή-

Isidorus (ϱ): **3** *κτίσμασι* || **6** *δυσεντερίαν*] *δυσπραξίαν* || **10** *φιλίῳ*] *οἰκείῳ* | post *φίλων* add. *ἢ συγγενῶν* || **11** *οἴκου*] *τόπου* | *κατὰ τὴν πῆξιν* || **13** *καὶ* om. || **16** *αὐτοῦ* || **17** *χρονοκράτωρ ὢν*

Versio Latina: **1** *ῥιγοπυρέτων*] rigore et febribus || **2** *ἐκτικῶν πυρετῶν*] trecticis || **3** rebus stabilibus || **5** *αὐτοῦ* om. || **6** *δυσεντερίαν*] difficultatem in rebus obtentis || **7** *δολίοις*] dolores | retrogradatur || **9** hoc || **10** hoc || **12** hoc || **12.13** *εἰ – ἐχθροῦ* om. || **17** *ὢν χρονοκράτωρ* om. || **17.18** in duobus temporibus || **19** contentiones | a praepositis dignitatum || **21** *τοῦ κυρίου*] saturni || **22.23** detrimenta || **24** *ὁ κρόνος*] mali | cuiusdam stellae || **25** *ἀστέρος* om.

ματι ἐπιβλέψει τούτους κατὰ πῆξιν ἢ κατὰ πάροδον, δηλοῖ διαφθορὰν καὶ ἐρήμωσιν τοῦ εἴδους ἐκείνου· ὅτε μέντοι ὁ Κρόνος δηλώσει ἐναντία, ὑπάρχει δὲ ἡ ἐναλλαγὴ ἡμερινή, διὰ τὸ ἐν τῇ οἰκείᾳ αἱρέσει εἶναι τάχιον ἐλεύσεται τὰ δεινά.

Εἰ δὲ τοῦ Κρόνου χρονοκράτορος ὄντος καὶ ὁ Ζεὺς σὺν αὐτῷ κεκακωμένος ᾖ κατά τε πῆξιν καὶ κατὰ πάροδον, ἐξαγωνίζει δὲ τοῦτον ἢ τριγωνίζει ὢν ἐν τόπῳ φαύλῳ, δηλοῖ τῷ χρόνῳ ἐκείνῳ κατάλυσιν οἰκίας τινὸς αὐτοῦ ἢ κτήματος καὶ ἀπώλειαν μέρους πλούτου καὶ ἀδοξίαν καὶ ἀμέλειαν περὶ τὰ δέοντα. εἰ δὲ ἐν τοῖς δυσὶ καιροῖς ἐφορᾷ τοῦτον ἀπὸ τετραγώνου καὶ ὑπάρχουσιν ἄμφω κεκακωμένοι, δηλοῖ ἐλάττωσιν πλούτου τῷ ἔτει ἐκείνῳ καὶ δυσχέρειαν ἐν πᾶσι τοῖς ἐπιχειρήμασι· βλαβήσονται δὲ καὶ οἱ γονεῖς αὐτοῦ. εἰ δὲ ὁ Ζεὺς ἀπὸ διαμέτρου ἴδῃ ἐν τοῖς δυσὶ καιροῖς τὸν Κρόνον καὶ ὑπάρχουσιν ἄμφω κεκακωμένοι, ἔσται ἐν ἐκείνῳ τῷ ἔτει δυσχέρειαν ἔχων ἐν πᾶσι τοῖς ἐπιχειρήμασι καὶ λυπηθήσεται διὰ τέκνα. εἰ δὲ ἐν τοῖς δυσὶ καιροῖς συνοδεύσουσι, δηλοῖ ἀπώλειαν πλούτου καὶ ζημίαν καὶ ἔριδας· εἰ δὲ ἥ τε σύνοδος καὶ οἱ σχηματισμοὶ ὑπάρχουσιν ἐν ἑνὶ καιρῷ, κουφότερα ἔσται τὰ δεινά.

Εἰ δὲ ὁ Κρόνος ὑπάρχει χρονοκράτωρ καὶ ὦσιν αὐτός τε καὶ ὁ Ἄρης κεκακωμένοι κατά τε πῆξιν καὶ πάροδον καὶ

V: **1** τούτοις || **2** ὅτι || **9** οἰκείαν || **12** κεκακωμένος || **15** ἴδῃ] ἤδη || **17** ἔχων] ἔχειν || **22** ὦσιν] ᾖ || **23** κεκακωμένος

Isidorus (ϱ): **1** ἐπιβλέπει | ταῦτα | κατά τε πῆξιν | ἢ] καὶ || **7** ᾖ] εἴη || **9** οἰκίας τινὰς | αὐτοῦ om. || **10** κτήματα αὐτοῦ || **10.11** καὶ³ — δέοντα om. || **15.16** ἴδῃ — κρόνον] βλέπει τὸν κρόνον ἐν τοῖς δυσὶ καιροῖς || **17** ἔσται — ἔχων] ἐν ἐκείνῳ τῷ ἔτει δυσχέρεια ἔσται || **19** συνοδεύουσι || **22** χρονοκράτωρ] χρονο | ὦσιν] εἰσιν || **23** καὶ κατὰ πάροδον

Versio Latina: **2** ὅτε] aliquando || **3** cum est revolutio diurna || **4.5** citius mala provenient, sed dissolventur et erit modicum nocumentum || **6.7** tam ipse quam iupiter || **7** in duobus temporibus || **19.20** ζημίαν καὶ ἔριδας] contentiones et detrimentum || **20** fuerit || **21** mala huiusmodi leniora || **23** in duobus temporibus

συσχηματισθῇ τούτῳ οἱῳδήποτε σχήματι καὶ ὑπάρχουσιν ἀμφότεροι ἐν ἀνθρωποειδέσι ζῳδίοις, δηλοῖ συμπτώματα γενέσθαι περὶ τὸν ἔχοντα τὴν ἐναλλαγὴν τῷ ἔτει ἐκείνῳ καὶ φυλακὴν παρὰ ἐχθρῶν ἢ παρά τινος τῶν στρατηγῶν· λυπηθήσεται δὲ καὶ δι' ἀδελφούς. εἰ δὲ ἐκ τριγώνου ἢ ἑξαγώνου ἐφορᾷ ὁ Ἄρης τὸν Κρόνον ἐν τοῖς δυσὶ καιροῖς καὶ ὦσι κεκακωμένοι, δηλοῖ ἀμέλειαν τῷ ἔτει ἐκείνῳ ἀδελφῶν καὶ πάθη ὁ ἔχων τὴν ἐναλλαγὴν συμφορὰν μεγίστην ἅμα τοῖς ἀδελφοῖς αὐτοῦ. εἰ δὲ ὁ Ἄρης ἀπὸ τετραγώνου τοῦτον θεάσηται ἐν τοῖς δυσὶ καιροῖς, καθυπερτερεῖ δὲ τοῦτον ὁ Κρόνος, ἀρρωστήσει ἀπὸ θερμασίας καὶ πυρετοῦ καὶ φθαρήσεται ἡ περιουσία τοῦ πατρὸς αὐτοῦ καὶ τελευτήσει τις τῶν ἀδελφῶν αὐτοῦ· εἰ δὲ ὁ Ἄρης καθυπερτερεῖ τὸν Κρόνον, φθονήσει τοῖς συγγενέσι αὐτοῦ καὶ ἀρρωστήσει ἀρρωστίαν μεγίστην καὶ τὰ κατ' αὐτὸν κακῶς διατεθήσεται, πρὸς δὲ καὶ τὰ κατὰ τὸν πατέρα αὐτοῦ. εἰ δὲ ὁ Ἄρης ἐν τοῖς δυσὶ καιροῖς ἐπιβλέψει τοῦτον ἀπὸ διαμέτρου καὶ ὑπάρχουσιν ἄμφω κεκακωμένοι, ἐλαττωθήσεται ἐν τῷ ἔτει ἐκείνῳ ὁ πλοῦτος αὐτοῦ καὶ μέγιστα ὑποστήσεται συμπτώματα καὶ ἀρρωστήσει καὶ ὑποστήσεται ἀνάγκας διὰ φθόνον καὶ συκοφαντίαν καὶ διαφορὰς ἕξει μετὰ τῶν συγγενῶν αὐτοῦ· καὶ εἰ ὑπάρχουσιν ἐν ὑδατώδει ζῳδίῳ, ἔσονται τὰ συμπτώματα ἀπὸ ὕδατος καὶ ὑγρότητος· εἰ δὲ ἐν τετραπόδῳ, ἔσται τὸ σύμπτωμα ἀπὸ κρούσματος ἢ δήγματος ἢ δηλητηρίου. εἰ δὲ συνοδεύσει τούτῳ ὁ Ἄρης ἐν τοῖς δυσὶ καιροῖς καὶ ὑπάρχουσιν ἄμφω κεκα-

V: **2** ἀμφότερος || **13.14** εἰ — αὐτοῦ om. in textu, serv. in marg. || **22** ὑδάτῳ

Isidorus (ϱ): **1** συσχηματισθεῖεν | τούτῳ om. || **7** ὦσι] εἰσι | post ἐκείνῳ lac. c. 11 litt. || **10** θεάσηται] ἐφορᾷ || **16** διατεθήσονται || **17** ἐπιβλέπει || **25** συνοδεύει

Versio Latina: **4** ab aliquo duce exercitus || **7** ambo fuerint | ἀμέλειαν] desiderium (vel desidiam) et mortem || **8** πάθη . . . συμφορὰν μεγίστην] passiones et magnum periculum || **11** a febre et frigore || **15** bona sua || **16** πρὸς — αὐτοῦ om. || **22** ὑπάρχουσιν] fuerit || **23** periculum | ὑγρότητος] humidis

κωμένοι, ἔσται τῷ ἔτει ἐκείνῳ πολύσπορος καὶ κακοήθης καὶ κακῶς διοικῶν καὶ δυσχερεῖς ἔχων τὰς ἐπιχειρήσεις καὶ οἱ μέγιστοι αὐτοῦ ἀδελφοὶ βλαβήσονται· εἰ δὲ καλῶς ἔχουσιν ἐν τοῖς δυσὶ καιροῖς, μέτρια ἔσται τὰ δεινά.

Εἰ δὲ ὁ Κρόνος ἐστὶν χρονοκράτωρ καὶ ᾖ ἅμα τῷ Ἡλίῳ κεκακωμένος κατά τε πῆξιν καὶ κατὰ πάροδον καὶ συσχηματισθῇ τούτῳ ἀφ' οἱουδήποτε σχήματος, δηλοῖ τῷ ἔτει ἐκείνῳ λύπας καὶ ὕβρεις καὶ συκοφαντίας καὶ βλάβην τῶν πατρῴων καὶ ἐλάττωσιν τοῦ πλούτου αὐτοῦ. εἰ δέ ἐστι μετὰ τοῦ κλήρου τοῦ πατρὸς ἢ μετὰ τοῦ κυρίου αὐτοῦ ἢ κακοῦνται [f. 256] *παρ' ἑτέρων, δηλοῖ βλάβην τῶν πατρῴων καὶ τῶν θείων ἢ βλαβήσεται παρ' ἐκείνων ὁ ἔχων τὴν ἐναλλαγὴν ἢ ἐξ αἰτίας αὐτῶν. εἰ ὁ Ἥλιος ἐφορᾷ τὸν Κρόνον ἐν τοῖς δυσὶ καιροῖς ἀπὸ τριγώνου ἢ ἑξαγώνου καὶ ὑπάρχουσιν* ⟨*ἄμφω*⟩ *κεκακωμένοι, καὶ μάλιστα νυκτερινῆς οὔσης τῆς ἐναλλαγῆς, βλαβήσεται αὐτός τε καὶ ὁ πατὴρ αὐτοῦ ἐν ἐκείνῳ τῷ χρόνῳ βλάβας διαφόρους εἴς τε πλοῦτον καὶ εἰς τὴν ἀξίαν καὶ περιεσπασμένος ἔσται. εἰ δὲ* ⟨*ὁ*⟩ *Ἥλιος ἐφορᾷ τὸν Κρόνον ἐν τοῖς δυσὶ καιροῖς ἀπὸ τετραγώνου καὶ ὑπάρχουσιν* ⟨*ἄμφω*⟩ *κεκακωμένοι καὶ ἐπιδεκατεύει τοῦτον ὁ Ἥλιος, ἀφανισθήσεται τῷ ἔτει ἐκείνῳ πάντα ὅσα ἐκληρονόμησεν ἀπὸ πατρῴων καὶ ἀρρωστήσει ψυχρὰς ἀρρωστίας· ἴσως δὲ καὶ ἱερᾷ νόσῳ περιπεσεῖται καὶ πόνοις καὶ μόχθοις δεινοπαθήσει. εἰ δὲ ὁ Κρόνος ἐπιδεκατεύει τὸν Ἥλιον, ὑποστήσεται λύπας ἐν αἷς ἀπορήσει καὶ*

V: **2** *ἔχον* | *τὰς*] *τοὺς* || **23** *ἱερᾷ*] *ἑτέρᾳ*

Isidorus (*ρ*): **1.2** *καὶ κακοήθης καὶ*] *μὲν κακοήθης δὲ καὶ* || **3** *ἀδελφοὶ αὐτοῦ* || **5** *καὶ ᾖ*] *ὑπάρχει δὲ* || **6** *σχηματίζεται* || **13** *εἰ δὲ ὁ* || **23** *ἱερᾷ*] *ἑτέρᾳ*

Versio Latina: **1** *πολύσπορος*] valde tristis | male tractabilis || **4** huiusmodi mala || **5.6** tam ipse quam sol fuerint impediti || **6** in duobus temporibus || **6.7** configurati adinvicem || **11.12** in parentibus et avunculis || **15** ambo fuerint || **17.18** in divitiis quoque et dignitate erit diversimode occupatus || **20** ambo fuerint | *ἐπιδεκατεύει τοῦτον*] fuerit elevatus || **23** *ἱερᾷ*] sacram

Textus Arabicus: **1** كثير العمرة || **23** جذام

φυλακῇ ἐμπεσεῖται καὶ αἰχμαλωτισθήσεται καὶ ἀργήσει ἐκ πάντων τῶν λυσιτελούντων ἔργων. εἰ δὲ ὁ Ἥλιος ἐπιβλέψει τοῦτον ἐν τοῖς δυσὶ καιροῖς ἀπὸ διαμέτρου καὶ ὑπάρχουσιν ἄμφω κεκακωμένοι, γενήσεται περί τε αὐτὸν καὶ τὸν πατέρα αὐτοῦ πάθος χρόνιον. εἰ δὲ ὁ Κρόνος ἐν τοῖς δυσὶ καιροῖς ὕπαυγός ἐστιν, ἐν ἐκείνῳ τῷ χρόνῳ σκορπίσει τὸν πλοῦτον τοῦ πατρὸς αὐτοῦ καὶ ἔσται ἐναντία ἡ ἀπόβασις τῶν κατ' αὐτὸν πραγμάτων· εἰ δὲ νυκτερινή ἐστιν ἡ ἐναλλαγή, χεῖρον ἔσται· πείσεται γὰρ αὐτός τε καὶ ὁ πατὴρ αὐτοῦ καὶ οἱ ἀδελφοὶ ἐναντία πολλά. εἰ δὲ ὁ Ἥλιος ἐλαττόνων ἐστὶ μοιρῶν, χείρων ἐν πᾶσι τοῖς εἰρημένοις· ἐκπεσεῖται γὰρ τῆς ἀξίας αὐτοῦ καὶ ἕτοιμος ἔσται πρὸς πᾶσαν ἔριδα καὶ φιλονεικίαν καὶ πόλεμον. εἰ δὲ εἴτε σύνοδος εἴτε σχηματισμὸς ἐν τῷ ἑνὶ μόνῳ ἐστὶ καιρῷ καὶ ὑπάρχουσιν ἀκάκωτοι, ἐλάττονα ἔσται τὰ δεινά.

Εἰ δὲ ὁ Κρόνος ἐστὶ χρονοκράτωρ καὶ ὑπάρχει ἅμα τῇ Ἀφροδίτῃ κεκακωμένος κατά τε πῆξιν καὶ κατὰ πάροδον, συσχηματίζεται δὲ τούτῳ ἡ Ἀφροδίτη, κακοῦται δὲ καὶ ὁ κλῆρος τοῦ γάμου ἢ ὁ κύριος αὐτοῦ διὰ συνόδου τῶν κακοποιῶν ἢ συσχηματισμοῦ αὐτῶν, πείσονται αἱ γυναῖκες πολλὰ δεινὰ ἢ προφάσει αὐτῶν πείσεται ἐκεῖνος καὶ γενήσεται βλάβη εἰς τὰ μυριστικὰ αὐτοῦ καὶ τὰ ἐφαπλώματα καὶ τὰ χρήματα. εἰ δὲ ἐν τοῖς δυσὶ καιροῖς ἐφορᾷ τοῦτον ἀπὸ τριγώνου ἢ ἑξαγώνου καὶ ὦσι κεκακωμένοι, ῥυπαροῖς ἐνδιατρίψει τόποις τῷ ἔτει ἐκείνῳ καὶ φθαρήσονται τὰ τούτου χρήματα καὶ ἔσται τεθολωμένος τὴν βιοτὴν καὶ

V: **2** post *λυσιτελούντων* add. sec. *ἀργήσει* || **9** *χεῖρον*] *χρόνον* | *αὐτός*] *αὐτόν* || **19** *σύνοδον* || **20** *αὐτῶν*] *αὐτοῦ*

Isidorus (*ϱ*): **3** *ἐν — διαμέτρου*] *ἀπὸ διαμέτρου ἐν τοῖς δυσὶ καιροῖς* || **9** *χεῖρον ἔσται*] *πλείων ἔσται ἡ βλάβη* | *αὐτός*] *αὐτόν* || **11** post *πᾶσιν* add. *ἔσται* || **18** *συσχηματίζεται δὲ*] *καὶ συσχηματίζεται* || **19** *σύνοδον* || **20** *συσχηματισμῶν* || **24** *ὦσι*] *εἰσι*

Versio Latina: **1. 2** erit in omnibus rebus utilibus otiosus || **9** *χεῖρον*] deterius || **11** *τοῖς εἰρημένοις* om. || **16. 17** tam ipse quam venus simul || **17** impediti fuerint | in duobus temporibus || **19** *ἢ*] et || **20** mulieres eius || **21** *πείσεται*] erit damnum

Textus Arabicus: **9** اردى

φιλιωθήσεται εὐτελέσιν ἀνδράσιν καὶ εὐτελέσι γυναιξὶ καὶ βλαβήσεται διὰ εὐτελῶν ἀνδρῶν καὶ γυναικῶν. εἰ δὲ ἐφορᾷ τοῦτον ἡ Ἀφροδίτη ἐν τοῖς δυσὶ καιροῖς ἀπὸ τετραγώνου καὶ ὑπάρχωσιν ἄμφω κεκακωμένοι, τοῦ Κρόνου καθυπερτεροῦντος, ὁ ἔχων τὴν ἐναλλαγὴν οὐκ εὐφρανθήσεται τῷ χρόνῳ ἐκείνῳ ἐπὶ γυναιξίν, ἀλλά τινες ἐξ αὐτῶν βλαβήσονται ἢ μάχην ἕξει μετ' αὐτῶν καὶ χωρισμὸν καὶ ἀποσχισμόν· εἰ δὲ ἡ Ἀφροδίτη καθυπερτερεῖ τὸν Κρόνον, ὑποταγήσονται αὐτῷ αἱ γυναῖκες καὶ ἀγαπήσουσιν αὐτὸν ὡσαύτως ἀγαπηθήσονται καὶ παρ' αὐτοῦ. εἰ δὲ ἡ Ἀφροδίτη ἐπίδῃ τοῦτον ἐν τοῖς δυσὶ καιροῖς ἀπὸ διαμέτρου καὶ ὑπάρχουσιν ἄμφω κεκακωμένοι, ἐν ἐκείνῳ τῷ χρόνῳ ἔσται ἀθυμῶν καὶ ὀλιγοεύφραντος καὶ βλαβήσεται παρὰ γυναικῶν ἢ ἀρρωστήσει ἢ τελευτήσει τις τῶν γυναικῶν αὐτοῦ. εἰ δὲ συνοδεύσει τούτῳ ἡ Ἀφροδίτη ἐν τοῖς δυσὶ καιροῖς καὶ ὑπάρχουσι κεκακωμένοι, ἐν ἐκείνῳ τῷ χρόνῳ πόρναις γυναιξὶ συνουσιάσει καὶ εὐτελέσιν ἢ γυναῖκα προσλήψεται στεῖραν ἢ ἀφ' ἑτέρας εἰς ἑτέραν μεταβήσεται καὶ οὔτε αὐτὸν ἀγαπήσουσιν οὔτε αὐτὸς ἀγαπήσει αὐτάς· εἰ δὲ συνοδεύσει αὐτῷ ἡ Ἀφροδίτη ἢ συσχηματισθῇ ἐν τῷ ἑνὶ καιρῷ, ἔσται τὰ τοιαῦτα ἐλάττονα.

Εἰ δὲ ὁ Κρόνος ἐστὶ χρονοκράτωρ καὶ ὑπάρχουσιν αὐτός τε καὶ ὁ Ἑρμῆς κεκακωμένοι κατά τε πῆξιν καὶ κατὰ πάροδον καὶ ἐπιβλέψει τοῦτον ἀφ' οἱουδήποτε σχήματος ὁ Ἑρμῆς καὶ ὑπάρχει ὁ κλῆρος τῶν τέκνων ἢ ὁ κλῆρος τῶν

V: **22** *ὑπάρχει*

Isidorus (ϱ): **1** *ἀνδράσιν*] *ἀνθρώποις ἤτοι ἀνδράσι* | *εὐτελέσι* om. || **2** *διὰ*] *δι'* || **4** *ὑπάρχουσιν* || **7** *καὶ ἀποσχισμόν* om. || **9** *αἱ* om. || **10** *παρ' αὐτοῦ*] *αὖται ὑπ' αὐτοῦ* || **11** *ἐπίδῃ*] *ἐφορᾶ* || **15** *συνοδεύει* || **16** post *ὑπάρχουσιν* add. *ἄμφω* || **20** *συνοδεύει* | *συσχηματίζεται* || **24** *ἐπιβλέπει*

Versio Latina: **1** *εὐτελέσι* om. || **2** *εὐτελῶν*] nobiles || **4** saturno super venerem elevato || **5** mulieribus suis || **9** mulieres suae || **16** ambo fuerint || **16.17** *πόρναις — εὐτελέσιν*] concumbet . . . cum mulieribus vel meretricibus || **18.19** numquam ipsas diliget neque ipse diligetur ab eis || **23.24** in duobus temporibus || **24** — p. 51, **2** *καὶ — κεκακωμένοι* om.

δούλων ἢ ὁ κλῆρος τῆς πράξεως [f. 256ᵛ] *ἢ οἱ κύριοι αὐτῶν κεκακωμένοι, δηλοῖ τῷ ἔτει ἐκείνῳ βλάβην καὶ διαφθορὰν καὶ λύπας καὶ ἀκηδίας καὶ ἐπιμελείας καὶ φροντίδας ἕνεκε τῶν δούλων καὶ τῶν τέκνων καὶ τῶν κοινωνῶν καὶ τῶν ἀνὰ χεῖρα πραγμάτων ἢ πείσεται ταῦτα ἐξ αἰτιῶν τοιούτων καὶ διὰ κυβερνήσεις ἐναντίας καὶ ἀσυνέτους. εἰ δὲ ἐπιβλέψει τοῦτον ὁ Ἑρμῆς ἐν τοῖς δυσὶ καιροῖς ἀπὸ τριγώνου ἢ ἑξαγώνου καὶ ὑπάρχουσιν ἄμφω κεκακωμένοι, ὑποστήσεται λύπας διὰ ψήφους καὶ γράμματα καὶ μαθήματα καὶ πλοῦτον καὶ ἔσται ῥάθυμος καὶ ἀμελὴς καὶ κακοδιεξάγωγος καὶ τοῦ οἰκείου συμφέροντος ἀμελῶν. ⟨εἰ δὲ ὁ⟩ Ἑρμῆς ἔπιδε τοῦτον ἐν τοῖς δυσὶ καιροῖς ἀπὸ τετραγώνου καὶ ὑπάρχουσιν ἄμφω κεκακωμένοι, καθυπερτερεῖ ⟨δὲ⟩ ὁ Κρόνος τὸν Ἑρμῆν, ὑποστήσεται λύπας καὶ συμπτώματα ἐν τῇ βιοτῇ αὐτοῦ καὶ τῷ πλούτῳ καὶ ἀπολέσει τὴν πρᾶξιν ἣν ἐνεχειρίζετο καὶ δουλεύσει τισὶ διὰ τὴν εἰς αὐτοὺς χρείαν καὶ ὑποστήσεται ἀνάγκας διὰ λόγους καὶ ἀλγήσει τὸ στόμα ἢ τὸ ὠτίον· εἰ δὲ ὁ Ἑρμῆς καθυπερτερεῖ τοῦτον, ἐλάττονα ἔσται τὰ δεινά. εἰ δὲ διαμετρήσει τοῦτον ὁ Ἑρμῆς ἐν τοῖς δυσὶ καιροῖς καὶ ὑπάρχουσιν ἄμφω κεκακωμένοι, γενήσεται ἄλγημα ἐν τῷ στόματι αὐτοῦ καὶ τῇ γλώσσῃ καὶ βλαβήσεται διὰ λόγους καὶ παρεμποδισθήσεται ἐν ταῖς πράξεσιν αὐτοῦ καὶ ἔσται τὴν κρᾶσιν ψυχρὸς καὶ ὁ νοῦς αὐτοῦ διεφθαρμένος, πρὸς δὲ καὶ ἡ διάνοια· ἀρρωστήσει δὲ δι' ἐμπνευμάτωσιν καὶ λυπηθήσεται διά τινα κλοπὴν καὶ ὑποστήσεται ἀνάγκας περὶ πάντων τῶν*

V: **24** *τὴν διάνοιαν*

Isidorus (*ϱ*): **3** *μεταμελείας* || **5** *χεῖρας* || **6** *αἰτίας τούτων* || **7** *ἐπιβλέπει* || **11** *κακοδιεξάγωγος*] *κακῶς διεξάγων τὰ οἰκεῖα* || **11.12** *εἰ δὲ ὁ* || **12** *ἔπιδε*] *ἐπιβλέπει* || **14** *δὲ* || **15** *βιοτῇ*] *περιουσίᾳ* || **16** *τινὶ* || **24** *τὴν διάνοιαν*

Versio Latina: **2** in illo anno ei cuius est revolutio || **5.6** ex actione huiusmodi || **6** regimen adversum et stultum || **9** disciplinam || **11** in his quae sibi expediunt || **11.12** si vero || **12** *ἑρμῆς* om. || **14** autem | *τὸν ἑρμῆν* om. || **16.17** causa necessitatis || **26**—p. 52, **1** incommoda ab omnibus cum quibus contendet

ἀντεριζόντων αὐτῷ καὶ ἐκκοπήσονται αἱ ἐλπίδες αὐτοῦ καὶ τὸν ἐρημικὸν ἀσπάσεται βίον καὶ λυπηθήσεται διὰ πλοῦτον καὶ διά τινα παρῳχηκότα πράγματα. εἰ δὲ συνοδεύσει τούτῳ ὁ Ἑρμῆς ἐν τοῖς δυσὶ καιροῖς καὶ ὑπάρχουσιν ἄμφω κεκακωμένοι, ὑποστήσεται λύπας διαφόρους καὶ ἔσται ⟨ἄπονος καὶ φοβερὸς⟩ [καὶ] τοὺς λόγους ⟨καὶ τὰς πράξεις⟩ καὶ κατακυριεύσουσιν αὐτοῦ πονηροὶ λογισμοὶ καὶ τεταραγμένος ἔσται τὸν νοῦν καὶ λέγων οὐ πιστευθήσεται παρὰ πολλῶν καὶ ἀρρωστήσει καὶ βλαβήσονται οἱ παῖδες αὐτοῦ καὶ οἱ δοῦλοι καὶ πᾶν εἶδος κακῶν ὑποστήσεται τῷ ἔτει ἐκείνῳ. σὺν τούτοις δὲ πᾶσιν εἰ συνοδεύσει τούτῳ ἢ συσχηματίζεται ἐν τῷ ἑνὶ καιρῷ ἢ ὑπάρχουσιν ἀκάκωτοι, ἔσται πάντα τὰ ῥηθέντα ἐλάττονα.

Εἰ δὲ ὁ Κρόνος ἐστὶ χρονοκράτωρ καὶ ὑπάρχουσιν αὐτός τε καὶ ἡ Σελήνη κεκακωμένοι κατά τε πῆξιν καὶ κατὰ πάροδον καὶ συσχηματίζονται ἀλλήλοις ἐν τοῖς β̅ καιροῖς οἱῳδήποτε σχήματι, μάλιστα δὲ εἰ καὶ ἡ Σελήνη ἐν τοῖς δυσὶ καιροῖς ἀφαιρετική ἐστι τοῖς τε φωσὶ καὶ τοῖς ἀριθμοῖς, δηλοῖ τῷ ἔτει ἐκείνῳ σωματικὴν ἀρρωστίαν καὶ λύπας ἕνεκε μητέρων καὶ διὰ φήμας ἐναντίας. εἰ δὲ ἐπιβλέψει τοῦτον ἡ Σελήνη ἐν τοῖς δυσὶ καιροῖς ἀπὸ τριγώνου ἢ ἑξαγώνου καὶ ὑπάρχουσιν ἄμφω κεκακωμένοι, ὑπο-

V: **4** *τοῦτον* || **5** post *ἔσται* lac. c. 27 litt. || **14** in marg. symbola Saturni atque Lunae | *ὑπάρχει* || **21** *τοῦτο*

Isidorus (*ϱ*): **1.2** *καὶ τὸν ἐρημικὸν ἀσπάσεται βίον* om., ins. post **3** *πράγματα* || **3** *συνοδεύει* || **5** post *ἔσται* add. *κωφὸς ἢ τραυλὸς καὶ ἀτυχὴς περὶ τὰς πράξεις, ὑπομονητικὸς μὲν καὶ αὐστηρὸς καὶ βαθυπόνηρος καὶ περίεργος καὶ ὑποκρινόμενος* || **6** *καὶ*[1] om. || **11** *συνοδεύει* || **12** *σχηματίζεται* || **14** *ὑπάρχει* || **16** *σχηματίζεται* | *β̅*] *δυσὶ* || **20** *ἐπιβλέπει* || **21** *τοῦτον*] *τὸν κρόνον*

Versio Latina: **1.2** spes sua et solita, nam (pro solitariam) amplectetur vitam || **3** aliquas praedictas res || **6** erit piger et timidus in verbis et rebus || **9** a multis || **10** omnem speciem malam || **12** configuratur ei mercurius | *ἢ*] si || **15.16** in duobus temporibus || **17** *ἡ σελήνη* om. || **18.19** et lumine et numeris minima || **19** corporeas passiones || **21** *ἐν τοῖς δυσὶ καιροῖς* om. || **22**—p. 53, **4** *καὶ — τετραγώνου* om.

Textus Arabicus: **6** كسلانا جبانا عن الكلام والاعمال

στήσεται λύπας τῷ ἔτει ἐκείνῳ προφάσει ἀρχόντων καὶ βασιλέων καὶ περὶ πολλῶν κατηγορηθήσεται. εἰ δὲ συσχηματισθῇ τούτῳ ἡ Σελήνη ἐν τοῖς δυσὶ καιροῖς ἀπὸ τετραγώνου καὶ ὑπάρχουσιν ἄμφω κεκακωμένοι, καθυπερτερεῖ δὲ ταύτην ὁ Κρόνος, ἔσται ῥάθυμος καὶ ἀκατευόδωτος ἐν οἷς πράττει καὶ διασκορπίσει τὸν πλοῦτον τῶν γονέων αὐτοῦ· εἰ δὲ ἡ Σελήνη τὸν Κρόνον καθυπερτερεῖ, μάχαις προσπαλαίσει καὶ ἔχθρας καὶ διαφορὰς πρός τινας ἕξει καὶ νοσήσει καὶ τὸν πλοῦτον τῶν γονέων σκορπίσει καὶ διὰ τέκνον λυπηθήσεται. εἰ δὲ ἡ Σελήνη κατὰ τὸν καιρὸν τῆς ἐναλλαγῆς ἐν θηλυκῷ ὑπάρχει ζῳδίῳ, ἐχθρῶς διακείσεται πρὸς αὐτὸν ἡ τούτου ὁμευνέτις καὶ ἐπιζητήσει τὴν βλάβην αὐτοῦ. εἰ δὲ ἡ Σελήνη ἐπιβλέψει τῷ Κρόνῳ ἐν τοῖς δυσὶ καιροῖς ἀπὸ διαμέτρου καὶ ὑπάρχουσιν ἄμφω κεκακωμένοι, ἐνσκήψει νόσος τοῖς γονεῦσιν αὐτοῦ ἐν τόπῳ κρυφίῳ καὶ καταναλωθήσεται παρ᾽ αὐτοῦ ἡ περιουσία αὐτοῦ καὶ ἔσται κακοήθης καὶ λυπηρὸς καὶ βλαβήσεται ἐν τῷ πλούτῳ αὐτοῦ καὶ τῇ βιοτῇ· εἰ δὲ ἄμφω ἐν τετράποσιν ὑπάρχουσι ζῳδίοις, πείσεται δεινὰ ἀπὸ τετραπόδων· τῷ αὐτῷ δὲ τρόπῳ ἀποτελεστέον καὶ εἰ ἐν θηριώδεσιν ὑπάρχουσι ζῳδίοις ἢ ἀνθρωποειδέσιν. εἰ δὲ συνοδεύσει τούτῳ [f. 257] ἡ Σελήνη ἐν τοῖς δυσὶ καιροῖς καὶ ὑπάρχουσιν ἄμφω κεκακωμένοι, δηλοῖ νόσον τῆς μητρὸς καὶ ἀδυναμίαν αὐτῆς. εἰ δὲ συνοδεύσει ἢ συσχηματίζεται τούτῳ ἡ Σελήνη ἐν τῷ ἑνὶ καιρῷ ἢ ὑπάρχουσιν ἄμφω ἀκάκωτοι, ἔσται τὰ εἰρημένα ἐλάττονα.

V: **8** ἔχθρους

Isidorus (ϱ): **8** ἔχθρους || **19** ζῳδίοις] hic expl. f. 123v. Perduntur quattuor folia; f. 124 inc. p. 68, 7

Versio Latina: **5** improsperatus et negligens || **8** *μάχαις προσπαλαίσει*] corruptiones | *ἔχθρας*] odium || **9** *νοσήσει* om. || **10** causa filiorum || **14** *ἐν τοῖς δυσὶ καιροῖς* om. || **16** *παρ᾽ αὐτοῦ* om. || **18** in divitiis et operibus suis || **18—21** *εἰ — ἀνθρωποειδέσιν*] si vero ambo fuerint in signis similitudinis hominum vel ferarum, eodem modo diffinias si fuerint in signis quadrupedum, patietur mala in quadrupedibus || **25** *ἢ*] et

Καὶ αὗται μέν εἰσιν αἱ τοῦ Κρόνου σημασίαι ὅτε χρονοκράτωρ ἐστὶ καὶ ὑπάρχει ἀκάκωτος ἐν τοῖς δυσὶ καιροῖς καὶ ἐπιβλέψουσιν τοῦτον ἀγαθοποιοί, καὶ ὅτε ὑπάρχει κεκακωμένος ἐν τοῖς δυσὶ καιροῖς καὶ συσχηματισθῶσι τούτῳ κακοποιοί. εἰ δὲ ὁ τοιοῦτος ἀστὴρ χρονοκράτωρ ἐστὶ καὶ ὑπάρχει ἀκάκωτος ἐν τοῖς δυσὶ καιροῖς, ἐφορᾷ δὲ τοῦτον ἀστὴρ κακυνόμενος, ἐλαττοῦται ἡ σημασία τῶν δηλουμένων ἀγαθῶν· εἰ δέ ἐστιν ὁ σχηματισμὸς ἀπὸ τριγώνου ἢ ἑξαγώνου, οὐκ ἐλαττώσει μέν, μετὰ κόπου δὲ γενέσθαι παρασκευάσει· εἰ δὲ ἀπὸ τετραγώνου ἢ διαμέτρου ἐστὶν ὁ συσχηματισμός, ἐλάττωσιν δηλοῖ καὶ βλάβην. εἰ δὲ ὁ Κρόνος χρονοκράτωρ ὢν καὶ ἐν τοῖς δυσὶ καιροῖς κεκακωμένος [οὐ] συσχηματισθῇ ἀστέρι ἀγαθυνομένῳ, καὶ αὐτὸς ἀγαθύνεται· εἰ δὲ ὁ σχηματισμός ἐστιν ἀπὸ τριγώνου ἢ ἑξαγώνου, ἔσται τὸ ἀγαθὸν πολὺ πλὴν μετὰ κόπου καὶ λύπης. εἰ δὲ ὁ ἀστὴρ ἐφορῶν κατὰ μὲν τὸν ἕνα καιρὸν ὑπάρχει ἀγαθυνόμενος, κατὰ δὲ τὸν ἕτερον κακυνόμενος, ἀφαιρεῖται τῆς οἰκείας σημασίας μετρίως εἴτε ἀγαθή ἐστιν εἴτε κακή. εἰ δὲ τὸν χρονοκράτορα ἐπιβλέψει τις κατὰ πῆξιν τῶν ἀστέρων ἀπὸ τετραγώνου ἢ διαμέτρου καὶ ἐν τῷ καιρῷ τῆς ἐναλλαγῆς ἐπιβλέψει τοῦτον ἀπὸ ἑξαγώνου ἢ τριγώνου, δεῖ συγκιρνᾶν τὰ ἀποτελέσματα· ὁ γὰρ τριγωνισμὸς μείζονα δύναμιν ἔχει εἰς τὸ βλάπτειν ἤπερ τὸ τετράγωνον, πλὴν εἰς τὰς ἔχθρας ἀσθενέστερόν ἐστι τοῦ τετραγώνου. εἰ δὲ ἐπιβλέψουσι τὸν χρονοκράτορα διάφοροι ἀστέρες, δεῖ ἀποτελεῖν περὶ ἑκάστου αὐτῶν κατὰ τὴν οἰκείαν διάθεσιν καὶ σημασίαν

V: **7** *κακυνούμενος* || **21** *καὶ*] *ἢ* || **24** *τετράγωνον*] *τρίγωνον*

Versio Latina: **3** *καὶ*[2]] vel || **3—5** *ὅτε — τούτῳ* om. || **8** *δηλουμένων* om. || **8—11** *εἰ — βλάβην*] sed evenient cum labore, diminutionem vero et laborem significat cum aspectus fuerit ab opposito vel quadrato || **13** *οὐ* om. || **15** *ἀγαθὸν*] malum | *πλὴν*] tum || **16** tristitia et labore || **17** impedita || **18** expedita || **20.21** ab opposito vel quadrato || **22** contemperare || **23** *ὁ γὰρ τριγωνισμὸς*] quadratus enim aspectus || **24** *τὸ τετράγωνον*] trinus | *πλὴν*] cum trinus

καὶ τὸν τόπον καθὼς προείπομεν. ἡ δὲ πρὸς τοὺς ἀστέρας σύνοδος τοῦ χρονοκράτορος καὶ αἱ σύνοδοι τῶν ἀστέρων πρὸς ἀλλήλους εἰ μὲν γένωνται σύμφωνοι, δηλοῦσιν ἀγαθὰ καὶ εὐτυχίαν· εἰ δὲ ἀσύμφωνοι, δηλοῦσιν ἐναντία. τὸ δὲ μέγεθος καὶ ἡ ποιότης τοῦ ἀποτελέσματος διαγινώσκεται ἀπὸ τοῦ χρονοκράτορος αὐτοῦ καθ' ἑαυτὸν καὶ ἀπὸ τῶν συσχηματιζομένων αὐτῷ ἀστέρων ἢ συνοδευόντων καὶ τῆς τοποθεσίας αὐτῶν.

Ὁ μὲν οὖν [ὁ] Κρόνος εἰ ὑπάρχει κατά τε πῆξιν καὶ κατὰ πάροδον κεκακωμένος καθὼς προείπομεν, πολλὰ ποιήσει δυσχερῆ τῷ ἔτει ἐκείνῳ καὶ ἐπιτείνει τὴν κακοπάθειαν· εἰ δὲ ⟨ὁ⟩ Κρόνος ἐν μὲν τῇ ἐναλλαγῇ κακοῦται, κατὰ ⟨δὲ⟩ πῆξιν εὖ ἔχει, ἐλαττοῖ τὰ δεινά· εἰ δὲ σὺν τούτῳ καὶ ἀγαθοποιοὶ τούτῳ συσχηματισθῶσι, τέλεον ῥυσθήσεται ἐκ τῶν κινδύνων ὁ τὴν ἐναλλαγὴν ἔχων, καὶ μάλιστα ἡμερινῆς ταύτης οὔσης καὶ τοῦ Κρόνου ὑπὲρ γῆν διοδεύοντος· εἰ δὲ κατὰ πῆξιν κεκακωμένος ἐστίν, ἀγαθύνεται δὲ κατὰ τὸν καιρὸν τῆς ἐναλλαγῆς, ἕξει μεσότητα τὰ δεινά. ὅτε δηλώσει ὁ ἀστὴρ ἀγαθόν τι ἢ κακὸν κατὰ πῆξιν καὶ δηλώσει πάλιν τὸ αὐτὸ κατὰ πάροδον, ἔσται τοιοῦτον τέλειον καὶ πολὺ καὶ ἰσχυρὸν καὶ ἀμετάθετον· εἰ δὲ κατὰ πῆξιν σημαίνει τι ἔσεσθαι, κατὰ πάροδον δηλοῖ δὲ πάλιν τὸ αὐτὸ μὴ ἔσεσθαι, ἢ ἀνάπαλιν κατὰ μὲν πάροδον δηλώσει τι ἔσεσθαι, κατὰ δὲ πῆξιν μὴ γενέσθαι, ποίησον ἀντεξέτασιν τῶν β̅ σημασιῶν καὶ πρὸς τὴν ἰσχυροτέραν ἀποφαίνου. εἰ δὲ ἰσάζουσι, μέσον ἔσται καὶ τὸ ἀποτέλεσμα· ἐὰν μὲν οὖν ἡ κατὰ πῆξιν σημασία δυνατωτέρα ἐστίν, ὑπερβαίνει τὸ ἀποτέλεσμα τὴν μεσότητα· εἰ δὲ ἡ κατὰ πάροδον σημασία ἰσχυροτέρα ἐστίν, ὑποβαίνει. εἰ δὲ μόνη ἡ ἐναλλαγὴ δηλώσει τι ἀνισχύρως, ἔσται μηδαμινὸν καὶ

V: **3** γένονται

Versio Latina: **3** fuerint || **4** ἐναντία] infelicitatem || **8** in locis eorum || **10** κεκακωμένος] mali esse (sic frequentius) || **12** vero || **14** τέλεον] similiter || **21** ἰσχυρὸν] forte vel inevitabile || **24** faciat || **28** transcendit medietatem iudicii

εὐτελὲς τὸ ἀποτέλεσμα ἢ μόνη κίνησις ἀτέλεστος γενήσεται. σὺν τούτοις πᾶσιν αἱ σημασίαι τῶν ἐναλλαγῶν [f. 257ᵛ] μέχρις ἑνὸς ἔτους περιορίζονται ἢ ἄχρις ὅτου ὁ σημειωτικὸς ἀστὴρ ἐνδύναμος ᾖ. ὅτε δὲ σημαίνει ὁ ἀστὴρ ὁ συσχηματιζόμενος τῷ χρονοκράτορι ἀγαθόν τι ἢ κακόν, τότε ἐνδείξεται τὴν οἰκείαν σημασίαν, ὅτε κυβερνήσει μέρος τι τῶν καιρῶν τοῦ ἔτους, καὶ μάλιστα ὅτε συσχηματισθῇ ἐν ἐκείνῳ τῷ καιρῷ τῷ χρονοκράτορι ἢ τῷ ζῳδίῳ ἐν ᾧ ἦν κατὰ πῆξιν ὁ χρονοκράτωρ ἢ κατὰ πάροδον ἢ ἐπιβλέψει τῷ ζῳδίῳ τῆς ἐναλλαγῆς ἢ τῷ ὡροσκόπῳ καὶ τῷ κυρίῳ αὐτοῦ ἢ τῷ κυβερνήτῃ τοῦ μηνὸς ἢ τῷ κυβερνήτῃ τῆς ἡμέρας.

Καὶ αὗται μέν εἰσιν αἱ τοῦ Κρόνου σημασίαι καθ' ἑαυτὸν καὶ τῶν συσχηματιζομένων αὐτῷ ἀστέρων ἢ τῶν συνοδευόντων· εἰσὶ δὲ τρόποι η̅·

εἷς μὲν ὅτε ἀγαθύνεται καθ' ἑαυτὸν ὁ ἀστήρ·

ἕτερος ὅτε κακύνεται·

γ' καὶ δ' ὅτε κακύνεται ἀπὸ ἑτέρων ἀστέρων καὶ ἀγαθύνεται·

ε' ὅτε καθ' ἑαυτὸν μὲν ἀγαθύνεται, παρ' ἑτέρων δὲ ἀστέρων αὐκ ἀγαθύνεται·

ϛ' ὅτε καθ' ἑαυτὸν κακύνεται, ὑπὸ δὲ τοῦ συσχηματίζεσθαι ἀγαθοποιοῖς ἀγαθύνεται·

ζ' ὅτε συνοδεύουσιν αὐτῷ οἱ ἀστέρες·

η' ἡ τοποθεσία αὐτοῦ περὶ ἧς ὅσον οὔπω λεκτέον.

Versio Latina: **7** temporis anni | associatus fuerit per figuram || **10** configurabitur | *καί*] vel || **11** *τῷ κυβερνήτῃ τοῦ μηνὸς* om. || **11.12** vel domino dispositionis diei || **16** est boni esse (sic frequentius) || **18** quando fortunatur ab aliis planetis, ab aliis vero planetis infortunatur || **20.21** *ε' — ἀγαθύνεται* om. || **23** planetae benevolo || **25** octavus. significationes loci de quo statim dicendum est

⟨Ἕκτον⟩. Περὶ τῆς σημασίας τοῦ Κρόνου ὅτε ὑπάρχει χρονοκράτωρ ἀπὸ τῶν τόπων ἐν οἷς τυγχάνει

Ὅτε ἐστὶ χρονοκράτωρ ὁ Κρόνος καὶ τύχῃ ἐν τοῖς δυσὶ καιροῖς ἀκάκωτος ἐν ἰδίῳ οἴκῳ ἢ ὑψώματι ἢ τριγώνῳ καὶ ὑπάρχει ἐπίκεντρος εἴτε πρὸς τὸ κατὰ πῆξιν θεμάτιον εἴτε πρὸς τὸ κατὰ τὸ ζῴδιον τῆς ἐναλλαγῆς εἴτε πρὸς τὸν ὡροσκόπον τῆς ἐναλλαγῆς, καὶ εἰ μὲν τύχῃ τὸ κέντρον ἐκεῖνο τὸ μεσουρανοῦν, ἐκείνῳ τῷ ἔτει ἐπικτήσεται κτήματα καὶ κτίσει κτίσματα καὶ ὀχετοὺς διορύξει· καὶ εἴπερ ἐστὶν ἐν ἀλλοτρίῳ ζῳδίῳ, ἐγχειρισθήσεται ταῦτα παρ' ἑτέρου προσώπου ὡς πιστὸς καὶ ἐπιστάτης καὶ ἐπαινεθήσεται καὶ εὑρήσει κέρδος· εἰ δὲ ἐν ἀλλοτρίῳ ᾖ ζῳδίῳ καὶ σὺν τούτῳ κεκακωμένος, εἰ μὲν μετρία ἡ κάκωσις ᾖ, μέμψεις ἕξει διὰ τὰ τοιαῦτα· εἰ δὲ μείζων, καὶ βλάβην.

Εἰ δὲ ὑπάρχει χρονοκράτωρ ὁ Κρόνος καὶ ᾖ ἐν τοῖς δυσὶ καιροῖς ἐν τῷ ια' ἢ τῷ ε' ἀκάκωτος καὶ ἐν τῷ ἰδίῳ οἴκῳ, εὐφρανθήσεται τῷ ἔτει ἐκείνῳ ἐπὶ τοῖς οἰκείοις φίλοις καὶ πακτεύσεταί τινα καὶ κτίσει καὶ προνοήσεται ἐγγαίων· εἰ δὲ ἐν ἀλλοτρίῳ ἐστὶ ζῳδίῳ, λυπηθήσεται διὰ τέκνα καὶ φίλους καὶ ψόγον ὑποστήσεται καὶ στενοχωρίαν ἐν τῇ ὑποστάσει. εἰ δὲ πρὸς τούτῳ καὶ ἀναποδίζει, καταλυθήσεται οἴκημα αὐτοῦ καὶ ἐλαττωθήσεται ὁ πλοῦτος αὐτοῦ καὶ αἱ εἴσοδοι. εἰ δὲ ὁ Ἄρης ἐπιβλέψει τοῦτον ἐναντίῳ σχήματι, βλαβήσεται ὁ πλοῦτος αὐτοῦ καὶ φθαρήσονται οἱ φίλοι αὐτοῦ καὶ λυπηθήσεται ἐπὶ τέκνοις.

V: **9** *μεσουρανοῦντι* || **10** *κτίσματα*] *κτίσαντα*

Versio Latina: **6.7** sive in figura profectionis sive in figura revolutionis || **7.8** *εἴτε*[2] — *ἐναλλαγῆς* om. || **9** significat quod . . . acquirit || **12** quemadmodum fidei commissario et procuratori || **15.16** si autem immoderatum, et damnum erit tale || **18** in bono esse || **20** contrahet cum aliquibus de quibusdam rebus | procurabit vasa sive suppellectilem || **22** *ψόγον*] imperium (in marg. inopiam) || **27** laetabuntur inimici eius

Εἰ δὲ ὁ Κρόνος ὑπάρχει χρονοκράτωρ καὶ ᾖ ἐν τοῖς δυσὶ καιροῖς ἐν τῷ τρίτῳ ἢ ἐν τῷ ἐννάτῳ ἐν ἰδίῳ οἴκῳ καὶ ἀκάκωτος, παρέξει ἔργον ἐν ἐκείνῳ τῷ ἔτει ἐφ' ᾧ ἐλπίσει μισθὸν παρὰ Θεοῦ καὶ ὠφέλειαν παρά τινος τῶν ἀνθρώπων ἐν τῷ μέλλοντι καὶ κτίσει τινὰ κτίσματα ἑαυτῷ ἤ τινι τῶν παρ' αὐτοῦ προνοουμένων καὶ ἀποδημήσει εἴς τινα χώραν ἐγνωσμένην αὐτῷ καὶ κοπιάσει δι' ἐλπιζομένην ὠφέλειαν καὶ προνοήσεται συγγενῶν καὶ ἀδελφῶν καὶ ξένων· καὶ εἴπερ ἐστὶν ἐν τοῖς δυσὶ τούτοις τόποις, ὑπάρχουσι δὲ ἀλλότριοι, δηλοῖ [κατὰ] τὰ τοιαῦτα πλὴν ἀποδημήσει μακρὰν ἀποδημίαν καὶ ὠφεληθήσεται ἐν αὐτῇ. εἰ δὲ μετρίως ᾖ κεκακωμένος, ἐναντίαι περὶ αὐτοῦ φῆμαι γενήσονται διὰ τὸ δόγμα καὶ τὴν θρησκείαν καὶ ἐννοίαις περιπεσεῖται, ξενιτείαν δεινὴν πείσεται, καὶ ἕξει διαφορὰς πρὸς συγγενεῖς καὶ ἰδίους. εἰ δὲ ὁ Κρόνος ἀναποδίζει, ταραχθήσεται ἡ διάνοια αὐτοῦ καὶ ἐνδοιάσει περὶ τοῦ δόγματος καὶ πράξει πρᾶξιν δι' ἣν ὑπολήψονταί τινες περὶ αὐτοῦ ὡς ἀσεβὴς ἔσται. εἰ δὲ ἐν τοιαύτῃ καταστάσει ὄντος τοῦ Κρόνου ἐπιβλέψει τοῦτον καὶ ὁ Ἄρης [f. 258] *ἐναντίῳ σχήματι, ὑποστήσεται βλάβην ἀπὸ κλοπῆς ἢ πυρός.*

Εἰ δὲ χρονοκράτωρ ὢν ὁ Κρόνος ὑπάρχει ἐν τοῖς δυσὶ καιροῖς ἀκάκωτος ἐν τῷ β' οἴκῳ ἐν ἰδίῳ ⟨οἴκῳ⟩, προστεθήσεται ὁ πλοῦτος αὐτοῦ τῷ ἔτει ἐκείνῳ καὶ εὖ ἕξει τὰ κατ' αὐτοῦ· εἰ δὲ ἐν ἀλλοτρίῳ ὑπάρχει ζῳδίῳ, προστεθήσεται ὁ πλοῦτος αὐτοῦ ἐκ πόρου ἀνελπίστου καὶ ἀγνώστου καὶ [προφάσει] διὰ σπορᾶς εὐτυχήσει. εἰ δὲ πρὸς τούτῳ κεκακωμένος ἐστί, φθαρήσεται ὁ πλοῦτος αὐτοῦ ἀπὸ ποντισμοῦ.

V: 11 *αὐτῷ* || **14** *ξενιτεία δεινὰ* | *διαφοροὺς* || **19** *ἐναντίῳ*] *ἐν ἰδίῳ*

Versio Latina: **1.2** *ἐν — καιροῖς* om. || **5** *τινὰ* om. || **10** *τὰ τοιαῦτα*] quidem (pro quaedam) huiusmodi || **14** in peregrinatione mala || **15** *ὁ κρόνος* om. || **18** *ἀσεβής*] ipsius || **19.20** in figura propria || **22** domo || **23** esse suum || **24—27** *ζῳδίῳ — τούτῳ* om. || **28** incursu aquarum

Textus Arabicus: **22** في بيته

Εἰ δὲ χρονοκράτωρ ὢν ὁ Κρόνος ἐν τοῖς δυσὶ καιροῖς ὑπάρχει ἐν τῷ η' ἐν οἴκῳ ἰδίῳ, προφάσει νεκρικῶν ὠφεληθήσεται τῷ ἔτει ἐκείνῳ· εἰ δὲ κεκακωμένος ἐστίν, ἐλαττωθήσεται ὁ πλοῦτος αὐτοῦ καὶ λυπηθήσεται δι' ἀποιχομένων.

Εἰ δὲ ὁ τοιοῦτος ἀστὴρ χρονοκράτωρ ὢν ἐν τοῖς δυσὶ καιροῖς ὑπάρχει ἐν τῷ ϛ' ἀκάκωτος, ἐν ἐκείνῳ τῷ ἔτει ἀρρωστήσει μακρὰς ἀρρωστίας ἀπὸ ψυχρότητος καὶ ὑγρότητος· εἰ δὲ κεκακωμένος ἐστί, φρενίτιδας καὶ νόσους μακράς· καὶ εἰ ἐφορῶσι τοῦτον ἀγαθοποιοί, ὑγιανεῖ καὶ ὠφεληθήσεται ταῖς ἰατρείαις. εἰ δὲ σὺν τούτῳ ὑπάρχει κεκακωμένος ὁ κύριος τοῦ ϛ' τόπου, ἀπολεσθήσονται τὰ ὑποζύγια αὐτοῦ καὶ οἱ δοῦλοι αὐτοῦ· εἰ δὲ ἀκάκωτος ὑπάρχει ὁ κύριος τοῦ ϛ' τόπου, ἀρρωστήσουσι μέν, ἀλλὰ σωθήσονται.

Εἰ δὲ ἐν τοῖς δυσὶ καιροῖς ὑπάρχει ἐν τῷ ιβ' ἐν ἰδίῳ οἴκῳ ⟨ἀκάκωτος⟩, ἐπικρατήσει τῶν ἐχθρῶν καὶ φιλιωθήσονται αὐτῷ καὶ ἐπαινήσουσιν αὐτὸν πλὴν οὐ φροντίσει τῶν βιωφελῶν πραγμάτων· εἰ δὲ ἐν ἀλλοτρίῳ τόπῳ ἐστὶν ἢ ἀναποδίζων, εἱρκτῇ καὶ φρουρᾷ περιπεσεῖται καὶ ἀνάγκας ὑποστήσεται παρὰ τῶν ἐχθρῶν αὐτοῦ. εἰ δὲ κεκακωμένος ἐστὶν ἢ τῷ Ἄρει συσχηματιζόμενος ἐναντίῳ σχήματι, καὶ τιμωρίαν καὶ βλάβην μεγίστην ὑποστήσεται.

Εἰ δὲ ὁ Κρόνος χρονοκράτωρ ὢν ὑπάρχει ἐν ἑνὶ τῶν τεσσάρων ἀποκλιμάτων τῶν ἀσυνδέτων τῷ ὡροσκόπῳ – ἤτοι τῷ β', τῷ ϛ', τῷ η', τῷ ιβ' – καὶ ὑπάρχει κεκακωμένος, δηλοῖ σχολὴν καὶ νωχελίαν καὶ ἀπόγνωσιν τῶν ἐλπιζομέ-

V: **4** ἀποιχομένην (?) || **9** φρενήτιδας || **10** ἐφορᾶ || **18** ἐπαινέσουσιν || **23** τιμωρίον || **24** εἰ] ὁ

Versio Latina: **4** pro defunctis || **7** ἐν — ἔτει om. || **8** μακρὰς] modicas || **9** φρενίτιδας] desipientiam || **10** aspexerit ipsum benevolus || **16** item si saturnus fuerit dominus anni || **16.17** in duodecimo loco in domo propria liber a malis || **17.18** amicabitur eis || **20** necessitatem || **24.25** de IV locis quae horoscopum non aspiciunt || **27** desperationem sperandarum

Textus Arabicus: **17** مقبول

νων καὶ τῶν βιωφελῶν πραγμάτων· εἰ δὲ σὺν τούτοις καὶ ἐν ἀλλοτρίῳ ἐστὶ τόπῳ, ἐπιταθήσεται τὰ δεινὰ καὶ ἀνάγκας ὑποστήσεται καὶ εἴπωσί τινες τὰ κακὰ καὶ κατηγορήσουσιν αὐτῷ καὶ ἀρρωστήσει νόσον ἀπὸ ψυχρότητος καὶ ὑγρότητος ἢ ἀπὸ ψυχρότητος καὶ ξηρότητος. εἰ δὲ ἐν τοῖς τοιούτοις τόποις ὢν ὑπάρχει ἀνατολικὸς ἢ ἐν ἰδίῳ οἴκῳ, ἐν εὐεξίᾳ ὑπάρξει πλὴν ἔσται εὔκαιρος σχολὴν ἄγων.

Εἰ δὲ ὁ Κρόνος ἐστὶ κατὰ μὲν πῆξιν ἔν τινι τόπῳ, κατὰ δὲ πάροδον εὑρεθῇ ἐν τῷ αὐτῷ τόπῳ εἴτε ἀπὸ τοῦ ζῳδίου τῆς ἐναλλαγῆς εἴτε ἀπὸ τοῦ ὡροσκόπου τοῦ ἔτους, πλείονα ἕξει τὴν σημασίαν καὶ βεβαιοτέραν καὶ ἐκφαντικωτέραν τὴν φύσιν ἐνδείξεται τοῦ τόπου, καὶ μάλιστα εἰ ἐφορᾷ τὸν τόπον τῆς καταρχῆς. εἰ δὲ ἐν ἄλλῳ μέν ἐστι τόπῳ κατὰ πῆξιν, ἐν ἑτέρῳ δὲ κατὰ πάροδον, ποίησον σύγκρασιν κατὰ τὰς μεθοδείας ἅς σοι ὑπέδειξα τῶν τόπων ὡς ἂν βέβαιον ὑπάρχῃ σοι τὸ ἀποτέλεσμα. τοιουτοτρόπως οὖν στοχάζου καὶ τὰς σημασίας τῶν λοιπῶν ἀστέρων ἀπὸ τῆς τῶν τόπων ἐν οἷς εἰσι διαθέσεως. καὶ ἡμεῖς δὴ καθάπερ ἐμνήσθημεν τοῦ Κρόνου καὶ τῆς σημασίας αὐτοῦ, ἰδίᾳ καὶ τῆς τῶν ἀστέρων πρὸς αὐτὸν συσχηματίσεως ἢ συνόδου καὶ τῆς τῶν τόπων θέσεως, οὕτως μνημονεύσομεν καὶ τῶν λοιπῶν ἀστέρων.

⟨Ἕβδομον⟩. Περὶ τῆς σημασίας τοῦ Διὸς ὅτε ὑπάρχει χρονοκράτωρ καὶ ᾖ ἀκάκωτος

Ὅτε ἐστὶ χρονοκράτωρ ὁ Ζεὺς καὶ ὑπάρχει ἀκάκωτος κατά τε πῆξιν καὶ κατὰ πάροδον, ἐν ἐκείνῳ ⟨τῷ ἔτει⟩ φιλιωθήσεται βασιλεῦσι καὶ ἄρχουσι καὶ ἔσται καλῶς διοικῶν τὰ ἑαυτοῦ καὶ ὁδηγούμενος ἐπὶ τὰ συμφέροντα ἔχων τὴν ἀπόβασιν ἀγαθήν, ἐν ἡσυχίᾳ διάγων

V: 16 *ὑπάρχει* || **21** *μνημονεύσωμεν* || **23** in marg. *ζεύς*

Versio Latina: **2** intentionem habebit malam || **3** mala de eo || **7** *εὔκαιρος*] vagabundus || **10** a figura revolutionis anni || **13** *ἄλλῳ*] aliquo (pro alio) || **14** facias || **26** anno || **27** *καλῶς* om.

τι πρὸς πάντας φιλίᾳ· προστεθήσεται δὲ ἡ δόξα αὐτοῦ καὶ ἐπαινεθήσεται παρὰ πολλῶν καὶ μεταχειρισθήσεται πρᾶξιν ἐν τῇ ἰδίᾳ [f. 258^{v}] πατρίδι· εἰ δὲ σημαίνει ἡ καταρχὴ τεκνογονίαν, ἕξει τέκνον ἐν ἐκείνῳ τῷ χρόνῳ· καὶ ὠφεληθήσεται καὶ εὐφρανθήσεται ἀπὸ διαφόρων καὶ ἐπικτήσεται πλοῦτον ἀπὸ δωρεῶν καὶ ἀφ᾽ ἑτέρων, πολλάκις δὲ καὶ κληρονομήσει τὸν ἴδιον πατέρα· εἰ δέ ἐστιν ὁ ἔχων τὴν ἐναλλαγὴν ἐν ἀξιώματι περιδόξῳ, ἐν ἐξουσίᾳ ἔσται τῷ ἔτει ἐκείνῳ καὶ ἄρξει πολλῶν καὶ ἐπικτήσεται πάμπολλα· εἰ δὲ τῆς ⟨μέσης⟩ τύχης ἐστὶν ὁ τὴν ἐναλλαγὴν ἔχων, ἐν ἐκείνῳ τῷ ἔτει ἄρξει τῶν ὁμοίων αὐτῷ καὶ εὐφρανθήσεται ἐπὶ διαφόροις πράγμασι καὶ κέρδεσι καὶ εὐτυχίαις, καὶ μάλιστα ἐὰν ὁ Ζεὺς ὑπάρχῃ ἐν ἰδίῳ οἴκῳ ἢ ὁρίῳ ἢ τριγώνῳ. ἰδὲ δὲ καὶ τὰς ἀκτῖνας καὶ τοὺς κλήρους καὶ τὰ δωδεκατημόρια οἷς συνοδεύει ὁ Ζεὺς ἢ ἐφορᾷ ἐν τοῖς δυσὶ καιροῖς· εἰ γὰρ ἀγαθῷ σχήματι συσχηματίζεται τούτοις, δηλοῖ ὠφέλειαν κατὰ φύσιν ἐκείνων.

Εἰ δέ ἐστιν ὁ Ζεὺς χρονοκράτωρ καὶ ὑπάρχουσιν αὐτός τε καὶ ὁ Ἄρης ἀκάκωτοι κατά τε πῆξιν καὶ κατὰ πάροδον, συσχηματίζονται δὲ ἀλλήλοις ἀπὸ τριγώνου ἢ ἑξαγώνου σχήματος, ἔσται ὁ ἔχων τὴν ἐναλλαγὴν ἐν ἐκείνῳ τῷ ἔτει αὐθεντικὸς εἰδήμων τῶν πρακτέων καὶ προσκείμενος τοῖς ἔργοις, τεύξεται δὲ τιμῆς καὶ ἀξίας ὑψηλῆς καὶ ὠφελείας ἀπό τινος ἀρχῆς καὶ φημήσει τοῦτον ὁ κοινὸς λαὸς τοῖς ἐπαίνοις. εἰ δὲ συνοδεύει τούτῳ ὁ Ἄρης ἐν τοῖς δυσὶ καιροῖς καὶ ὑπάρχουσιν οἱ β ἀκάκωτοι, ἐν ἐκείνῳ τῷ ἔτει λήψεται βαθμὸν καὶ ἀξίαν ἐν τῇ ἰδίᾳ πατρίδι καὶ ἔσται εὔθυμος· εἰ δὲ ἐν ἀλλήλων οἴκοις ὦσιν ἀκάκωτοι, ἔσται τῷ ἔτει ἐκείνῳ ἐνδύναμος καὶ τεύξεται ἐξουσίας. εἰ δὲ ἐν τῷ

V: **13** ὑπάρχει || **18** ὑπάρχει

Versio Latina: **1** τι — φιλίᾳ] propter amicitiam quam habebit | ἡ δόξα αὐτοῦ om. || **2** πρᾶξιν] dignitatem || **8** ἐν ἀξιώματι περιδόξῳ om. || **10** mediocris || **10.11** ὁ — ἔχων om. || **13.14** vel triplicitate vel termino || **14** aspicias | τοὺς κλήρους] partes || **17** utilitates || **18** fuerint || **28** alter eorum fuerit in domo alterius || **29**—p. 62, **1** in uno vel duobus temporibus

ἐνὶ καιρῷ συνοδεύσει τούτῳ ὁ Ἄρης ἢ συσχηματίζεται, ἔσται ἐλάττονα τὰ εἰρημένα.

Εἰ δὲ τοῦ Διὸς χρονοκράτορος ὄντος ὑπάρχει καὶ ὁ Ἥλιος ἅμα τούτῳ ἀκάκωτος κατά τε πῆξιν καὶ κατὰ πάροδον, συσχηματίζονται δὲ ἀλλήλοις ἀπὸ ἑξαγώνου, ἐπιταθήσεται ἡ εὐτυχία τῷ ἔτει ἐκείνῳ τοῦ ἔχοντος τὴν ἐναλλαγὴν καὶ ἐν ἀνέσει βίου ἔσται καὶ τεύξεται γάμου χρηστοῦ καὶ τέκνου ἀγαθοῦ· εἰ δὲ ἐκ τριγώνου ὁ Ἥλιος συσχηματίζεται τούτῳ ἀναποδίζοντι ἢ ἐν τῷ ⟨ἑνὶ⟩ καιρῷ τούτῳ συσχηματίζεται, ἔσται τὰ εἰρημένα ἐλάττονα. εἰ δὲ συνοδεύσει ὁ Ἥλιος τούτῳ ἐν τοῖς δυσὶ καιροῖς ὥστε τοῦτον ἑῷον εἶναι, τεύξεται ἀξίας καὶ διαφόρων ὠφελειῶν καὶ εὐφρανθήσονται ἐπ᾽ αὐτῷ οἱ γονεῖς αὐτοῦ καὶ ὠφεληθήσονται δι᾽ αὐτοῦ. εἰ δὲ ἐν τῷ ἑνὶ καιρῷ συνοδεύσει τούτῳ καὶ ὑπάρχει ἑῷος, ἐλάττονα ἔσται τὰ εἰρημένα. εἰ δὲ συνοδεύσει τούτῳ ὁ Ἥλιος ἐν τοῖς δυσὶ καιροῖς καὶ ὑπάρχει ὕπαυγος, ὑποστήσεται ἀνάγκας τῷ ἔτει ἐκείνῳ κατὰ τὰς σημασίας τοῦ Διός. εἰ δὲ ⟨ὁ⟩ Ἥλιος ὑπάρχει δυναμικώτερος καὶ κακώμενος, πλείων ἔσται ἡ κάκωσις καὶ δέος μή ποτε τελευτήσει· εἰ δὲ ἀκάκωτός ἐστιν ὁ Ἥλιος, ἔσται ἐλάττονα τὰ κακά. εἰ δὲ καὶ ὁ Ζεὺς δυναμικώτερος ᾖ, ἐλάττων ἔσται ἡ διαφθορά.

Εἰ δὲ ὁ Ζεὺς ὑπάρχει χρονοκράτωρ καὶ ὑπάρχουσιν αὐτός τε καὶ ἡ Ἀφροδίτη ἀκάκωτοι κατά τε πῆξιν καὶ κατὰ πάροδον, καὶ συσχηματισθῇ τούτῳ ἡ Ἀφροδίτη οἱῳδήποτε σχήματι, δηλοῖ τῷ ἔτει ἐκείνῳ προσθήκην πλούτου ἀπὸ γυναικῶν καὶ διὰ μεσιτείας ἐνδόξων ἀνδρῶν καὶ περιφανῶν καὶ φίλων καὶ εὐφρανθήσεται ἐπὶ

V: **3** in marg. symbola Iovis atque Solis || **10** τούτου

Versio Latina: **1** coniungitur configuratur ei mars || **3.4** tam ipse quam sol || **4.5** in duobus temporibus || **5** de trino vel sextili aspectu || **8** per sextilem aspectum || **9.10** ἢ — συσχηματίζεται om. || **12** τοῦτον] eundem iovem || **15** ei existenti orientali || **24.25** in duobus temporibus || **25** aspexeritque eum || **26** ἔτει om. || **28** καὶ φίλων om.

Textus Arabicus: **9** في احد الوقتين

γυναιξὶ καὶ ὠφεληθήσεται ἐξ αὐτῶν. εἰ δὲ συσχηματίζεται τούτῳ ἡ Ἀφροδίτη ἐν τοῖς δυσὶ καιροῖς ἀπὸ τριγώνου ἢ ἑξαγώνου καὶ ὑπάρχουσιν ἄμφω ἀκάκωτοι, ἐν ἐκείνῳ τῷ ἔτει προστεθήσεται ἡ δόξα αὐτοῦ καὶ ἡ ἀξία καὶ ὁ πλοῦτος καὶ ὁ ἱματισμὸς καὶ ὁ καλλωπισμὸς καὶ ἡ εὐφροσύνη καὶ ἡ ἀγαλλίασις, καὶ ταῦτα προφάσει γυναικῶν· πολλάκις δὲ τεχθήσεται αὐτῷ παιδίον ἢ εὐφρανθήσεται ἐπὶ οἰκείῳ παιδὶ ἢ ὠφεληθήσεται διὰ παίδων βασιλέων. εἰ δὲ λόγον ἔχει ἡ Ἀφροδίτη ἐν ᾧ ἐστι ζῳδίῳ, ἔσται ἡ ὠφέλεια ἀπό τινων γνωρίμων καὶ φίλων καὶ μάλιστα γυναικῶν· εἰ δὲ ἐν ἀλλοτρίῳ ὑπάρχει ζῳδίῳ, ἔσται ἡ ὠφέλεια ἀπὸ ξένων ἢ ἐχθρῶν ἀνδρῶν καὶ γυναικῶν. εἰ δὲ συνοδεύει τούτῳ ἡ Ἀφροδίτη ἐν τοῖς δυσὶ καιροῖς καὶ ὦσιν οἱ β̄ [f. 259] *ἀκάκωτοι, ἐν ἐκείνῳ τῷ ἔτει ὁ τὴν ἐναλλαγὴν ἔχων εὔκλειαν ἐπικτήσεται παρὰ τοῖς ἐξουσιασταῖς καὶ διοικηταῖς καὶ ἔντιμος ἔσται παρὰ ἀνθρώποις καὶ φίλους ἐπικτήσεται πλείονας τῶν προτέρων καὶ ἐπαινεθήσεται παρὰ πολλῶν ἐπ' ἀγαθοῖς [καὶ φίλους ἐπικτήσεται κρείττονας τῶν προτέρων] καὶ ὠφεληθήσεται προφάσει θαυμάτων καὶ τεράτων καὶ τόπων ἐκκλησιαστικῶν καὶ ἱλαστηρίων καὶ εὐφρανθήσεται ἐπὶ γυναιξὶ καὶ γάμῳ καὶ τέκνοις. εἰ δὲ διαμετρήσει τοῦτον ἡ Ἀφροδίτη ἢ τὰ εἰρημένα σχήματα ἐν τῷ ἑνὶ καιρῷ ὑπάρχουσιν, ἐλάττονα ἔσται ἅπαντα τὰ δηλωθέντα.*

Εἰ δὲ τοῦ Ζηνὸς ὄντος χρονοκράτορος συσχηματίζεται τούτῳ ὁ Ἑρμῆς ἀκάκωτος ὢν καὶ αὐτὸς κατά τε πῆξιν καὶ κατὰ πάροδον ἀπὸ τριγώνου ἢ ἑξαγώνου, ἐν ἐκείνῳ τῷ χρόνῳ ὁ τὴν ἐναλλαγὴν ἔχων ἐπικτήσεται δι' ἐμπει-

V: **9** *ζῴδιον* || **25** in marg. symbola Iovis atque Mercurii

Versio Latina: **1.2** aspexerit eum || **6** mulieris || **7** contigit quod nascetur || **8** *ὠφεληθήσεται*] laetabitur || **18** *ἐπ' ἀγαθοῖς*] et bonitatem || **18.19** *καὶ — προτέρων* om. || **22** se aspexerint per oppositum || **23** in uno de duobus temporibus || **25—27** *συσχηματίζεται* u. ad *πάροδον*] et in duobus temporibus tam ipse quam mercurius fuerint boni esse aspexeritque eum mercurius || **28** acquiret aliquod bonum

Textus Arabicus: **28** يكتسب ما لا له قدر وينتفع

ρίας καὶ πραγματειῶν καὶ πράσεως καὶ ἀγορασίας καὶ γραμμάτων καὶ διοικήσεως καὶ οἰκονομίας· ἔσται δὲ τῶν μυστηρίων συντη⟨ρητικὸς⟩ καὶ τοῦ πλούτου φυλακτικὸς πεπυκνωμένος καὶ συνετὸς καὶ διάγνωσιν ἱκανὴν ἔχων τῶν πραγμάτων· ὑπερτερήσει τε τῶν κατ᾽ αὐτὸν διὰ τῆς ἀξίας καὶ τῆς δόξης καὶ τῶν γραμμάτων καὶ τῶν διορισμῶν καὶ τῆς διαγνώσεως, ἐγχειρισθήσεται δὲ καὶ διοικήσεις πραγμάτων τινῶν ἀρχόντων καὶ ἔσται ἐπαινετὸς παρὰ πᾶσιν ἀνθρώποις καὶ ἀρεστὸς αὐτῷ ἐπιμενεῖ καὶ προσκαρτερήσει ταῖς εὐχαῖς καὶ τοῖς ὁμοίοις τούτοις καὶ τῷ δόγματι· καὶ εἰ μέν ἐστιν ὁ τὴν ἐναλλαγὴν ἔχων τῆς κάτω τύχης καὶ τῶν βαναύσων, ὠφεληθήσεται διὰ τῆς τέχνης αὐτοῦ καὶ τοῦ ἔργου τῶν χειρῶν αὐτοῦ. καὶ εἴπερ συνοδεύσει τούτῳ ὁ Ἑρμῆς ἐν τοῖς δυσὶ καιροῖς, ὑπάρχουσι δὲ καὶ οἱ δύο ἀκάκωτοι, ὠφεληθήσεται ἐν ἐκείνῳ τῷ ἔτει καὶ προστεθήσεται ὁ βίος αὐτοῦ καὶ ἡ πρὸς Θεὸν πίστις καὶ ἡ λογικότης καὶ τὸ ἐπίβουλον τῆς διανοίας καὶ τὸ ῥητορικώτερον ἐν λόγοις καὶ ὠφεληθήσεται διὰ τῶν τοιούτων ὡσαύτως ὠφεληθήσεται καὶ δι᾽ ἑτέρων πραγμάτων διαφόρων, συνομιλήσει δὲ καὶ μεγαλοδόξοις νοταρίοις καὶ ἐγχειρισθήσεται τὴν διοίκησιν τῶν πραγμάτων αὐτῶν. εἰ δὲ τῷ ἑνὶ καιρῷ συνοδεύσει τούτῳ ὁ Ἑρμῆς ἢ ἑτέρῳ σχηματισθῇ σχήματι, ἀφαιρεῖται ἐκ πάντων ὧν προείπομεν.

Εἰ μὲν ὁ Ζεύς ἐστι χρονοκράτωρ καὶ ὑπάρχουσιν αὐτός τε καὶ ἡ Σελήνη ἀκάκωτοι κατά τε πῆξιν καὶ κατὰ πάροδον, συσχηματίζονται δὲ ἀλλήλοις ἀπὸ τριγώνου ἢ ἑξα-

V: **3** lac. c. 4 litt. || **7** *ἐγχειρησθήσεται* || **9** *αὐτῷ*] *αὐτοῦ*; estne legendum *αὐτοῖς*? || **10** *τὸ δόγμα* || **24** in marg. symbola Iovis atque Lunae

Versio Latina: **1** *πραγματειῶν*] negotiationem || **3** conservator || **5** *τῶν κατ᾽ αὐτὸν*] aequales sibi || **6** *τῶν γραμμάτων*] opulentiam || **7** committentur etiam ei | *πραγμάτων* om. || **9** placebit eis et permanebit || **10** *καὶ τῷ δόγματι*] serit sectam || **12** *τῶν βαναύσων*] de mercenariis || **15.16** esse suum || **16** dominam | *λογικότης*] humilitas || **22** *τούτῳ* om. || **25** in duobus temporibus

Textus Arabicus: **3** حافظا

γώνου, δηλοῖ ὡς ἐν ἐκείνῳ τῷ ἔτει προστεθήσεται ἡ δόξα αὐτοῦ καὶ ἡ ἀξία καὶ ἐπικτήσεται παρὰ ἀνθρώπων εὐφημίαν καὶ ἔπαινον καὶ οἱῳδήποτε ἐπιχειρήσει ἔργῳ ἢ οἱᾳδήποτε πράξει, τελειωθήσεται· καὶ εἰ ἐπιζητεῖ τεκνογονίαν, τεχθήσονται αὐτῷ τέκνα τῷ ἔτει ἐκείνῳ ἢ συλλήψονται αἱ τούτου γυναῖκες· καὶ κληρονομήσει τοῦ πατρῴου πλούτου· καὶ ⟨εἴ⟩ ἐστιν ὁ ἔχων τὴν ἐναλλαγήν τις τῶν βασιλέων, εἰ τύχῃ δὲ καὶ ἡ Σελήνη αὐξιφωτοῦσα, τεύξεται δόξης ἀξιολόγου· εἰ δὲ τῆς μέσης ὑπάρχει τύχης, ἐγχειρισθήσεταί τινα ἀρχὴν κατὰ πλήθους λαοῦ καὶ χρήσεται εἰς αὐτοὺς δικαιοσύνῃ καὶ τὸν εὐϋπόληπτον καὶ ἄμεμπτον ἀσπάσεται βίον· εἰ δ' ἐστι τῆς κάτω τύχης, ὑπερτερήσει τῶν ὁμοίων αὐτῷ κατὰ τὴν τύχην καὶ προτερήσει ἐν ἐκείνοις οἷς προείπομεν· σημαίνει δὲ καὶ ὡς ὠφεληθήσεται διὰ πράσεως καὶ ἀγορασίας καὶ πραγματειῶν. καὶ εἴπερ συνοδεύσει τούτῳ ἡ Σελήνη ἐν τοῖς δυσὶ καιροῖς καὶ ὑπάρχουσιν οἱ β̄ ἀκάκωτοι, προστεθήσεται ἡ δόξα αὐτοῦ καὶ ἡ ἀξία καὶ ὁ πλοῦτος, καὶ μάλιστα ἐὰν ἡμερινὴ ὑπάρχῃ ἡ ἐναλλαγή. εἰ δὲ συνοδεύει τούτῳ ἡ Σελήνη ἢ ἑτέρῳ συσχηματισθῇ σχήματι καθ' ἕνα τῶν δύο καιρῶν, ἀφαιρεῖται ἐκ πάντων ὧν προείπομεν.

Περὶ δὲ τοῦ σχηματισμοῦ τῶν ἀστέρων πρὸς τὸν Δία ἀπὸ τετραγώνου ἢ διαμέτρου ἀκακώτων καὶ αὐτῶν παρεχόντων οὐδὲν διεξήλθομεν δι' αἰτίαν τοιαύτην, ἐπειδὴ ἐν τῷ τοιούτῳ τμήματι περὶ ἀγαθύνσεως διελάβομεν τοῦ Διὸς καὶ τῶν σὺν αὐτῷ ἀστέρων, τὰ δὲ τετράγωνα καὶ διάμετρα τὰ πρὸς αὐτὸν τῶν ἀστέρων πολλάκις ἐναντία τινὰ δηλοῖ περὶ ὧν μὲν νῦν οὐ πρόκειται [f. 259v] λέγειν, ἐν δὲ τοῖς ἐφεξῆς ἀριδηλότερον σαφηνίσονται.

V: **8** αὐξηφωτοῦσα || **11** ἄμεπτον || **17** οἱ] ὁ || **29** σαφηνίσουσι

Versio Latina: **1** τῷ ἔτει om. || **3.4** et quod cuiusque opus et qualecumque actum inceperit cito perficiet || **4** εἰ om. || **7** si || **15** πράσεως] officio | πραγματειῶν] negotiatione || **18** καὶ ἡ ἀξία om. | ἡμερινή] diversa (pro diurna) || **21** aufert de supradictis || **22** aspectu || **23** ἢ] et | ἀκακώτων καὶ om. | παρεχόντων om. || **25** τμήματι] derisione (pro divisione) || **27.28** aliquam contrarietatem || **28** proposuimus || **29** exponemus

⟨Ὄγδοον⟩. Περὶ τῆς σημασίας τοῦ Διὸς ὅτε ὑπάρχει χρονοκράτωρ καὶ ᾖ κεκακωμένος

Ὅτε ὑπάρχει ὁ Ζεὺς χρονοκράτωρ καὶ τύχῃ κατά τε πῆξιν καὶ κατὰ πάροδον ἀναποδίζων ἢ ὕπαυγος ἢ ἐν ἀλλοτρίῳ τόπῳ ἢ ἑσπέριος ἢ ἐν οἴκῳ κακοποιοῦ ἢ ἀποκεκλικὼς τῶν κέντρων καὶ ἐν τόποις ἐναντίοις, ἀφαιρεῖται τὴν φαιδρότητα τοῦ ἔχοντος τὴν ἐναλλαγὴν καὶ ἐλαττοῖ τὴν εὐτυχίαν αὐτοῦ καὶ καταβάλλει τὴν δόξαν αὐτοῦ καὶ προστίθησι ταῖς λύπαις αὐτοῦ· δηλοῖ δὲ καὶ πλῆθος ἐξόδων καὶ πλούτου κένωσιν ἄκαιρον, καὶ ταῦτα ἑκούσια καὶ αὐτοπροαίρετα βουλήσει διὰ τὸ ἐφίεσθαι τοῦ παρὰ τῶν πολλῶν ἐπαίνου· λυπηθήσεται δὲ διὰ γονεῖς καὶ παῖδας καί τινα ἔνδοξα πρόσωπα καὶ διάφορα πράγματα καὶ διὰ τὸ βίαιον τοῦ κατ᾽ αὐτὸν βίου, καὶ μάλιστα εἰ τύχῃ ὁ Ζεὺς ἐν τῷ ϛ΄. εἰ δὲ συνοδεύσουσι τούτῳ οἱ κακοποιοὶ ἢ συσχηματισθῶσιν ἀπὸ τετραγώνου ἢ διαμέτρου ⟨ἢ⟩ καθυπερτεροῦσιν αὐτὸν ὄντα κεκακωμένον καὶ ἐν τῷ τόπῳ τῶν γονέων ἢ ἐν τῷ τόπῳ τῶν τέκνων ἢ ἔχοντα λόγον ἐν τοῖς τοιούτοις τόποις, τύχῃ δὲ ὁ κλῆρος τοῦ πατρὸς καὶ ὁ κλῆρος τῆς μητρὸς καὶ ὁ κλῆρος τῶν τέκνων ἢ οἱ κύριοι αὐτῶν κεκακωμένοι, δηλοῖ ὡς ὁ τὴν ἐναλλαγὴν ἔχων λυπηθήσεται διὰ θάνατον παίδων ἢ πατρὸς ἢ μητρὸς κατὰ τὴν φύσιν τοῦ ζῳδίου ἐν ᾧ ἐστιν ὁ Ζεὺς ἢ τὴν φύσιν τοῦ κλήρου καὶ τοῦ κυρίου αὐτοῦ. εἰ δὲ συνοδεύσει τινὶ τῶν κλήρων ἤ τινι τῶν ἀκτίνων ἢ δωδεκατημορίων ἐν τοῖς δυσὶ καιροῖς ἢ ἐπιβλέψει τούτοις ἐναντίῳ σχήματι, δηλοῖ λύπας καὶ ἀκαταστασίας ἐπ᾽ ἐκείνοις ὧν εἰσι δηλωτικὰ τὰ προειρημένα. σκεπτέον δὲ καὶ τοὺς πρὸς αὐτὸν σχηματισμοὺς τῶν ἀστέρων καὶ τὰς συνόδους· εἰ γὰρ τοιου⟨το⟩τρόπως διακείμενον θεάσονται αὐτὸν οἱ κακοποιοὶ ἀστέρες ἀπὸ τρι-

V: **11** αὐτοπροαιρέτω

Versio Latina: **1** de significationibus ‖ **8. 9** καὶ² — αὐτοῦ om. ‖ **11** βουλήσει] faciet ‖ **16** ab opposito vel quadrato | ἢ] et ‖ **17** καὶ] et maxime ‖ **19** τοιούτοις] his | καὶ] vel ‖ **20** καὶ] vel

γώνου ἢ ἑξαγώνου, οὗ δηλώσει μέγιστον σύμπτωμα διὰ τὸ τοῦ σχηματισμοῦ σύμφωνον καὶ τὸ φίλιον τῆς κράσεως, πλὴν διὰ τὴν οἰκείαν ἀδυναμίαν καὶ τὴν κάκωσιν οὐ δύναται καταλαβεῖν τὸ τῆς εὐτυχίας τέλειον. ὁ δὲ κεκακωμένος ἀστὴρ προστίθησι τῇ κακώσει αὐτοῦ ἐπ' ἐκείνοις τοῖς πράγμασιν ὧν ἐστι δηλωτικός· λυπηθήσεται γὰρ ὁ τὴν ἐναλλαγὴν ἔχων ἐπὶ τοῖς τοιούτοις καὶ μόχθον καὶ κόπον ὑποστήσεται· τὸ δὲ τετράγωνον καὶ διάμετρος τὸ ἀνάπαλιν, περὶ ὧν ἐν τοῖς ἑξῆς ἐροῦμεν.

Τοῦ μὲν οὖν Διὸς ὄντος χρονοκράτορος καὶ τοῦ Ἄρεως εὖ ἔχοντος κατὰ πῆξιν καὶ ⟨κατὰ πάροδον⟩, συσχηματιζομένου τούτου ἐκ τετραγώνου καὶ καθυπερτεροῦντος αὐτὸν τοῦ Διός, στηρίζεται ἡ βάσις αὐτοῦ καὶ ἄρξει τῆς ἰδίας πόλεως πολλάκις καὶ τεύξεται παρὰ βασιλέων καὶ στρατηγῶν ἀξίας καὶ ὠφελείας, πλὴν λυπηθήσεται διὰ τέκνα καὶ πλοῦτον καί τι μέρος βλαβήσεται ⟨πλούτου⟩ τῶν γονέων αὐτοῦ. εἰ δὲ συσχηματισθῶσιν τοιούτῳ σχήματι ἐν τοῖς δυσὶ καιροῖς καὶ τύχωσιν ἄμφω κεκακωμένοι, ἀφαιρεῖται ἃς προείπομεν εὐτυχίας καὶ ὑποστήσεται ὁ τὴν ἐναλλαγὴν ἔχων ἐναντιότητας καὶ ἐξόδους ἀφορήτους. εἰ δὲ ὁ Ἄρης καθυπερτερεῖ αὐτοῦ καὶ ὦσιν οἱωσδήποτε, βλαβήσεται ὁ τὴν ἐναλλαγὴν ἔχων παρὰ μεγιστάνων καὶ ἐξουσιαστῶν καὶ ἀρχόντων τῶν μετάλλων· λυπηθήσεται δὲ καὶ διὰ στέρησιν ὠφελειῶν καὶ πλούτου καὶ ἀναστροφῆς καὶ τέκνου καὶ διά τινα δόλον καὶ πανουργίαν καὶ φθόνον καὶ συκοφαντίαν καὶ ἔριδα καὶ πλεονάσει ὁ κόπος αὐτοῦ· πρὸς τούτοις εἰ ἀκάκωτοι ὦσι συσχηματιζόμενοι τοιούτῳ σχήματι ἐν τοῖς δυσὶ καιροῖς, ἔσται ἐλάττονα τὰ δεινά. εἰ

V: **9** εἰροῦμεν || **10** in marg. symbolum Martis || **21** οἰοσδήποτε

Versio Latina: **1** δηλώσει] significant | magnum || **7** καί[2]] seu || **8** oppositus eius || **8.9** τὸ ἀνάπαλιν om. || **10** boni esse || **11** κατὰ πάροδον om. || **11.12** aspexerintque se invicem || **13** significant quod firmabitur || **16** divitiarum || **21** αὐτοῦ] iovem | ὦσιν] fuerit || **24** ἀναστροφῆς] conversationis

Textus Arabicus: **11** في الاصل والتحويل || **16** مال

δὲ ἐπιβλέψει τοῦτον ὁ Ἄρης ἐν τοῖς δυσὶ καιροῖς ἀπὸ διαμέτρου καὶ ὑπάρχουσιν ἄμφω κεκακωμένοι, ὑποστήσεται τῷ ἔτει ἐκείνῳ λύπας διὰ δόξαν καὶ γυναῖκας καὶ τέκνα καὶ [f. 260] [*καὶ*] *ὄψεται θάνατόν τινος τῶν ἀντιλαμβανομένων παρ' αὐτοῦ· ἴσως δὲ καὶ συζευχθήσεται γυναικὶ ἢ τεχθήσεται αὐτῷ παῖς· πληθύνουσι δὲ αἱ ἔριδες αὐτοῦ καὶ τὰ κατ' αὐτὸν πράγματα συνταραχθήσονται καὶ διαφθερεῖ πλοῦτον καὶ ἐπικτήσεται ἕτερον· κἀκείνῳ τῷ ἔτει ἕξει ἀκαταστασίας ἄχρις τῆς ἡμισείας αὐτοῦ. εἰ δὲ ἄμφω ὑπάρχουσιν ἀκάκωτοι ἐν τοῖς δυσὶ καιροῖς, ὀλίγα τινὰ τῶν προφασισθέντων συμβήσεται ἢ προφάσει τῶν τοιούτων πολλὰς ὀχλήσεις καὶ κινήσεις ὑποστήσεται καὶ ὑποπτεύσει παθεῖν μέγιστα ἐναντιώματα, πλὴν οὐ πείσεται.*

Εἰ δὲ τοῦ Διὸς ὄντος χρονοκράτορος ὑπάρχει σὺν αὐτῷ ὁ Ἥλιος ἀκάκωτος κατά τε πῆξιν καὶ κατὰ πάροδον, ⟨*συσχηματίζεται δὲ τούτῳ ἐκ τετραγώνου καὶ*⟩ *ἐπιδε*⟨*κατεύει*⟩ *τοῦτον ὁ Ἥλιος, προστεθήσεται ἐν ἐκείνῳ τῷ ἔτει ἡ δόξα αὐτοῦ καὶ ἡ δόξα τοῦ πατρὸς αὐτοῦ καὶ ὠφεληθήσεται ἐν διαφόροις πράγμασιν· εἰ δὲ κεκακωμένοι εἰσίν, ὑποστήσεται αὐτός τε καὶ οἱ γονεῖς αὐτοῦ ἔνδειαν καὶ στενοχωρίαν ἐν πλούτῳ καὶ ξενωθήσονται καὶ ἀποδημήσουσιν ἀποδημίαν ἀνεύφραντον καὶ πρὸς ὑπερέχοντα πρόσωπα διαφορὰς ἕξουσιν· ἔσται δὲ τὰ τοιαῦτα πρόσωπα γνώριμα αὐτοῖς ἢ γειτονοῦντα ἢ συγγενικὰ καὶ φθονη*⟨*θή*⟩*σονται παρ' αὐτῶν. εἰ δὲ ὁ Ζεὺς ἐπιδεκατεύει τὸν*

V: **7** *διαφέρει* || **8** *κἀκεῖνο τὸ ἔτος* || **10** *ὀλίγῳ* || **14** in marg. symbola Iovis atque Solis || **18** *ὠφεληθήσονται* || **22** *ἐπιδημίαν*

Isidorus (*ρ*): **7** *διαφθέρει*] hic inc. f. 124 || **8** *ἕτερον ἐπικτήσεται* | *κἀκεῖνο τὸ ἔτος* || **9** *ἄχρι τοῦ ἡμίσεος ἔτους* || **11** *προφρασθέντων* || **16** *ἐπιδεκατεύει δὲ* || **18** *ὠφεληθήσονται* || **24** *φθονηθήσονται*

Versio Latina: **4** *καὶ* om. || **6** *ἢ*] et || **6.7** *δὲ — συνταραχθήσονται* om. || **8** divitias suas || **9** *ἄμφω* om. || **10** *ἐν — καιροῖς* om. || **16.17** aspexerintque se adinvicem per quadratum, et sol fuerit elevatus || **17** augmentabit vel || **22** delectabili peregrinatione || **24** *καὶ*] quae

Textus Arabicus:

16.17 ونظرت اليه فيها من التربيع والشمس مشرفة عليه

Ἥλιον καὶ ὑπάρχωσιν ἄμφω ἀκάκωτοι ἐν τοῖς δυσὶ καιροῖς, εὑρήσει ὁ τὴν ἐναλλαγὴν ἔχων ἀγαθὰ τῷ ἔτει ἐκείνῳ – πρὸς δὲ καὶ οἱ γονεῖς αὐτοῦ – καὶ ὠφελείας καὶ δόξας καὶ ἀξίας καὶ τιμὴν ὑπερέχουσαν· εἰ δὲ κεκακωμένοι εἰσί, λυπηθήσονται ταῖς τῶν τοιούτων προφάσεσι. εἰ δὲ ὁ Ἥλιος ἐπιβλέπει τοῦτον ἐν τοῖς δυσὶ καιροῖς ἀπὸ διαμέτρου καὶ [ὑ] ὑπάρχουσιν ἄμφω ἀκάκωτοι, ἔσται ἐν ἐκείνῳ τῷ ἔτει εὐφρόσυνος ἐν πᾶσι τοῖς κατ' αὐτὸν καὶ προστεθήσεται ἡ δόξα αὐτοῦ καὶ ἐγχειρισθήσεται παρὰ ἐξουσιαστοῦ καὶ παρά τινων ἐνδόξων προσώπων μυστικὰς ὑποθέσεις καὶ συμβουλεύσονται τούτῳ οἱ βασιλεῖς εἰς τὰς οἰκείας ὑποθέσεις καὶ ὑπακούσουσι ταῖς βουλαῖς αὐτοῦ· εἰ δὲ τῷ προειρημένῳ συσχηματισθῶσι σχήματι καὶ ὑπάρχουσι κεκακωμένοι, οὐ μόνον ἐλαττωθήσεται πάντα τὰ προειρημένα, ἀλλὰ καὶ βλάβην τῇ προφάσει τῶν τοιούτων ἕξουσιν.

Εἰ δὲ τοῦ Διὸς ὄντος χρονοκράτορος ὑπάρχουσιν αὐτός τε καὶ ἡ Ἀφροδίτη ἀκάκωτοι κατά τε πῆξιν καὶ κατὰ πάροδον καὶ συσχηματισθῶσιν ἀλλήλοις ἀπὸ τετραγώνου, τοῦ Διὸς ἐπιδεκατεύοντος αὐτήν, ἐν ἐκείνῳ τῷ ἔτει προστεθήσεται ἡ δόξα αὐτοῦ καὶ ὠφεληθήσεται διὰ γυναικῶν καὶ ἔσται εὐβίοτος καὶ χρήσεται καθαρότητι καὶ ἀνθέξεται τοῦ οἰκείου δόγματος καὶ τῶν ἑπομένων αὐτῷ καὶ ἔργα ποιήσει ὁσιότητος καὶ δικαιοσύνης· εἰ δὲ ὑπάρχουσι κεκακωμένοι, ὑποστήσεται πειρασμοὺς προφάσει τῶν εἰρημένων. εἰ δὲ ἡ Ἀφροδίτη ἐπιδεκατεύει τὸν Δία καὶ ὑπάρχουσιν ἄμφω κεκακωμένοι ἐν τοῖς δυσὶ καιροῖς, ἀγωνισθήσεται ὁ ἔχων τὴν ἐναλλαγὴν τῷ ἔτει ἐκείνῳ περὶ

V: **17** in marg. symbola Iovis atque Veneris

Isidorus (ϱ): **1** ὑπάρχουσιν || **7** ὑ om. || **13** σχηματίζονται || **14** ἐλαττωθήσονται || **19** συσχηματίζονται

Versio Latina: **2** ἀγαθὰ om. || **9** ἐξουσιαστοῦ] habentibus potestatem || **18.19** in duobus temporibus || **19.20** ἀπὸ — διὸς om. || **20** αὐτήν om. || **23** τῶν ἑπομένων αὐτῷ] secretorum (pro sectatorum) suorum || **25** tentationem

τὰς παιδιὰς καὶ περὶ τὴν τῶν γυναικῶν ὁμιλίαν δι' ἃς καὶ λυπηθήσεται· κτήσεται δὲ καὶ παρ' ἑτέρων γυναικῶν πλοῦτον· βλάψει δὲ καί τινας καὶ ἀγανακτήσει ἐπί τινι τῶν φίλων αὐτοῦ καί τινα τῶν χρημάτων αὐτοῦ διαφθαρήσονται ὡσαύτως καὶ τῶν ἐδεσμάτων· εἰ δὲ ἄμφω ὑπάρχουσιν ἀκάκωτοι, ὠφεληθήσεται καὶ εὐφρανθήσεται ἐπὶ πᾶσιν οἷς προείπομεν. εἰ δὲ ἐκ διαμέτρου ἐπιβλέψει τοῦτον ἡ Ἀφροδίτη ἐν τοῖς δυσὶ καιροῖς καὶ ὑπάρχουσιν ἄμφω ἀκάκωτοι, προστεθήσεται ἡ δόξα αὐτοῦ καὶ εὐχαριστηθήσεται παρὰ πολλῶν καὶ ἐπαινεθήσεται καὶ ἀγαπηθήσεται καὶ ἄρξει τῶν ἐν τῷ οἴκῳ αὐτοῦ καὶ ἐπικτήσεται πλοῦτον καὶ συντηρήσει αὐτόν· εἰ δὲ ὑπάρχουσιν ἄμφω κεκακωμένοι, ἐλαττωθήσονται πάντα ὅσα προείπομεν καὶ λυπηθήσεται τῇ τούτων προφάσει.

Εἰ δὲ ὁ Ζεύς ἐστι χρονοκράτωρ καὶ ὑπάρχουσιν αὐτός τε καὶ ὁ Ἑρμῆς ἀκάκωτοι κατά τε πῆξιν [f. 260ᵛ] καὶ κατὰ πάροδον καὶ συσχηματισθῶσιν ἀλλήλοις ἀπὸ τετραγώνου, τοῦ Διὸς ἐπιδεκατεύοντος αὐτόν, προστεθήσεται ὁ τὴν ἐναλλαγὴν ἔχων τῇ μαθήσει τῶν γραμμάτων καὶ συνεργήσει πολλοῖς καὶ διὰ τὴν ἐνέργειαν αὐτοῦ ἐπικτήσεται ἀγαθὰ καὶ ὠφέλειαν· εἰ δὲ ὑπάρχωσιν ἄμφω κεκακωμένοι, ἐλαττωθήσεται τὰ εἰρημένα καὶ λυπηθήσεται προφάσει αὐτῶν. εἰ δὲ ὁ Ἑρμῆς ἐπιδεκατεύει τοῦτον ἐν τοῖς δυσὶ καιροῖς καὶ ὑπάρχουσιν ἄμφω κεκακωμένοι, ἐστενοχωρημένος ἔσται κατὰ τὴν τοῦ πλούτου ἐπίκτησιν· εὐφρανθήσεται δὲ καὶ ἐπὶ κέρδει εὐτελεῖ καὶ ὠφελείᾳ μηδαμινῇ καὶ ἔσται ἀχάριστος πρὸς τοὺς ἀνθρώπους καὶ

V: **1** τὰς] τοὺς || **15** ὑπάρχει || **16** ἀκάκωτος

Isidorus (ϱ): **15** χρονοκράτωρ ἐστὶ | ὑπάρχει || **16** ἀκάκωτος || **17** συσχηματίζονται || **18** προστεθήσονται || **21** ὑπάρχουσιν || **22** ἐλαττωθήσονται || **26** ἐπὶ κέρδει] ἐπικερδήσει || **26.27** ὠφελείᾳ μηδαμινῇ] μηδαμινῇ ἐργασίᾳ

Versio Latina: **5** ἄμφω om. || **9.10** multi enim parebunt ei || **11** τῶν — αὐτοῦ] familiae suae || **13** ἄμφω om. || **16.17** in duobus temporibus || **18** αὐτόν] mercurium || **21** utilitates | ἄμφω om. || **22** omnia supradicta || **23** τοῦτον om. || **24.25** ἐστενοχωρημένος ἔσται] anxius

δυσχεραίνων ἐπὶ τῇ σὺν τούτοις ἀναστροφῇ καὶ βλάψει τινὰς καὶ ἀδικήσει· εἰ δὲ ἀκάκωτοι ὦσιν, ὠφεληθήσεται καὶ εὐφρανθήσεται ἐπὶ πᾶσιν οἷς προείπομεν. εἰ δὲ ὁ Ἑρμῆς ἐπιβλέψει τὸν Δία ἐν τοῖς δυσὶ καιροῖς ἀπὸ διαμέτρου καὶ ὑπάρχουσιν ἄμφω ἀκάκωτοι, προστεθήσεται ἐν ἐκείνῳ τῷ ἔτει ἡ τούτου παίδευσις καὶ ἡ γνῶσις καὶ διαγνώσεται μυστήρια κρύφια καὶ μεταχειρίσ[θησ]εται πράσεις καὶ ἀγορασίας καὶ ἐπαινεθήσεται παρὰ πολλῶν καὶ ἀγαπηθήσεται παρὰ τῶν ἐν τῷ οἴκῳ αὐτοῦ· εἰ δὲ ὑπάρχουσιν ἄμφω κεκακωμένοι, ἐλαττωθήσονται πάντα ὅσα προείπομεν καὶ ἕνεκε τούτων λυπηθήσεται.

Εἰ δὲ τοῦ Διὸς ὄντος χρονοκράτορος αὐτός τε καὶ ἡ Σελήνη ἀκάκωτοι κατά τε πῆξιν καὶ κατὰ πάροδον, συσχηματίζονται δὲ ἀλλήλοις ἀπὸ τετραγώνου, καθυπερτερεῖ δὲ ταύτην ὁ Ζεὺς εἴτε νυκτερινή ἐστιν ἡ ἐναλλαγὴ εἴτε ἡμερινή, ὁ τὴν ἐναλλαγὴν ἔχων καὶ οἱ γονεῖς αὐτοῦ ἐν ἀγαθοῖς ἔσονται τῷ ἔτει ἐκείνῳ καὶ παρὰ πάντων ἐπαινούμενοι· ὠφεληθήσονται δὲ καὶ ⟨παρὰ⟩ συγγενῶν καὶ προσθήκην δέξονται δόξης· εἰ δὲ κεκακωμένοι εἰσίν, ὕφεσιν δέξονται τὰ εἰρημένα καὶ τῇ τούτων προφάσει λυπηθήσονται. εἰ δὲ ἡ Σελήνη καθυπερτερεῖ αὐτὸν καὶ ὑπάρχουσιν ἀκάκωτοι, ἐπαινεθήσονται παρὰ πολλῶν καὶ τιμηθήσονται παρὰ ἀρχόντων καὶ ἰδιωτῶν· εἰ δὲ κεκακωμένοι εἰσίν, ἐλλείψουσι τὰ εἰρημένα καὶ ἔριδας ὑποστήσονται καὶ δόξης καὶ πλούτου ἐλάττωσιν καὶ ἁμαρτήσονται περὶ τῆς ἰδίας οἰκονομίας. εἰ δὲ ἐφορᾷ τοῦτον ἡ Σελήνη ἀπὸ διαμέτρου ἐν τοῖς

V: **25** φανήσονται

Isidorus (ϱ): **2** ὦσιν] εἰσιν ‖ **4** ἐπιβλέπει ‖ **7** μεταχειρίσεται ‖ **13** post ἀκάκωτοί add. εἰσι ‖ **15** ταύτην] αὐτῆς ‖ **18** παρὰ] ἀπὸ ‖ **25** καὶ — οἰκονομίας om.

Versio Latina: **2** ἀδικήσει] eis inimicus erit ‖ **2.3** gaudium et utilitatem habebit ‖ **4** τὸν δία] eum ‖ **7** secreta consilia ‖ **10** ἄμφω om. ‖ **13** in duobus temporibus ‖ **15** ταύτην om. ‖ **16** in bono esse ‖ **18** παρὰ] per ‖ **21** αὐτὸν om. ‖ **24** patietur ‖ **25** decipietur

Textus Arabicus: **25** كانوا مخطين

δυσὶ καιροῖς καὶ ὑπάρχουσιν ἄμφω ἀκάκωτοι, εἰ δὲ ἡ Σελήνη ἐλαττόνων μοιρῶν, ἐν ἐκείνῳ τῷ ἔτει προστεθήσεται ἡ δόξα αὐτοῦ καὶ ἐπικτήσεται πλοῦτον καὶ εὐφρανθήσεται ἐπὶ συγγενέσι καὶ τέκνοις καὶ ὁμιλήσει βασιλεῦσι καὶ ἄρχουσι καὶ ἐν εὐεξίᾳ ἔσται καὶ οἴησιν ἕξει περὶ αὐτοῦ καὶ τῷ οἰκείῳ λογισμῷ ἀρκεσθήσεται μὴ συμβουλευόμενος ἑτέρῳ· εἰ δὲ καὶ ἀποδημήσει, ὑποστρέψει· εἰ δὲ κεκακωμένοι ὦσιν ἐν τοῖς δυσὶ καιροῖς καὶ ὑπάρχει ἡ Σελήνη πλειόνων μοιρῶν, ἐλάττωσιν ὑποστήσεται πλούτου καὶ λυπηθήσεται διὰ διαφόρους αἰτίας καὶ μάλιστα κατὰ τὴν τοῦ χρόνου ἀρχήν.

Περὶ δὲ τοῦ συσχηματισμοῦ τοῦ Κρόνου πρὸς αὐτὸν προείπομεν ἐν οἷς διεξήλθομεν περὶ τῆς τοῦ Κρόνου διαθέσεως. καὶ αὗται μέν εἰσιν αἱ τοῦ Διὸς σημασίαι ὅτε ἀγαθύνεται καὶ συνοδεύουσιν αὐτῷ ἢ συσχηματίζονται ἀστέρες ἀγαθοποιοὶ ἢ ὅτε κακύνεται καὶ συνοδεύουσι τούτῳ ἢ ἐφορῶσιν ἀστέρες κακοποιοί. εἰ δὲ ἀγαθυνόμενος ὁ Ζεὺς ἐφορᾶται ὑπὸ ἀστέρος κακοποιοῦ ἢ κακυνόμενος συσχηματίζεται ἀστέρι ἀγαθοποιῷ, τὰ αὐτὰ σημαίνει οἷα καὶ ἐπὶ τοῦ Κρόνου προείπομεν.

⟨Ἔννατον⟩. Περὶ τῆς σημασίας τοῦ Διὸς χρονοκράτορος ὄντος κατὰ τὴν ἐν τοῖς τόποις αὐτοῦ πάροδον

Ὅτε ὑπάρχει χρονοκράτωρ ὁ Ζεὺς καὶ ᾖ κατά τε πῆξιν καὶ κατὰ πάροδον ἀκάκωτος καὶ ἐν ἰδίῳ [f. 261ᵛ] *οἴκῳ ἢ*

V: **15** *συσχηματίζοντες* || **25** f. 261 continetur textus alius cuius titulus *ἀρχὴ σὺν θεῷ διαφόρων ἐρωτημάτων*; deletus a scriba

Isidorus (ϱ): **1** *εἰ δὲ*] *καὶ ἔστιν* || **6.7** *ἑτέρῳ συμβουλευόμενος* || **7** *εἰ δὲ καὶ*] *καὶ εἰ* | *ὑποστρέψει*] *συντόμως ἐπιστρέψει* || **8** *ὦσιν*] *εἰσὶν* || **12** *σχηματισμοῦ* || **16** *τούτῳ*] *αὐτῷ* || **17** post *ἐφορῶσιν* add. *αὐτὸν* || **19** *οἷα*] *οἷς* || **21.22** *τοῦ — ὄντος*] *τῆς χρονοκρατορίας τοῦ διὸς ὄντος* || **24** *καὶ ᾖ*] *ἔστι δὲ καὶ* | *τε* om.

Versio Latina: **5** in bono esse | *οἴησιν — αὐτοῦ*] multum sibi tribuet || **7** et si peregre || **21** de significationibus || **22.23** a locis in quibus est

ἐν ᾧ ἔχει λόγον καὶ ὑπάρχει ἐν ἑνὶ τῶν τεσσάρων κέντρων εἴτε τῶν κατὰ πῆξιν εἴτε τῶν κατὰ πάροδον τῆς ἐναλλαγῆς εἴτε τῶν κατὰ τὸν ὡροσκόπον τῆς ἐναλλαγῆς, ἔσται περίφημος ἐν ἐκείνῳ τῷ ἔτει καὶ προστεθήσεται ἡ δόξα αὐτοῦ καὶ ἡ ἀξία καὶ ὁ πλοῦτος. καὶ εἰ μέν ἐστιν ἐν τῷ μεσουρανίσματι, ἔσονται τὰ τοιαῦτα προφάσει μεγιστάνων· εἰ δὲ ἐν τῷ ὡροσκόπῳ, ἐξ ἰδίας κινήσεως καὶ ἀγῶνος καὶ οἰκείου ἔργου· εἰ δὲ ἐν τῷ δύνοντι, ἔσται τὰ τοιαῦτα προφάσει γυναικῶν καὶ ἐναντίων· εἰ δὲ ἐν τῷ ὑπογείῳ, προφάσει γονέων καὶ συγγενῶν καὶ ἐγγαίων καὶ οἰκημάτων. εἰ δὲ ἐν τοῖς τοιούτοις τόποις ὑπάρχει κεκακωμένος ἢ ἀναποδίζων, δηλοῖ δόξης ὕφεσιν καὶ διαφθορὰν πλούτου καὶ ἀμέλειαν αὐτοῦ περὶ τὰς ἐπικτήσεις· λυπηθήσεται δὲ κατὰ τὴν σημασίαν τοῦ κέντρου ἐν ᾧ ἐστιν.

Εἰ δὲ ὁ Ζεὺς χρονοκράτωρ ὢν καὶ ἐν τοῖς δυσὶ καιροῖς ἀκάκωτος ὑπάρχει ἐν τῷ ια', ἐν ἐκείνῳ τῷ χρόνῳ ἔσται εὐβίωτος καὶ ἐν ἀνέσει πάσῃ καὶ παρὰ πολλῶν ἐπαινεθήσεται καὶ ὠφεληθήσονται οἱ φίλοι αὐτοῦ δι' αὐτοῦ· εἰ δὲ κεκακωμένος ἐστίν, ἔσται πολύφροντις καὶ κακοϋπόληπτος, μὴ ποιῶν ἔργον ὠφέλιμον· λυπηθήσεται δὲ καὶ διὰ φίλους καὶ διά τινας ἐλπίδας.

Εἰ δὲ ὁ Ζεὺς χρονοκράτωρ ὢν ὑπάρχει ἐν τοῖς δυσὶ καιροῖς ἐν τῷ ⟨ε'⟩ ἀκάκωτος, τέκνων εὐμοιρήσει γονῆς εἴπερ ἡ καταρχὴ ἐδήλου τέκνων γένεσιν· καὶ εὐφραν-

V: **13** *ἐπικτίσεις* || **17** *περὶ* || **22** *εἰ*] *ὁ* || **23** lac. c. 2 litt. || **24** *ἐδήλω*

Isidorus (*ϱ*): **2** *κατὰ τὴν πῆξιν* | *κατὰ τὴν πάροδον* || **3** *τῆς ἐναλλαγῆς* om. || **8** *ἔσται τὰ τοιαῦτα* om. || **11** *ὑπάρχων* | post *κεκακωμένος* add. *ἐστὶν* || **13** *ἐπικτίσεις* || **16** post *ὑπάρχει* add. *καὶ ἔστιν* || **17** *περὶ* || **23** lac. c. 2 litt. || **24** *ἐδήλωσεν* | *τέκνων*] *ἐκείνων*

Versio Latina: **1—3** sive sint de angulis secundum revolutionem sive de angulis secundum ascendens profectionis (**2** *εἴτε*[2] — *ἐναλλαγῆς* om.) || **7** si vero ascendens || **8** *τὰ τοιαῦτα*] hoc || **9** in angulo domus patrum || **10** *καὶ ἐγγαίων*] rerum stabilis || **11** *τοιούτοις*] ipsis | idem fuerit || **13** in acquirendo || **20** *ὠφέλιμον* om. | *φίλους* annos (pro amicos) || **21** species (pro spes) || **23** in quinto

θήσεται ἐπὶ τέκνοις εἴ γε ἔχει τέκνα· εἰ δὲ κεκακωμένος ἐστί, λυπηθήσεται διὰ τέκνα καί τινας πρεσβείας καὶ δεξιώματα.

Εἰ δὲ ὁ Ζεὺς χρονοκράτωρ ὢν ἐν τοῖς δυσὶ καιροῖς ὑπάρχει ἐν τῷ θ′ ἢ τῷ τρίτῳ ἀκάκωτος, ἐπαινεθήσεται τῷ ἔτει ἐκείνῳ ἐπ᾽ εὐσεβείᾳ καί τινα ποιήσεται ἀποδημίαν ἕνεκε τῆς πρὸς Θεὸν θρησκείας καὶ ἐπαινεθήσεται παρὰ πολλῶν καὶ εὐφρανθήσεται ἐπ᾽ ἀδελφοῖς καὶ ἐπὶ φήμαις τισίν· εἰ δὲ κεκακωμένος ἐστίν, ἔσται κενόδοξος ἐν ἐκείνῳ τῷ ἔτει καὶ φήμας δέξεται ἐναντίας καὶ βλάβας καὶ λύπας δέξεται προφάσει ἀδελφῶν καὶ καταφρονήσει τῆς ἰδίας πίστεως καὶ ἐνδοιάσει περὶ αὐτῆς· εἰ δὲ καὶ ἀποδημήσει, πράγμασιν ἀπευκταίοις συναντήσει.

Εἰ δὲ ὁ Ζεὺς ἀκάκωτος ὢν ὑπάρχει ἐν τοῖς δυσὶ καιροῖς ἐν τῷ β′ ἢ τῷ η′ τόπῳ ἀργίαν καὶ σχολὴν δηλοῖ, πλὴν τεύξεται ὠφελειῶν τινων ἄνευ ζητήσεως καὶ χωρὶς ἀγῶνος ἢ προφάσει νεκρῶν· εἰ δὲ κεκακωμένος ἐστίν, δηλοῖ ἐξόδους πολλὰς ἀπροαιρέτους καὶ λύπας καὶ ἔριδας προφάσει ἐπικτήσεως πλούτου.

Εἰ δὲ ὁ Ζεὺς χρονοκράτωρ ὢν ὑπάρχει ἐν τοῖς δυσὶ καιροῖς ἐν τῷ ς′ ἢ τῷ ιβ′ τόπῳ ἀκάκωτος, ἐπαινεθήσεται παρά τινος εὐτελοῦς καὶ συρφετώδους ὄχλου καὶ ὠφεληθήσεται δι᾽ ἐναποκλείστων καὶ εἰρηνεύσει μετὰ οἰκείων ἐχθρῶν· εἰ δὲ κεκακωμένος ὑπάρχει ἐν τοῖς δυσὶ τόποις

V: **1** καὶ κακωμένος ‖ **3** δεξιάματα ‖ **12** αὐτοῦ ‖ **17** προφάσεως | κεκακωμένος] ἀκάκωτός

Isidorus (ϱ): **1** τέκνοις] τούτοις | γε om. | post ἔχει add. δηλονότι | κακωμένος ‖ **11** δέξεται om. ‖ **12** καί[2] om. ‖ **14** ὢν] μὲν ‖ **15** ἢ] καὶ ‖ **16** τινων ὠφελειῶν ‖ **17** ἀγώνων | προφάσει] ἐκ προφάσεως ‖ **23** post μετὰ add. τῶν

Versio Latina: **3** δεξιώματα] peregrinationes ‖ **6.7** pro divino cultu peregrinabitur ‖ **11** δέξεται om. ‖ **12** de ea | et si peregre ‖ **14** item si iupiter fuerit dominus anni | boni esse ‖ **17** significat quod faciet ‖ **18** invitus ‖ **20** χρονοκράτωρ ὢν om.

Textus Arabicus: **3** الهدايا

τούτοις, νόσους ὑποστήσεται πνευματώδεις καὶ ἑτέρας τινὰς καὶ λύπας ἕνεκεν ἐχθρῶν καὶ φυλακήν.

Εἰ δὲ ὁ Ζεὺς κατὰ πῆξιν ἔν τινι τόπῳ ὢν τύχῃ ἐν ἑτέρῳ τόπῳ κατὰ τὸν καιρὸν τῆς ἐναλλαγῆς εἴτε τὴν αὐτὴν διάθεσιν ἔχων τῇ κατὰ πῆξιν διαθέσει ἢ καὶ ἑτεροίαν, δεῖ σε σύγκρασιν ποιήσασθαι τῶν διαθέσεων αὐτοῦ τῶν ἐν τοῖς δυσὶ καιροῖς καθὼς προείπομεν ἐν τῷ περὶ τοῦ Κρόνου λόγῳ καὶ κατὰ [πῆξιν] ταύτην ἀποφήνασθαι. εἰ δὲ ὁ Ζεὺς χρονοκράτωρ ὢν ὑπάρχει μάλιστα κατὰ τὸν τῆς ἐναλλαγῆς καιρὸν ἐν τοῖς τέσσαρσι τόποις τοῖς ἀσυνδέτοις τῷ ὡροσκόπῳ, ἐν ἐκείνῳ τῷ ἔτει ὁ τὴν ἐναλλαγὴν ἔχων ἄδοξος ἔσται καὶ οὐ προστεθήσεται αὐτῷ ὠφέλεια καὶ πολλοὶ τῶν φίλων αὐτοῦ καὶ γνωρίμων περιφρονήσουσιν αὐτόν· [f. 262] καταγενήσεται δὲ καὶ περί τινα ἀλυσιτελῆ αὐτῷ πράγματα· τῶν δὲ ὠφελίμων μικρὸν ἢ μηδαμινὸν ποιήσεται λόγον· εἰ δὲ κεκακωμένος ἐστὶν ἐν τοῖς τοιούτοις τόποις, ὑποστήσεται λύπας τῇ τῶν τοιούτων προφάσει.

⟨Δέκατον⟩. Περὶ τῆς σημασίας τοῦ Ἄρεως ὅτε χρονοκράτωρ ἐστὶ καὶ ἀκάκωτος

Ὅτε ἐστὶ χρονοκράτωρ ὁ Ἄρης καὶ ὑπάρχει κατά τε πῆξιν καὶ κατὰ πάροδον ἐν τῷ οἰκείῳ φωτὶ προποδίζων καὶ προσθετικὸς τοῖς ἀριθμοῖς καὶ ἐν ἀγαθοῖς τόποις καὶ ἐν οἰκείᾳ αἱρέσει καὶ ἐν ζῳδίῳ ἐν ᾧ ἔχει λόγον, ποιεῖ τὸν

V: **11** τοῦ ὡροσκόπου || **15** μηδαμηνὸν || **18** in marg. symbolum Martis | ἄρεος

Isidorus (ϱ): **1** τούτοις om. || **3** τύχοι || **4** κατὰ τὴν ἐναλλαγὴν || **6** ποιεῖν || **8** πῆξιν om. || **12** οὐ — ὠφέλεια] ἀνωφέλητος || **15** μηδαμινὸν] οὐδαμῶς || **23** ἐν τῇ οἰκείᾳ

Versio Latina: **1** ventositate || **2** carceres || **3** τόπῳ om. || **3.4** ἐν ἑτέρῳ τόπῳ] in aliquo (in marg. altero) || **4** in revolutione || **8** iuxta commixtionem huiusmodi || **9** μάλιστα om. || **10** in uno de quattuor locis || **14** tractabit || **15** αὐτῷ om. || **16** τοιούτοις] iis || **17** τοιούτων] ipsarum || **18** de significationibus || **22** velox cursu

ἔχοντα τὴν ἐναλλαγὴν ἐνδύναμον τὴν ψυχὴν καὶ ἀποτρέπει πάντα ὄκνον καὶ ῥαθυμίαν καὶ λύπην, καὶ ἀγχίνους ἔσται καὶ εὐεπίβουλος καὶ πρόθυμος περὶ τὰ ἔργα καὶ ἀνυστικὸς πραγμάτων διαφόρων καὶ δραστήριος ἐν τοῖς ἔργοις καὶ ἀγωνιστικὸς περὶ τὰς ἐπικτήσεις καὶ τεύξεται τῶν ἐπιζητουμένων παρὰ τῶν ἐξουσιαστῶν καὶ ἔνδοξος ἔσται παρὰ τοὺς κατ' αὐτὸν καὶ μεγάλας ὠφεληθήσεται ὠφελείας ἐξ ὧν διαπράττεται καὶ ἡ ἀπόβασις τῶν κατ' αὐτὸν πραγμάτων ἔσται ἀγαθή. εἰ δὲ ἀκάκωτος ὢν ὁ Ἄρης ἐν ἀλλοτρίῳ ὑπάρχει ζῳδίῳ ἔσται ἡ ὠφέλεια αὐτοῦ παρὰ ἐπηλύδων καὶ ξένων· εἰ δὲ ἐν οἰκείῳ ζῳδίῳ ὑπάρχει, γενήσεται ἡ ὠφέλεια παρὰ φίλων καὶ γνωρίμων. καὶ εἰ ἔστιν ἐν ἀνθρωποειδεῖ ζῳδίῳ, ἐπικτήσεται παρὰ ἀνθρώπων φιλίας καὶ εὐφροσύνην καὶ ὠφεληθήσεται δι' αὐτῶν καὶ ἐπαινεθήσεται· καὶ εἰ ἔστιν ἐν ὑδατώδει ζῳδίῳ, ἔσται ἡ ὠφέλεια προφάσει ὑδάτων καὶ ὑγρῶν· καὶ τοιου⟨το⟩τρόπως στοχάζου καὶ ἐπὶ τῶν λοιπῶν ζῳδίων. πρόσεχε δὲ καὶ ταῖς ἀκτινοβολίαις καὶ τοῖς κλήροις καὶ τοῖς δωδεκατημορίοις οἷς συνοδεύει ὁ Ἄρης ἢ συσχηματίζεται ἐν τοῖς δυσὶ καιροῖς σχήμασι συμφώνοις καὶ φίλοις καὶ ποίαν σημασίαν ἔχουσιν οἱ κύριοι αὐτῶν· καὶ κατ' ἐκεῖνο τὸ εἶδος ἀποφαίνου τὴν ὠφέλειαν.

Εἰ δέ ἐστιν ὁ Ἄρης χρονοκράτωρ καὶ ὑπάρχει ἅμα τῷ Διῒ ἀκάκωτος κατά τε πῆξιν καὶ κατὰ πάροδον ἢ συσχηματίζεται τούτῳ ἀπὸ τριγώνου ἢ ἑξαγώνου, ὑπάρχει δὲ ὁ τὴν ἐναλλαγὴν ἔχων ἐκ τῶν πολυχρονίων τὴν εὐτυχίαν,

Isidorus (ϱ): **1** τὴν²] κατὰ | ἀποτρεπόμενον || **2** καὶ ἀγχίνους ἔσται] ἔσται δὲ ἀγχίνους || **3** εὐεπήβολος || **5** κτήσεις || **9** post δὲ add. καὶ || **10** ἔσται om. || **11** post ξένων add. ἔσται αὐτῷ || **15** καὶ εἰ] εἰ δέ || **16** καὶ τοιουτοτρόπως στοχάζου] τοιουτοτρόπως δὲ στοχάζου || **26** πολυχρονιούντων ἐν τῇ εὐτυχίᾳ

Versio Latina: **1** eiicientem || **3.4** diversarum rerum tractationem || **6.7** in partibus suis || **9** optimus || **12.13** in signis similitudinis hominum || **14** alacritatem habebit et utilitatem || **20** ποίαν] quoniam | significationes || **21** diffinias || **23.24** tam ipse quam iupiter || **24** in duobus temporibus | coniungitur autem vel configuratur || **26** ex regibus prosperitatem diuturnam habentibus

προστεθήσεται ἡ εὐτυχία αὐτοῦ καὶ ἡ δόξα καὶ οἱ ὑπήκοοι καὶ οἱ ὑποχείριοι καὶ οἱ ὀπαδοὶ καὶ ὁ στρατὸς καὶ ὁδηγήσει στρατεύματα καὶ ἄρξει ἀνθρώπων πολλῶν καὶ ὑποταγήσονται αὐτῷ οἱ ἐχθροὶ αὐτοῦ· εἰ δέ ἐστιν ὁ Ἄρης ἐν τῷ Κριῷ ἢ ἐν τῷ Αἰγοκέρωτι, ἄρξει τῶν ἐχθρῶν αὐτοῦ καὶ προστεθήσεται ἡ δύναμις αὐτοῦ καὶ ἡ συμμαχία καὶ τὰ ὑποζύγια καὶ τὰ ὅπλα καὶ πάντα ὅσα ὁ Ἄρης δηλοῖ. εἰ δέ ἐστιν ὁ τὴν ἐναλλαγὴν ἔχων τῆς μέσης τύχης καὶ ὢν ὁ κατὰ πῆξιν ὡροσκόπος οὐ δηλοῖ τηλικαύτας εὐτυχίας, φιλιωθήσεταί τισιν ἐνδόξοις καὶ περιφανέσι καὶ στρατηγοῖς καὶ στρατιωτικοῖς μεγάλοις προσώποις καὶ ὠφεληθήσεται δι' αὐτῶν· εἰ δὲ τῆς κάτω ἐστὶ τύχης, τεύξεται ὠφελείας ⟨παρὰ⟩ στρατιωτικῶν προσώπων καὶ παρὰ τῶν μετερχομένων [παρὰ] τὰς ἀρεϊκὰς τέχνας. ἐπισκέπτου καὶ τὸ ζῴδιον ἐν ᾧ ἐστιν ὁ Ἄρης κατά τε πῆξιν καὶ κατὰ πάροδον εἴτε τῶν βασιλικῶν ζῳδίων ἐστὶν εἴτε τῶν τῆς μέσης τύχης εἴτε τῶν εὐτελῶν, καὶ ποίει σύγκρασιν αὐτοῦ τε καὶ τῆς φύσεως τοῦ ζῳδίου.

Εἰ δὲ ὁ Ἥλιος ἐφορᾷ τοῦτον ἐν τοῖς δυσὶ καιροῖς ἀπὸ τριγώνου ἢ ἑξαγώνου καὶ ὑπάρχουσιν ἄμφω ἀκάκωτοι, προστεθήσεται ἡ δόξα αὐτοῦ καὶ ἡ εὐτυχία καὶ ὁ πλοῦτος· γάμῳ προσομιλήσει καὶ τέκνων τεύξεται καὶ προσθήκην δόξης ἐπικτήσεται παρὰ ἐξουσιαστῶν καὶ μεγιστάνων καὶ στρατιωτῶν καὶ στρατηγῶν καὶ παρὰ πολλῶν ἐπαινεθήσεται.

V: **11** στρατιωτικῆς μεγάλης || **17** ποίαν || **19** in marg. symbola Martis atque Solis

Isidorus (ϱ): **1** τῇ εὐτυχίᾳ | καὶ ἡ δόξα] αὐξήσει ἥ τε δόξα || **5** κριῷ om.; lac. c. 2 litt. || **9** τοιαύτας || **14** παρὰ om. | ἐπισκέπου δὲ καὶ || **22** post γάμῳ add. τε

Versio Latina: **1—3** subditi etiam et familiares eius erunt ei subiecti atque sequaces et militia et populus et exercitus et dominabitur pluribus || **6** καὶ ἡ συμμαχία] in proeliis iumenta quoque sua || **8** ὢν] cuius || **9** nativitas || **10** τισιν] viris || **12** κάτω ἐστὶ] coniunctus fuerit in fine | utilitatem || **13** παρὰ] a || **14** παρὰ om. || **17** an de infima | facias || **22** coniungetur uxori

[f. 262ᵛ] *Εἰ δὲ ἡ Ἀφροδίτη ἐφορᾷ τοῦτον ἐν τοῖς δυσὶ καιροῖς ἀπὸ τριγώνου ἢ ἑξαγώνου καὶ ὑπάρχουσιν ἄμφω ἀκάκωτοι, ὑπάρχει δὲ καὶ ὁ κύριος τοῦ κλήρου τοῦ γάμου ἐν τῷ ζ' συσχηματιζόμενος ἀγαθοποιοῖς, προστεθήσεται ὁ πλοῦτος αὐτοῦ καὶ αἱ ὠφέλειαι καὶ γάμῳ συναφθήσεται καὶ ἐνηδυνθήσεται τῇ τῶν γυναικῶν ὁμιλίᾳ καὶ τῇ τούτων συνουσίᾳ καὶ εὐφρανθήσεται ἐπ' αὐταῖς καὶ ὠφεληθήσεται δι' αὐτῶν καί τισι συνουσιάσει κρύφα καὶ προσθήκην δέξονται τὰ τέκνα αὐτῶν ὡσαύτως καὶ ὁ ἱματισμ[εν]ὸς καὶ φιλιωθήσεται ἄρχουσι καὶ ἐξουσιασταῖς καὶ γυναιξίν· εἰ δὲ ὁ Ἄρης καὶ ἡ Ἀφροδίτη εἰσὶν ἐν ζῳδίῳ ἐν ᾧ ἔχουσι λόγον, ἔσται ταῦτα προφάσει τῆς γυναικὸς αὐτοῦ ἢ τῶν γνωρίμων αὐτοῦ· εἰ ἐν ἀλλοτρίῳ ζῳδίῳ εἰσίν, ἔσται ταῦτα ἐν ἀλλοτρίᾳ γῇ καὶ διὰ ξένων προσώπων.*

Εἰ δὲ ὁ Ἑρμῆς θεωρήσει τοῦτον ἐν τοῖς δυσὶ καιροῖς ἀπὸ τριγώνου ἢ ἑξαγώνου καὶ ὦσιν ἀμφότεροι ἀκάκωτοι, προστεθήσεται ἡ εὐφυΐα καὶ ἡ ἀγχίνοια τοῦ τὴν ἐναλλαγὴν ἔχοντος καὶ ἀγωνιστικός ἐστι περὶ τὰ πρακτέα καὶ ταχυκίνητος περὶ τὰ πράγματα καὶ ἐπαινούμενος καὶ προστεθήσεται ἡ λογιότης αὐτοῦ καὶ ἡ παίδευσις καὶ ἡ γνῶσις καὶ ἡ κατανόησις.

Καὶ ἐὰν ἐπιθεωρήσῃ τοῦτον ἡ Σελήνη ἐν τοῖς δυσὶ καιροῖς ἀπὸ τριγώνου ἢ ἑξαγώνου καὶ ὑπάρχουσιν ἄμφω ἀκάκωτοι, ᾖ δὲ καὶ ἡ ἐναλλαγὴ νυκτερινὴ καὶ ἡ Σελήνη λειψιφωτοῦσα, σημαίνει ἐπίκτησιν ἀγαθῶν καὶ ὠφελείας

V: 15 in marg. symbola Martis atque Mercurii || **22** in marg. symbola Martis atque Lunae

Isidorus (ϱ): **1** *τοῦτον ἐφορᾶ* || **5** *γάμῳ*] *γυναικὶ* || **9** *αὐτῶν*] *αὐτῷ* || **12** *τῆς* om. || **13** *αὐτοῦ*] *τινός* || **16** *ὦσιν*] *εἰσιν* || **18** *ἐστι*] *ἔσται* || **22** *καὶ ἐὰν*] *εἰ δὲ* | *ἐπιθεωρεῖ* || **24** *ᾖ*] *ἔστι*

Versio Latina: **2** *τριγώνου*] bino (pro trino) || **6** delectabitur in mulieribus || **9** filii sui et vestes || **10** *γυναιξίν*] humilioribus (pro mulieribus) || **11** in signis ... in quibus || **12** dignitates | *ταῦτα*] ei || **12. 13** causa mulieris vel alicuius de notis || **14** *ξένων*] alienas || **15** *ἐν — καιροῖς* om. || **17** utilitas || **20** *προστεθήσεται* om. || **25** minima lumine existente

καὶ εὐόδωσιν ἐν ταῖς ἀνὰ χεῖρα δουλείαις καὶ εὐφροσύνην ἐφ' οἷς μεταχειρίζεται πράγμασι. τῆς δὲ συνοδίας τῶν ἀστέρων πρὸς αὐτὸν καὶ τῶν λοιπῶν σχηματισμῶν οὐκ ἐμνήσθη διὰ τὸ ἐναντίον δηλοῦν, τοῦ προκειμένου σκόπου ὄντος περὶ σχημάτων ἀγαθῶν.

⟨ια'⟩. *Περὶ τῆς τοῦ Ἄρεως σημασίας ὅτε ἐστὶ χρονοκράτωρ καὶ ὑπάρχει κεκακωμένος*

Ὅτε ἐστὶν ὁ Ἄρης χρονοκράτωρ καὶ ὑπάρχει κατά τε πῆξιν καὶ κατὰ πάροδον ἀναποδίζων ἢ ὕπαυγος ἢ ἐγκάρδιος ἢ ἑσπέριος ἢ ἐν ἀλλοτρίῳ τόπῳ καὶ τῶν κέντρων ἀποκεκλικὼς καὶ ἐν κακοῖς τόποις, δηλοῖ τῷ ἔτει ἐκείνῳ ὀξυθυμίαν τοῦ ἔχοντος τὴν ἐναλλαγὴν καὶ τοῦ φρονήματος αὐτοῦ κλυδωνισμὸν καὶ ταραχὴν καὶ ἀφροσύνην τοῦ λογισμοῦ καὶ τὸ ταραχῶδες τῆς διανοίας καὶ τὸ πεφυρμένον καὶ τὸ ἄπορον ἐν τοῖς πρακτέοις· βλαβήσεται δὲ ἀπὸ θηρίων καὶ ἀλόγων καὶ πυρὸς καὶ θερμασίας καὶ αἵματος καὶ νόσων διαφόρων καὶ ἀποδημιῶν ἀσυμφόρων καὶ ἀχρήστων ξενιτειῶν καὶ βλάβην τῶν ἀδελφῶν τῶν τε ἀρρένων καὶ τῶν θηλείων· ταῦτα δὲ πάντα γενήσονται κατὰ τὴν σημασίαν τοῦ Ἄρεως καὶ τοῦ ζῳδίου ἐν ᾧ ἐστι. καὶ εἰ μέν ἐστιν ὕπαυγος, δηλοῖ βλάβην ἀπὸ πυρὸς καὶ ἐμπρησμοῦ καὶ κλοπῆς καὶ κρυφίων πραγμάτων καὶ σκαιωρημάτων καὶ δόλων καὶ νόσων ἐνδοτέρων· εἰ δὲ κακοῦται ὁ Ἄρης

V: **6** *ἄρεος* || **20** *ἄρεος*

Isidorus (*ρ*): **2** *συνόδου* || **4** *ἐναντία* || **5** *ὄντος*] *τοῦ* || **6.7** *περὶ τῆς σημασίας τοῦ ἄρεως ὅτε ὑπάρχει χρονοκράτωρ καὶ κεκακωμένος* || **9** *ἢ ἐγκάρδιος* om. || **13** *ἐκφροσύνην* || **16** post *ἀλόγων* add. *ζῴων* | *θερμανσίας* || **18** post *ἀδελφῶν* add. *ὑποστήσεται* || **19** post *κατὰ* add. *τε*

Versio Latina: **1** in negociis tractandis per eum || **2** *ἐφ' — πράγμασι* om. || **4** adversa || **10.11** cadens ab angulo || **11** *καὶ* om. || **14** *τῆς διανοίας*] cogitationum || **16** *ἀλόγων*] equis || **18.19** fratrum et sororum || **23** *ἐνδοτέρων* om.

ἑτέρῳ προσώπῳ ὧν προείπομεν, δεῖ ποιῆσαι σύγκρασιν ⟨αὐτοῦ⟩ καὶ τοῦ ζῳδίου ἐν ᾧ εἰσιν αὐτός τε καὶ ⟨ὁ⟩ βλάπτω⟨ν αὐτὸν⟩ κακοποιός· καὶ κατὰ τοῦτο ἀποτελεῖν. εἰ μὲν γὰρ ὦσιν ἐν ἀνθρωποειδέσι ζῳδίοις, ἔσται ἡ βλάβη ἀπό τινων ἔργων οἰκείων καί τινων λόγων ἰδίων καὶ μάχης καὶ ἀδικίας καὶ ἐχθρῶν καὶ κλοπῆς καὶ λῃστουργίας· εἰ δὲ σὺν τούτοις ὁ Ἄρης στηρίζει ἢ βραδυκίνητός ἐστιν, ἐπιτείνει τὰ δεινά· δηλοῖ δὲ καὶ πληγὰς καὶ δεσμὰ καὶ φυλακὴν καὶ ὀργάς, καὶ μάλιστα εἰ ὑπάρχει ἐν ἐχθροῦ ζῳδίῳ. εἰ δέ ἐστιν ἐν ζῳδίῳ θηριώδει ἢ ἑρπετώδει, ἔσται ἡ βλάβη ἀπὸ θηρίων καὶ ἑρπετῶν· εἰ δέ ἐστιν ἐν ἑτέρῳ ζῳδίῳ, δηλοῖ ῥεῦσιν αἵματος καὶ τραύματα καὶ ἑλκώσεις καὶ καυστηρίας ἀπὸ πυρὸς καὶ νόσους ἀπὸ θερμότητος καὶ ἀποδημίας ἀχρήστους. εἰ δὲ πρὸς τούτοις ὑπάρχει ἐν ἰδίῳ οἴκῳ ἢ ἐν οἴκῳ φίλου αὐτοῦ, [f. 263] *ἔσται μετριωτέρα ἡ βλάβη καὶ ἀπό τινος γνωρίμης ὑποθέσεως· εἰ δὲ ἐν ἀλλοτρίῳ ζῳδίῳ ὑπάρχει ἢ ἐν οἴκῳ ἐχθροῦ, δυναμικώτερα καὶ ἐπιμονώτερα ἔσται τὰ κακά. εἰ δὲ ἐν οἰκείᾳ αἱρέσει ἐστίν, ὀλίγη ἔσται ἡ βλάβη. εἰ δὲ κεκακωμένος ὢν ὑπάρχει καὶ ἐπίκεντρος, πλείων ἔσται ἡ διαφθορά. ἐπισκέπτου δὲ καὶ τὰς ἀκτῖνας καὶ τοὺς κλήρους καὶ τὰ δωδεκατημόρια οἷς συνοδεύει ὁ Ἄρης ἢ συσχηματίζεται ἐν τοῖς δυσὶ καιροῖς ἐναντίῳ σχή-*

V: **1** *ποθῆσαι* || **2** *εἰσιν*] *ἐστιν* || **4** *βλάπτων*] *βλέπω* lac. c. 5 litt. || **9** *ζῳδίου* || **12** *ἑλικώσεις* || **15** *μετριατέρα*

Isidorus (ϱ): **2** *αὐτοῦ τε καὶ* | *εἰσιν*] *ἐστιν* || **2.3** *ὁ βλέπων αὐτὸν* || **3** *τοῦτο*] *ταῦτα* || **4** *ὦσιν*] *εἰσιν* || **5** *ἰδίων* om. || **7** *βραδυκίνητός ἐστιν*] *ἀφαιρεῖ τοῖς ἀριθμοῖς* || **8** post *τὰ* add. *τοιαῦτα* || **11** *ῥύσιν* || **14** *οἴκῳ*[2]] *ὑψώματι* || **15** *μετριατέρα* || **16** *γνωρίμου* || **19** *καὶ* om. || **20** *ἐπισκεπτέον*

Versio Latina: **1** aliis modis quibus praediximus || **2** eius | est || **2.3** ille qui impedit eum || **5** *οἰκείων* om. || **6** *καὶ*[1] om. || **7** *ἢ*] et || **9** in odioso sibi fuerit signo || **10** *ἢ* om. | in signo reptibili || **11** *καὶ*] vel || **14** *ἐν*[1] — *ἢ* om. || **15** moderatum || **21** *καὶ τοὺς κλήρους* om. | per duodenas particulas || **22** *ἢ*] et

Textus Arabicus: **2.3** النحس المفسد له

ματι· δηλοῦσι γὰρ καὶ ταῦτά τινα συμπτώματα. ὅτε οὖν δηλώσει τι ὁ Ἄρης σύμπτωμα ἐν ταῖς νυκτεριναῖς ἐναλλαγαῖς, ταχέως διαλυθήσεται· εἰ δὲ τοῦ Ἄρεως ὄντος χρονοκράτορος ἐπιβλέψει τοῦτον ἀστὴρ κεκακωμένος ἐν τοῖς δυσὶ καιροῖς ἀπὸ τριγώνου ἢ ἑξαγώνου, παρεισάγει τῷ ἔχοντι τὴν ἐναλλαγὴν βλάβην κατὰ τὴν οἰκείαν φύσιν.

Εἰ δὲ τοῦ Ἄρεως ὄντος χρονοκράτορος ὑπάρχει καὶ ὁ Ἥλιος ἅμα τούτῳ κεκακωμένος κατά τε πῆξιν καὶ κατὰ πάροδον καὶ ἐφορᾷ τοῦτον ἀπὸ τετραγώνου, τοῦ Ἄρεως καθυπερτεροῦντος αὐτόν, ἔσται ὁ ἔχων τὴν ἐναλλαγὴν ἐπισπούδατος καὶ ἀλόγιστος καὶ ἐριστικὸς καὶ περίλυπος, φροντίζων περὶ διαφόρων πραγμάτων καὶ περὶ πλούτου καὶ ἀναλωμάτων, καὶ σύμπτωμα γενήσεται δεινὸν περὶ τὰ τέκνα αὐτοῦ ἢ ἀπολεσθήσεταί τις ἐξ αὐτῶν, καὶ μάλιστα εἰ ὑπάρχει ἡμερινὴ ⟨ἡ⟩ ἐναλλαγὴ καὶ ὑπάρχουσιν ἀμφότεροι ὑπὲρ γῆν. εἰ δὲ ὁ Ἥλιος καθυπερτερεῖ αὐτόν, περιπεσεῖται νόσοις καὶ κλιμακτῆρσι διαφόροις καὶ δεηθήσεταί τινος τῶν ἐξουσιαστῶν καὶ ὑποστήσεται παρ᾽ αὐτοῦ βλάβας. εἰ δὲ ὁ Ἥλιος ἐφορᾷ τοῦτον ἐν τοῖς δυσὶ καιροῖς ἡμέρας ἀπὸ διαμέτρου, κεκακωμένων ἀμφοῖν ὄντων, ὑποστήσεται τῷ ἔτει ἐκείνῳ λύπας καὶ διάφορα συμπτώματα καὶ πεσεῖται ἀπὸ ὕψους καὶ ὑποστήσεται ὁ πατὴρ αὐτοῦ σύμπτωμα ἐναντίον ἢ βιαίῳ τελευτήσει θανάτῳ· εἰ δὲ νυκτερινή ἐστιν ἡ ἐναλλαγή, ἔσται ῥάθυμος καὶ μηδὲν κατορθῶν, ἀλλὰ καὶ εἴ τινος κατάρξεται ἔργου, οὐ τελειώσει αὐτό· καταναλώσει δὲ πλοῦτον καὶ ὑποστήσεται στενοχωρίαν ἐν τοῖς ἀνὰ χεῖρα. εἰ δὲ συνοδεύσει τούτῳ ὁ Ἥλιος ἐν τοῖς δυσὶ καιροῖς καὶ ὑπάρχουσιν ἄμφω κεκα-

V: **3** *ἄρεος* || **7** in marg. symbola Martis atque Solis | *ἄρεος* || **9** *ἄρεος* || **23** *ἐναντίῳ*

Isidorus (*ρ*): **1** *συμπτώματά τινα* || **2** *δηλώσει ὁ ἄρης σύμπτωμά τι* || **4** *ἐπιβλέπει* || **11** post *περίλυπος* add. *καὶ* || **13** post *σύμπτωμά* add. *τι* || **14** *τις*] *τι* || **15** *ἡ*

Versio Latina: **7.8** tam ipse quam sol || **8.9** in duobus temporibus || **9** aspexeritque se adinvicem || **10** *αὐτόν*] solem || **13** accidet ei || **16** *αὐτόν* om. || **27** in suis negotiis

κωμένοι, ἔσται ἐν ἐκείνῳ τῷ χρόνῳ πολυμετάμελος, μὴ ἐπιμένων τινὶ πράγματι, καὶ μεμφθήσεται παρὰ πολλῶν καὶ ψεχθήσεται καὶ διαφόρους λύπας ὑποστήσεται· ἴσως δὲ καὶ ⟨παρὰ⟩ σιδήρου ἢ πυρὸς ἢ ὀργῆς βασιλικῆς πειραθήσεται καὶ τὸν πατρικὸν διασκεδάσει πλοῦτον καὶ ἀλγήσει τοὺς ὀφθαλμοὺς ἢ σύμπτωμα περὶ τούτους γενήσεται καὶ κλιμακτῆρα ὑποστήσεται μέγαν ὁ πατὴρ αὐτοῦ ἢ φθαρήσεται, καὶ μάλιστα εἰ ὑπάρχει ἐπίκεντρος ἢ κέντρῳ ἐπαναφερόμενος. εἰ δὲ συνοδεύει αὐτῷ ὁ Ἥλιος ἢ συσχηματίζεται ἐν τῷ ἑνὶ καιρῷ, ἔσται τὰ ῥηθέντα ἐλάττονα.

Εἰ δὲ ὁ Ἄρης χρονοκράτωρ ὢν ἅμα τῇ Ἀφροδίτῃ ὑπάρχει κεκακωμένος κατά τε πῆξιν καὶ κατὰ πάροδον καὶ συσχηματισθῶσιν ἀλλήλοις ἀπὸ τετραγώνου, τοῦ Ἄρεως καθυπερτεροῦντος αὐτήν, λυπηθήσεται ὁ τὴν ἐναλλαγὴν ἔχων προφάσει γυναικῶν καὶ ἐχθρῶν καὶ ἀνακαινισθήσονται αὐτῷ ἔχθραι καὶ βλαβήσεται δι᾽ αὐτῶν· συνουσιάζει δὲ δουλίσιν ἢ διὰ γάμον καὶ συνουσίαν ἐπιχειρήσει αἰσχροῖς πράγμασιν. εἰ δὲ ἡ Ἀφροδίτη ⟨καθυπερτερεῖ αὐτόν, ἀμφοτέρων τοιουτοτρόπως διακειμένων, ἔσται τὰ ῥηθέντα, πλὴν ἐλάττονα καὶ βελτίονα. εἰ δὲ ἡ Ἀφροδίτη⟩ ἐφορᾷ

V: 6 τούτους] τοῦτον || 11 in marg. symbola Martis atque Veneris || 13 ἄρεος || 16 ἔχθραι] ἔχθρα || 17 αἰσχροῖς] ἐχθροῖς (?)

Isidorus (ρ): 1 πολυμετάμελος] εὐμετάβολος || 2 μεμφθήσεται] μέμψεις ὑποστήσεται || 3 ψεχθήσεται καὶ om. | ὑποστήσεται om. || 4 σιδήρου] βλάβης ἐκ σιδήρου || 6 συμπτώματα || 7 καὶ — αὐτοῦ] ὁ δὲ πατὴρ αὐτοῦ κλιμακτῆρα μέγαν ὑποστήσεται || 8 ὑπάρχουσιν | ἐπίκεντροι | post κέντρῳ add. τινὶ || 9 ἐπαναφερόμενοι | αὐτῷ] τούτῳ || 12 συσχηματίζονται || 16 συνουσιάζει δὲ] καὶ συνουσιάσει || 18 δ᾽ ἡ

Versio Latina: 3 vituperabitur || 6 circa ipsum (in marg. eos) || 10 in uno de duobus temporibus || 11 tam ipse quam venus || 12 in duobus temporibus || 14 αὐτήν] venerem || 17 turpes || 18—20 fuerit elevata in eadem dispositione existente utraque, erunt quidem praedicta, moderatius tamen et honestius. et si venus

Textus Arabicus: 18—20

فان كانت الزهرة هى المشرفة عليه وحالها كذلك فى الرداة ، فان تلك الاشياء تكون كذلك غير ان الحال يكون فيها ايسر واجمل .

τοῦτον ἐν τοῖς δυσὶ καιροῖς ἐκ διαμέτρου καὶ ὑπάρχουσιν ἄμφω κεκακωμένοι, ἔσται τῷ ἔτει ἐκείνῳ πολυμετάβλητος καὶ λυπηθήσεται προφάσει τέκνων καὶ ἐχθρῶν καὶ γυναικῶν καί τινες τούτων νοσήσουσιν ἢ τελευτήσουσιν. εἰ δὲ συνοδεύει τούτῳ ἡ Ἀφροδίτη ἐν τοῖς δυσὶ καιροῖς, ἀμφοτέρων κεκακωμένων, τὰ αὐτὰ δηλοῖ οἷς ἐπὶ τοῦ τετραγωνισμοῦ εἴπομεν· εἰ δὲ συνοδεύει [f. 263ᵛ] τούτῳ ἡ Ἀφροδίτη ἢ συσχηματίζεται ἐν τῷ ἑνὶ καιρῷ ἢ ἀκάκωτοι ἄμφω ὑπάρχουσιν, ἐλάττονα ἔσται τὰ δεινά.

Εἰ δὲ τοῦ Ἄρεως ὄντος χρονοκράτορος ὑπάρχουσιν αὐτός τε καὶ ὁ Ἑρμῆς κεκακωμένοι κατά τε πῆξιν καὶ κατὰ πάροδον καὶ συσχηματίζονται ἀλλήλοις ἐκ τετραγώνου, τοῦ Ἄρεως ἐπιδεκατεύοντος, ἐν ἐκείνῳ τῷ ἔτει βλάψει τινὰς βλάβην φανερὰν ἄνευ τῆς οἱασοῦν προφάσεως καὶ συκοφαντήσει τινὰς καὶ κατηγορήσει καὶ μάχας ἕξει πολλάκις μετά τινων διά τινας οἰκονομίας καὶ βλαβήσεται τὰ μέγιστα προφάσει αὐτῶν καὶ προφάσει λόγων καὶ κατηγορηθήσεται ἐφ᾽ οἷς οὔτε ἔπραξεν οὔτε ἐλάλησε, καὶ μάλιστα εἰ ἡμερινὴ ὑπάρχει ἡ ἐναλλαγὴ διὰ τὸ παραιρέτην εἶναι [τὸν] τοῦτον [f. 268ᵛ] τοῦ Ἄρεως· εἰ δὲ νυκτός ἐστιν ἡ ἐναλλαγή, ἐλαττοῦται πάντα ὅσα προείπομεν. εἰ δὲ ὁ τοῦ Ἑρμοῦ καθυπερτερεῖ τὸν τοῦ Ἄρεως, ἐν ἐκείνῳ τῷ ἔτει ἀδικήσει τινὰς καὶ κακοϋπόληπτος ἔσται καὶ ἀψίκορος καὶ μνησίκακος καὶ ἅρπαξ τῶν πραγμάτων καὶ ἀγωνιστικὸς περὶ τὴν τοῦ πλούτου συναγωγήν. εἰ δὲ ⟨ὁ⟩ τοῦ Ἑρμοῦ ἐφορᾷ

V: **10** ἄρεος | ὑπάρχει || **13** ἄρεος || **20** in marg. f. 263ᵛ scr. λείπουσι τετράδια δ̄ | ἄρεος || **22** ἄρεος || **23** ἀψέκορος

Isidorus (ϱ): **2** εὐμετάβλητος || **5.6** καὶ ὑπάρχουσιν ἄμφω κεκακωμένοι || **13** ἐπιδεκατεύοντος] καθυπερτεροῦντος ἢ ἐπιδεκατεύοντος || **14** φανερὰν om. | οἱανοῦν || **20** τοῦτον] ἄρην | τοῦ ἄρεως εἰ δὲ] καὶ ᾗ ἐπὶ | ἐστιν om. || **21** ἐὰν || **22** καθυπερτερῇ || **25** ἐὰν | δ᾽ ὁ

Versio Latina: **2** erunt ... mutabiles || **3** filii || **5** τούτῳ om. | in eodem de duobus temporibus || **7.8** τούτῳ — συσχηματίζεται om. || **8** in uno de duobus temporibus || **11.12** in duobus temporibus || **13** marte super mercurium elevato || **21** πάντα om. || **22** τὸν τοῦ ἄρεως om.

τοῦτον ἐν τοῖς δυσὶ καιροῖς ἀπὸ διαμέτρου καὶ ὑπάρχουσιν ἄμφω κεκακωμένοι, ἔσται ἐν ἐκείνῳ τῷ ἔτει ἀναιδὴς καὶ ἀναίσχυντος, τὸ ψεῦδος ἀσπαζόμενος καὶ τὴν ἀλήθειαν ἀποστρεφόμενος καὶ ἐπιχειρῶν δόλοις καὶ πανουργίαις· ἴσως δὲ καὶ δηλητήρια ψηλαφήσει διὰ τὸ βλάψαι τινὰς καὶ στενοχωρηθήσεται ἡ εἴσοδος αὐτοῦ καί τινας ἐγγυήσεται καὶ ἕξει διὰ ταῦτα φιλονεικίας καὶ κρίσεις καὶ βλαβήσεται προφάσει τῶν τοιούτων. εἰ δὲ ἔχει ὁ Κρόνος ⟨λόγον⟩ εἰς τὸν τοῦ Ἑρμοῦ τόπον, φεύξεται ὁ τὴν ἐναλλαγὴν ἔχων ἀπὸ τῆς ἰδίας πατρίδος. εἰ δὲ συνοδεύει τούτῳ ὁ Ἑρμῆς ἐν τοῖς δυσὶ καιροῖς, ἐν ἐκείνῳ τῷ ἔτει προστεθήσεται ἡ γνῶσις αὐτοῦ καὶ ἀσπάσεται τοὺς δόλους καὶ τὰς πανουργίας καὶ τὰ ψεύδη καὶ τὰς φιλονεικίας. καὶ ἐὰν ὑπάρχωσι κεκακωμένοι, βλαβήσεται προφάσει τῶν τοιούτων· εἰ δὲ ἀγαθύνονται, ὠφεληθήσεται δι' αὐτῶν καὶ ἐπαινεθήσεται καὶ τεύξεται ὧν ἐπιθυμεῖ. εἰ δὲ ἄμφω κεκακωμένοι εἰσὶ καὶ ὕπαυγοι, κλέπταις προσομιλήσει καὶ ἐπιτηδεύσεται πλαστὰ γράμματα· εἰ δὲ ἀγαθύνονται, ὠφεληθήσεται προφάσει τῶν τοιούτων. εἰ δὲ συνοδεύει ὁ Ἑρμῆς τῷ Ἄρεϊ εἴτε συσχηματίζεται ἐν τῷ ἑνὶ καιρῷ, ἐλάττονα ἔσται τὰ εἰρημένα.

Εἰ δὲ τοῦ Ἄρεως ὄντος χρονοκράτορος ὑπάρχει ἅμα καὶ ἡ Σελήνη κεκακωμένη κατά τε πῆξιν καὶ κατὰ πάροδον καὶ συσχηματίζονται ἀλλήλοις ἀπὸ τετραγώνου, τοῦ Ἄρεως καθυπερτεροῦντος, ἐν ἐκείνῳ τῷ ἔτει βλαβήσεται ἡ μήτηρ αὐτοῦ καὶ στενωθήσεται ὁ πλοῦτος αὐτοῦ καὶ ὄψεται

V: **22** ἄρεος || **24** ἄρεος

Isidorus (ϱ): **1.2** ὑπάρχωσι καὶ ἄμφω || **8** ἐὰν | ἔχῃ || **9** λόγον om. || **15** ἐὰν | ἀγαθύνωνται || **16** εἰ δὲ] καὶ ἐὰν | post ἄμφω add. ἅμα || **17** εἰσὶ] τε ὦσι

Versio Latina: **6** ἡ εἴσοδος om. || **9** dignitatem || **11** et fuerit boni esse (haec verba om. et textus Arabicus) || **19** ipsorum || **20** in uno de duobus temporibus || **22.23** tam ipse quam luna || **23** κατά[1] u. ad πάροδον om. || **25.26** matris eius

θάνατόν τινος τῶν φιλουμένων παρ᾽ αὐτοῦ ἤ τινος τῶν συγγενῶν αὐτοῦ ἢ ἀρρωστίαν ἕξει περὶ τὸν ἐγκέφαλον δι᾽ ἧς καὶ παραφρονήσει, καὶ μάλιστα ἐὰν ὁ Ἄρης ἐν ὁρίοις τοῦ Κρόνου ᾖ καὶ ἡ Σελήνη ἐν ὁρίοις τοῦ Ἄρεως ἢ τοῦ Ἑρμοῦ. εἰ δὲ καθυπερτερεῖ ἡ Σελήνη τὸν τοῦ Ἄρεως, βλαβήσεται ἐν ἐκείνῳ τῷ ἔτει ἡ μήτηρ αὐτοῦ ⟨καὶ ἡ μήτηρ τε καὶ αὐτὸς⟩ στενοχωρηθήσονται περὶ τὸν πλοῦτον. εἰ δὲ διαμετρήσει τοῦτον ἡ Σελήνη ἐν τοῖς δυσὶ καιροῖς καὶ ὑπάρχουσιν ἄμφω κεκακωμένοι, δεινῇ περιπεσεῖται νόσῳ καὶ τμηθήσεται μόριόν τι αὐτοῦ διὰ σιδήρου καὶ λύπας ὑποστήσεται προφάσει γυναικῶν. εἰ δὲ συνοδεύσει τούτῳ ἡ Σελήνη ἐν τοῖς δυσὶ καιροῖς καὶ ὑπάρχουσιν ἄμφω κεκακωμένοι, ἔσται πολύκοπος καὶ ἀρρωστήσει δεινῶς καὶ τμηθήσεται μέλος αὐτοῦ διὰ σιδήρου· εἰ δὲ συνοδεύσει τούτῳ ἡ Σελήνη ἐν τῷ ἑνὶ καιρῷ ἢ ἀκάκωτοι ὦσιν ἀμφότεροι, ἔσται ἐλάττονα τὰ δεινά.

⟨ιβ′⟩. *Περὶ τῆς σημασίας τῶν τόπων ἐν οἷς τύχῃ ὁ Ἄρης χρονοκράτωρ ὤν*

Ὅτε ἐστὶν ὁ Ἄρης χρονοκράτωρ καὶ ὑπάρχει κατά τε πῆξιν καὶ κατὰ πάροδον [καὶ ὑπάρχει] ἀκάκωτος ἐν ἑνὶ

V: **1** *ὀφειλουμένων* | *αὐτοῦ*] *αὐτῆς* | *τινος*[2]] *τις* || **4** *ἄρεος* || **5** *ἄρεος* || **6** *αὐτοῦ*, corr. in *καὶ αὐτὸς* || **7** *στενωχωρηθήσεται* || **14** *αὐτοῦ*] *αὐτῷ* || **17** in marg. symbolum Martis

Isidorus (ϱ): **1** *ὠφελουμένων* || **4** *τοῦ κρόνου ᾖ*] *ᾖ τοῦ κρόνου* || **5** *τοῦ ἄρεως*] *ἄρην* || **6.7** *ἡ μήτηρ αὐτοῦ καὶ αὐτὸς στενοχωρηθήσεται* || **8** *διαμετρεῖ* || **9–12** *δεινῇ* – *κεκακωμένοι* om. || **14** *αὐτοῦ*] *αὐτῷ* | *συνοδεύει* || **15** *ὦσιν*] *εἰσιν* || **17** *τῆς τῶν τόπων σημασίας* | *τύχῃ*] *εὑρίσκεται* || **18** *χρονοκράτωρ ὤν*] *ὅτε χρονοκράτωρ ἐστί* || **20** *καὶ ὑπάρχει* om.

Versio Latina: **1.2** *τινος*[1] – *αὐτοῦ*] alicuius dilecti sui, multoties autem et ipse cuius est revolutio morietur || **6.7** *καὶ ἡ μήτηρ τε καὶ αὐτὸς*] et ipse || **15** in uno de temporibus duobus | *ἢ*] et || **17.18** de significatione martis a locis suis cum fuerit dominus anni

Textus Arabicus: **1.2** بعض من يعناء به وبعض قراناته || **5–7** فانه يصيب الام فى تلك السنة الدك (؟) والمكروه ويصيبها ويصيب صاحب التحويل

τῶν τεσσάρων κέντρων, ἐν ἐκείνῳ τῷ ἔτει ὁ τὴν ἐναλλαγὴν ἔχων τεύξεται ὧν βούλεται ἀπὸ τῶν ἐξουσιαστῶν καὶ τῶν στρατιωτῶν καὶ ἔσται φοβερὸς παρὰ τοῖς ὁμοίοις αὐτῷ, νικητὴς τῶν ἐναντιουμένων αὐτῷ, ἐπαινετὸς ἐν πάσαις ταῖς ἀναστροφαῖς αὐτοῦ, καὶ εὑρήσει ἀξίαν καὶ δόξαν· εἰ δὲ μεσουρανεῖ, [f. 269] τεύξεται παρὰ βασιλέως ὧν βούλεται· καὶ εἰ ἐν ἑτέρῳ τόπῳ ἐστίν, ἔσται αὐτῷ τὰ ἀγαθὰ κατὰ τὴν τοῦ κέντρου φύσιν. εἰ δὲ κεκακωμένος ἐστὶν ἐν τοῖς κέντροις κατά τε πῆξιν καὶ κατὰ πάροδον, ἢ ἐμπρησμὸν ὑποστήσεται ἢ λῃστείαν ἢ ἀπὸ αἵματος ἀρρωστήσει ἢ ἀπὸ θερμῆς τινος διαθέσεως. εἰ δὲ ἀναποδίζει, φεύξεται ἀπὸ τῆς ἰδίας πατρίδος καὶ κινδύνους ὑποστήσεται καὶ δέος μὴ καὶ ἀπὸ σιδήρου πάθη καὶ ἐξόδους ὑποστήσεται προφάσει ἀποδημιῶν καὶ τέκνων, καὶ μάλιστα ἐὰν ἡμερινὴ τυγχάνῃ ἡ ἐναλλαγὴ καὶ ὑπάρχει ἐν τῷ μεσουρανήματι· εἰ δὲ ἐν τῷ δύνοντί ἐστι, συμβήσονται αὐτῷ νόσοι καὶ διὰ σιδήρου τομαὶ καὶ λῦπαι διάφοροι, πλὴν ἐπικρατήσει τῶν ἐχθρῶν αὐτοῦ· εἰ δὲ ἐν τῷ δ' ἐστί, διαφθαρήσεται οἰκήματα αὐτοῦ καὶ ὁ οἶκος ἐν ᾧ καταμένει καὶ πλοῦτον καταναλώσει καὶ συμφορὰς ὑποστήσεται ⟨διὰ⟩ διαφόρους αἰτίας, ὕστερον δὲ τούτων ἀπαλλαγήσεται.

Εἰ δέ ἐστιν ὁ Ἄρης χρονοκράτωρ καὶ ὑπάρχει ἐν τοῖς δυσὶ καιροῖς ἐν τῷ ια' τόπῳ ἢ ἐν τῷ ε' ἀγαθυνόμενος καὶ ἀκάκωτος, δηλοῖ εὐφροσύνην διὰ συγγενῶν καὶ προσθήκην τέκνων καὶ δόξης καὶ ἀξίας προφάσει φίλων καὶ ἔσται ταῦτα πάντα αὐτῷ διὰ στρατιωτικῶν προσώπων· ὠφεληθήσονται δὲ καὶ διὰ ἔργων πυρὸς καὶ αἵματος καὶ φρονήσει περὶ ἀποδημίας πολλάκις, ἴσως δὲ οὐ τελεσθήσεται.

Isidorus (ρ): **2** post *ἀπό* add. *τε* || **4** post *αὐτῷ* add. *καὶ* | post *ἐπαινετός* add. *τε* || **6** *βασιλέων* || **7** *ὧν*] *ἃ* || **7.8** *τὰ ἀγαθὰ αὐτῷ* || **13** *καὶ ἐξόδους ὑποστήσεται*] *ὑποστήσεται δὲ καὶ ἐξόδους* || **16** *δ' ἐν* || **18** *δ'*] *ὑπογείῳ* || **18.19** *διαφθορήσονται τὰ οἰκήματα* || **20.21** *διαφόροις αἰτίαις* || **22** *ἐστιν — ὑπάρχει*] *χρονοκράτωρ ὢν ὁ ἄρης ὑπάρχει* || **24** *προσθήκης* || **27** *δὲ* om. | *διὰ*] *δι'* | *καὶ*[2]] *ἢ*

Versio Latina: **1** *τεσσάρων* om. || **7.8** erit bonorum significatio || **9** *ἐν τοῖς κέντροις* om. | in duobus temporibus || **15** nocturna | mars fuerit || **20** *διὰ*] pro || **23.24** *καὶ ἀκάκωτος* om. || **27** *καὶ*[2]] vel || **28** *οὐ* om.

εἰ δὲ ὁ Ἄρης τύχῃ ἐπίκεντρος ἢ ἐν τοῖς δυσὶ τόποις τούτοις ἀκάκωτος καθὼς προείπομεν καὶ τύχῃ ὁ τὴν ἐναλλαγὴν ἔχων ἐπὶ ξένης πόρρωθεν τῆς οἰκείας πατρίδος, ὑποστρέψει εἰς αὐτήν· εἰ δὲ ἐν τοῖς δυσὶ τόποις τούτοις ὑπάρχει ὁ Ἄρης κεκακωμένος, λύπας δηλοῖ καὶ φροντίδα παρὰ συγγενῶν καὶ τέκνων καὶ ἔχθρας φίλων.

Εἰ δὲ ὁ Ἄρης χρονοκράτωρ ὢν ὑπάρχει ἐν τοῖς δυσὶ καιροῖς ἐν τῷ θ′ ἢ τῷ γ′ ἀκάκωτος, ἀποδημήσει ὁ τὴν ἐναλλαγὴν ἔχων καὶ εὑρήσει ἀγαθὰ καὶ ἔσται δυνατὸς καὶ ἐπαινούμενος ἐν τῇ ἀποδημίᾳ αὐτοῦ· εἰ δὲ κεκακωμένος ἐστί, κατηγορηθήσεται ἐπί τισι πράγμασιν ὧν τὰ μὲν ἔσται ἀληθῆ, τὰ δὲ ψευδῆ, καὶ ἀποδημήσει καὶ ζημιωθήσεται καὶ ἀνάγκας ὑποστήσεται καὶ ἀρρωστήσει ἀπὸ θερμῆς νόσου καὶ ἀπὸ κινδύνου καὶ ἀπὸ θηρίων βλαβήσεται, καὶ μάλιστα ἐὰν ὁ Ἄρης ὑπάρχει ἐν τῷ Λέοντι ἢ ἐν τῷ Σκορπίῳ.

Εἰ δὲ ⟨ὁ⟩ Ἄρης ὑπάρχει χρονοκράτωρ καὶ ἔστιν ἐν τοῖς δυσὶ καιροῖς ἐν τῷ β′ ἀκάκωτος, τεύξεται ἀγαθῶν καὶ ὠφεληθήσεται ἀπὸ πόρων ἀγνώστων· εἰ δὲ κεκακωμένος ἐστί, διασκορπίσει τὸν οἰκεῖον πλοῦτον καὶ διασκεδάσει.

Εἰ δὲ ὁ Ἄρης ὢν χρονοκράτωρ ὑπάρχει ἐν τοῖς δυσὶ καιροῖς ἐν τῷ η′ ἀκάκωτος, ὠφέλειαν ποιήσει ἀπὸ νεκρικῶν

V: **4** *αὐτήν*] *αὐτόν* || **9** *καὶ*[3]] *ὁ* || **12** *ζημιαθήσεται* || **14** *θερμοῦ* | *ἀπὸ κινδύνου*] *ἐπικινδύνου* || **19** *ὠφεληθήσεται*] *ὠφέλειαν* || **20** *διασκορπήσει*

Isidorus (ϱ): **1** *τύχοι* | *τούτοις* om. || **2** *τύχῃ* om. || **3** post *ξένης* add. *εὑρεθείη* || **4** *αὐτήν*] *αὐτόν* || **5** *φροντίδας* || **6** *περὶ* || **8** *θ′ ἢ τῷ γ′*] *γ′ καὶ ἐν τῷ θ′* || **14** *θερμοῦ* | *νοσήματος* | *ἀπὸ κινδύνου*] *ἐπικινδύνου* | *βλαβήσεται ἀπὸ θηρίων* || **18.19** *τεύξεται* u. ad *ὠφεληθήσεται*] *ἀγαθῶν ἐπιτυχίαν δηλοῖ καὶ ὠφέλειαν* || **19** *ἀπὸ ἀγνώστων ἀπόρων* || **20** *καὶ διασκεδάσει* om. || **21** *χρονοκράτωρ ὢν* | *ὑπάρχει — καιροῖς*] *ἐν τοῖς δυσὶ καιροῖς ὑπάρχει*

Versio Latina: **2** in bono esse || **5** *φροντίδα*] sollicitudines || **6** *φίλων*] inimicorum || **9.10** laudatus et fortis || **14** et a periculo | *βλαβήσεται*] periclitabitur || **15** *ἢ*] et || **19** sibi ignoti || **20** disperget divitias et consumet

Textus Arabicus: **14** خوف

καὶ κληρονομιῶν· εἰ δὲ ἐν αὐτῷ ἐστι κεκακωμένος, προφάσει τῶν τοιούτων ὁ τὴν ἐναλλαγὴν ἔχων διαφορὰς ἕξει καὶ ἔριδας καὶ τὸν ἴδιον διασκορπίσει πλοῦτον.

Εἰ δὲ ὁ Ἄρης ἐστὶ χρονοκράτωρ καὶ ὑπάρχει ἐν τοῖς δυσὶ καιροῖς ἐν τῷ ιβʹ ἀγαθυνόμενος καὶ ἀκάκωτος, ἔσται ἐν ἐκείνῳ τῷ ἔτει ὁ τὴν ἐναλλαγὴν ἔχων μὴ σχολάζων ἐν τοῖς βιωφελέσι πράγμασιν· ὠφεληθήσεται δὲ διὰ γονέων καὶ ἀμεριμνίαν ἕξει ἀπὸ τῶν ἐχθρῶν αὐτοῦ· εἰ δὲ ἐν αὐτῷ ὑπάρχει κεκακωμένος, βλάβας ὑποστήσεται τῇ προφάσει τῶν τοιούτων.

Εἰ δὲ ὁ Ἄρης ὢν χρονοκράτωρ ὑπάρχει ἐν τοῖς δυσὶ καιροῖς ἐν τῷ ϛʹ ἀκάκωτος καὶ ἀγαθυνόμενος, εὐεξίαν ἕξει ἐν τῷ σώματι, καθυπερτερήσει δὲ καὶ τῶν ἐναντιουμένων αὐτῷ· εἰ δὲ ἐν αὐτῷ ὑπάρχει κεκακωμένος, νόσους ἕξει ἀπὸ θερμότητος καὶ ὑγρότητος καὶ ζέσεως αἵματος· εἰ δὲ ἐπιβλέψει τοῦτον ὁ Κρόνος, γενήσεται σὺν τούτοις καὶ πύον καὶ νόσος ἀπὸ μελαίνης χολῆς.

Εἰ δὲ ὁ Ἄρης ὑπάρχει κατὰ πῆξιν ἔν τινι τόπῳ τρόπον τινὰ διατεθειμένος, ὑπάρχει δὲ καὶ κατὰ πάροδον ἐν τῷ καιρῷ τῆς ἐναλλαγῆς ἐν ἐκείνῳ τῷ τόπῳ ἀπὸ τοῦ ζῳδίου ἐν ᾧ κατήντησε τὸ ἔτος ἢ ἀπὸ τοῦ ὡροσκόπου τῆς ἐναλλαγῆς, ἐφορᾷ δὲ τὸν κατὰ πῆξιν αὐτοῦ τόπον ἢ ὑπάρχει ἐν αὐτῷ, ἔσται τὰ τούτου ἀποτελέσματα πάνυ ἰσχυρά· εἰ δὲ παραλ⟨λ⟩άσσει, δεῖ σύγκρασιν ποιήσασθαι τῶν σημασιῶν τῶν τόπων καθὼς προεδείξαμεν.

Isidorus (ϱ): **1** καὶ om. || **1.2** προφάσει τῶν τοιούτων om. || **3** post ἔριδας add. προφάσει τῶν τοιούτων || **6** ἐν ἐκείνῳ τῷ ἔτει om. | μὴ supra lineam scr. || **7** ὠφεληθήσεται δὲ καὶ] καὶ ὠφεληθήσεται || **11** χρονοκράτωρ ὢν || **16.17** καὶ πύον σὺν τούτοις || **18.19** τρόπον τινὰ] κατά τινα τρόπον || **24** παραλλάσσει || **25** προϋποδείξαμεν

Versio Latina: **1** ἐν αὐτῷ om. || **2** τῶν τοιούτων] ipsorum || **5** καὶ ἀκάκωτος om. || **8.9** ἐν αὐτῷ om. || **10** τῶν τοιούτων] praedictorum || **12** καὶ ἀγαθυνόμενος om. || **14** ἐν αὐτῷ om. || **17** sanies et aegritudines et cholera nigra || **18.19** τρόπον τινὰ om. || **19** κατὰ πάροδον om. || **20.21** ἀπὸ — ἔτος om. || **21** vel ab ascendente, videlicet revolutionis, vel ab ascendente profectionis || **24** omnem commixtionem | in significationibus

⟨ιγ′⟩ [f. 269ᵛ]. *Περὶ τῆς σημασίας τοῦ Ἡλίου ὅτε ἐστὶ χρονοκράτωρ καὶ ἀκάκωτος*

Ὅτε τύχῃ ὁ Ἥλιος χρονοκράτωρ, οὐ λαμβάνομεν αὐτὸν τὸν Ἥλιον κατὰ πρῶτον λόγον εἰς τὸ ἀποτελέσαι περὶ τοῦ ἔτους ἐκείνου, ἀλλ᾽ ὁρῶμεν τὸ ζῴδιον ἐν ᾧ κατήντησεν ὁ περίπατος ἀπὸ τοῦ ἀ⟨φ⟩έτου εἴτε αὐτὸς ὁ Ἥλιος ἀφέτης ἐστὶν εἴτε τις ἕτερος, προσλαμβάνοντες σὺν αὐτῷ καὶ τὸν κατὰ πῆξιν ἀστέρα ἢ τὸν κατὰ πάροδον καὶ τὸν συσχηματιζόμενον τῷ Ἡλίῳ ἀστέρα μέχρις ὅτου ἐν τῷ ζῳδίῳ ἐκείνῳ ὑπάρχει ὁ Ἥλιος. εἶτα ὁρῶμεν ἐν ᾧ τόπῳ ἐστὶν ὁ Ἥλιος καὶ προσλαμβάνομεν κατὰ δεύτερον λόγον τὰ ἐξ αὐτοῦ ἀποτελέσματα. καὶ εἰ μὲν ὑπάρχει κατά τε πῆξιν καὶ κατὰ πάροδον ἀκάκωτος ἐν τῷ ἰδίῳ οἴκῳ ἢ τῷ ὑψώματι ἢ ἐν ἑτέρῳ τόπῳ ἐν ᾧ ἔχει λόγον καὶ ὑπάρχει ὑπὲρ γῆν ἐν ἀγαθοῖς τόποις, δηλοῖ τῷ ἔτει ἐκείνῳ ἐγγύτητα πρὸς τοὺς βασιλεῖς καὶ ἐπιτυχίαν ἀξίας καὶ βαθμοῦ περιφανοῦς καὶ προσθήκην δόξης καὶ πλούτου καὶ ἀδελφῶν· ἐπαινεθήσεται δὲ καὶ παρὰ πολλῶν καὶ ἐν συνόδοις καὶ ἀγωνίσεται περὶ τὰ οἰκεῖα ἔργα καὶ τοὺς λόγους καὶ τὴν γνῶσιν καί τινας μὲν βλάψει, τινὰς δὲ ὠφελήσει, καὶ προστεθήσεται τῇ δουλείᾳ τῶν ἐξουσιαστῶν καὶ εὖ ἕξει τὰ κατὰ τοὺς γονεῖς αὐτοῦ καὶ τὰ κατὰ τοὺς μέσους ἀδελφούς. δεῖ δὲ προσέχειν ταῖς ἀκτινοβολίαις καὶ τοῖς κλήροις καὶ τοῖς δωδεκατημορίοις οἷς συνοδεύει ὁ Ἥλιος ἢ συσχηματίζεται ἐν τοῖς δυσὶ καιροῖς· σημαίνει γὰρ τὰ ἀποτελέσματα τὰ κατὰ φύσιν ἐκείνων.

V: **6** *φ* incertum || **21** *δούλῃ* || **26** post *ἐκείνων* lac. c. 9 litt.

Isidorus (ϱ): **2** *ὅτε χρονοκράτωρ ὢν ἀκάκωτός ἐστι* || **10** *τόπῳ*] *τότε* || **17** *ἀδελφῶν*] *ὠφέλειαν* || **18** *καὶ*[2]] om. || **25.26** *τὰ — ἐκείνων*] *τὰ κατὰ φύσιν ἐκείνων ἀποτελέσματα*

Versio Latina: **4** *τὸν ἥλιον* om. || **6** hylegia || **7** assumentes significatorum cum eo || **13** in bono esse || **14** *ἑτέρῳ*] aliquo (pro alio) || **15** significat ei cuius est revolutio || **16** *ἐπιτυχίαν ἀξίας*] potentum dignitates | gradus illustriores || **21.22** esse parentum suorum || **23** *προσέχειν*] considerare

Εἰ δὲ ὁ Ἥλιός ἐστι χρονοκράτωρ καὶ συσχηματίζεται τούτῳ ἡ Ἀφροδίτη ἑξαγωνικῶς κατά τε πῆξιν καὶ κατὰ πάροδον καὶ εἴσιν ἄμφω ἀκάκωτοι, ἐπαινεθήσεται παρὰ πολλῶν τῷ ἔτει ἐκείνῳ ὁ τὴν ἐναλλαγὴν ἔχων καὶ ἔσται εὐκυβέρνητος καὶ προστεθήσεται ἡ γνῶσις αὐτοῦ καὶ εὐοδούμενος ἔσται ἔν τε λόγοις καὶ ἔργοις καὶ ὄψεται ὀνείρους ἐναργεῖς καὶ ἀληθεῖς. εἰ δὲ συνοδεύσει τούτῳ ἡ Ἀφροδίτη ἐν τοῖς δυσὶ καιροῖς καὶ ὑπάρχουσιν ἄμφω ἀκάκωτοι, ὑπάρχει δὲ καὶ ἡ ἐναλλαγὴ νυκτερινὴ καὶ ἡ Ἀφροδίτη ἑσπερία ἢ τῆς ἐναλλαγῆς ἡμερινῆς οὔσης ὑπάρχει ἐκείνη ἑῴα καὶ κατ' ἄμφω τὰς διαθέσεις πόρρωθεν ἔχουσα τῶν ἡλιακῶν ἀκτίνων καὶ φαινομένη, ἐν ἐκείνῳ τῷ ἔτει τεύξεται εὐεργεσιῶν παρὰ βασιλέων τέκνων καὶ βασιλέων καὶ ἐπαινεθήσεται παρὰ πολλῶν καὶ εὐστοχώτατος ἔσται ἐν πάσαις ταῖς ἀναστροφαῖς αὐτοῦ, εὐφρανθήσεται δὲ καὶ ἐπί τισιν ἀφροδισιακοῖς ἔργοις· εἰ δὲ παραλ⟨λ⟩άσσει τὰ τῆς ἐναλλαγῆς κατά τε τὴν νύκτα καὶ τὴν ἡμέραν, ὑπάρχει δὲ ὅμως ἡ Ἀφροδίτη σὺν τῷ Ἡλίῳ μὴ ὕπαυγος, ἀφαιρεῖται τῶν ῥηθέντων τινά.

Εἰ δὲ ⟨ὁ⟩ Ἥλιος ὑπάρχει χρονοκράτωρ καὶ ὑπάρχει ἅμα τῷ Ἑρμῇ ἀκάκωτος κατά τε πῆξιν καὶ κατὰ πάροδον, πόρρωθεν μέντοι ᾖ ὁ Ἑρμῆς τῶν ἀκτίνων αὐτοῦ εἴτε ἑῷος εἴτε ἑσπέριος, ἐν ἐκείνῳ τῷ ἔτει ἐγχειρισθήσεταί τινα ἀρχὴν καὶ κυριεύσει πολλῶν καὶ ⟨προσ⟩κείσεται τῷ ἀναγινώσκειν καὶ τῷ γράφειν καὶ ὁμιλήσει νοταρίοις ἐνδόξοις καὶ ἐπαινούμενος ἔσται παρὰ πολλῶν καὶ μακαριζόμενος παρὰ πάντων καὶ ὠφεληθήσεται διὰ δούλων καὶ ὑπουργῶν.

V: **10** *ἑσπερίους* || **20** in marg. symbola Solis atque Mercurii || **24** *προσκείσεται*] *τεθήσεται* || **25** *τῷ*] *τὸ*

Isidorus (*ϱ*): **2** *τε* om. || **7** *συνοδεύει* || **11** *πόρρωθεν ἔχουσα*] *πόρρω ἐστὶ* || **13** *τέκνων καὶ βασιλέων* om. || **16** *παραλλάσσει* || **18** *μὴ*] *καὶ* || **20** *ὑπάρχει*] *ἔστι* || **22** *πόρρωθεν — αὐτοῦ*] *μὴ ἔστι δὲ ὕπαυγος ὁ ἑρμῆς* || **24** *προσκείσεται*

Versio Latina: **2.3** in duobus temporibus || **8** *καὶ — ἀκάκωτοι* om. || **11** secundum utrasque disponens (pro dispositiones) || **17** diem ac noctem || **22** solaribus radiis || **24.25** studebit in locutionibus et in scriptis

Εἰ δὲ τοῦ Ἡλίου ὄντος χρονοκράτορος ἐπιβλέψει τούτῳ ἡ Σελήνη ἀπὸ τριγώνου ἢ ἑξαγώνου κατά τε πῆξιν καὶ [καὶ] κατὰ πάροδον, ἐπικτήσεται πλοῦτον ἀξιόλογον καὶ προστεθήσεται ἡ δόξα αὐτοῦ καὶ τεκνογονήσει καὶ ἔσται ἐν ἀγαθοῖς μεταχειριζόμενος τὰ πράγματα ἃ σημαίνει ἡ Σελήνη. εἰ δὲ ἐπιβλέψει τούτῳ ἡ Σελήνη ἐν τοῖς δυσὶ καιροῖς ἀπὸ τετραγώνου καὶ ὑπάρχουσιν ἄμφω ἀκάκωτοι, τεύξεται τιμῆς καὶ πλούτου καὶ διαφόρων ὠφελειῶν καὶ ἐπαινεθήσεται παρὰ πολλῶν καὶ εὐτυχήσει ἐν ταῖς διοικήσεσιν. εἰ δὲ συσχηματισθῇ τούτῳ ἡ Σελήνη ἀπὸ διαμέτρου ἐν τοῖς δυσὶ καιροῖς καὶ ὑπάρχουσιν ἄμφω ἀκάκωτοι, πληθυνθήσονται ἔριδες αὐτοῦ καὶ αἱ μάχαι καὶ ἔσται πολύλογος καὶ καθυπερτερήσει τῶν ἐχθρῶν αὐτοῦ. εἰ δὲ συνοδεύσει τούτῳ ἡ Σελήνη ἐν τοῖς δυσὶ καιροῖς καὶ ὑπάρχουσιν ἄμφω ἀκάκωτοι, ὑπάρχει δὲ πόρρωθεν τῶν αὐγῶν αὐτοῦ ἡ Σελήνη, τὰ αὐτὰ δηλοῖ ἅπερ καὶ ἐπὶ τοῦ ἑξαγώνου εἴπομεν, πλὴν ὑποστήσεται λύπας ὧν ἡ ἀπόβασις εἰς ἀγαθὸν γενήσεται, χρήσεται δὲ καὶ δόλοις καὶ πράγμασι κρυφίοις· εἰ δὲ ὕπαυγός ἐστιν ἡ Σελήνη ἐν τοῖς δυσὶ καιροῖς καὶ ὑπάρχουσιν ἄμφω ἀκάκωτοι, προσκείσεται τῷ συρράπτειν δόλους καὶ δολιεύεσθαι καὶ ἀδικεῖν καὶ ἀπὸ τῶν τοιούτων βλαβήσεται. σὺν τούτοις πᾶσιν ὅτε ὑπάρχουσιν οἱ ἀστέρες ἐγκάρδιοι καὶ ἀκάκωτοι, ἀγαθὰ ἔσται τὰ δηλούμενα· εἰ δὲ κεκακωμένοι, τὸ ἐναντίον.

V: **1** in marg. symbola Solis atque Lunae || **20** *τῷ*] *τὸ* || **23** *ἐγκάρσιοι* || **24** *τὰ δηλούμενα* bis scr.; quod repetitur del.

Isidorus (*ρ*): **1** *ἐπιβλέπει* | *τοῦτον* || **3** *καὶ*[1] om. || **6** *ἐπιβλέπει* | *τοῦτον* || **10** *συσχηματίζεται* || **12** post *πληθυνθήσονται* add. *αἱ* || **14** *συνοδεύει* || **15.16** *ὑπάρχει — σελήνη*] *μὴ μέντοι ἐστὶν ὑπὸ τὰς αὐγὰς τοῦ ἡλίου* || **16.17** *ἅπερ εἴπομεν καὶ ἐπὶ τοῦ ἑξαγώνου* || **23** *ἐγκάρδιοι*] *ἐνδύναμοι* || **23.24** *ἔσται τὰ δηλούμενα*] *δηλοῦσιν* || **24** *τοὐναντίον*

Versio Latina: **2.3** in duobus temporibus || **4.5** erit in bonis et tractando ea || **6** *ἡ σελήνη* om. || **10** *ἡ σελήνη* om. || **14** *ἡ σελήνη* om. || **20.21** adhaerebit struendis fraudibus || **21** in defraudando et calumniando || **22.23** sciendum est quod cum planetae || **23** in corde solis

⟨ιδ'⟩. [f. 270] *Περὶ τῆς χρονοκρατορίας τοῦ Ἡλίου ὅτε ἐστὶ κεκακωμένος*

Ὅτε ἐστὶ χρονοκράτωρ ὁ Ἥλιος, προείπομεν ὅτι τοῦ ἐπιμερίζοντός ἐστιν ἡ σημασία καὶ τοῦ κυρίου τοῦ ζῳδίου ἐν ᾧ ἐστιν ὁ ἐπιμερισμὸς ἀπὸ τοῦ ἀφέτου, κοινωνούντων αὐτοῖς καὶ ὧν προείπομεν πρότερον. εἰ δὲ ὁ Ἥλιός ἐστι κεκακωμένος, δηλοῖ ὡς ὁ τὴν ἐναλλαγὴν ἔχων ὑποστήσεται ἀνάγκας ἐξ ὧν προφάσεων προείπομεν καὶ κακῶς ἕξει τὰ κατὰ τοὺς γονεῖς καὶ τὰ περὶ τῆς δόξης καὶ τῆς ἀξίας τοῦ τὴν ἐναλλαγὴν ἔχοντος. δεῖ δὲ ἐπιτηρεῖν τὰς πρὸς τὰς ἀκτῖνας καὶ τοὺς κλήρους συνόδους αὐτοῦ καὶ τὰ δωδεκατημόρια· κατὰ γὰρ τὰ γένη τῶν σημασιῶν αὐτῶν ἔσται ἡ κάκωσις.

Εἰ γοῦν ὁ Ἥλιος ὑπάρχει χρονοκράτωρ καὶ ἐπιθεωρήσει τοῦτον ἡ Ἀφροδίτη κατά τε πῆξιν καὶ κατὰ πάροδον ἀπὸ ἑξαγώνου καὶ ὑπάρχουσιν ἄμφω κεκακωμένοι, δηλοῖ ὅτι λυπηθήσεται προφάσει ἐξουσιαστῶν καὶ γυναικῶν καὶ χρημάτων καὶ ἔσται ἐν ἀκηδίᾳ καὶ πολλῇ λύπῃ καὶ ὑπάρξει κακοκυβέρνητος καὶ παρὰ πολλῶν ψεχθήσεται καὶ κατηγορηθήσεται. εἰ δὲ συνοδεύει τούτῳ ἡ Ἀφροδίτη ἐν τοῖς δυσὶ καιροῖς καὶ ὑπάρχουσιν ἄμφω κεκακωμένοι, ὑπάρχει δὲ ἡ Ἀφροδίτη ὕπαυγος, ὑποστήσεται παρὰ γυναικῶν καὶ προφάσει αὐτῶν καὶ παρὰ ἐχθρῶν καὶ διὰ πλοῦτον καὶ τέκνα λύπας καὶ κακοπαθήσει τὸ σῶμα διὰ νόσον καὶ κατηγορηθήσεται παρὰ πολλῶν καὶ χρήσεται δόλοις καὶ

V: **9** τὰ[2]] τὰς || **14** in marg. symbola Solis atque Veneris

Isidorus (ϱ): **3** post ἥλιος add. ὡς || **5** *ἐπιμερισμὸς* om. | post *ἀφέτου* add. *περίπατος* || **6.7** *εἰ — ἐστι*] *καὶ ἔστιν ὁ ἥλιος* || **10** post *τάς* add. *τε* || **11.12** *συνόδους — δωδεκατημόρια*] *καὶ τὰ δωδεκατημόρια συνόδους αὐτοῦ* || **14** *ἐπιθεωρεῖ*

Versio Latina: **1.2** de significatione solis cum fuerit dominus anni et fuerit mali esse || **6** *αὐτοῖς*] significatoribus || **8** ex his ex occasionibus quas || **9** esse parentum suorum || **9.10** atque dignitates et gloriae || **10–12** coniunctiones eorum ad partes et radios et duodenas particulas || **18.19** male tractabitur

πανουργίαις καί τισι κρυφίοις καὶ διὰ ἀφροδισιακὰ ἔργα βλαβήσεται.

Εἰ δὲ ὁ Ἥλιος ὑπάρχει χρονοκράτωρ καὶ συνοδεύσει ὁ Ἑρμῆς κατά τε πῆξιν καὶ κατὰ πάροδον καὶ ὑπάρχουσιν ἄμφω κεκακωμένοι ἢ ὕπαυγος ὁ τοῦ Ἑρμοῦ, ὑποστήσεται λύπας καὶ βλάβας διαφόρους παρὰ ἐξουσιαστοῦ καὶ παρά τινων δυναστευόντων καί τις τῶν δυναστῶν ὀργισθήσεται κατ᾽ αὐτοῦ· προστεθήσεται δὲ μηχανογραφίαις καὶ ἐπιτηδεύμασι καὶ γραφαῖς καὶ ἐξουσιασταῖς καὶ ὑποχείριος ἔσται τινὸς καὶ ἔριδας ἕξει ⟨διὰ⟩ διαφόρους ὑποθέσεις καὶ λυπηθήσεται διὰ τέκνα καὶ δούλους καὶ ὑπηκόους.

Εἰ δὲ ὁ Ἥλιος ὑπάρχων χρονοκράτωρ σχηματισθῇ τῇ Σελήνῃ κατά τε πῆξιν καὶ κατὰ πάροδον ἀπὸ τριγώνου ἢ ἑξαγώνου καὶ ὑπάρχουσιν ἄμφω κεκακωμένοι, ἀφαιρεῖται διὰ τὸ σύμφωνον σχῆμα ἐξ ὧν εἴπομεν δεινῶν, πλὴν ἔσται πολυτάραχος καὶ πολλὰ ἐγχειριζόμενος ἔργα. εἰ δὲ ἡ Σελήνη ἐπιβλέψει τοῦτον ἐν τοῖς δυσὶ καιροῖς ἀπὸ τετραγώνου καὶ ὑπάρχουσιν ἄμφω κεκακωμένοι, ἐξενεχθήσεται εἰς ἔριδας καὶ νόσους καὶ διαφθαρήσεται ὁ βίος αὐτοῦ καὶ λυπηθήσεται διὰ πλοῦτον καὶ καταδυναστεύσουσιν αὐτοῦ τινες καὶ φθονη⟨θή⟩σεται παρὰ πολλῶν, πλὴν δυνήσεται βλάψαι οὓς βούλεται. εἰ δὲ ἐπιβλέψει τοῦτον ἡ Σελήνη ἀπὸ διαμέτρου ἐν τοῖς δυσὶ καιροῖς καὶ ὑπάρχουσιν ἄμφω κεκακωμένοι, χωρήσει εἰς ἔριδας καὶ

V: **3** in marg. symbola Solis atque Mercurii

Isidorus (ϱ): **1** *δι᾽* || **3** *συνοδεύει* || **3.4** *τῷ ἑρμῇ* || **5** *ἢ — ἑρμοῦ*] *ὑπάρχει δὲ ὁ ἑρμῆς ὕπαυγος* || **6** *βλάβας καὶ λύπας* | *ἐξουσιαστῶν* || **8** *μηχανογραφίαις*] *χρονογραφίαις* || **9** *γραφαῖς ἐξουσιαστικαῖς* || **10** *διὰ* om. | *διαφόρων ὑποθέσεων* || **12** *ὑπάρχει* | *σχηματισθῇ*] *καὶ συσχηματίζεται* || **17** *ἐπιβλέπει* || **19** post *ἔριδας* add. *περιπεσεῖται δὲ* | *νόσοις* || **20** *πλοῦτον*] *τοῦτο* || **21** *φθονηθήσεται* || **22** *πλὴν — βούλεται*] *καὶ αὐτὸς δὲ κατά τινων βλάβας ἐπιχειρήσει, ἐπαγαγεῖν οὐ δυνήσεται δέ* | *ἐπιβλέπει*

Versio Latina: **3** coniunctus fuerit ei || **4** in duobus temporibus || **5** *ἢ — ἑρμοῦ* om. | ipse cuius est revolutio sustinebit || **6** a potentatibus || **11** subiectos sibi || **13** in duobus temporibus || **15** propter consonantiam figurae || **19.20** facultates eius || **21** *παρὰ πολλῶν* om.

διενέξεις καὶ βλαβήσεται παρά τινος δυνάστου πολλάκις καὶ ὀργισθήσεται κατ' αὐτοῦ καὶ λυπηθήσεται διά τινας γυναῖκας καὶ συγγενεῖς καὶ τέκνα καὶ πλοῦτον. εἰ δὲ συνοδεύσει τούτῳ ἡ Σελήνη ἐν τοῖς δυσὶ καιροῖς, ὕπαυγος οὖσα, φόβους ὑποστήσεται καὶ διαφόρους βλάβας καὶ λυπηθήσεται παρά τινος τῶν ἐξουσιαστῶν καὶ προφάσει γονέων. εἰ δὲ οἱ δηλωθέντες σχηματισμοὶ ἐν τῷ ἑνὶ ὑπάρχουσι καιρῷ, ἀσθενέστερα ἔσται τὰ ἀποτελέσματα.

⟨ιε'⟩. Περὶ τῆς σημασίας τοῦ Ἡλίου ὅτε ἐστὶ χρονοκράτωρ καὶ ὑπάρχει ἔν τινι τόπῳ τοῦ διαθέματος

Ὅτε ὑπάρχει ὁ Ἥλιος χρονοκράτωρ καὶ ᾖ κατά τε πῆξιν καὶ κατὰ πάροδον ἀκάκωτος καὶ ἐπίκεντρος, ἔσται ὁ τὴν ἐναλλαγὴν ἔχων τῷ ἔτει ἐκείνῳ περίδοξος καὶ εὑρήσει ἀγαθὰ καὶ ἐπαινεθήσεται παρὰ πολλῶν. εἰ δέ ἐστιν ἐν τῷ ὡροσκόπῳ ἢ τῷ μεσουρανήματι, προστεθήσεται ἡ δόξα αὐτοῦ καὶ περίφημος ἔσται παρὰ τοῖς ὁμοίοις αὐτῷ καὶ τεύξεται ἀγαθῶν παρὰ βασιλέως· καὶ εἴπερ ἐστὶν ἐν τῷ ζ', ἐγχειρισθήσεται διαφόρους κυβερνήσεις καὶ κατακυριεύσει τῶν ἐχθρῶν καὶ ἐν εὐρωστίᾳ ἔσται καὶ ὠφεληθήσεται παρὰ γυναικῶν· εἰ δὲ ὑπάρχει ἐν τῷ δ', ὠφεληθήσεται προφάσει οἰκημάτων καὶ γονέων καὶ γερόντων. εἰ δὲ ὁ Ἥλιος ἐν τοῖς δυσὶ καιροῖς ὑπάρχει ἐν τοῖς τοιούτοις

V: 7 δηλουθέντες || 9 in marg. symbolum Solis

Isidorus (ϱ): 3 συνοδεύει || 9—11 περὶ τῆς τῶν τόπων σημασίας ἐν οἷς ὁ ἥλιος χρονοκράτωρ ὢν εὑρίσκεται || 12 ὁ ἥλιος ὑπάρχει | ᾖ] ἔστι || 15 εἰ δέ] καὶ εἰ μέν || 17 παρὰ] ἐν || 18 καὶ εἴπερ] εἰ δέ || 19 ζ'] δύνοντι || 21 δ'] ὑπογείῳ || 23 ἐν² om.

Versio Latina: 2 τινας om. || 6 ab aliqua potestate || 8 consignificationes eventuum || 9—11 de significatione solis de locis in quibus fuerit existens dominus anni || 13 ἀκάκωτος καὶ om. || 14 τῷ ἔτει ἐκείνῳ om. || 22 causa humanationum (pro habitationum) parentum et senum || 23—p. 95, 1 in locis his

τόποις κεκακωμένος, βλαβήσεται κατὰ τὴν σημασίαν τοῦ κέντρου ἐν ᾧ ἐστι καὶ φόβους ὑποστήσεται παρὰ βασιλέως.

Εἰ δέ ἐστιν ὁ Ἥλιος [f. 270v] *χρονοκράτωρ καὶ ὑπάρχει ἐν τοῖς δυσὶ καιροῖς ἐν τῷ ια' ἢ τῷ ε' ἀκάκωτος, ἔσται ὁ τὴν ἐναλλαγὴν ἔχων ἐν ἐκείνῳ τῷ ἔτει τρυφῶν διά τε τροφῶν καὶ ἱματισμῶν καὶ ὠφεληθήσεται διὰ φίλων καὶ εὐφρανθήσεται ἐπὶ τέκνοις ἢ προστεθήσεται τέκνον καὶ πλείων ἡ εἰσφορὰ αὐτοῦ γενήσεται καὶ δέξεται δεξιώματα καὶ διαφόρους ἐπιστολάς. εἰ δ' ἐστιν ἐν τοῖς δυσὶ τόποις τοῖς εἰρημένοις κεκακωμένος, λυπηθήσεται προφάσει τέκνων καί τινων ἐχόντων ἐξουσίαν· κακώσουσι γὰρ αὐτοὶ καὶ ἐναντιωθήσεται τούτοις καὶ λυπηθήσεται διὰ τέκνα.*

Εἰ δέ ἐστιν ὁ Ἥλιος χρονοκράτωρ καὶ ὑπάρχει ἐν τοῖς δυσὶ καιροῖς ἐν τῷ θ' ἢ τῷ γ' τόπῳ ἀκάκωτος, ἀποδημήσει προφάσει ἐξουσιαστοῦ καὶ ἐπαινεθήσεται παρὰ πολλῶν ἐν πιστότητι καὶ ὠφεληθήσονται δι' αὐτοῦ οἵ τε ἀδελφοὶ καὶ οἱ συγγενεῖς· ὁμοίως δὲ καὶ οὗτος ὠφεληθήσεται παρ' αὐτῶν. εἰ δέ ἐστι κεκακωμένος ἐν τοῖς ῥηθεῖσι τόποις, λοιδορηθήσεται παρὰ πολλῶν ἕνεκε δογμάτων καὶ ποιήσει ἀνόνητον ἀποδημίαν ἐν ᾗ καὶ βλαβήσεται καὶ λυπηθήσεται διά τινων ἀποδήμων καὶ δι' ἀδελφῶν καὶ συγγενῶν.

Εἰ δέ ἐστιν ὁ Ἥλιος χρονοκράτωρ καὶ ὑπάρχει ἐν τοῖς δυσὶ καιροῖς ἐν τῷ β' ἢ ἐν τῷ η' ἀκάκωτος, δηλοῖ ἡσυχίαν καὶ ἠρεμίαν ἐν ἐκείνῳ τῷ ἔτει καί τινες εἰσφοραὶ αὐτῷ

V: **1** *κεκακωμένοι* || **8** *πλεῖον* || **26** *ἐρεμίαν*

Isidorus (ϱ): **5** *ὁ ἔχων τὴν ἐναλλαγὴν* || **7** *ἢ] καὶ* | post *προστεθήσεται* add. *αὐτῷ* || **9.10** *ἐν τοῖς εἰρημένοις δυσὶ τόποις* || **12** *ἐναντιωθήσονται τούτῳ* || **19.20** *ἐν τοῖς δυσὶ τούτοις τόποις* || **25** *ἐν*[2] om. || **26** *καὶ ἠρεμίαν* om.

Versio Latina: **7** addetur sibi filius || **8** proventus eius fient ampliores | *δεξιώματα*] hospites || **10** *τοῖς εἰρημένοις* om. || **11** *τέκνων*] amicorum || **12** *αὐτοί*] eum || **14** *ὁ ἥλιος* om. || **16** ratione officialium || **17** et fidelitatem et utilitatem habebunt || **18** consanguinei sui || **19.20** in locis ipsis || **22** per fratrem

ἔσονται χωρὶς κόπου καὶ μόχθου. εἰ δὲ κεκακωμένος ἐστὶ ἐν τοῖς δυσὶ καιροῖς, εὐκαιρίαν δηλοῖ ἤγουν σχολὴν καὶ ὀλιγωφέλειαν καὶ κακουχίαν ἐν ταῖς περὶ τὸν βίον ἀναστροφαῖς καὶ ἀμέλειαν καὶ ῥαθυμίαν καὶ περιφρόνησιν τῶν δεόντων.

Εἰ δ' ἐστιν ὁ Ἥλιος χρονοκράτωρ καὶ ὑπάρχει ἐν τοῖς δυσὶ καιροῖς ἐν τῷ ς' ἀκάκωτος, δηλοῖ ἠρεμίαν καὶ σωτηρίαν. εἰ δὲ κεκακωμένος ἐστί, δηλοῖ νόσον ἀπὸ θερμότητος καὶ ξηρότητος καὶ ἀλγηδόνα περὶ τὰ ἄνω μέρη τοῦ σώματος καὶ ἐν τῇ κεφαλῇ καὶ ἐν τοῖς ὀφθαλμοῖς.

Εἰ δ' ἐστιν ὁ Ἥλιος χρονοκράτωρ καὶ ὑπάρχει ἐν τοῖς δυσὶ καιροῖς ἐν τῷ ιβ' ἀκάκωτος, δηλοῖ ὡς ἀκάκωτος ἔσται παρὰ τῶν ἐχθρῶν. εἰ δὲ κεκακωμένος ἐστί, δηλοῖ συνοχὴν καὶ λύπας καὶ ἐξορίαν. εἰ δὲ ὁ Ἥλιος ὑπάρχει κατά τε πῆξιν καὶ κατὰ πάροδον ἐφ' ὁμοίας διαθέσεως, ἔσται τὰ ἀποτελέσματα βεβαιότερα· εἰ δὲ παραλ⟨λ⟩άσσει, ἔσται ἀσθενέστερα.

⟨ις'⟩. Περὶ τῆς σημασίας τῆς Ἀφροδίτης ὅτε ὑπάρχει χρονοκράτωρ καὶ ᾖ ἀκάκωτος

Ὅτε ἐστὶν ἡ Ἀφροδίτη χρονοκράτωρ καὶ ὑπάρχει ἀκάκωτος κατά τε πῆξιν καὶ κατὰ πάροδον ἐν ἰδίῳ οἴκῳ ἢ ἐν τόπῳ ἐν ᾧ ἔχει λόγον, ἐν ἐκείνῳ τῷ ἔτει ὁ τὴν ἐναλλαγὴν ἔχων ἔσται ⟨ἐν⟩ εὐφροσύνῃ καὶ παιδιαῖς καὶ ἀκροάσει μελῳδιῶν καὶ συνουσίαις καὶ ἱματισμῶν περιβολῇ καὶ

V: **19** χρονοκράτων

Isidorus (ρ): **2** post δυσὶ add. τούτοις || **8** ἐστί om. || **11** δέ ἐστιν || **16** παραλλάσσει || **18.19** ὅτε χρονοκράτωρ οὖσα ἀκάκωτός ἐστιν || **20** ὅτε ἡ ἀφροδίτη χρονοκράτωρ ἐστὶ || **23** ἐν

Versio Latina: **2** ἐν τοῖς δυσὶ καιροῖς] in his locis | εὐκαιρίαν ... ἤγουν σχολὴν] ocium || **3** in mundanis negociis || **8** dolores || **10** τοῦ σώματος om. || **13** ab inimicis suis | in mali esse || **23** in | παιδιαῖς] ludis vel tripudiis || **23 — p. 97, 1** in cantilenis et in coitu et in vestimentorum ornatu iucunditatem et in unguentorum unctione

μύρων χρίσει· ὁμιλήσει δὲ φίλοις καὶ ἐπικτήσεται καὶ ἑτέρους φίλους καὶ συζευχθήσεται γυναικὶ καὶ χρήσεται καλλωπισμοῖς. καὶ εἰ μέν ἐστιν ἐν τῷ ἰδίῳ οἴκῳ, περιγενήσονται αὐτῷ τὰ ἀγαθὰ ἀπό τινος γνωρίμου προσώπου· εἰ δὲ ἐν ἀλλοτρίῳ, καὶ ἐπὶ ξένης καὶ διὰ ξένου προσώπου. ἐπισκεπτέον δὲ καὶ τὰς ἀκτινοβολίας καὶ τοὺς κλήρους καὶ τὰ δωδεκατημόρια οἷς συνοδεύει ἡ Ἀφροδίτη ἢ συσχηματίζεται ἐν τοῖς δυσὶ καιροῖς συμφώνῳ σχήματι· δηλοῖ γὰρ εὐεξίαν καὶ εὐτυχίαν κατὰ τὴν σημασίαν αὐτῶν.

Καὶ εἰ ἔστιν ἡ Ἀφροδίτη χρονοκράτωρ καὶ ὑπάρχουσιν αὐτή τε καὶ ὁ Ἑρμῆς κατά τε πῆξιν καὶ κατὰ πάροδον ἀκάκωτοι, τοῦ Ἑρμοῦ ἐφορῶντος αὐτὴν ἀπὸ ἑξαγώνου, ἐν ἐκείνῳ τῷ ἔτει ἀσπάσεται τὰς παιδιὰς καὶ τὰς ἡδονὰς καὶ προστεθήσονται τὰ τέκνα αὐτοῦ καὶ αἱ γυναῖκες· ὁμιλήσει δὲ καὶ γυναιξὶ πεπαιδευμέναις καὶ ὡραίαις καὶ ἀσχοληθήσεται ἐν εὐφροσύναις ἐπ' αὐταῖς καὶ ἐγκαλλωπισμοῖς· ὁμιλήσει δὲ καὶ ἀνδράσι πεπαιδευμένοις καὶ λογίοις καὶ ἀστείοις καὶ πολιτικοῖς καί τινα ἐπιγνώσεται τῶν κεκρυμ⟨μ⟩ένων μυστηρίων καί ποτε λυπηθήσεται δι' ἃ προείπομεν. εἰ δὲ ἐφορᾷ ταύτην ὁ Ἑρμῆς ἀπὸ τετραγώνου ἐν τοῖς δυσὶ καιροῖς, τοῦ Ἑρμοῦ καθυπερτεροῦντος αὐτὴν ἢ καὶ τῆς Ἀφροδίτης καθυπερτερούσης αὐτόν, ἐν ἐκείνῳ τῷ ἔτει ἀγαπηθήσεται παρὰ πολλῶν καὶ προστεθήσεται τῇ τε παιδεύσει καὶ τοῖς γράμμασι καὶ τοῖς

V: 5 *εἰ — προσώπου* **supra lineam scr. || 12** *εὐφορῶντος* **|| 16** *ἀσχολεθήσεται*

Isidorus (ϱ): 2 *φίλους* **om. || 6** *ἀκτινοβολίας*] *ἀκτῖνας* **|| 10** *ὑπάρχει* **|| 14–16** *ὁμιλήσει — ἐγκαλλωπισμοῖς* **om. || 19** *κεκρυμμένων* | *καί ποτε λυπηθήσεται*] *λυπηθήσεται δέ ποτε* **|| 24 — p. 98, 1** *καὶ τοῖς μαθήμασι* **om.**

Versio Latina: 1 *ὁμιλήσει*] **habebit familiaritatem et iucunditatem || 4 huiusmodi bona || 5 in alieno loco, erunt sibi || 8 quod si fuerit convenienti figura, indicat || 11 in duobus temporibus || 16 in ornamentis || 19 secretorum consiliorum || 20 propriis quae praediximus || 22** *τῆς ἀφροδίτης*] **ipsa** | *αὐτόν*] **mercurium || 23.24 adhaerebit doctrinae**

μαθήμασι καὶ τοῖς καλλωπισμοῖς καὶ ταῖς ζωγραφίαις καὶ προστεθήσεται ἡ ἀξία αὐτοῦ καὶ εὐφρανθήσεται ἐπὶ γυναιξὶν ὡραιοτάταις, [f. 271] πλὴν λυπηθήσεται κατά τινας καιροὺς διά τινας περικοπάς. εἰ δὲ συνοδεύσει ταύτῃ ὁ Ἑρμῆς ἐν τοῖς δυσὶ καιροῖς καὶ ὑπάρχουσιν ἄμφω ἀκάκωτοι, ἐν ἐκείνῳ τῷ ἔτει ἀσπάσεται παιδιὰς καὶ τὰς εὐφροσύνας καὶ προσανάκειται γυναιξὶ πεπαιδευμέναις καὶ εὐφρανθήσεται ἐπ' αὐταῖς καὶ ἐπὶ τέκνοις καὶ ἐπιτηδεύσεται συνθέσεις λόγων καὶ ἁρμονίας πραγμάτων τινῶν καὶ ζωγραφίας καὶ τορνεύσεις καὶ μυρωδίας καὶ προστεθήσεται ἡ εὐφυΐα αὐτοῦ καὶ εὐεργετήσει πολλοὺς καὶ διαγνώσεται πολλὰ τῶν ἀποκρύφων μυστηρίων καὶ κόπον ὑποστήσεται καὶ ἀποδημίαν ποιήσει.

Εἰ δὲ ἡ Ἀφροδίτη ἐστὶ χρονοκράτωρ καὶ σχηματισθῇ ταύτῃ ἡ Σελήνη κατά τε πῆξιν καὶ κατὰ πάροδον ἀπὸ τριγώνου ἢ ἑξαγώνου, ἐν ἀγαλλιάσει ἔσται τῷ ἔτει ἐκείνῳ καὶ εὐφρανθήσεται ἐπὶ γυναιξὶν οἰκείαις τε καὶ ἀλλοτρίαις· ἴσως καὶ παίδων ἐρασθήσεται καὶ παιδιαῖς χρήσεται. εἰ δὲ ἀπὸ τετραγώνου συσχηματισθῇ ταύτῃ ἡ Σελήνη, καθυπερτερεῖ ⟨δὲ⟩ αὐτήν, προστεθήσεται ὁ πλοῦτος ἐν ἐκείνῳ τῷ ἔτει καὶ λυπηθήσεται διὰ γυναῖκας καὶ ἡδονάς· εἰ δὲ ἡ Ἀφροδίτη καθυπερτερεῖ ταύτην, ἔσται ἐν ἐκείνῳ τῷ ἔτει ἀγαπώμενος παρὰ πολλῶν καὶ εὐοικονόμητος· πάλιν λυπηθήσεται διὰ γάμον καὶ γυναῖκας καὶ συνουσιάσει γυναιξὶν ἀγενέσι καὶ εὖ ἕξει τὰ κατὰ τὴν μητέρα αὐτοῦ. εἰ δὲ ἡ Σελήνη ἐπιβλέψει ταύτην ἐν τοῖς δυσὶ καιροῖς ἀπὸ

V: **12** ἀποκρυφίων || **14** in marg. symbola Veneris atque Lunae || **20** τὸν πλοῦτον

Isidorus (ϱ): **4** συνοδεύει || **6** τὰς om. || **7** προσανατεθήσεται || **10** post μυρωδίας add. ἀσπάσεται || **14** συσχηματίζεται || **19** συσχηματίζεται | post σελήνη add. καὶ || **20** post πλοῦτος add. αὐτοῦ || **23** πάλιν] πλὴν || **26** ἐπιβλέπει

Versio Latina: **1** ornatui || **3** speciosis || **6** παιδιὰς] tripudia || **11** subtilitas ingenii sui || **12** de secretis conciliis || **18** παιδιαῖς] tripudiis || **20** αὐτήν om. | addentur sibi || **22** ταύτην om. || **23** πάλιν] tum || **25** esse matris suae

διαμέτρου, προφάσει γυναικῶν καὶ τέκνων λυπηθήσεται. εἰ δὲ συνοδεύσει ταύτῃ ἡ Σελήνη ἐν τοῖς δυσὶ καιροῖς, ἔσται ἱλαρὸς καὶ εὐπαίδευτος καὶ ἀγωνισθήσεται περὶ ἀλλοτρίας γυναῖκας, τῶν οἰκείων γυναικῶν καταφρονήσας, καὶ ἀκηδιάσει πρὸς αὐτάς·

⟨ιζʹ⟩. Περὶ τῆς Ἀφροδίτης ὅτε ἐστὶ χρονοκράτωρ καὶ ὑπάρχει κεκακωμένη

Ὅτε ἐστὶν ἡ Ἀφροδίτη κεκακωμένη καὶ ὑπάρχει χρονοκράτωρ κατά τε πῆξιν καὶ κατὰ πάροδον, πρὸς δὲ εἰ ὑπάρχει ἐν ἀλλοτρίῳ ζῳδίῳ, πείσεται ἐν ἐκείνῳ τῷ ἔτει λύπας καὶ μεγάλας περιστάσεις καὶ φανερὰς ἐν πάσαις ταῖς ἀφροδισιακαῖς ὑποθέσεσι· λυπηθήσεται δὲ ἐπὶ φίλοις καὶ τέκνοις καὶ γυναιξὶ καὶ χάριν καλλωπισμοῦ καὶ παιδιᾶς καὶ ἱματισμοῦ καὶ βρωμάτων καὶ πομάτων. καὶ εἰ μὲν ἔχει λόγον τινὰ ἐν τῷ ζῳδίῳ ἐκείνῳ, λυπηθήσεται διὰ γυναῖκας· εἰ δὲ οὐκ ἔχει, λυπηθήσεται περὶ ἀλλοτρίων. εἰ δέ ἐστιν ἐν ζῳδίῳ ἐχθροῦ αὐτῆς, ὑποστήσεται τὰ τοιαῦτα παρὰ ἐχθρῶν καὶ προφάσει αὐτῶν· εἰ δὲ ἐν ζῳδίῳ φίλου αὐτῆς, πείσεται τὰ τοιαῦτα παρὰ φίλου. εἰ δὲ μὴ ἔστι τὸ ζῴδιον ἐν ᾧ ὑπάρχει ἀνθρωποειδές, δηλοῖ ἀσθένειαν σώματος καὶ νόσον καὶ λύπας ἐπί τε γυναιξὶ καὶ μητράσι καὶ τοῖς κατ᾽ αὐτὰς πράγμασιν· καὶ εἰ ἀναποδίζει ἡ Ἀφροδίτη ἤ ἐστιν ὕπαυγος, βεβαιοῖ τὰ προειρη-

V: **19** πείσεται] πάθει

Isidorus (ϱ): **2** συνοδεύει ‖ **4** οἰκείων] ἰδίων ‖ **6** περὶ τῆς ἀφροδίτης] περὶ τῆς σημασίας τῆς ἀφροδίτης ‖ **9.10** εἰ ὑπάρχει] καὶ ‖ **18** καὶ] ἢ ‖ **19.20** εἰ δὲ μὴ] καὶ εἰ μὴ ‖ **21** καὶ νόσον om.

Versio Latina: **1** filiarum ‖ **2** ἡ σελήνη om. ‖ **3** ἀγωνισθήσεται] curam habebit ‖ **6.7** de significatione veneris dominae anni cum fuerit impedita ‖ **8** cum fuerit domina anni et fuerit mali esse ‖ **12** ὑποθέσεσι] actibus | contristabitur in illo anno ‖ **12.13** super mulieribus et filiis et amicis ‖ **14** tripudia | vestes ‖ **16** mulieres proprias ‖ **17** in signo odioso sibi ‖ **18.19** in signo amicabili sibi ‖ **19** ab amicis ‖ **21** σώματος] amoris (pro corporis?) | tristitiam ‖ **22** et in esse earum

μένα καὶ θολωθήσεται ἡ εὐφροσύνη αὐτοῦ καὶ αἱ ἡδοναὶ καὶ λυπηθήσεται δι᾽ αὐτὰς καὶ ὑποστήσεται βλάβας προφάσει τρυφῆς· εἰ δὲ τοιου⟨το⟩τρόπως διακειμένη ὑπάρχει μετὰ τοῦ κλήρου τοῦ γάμου, δηλοῖ ἀθυμίας ἕνεκε γυναικῶν. δεῖ δὲ καὶ τὰς ἀκτινοβολίας καὶ τοὺς κλήρους καὶ τὰ δωδεκατημόρια ἐπισκοπεῖν οἷς συνοδεύει ἡ Ἀφροδίτη ἢ οἷς συσχηματίζεται σχήματι ἐναντίῳ. εἰ δέ ἐστιν ἡ Ἀφροδίτη χρονοκράτωρ καὶ ὑπάρχει κεκακωμένη, δηλοῖ κάκωσιν ἐν οἷς σημαίνει πράγμασιν.

Εἰ δὲ χρονοκράτωρ οὖσα ἡ Ἀφροδίτη ὑπάρχει ἅμα τῷ Ἑρμῇ κεκακωμένη κατά τε πῆξιν καὶ κατὰ πάροδον καὶ συσχηματισθῇ τούτῳ ἑξαγωνικῶς, δηλοῖ λύπας καὶ ταραχὰς ἐν οἷς ἐσήμαινον πράγμασιν ὅτε συνεσχηματίζοντο ἀκάκωτοι ὄντες. εἰ δὲ συσχηματισθῇ ὁ Ἑρμῆς τῇ Ἀφροδίτῃ τετραγωνικῶς καὶ ὑπάρχουσιν ἄμφω κεκακωμένοι, λυπηθήσεται καὶ βλαβήσεται καὶ κακόφημος ἔσται προφάσει γυναικῶν καὶ οἰκονομιῶν καὶ ἐπὶ πᾶσιν οἷς ἐσήμαινον πράγμασιν ὅτε τοιου⟨το⟩τρόπως ἐσχηματίζοντο ἀκάκωτοι ὄντες. εἰ δὲ συνοδεύει ταύτῃ ὁ Ἑρμῆς ἐν τοῖς δυσὶ καιροῖς καὶ ὑπάρχουσιν ἄμφω κεκακωμένοι, ἀγωνισθήσεται ἐπὶ γυναιξὶ καὶ παιδιαῖς καὶ εὐφροσύναις καὶ βλαβήσεται ἕνεκεν αὐτῶν, ἔστι δὲ καὶ ἕνεκε γραμμάτων καὶ νοταρικῶν, καὶ ἐπὶ πᾶσι τοῖς πράγμασιν οἷς ἐσήμαναν [f. 271[v]] *τοιούτῳ συσχηματισθέντες σχήματι καὶ ἀκάκωτοι ὄντες.*

V: **10** *εἰ*] *ἡ* || **12** *καταρχὰς* || **14** *τῇ*] *ἢ ἡ*

Isidorus (*ϱ*): **5** *ἀκτινοβολίας*] *ἀκτῖνας* || **7** *ἢ*] *καὶ* || **10** post *ἀφροδίτη* add. *καὶ* || **12** *συσχηματίζεται* | *καταρχὰς* || **13** *συνεσχηματίζοντο*] *συσχηματίζονται* || **14** *τῇ*] *ἢ ἡ* || **18** *τοιουτοτρόπως* || **19** *ταύτῃ*] *τούτῳ* || **24** *συσχηματιζόμενο* (sic) | *καὶ* om.

Versio Latina: **1** turbabuntur || **3** *τρυφῆς*] voluptatis || **4** defectionem || **10. 11** tam ipsa quam mercurius || **11** *κατὰ*[1] — *πάροδον* om. || **12** aspexeritque eam mercurius | perturbationes || **19** *ὁ ἑρμῆς* om. || **21** tripudiis || **22** *ἔστι δὲ*] amplius || **22. 23** propter literas et propter notariatum' || **24** *τοιούτῳ* — *σχήματι* om. || **24. 25** planetis ipsis existentibus boni esse

Textus Arabicus: **12** تخليط

Εἰ δὲ ὑπάρχει ἡ Ἀφροδίτη χρονοκράτωρ καὶ ἅμα αὐτῇ ὑπάρχει ἡ Σελήνη κεκακωμένη κατά τε πῆξιν καὶ κατὰ πάροδον καὶ συσχηματισθῇ ταύτῃ τριγωνικῶς ἢ ἑξαγωνικῶς, ἐν ἐκείνῳ τῷ ἔτει πολυποίκιλος ἔσται περὶ τὰς συνουσίας καὶ τὰς γυναῖκας καὶ πείσεται λύπας ἕνεκεν αὐτῶν τε καὶ μητρῶν καὶ ἐπελεύσονται αὐτῷ φῆμαι λυπηραὶ διάφοροι καὶ ἐμποδισθήσεται περὶ τὰς εὐφροσύνας αὐτοῦ καὶ τὰς ἡδονάς. εἰ δὲ ἡ Σελήνη ἐπιβλέψει ταύτην ἐν τοῖς δυσὶ καιροῖς ἀπὸ τετραγώνου καὶ ὑπάρχουσιν ἄμφω κεκακωμέναι, τῆς Σελήνης καθυπερτερούσης αὐτήν, βλαβήσεται ἕνεκε γυναικῶν καὶ λυπηθήσεται ἕνεκε πλούτου· εἰ δὲ καθυπερτερεῖ ταύτην ἡ Ἀφροδίτη, κακοοικονόμητος ἔσται καὶ λυπηθήσεται διὰ βίον καὶ γάμον καὶ γυναιξὶν εὐτελέσι συνευνασθήσεται. εἰ δὲ διαμετρήσει ταύτην ἡ Σελήνη, λυπηθήσεται ἕνεκε γάμου καὶ ἀρρωστήσει ἢ τελευτήσει τις τῶν παίδων αὐτοῦ. εἰ δὲ συνοδεύσει ταύτῃ ἡ Σελήνη ἐν τοῖς δυσὶ καιροῖς, ἀκηδιάσει καὶ ⟨λυ⟩πηθήσεται παρά τινων λογίων, κεκακωμένων οὐσῶν δηλονότι, καὶ διαφορὰν ἕξει μετὰ τῶν συγγενῶν καὶ οὗτος μὲν ἀλλοτρίαις μιγήσεται γυναιξίν, αἱ δὲ γυναῖκες αὐτοῦ ἀλλοτρίοις ἀνδράσι. καὶ εἰ ἔστιν ὁ συσχηματισμὸς ἐν τῷ ἑνὶ καιρῷ, ἀσθενέστερα ἔσται τὰ ἀποτελέσματα.

V: **1** in marg. symbola Veneris atque Lunae | *αὐτῇ*] *αὐτῷ* || **10** *κεκακωμένοι*

Isidorus (*ϱ*): **3** *συσχηματισθῇ ταύτῃ*] *συσχηματίζονται ἀλλήλοις* || **5** *περιπεσεῖται λύπαις* || **6** *μητρῶν*] *τῆς μητρὸς* || **8** *ἐπιβλέπει* || **10** *κεκακωμένοι* || **14** *διαμετρεῖ* || **16** *συνοδεύει* || **18** *λυπηθήσεται* | *οὐσῶν*] *ὄντων* || **19** *δηλονότι* om.

Versio Latina: **1.2** tam ipsa quam luna || **2.3** in duobus temporibus || **3** adspexerintque se advincem || **5** tristitiam || **5.6** propter eas a matribus || **10** *αὐτήν*] venerem || **12** *ταύτην* om. || **13** *βίον*] facultates || **17.18** anxietates patietur a quibusdam viris eloquentibus (*καὶ λυπηθήσεται* om.) || **19** *δηλονότι* om. | consanguineis suis || **20** *αὐτοῦ* om. || **21.22** in uno in duobus temporibus || **22** diffinitiones eventuum

⟨ιη'⟩. Περὶ τῆς Ἀφροδίτης ὅτε ἐστὶ χρονοκράτωρ καὶ ὑπάρχει ἔν τινι τόπῳ τοῦ διαθέματος

Ὅτε ἐστὶν ἡ Ἀφροδίτη χρονοκράτωρ καὶ ὑπάρχει κατά τε πῆξιν καὶ κατὰ πάροδον ἐν τοῖς τέσσαρσι κέντροις ἀκάκωτος, δηλοῖ ὡς ὁ τὴν ἐναλλαγὴν ἔχων εὐφρανθήσεται διὰ διαφόρους αἰτίας καὶ χαρὰν ἕξει ἀπὸ ἐξουσιαστοῦ καὶ ἀρχόντων καὶ προστεθήσεται ἡ δόξα αὐτοῦ καὶ ὁ πλοῦτος καὶ τὰ ζῷα καὶ ταῖς πύλαις τῶν βασιλέων προσκαρτερήσει καὶ διαφόρων ἱματισμῶν ἐπαπολαύσει καὶ εὐφρανθήσεται ἐπὶ γυναιξὶ καὶ παχυνθήσεται ἡ συνουσία αὐτοῦ καὶ τεύξεται τῶν ἐπιθυμιῶν αὐτοῦ καὶ προστεθήσεται ἡ ἀκίνητος αὐτοῦ περιουσία. εἰ δὲ ἀναποδίζει ἐν τοῖς τοιούτοις τόποις, τεύξεται μὲν τῶν προειρημένων πλὴν ἀπὸ τρόπων ἀσέμνων· εἰ δὲ ὑπάρχει ἐν τοῖς τοιούτοις τόποις κεκακωμένη, ἔσται τεταραγμένος περὶ τὸν οἰκεῖον βίον καί τινας ὑποστήσεται ζημίας καί τινες λοιδορήσουσιν αὐτὸν καὶ φιλονεικίας ἕξει πρός τινας καὶ λύπας καὶ ἀθυμίας κατὰ τὴν φύσιν τοῦ κέντρου ἐν ᾧ ὑπάρχει. καὶ εἰ μὲν κακοῦται ὑπὸ τοῦ Κρόνου, νόσοις περιπεσεῖται ψυχραῖς διαφόροις καὶ ἐναντίαις ὡς ἐπιληπτικοῖς πάθεσι καὶ ῥίγεσι καὶ φρενίτισιν· εἰ δὲ ὑπὸ τοῦ Ἄρεως κακοῦται, λυπηθήσεται προφάσει γυναικῶν καὶ συνουσίας καὶ ἐμπρησμὸν

V: **15** *κεκακωμένος* || **21** *φρενήτισιν* | *ἄρεος*

Isidorus (*ϱ*): **1.2** *περὶ τῆς σημασίας τῶν τόπων ἐν οἷς ἐστι ἡ ἀφροδίτη ὅτε ὑπάρχει χρονοκράτωρ* || **6** *ἐξουσιαστῶν* || **15** *κεκακωμένος* || **16.17** *λοιδορήσονται αὐτῷ* || **17** post *ἀθυμίας* add. *ὑποστήσεται* || **20** *ὡς*] *οἷον* || **21** *λυπηθήσεται* om.

Versio Latina: **2** *καὶ — διαθέματος*] de locis videlicet in quibus fuerit inventa || **4** *τέσσαρσι* om. || **5** *εὐφρανθήσεται*] strangulabitur (in marg. variis negociis implicabitur || **6** ab habentibus potestatem || **7** *καὶ*[1] om. || **8** animalia sua | *ταῖς πύλαις*] hostis (in marg. in hostiis) || **12** mobilis | *τοιούτοις*] his || **14** *ἐν — τόποις* om. || **17** *ἀθυμίας*] anxietatem || **20.21** frigora et epilepticas atque phreneticas passiones

Textus Arabicus: **5** يسر

ὑποστήσεται ἢ ληστευθήσεται καὶ ζέσις αἵματος περὶ αὐτὸν γενή⟨σε⟩ται· καὶ εἰ ἐν τῷ τετάρτῳ ἐστί, θάνατον ὄψεται γυναικός.

Ὅτε δέ ἐστι χρονοκράτωρ ἡ Ἀφροδίτη καὶ ὑπάρχει ἐν τοῖς δυσὶ καιροῖς ἐν τῷ ια′ ἢ τῷ ε′ ἀκάκωτος, προσθήκην ἕξει φίλων καὶ γυναικῶν καὶ πραγμάτων καὶ εὐφρανθήσεται ἐπὶ τέκνοις ἢ ἕξει τέκνον. εἰ δὲ κεκακωμένη ἐστί, λυπηθήσεται ἀναιτίως ἢ διὰ γυναῖκας καὶ τέκνον καὶ ἐχθροὺς ποιήσει τοὺς φίλους.

Εἰ δὲ ὑπάρχει ἐν τοῖς δυσὶ καιροῖς ἐν τῷ θ′ ἢ ἐν τῷ γ′ τόπῳ ἀκάκωτος, ἀποδημήσει τῷ ἔτει ἐκείνῳ καὶ εὑρήσει ἀγαθὰ ἐν τῇ ἀποδημίᾳ καὶ ἐπαινεθήσεται παρὰ πολλῶν καὶ ὠφεληθήσεται [διὰ πολλῶν καὶ ὠφεληθήσεται] δι᾽ ἀδελφῶν καὶ συγγενῶν καί τις τῶν γυναικῶν αὐτοῦ ἀποδημήσει. εἰ δέ ἐστι κεκακωμένη, ἀποδημήσει ἀσύμφορον ἀποδημίαν καὶ ὡς ἄπιστον αὐτὸν δοξάσουσί τινες καὶ φιλονεικήσει τοῖς φίλοις αὐτοῦ καὶ μέρος τοῦ πλούτου αὐτοῦ ἀπολεσθήσεται.

Εἰ δὲ ὑπάρχει ἐν τοῖς δυσὶ καιροῖς ἐν τῷ η′ ἢ τῷ β′ ἀκάκωτος, ὠφεληθήσεται παρὰ εὐτελῶν ἀνθρώπων ἢ ἀπὸ κακῆς πράξεως· ἰδίως δὲ ἐν τῷ η′ σημαίνει πλῆθος ἐξόδων. εἰ δὲ κεκακωμένη ἐστὶν ἐν τῷ β′, σημαίνει ἀμέλειαν αὐτοῦ καὶ ῥαθυμίαν καὶ πλούτου ἐλάττωσιν· εἰ δὲ ἐν τῷ η′, δηλοῖ ἀνωφέλειαν καὶ διαμάχας.

Εἰ δὲ ὑπάρχει ἐν τοῖς δυσὶ καιροῖς ἐν τῷ ς′ ἢ τῷ ιβ′ ἀκάκωτος, ὠφεληθήσεται διὰ εὐτελῶν ἀνθρώπων καὶ προ-

V: **4** ὅτι ‖ **15** κεκακωμένος ‖ **16** δοξάζουσί ‖ **21** ἐξόλων ‖ **22** κεκακωμένος ‖ **26** εὐτελῶν] πολλῶν

Isidorus (ϱ): **2** γενήσεται | τετάρτῳ] ὑπογείῳ κέντρῳ ‖ **8** ἢ om. ‖ **11** τόπῳ om. ‖ **13** ὠφεληθήσεται² om. ‖ **18** ἀποτελεσθήσεται ‖ **22** κεκακωμένος ‖ **24** μάχας om. ‖ **25** ιβ′] ια′ ‖ **26** εὐτελῶν] πολλῶν

Versio Latina: **1.2** περὶ αὐτὸν] in eo ‖ **2** fiet ‖ **5** in quinto vel in undecimo ‖ **6** mulierum, amicorum et rerum ‖ **11** τόπῳ] aspectu ‖ **13** διὰ — ὠφεληθήσεται² om. ‖ **18** αὐτοῦ om. ‖ **19** vel in octavo vel in secundo ‖ **23** ῥαθυμίαν] negligentiam eius ‖ **24** δια om. ‖ **26** vilibus

Textus Arabicus: **26** السفل

φάσει φαρμάκων. εἰ δέ ἐστι κεκακωμένη ἐν τῷ ς′, δηλοῖ νόσον – τῆς μὲν κακώσεως οὔσης παρὰ τοῦ Κρόνου ἀπὸ μελαίνης χολῆς, παρὰ τοῦ Ἄρεως ἀπὸ αἵματος, παρὰ δὲ ⟨τοῦ⟩ Ἡλίου ἀπὸ θερμότητος. εἰ δέ ἐστι κεκακωμένη ἐν τῷ ιβ′, λυπηθήσεται παρὰ ἐχθρῶν [f. 272] *καὶ συνοχὴν ὑποστήσεται.*

Καὶ εἰ μέν ἐστι κατὰ πῆξιν ἡ Ἀφροδίτη καὶ κατὰ πάροδον ὁμοίαν ἔχουσα διάθεσιν καὶ τῷ αὐτῷ τόπῳ ὑπάρχουσα, βεβαιότερα ἔσται τὰ ἀποτελέσματα· εἰ δὲ πα⟨ραλ⟩λάσσει, ἀσθενέστερα. ὅτε δὲ ὑπάρχει ἡ Ἀφροδίτη κατὰ τὴν ἐναλλαγὴν ἐν ἀποκλίματι, δηλοῖ ὡς ἡ εὐφροσύνη τοῦ τὴν ἐναλλαγὴν ἔχοντος συγχυθήσεται καὶ βλαβήσεται διὰ βρωμάτων καὶ πομάτων, καὶ μάλιστα εἰ ὁ χρόνος κατέληξεν ἐπὶ τὸν τόπον τοῦ Κρόνου ἢ ὁ Κρόνος ὑπάρχει ἔν τινι κέντρῳ τῆς ἐναλλαγῆς.

⟨ιθ′⟩. *Περὶ τῆς σημασίας τοῦ Ἑρμοῦ ὅτε ὑπάρχει χρονοκράτωρ καὶ ᾖ ἀκάκωτος*

Ὅτε ὑπάρχει ὁ Ἑρμῆς χρονοκράτωρ καὶ τυγχάνει ἀκάκωτος κατά τε πῆξιν καὶ κατὰ πάροδον, δηλοῖ τῷ ἔτει ἐκείνῳ ἐπίκτησιν πλούτου καὶ ἔπαινον παρὰ πολλῶν καὶ ὠφέλειαν προφάσει ἐμπορίας καὶ συνέσεως καὶ γνώσεως καὶ παιδεύσεως καὶ λόγων καὶ διαλέξεων καὶ ἔριδος καί τινων οἰκονομιῶν· ἀρεστὸς δὲ ὀφθήσεται παρὰ πᾶσι καὶ ἐπαινεθήσεται παρὰ πολλῶν. δεῖ δὲ ἐφορᾶν καὶ τὰς ἀκτῖ-

V: **1** *κεκακωμένος* || **3** *ἄρεος* || **12** *συνχυθήσεται*

Isidorus (*ϱ*): **2** *τῆς κακώσεως παρὰ μὲν τοῦ κρόνου οὔσης* || **3** post *παρὰ*[1] add. *δὲ* || **7** *ἡ ἀφροδίτη κατά τε πῆξιν* || **9** *παραλλάσσει* || **17** *ᾖ* om. || **24** *ὁρᾶν*

Versio Latina: **1** venenorum (in marg. venationum) || **3** erit aegritudo a cholera nigra || **9** fuerit alterata || **10** *ὅτε*] si || **10. 11** revolutionis tempore || **13** annus || **21** utilitatem habebit | occasione negociationibus || **22** *διαλέξεων*] dispositionum (pro disquisitionum? in marg. pronuntiationum) || **23** et placebit et videbitur

Textus Arabicus: **13** السنة

νας καὶ τοὺς κλήρους καὶ τὰ δωδεκατημόρια οἷς συνοδεύει ἢ συσχηματίζεται ὁ Ἑρμῆς [κατά τε πῆξιν καὶ κατὰ πάροδον] ἐν τοῖς δυσὶ καιροῖς· δηλοῖ γὰρ εὐτυχίαν ἐν ἐκείνοις τοῖς πράγμασιν οἷς σημαίνουσιν.

Ὅτε δέ ἐστιν ὁ Ἑρμῆς χρονοκράτωρ καὶ ὑπάρχουσιν αὐτός τε καὶ ἡ Σελήνη ἀκάκωτοι κατά τε πῆξιν καὶ κατὰ πάροδον καὶ συσχηματίζονται ἀλλήλοις ἀπὸ τριγώνου ἢ ἑξαγώνου σχήματος, ὁ τὴν ἐναλλαγὴν ἔχων μετελεύσεται διάφορα μαθήματα. καὶ εἰ συσχηματίζει τούτῳ ἡ Σελήνη ἐν τοῖς δυσὶ καιροῖς ἀπὸ τετραγώνου καὶ ὑπάρχουσιν ἄμφω ἀκάκωτοι, τοῦ Ἑρμοῦ καθυπερτεροῦντος αὐτήν, προστεθήσεται ἡ γνῶσις αὐτοῦ καὶ ἡ φρόνησις καὶ λυπηθήσεται διὰ πολλούς· εἰ δὲ ἡ Σελήνη καθυπερτερεῖ αὐτόν, κοῦφος ἔσται ἐν ἐκείνῳ τῷ ἔτει καὶ πεφυρμένος καὶ ἄστατος ἐπὶ πᾶσιν. εἰ δὲ ἡ Σελήνη ἐφορᾷ τοῦτον ἐν τοῖς δυσὶ καιροῖς ἀπὸ διαμέτρου καὶ ὑπάρχουσιν ἄμφω ἀκάκωτοι, ἔχθραν ἕξει πρός τινας καὶ καθυπερτερήσει πάντων τῶν ἀντιτασσομένων αὐτῷ καὶ ἐριζόντων. εἰ δὲ συνοδεύσει τούτῳ ἡ Σελήνη ἐν τοῖς δυσὶ καιροῖς καὶ ὑπάρχουσιν ἄμφω ἀκάκωτοι, ἐν ἐκείνῳ τῷ ἔτει προστεθήσεται ἡ παίδευσις αὐτοῦ καὶ ἡ γνῶσις καὶ μεταδώσει πολλοῖς τῆς οἰκείας γνώσεως καὶ ἔσται ἐπαινετὸς καὶ ὁμιλήσει τισὶν εὐτελέσιν ἀνθρώποις· καὶ εἰ ἔχει μητέρα, προστεθήσεται ἡ παίδευσις αὐτῆς καὶ ἡ φρόνησις καὶ ἡ οἰκονομία σὺν πᾶσι τούτοις. εἰ ὁ σχηματισμός ἐστιν ἐν τῷ ἑνὶ καιρῷ, πολὺ μέρος ἀφαιρεῖται τῆς σημασίας.

V: 5 in marg. symbola Mercurii atque Lunae | ὑπάρχει || 15 σοῦτον

Isidorus (ϱ): 1 οἷς συνοδεύει bis scr. || 3 ἐν τοῖς δυσὶ καιροῖς om. || 4 οἷς] ἃ || 5 ὑπάρχει || 9 καὶ εἰ] εἰ δὲ | συσχηματίζεται || 12 καὶ λυπηθήσεται] λυπηθήσεται δὲ || 13 πολλά | δ' ἡ || 15 δ' ἡ || 18 συνοδεύει || 19 post σελήνη add. καὶ || 21 γνῶσις] φρόνησις

Versio Latina: 2 κατὰ[1] — πάροδον om. || 6.7 κατὰ[1] — πάροδον om. || 11 et fuerit boni esse || 13 propter plura | αὐτόν om. || 15 ἡ σελήνη om. || 19 τούτῳ] sibi | ἡ σελήνη om. || 25 si inspectus fuerit || 25.26 in uno de duobus

⟨κ'⟩. Περὶ τοῦ Ἑρμοῦ ὅτε ἐστὶ χρονοκράτωρ καὶ ὑπάρχει κεκακωμένος

Ὅτε ἐστὶν ὁ Ἑρμῆς χρονοκράτωρ καὶ ὑπάρχει κεκακωμένος κατά τε πῆξιν καὶ κατὰ πάροδον, ὑποστήσεται τῷ ἔτει ἐκείνῳ διαφόρους βλάβας προφάσει τέκνων ἢ δούλων ἢ εὐτελῶν ἀνθρώπων ἢ μαθημάτων ἢ κοινωνῶν καὶ ψήφων καὶ νοταρίων καὶ γραμμάτων καὶ οἰκονομιῶν καὶ λόγων καὶ ἔριδος καὶ φιλονεικίας· ἐκκοπήσεται δὲ καὶ ἡ ἐλπὶς αὐτοῦ καὶ ἀπογνώσεται πᾶσαν ὠφέλειαν. εἰ δέ ἐστιν ὁμοῦ κεκακωμένος καὶ ἑσπέριος ἅμα τῷ κλήρῳ τῶν τέκνων, πείσονται τὰ τέκνα αὐτοῦ καὶ οἱ δοῦλοι ἐναντίως· εἰ δὲ συνοδεύει τῷ κλήρῳ τῶν φίλων, ἔσται ἡ βλάβη παρὰ φίλων· εἰ δέ ἐστι μετὰ τοῦ κλήρου τῆς πράξεως ἢ τῆς ἐξουσίας, βλαβήσεται παρά τινος ἐξουσιαστοῦ καὶ δεσμὰ σιδηρᾶ περιβληθήσεται καὶ βλάβας διαφόρους ὑποστήσεται· εἰ δὲ ἑῷός ἐστιν, ἔσται ἐλάττονα τὰ εἰρημένα.

Ὅτε δὲ ὑπάρχει χρονοκράτωρ καὶ κακοῦται ἅμα τῇ Σελήνῃ κατά τε πῆξιν καὶ κατὰ πάροδον καὶ συσχηματίζονται ἀλλήλοις ἀπὸ τριγώνου ἢ ἑξαγώνου, λύπας ὑποστήσεται προφάσει ἀποδημίας καὶ φίλων ἢ μαθημάτων ἢ ἀπωλείας τινῶν. εἰ δὲ ἐκ τετραγώνου, λυπηθήσεται παρὰ πολλῶν προφάσει γραμμάτων καὶ ἀποκλεισθήσεται ἢ δεσμηθήσεται· καὶ εἰ ἐπιδεκατεύει τοῦτον ἡ Σελήνη,

Isidorus (ϱ): **1.2** *ὅτε χρονοκράτωρ ὢν καὶ κεκακωμένος τίνα σημαίνει* || **5** post *ἐκείνῳ* add. *ὁ τὴν ἐναλλαγὴν ἔχων* || **6** *κοινωνιῶν* || **10** *κεκακωμένος — ἅμα* om. | post *τέκνων* add. *καὶ εἰσι κεκακωμένοι* || **11** post *δοῦλοι* add. *αὐτοῦ* || **12** post *παρὰ* add. *τῶν* || **18** *καὶ*[2]] *ἢ* || **19** *τριγωνικῶς ἢ ἑξαγωνικῶς* || **23** *δεσμευθήσεται*

Versio Latina: **5** servorum vel filiorum || **6.7** *καὶ ψήφων* om. || **7** notatiorum (pro notariorum) || **9** species (in marg. spes) || **10** fuerit occidentalis et tam ipse quam pars filiorum fuerint impediti || **11** filius | *πείσονται . . . ἐναντίως*] patietur . . . adversitates || **14** aliquibus habentibus potestatem || **14.15** *δεσμὰ σιδηρᾶ περιβληθήσεται*] vincula ac compedes sustinebit || **17.18** fuerit mali esse tam ipse quam luna || **18** in duobus temporibus || **21** *λυπηθήσεται*] tristitiam patietur, includetur || **23** *τοῦτον* om.

ἔσται δειλὸς τῷ ἔτει ἐκείνῳ καὶ ἄστατος. εἰ δὲ ἀπὸ διαμέτρου συσχηματίζονται ἀλλήλοις κεκακωμένοι, ἔσται δειλὸς καὶ ἔριδας ἕξει καὶ ἔχθρας. εἰ δὲ συνοδεύει τούτῳ ἡ Σελήνη ἐν τοῖς δυσὶ καιροῖς, παλίμβολος ἔσται καὶ πλάσεται ψευδῆ τινα καὶ βλαβήσεται διὰ εὐτελῶν ἀνθρώπων. τὰ δὲ περὶ τοῦ συσχηματισμοῦ τοῦ Ἑρμοῦ μετὰ τῶν λοιπῶν ἀστέρων προείπομεν· σὺ δὲ διάκρινε τῷ νῷ τὰς μίξεις τῶν ἀποτελεσμάτων.

⟨κα'⟩. [f. 272^{v}] *Περὶ τῆς σημασίας τοῦ Ἑρμοῦ ὅτε ἐστὶ χρονοκράτωρ καὶ ὑπάρχει ἔν τινι τόπῳ τοῦ διαθέματος*

Ὅτε ἐστὶν ὁ Ἑρμῆς χρονοκράτωρ καὶ ὑπάρχει ἐπίκεντρος κατά τε πῆξιν καὶ κατὰ πάροδον ἀκάκωτος, ὁ τὴν ἐναλλαγὴν ἔχων εὑρήσει ἀξίαν καὶ δόξαν καὶ ὠφέλειαν ἀπὸ γραμμάτων καὶ ἐμπορίαν καὶ ἐξουσιαστοῦ δουλείαν· προστεθήσεται δὲ ἡ γνῶσις αὐτοῦ καὶ ἐπικτήσεται μαθήματα καὶ ἐπαινεθήσεται διὰ ταῦτα, καὶ μάλιστα ἐὰν ὡροσκοπῇ ἢ μεσουρανῇ. εἰ δὲ κεκακωμένος ἐστὶν ἐν τοῖς τοιούτοις τόποις, συναντήσουσιν αὐτῷ τῷ ἔτει ἐκείνῳ λυπηρὰ προφάσει γραμμάτων καὶ ψήφων καὶ νοσήσει καὶ εἴ τινι ἐπιχειρήσει ἐμπορίᾳ, ζημιωθήσεται· ἐν δὲ τῷ ζ' ὢν ἢ τῷ δ' δηλοῖ ἔριδας πρὸς συγγενεῖς· καὶ εἰ ἀναποδίζει, κατηγορηθήσεται διὰ συνουσίας καὶ νοσήσει νόσον κατὰ τὴν φύσιν τοῦ κακοῦντος αὐτὸν ἀστέρος.

V: **7** *διάκριναι* || **21** *ἔν*

Isidorus(*ϱ*): **5** *πλάσεται ψευδῆ τινα*] *ψευδοπλάστης* | *δι'* || **6.7** *πρὸς τοὺς λοιποὺς ἀστέρας* || **9—11** *περὶ τῆς σημασίας τῶν τόπων ἐν οἷς ἐστιν ὁ ἑρμῆς χρονοκράτωρ ὑπάρχων* || **15** *ἐμπορίας* | *ἐξουσιαστικῆς δουλείας* || **16** post *δὲ* add. *αὐτῷ* || **21** *τινα* | *ἐμπορίαν* || **22** post *δ'* add. *κεκακωμένος*

Versio Latina: **2.3** erit et sic timidus || **6** *τὰ — συσχηματισμοῦ*] configurationes || **9—11** de loco in quo inventus fuerit || **13.14** significat quod ipse cuius est revolutio || **14** *ὠφέλειαν* om. || **15** a literis et negotiatione et servitio dominantium || **16** *μαθήματα*] disciplinam || **19** *τοιούτοις*] his || **20** *καὶ*[1]] vel || **23** propter coitum || **24** *αὐτὸν* om.

Εἰ δὲ ὁ Ἑρμῆς ἐν τοῖς δυσὶ καιροῖς ὑπάρχει ἐν τῷ ια′ τόπῳ ἢ τῷ ε′ ἀκάκωτος, τεύξεται πολλῶν ἀγαθῶν τῷ ἔτει ἐκείνῳ καὶ φιλιωθήσεται δυνάσταις καὶ ἐξουσιασταῖς καὶ κερδήσει ἐν ταῖς ἐμπορίαις καὶ ταῖς πράσεσι καὶ ταῖς ἀγορασίαις· καὶ εἰ ἔχει τέκνον, εὐφρανθήσεται ἐπ᾿ αὐτῷ ἢ γενήσεται αὐτῷ παιδίον, εἴπερ τὸ γενέθλιον αὐτοῦ δηλώσει παίδων γένεσιν. εἰ δὲ ὑπάρχει ἐν τοῖς τοιούτοις τόποις κεκακωμένος, ἐχθρανθήσονται αὐτῷ οἱ φίλοι αὐτοῦ καὶ βραδυνόητος ἔσται· καὶ εἰ ἔχει παῖδα, ἀρρωστήσει, ἴσως δὲ καὶ τελευτήσει· καὶ εἰ ἀναποδίζει ὁ Ἑρμῆς, ἔσται ὁ τῆν ἐναλλαγὴν ἔχων ἐν ἀπορίᾳ τοῦ δέοντος πραχθῆναι.

Εἰ δέ ἐστιν ἐν τῷ θ′ ἢ ἐν τῷ τρίτῳ, ἀποδημήσει τῷ ἔτει ἐκείνῳ καὶ ὄψεται ἐν τῇ ἀποδημίᾳ αὐτοῦ ἀγαθά, ἀκάκωτος ὢν δηλονότι κατά τε πῆξιν καὶ κατὰ πάροδον· θεάσεται δὲ καὶ ὀνείρους ἐναργεῖς καὶ ἐπαινεθήσεται ἐπὶ δόγματι καὶ πίστει καὶ φρονήσει καὶ ἀρίσταις οἰκονομίαις καὶ διαγνώσεται ἀκριβῶς τὰ πράγματα καὶ ὠφεληθήσονται δι᾿ αὐτοῦ οἵ τε ἀδελφοὶ αὐτοῦ καὶ οἱ γνωστοί. εἰ δὲ κεκακωμένος ἐστὶν ἐν τοῖς τοιούτοις τόποις κατὰ τοὺς δύο καιρούς, ἀποδημήσει τῷ ἔτει ἐκείνῳ καὶ ὑποστήσεται βλάβην ἐν τῇ ἀποδημίᾳ καὶ ἐνδοιασμὸν ἕξει περὶ τῆς ἰδίας πίστεως καὶ διὰ ταῦτα λοιδορηθήσεται καὶ ὄψεται ὀνείρους ταραχώδεις καὶ ζημιωθήσεται ἐν ταῖς ἐμπο-

V: **4** *πράξεσι* || **21** *δευτέρους*

Isidorus (ϱ): **1** *ὁ ἑρμῆς* om. || **2** post *ἀγαθῶν* add. *ἐν* || **6** *παιδίον αὐτῷ* || **8** *ἐχθρωδῶς διατεθήσονται πρὸς αὐτὸν* || **11** post *δέοντος* add. *ὑπ᾿ αὐτοῦ* || **13** *ἐν*² om. | post *γ′* add. *ἀκάκωτος ὢν κατά τε πῆξιν καὶ κατὰ πάροδον* || **15** *ἀκάκωτος — πάροδον* om. || **20.21** *ἐν τοῖς δυσὶ καιροῖς* || **23** *ταῦτα*] *τοῦτο*

Versio Latina: **3.4** viris potentibus et officialibus || **4.5** erit in lucris et negotiationibus et venditionibus et emptionibus || **8** *τοιούτοις*] his || **9** *φίλοι*] filii || **10.11** *ὁ ἑρμῆς* om. || **11** *δέοντος*] expedientia || **14** inveniet || **15** *ἀκάκωτος*] in bono esse || **20** *τοιούτοις*] his

Textus Arabicus: **4** البيع

ρίαις καὶ ἐν ταῖς πράσεσι καὶ ἀγορ⟨ασί⟩αις καὶ μάχην ἕξει πρὸς τοὺς ἀδελφοὺς καὶ τοὺς συγγενεῖς.

Εἰ δέ ἐστιν ὁ Ἑρμῆς ἐν τοῖς δυσὶ καιροῖς ἐν τῷ β' ἢ η' τόπῳ ἀκάκωτος, ὠφεληθήσεται διὰ πράσεως καὶ ἀγορασίας καὶ εὖ ἕξει τὰ κατ' αὐτόν. εἰ δέ ἐστι κεκακωμένος, ζημιωθήσεται καὶ ἐν ταῖς οἰκονομίαις αὐτοῦ ἐσφαλμένος ἔσται καὶ ἔριδας ἕξει διὰ πλοῦτον.

Εἰ δὲ ὁ Ἑρμῆς ἐν τοῖς δυσὶ καιροῖς ὑπάρχει ἐν τῷ ιβ' ἢ τῷ ς' ἀκάκωτος, ἐν ἐκείνῳ τῷ ἔτει ἀμελὴς ἔσται περὶ τὴν ἐπίκτησιν τοῦ πλούτου καὶ ῥάθυμος περὶ τὰς ἐμπορίας καὶ τὰς ὠφελείας· ἐπικτήσεται δὲ ταύτας παρά τινων εὐτελῶν ἀνθρώπων καὶ πάσης πράξεως μηδαμινῆς καὶ εὐτελοῦς. εἰ δέ ἐστιν ἐν τοῖς δυσὶ καιροῖς κεκακωμένος, συμβήσονται αὐτῷ νόσοι κατὰ τὴν φύσιν τοῦ ἀστέρος τοῦ κακοῦντος αὐτόν· εἰ μὲν γὰρ ὁ Κρόνος τοῦτον κακοῖ, νοσήσει ἐμπνευματώσεις καὶ διὰ ψυχρότητος καὶ ἀρθρίτιδος καὶ νεύρων καὶ φλεβῶν ἀλγηδόνα· εἰ δὲ ὁ Ἄρης τοῦτον κακοῖ, νοσήσει ἀπὸ πλεονασμοῦ αἵματος καὶ τῶν ὁμοίων καὶ κατεσχηθήσεται ἐφ' οἷς οὐκ ἔπραξε καὶ κατηγορηθήσεται ἐφ' οἷς οὐκ ἔδρασε καὶ συνοχὰς καὶ λύπας ὑποστήσεται.

Καὶ εἴπερ ἐστὶν ὁ Ἑρμῆς κατὰ πῆξιν ἔν τινι τόπῳ τοῦ διαθέματος, ὑπάρχει ⟨δὲ⟩ ἐν τῷ τῆς ἐναλλαγῆς διαθέματι ἐν τῷ τοιούτῳ τόπῳ καὶ τοιου⟨το⟩τρόπως διακείμενος,

V: **13** *κεκακωμένοις* || **17** *νέβρων*

Isidorus (ϱ): **1** *ἐν* om. | post *καὶ*[2] add. *ταῖς* || **3** post *ἢ* add. *τῷ* || **4** post *ἀκάκωτος* add. *ἐν ἐκείνῳ τῷ ἔτει* || **10** *ἐπίκτησιν*] *κτῆσιν* || **11** *τὰς ὠφελείας*] *τὰ ὠφελοῦντα* | *ταῦτα* || **12** *εὐτελοῦς*] *εὐτελᾶ ἐργάτης ἔσται* || **13** *τοῖς δυσὶ καιροῖς*] *τούτοις* || **15** *μὲν* om. | *τοῦτον κακοῖ*] *ἐστὶν ὁ κακῶν τοῦτον* || **16** *καὶ διὰ ψυχρότητος* om. | *ἀρθρίτιδα* || **17** *ἀλγηδόνας* || **19** *καταισχυνθήσεται* || **22** *δὲ καὶ* || **23** *τοιουτοτρόπως*

Versio Latina: **1** emptionibus || **1.2** odio habebit sorores et consanguineos suos || **3** in loco secundo vel in octavo || **4** in esse suo || **6** in agendis suis || **16** *καὶ*[1] om. || **16.17** *καὶ*[2] — *ἀλγηδόνα*] patietur et athritidem et nervorum ac fibrarum (fortasse febrium) dolores || **17** *τοῦτον* om. || **21.22** *τοῦ διαθέματος* om. || **23** *τοιούτῳ*] eodem

Textus Arabicus: **1** الشراء

βεβαιότερα ἔσται τὰ ἀποτελέσματα. εἰ δὲ παραλ⟨λ⟩άσσει, δεῖ μιγνύειν ταῦτα ⟨καὶ⟩ κατὰ τὴν κρᾶσιν ἀμφοτέρων ἀποφαίνεσθαι.

⟨κβ'⟩. *Περὶ τῆς Σελήνης ὅτε ὑπάρχει χρονοκράτωρ καὶ ἢ ἀκάκωτος*

Ὅτε ἐστὶν ἡ Σελήνη χρονοκράτωρ, τὰ ἀποτελέσματα ἔσονται κατὰ τὴν διάθεσιν τοῦ ἐπιμερίζοντος καὶ τοῦ κυρίου τοῦ ζῳδίου ἐν ᾧ ἐστιν ὁ ἐπιμερισμὸς ἀπὸ τοῦ ἀφέτου, οἱοσδήποτέ ἐστιν ὁ ἀφέτης. συμπαραλαμβάνομεν δὲ κοινωνὸν καὶ τὸν ἀστέρα ὄντα εἴτε κατὰ πῆξιν εἴτε κατὰ πάροδον ἐν τῷ Καρκίνῳ καὶ τὸν ἀστέρα ᾧ συνάπτει ἡ Σελήνη οὖσα ἐν ᾧ ἔτυχε ζῳδίῳ· καὶ εἰ μὲν συνάπτει δυσὶν ἄστροις, μερίζομεν τὸν ἐνιαυτὸν εἰς δύο· εἰ δὲ τρισίν, εἰς γ̅· εἰ δὲ πλείοσι, κατὰ τούτους· καὶ ἀποτελοῦμεν καθ' ἕκαστον ἀστέρα ὡς ἔστι διακείμενος. προσλαμβάνομεν δὲ εἰς μαρτυρίαν καὶ τὰ κατ' αὐτὴν τὴν Σελήνην· εἰ μὲν γὰρ καλῶς διάκειται, δηλοῖ καλῶς ἕξειν τὸν τὴν ἐναλλαγὴν ἔχοντα [f. 273] *περὶ ἃ σημαίνει ἡ Σελήνη· εἰ δὲ κακῶς, τοὐναντίον καὶ νόσους. καὶ εἰ μέν ἐστιν ἡ Σελήνη βορεία καὶ προσθετικὴ τοῖς ἀριθμοῖς, δηλοῖ ἀγαθά· εἰ δὲ νοτία καὶ ἀφαιρετικὴ τοῖς ἀριθμοῖς, ἐναντία, καὶ μάλιστα εἰ λειψιφωτεῖ. δεῖ δὲ ἐπιτηρεῖν καὶ τὰς συνόδους αὐτῆς πρός τε τὰς ἀκτῖνας καὶ τοὺς κλήρους καὶ τὰ δωδεκατημόρια τῶν ἀστέρων· τὰς δὲ σημασίας αὐτῆς ἃς σημαίνει συσχηματιζομένη πρὸς τοὺς ἀστέρας προείπομεν.*

V: **10** *ἀστέρα ὄντα*] *ὄντος ἀστέρος*

Isidorus (ϱ): **1** *παραλλάσσει* || **2** *καὶ* || **4.5** *περὶ τῆς σημασίας τῆς σελήνης ὅτε ἐστὶ χρονοκράτωρ καὶ ἀκάκωτος* || **10** *ὄντα ἀστέρα* | *κατὰ τὴν πῆξιν* | *κατὰ τὴν πάροδον* || **13** post *δὲ*[2] add. *καὶ*

Versio Latina: **1** si vero figurae fuerint alteratae || **2** et || **6** fines eventuum || **12** *καὶ — συνάπτει* om. || **14** *κατὰ τούτους*] in plura || **16** *τὰ — σελήνην*] esse luna (sic) || **19** *ἡ σελήνη* om. | *τοῖς ἀριθμοῖς* om. || **21** *λειψιφωτεῖ*] fuerit minuta lunae (sic) || **23** *τῶν ἀστέρων* om. || **23.24** significationis || **24** *ἃς*] quam || **24.25** *πρὸς* u. ad *προείπομεν*] cum planetis praedictis

Δεῖ δὲ ὁρᾶν καὶ τὸ ζῴδιον ἐν ᾧ ἐστιν ἡ Σελήνη κατὰ τὸν καιρὸν τῆς ἐναλλαγῆς· ἔχει γὰρ δύναμιν ἴσην τῷ ὡροσκόπῳ τοῦ ἔτους. καὶ εἰ ἔστιν ἐν τῷ οἰκείῳ ζῳδίῳ ἀγαθυνομένη, πάντα ὅσα προκατάρξεται ἐν ἐκείνῳ τῷ ἔτει εὐοδωθήσεται· εἰ δὲ κεκακωμένη ἐστίν, δηλοῖ συνοχὰς κατὰ τὴν φύσιν τοῦ κακοῦντος ἀστέρος. εἰ δὲ κενοδρομεῖ καὶ ὑπάρχει ἐν ζῳδίῳ τοῦ Κρόνου, ὠφεληθήσεται διὰ γαιῶν καὶ φρεάτων καὶ φυτῶν, ἀκακώτου ὄντος αὐτοῦ· εἰ δὲ κεκακωμένος ἐστί, δηλοῖ συμφορὰς καὶ λύπας καὶ τραύματα. καὶ εἰ ἔστιν ἐν τῷ οἴκῳ τοῦ Διὸς ἀκακώτου ὄντος, ἐπαινεθήσεται παρὰ πολλῶν καὶ εἰς τέλος παράξει πάντα ὅσα κατάρξεται καὶ κληρονομήσει πλοῦτον πατρικὸν καὶ πρᾶξιν ἐγχειρισθήσεται· εἰ δὲ κεκακωμένος ἐστίν, δηλοῖ λύπας διαφόρους καὶ κατηγορηθήσεται παρά τινων. εἰ δὲ ὑπάρχει ἐν τῷ οἴκῳ τοῦ Ἄρεως, αὐτοῦ μεσουρανοῦντος τοῦ Ἄρεως, δηλοῖ βλάβας ἀπὸ ὑποζυγίων καὶ σώματος τομὴν διὰ σιδήρου καὶ ῥύσιν αἵματος.

Οὐ μόνον δὲ δεῖ ἐπισκοπεῖν τὴν Σελήνην ὅτε ἐστὶ χρονοκράτωρ ἐν τίνος ζῳδίῳ ἐστίν, ἀλλὰ καὶ ὅτε ἕτερος ἀστὴρ ἐστι χρονοκράτωρ, καὶ αὐτὸν δεῖ τηρεῖν τὸν χρονοκράτορα ἐν τίνος ζῳδίῳ ἐστίν. εἰ μὲν γάρ ἐστιν ἐν οἴκῳ Κρόνου ἀκακώτου ὄντος – αὐτοῦ τοῦ Κρόνου δηλονότι – δηλοῖ ἀγαθά· εἰ δὲ κεκακωμένος, ἐναντίον· τὸ αὐτὸ καὶ ἐπὶ τῶν λοιπῶν ἀστέρων. ὅτε δὲ ἀστὴρ ἐπιδεκατεύσει τὸν χρονοκράτορα, ἐκφαίνει τὴν ἐνέργειαν αὐτοῦ. εἰ γὰρ τὸν Δία χρονο-

V: 15 *ἄρεος* || **16** *ἄρεος* || **23** *κεκακωμένου* | *ἐνεντίου*

Isidorus (ϱ): **3** *τῷ* om. || **4** post *προκατάρξεται* add. *ὁ τὴν ἐναλλαγὴν ἔχων* || **7** *τοῦ κρόνου*] *κρονικῷ* || **8** post *ἀκακώτου* add. *δηλονότι* | *αὐτοῦ*] *τοῦ κρόνου* || **10** *καὶ εἰ ἔστιν*] *εἰ δὲ* || **11** *ἄξει* || **15** *τῷ* om. | *αὐτοῦ τοῦ ἄρεως μεσουρανοῦντος* || **20** *τὸν χρονοκράτορα τηρεῖν* || **22** *αὐτοῦ* om. | *δηλονότι* om. || **23** *εἰ δὲ κεκακωμένος*] *κεκακωμένου δὲ* | *ἐναντία* || **24** *ἐπιδεκατεύει* || **25** post *γὰρ* add. *φόρε εἰπεῖν*

Versio Latina: **2** *δύναμιν*] planetam (pro potentiam) || **4** *ἐν—ἔτει* om. || **11** *πάντα* om. || **13** et sibi aliqua operatio committetur || **16** *τοῦ ἄρεως*] ipso || **19** *ἐν τίνος ζῳδίῳ ἐστίν* om. || **19—21** *ἀλλὰ* u. ad *ἐστίν*] sed etiam dominum signi in quo est || **22** *αὐτοῦ — δηλονότι* om. || **22.23** significat videlicet bona || **23** contraria

κράτορα ὄντα ἐπιδεκατεύσει ὁ Ἥλιος, δίδωσιν ἐξουσίαν· εἰ δὲ τὸν Ἄρεα, ποιεῖ ἀποδημίαν· καὶ εἰ μὲν ἀκάκωτός ἐστιν ὁ Ἥλιος, ἔσται ἀγαθὴ ἡ ἀποδημία· εἰ δὲ κεκακωμένος, τὸ ἐναντίον. εἰ δὲ ὁ Κρόνος ἐπιδεκατεύσει τὸν Ἥλιον ὄντα ἐν τῷ ιβ′, δηλοῖ ἐναντία καὶ ἀχρήστους ἀποδημίας καὶ ἐξορίας ἀπὸ τόπου εἰς τόπον καὶ φυλακὰς καὶ συνοχάς.

⟨κγ′⟩. Περὶ τῆς σημασίας τοῦ ὡροσκόπου τῆς ἐναλλαγῆς καὶ τοῦ κυρίου αὐτοῦ

Δευτέραν ἔχει δύναμιν μετὰ τὸν ἐνιαυτοκράτορα ὁ ἐπιμερίζων, ἀλλ' ἡμεῖς ἐμνήσθημεν τοῦ ὡροσκόπου τοῦ ἔτους καὶ τοῦ κυρίου αὐτοῦ διὰ τὸ ἔχειν κοινωνίαν τούτους πρός τε τὸ ζῴδιον τῆς ἐναλλαγῆς καὶ πρὸς τὸν κύριον αὐτοῦ ὡς ἂν καθ' εἱρμὸν ὁ λόγος προβῇ. δεῖ οὖν σε γνῶναι τὸν ὡροσκόπον τοῦ ἔτους καὶ τὸν τόπον τοῦ κυρίου αὐτοῦ καὶ τοὺς τόπους τῶν λοιπῶν ἀστέρων· αἱ γὰρ δυνάμεις τῶν ἀστέρων τῶν κατὰ πῆξιν καὶ κατὰ πάροδον διαγινώσκονται ἀπὸ τοῦ θέματος τοῦ ἔτους καὶ τῶν κέντρων αὐτοῦ καὶ τῶν λοιπῶν τόπων. ἕκαστος γὰρ τόπος ἔχει ἰδίαν σημασίαν· καὶ τὰ μὲν κέντρα δηλοῖ τά τε σωματικὰ καὶ τὴν δόξαν καὶ τὰ τῶν γυναικῶν καὶ τὰ τῶν γονέων, τὰ δὲ ἑπόμενα δηλοῖ τὰ κατὰ τὸν πλοῦτον καὶ τὰ τέκνα καὶ τοὺς νεκροὺς καὶ τὴν εὐτυχίαν καὶ τοὺς φίλους καὶ τὴν εὐφημίαν,

V: **11** τούτους] ταῦτα

Isidorus (ϱ): **1** ἐπιδεκατεύει || **4** τοὐναντίον | ἐπιδεκατεύει || **7** post ὡροσκόπου add. καὶ || **8** καὶ om. || **11** τούτους] ταῦτα || **15.16** αἱ — πάροδον] τῶν γὰρ κατὰ πῆξιν καὶ πάροδον ἀστέρων αἱ δυνάμεις || **20** τά² om.

Versio Latina: **1** aliquam potestatem || **2** ποιεῖ om. || **4** contraria || **6** φυλακὰς] carcerem || **8** καὶ τοῦ κυρίου αὐτοῦ om. || **9** δευτέραν . . . δύναμιν] significationem suam || **11** τούτους] ipse || **12** πρὸς² om. || **14** ascendens anni et signum revolutionis ac locum domini eius || **18** γὰρ] igitur || **20** honores | τὰ¹ — γονέων] mulieres etiam ac parentes

Textus Arabicus:
14.15 طالع السنة وموضع صاحبه وسائر الكواكب منه

τὰ δὲ ἀποκλίματα δηλοῖ τούς τε ἀδελφοὺς καὶ τὰς νόσους καὶ τὰς ἀποδημίας καὶ τοὺς ἐχθροὺς καὶ τὰς ἔριδας καὶ τὰς δυσφημίας καὶ τὰς συνοχὰς καὶ τὰς φυλακάς. πάρεστι δὲ ἑκάστῳ ἰδία τις σημασία δήλη τοῖς ἀκριβῶς μεταχειριζομένοις τὴν ἀστρονομίαν.

Ἐκφαίνει δὲ τὴν σημασίαν ἑκάστου οἴκου ὁ ἀστὴρ ὁ ἐπεμβαίνων αὐτῷ. ὁ γοῦν κύριος τοῦ ὡροσκόπου τοῦ ἔτους κατὰ τὸν καιρὸν τῆς ἐναλλαγῆς ἀκάκωτος ὢν καὶ ἐν τῷ οἰκείῳ φωτί, ὁ τὴν ἐναλλαγὴν ἔχων εὑρήσει ἀγαθὰ καὶ δόξαν· καὶ εἰ ὑπάρχει ἐν τῷ ὡροσκόπῳ ἢ ἐν τῷ μεσουρανίσματι, ἔσται ἐρρωμένος ἐν τῷ σώματι καὶ τεύξεται ἀξίας καὶ βαθμοῦ· εἰ δέ ἐστιν ἐν τῷ ζʹ ἢ τῷ δʹ, προστεθήσονται οἱ συγγενεῖς αὐτοῦ καὶ αἱ γυναῖκες καὶ οἱ ὑπήκοοι. εἰ δὲ κεκακωμένος ἐστὶν ἐν τοῖς τοιούτοις τόποις, βλαβήσεται παρὰ τοιούτων προσώπων. εἶτα δεῖ ἐφορᾶν ἐν ποίῳ τόπῳ ἐστὶ τοῦ [f. 273v] *διαθέματος, καὶ τίσι τῶν ἀστέρων συνάπτει ἢ τίνες συνάπτουσιν αὐτῷ, καὶ τίνα ἔχει μόνος σημασίαν, τίνα δὲ ἕξει σημασίαν συγκρινόμενος τῷ ἐνιαυτοκράτορι καὶ τῷ ὡροσκόπῳ τῆς καταρχῆς καὶ τῷ κυρίῳ αὐτοῦ καὶ τῇ Σελήνῃ καὶ τοῖς λοιποῖς ἄστροις καὶ τοῖς τόποις τῶν ἀγαθοποιῶν ἢ κακοποιῶν τοῖς τε κατὰ πῆξιν ἢ τοῖς κατὰ πάροδον. ὅτε οὖν ἐστιν ἐν τῷ ὡροσκόπῳ τοῦ ἔτους κακοποιός, ἔσται λίαν κακός, καὶ μάλιστα εἰ βλάπτει τὴν Σελήνην ἢ τὸν ἐνιαυτοκράτορα. εἰ μὲν οὖν ἐστιν ὁ Ἄρης, δηλοῖ ὡς οἱ ἐχθροὶ αὐτοῦ ἀδικήσουσιν*

V: **2** *τὰς*[1]] *τοὺς* || **4** *δηλοῖ* || **11** *ἐρρωμίος*

Isidorus (*ρ*): **5** *ἀστρολογίαν* || **6** *οἴκου*] *τόπου* || **8.9** *καὶ — ἔχων* om. || **9** *εὑρήσειν* || **10** post *δόξαν* add. *σημαίνει τὸν τὴν ἐναλλαγὴν ἔχοντα* || **11** *ἐν* om. || **12** *ἐν τῷ δυτικῷ ἢ ἐν τῷ ὑπογείῳ* || **18** *ἕξει σημασίαν* om. || **20** *ἄστροις*] *τῶν ἀστέρων* || **24** *εἰ μὲν οὖν*] *καὶ εἰ μέν*

Versio Latina: **3** carcerem || **5** astrologiam || **7** *τοῦ ἔτους* om. || **8.9** *καὶ — φωτί* om. (in marg. tam in nativitate quam in revolutione) || **12** dignitatem || **14** *τοιούτοις*] ipsis || **15** aspicere ipsum || **18** *συγκρινόμενος*] coniunctus || **19** *τῷ ἐνιαυτοκράτορι*] cum domino profectionis | *καὶ*[1]] vel

Textus Arabicus: **18** مزاجته

αὐτόν· εἰ δὲ ὁ Κρόνος ἐστί, δηλοῖ νόσον καὶ βλάβας καὶ φυλακὴν καὶ συνοχὰς καὶ τὰ ὅμοια.

Δεῖ δὲ προσλαμβάνειν τούτοις καὶ τὴν φύσιν τοῦ ζῳδίου εἰ ἔστι τις τῶν κακοποιῶν ἐν τοῖς τετραγώνοις τοῦ ὡροσκόπου τοῦ ἔτους. αὐτὸς δὲ ὁ κύριος τοῦ ὡροσκόπου τοῦ ἔτους ἐν ἀγαθῷ τόπῳ καὶ μετὰ ἀγαθῶν συσχηματιζόμενος τῷ ὡροσκόπῳ, πολλὰ ἀφαιρεῖται τῶν δυσχερῶν ὧν ἐσήμανεν ὁ κακοποιός. εἰ οὖν ἐστί τις τῶν β̄ κακοποιῶν ἐν τῷ ὡροσκόπῳ τοῦ ἔτους, ὁ δὲ ἕτερος ἐν τῷ κατὰ πῆξιν ὡροσκόπῳ, δηλοῖ ἐναντίον εἶναι τὸ ἔτος καὶ πάνυ χαλεπώτατον· εἰ δὲ ὁ εἷς αὐτῶν τυγχάνοι ἀγαθοποιός, πολὺ ἀφαιρεῖται τῆς χαλεπότητος. εἰ μὲν οὖν ἐστιν ἐν τῷ ὡροσκόπῳ τῆς καταρχῆς κακοποιός, καταντήσει ⟨δὲ⟩ τὸ ἔτος μέχρις ἐκείνου, τύχῃ δὲ ὡροσκόπον εἶναι τοῦ ἔτους τὸ ζῴδιον ἐκεῖνο, ἐφορᾶται δὲ κατὰ πάροδον ὑπὸ κακοποιοῦ ἀσυμφώνῳ σχήματι, εἰ καὶ οἱ λοιποὶ ἀστέρες τύχωσιν ἀκάκωτοι, ὁμῶς τῷ ἔτει ἐκείνῳ ὑποστήσεται βλάβας καὶ νόσους κατὰ τὴν τοῦ κακοποιοῦ φύσιν. εἰ δὲ οὕτως ἔχει ὁ κακοποιὸς ὡς προείρηται καὶ σὺν τούτῳ ὁ κύριος τοῦ ὡροσκόπου τῆς ἐναλλαγῆς ἢ ὁ κύριος τοῦ ζῳδίου τοῦ ἔτους κακοῦται, δέος μὴ καὶ τελευτήσῃ· εἰ δὲ ὁ κακοποιὸς ἐκεῖνος ἐν τῷ δ′ ὑπάρχει, κακοῦται ⟨δὲ⟩ παρ᾽ αὐτοῦ ὁ κύριος τοῦ ἔτους, πλείων ἔσται ὁ φόβος. εἰ δὲ ἀντὶ κακοποιοῦ ἐστιν ἀγαθοποιὸς ἐν τῷ τόπῳ, δηλοῖ ὑγείαν καὶ σωτηρίαν καὶ εὐφροσύνην καὶ ἐπίκτησιν ἀγαθῶν κατὰ τὴν φύσιν τοῦ ἀγαθοποιοῦ. εἰ δὲ ὁ Ἄρης καὶ ὁ Κρόνος

V: **3** *καί*] *κατὰ* || **4** *εἰ*] *ἢ* | *τετραγωνίοις* || **6** puncta circa *τοῦ ἔτους*; manu Isidori? || **21** *κακοῦνται*

Isidorus (ϱ): **1** *ἐστί* om. || **4** *εἰ*] *ὅτε* || **6** *τοῦ ἔτους* om. || **8** *ὧν*] *ἃ* || **11** *τυγχάνει* || **12** *εἰ μὲν οὖν*] *καὶ εἰ μέν* || **13** *δὲ* || **14** *τύχοι* || **17** *τύχοιεν* || **22** *δὲ* || **23** post *αὐτοῦ* add. *καὶ* || **24** *ἀγαθοποιὸς*] *ἀγαθὸς*

Versio Latina: **2** *συνοχὰς*] carcerem || **3** cum his assumere | et || **3.4** signi in quo est || **6** *τοῦ ἔτους* om. | configuratus cum benevolis || **7** et aspexerit ascendens || **11** difficilem || **21** *τοῦ ἔτους*] profectionis | fuerit mali esse | *καί*] forte || **22** *ἐκεῖνος* om. | in quarto loco || **24** in loco ipso

μεσουρανοῦσιν ἐν τῷ θέματι τῆς ἐναλλαγῆς, ποιοῦσιν ἀπραξίαν καὶ ὄκνον καὶ ῥαθυμίαν καὶ ἀνωφέλειαν δι' ὅλου τοῦ ἔτους καὶ καταναλώσει πλοῦτον ἀχρήστως καὶ ἀνωφελῶς· εἰ δὲ ἕτερος ἀστήρ, ἐν ἐκείνῳ τῷ ἔτει δηλοῖ γενέσθαι ἀγαθόν, ἔσται εὐμετάτρεπτον καὶ ταχυκατάληπτον. ὅτε δέ ἐστιν ὁ Ἥλιος ἢ ἡ Σελήνη ἐν τῇ ἐναλλαγῇ μετὰ τοῦ Κρόνου ἐπίκεντρος ἐν τῷ δ' τόπῳ δηλοῖ θάνατον πατρὸς ἢ μητρός.

Ὅτε δὲ καταντήσει τὸ ἔτος εἰς τόπον ἀγαθόν, ὑπάρχει δὲ ὁ κύριος τοῦ ἔτους ἐν τόπῳ κακῷ, ἢ καταντήσει τὸ ἔτος εἰς τόπον κακόν, ὑπάρχει δὲ ὁ κύριος αὐτοῦ ἐν τόπῳ ἀγαθῷ, δηλοῖ μεσότητα τῶν τε ἀγαθῶν καὶ τῶν κακῶν. ὅτε δὲ καταντήσει τὸ ἔτος εἰς κακοποιόν, τύχῃ δὲ ἐκεῖνος ὁ κακοποιὸς ὡροσκόπος ἐν τῷ θέματι τῆς ἐναλλαγῆς, βλάβην δηλοῖ. ὅτε δὲ καταντήσει τὸ ἔτος ἐπὶ τὸ μεσουράνισμα τῆς καταρχῆς, τύχωσι δὲ ἐκεῖσε κακοποιοί, βλάπτουσι τὴν πρᾶξιν. εἰ δὲ καταντήσει τὸ ἔτος εἰς τὸν β' τόπον καὶ ὑπάρχει ἐν αὐτῷ κατὰ πῆξιν κακοποιός, δηλοῖ ζημίας καὶ ἐξόδους ἀκαίρους, καὶ μάλιστα εἰ ἐπίκεντροι ὦσιν οἱ κακοποιοὶ ἐν τῇ ἐναλλαγῇ τοῦ ἔτους ἐκείνου ἢ τοῖς κέντροις ἐπαναφερόμενοι· εἰ γὰρ ἐν τοῖς ἀποκλίμασιν ὦσιν, ἔσται ῥᾳδιώτερα. ὅτε δὲ καταντήσει τὸ ἔτος ἐπὶ τὸν τῆς ἀποδημίας τόπον, ὑπάρχει δὲ ἐκεῖσε κατὰ πῆξιν ὁ Κρόνος καὶ κατὰ

V: 10 *ἔτους*] *τόπου* || **12** *ἀγαθῷ* supra lineam scr. || **16** *κακοποιός* || **18** *κακοποιοῦ*

Isidorus (ϱ): **5** *ταχυκατάληπτον*] *καὶ ταχέως ἀπολειπόμενον* || **6** *ἐστιν* om. || **7** *ἐπίκεντρος*] *τύχοι* | *τόπῳ* om. || **7.8** *θάνατον ἥλιος μὲν πατρός, σελήνη δὲ μητρός* || **10** *ἔτους*] *τόπου* || **13** *τύχοι* || **14** *ὡροσκοπῶν* || **18** *ὑπῆρχεν* || **19** *ὦσιν*] *εἶεν* || **21** *ἐὰν* | *ῥᾴονα*

Versio Latina: **1** revolutionis tempore || **2** utilitatem (in marg. vilitatem) || **3** *ἀνωφελῶς*] huiusmodi || **4** *ἕτερος*] aliquis (pro alius) || **4.5** significaverit sibi quiddam bonum erit bonum ipsum de facili convertibile et leviter destructibile || **10** anni || **13—16** *τύχῃ — καταρχῆς* om. || **16.17** fueritque malevolus (in marg. benevolus) ibidem malevoli impediuntur operationes || **21** erunt mala leviora

Textus Arabicus: **10** صاحبه

πάροδον ἐπιβλέπει τοῦτον ἀσυμφώνως, ἐφορᾷ δὲ καὶ τὴν Σελήνην ἀπὸ τετραγώνου, τύχῃ δὲ καὶ ὁ Ἄρης στηρίζων ἐν τῷ κατὰ πῆξιν ὡροσκόπῳ, ὑπάρχει δὲ καὶ ὁ Ζεὺς ἐν τῷ ὡροσκόπῳ τοῦ ἔτους, ὁ μὲν ὡροσκόπος τοῦ Διὸς δηλοῖ ὕψος καὶ ἐξουσίαν καὶ δυναστείαν, πλὴν οὐκ ἔσται ἡ ψυχὴ αὐτοῦ ἀρεσκομένη ἐν τῇ πράξει· ὁ δὲ Κρόνος καὶ ⟨ὁ⟩ Ἄρης δηλοῦσι βλάβην καὶ συνοχὴν καὶ φυλακὴν καὶ τιμωρίαν καὶ φόβον ἀπὸ ληστῶν καὶ ἔχθρας καὶ ἀδικίας καὶ κλαυθμοὺς καὶ οἰμωγάς. εἰ δὲ τύχῃ τὸ ζῴδιον τοῦ ἔτους τῆς ἐναλλαγῆς ἕκτον εἶναι ἐν τῷ θέματι τῆς ἐναλλαγῆς καὶ ἐφορῶσι τοῦτο κακοποιοί, μηδενὸς ἀγαθοποιοῦ τοῦτο ἐπιβλέποντος, δηλοῖ νόσον δεινήν. ὅτε δὲ καταντήσει τὸ ἔτος εἰς τὸν ἕκτον [f. 274] *τόπον εἴτε εἰς τὸν δωδέκατον εἴτε εἰς τὸν δ′ εἴτε εἰς τὸν ζ′ εἴτε εἰς τὸν η′, οὐκ ἀγαθὸν ἔσται, καὶ μάλιστα ἐὰν ὁ κύριος αὐτοῦ ἐν τῷ καιρῷ τῆς ἐναλλαγῆς ἑσπέριος ὑπάρχει ἢ ἀναποδίζων ἢ ὕπαυγος ἢ κακοποιῷ συσχηματιζόμενος. εἰ δὲ καταντήσει τὸ ἔτος ἐπὶ τὸν β′ τόπον τῆς καταρχῆς, ὑπάρχει ⟨δὲ⟩ ἡ Ἀφροδίτη κυρία τοῦ ἔτους καὶ τύχῃ ἅμα ⟨τῷ⟩ Κρόνῳ ἐν τῷ ὑπογείῳ κέντρῳ, ὡροσκόπος δ᾽ ἔσται τῆς ἐναλλαγῆς ὁ κατὰ πῆξιν η′ τόπος, δηλοῖ συνοχὰς καὶ βλάβας δεινάς. ὅτε δὲ καταντήσει τὸ ἔτος εἰς τὸν δωδέκατον τόπον τῆς καταρχῆς καὶ ὑπάρχει κύριος τούτου ὁ Ζεὺς καὶ τύχῃ εἶναι τοῦτον ἅμα τῷ Κρόνῳ ἐν τῷ ζ′, ἀναποδίζοντος τοῦ Κρόνου, ὑπάρχει δὲ καὶ ὁ Ἄρης ἐν τῷ ὑπὸ γῆν κέντρῳ, δηλοῖ μεγάλας βλάβας καὶ κινδύνους θανάτου ἐγγύς.*

V: **9** *κλασθμοὺς* || **14** *τὸν*[2]] *τὴν*

Isidorus (ϱ): **1** *καὶ* om. || **2** *τύχοι* || **9** *τύχοι* || **14** *τὸν*[2]] *τὴν* || **16** *ὑπάρχῃ* || **18** *δὲ* || **19** *τῷ* || **20** *κέντρῳ*] *τόπῳ* | *δ᾽ ἔσται*] *δέ ἐστι* || **23** *τύχοι*

Versio Latina: **1** *τοῦτον*] locum ipsum || **2** *στηρίζων*] cursu tardior || **4** *ὡροσκόπος*] praesentia . . . in ascendente || **7** *συνοχὴν*] detentiones || **8** *τιμωρίαν*] tormenta || **9.10** *τοῦ — ἐναλλαγῆς*[1]] profectionis || **14** sive in septimo bis scr. || **16** *ἑσπέριος* om. || **17** *ὕπαυγος*] secundarius (in marg. stationarius) || **24.25** *ἀναποδίζοντος τοῦ κρόνου* om. || **26** *μεγάλας βλάβας*] inimicitias laesionis | periculum mortis propriae

ὅτε δὲ καταντήσει τὸ ἔτος εἰς τὸν τόπον τοῦ γάμου, τύχωσι δὲ κατὰ τὸν καιρὸν τῆς ἐναλλαγῆς ὁ κύριος αὐτοῦ καὶ ἡ Σελήνη ἐναντιούμενοι τοῖς τριγώνοις αὐτῶν ἢ τοῖς ὑψώμασιν, ὁ τὴν ἐναλλαγὴν ἔχων μισήσει τὴν οἰκείαν πατρίδα· καὶ ἀποδημήσει εἰς ἀλλοτρίαν χώραν· ὅτε δὲ τύχῃ ὁ κύριος τοῦ ἔτους ἐν τῷ δυτικῷ κέντρῳ κεκακωμένος, δηλοῖ φυγὴν ἀπὸ τῆς πατρίδος καὶ κλιμακτῆρας βαρεῖς. ὅτε δὲ καταντήσει τὸ πατρικὸν ἔτος ἀπό τινος τόπου σημαίνοντος τὰ τοῦ πατρὸς εἴς τινα τόπον καὶ τύχῃ ὁ κύριος αὐτοῦ συνοδεύων τῷ κυρίῳ τοῦ τρίτου τόπου ἀπὸ τοῦ ὡροσκόπου τῆς καταρχῆς, δηλοῖ ὡς ὁ πατὴρ τεύξεται παιδὸς καὶ ὁ παῖς τεύξεται ἀδελφοῦ. ὅτε δὲ τύχῃ εἴτε τὸ ζῴδιον τοῦ ἔτους εἴτε ὁ ὡροσκόπος τῆς ἐναλλαγῆς ὁ αὐτὸς τῷ ὡροσκόπῳ τῆς καταρχῆς, ὑπάρχει δὲ εἷς τῶν δύο φωστήρων κύριος τοῦ ἔτους καὶ ἐκλείπει ἢ μετὰ τοῦ Καταβιβάζοντός ἐστι, τοῦ Κρόνου αὐτὸν ἐφορῶντος, δηλοῖ βλάβας καὶ στάσεις παρὰ τοῦ κοινοῦ λαοῦ πρὸς αὐτόν. ὅτε δὲ τύχῃ ὁ τῶν τέκνων τόπος κατὰ πῆξιν ὁ Τοξότης, τύχῃ δὲ ὁ Τοξότης ὡροσκόπος τῆς ἐναλλαγῆς καὶ ἐν αὐτῷ ὁ Κρόνος κατὰ πάροδον, τύχωσι δὲ ὁ Ζεὺς καὶ ὁ Ἄρης καὶ ὁ Ἑρμῆς καὶ ἡ Ἀφροδίτη ἐν τῷ Λέοντι τῷ κατὰ πῆξιν ὡροσκόπῳ, ἐφορᾷ δὲ ὁ Ἄρης τὴν Σελήνην ἀπὸ διαμέτρου μοιρικῶς, δηλοῖ φόβον καὶ φυλακὴν καὶ συνοχὰς καὶ βλάβην παίδων καὶ σωτηρίαν ὕστερον. ὅτε δὲ τύχῃ ὁ ε´ τόπος κατὰ πῆξιν

V: **1** *τύχῃ* || **5** *χάραν* || **7** *καταντήσῃ* || **12** *εἴτε* supra lineam scr. || **19** *ὡροσκόπου* || **20** *τύχῃ*

Isidorus (ϱ): **1** *τύχοι* || **5** *τύχοι* || **11** *παίδων* || **12** *τύχοι* || **17.18** *ὁ — τοξότης²*] *ἐν τῷ τόπῳ τῶν τέκνων κατὰ πῆξιν ὁ ἄρης καὶ ὁ τοξότης* || **20** *τύχῃ* || **21** *τῷ² — ὡροσκόπῳ*] *ὡροσκόπῳ ὄντι κατὰ πῆξιν* || **23.24** *καὶ σωτηρίαν ὕστερον*] *ὕστερον δὲ σωτηρίαν*

Versio Latina: **5** item cum pervenerit || **8** annus patris || **12** *εἴτε* om. | *τοῦ ἔτους*] profectionis || **13** *εἴτε*] et || **14** *δύο* om. || **18** *κατὰ πῆξιν* om. || **19.20** *κατὰ πάροδον*] per transitum

Textus Arabicus: **8** السنة الاب

οἶκος τοῦ Κρόνου, γένηται δὲ κατὰ πάροδον ὑπόγειον κέντρον, δηλοῖ παίδων θάνατον ἢ μεγίστην βλάβην. εἰ δὲ καταντήσει τὸ ἔτος εἰς τὸν τοιοῦτον ε΄ τόπον, ὑπάρχει δὲ ὁ Κρόνος κύριος ὢν τοῦ ἔτους ἀκάκωτος, βλάβην δηλοῖ παιδὸς ὀλίγην. ὅτε δὲ καταντήσει τὸ ἔτος εἰς τὸν τόπον ἐν ᾧ ἦν κατὰ πῆξιν ὁ Κρόνος ἢ ὁ Ἄρης, τύχῃ δὲ ἐν τῷ θέματι τῆς ἐναλλαγῆς τετράγωνος τοῦ ὡροσκόπου, δηλοῖ βλάβας καὶ ἀδικίας καὶ ἐμποδισμοὺς περὶ τὸν βίον. ὅτε δὲ τύχῃ ὁ κύριος τοῦ ἔτους ὁ Κρόνος ἢ ὁ Ἄρης καὶ ὑπάρχει ὡροσκοπῶν ἐν τῷ τῆς ἐναλλαγῆς ὡροσκόπῳ, μὴ μέντοι ἐν τόποις ἐν οἷς ἔχει λόγους οἰκοδεσπότου, καὶ μάλιστα εἰ κατὰ πῆξιν ὑπάρχει ἐν τῷ ὡροσκόπῳ ἢ ἐν τῷ διαμέτρῳ αὐτοῦ ἢ ἐν τῷ τετραγώνῳ, ὁ μὲν Κρόνος δηλοῖ νόσους καὶ μακρὰς ἀρρωστίας, ὁ δὲ Ἄρης δηλοῖ φόβον καὶ φυλακὴν καὶ βλάβην ἐν τῷ πλούτῳ. ὅτε δ᾽ ἐστιν ὁ Κρόνος κύριος τοῦ ἔτους καὶ ὑπάρχει ὑπὸ γῆν, καταντήσει δὲ ὁ Ἄρης ἐπὶ τὸν ἑαυτοῦ κατὰ πῆξιν τόπον καὶ τύχῃ συνοδεῦσαι ἐκεῖσε τῷ Κρόνῳ, ὑπάρχει δὲ ὁ κύριος τοῦ ὡροσκόπου τῆς ἐναλλαγῆς ἐν τῷ ζ΄ τόπῳ ἢ ὕπαυγος καὶ τύχωσιν οἱ ἀγαθοποιοὶ ἐν ἀποκλίμασιν, δηλοῖ βλάβην καὶ συνοχὴν δι᾽ ὅλου τοῦ ἔτους. ὅτε δὲ καταντήσει τὸ ἔτος ἐπὶ τὸν τόπον τοῦ Διὸς καὶ ὑπάρχει κατὰ πάροδον ἀκάκωτος, ἐφορῶν τὸν κατὰ πῆξιν αὐτοῦ τόπον, τύχῃ δὲ καὶ ὁ κύριος τοῦ ἔτους ἀποκεκλικώς,

V: 6 *ἢ*] *καί* || **17** *συνοδεῦσα*

Isidorus (ϱ): **1** *γενήσεται* || **3** post *δὲ* add. *καὶ* || **5** post *τὸν* add. *ι΄* || **6** *ἢ*] *καὶ* || **9** *τύχῃ* om. | *ὁ*[1] — *ἄρης*] *τὸν κύριον τοῦ ἔτους εἶναι τὸν κρόνον ἢ τὸν ἄρην* || **10** *ἐν τῇ ἐναλλαγῇ* || **12** *ὑπῆρχεν* || **17** *τύχοι* | *ἐκεῖ* || **21** *τὸν τοῦ διὸς τόπον* || **23** *τύχοι*

Versio Latina: **1** *οἶκος*] dominus (pro domus) || **2** *μεγίστην*] maxime || **4** in bono esse || **6** nativitatis tempore | et || **8** laesionem | *ὅτε*] si || **10** *ὡροσκοπῶν* om. | *μὴ* om. || **11** in loco | in quo non habeat dignitatem | *οἰκοδεσπότου* om. || **21.22** fueritque iupiter per transitum boni esse || **22.23** quem nativitatis tempore possidebat || **23** non cadens ab angulis

Textus Arabicus: **6** او || **23** ساقطا

δηλοῖ εὐτυχίαν καὶ δαψιλῆ ἀγαθά, καὶ ἕξει ὁ Ζεὺς πολλὴν σημασίαν ἐν τῷ ἔτει ἐκείνῳ. ὅτε δὲ τύχῃ ὁ ὡροσκόπος τῆς ἐναλλαγῆς τὸ ζῴδιον ἐν ᾧ ἦν ἐν τῇ καταρχῇ κακοποιὸς ἢ τὸ ζῴδιον τοῦ ἔτους, λαβὲ τὸν κακοποιὸν ἐκεῖνον ὡς χρονοκράτορα, καὶ μάλιστα ἐὰν ὁ κύριος τοῦ ζῳδίου τοῦ ἔτους ἢ ὁ κύριος τοῦ ὡροσκόπου τῆς ἐναλλαγῆς μὴ ἐφορᾷ τὸν ἴδιον οἰκοδεσπότην. ὅτε δέ ἐστιν ὁ Ἄρης κύριος τοῦ ἔτους καὶ καταντήσει κατὰ πάροδον ἐπὶ τὸν τόπον τοῦ κατὰ πῆξιν Ἄρεως, ὑπάρχει δὲ [f. 274v] *ὁ Ἄρης ἐν τῇ τοῦ ἔτους ἐναλλαγῇ ἐπίκεντρος ἢ ἐπαναφερόμενος τοῖς κέντροις καὶ τὴν Ἀφροδίτην ἐπιδεκατεύων, τῶν ἀγαθοποιῶν ἀποκεκλικότων, δηλοῖ σκληρότητα τοῦ ἔτους καὶ φόβον καὶ συνοχὰς καὶ φυλακὰς καὶ βλάβας παρ' ἡγεμόνων καὶ ἀρχόντων. ὅτε δὲ τύχῃ ὡροσκόπος τοῦ ἔτους τὸ ζῴδιον ἐν ᾧ ἦν ὁ Ἥλιος ἢ ἡ Σελήνη, δεῖ λαμβάνειν τὸν οἰκοδεσπότην τοῦ φωστῆρος τοῦ ἔχοντος σημασίαν πρὸς τὸ ἔτος. ὅτε δέ εἰσιν ὁ Ἥλιος καὶ ἡ Σελήνη κεκακωμένοι ἐν τῇ τοῦ ἔτους ἐναλλαγῇ καὶ ὑπάρχουσιν ἐν τῷ ζʹ τόπῳ ἢ ἐν τῷ δʹ τοῦ θέματος τῆς ἐναλλαγῆς, καὶ μάλιστα εἰ ὑπάρχουσι μετὰ τοῦ Ἀναβιβάζοντος ἢ τοῦ ⟨Καταβιβάζοντος⟩, δηλοῦσι θάνατον τῶν γονέων, καὶ μάλιστα εἰ καὶ κατὰ πῆξιν ἐδήλωσαν τὰ κατ' αὐτούς. ὅτε δέ ἐστιν ὁ Ζεὺς ἐν τῇ ἐναλλαγῇ ἐν τῷ Αἰγοκέρωτι καὶ κακοῦται παρά τε τοῦ Κρόνου καὶ τοῦ Ἄρεως καὶ τοῦ Ἡλίου, δηλοῖ βλάβας καὶ διαφθο-*

V: **1** *δαψηλῆ* || **3** *τοῦ ζῳδίου* || **6** *ἐφορῶσι* || **9** *ἄρεος* || **17** *ἐστι* || **20** *καταβιβάζοντος*] *το* || **24** *ἄρεος*

Isidorus (*ϱ*): **3** *τὸ ζῴδιον*] *ἐν ζῳδίῳ* || **6** *ἐφορῶσι* || **8** *κατὰ πάροδον καταντήσει* || **13** *φυλακὴν* || **14** *τύχοι* || **15.16** *δεῖ — σημασίαν* post *σημασίαν* iter. || **17** *ἐστι* || **20** *καταβιβάζοντος*] lac. c. 3 litt. || **23** *εἰς τὸν σκορπίον*

Versio Latina: **1** prosperitates | et si habuerit || **2** *ἔτει* om. | cum pervenerit || **3** in figura nativitatis || **4** *τοῦ ἔτους*] profectionis | *λάβε τὸν κακοποιὸν*] aspiciat malevolum || **5.6** *τοῦ ἔτους*] profectionis || **8** perveneritque saturnus || **13** *φυλακὰς*] carcerem || **15** *ἢ*] et || **20** cauda draconis || **22** in revolutione anni || **23** capricorno || **24** *διαφθοράν*] destructiones

Textus Arabicus: **20** الذنب || **23** الجدى

ράν. ὅτε δὲ ὑπάρχει κακοποιὸς μετὰ τοῦ χρονοκράτορος ἐν τῷ ὡροσκόπῳ τῆς καταρχῆς καὶ κακοῖ τὴν Σελήνην, δηλοῖ κακίαν τοῦ ἔτους. ὅτε δὲ ἀναποδίζει ὁ κύριός τινος τῶν κατὰ πῆξιν τόπων ἢ τῶν κατὰ πάροδον ἢ ὕπαυγος ὑπάρχει ἢ κακοῦται παρά τινος τῶν κακοποιῶν ἢ ἔν τινι ἐναντίῳ τόπῳ ὑπάρχει, δηλοῖ βλάβην κατὰ τὴν σημασίαν τοῦ τόπου ἐκείνου εἴτε περὶ πλούτου δηλοῖ ὁ τόπος ἢ περὶ ἐγγαίων ἢ ἑτέρων τινῶν.

Ὅτε δέ ἐστιν ὁ κύριος τοῦ ἔτους κακοποιὸς καὶ ὑπάρχει κατὰ πῆξιν ἐν τῷ ϛ΄ τόπῳ, βλάπτει δὲ κατὰ πάροδον τὴν Σελήνην, ἐφορῶσι δὲ τὴν Σελήνην ἀγαθοποιοὶ κατὰ πάροδον ἀπὸ ἀγαθῶν τόπων, ὑπάρχει δὲ κακοποιὸς ἐν τῷ ὡροσκόπῳ τοῦ ἔτους, δηλοῖ βλάβας μεγίστας καὶ μακρὰν νόσον. ὅτε δέ ἐστιν ὁ κύριος τοῦ ἔτους ἀγαθοποιός, ὑπάρχει δὲ ἐν τῷ ὡροσκόπῳ τῆς ἐναλλαγῆς κακοποιὸς καὶ ἐν τῷ δύνοντι ἕτερος κακοποιός, κακοῦται δὲ ἡ Σελήνη παρά τινος αὐτῶν ἢ ἑτέρου, δηλοῖ βλάβην δεινοτάτην παρ' ἐχθρῶν καὶ ζημίαν μεγίστην· τμηθήσεται δὲ καὶ μέλος αὐτοῦ καὶ δέος ἔσται περὶ τῆς ψυχῆς αὐτοῦ, καὶ μάλιστα μὴ ἐφορῶντος ἀγαθοποιοῦ τὸν ὡροσκόπον. ὅτε δέ ἐστιν ὁ κύριος τοῦ ἔτους ἀγαθοποιὸς καὶ ἀναποδίζει, ἐφορῶσι δὲ αὐτὸν ὁ Ἄρης κατὰ πάροδον ἀπὸ διαμέτρου καὶ ἡ Σελήνη ἀπὸ τετραγώνου, κακοῦται δὲ καὶ ὁ ὡροσκόπος τοῦ ἔτους εἴτε διὰ τοῦ Ἡλίου εἴτε διά τινος τῶν συνδέσμων, τοῦ κυρίου αὐτοῦ μὴ ἐφορῶντος αὐτόν, δηλοῖ βλάβας μεγίστας ἐν τῷ σώματι καὶ παρὰ ἐχθρῶν καὶ λῃστῶν καὶ ζημίας καὶ ἀπώλειαν πλούτου. ὅτε δέ ἐστιν ὁ Κρόνος κύριος τοῦ ἔτους καὶ ἀποκαταστῇ εἰς τὸν κατὰ πῆξιν αὐτοῦ

V: **21** *ἐφορᾷ*

Isidorus (ϱ): **7** *ἢ*] *εἴτε* ‖ **15.16** *καὶ — κακοποιός* om. ‖ **21** *ἐφορᾷ* ‖ **26** *καὶ*³ om.

Versio Latina: **2** *καταρχῆς*] revolutionis ‖ **3** *ὅτε*] si ‖ **5** *τινι* om. ‖ **6** *σημασίαν*] stationem (pro significationem) ‖ **8** *ἐγγαίων*] stabilitatis ‖ **15.16** *καὶ — κακοποιός* om. ‖ **19** aliquod membrum ‖ **20** *μὴ*] de (in marg. non) ‖ **22** per transitum ‖ **24** *συνδέσμων*] modorum (pro nodorum) ‖ **28** — p. 121, **1** quem nativitatis tempore perhibebat

τόπον καὶ διαμετρήσει τοῦτον κατὰ πάροδον ὁ Ἄρης, δηλοῖ βλάβην κατὰ τὴν σημασίαν τοῦ οἴκου ἐν ᾧ τύχῃ ὁ Κρόνος· εἰ δέ ἐστιν ἐν τῷ ὡροσκόπῳ τῆς ἐναλλαγῆς ἢ μετὰ τῆς Σελήνης, δηλοῖ βλάβην σωματικήν. ὅτε δέ εἰσιν ὁ κύριος τοῦ ἔτους καὶ ὁ ὡροσκόπος τῆς ἐναλλαγῆς καὶ ὁ κύριος αὐτοῦ καὶ ἡ Σελήνη κεκακωμένοι παρά τινος τῶν κακοποιῶν ἀπὸ συνόδου ἢ τετραγώνου ἢ διαμέτρου, δηλοῖ διαφθορὰν αὐτοῦ καὶ ἐπικράτησιν τῶν ἐχθρῶν αὐτοῦ καὶ ζημίαν πλούτου· εἰ δὲ ὁ Ζεὺς ἢ ἡ Ἀφροδίτη συνυπάρχει τῇ Σελήνῃ ἢ τῷ χρονοκράτορι, ῥυσθήσεται ⟨ἀπὸ⟩ τῶν δεινῶν ἐκείνων. ὅτε δέ ἐστιν ἡ Σελήνη κατὰ πάροδον ἐν τῷ Καρκίνῳ καὶ ὁ Ἥλιος ἐν τῷ Κριῷ καὶ κακοῦνται παρὰ τοῦ Ἄρεως ἀπὸ τοῦ Αἰγοκέρωτος, δηλοῖ βλάβας καὶ διαφθοράς. ὅτε δέ ἐστιν ἡ Σελήνη κατὰ πάροδον ἐν ζῳδίῳ ἀρρενοειδεῖ καὶ κακοῦται ὁμοῦ παρά τε τοῦ Κρόνου καὶ τοῦ Ἄρεως, ὑπάρχει δὲ καὶ ὁ κύριος τοῦ τόπου κακοποιός, δηλοῖ ἐναντιότητας καὶ βλάβας. ὅτε δὲ ὁ κύριος τοῦ ἔτους βλάπτεται παρά τινος κακοποιοῦ, ἔσται ἐπίφοβον τὸ ἔτος καὶ πολυμέριμνον καὶ ἐπιζήμιον· εἰ δὲ συσχηματισθῇ τούτῳ ὁ Ζεύς, δηλοῖ τῶν τοιούτων ἀποσόβησιν.

Ὅτε δέ ἐστιν ὁ Ἑρμῆς κύριος τοῦ ἔτους καὶ ὑπάρχει κεκακωμένος παρὰ τοῦ Ἄρεως καὶ ἐν τῷ δ' τόπῳ τοῦ ὡροσκόπου τῆς ἐναλλαγῆς ἢ ἐν τῷ δ' τόπῳ τοῦ ζῳδίου τοῦ ἔτους ἢ ἐν τῷ δ' τόπῳ τοῦ κατὰ πῆξιν ὡροσκόπου, δηλοῖ θάνατον τῶν ἀδελφῶν· ὡσαύτως, ὅτε ἐστὶν ὁ Ἑρμῆς κύριος τοῦ ἔτους καὶ ὑπάρχει κεκακωμένος παρὰ τοῦ

V: **4** ἐστιν || **9** συνυπάρχουσι || **11** ὅτι || **13** ἄρεος || **16** ἄρεος || **19** ἐπιδήμιον || **22** ἄρεος

Isidorus (ϱ): **2** οἴκου] τόπου | τύχοι || **4** ἐστιν || **8** φθορὰν || **9** συνυπάρχουσι || **12** τῷ[1] om. | κακοῦται || **14** διαφθοράν || **15** ἀρρενικῷ || **19** συσχηματισθείη || **24** ἢ — ὡροσκόπου om.

Versio Latina: **1** διαμετρήσει] aspexerit || **2** σημασίαν] stationem (cf. p. 120, 6) || **6.7** τῶν κακοποιῶν om. || **8** καὶ[1] — αὐτοῦ om. || **10** ab || **13** cancro || **22** — p. 122, 1 καὶ — ἄρεως om.

Textus Arabicus: **13** الجدى

Ἄρεως ἐν τῷ δύνοντι κέντρῳ, δηλοῖ θάνατον ὁμοίως τῶν ἀδελφῶν. [f. 275] ὅτε δέ ἐστιν ὁ κύριος τοῦ ἔτους κατὰ πῆξιν ἐν τῷ δεκάτῳ, ἐν δὲ τῷ καιρῷ τῆς ἐναλλαγῆς ὡσαύτως ἐν τῷ δεκάτῳ, δηλοῖ – ἢ ἐν τῷ ια' ὑπὸ ἀγαθοποιῶν ὁρώμενος – εὕρεσιν πλούτου καὶ δυναστείας· ὅτε δέ ἐστιν ὁ κύριος τοῦ ἔτους ἐν τῷ δεκάτῳ κατὰ πῆξιν καὶ κατὰ πάροδον, δηλοῖ ἐπιτυχίαν ἐξουσίας τινός. ὅτε δέ ἐστιν ὁ κύριος τοῦ ἔτους κατὰ πῆξιν ἐν ἀποκλίματι καὶ ὕπαυγος καὶ κατὰ πάροδον ἐν τῷ ς' ἢ ἐν τῷ η' ἢ ὕπαυγος καὶ τῷ Κρόνῳ συσχηματιζόμενος, δηλοῖ διαδοχὴν πράξεως καὶ εὐκαιρίαν καὶ ἀρδείαν, ἔτι δὲ καὶ συμπτώματα θανάτῳ παρόμοια.

Ὅτε δέ ἐστιν ὁ Ζεὺς κατὰ πῆξιν ἀκάκωτος, ἐν δὲ τῇ ἐναλλαγῇ ἐπίκεντρος καὶ ἐφορῶν τὸν κύριον τοῦ ἔτους, δηλοῖ ἐπιτυχίαν βαθμοῦ καὶ τιμῆς παρά τε ἐξουσιαστῶν καὶ βασιλέων· ἐγχειρισθήσεται δὲ καὶ πράξεις ὠφελίμους καὶ εὐοδωθήσεται ἐν ταῖς πράξεσιν αὐτοῦ καὶ ταῖς οἰκονομίαις. ὅτε δέ ἐστιν ὁ κύριος τοῦ ἔτους ἑσπέριος καὶ ἐν οἴκῳ ἐχθροῦ αὐτοῦ ἢ ἐν τῷ ς' ἢ ἐν τῷ ιβ', τῷ Κρόνῳ ἢ τῷ Ἄρεϊ συσχηματιζόμενος, τοῦ Διὸς ἀποκεκλικότος καὶ μὴ ὁρῶντος τὴν Σελήνην μήτε μὴν τὸν κύριον τοῦ ἔτους, δηλοῖ ὑποστῆναι ἀτιμίας καὶ ὕβρεις παρ' ἐχθρῶν. ὅτε δὲ καταντήσει τὸ ἔτος εἰς τὸ ὑπόγειον κέντρον ἢ εἰς τὸ δυτικὸν κέντρον καὶ τύχῃ ὁ Κρόνος ἐκεῖσε ἢ ἐφορῶν τὸν τοιοῦτον τόπον ἐναντίῳ σχήματι, δέος μή ποτε τελευτήσῃ ὁ τὴν ἐναλλαγὴν ἔχων.

Κανὼν δὲ ἔστω σοι τοιοῦτος ἐν ταῖς τῶν ἐτῶν ἐναλ-

V: **1** ἄρεος || **16** εὐοδυνθήσεται || **20** ὁρῶντα

Isidorus (ϱ): **2** ὅτε] εἰ || **2.3** ἐν τῷ κατὰ πῆξιν δεκάτῳ || **3** ὡσαύτως om. || **4** δηλοῖ om. || **5** post ὁρώμενος add. δηλοῖ | δυναστείαν || **6—8** ἐν — ἔτους om. || **11** ἄδειαν | post παρόμοια add. (ex **5—7**) ὅτε δέ ἐστιν ὁ κύριος τοῦ ἔτους ἐν τῷ ι' κατὰ πῆξιν καὶ κατὰ πάροδον, δηλοῖ ἐπιτυχίαν καὶ ἐξουσίαν τινά || **18** ἐχθροῦ αὐτοῦ] κακοποιοῦ || **21** ὑποστήσισθαι || **22.23** ἢ — κέντρον om. || **23** τύχοι || **26** κανὼν] ανὼν

Versio Latina: **1** ὁμοίως] similiter (in marg. suorum) || **10.11** successionem officii et vocationem et ocium || **21** ἀτιμίας] defectiones animi || **24** τοιοῦτον] ipsum || **26** ἔστω σοι] sic et

λαγαῖς. ὅτε εὕρῃς ἐν τῷ ὡροσκόπῳ τῆς ἐναλλαγῆς κακοποιὸν καὶ βλάπτει κατὰ πῆξιν ὁ κακοποιὸς τὸν ὡροσκόπον ἢ τὴν Σελήνην ἢ τὰ κέντρα, γίνωσκε ὅτι μεγίστην ἐπάγει τὴν κάκωσιν. εἰ δὲ ὁ τοιοῦτος κακοποιὸς ὡροσκοπεῖ κατὰ πάροδον ἢ βλάπτει τινὰ τῶν τόπων τοῦ θέματος, εὕρῃς δὲ τοῦτον ὅτι οὐκ ἔβλαπτεν ἐν τῇ καταρχῇ τὸν τοιοῦτον τόπον, μετρίαν ἴσθι τοῦτον ποιεῖν τὴν βλάβην. ὅτε δέ ἐστιν ὁ κακοποιὸς ἑῷος καὶ ἀγαθοποιῷ συσχηματιζόμενος καὶ λόγον ἔχει πρὸς τὸν ὡροσκόπον ἢ τὴν Σελήνην, ὠφέλειαν ἐπάγει διὰ μόχθων καὶ κόπων. ὅτε δὲ ὡροσκοποῦσιν οἱ ἀγαθοποιοὶ ἐν τῇ ἐναλλαγῇ ἢ ἐπεμβῶσι τόποις τισὶ τῶν κατὰ πῆξιν ἀστέρων, μετρίαν δηλοῦσιν ὠφέλειαν, εἰ μή γε ἐν τῇ καταρχῇ συμφώνῳ σχήματι ἑώρων τὸν τόπον ἐκεῖνον. ὅτε δὲ ἀναποδίζει ἀγαθοποιὸς ἢ ὕπαυγός ἐστιν ἢ ἀποκεκλικώς, ἀσθενεστέρα γίνεται ἡ δόσις αὐτοῦ. ὅτε δέ ἐστιν ὁ ὡροσκόπος τῆς ἐναλλαγῆς ζῴδιον ἐν ᾧ ἦν κατὰ πῆξιν κακοποιὸς ἢ ἐν ἀμφοτέροις ὑπάρχουσι κακοποιοί, δηλοῖ μετάβασιν τόπου καὶ φυγὰς καὶ ἀπωλείας. ὅτε δὲ ὑπάρχει κακοποιὸς κατὰ πῆξιν συσχηματιζόμενος ἀγαθοποιῷ, εἶτα συνοδεύσει τῷ ἀγαθοποιῷ ἐκείνῳ ἐν τῷ καιρῷ τῆς ἐναλλαγῆς ἢ συσχηματισθῇ τούτῳ ἀπὸ τετραγώνου ἢ διαμέτρου, δηλοῖ βλάβην πολλήν.

Isidorus (ϱ): **1** *ὅτε*] *ὅταν* || **2** *ὁ κακοποιὸς κατὰ πῆξιν* || **11** *ἐπεμβαίνουσι* || **12** *ἄστρων* || **17** *ζῴδιον*] *ἐν ζῳδίῳ* || **20** *συνοδεύει*

Versio Latina: **4** *ἐπάγει*] inducis || **5** per transitum || **7** scias || **9** aliquam dignitatem || **13** *μή* om. | in nativitatis initio || **15** *ἀγαθοποιός* om. || **16** *δόσις*] dominatio (pro donatio) || **20** *εἶτα*] et || **21** revolutionis suae || **22** *τούτῳ* om. | ab opposito vel quadrato

⟨ΛΟΓΟΣ ΤΡΙΤΟΣ⟩

Περὶ τῶν περιπάτων τῶν ἐν ταῖς ἐναλλαγαῖς λαμβανομένων· διαιρεῖ⟨ται⟩ δὲ εἰς τμήματα δέκα, ὧν πρῶτον τμῆμα περί τε τοῦ περιπάτου καὶ τοῦ μερισμοῦ καὶ τοῦ ἐπιμερίζοντος καὶ τοῦ κοινωνοῦντος ἀστέρος τῷ ἐπιμερίζοντι

Δεῖ ἐν ταῖς ἐναλλαγαῖς τῶν χρόνων πολλῶν τόπων ποιῆσαι περίπατον – τῶν μὲν κατὰ πῆξιν, τῶν δὲ κατὰ πάροδον. ἔχει γὰρ ἕκαστος ἰδίαν σημασίαν ἥνπερ ὁ ἕτερος οὐ σημαίνει. εἰ γὰρ δηλώσει κατὰ πῆξιν ἀστὴρ ἢ τόπος ἀγαθὸν ἢ κακόν, τότε ἐμφαίνεται ἡ σημασία ὅτε κυριεύσει ὁ ἀστὴρ τοῦ μερισμοῦ κατά τινας ἐτῶν περιόδους καὶ ὅτε κυβερνήσει σωματικῶς ἢ ἀκτινοβολικῶς ἢ καταντήσει εἰς τοὺς ἀγαθοποιοὺς ἢ κακοποιούς. δεῖ οὖν τῶν ε̅ ἀφετῶν ποιεῖν τὸν περίπατον ἰδίᾳ· ὁ μὲν πρῶτος ἀφέτης δηλοῖ τὸν χρόνον τῆς ζωῆς καὶ τὰς νόσους καὶ τοῦ θανάτου ποιότητα, οἱ δὲ λοιποὶ ἀφέται δηλοῦσιν ὑγείαν ἢ νόσον ἢ συμπτώματα καὶ τὰ λοιπὰ πάθη ὧν ἐν τοῖς ἑξῆς μνημονεύσομεν. ὡσαύτως δεῖ ποιεῖν τὸν περίπατον τῶν κλήρων πάντων καὶ τῶν δωδεκατημορίων καὶ τῶν δώδεκα [των] τόπων κατά τε πῆξιν καὶ κατὰ πάροδον, ποιεῖν δὲ καὶ τὰ θέματα τῶν μηνῶν καὶ ποιεῖν τὸν περίπατον τούτων καὶ λαμβάνειν τὰς μὲν μοίρας ἐπὶ τοῦ κατὰ πῆξιν ὡροσκόπου ἀντὶ ἐτῶν, ἐπὶ

Isidorus (ϱ): **3.4** *διαιρεῖται – περιπάτου* om. || **5** *μερισμοῦ*] *ἐπιμερισμοῦ* || **16** *τὴν ποιότητα τοῦ θανάτου* || **21** *κατὰ* om. || **23** *ἐπὶ*[1]] *ἀπὸ*

Versio Latina: **1** om. || **2.3** de directionibus in revolutionibus accipiendis || **3–6** om. || **9** *ἥνπερ*] in his || **10** *ἀστὴρ*] aliquis planeta || **15.16** annos vitae

δὲ τοῦ θέματος τῆς ἐναλλαγῆς ἀντὶ μηνῶν ἢ ἡμερῶν, ἐπὶ τοῦ θέματος δὲ τῶν μηνῶν ἀντὶ ἡμερῶν ἢ ὡρῶν.

[f. 275v] *Τὸν δὲ περίπατον πρὸς τὸ γνῶναι τὸν τόπον τοῦ μερισμοῦ καὶ τὸν ἐπιμερίζοντα ἐν ταῖς τῶν χρόνων ἐναλλαγαῖς οὕτως ποιητέον. ἰδὲ τὴν μοῖραν τοῦ ὡροσκόπου τῆς καταρχῆς τίνος ὅριόν ἐστιν ἀστέρος καὶ πόσον καταλέλειπται ἐκ τῶν μοιρῶν τῶν ὁρίων τοῦ ἀστέρος, καὶ μετάστρεψον ταύτας ἐπὶ τὰς μοίρας τῶν ἀναφορῶν τῆς πόλεως ἐν ᾗ ὁ τεχθεὶς ἐγεννήθη, καὶ τὰ γινόμενα ἀπόγραψον· εἶτα ἰδὲ τὰ ἑπόμενα ὅρια πόσων μοιρῶν εἰσι, καὶ μετάστρεψον καὶ ταύτας ἐπὶ τὰς ἀναφορικάς, καὶ οὕτως ποίει καθ' ἕκαστα ὅρια ἀπό τε τοῦ ὡροσκόπου καὶ τῶν λοιπῶν ἀφετῶν, ἔτι δὲ καὶ τῶν ἀστέρων καὶ τῶν κλήρων ὡς ἂν γένηται τέλειος ὁ περίπατος. τὸ δὲ ὅριον ἔνθα καταντᾷ τὸ ἔτος, ἐκεῖνό ἐστιν ὁ τοῦ μερισμοῦ τόπος· ὁ δὲ κύριος αὐτοῦ ἐστιν ὁ ἐπιμερίζων, εἴτε ἐφορᾷ τοῦτον εἴτε καὶ μή.*

Τοῦ δὲ ὡροσκόπου καὶ τῶν ἐν τῷ ὡροσκόπῳ γίνεται ὁ περίπατος διὰ τῶν ἀναφορῶν τῆς πόλεως ἐν ᾗ τις ἐγεννήθη· τῶν δὲ ἐν τῷ μεσουρανίσματι ἢ ἐν τῷ δ' τόπῳ γίνεται ὁ περίπατος διὰ τῶν τῆς ὀρθῆς σφαίρας ἀναφορῶν· τῶν δὲ ⟨ἐν⟩ ἑτέροις τόποις γίνεται ὁ περίπατος καθὼς προεδείξαμεν ἐν τοῖς ἡμετέροις συγγράμμασιν. καὶ ἰδὲ πόσαι μοῖραι συνάγονται, καὶ ποίει ἑκάστην μοῖραν

V: **8** *ταύτας*] *ταῦτα*

Isidorus (ϱ): **1** *τῆς*] *τῶν* || **4** *ἀλλαγαῖς* || **5** *ἰδὲ*] *δε* || **6** *τίνος ἀστέρος ἐστὶν ὅριον* || **8** *ταύτας*] *ταῦτα* || **8.9** *ἐπὶ — ἐγεννήθη*] *ἐπὶ τοὺς ἀναφορικοὺς χρόνους τοῦ διὰ τῆς πόλεως ἐν ᾗ τὴν σκέψιν ποιῇ τῆς γενέσεως κλίματος* || **9.10** *εἶτα ἰδὲ*] *ἰδὲ καὶ* || **11** *ἐπὶ τὰς ἀναφορικάς*] *ἐπὶ τοὺς ἀναφορικοὺς χρόνους ὁμοίως* || **11.12** *οὕτως καθ' ἕκαστα ὅρια ποίει* || **13** *δὲ καὶ*] *τε* || **17.18** *ὁ περίπατος γίνεται* || **18—21** *τῶν — τόποις*] *τῶν τῆς ὀρθῆς σφαίρας ἀναφορῶν, τῶν δὲ ἐν ἑτέροις τόποις γίνεται ὁ περίπατος διὰ τῶν ἀναφορῶν τῆς πόλεως ἐν ᾗ ποιούμεθα τὴν ἐπίσκεψιν τῆς γενέσεως, τῶν δὲ ἐν τῷ μεσουρανήματι ἢ τῷ ὑπογείῳ* || **23** *καὶ ἰδὲ*] *ἰδὲ οὖν*

Versio Latina: **8** *ταύτας*] terminos ipsos || **9** *ὁ τεχθεὶς*] ipse || **11** facies || **13** *ἔτι δὲ* om. || **13.14** sic fiat || **17** eorum qui sunt in eo || **19.20** *τῶν — περίπατος*] medii vero coeli directio, quarti etiam et eorum qui sunt in eis || **20** per ascensionem rectae sphaerae || **21** *τῶν* om. | in || **23** *καὶ*[1]] deinde | facias

ἔτος ἕν, καὶ τὰ ε̅ λεπτὰ μῆνα, καὶ τὸ λεπτὸν ἡμέραι ϛ̅, καὶ τὰ ι̅ δευτέρα λεπτὰ ἡμέραν, καὶ τὰ κε̅ τρίτα λεπτὰ ὥραν μίαν. οἱ δὲ Πέρσαι ὠνόμαζον τὸν ἐπιμερίζοντα τὸν ἀπὸ τοῦ περιπάτου τῆς μοίρας τοῦ ὡροσκόπου διὰ τῶν ἀναφορῶν ζαμοκτάρ, καὶ τῷ τοιούτῳ ὀνόματι οὐκ ὠνόμαζον ἕτερον ἐπιμερίζοντα.

Δεῖ δέ σε ποιοῦντα τὸν περίπατον τῶν ὁρίων ἐπισκέψασθαι καὶ τοὺς τόπους τῶν ἀστέρων καὶ τὰς ἀκτινοβολίας. πολλάκις γὰρ τυγχάνει ἐν τῷ τόπῳ σῶμα ἀστέρος ἢ ἀκτίς· καὶ ὅτε καταντήσει ὁ περίπατος ἐπί τινα τούτων, κοινωνὸν ὁ τοιοῦτος ἀστὴρ προσλαμβάνεται τῷ ἐπιμερίζοντι ἕως ὅτου συναντήσει ἕτερος ἀστὴρ σωματικῶς ἢ ἀκτινοβολικῶς, καὶ τότε μεθίσταται ἡ κυβέρνησις ἀπὸ τοῦ α′ ἀστέρος ἐπὶ τὸν β′· καὶ γίνεται οὗτος ⟨ὁ⟩ κοινωνὸς τοῦ ἐπιμερίζοντος εἴτε σωματικῶς εἴτε ἀκτινοβολικῶς γένηται ἡ συνάντησις. δεῖ δέ σε γινώσκειν καὶ τοὺς τόπους τῶν κλήρων καὶ τῶν δωδεκατημορίων καὶ ἔνθα κατήντησεν ὁ περίπατος αὐτῶν. ὅτε γὰρ εἴτε ⟨εἰς⟩ ἀγαθοποιοὺς εἴτε εἰς κακοποιοὺς καταντήσει σωματικῶς ἢ ἀκτινοβολικῶς, ἐμφαίνεται ἡ σημασία αὐτῶν εἴτε καλὴ εἴτε φαύλη.

Ποιητέον οὖν ὑπόδειγμα πρὸς δήλωσιν τοῦ περιπάτου καὶ τοῦ μερισμοῦ καὶ τοῦ ἐπιμερίζοντος καὶ τὴν κυβέρνησιν τῶν κλήρων καὶ τῶν δωδεκατημορίων. ἐγεννήθη τις ἐν τῷ δ′ κλίματι ἔν τινι πόλει ἧς τὸ πλάτος λϛ̅. ἦν δὲ ⟨ὁ⟩ ὡροσκόπος ὁ Ταῦρος μοίραις β̅ λεπτοῖς νδ̅, καὶ ἡ Σελήνη ἐν αὐτῷ μοίραις ιβ̅ λεπτοῖς μγ̅· ὁ δὲ Ἄρης ἐν τῷ Λέοντι

Isidorus (ϱ): **1** τὸ α̅ λεπτὸν ‖ **3—6** οἱ — ἐπιμερίζοντα om. ‖ **8** ἄστρων ‖ **11** κοινωνὸς ‖ **16** γίνεται ‖ **17** καὶ[2] om. ‖ **18** εἴτε[1] om. | εἰς ‖ **18.19** εἴτε εἰς] ἢ ‖ **21** πρὸς] εἰς ‖ **24** κατὰ τὸ δ′ κλίμα | ἧς — λϛ̅ om. | ὁ ‖ **25** ὁ om. | λεπτοῖς om. ‖ **26** λεπτοῖς om. | δὲ om.

Versio Latina: **3** eum scilicet qui invenitur a ‖ **5** zamuctam ‖ **5.6** καὶ — ἐπιμερίζοντα] quod aliud quam divisor interpretatur ‖ **8.9** iactus radiorum ipsorum ‖ **9** in aliquo loco ‖ **12** sive per corpus ‖ **13** τότε] hinc ‖ **16** σε om. ‖ **18** εἴτε[1] om. | ad ‖ **19** per radios vel per corpus ‖ **21** faciamus ‖ **22** καὶ τοῦ ἐπιμερίζοντος om. | τὴν κυβέρνησιν] dispositionis ‖ **24** graduum 36

Textus Arabicus: **26** اربعون

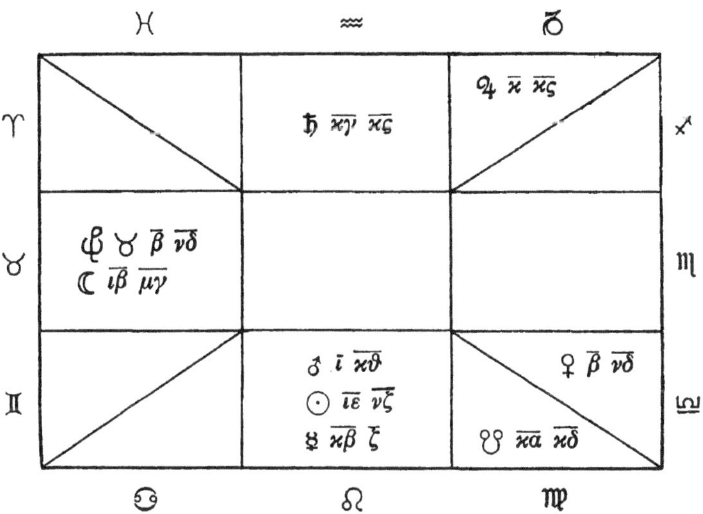

V: Schema vacuum

Isidorus (p):

Κρόνος κγ κγ Zeus in Virgine, non in Capricorno *Ἄρης* ι κα

Versio Latina:

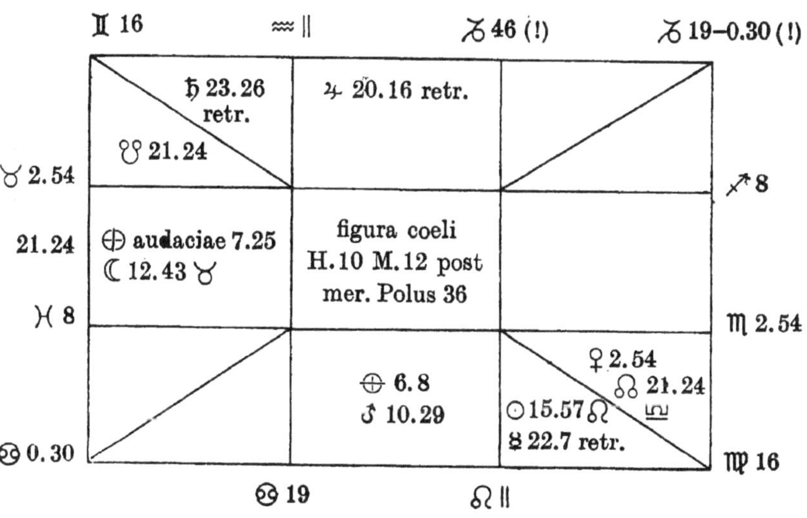

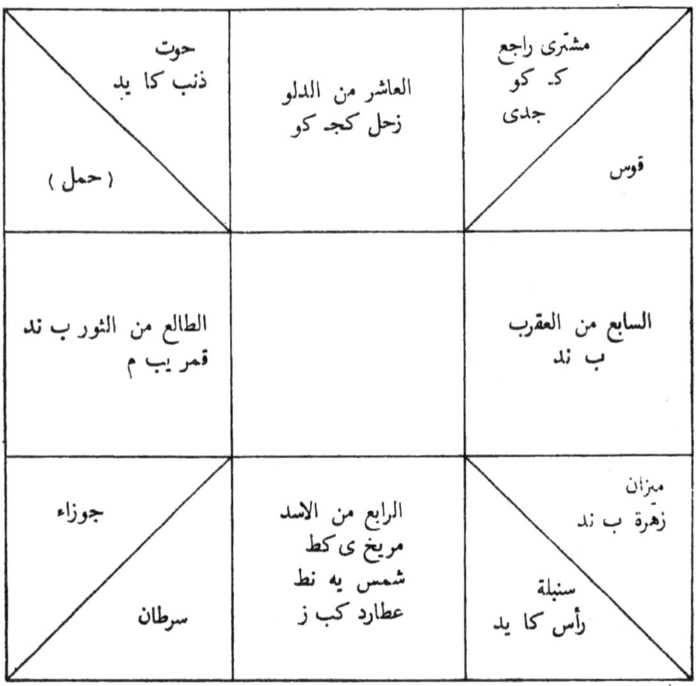

حوت ذنب كا يد (حمل)	العاشر من الدلو زحل كج كو	مشتري راجع ك كو جدي قوس
الطالع من الثور ب ند قمر يب م		السابع من العقرب ب ند
جوزاء سرطان	الرابع من الاسد مريخ ى كط شمس يه نط عطارد كب ز	ميزان زهرة ب ند سنبلة رأس كا يد

μοίραις ῑ λεπτοῖς κ̅θ̅, ⟨ὁ δὲ⟩ Ἥλιος ἐν Λέοντι μοίραις ι̅ε̅ λεπτοῖς ν̅ζ̅, ὁ ⟨δὲ⟩ Ἑρμῆς ἐν τῷ Λέοντι μοίραις κ̅β̅ λεπτοῖς ζ̅ ἀναποδίζων, ⟨ἡ δὲ⟩ Ἀφροδίτη ἐν Ζυγῷ μοίραις β̅ λεπτοῖς ν̅δ̅, ⟨ὁ δὲ⟩ Ζεὺς ⟨ἐν⟩ Αἰγοκέρωτι μοίραις κ̅

V: 3 — p. 129, 1 *ἀφροδίτη — ἀναποδίζων* **supra lineam et in marg. scr.**

Isidorus (ϱ): **1** *λεπτοῖς* om. | *κ̅θ̅*] *κ̅α̅* || **2** *λεπτοῖς*[1] om. | *ἑρμῆς*] *ἄρης* | *τῷ* om. | *λεπτοῖς*[2] om. || **4** *λεπτοῖς* om. | *ἐν παρθένῳ*

Versio Latina: **1** *λεπτοῖς*[2] om. | *μοίραις* om. || **2** *λεπτοῖς*[1] om. | *μοίραις* om. | *λεπτοῖς*[2] om. || **3** *μοίραις* om. || **4** *λεπτοῖς* om. | *ν̅δ̅*] 14 | *μοίραις* om.

Textus Arabicus: **2** تسعة وخمسون

λεπτοῖς κ̄ϛ̄ ἀναποδίζων, ⟨ὁ δὲ⟩ Κρόνος ⟨ἐν⟩ Ὑδροχόῳ μοίραις κ̄γ̄ λεπτοῖς κ̄ϛ̄ ἀναποδίζων, ὁ δὲ Ἀναβιβάζων ⟨ἐν⟩ Παρθένῳ μοίραις κ̄ᾱ λεπτοῖς κ̄δ̄. ἐποιήσαμεν δὲ καὶ θέμα[τα] καὶ τὰς ἀκτινοβολίας ἐτάξαμεν ἐν αὐτῷ καὶ τὰ λοιπά, ἀρκεσθέντες εἰς τὸ παρὸν ὑπόδειγμα ταῖς ἐποχαῖς τῶν ζ̄ ἀστέρων καὶ ταῖς ἀκτινοβολίαις καὶ τοῖς κλήροις τοῖς ἐμπεσοῦσιν εἰς τὸν ὡροσκόπον ὡς ἂν εὐχερεστέρα γένηται ἡ τούτων διάγνωσις.

Βουληθεὶς οὖν διαγνῶναι τόν τε τόπον τοῦ ἐπιμερισμοῦ καὶ τὸν ἐπιμερίζοντα ὃς ὀνομάζεται ζαμοκτάρ, καὶ ποιῆσαι τὸν περίπατον τῆς μοίρας τοῦ ὡροσκόπου πρὸς τὸ γνῶναι πότε καταλαμβάνει τά τε τῶν ἀγαθοποιῶν καὶ τῶν κακοποιῶν σώματα καὶ τὰς ἀκτῖνας καὶ τὰ δωδεκατημόρια καὶ τοὺς κλήρους, εὗρον τὸν ὡροσκόπον Ταῦρον μοίραις β̄ λεπτοῖς ν̄δ̄ ὅπερ ἦν ὅριον τῆς Ἀφροδίτης, καὶ οὐχ εὗρον ἀπὸ τῆς ἀρχῆς τοῦ ζῳδίου καὶ μέχρι τῆς ὡροσκοπούσης μοίρας σῶμα ἀστέρος ἢ ἀκτῖνα. καὶ εἴ γε εὗρόν τι τοιοῦτον, εἶπον ἂν ὡς ἡ μοῖρα τοῦ ὡροσκόπου διέπεται ὑπὸ τοῦ ἀστέρος ἐκείνου καὶ ἐλάμβανον τὸν ἀστέρα κοινωνὸν τοῦ ζαμοκτὰρ ἤτοι τοῦ ἐπιμερίζοντος. ἐπεὶ δὲ ἀπ᾽ ἀρχῆς τοῦ ζῳδίου ἄχρις τῆς ὡροσκοπούσης μοίρας οὐχ εὗρον οὔτε σῶμα ἀστέρος οὔτε ἀκτῖνα, προσελαβόμην μόνην τὴν Ἀφροδίτην ἐπιμερίζουσαν.

V: **9** post *τοῦ* ins. schema p. **127**

Isidorus (*ϱ*): **1** *λεπτοῖς* om. || **2** *λεπτοῖς* om. | *κ̄ϛ̄*] *κ̄γ̄* | *ὁ δὲ* om. || **3** *λεπτοῖς* om. | *δὲ καὶ*] *οὖν* | *θέμα*] *ἐπὶ τούτῳ θέματι* || **4** *καὶ τὰς ἀκτινοβολίας*] *τὸ προκείμενον* | *ἐν αὐτῷ*] *τὰς ἀκτινοβολίας* || **10** *ὃς — ζαμοκτάρ* om. || **15** *λεπτοῖς* om. | *ἦν*] *εἰσὶν* | post *καὶ* add. *ἐπεὶ* || **16** *καὶ*] *τοῦ ταύρου* | post *μέχρι* add. *καὶ* || **17** *καὶ εἴ γε*] *εἰ γὰρ* | *εὕρισκον* || **18** *τι τοιοῦτον* om. || **19** *τὸν ἀστέρα* om. || **20** *τοῦ ζαμοκτὰρ ἤτοι* om. || **20—22** *ἐπεὶ — ἀκτῖνα*] *ἐπεὶ δὲ οὐχ εὗρον*

Versio Latina: **1** *λεπτοῖς* om. | in || **2** *μοίραις* om. | *κ̄γ̄*] 33 (in marg. 23) | *λεπτοῖς* om. | in || **3** *μοίραις* om. | *λεπτοῖς* om. | figuram || **4—7** *τὰς — ὡροσκόπον*] ordinavimus in ea locationes planetarum ad radiationes ipsorum, partes etiam cadentes in ea et reliqua || **9** volendo | *τε* om. || **10** zamuctam || **13** corporum | ad radios etiam ipsos || **17** alicuius planetae || **20** zamuctam

Textus Arabicus: **3** اربع عشر

Εὗρον δὲ μεταξὺ τῆς ὡροσκοπούσης μοίρας καὶ τοῦ κλήρου τῆς ἀνδρείας μοίρας δ λεπτὰ κ, γινόμενα διὰ τῶν ἀναφορῶν τοῦ δ' κλίματος μοίρας γ λεπτὰ β. ἐπιμερίζει οὖν ἡ Ἀφροδίτη κατὰ τὰ ὅρια αὐτῆς ἔτη γ ἡμέρας ιβ· εἶτα κολλᾷ ἡ μοῖρα τοῦ ὡροσκόπου τῷ κλήρῳ τῆς ἀνδρείας καὶ τῆς τόλμης, ἔτι καταλειπομένων τῇ Ἀφροδίτῃ ἐκ τῶν ὁρίων [f. 276] αὐτῆς λεπτῶν μϛ, γινομένων διὰ τῶν ἀναφορῶν λεπτῶν λβ καὶ ιβ δευτέρων λεπτῶν. καὶ διὰ τοῦτο εἴπομεν ὡς ἡ Ἀφροδίτη διέπει τῷ οἰκείῳ ἐπιμερισμῷ τὸν κλῆρον τῆς ἀνδρείας καὶ τῆς τόλμης μῆνας ϛ ἡμέρας ιγ· ὁμοῦ τὰ πάντα ἔτη γ μῆνες ἓξ ἡμέραι εἰκοσιπέντε ἔγγισ⟨τα⟩.

Εἶτα καταντᾷ ὁ περίπατος εἰς τὰ ὅρια τοῦ Ἑρμοῦ, καὶ λαμβάνομεν τοῦτον ἐπιμερίζοντα· καὶ διοικεῖ τὸν κλῆρον τῆς ἀνδρείας καὶ τῆς τόλμης ἔτος α καὶ ἡμέρας η ἔγγιστα. καταλαμβάνει ⟨δὲ⟩ ὁ περίπατος ἐπὶ τὴν ἑξάγωνον ἀκτῖνα τοῦ Κρόνου μετὰ ἔτη δ καὶ μῆνας ζ καὶ ἡμέρας γ ἔγγιστα, καὶ κυβερνᾷ ὁ Κρόνος διὰ τῆς ἑξαγωνικῆς αὐτοῦ ἀκτῖνος ἐν τῷ ἐπιμερισμῷ τοῦ Ἑρμοῦ τὸν κλῆρον τῆς ἀνδρείας καὶ τῆς τόλμης ἔτος ἓν μῆνας ι ἡμέρας ιζ ἔγγιστα. καὶ τότε συναντᾷ ὁ κλῆρος τῆς προκοπῆς καὶ τῆς νίκης ἤτοι μετὰ ἔτη ϛ καὶ μῆνας ϛ καὶ ἡμέρας κβ ἔγγιστα, καὶ κυβερνᾷ ὁ Κρόνος διὰ τῆς ἑξαγωνικῆς αὐτοῦ ἀκτῖνος τοὺς δύο κλήρους, τόν τε κλῆρον τῆς ἀνδρείας καὶ τῆς τόλμης καὶ τὸν κλῆρον τῆς προκοπῆς καὶ τῆς νίκης, σὺν καὶ τῷ ἐπιμερισμῷ τοῦ Ἑρμοῦ, μῆνας ε ἡμέρας κθ, ὁμοῦ γινόμενα ἔτη ζ ἡμέρας κα ἔγγιστα. εἶτα παραλαμβάνει ἡ Σελήνη τὴν κυβέρνησιν σωματικῶς ἀπὸ τῆς ἑξαγωνικῆς ἀκτῖνος τοῦ Κρόνου, καὶ διοικεῖ τοὺς β κλήρους τῷ οἰκείῳ σώματι καὶ τῷ ἐπιμερι-

Isidorus (ρ): **2** ἀνδρίας | λεπτὰ om. || **5** ἀνδρίας || **8** δευτέρων ιβ | λεπτῶν καὶ om. | διὰ τοῦτο εἴπομεν] λέγω διὰ τοῦτο || **10** ἀνδρίας || **11** ἔγγιστα || **14** ἀνδρίας || **15** καταλαμβάνει δὲ] καὶ καταλαμβάνει || **16** γ ἔγγιστα] ἔγγιστα κβ || **18** τοῦ ἑρμοῦ om. | ἀνδρίας || **20** ἤτοι om. || **23** ἀνδρίας

Versio Latina: **1** μεταξὺ] infra || **2** audaciae sive animositatis || **6** ὁρίων] gradibus || **9** in sua divisione || **11** proxime || **13** λαμβάνομεν] recepit || **15** pervenit || **21** καὶ μῆνας ϛ om. || **23** τὸν κλῆρον[2] om.

σμῷ τοῦ Ἑρμοῦ μῆνας ια̅ ἡμέρας ις̅· καὶ τελειοῦται ὁ ἐπιμερισμὸς τοῦ Ἑρμοῦ μετὰ ἔτη ζ μῆνας ια̅ ἡμέρας κζ̅ ἔγγιστα.

Εἶτα μεταβαίνει ὁ ἐπιμερισμὸς εἰς τὸν Δία, καὶ διοικεῖ ἅμα τῇ Σελήνῃ τὸν κλῆρον τῆς ἀνδρείας καὶ τῆς τόλμης καὶ τὸν κλῆρον τῆς προκοπῆς καὶ τῆς νίκης μῆνας δ̅ ἡμέρας κδ̅· καὶ καταντᾷ ὁ περίπατος εἰς τὸν κλῆρον τῆς φρονήσεως καὶ τῆς συνέσεως μετὰ ἔτη η̅ μῆνας δ̅ ἡμέρας κ̅ καὶ α̅ ἔγγιστα. εἶτα κυβερνᾷ ἡ Σελήνη σωματικῶς διὰ τοῦ ἐπιμερισμοῦ τοῦ Διὸς τὸν κλῆρον τῆς φρονήσεως καὶ τῆς συνέσεως καὶ τοὺς δύο κλήρους τοὺς πρώτους ὧν ἐμνήσθημεν – λέγω δὴ τὸν κλῆρον τῆς ἀνδρείας καὶ τῆς τόλμης καὶ τὸν κλῆρον τῆς προκοπῆς καὶ τῆς νίκης – ἔτος ἓν μῆνας ς̅ ἡμέρας η̅. καὶ παραλαμβάνει τὴν σωματικὴν κυβέρνησιν τῆς Σελήνης τὸ δεξιὸν τετράγωνον τοῦ Ἄρεως μετὰ ἔτη ϑ̅ μῆνας ια̅ ἔγγιστα, καὶ κυβερνᾷ ὁ Ἄρης τοὺς κλήρους διὰ τῆς τετραγωνικῆς αὐτοῦ ἀκτῖνος καὶ τοῦ ἐπιμερισμοῦ τοῦ Διὸς ἄχρι τῶν ιδ̅ ἐτῶν καὶ μηνῶν β καὶ τριῶν ἡμερῶν ἔγγιστα.

Εἶτα μεθίσταται ὁ ἐπιμερισμὸς ἐπὶ τὸν Κρόνον, καὶ διοικεῖ ὁ Ἄρης τοὺς τρεῖς κλήρους διὰ τῆς τετραγωνικῆς αὐτοῦ ἀκτῖνος καὶ τοῦ ἐπιμερισμοῦ τοῦ Κρόνου ἔτη β̅ μῆνας ς̅ ἡμέρας ς̅ ἔγγιστα. καὶ παραδίδωσι τὴν κυβέρνησιν τῇ τριγωνικῇ ἀκτῖνι τοῦ Διὸς μῆνας ὀκτὼ ἡμέρας η̅ ἔγγιστα. εἶτα κυβερνᾷ ὁ Ζεὺς τοὺς τρεῖς κλήρους τῇ τριγωνικῇ αὐτοῦ ἀκτῖνι καὶ τῷ ἐπιμερισμῷ τοῦ Κρόνου ἄχρις ὅτου παραδώσει τῇ τετραγωνικῇ ἀκτῖνι τοῦ Ἡλίου τὴν κυβέρνησιν· καὶ τοιου⟨το⟩τρόπως γίνονται οἱ περίπατοι, συγκοινωνούντων τοῖς ὁριοκράτορσι τῶν σωμάτων τῶν ἀστέρων καὶ τῶν ἀκτίνων. τοὺς δὲ κλήρους καὶ τὰ δωδεκατημόρια ὁμοίως

Isidorus (ϱ): **5** ἀνδρίας || **9** κᾱ || **11** τοὺς πρώτους om. || **12** ἀνδρίας || **20** κρόνον] ἥλιον || **21** τρεῖς om. || **28** τοιουτοτρόπως

Versio Latina: **11** τοὺς πρώτους om. || **16** dictas tres partes || **21** dictas tres partes || **24** trino radio iovis (in marg. ego puto legendum, post annos 16 menses 8 et dies 8 prope) per menses 8 || **25** dictas tres partes || **27** trino radio (in marg. quadrato videtur legendum)

μετακινοῦμεν διὰ τοῦ περιπάτου ἄχρι τέλους ζωῆς τοῦ ἀνθρώπου. πολλάκις δὲ τυγχάνει διάφορά τινα ἐν τῷ ὁρίῳ τοῦ ἀστέρος ἢ ἐν τῇ κυβερνήσει τοῦ σώματος τοῦ ἀστέρος ἢ τῆς ἀκτῖνος αὐτοῦ. καὶ εἰ μέν ἐστιν ὁ διοικῶν ἤτοι ὁ κυβερνῶν ταῦτα ἀστὴρ ἀγαθοποιός, σημαίνει ἀγαθὰ κατὰ τὴν οἰκείαν φύσιν· εἰ δὲ κακοποιός, ἐναντία· εἰ δὲ διοικοῦσι διάφοροι ἀστέρες, ποίησον σύγκρασιν τῆς σημασίας αὐτῶν.

Τμῆμα δεύτερον. Περὶ τῶν σημασιῶν τῶν ἀγαθοποιῶν καὶ κακοποιῶν ὁριοκρατόρων καὶ τῶν κοινωνούντων αὐτοῖς εἴτε διὰ τοῦ οἰκείου σώματος εἴτε διὰ τῆς οἰκείας ἀκτῖνος

Τοῖς ἐπιμερίζουσιν ἀγαθοποιοῖς τε καὶ κακοποιοῖς ἰδία τις πρόσεστι σημασία ἐν τῇ διοικήσει τοῦ ἐπιμερισμοῦ ὡσαύτως καὶ τοῖς κοινωνοῦσι διά τε τοῦ σώματος καὶ τῶν ἀκτίνων καὶ δύναμις παράδοξος· καὶ ἔχουσι σημασίαν ἐξαίρετον καὶ κρείττονα τοῦ χρονοκράτορος. ὁ γὰρ χρονοκράτωρ τὰ τοῦ ἑνὸς χρόνου μόνα δηλοῖ συμπτώματα, ὁ δὲ ἐπιμερίζων δηλοῖ τὰ ἐν διαφόροις χρόνοις δηλούμενα πάθη ὡσαύτως καὶ ὁ συγκοινωνῶν αὐτῷ, συνεπιμαρτυρούντων αὐτῷ τοῦ τε ζῳδίου τῆς ἐναλλαγῆς τοῦ ἔτους καὶ τοῦ κυρίου αὐτοῦ καὶ τῆς Σελήνης καὶ τῶν λοιπῶν ὧν προείπομεν. δεῖ οὖν ἐπιβλέπειν τὸν τόπον τοῦ μερισμοῦ καὶ σκοπεῖν τίνος ὁριόν ἐστι καὶ πῶς διάκειται ὁ τούτου

V: **8** *τὰς σημασίας* || **19** *συνκοινωνῶν* || **22** *ἐπιβλέπει*

Isidorus (ϱ): **3** *ἢ — ἀστέρος* om. || **8** *τμῆμα δεύτερον* om. || **10** *διὰ – σώματος*] *σωματικῶς* || **11** *διὰ — ἀκτῖνος*] *κατὰ συσχηματισμόν* || **17** *ἑνὸς μόνου χρόνου* || **19** *συνκοινωνῶν* || **22** *ἐπιβλέπει*

Versio Latina: **7** *ἀστέρες* om. | facias || **8** *τμῆμα δεύτερον* om. || **8.9** de significatione planetarum bonorum atque malorum, duorum (pro dominorum) existentium terminorum || **10** *οἰκείου* om. || **11** *οἰκείας* om. || **14** participantibus eis || **15** habent etiam potentiam quandam inopinabilem (in marg. *ἀπροσδιόκουτον* [sic] opinor, hoc est, non expectanda) || **17** *τὰ — μόνα*] unius anni termino || **20** *τῆς — ἔτους*] profectionis || **22** locum divisionibus (pro divisionis) || **23** cuius termini est | *πῶς διάκειται*] esse

κύριος κατά τε πῆξιν καὶ κατὰ πάροδον [f. 276^{v}] καὶ εἰ ἑῷος ἢ ἑσπέριος καὶ εἰ προποδίζων ἢ ἀναποδίζων καὶ εἰ εὖ διάκειται ἢ κακῶς καὶ ἐν ποίῳ μέν ἐστι τόπῳ τὸ ὅριον ἀπὸ τοῦ ὡροσκόπου τῆς καταρχῆς, ἐν ποίῳ δὲ ζῳδίῳ τοῦ ἔτους, καὶ ἐν ποίῳ ἀπὸ τοῦ ὡροσκόπου τῆς ἐναλλαγῆς, καὶ τίνος οἶκος ἢ ὕψωμα ἢ τρίγωνον ἢ δεκανός ἐστι τὸ ζῴδιον ἐν ᾧ ὑπάρχει ὁ ἐπιμερισμὸς καὶ τίς τῶν ἀγαθοποιῶν ἢ κακοποιῶν ἦν ἐν αὐτῷ κατά τε πῆξιν καὶ κατὰ πάροδον καὶ τίνα ἕκαστος ἔχει δύναμιν ἢ ἀδυναμίαν καὶ τίνα εἶχε κατὰ πῆξιν καὶ τίνα κατὰ πάροδον καὶ εἰ ἀγαθὰ ἐσήμανεν ἢ ἐναντία καὶ ⟨εἰ⟩ ἀγαθοποιός ἐστιν ἢ κακοποιός· ὡσαύτως ἐπισκεπτέον τίνες ἐπιβάλλουσι τὰς ἀκτῖνας τῶν ἀστέρων καὶ ἐν τίνος ἀκτῖνι τρέχει ὁ ἐπιμερίζων καὶ τίς ἀστὴρ κατά τε πῆξιν καὶ κατὰ πάροδον ἦν ἐν τοῖς ὁρίοις αὐτοῦ.

Ἐπισκεπτέον δὲ καὶ τὰ ἑπτὰ εἴδη τῶν ἐπιμερισμῶν·

πρῶτον μὲν εἰ ἔστι μεμονωμένος ὁ ἐπιμερίζων καὶ ἀγαθοποιός.

β'. εἰ ἔστι μεμονωμένος καὶ κακοποιός.

γ'. εἰ ὁ μὲν ἐπιμερίζων ἐστὶ κακοποιός, ὁ δὲ κοινωνῶν αὐτῷ ἀγαθοποιός.

δ'. εἰ ὁ ἐπιμερίζων ἐστὶν ἀγαθοποιός, ὁ δὲ κοινωνῶν αὐτῷ κακοποιός.

ε'. εἰ ὁ ἐπιμερισμός ἐστι κοινὸς ἀγαθοποιοῦ καὶ κακοποιοῦ.

ϛ'. εἰ ὁ ἐπιμερίζων καὶ ὁ κοινωνὸς αὐτοῦ ὦσιν ἄμφω κακοποιοί.

ζ'. ἐὰν ἄμφω ἀγαθοποιοί.

V: **26** κακοποιόν

Isidorus (ϱ): **3** διάκεινται || **11** εἰ || **18** post β' add. δὲ || **25** κοινωνῶν αὐτῷ εἶεν

Versio Latina: **2** velox cursu || **2.3** fuerit boni esse vel mali || **4.5** in quo signo in figura profectionis || **7** pervenit || **9** τίνα[1]] quemadmodum || **10** εἰ om. || **11** si || **12** si qui || **13** qui de planetis || **14** ipsorum || **16** quarum prima est

Textus Arabicus: **4.5** اين هو من برج المنتهى

α′. Εἰ γοῦν ἐστιν ἐπιμερίζων ἀγαθοποιὸς καὶ ἐπὶ διαφόροις ἔτεσι κυβερνῶν καὶ εὖ διακείμενος κατά τε πῆξιν καὶ ἐν τῷ θέματι τῆς ἐναλλαγῆς, ὑπάρχουσι δὲ καὶ ὁ χρονοκράτωρ καὶ ἡ Σελήνη καὶ ὁ κύριος τοῦ ὡροσκόπου τῆς ἐναλλαγῆς ἀκάκωτοι, δηλοῦσιν ἀγαθὰ καὶ προδήλους εὐτυχίας καὶ περιφήμους καὶ διαβοήτους· εἰ δὲ καὶ κατὰ πῆξιν ὑπάρχει τοιουτοτρόπως καὶ κατὰ πάροδον ὁμοίως, ἐπιταθήσεται τὰ τῆς εὐτυχίας. εἰ δὲ ὁ ἐπιμερίζων ἐστὶν ἀγαθοποιὸς καὶ ὑπάρχει κεκακωμένος κατὰ πῆξιν ἢ ἐν τόπῳ ἐναντίῳ ἢ τύχωσι ὁ χρονοκράτωρ καὶ ἡ Σελήνη καὶ ὁ ὡροσκόπος τῆς ἐναλλαγῆς κεκακωμένοι, δηλοῖ ἐναντιότητας ἐν τοῖς χρόνοις ἐκείνοις. εἰ δὲ κατὰ μὲν πῆξιν κακοῦται ὁ τόπος τοῦ ἐπιμερισμοῦ, κατὰ δὲ πάροδον ἀγαθύνεται, μετρίως ἔσται αὐτῷ τὰ ἀγαθὰ τῷ ἔτει ἐκείνῳ· εἰ δὲ κατὰ μὲν πῆξιν ἀγαθύνεται, ἐν δὲ τῇ ἐναλλαγῇ κακύνεται, ἐλάττονα μὲν ἔσται τὰ ἀγαθὰ πλὴν οὐ πάντῃ ἀκυρωθήσεται διὰ τοῦ τὴν σημασίαν τοῦ κατὰ πῆξιν σχήματος στερροτέραν καὶ βεβαιοτέραν εἶναι τῆς κατὰ πάροδον· εἰ δὲ μερικῶς μὲν κακοῦται, μερικῶς δὲ ἀγαθύνεται, τοιουτοτρόπως ἔσται καὶ τὰ ἀποτελέσματα. ὡσαύτως δὲ δεῖ σε ἐπισκέπτεσθαι καὶ τοὺς ἐπιμερίζοντας καὶ τοὺς διέποντας καὶ τὰς λοιπὰς σημασίας τῶν ἀστέρων τῶν ἐχόντων λόγον τινὰ ἐν τῷ ἔτει.

Δεύτερον εἴπομεν εἶδος τὸ εἶναι τὸν ἐπιμερίζοντα κακοποιὸν καὶ μόνον τὰ τῆς κυβερνήσεως σημαίνοντα καὶ ⟨τὸ⟩

V: 3 ὑπάρχει || 8 ἔτι ταθήσεται || 10 τύχη || 20 δὲ] εἰ || 24 in marg. β′

Isidorus (ϱ): 1 α′ om. || 10 τύχοι || 13 ἀγαθαύεται || 14 μέτρια || 15 ἀγαθαύεται | κακοῦται || 17 τοῦ[1]] τὸ || 20 καὶ om. | δὲ om.

Versio Latina: 1 α′ om. || 1.2 καὶ — κυβερνῶν] solus || 3 in revolutione || 4 ὁ χρονοκράτωρ] dominus | luna dominus et vel ascendentis || 6—8 καὶ[2] — εὐτυχίας om. || 9 ἢ om. || 10 ἢ τύχωσι] fueritque || 14 moderata | αὐτῷ om. || 17 figurae nativitatibus (pro nativitatis) || 18 figura revolutionis || 21 participes et dispositores || 23 aliquam rationem sive dignitatem || 24 divisionis (in marg. diximus)

Textus Arabicus: 19.20

فان حال صاحب التحويل تكون مختلفة فى الخير والشر وكذلك

εἶναι κατὰ πῆξιν ἀκάκωτον ἐν τόπῳ ἀγαθῷ ἢ ἐν ζῳδίῳ ἐν ᾧ ἔχει λόγον ἢ ἐν ζῳδίῳ τῶν φίλων αὐτοῦ ἀστέρων ἢ ἐν ζῳδίῳ ἀγαθοποιοῦ ἐφορώμενον ὑπὸ ἀστέρων ἀγαθοποιουμένων καὶ τὸ τὸν ἐπιμερίζοντα τοιουτοτρόπως διακεῖσθαι ἐν τῇ ἐναλλαγῇ τῶν ἐτῶν ἐφορώμενον ὑπὸ ἀγαθοποιῶν καὶ ⟨τὸ⟩ τὸν χρονοκράτορα καὶ τὴν Σελήνην καὶ τὸν ὡροσκόπον τῆς ἐναλλαγῆς καὶ τὸν κύριον αὐτοῦ ἀγαθύνεσθαι. τοιουτοτρόπως γὰρ διακειμένων ἁπάντων, ὁ κακοποιὸς ἐκεῖνος ὥσπερ τὴν οἰκείαν φύσιν ἀπαρνησάμενος νίκης καὶ τροπαίων καὶ εὐτυχιῶν αἴτιος γίνεται. εἰ δὲ ὁ ἐπιμερισμός ἐστι κακοποιοῦ καὶ ὑπάρχει κατά τε πῆξιν καὶ ἐν τῇ ἐναλλαγῇ τῶν ἐτῶν οἷς ἐπιμερίζει κακυνόμενος καὶ μὴ ἐφορᾶται τὸ ὅριον ἐκεῖνο εἴτε κατὰ πῆξιν εἴτε κατὰ πάροδον ὑπὸ ἀγαθοποιοῦ, ὑπάρχει δὲ σὺν τούτοις καὶ ἡ Σελήνη κεκακωμένη ἐν τοῖς ὡροσκόποις τῶν ἐναλλαγῶν τῶν ἐτῶν καὶ τῶν κυρίων αὐτῶν τετραγωνιζομένων ἢ διαμετρουμένων παρὰ τῶν κακοποιῶν, τεθνήξεται ὁ γεννηθεὶς ἐν ἐκείνῳ τῷ ἐπιμερισμῷ καὶ κατ' ἐκεῖνο τὸ ἔτος ἐν ᾧ πάντα τὰ τοιαῦτα συμπεσοῦνται σχήματα. τὰ δὲ κατὰ πῆξιν σχήματα ὡς εἴπομεν ἐπικρατέστερά ἐστι τῶν κατὰ τὴν ἐναλλαγὴν καὶ πλεῖον τούτων δυνάμενα εἴς τε τὸ ἀγαθύνειν καὶ ⟨τὸ⟩ κακοποιεῖν.

Τρίτον ἔφημεν εἶδος τὸ ὑπάρχειν τὸν ἐπιμερίζοντα κακοποιόν, τὸν δὲ κοινωνοῦντα αὐτῷ σωματικῶς ἢ ἀκτινοβολικῶς ἀγαθοποιόν. καὶ εἴ γε τοιοῦτόν ἐστι τὸ σχῆμα,

V: **3** *ἀγαθοποιῷ* || **5** *ὑφορώμενον* || **15** *ταῖς ἐναλλαγαῖς τῶν ὡροσκόπων* || **25** *εἴ γε*] *εἴτε*

Isidorus (ϱ): **3** *ἀγαθοποιῷ* | *ὀφορωμένῳ* || **15** *ταῖς ἐναλλαγαῖς τῶν ὡροσκόπων* || **22** post *καὶ* add. *εἰς* | *τὸ*

Versio Latina: **1** bene dispositus || **2** habeat aliquando (pro aliquam) dignitatem || **3** in signo benevolo | benevolis || **4** *τὸν ἐπιμερίζοντα*] ipse || **5** *τῶν ἐτῶν*] amisit (pro annorum) || **9.10** triumphi et prosperitatis || **10** et ipse || **12** cum his quibus || **15** in revolutionibus ascendentium annorum || **16** *αὐτῶν* om. | inspectis ... per oppositum vel quadratum || **18** *καὶ*] videlicet || **21** maiorem his possibilitatem huiusmodi || **22** et e contra || **24** per radios vel per corpus || **25**—p. 136, 1 *καὶ* — *ἀγαθοποιός* om.

ὁ μὲν ἀγαθοποιὸς ῥύσεται τὸν ἔχοντα τὴν ἐναλλαγὴν ἀπὸ θανάτου, ὁ δὲ κακοποιὸς περιστάσεσι τοῦτον ὑποβαλεῖ καὶ ἔσται τὰ κατ᾽ αὐτὸν [f. 277] συγκεκραμένα ἀγαθὰ κακοῖς· καί ποτε μὲν στενοχωρηθήσεται, ποτὲ δὲ κουφισθήσεται καὶ πλατυνθήσεται· καὶ ἐνίοτε μὲν νο⟨σ⟩ήσει, ἐνίοτε δὲ ἐπαπολαύσει ὑγείας· καί ποτε μὲν λυπηθήσεται, καὶ πάλιν χαρήσεται· καί τινι μὲν καιρῷ συμπτώμασι περιπεσεῖται, ἐν δ᾽ ἑτέρῳ σωθήσεται καὶ εὐοδωθήσεται. ὑποδείγματος χάριν. Κρόνος ἔν τινι γενεθλίῳ ἐπιμερίζων, ἐκοινώνει αὐτῷ κατὰ τὸν ἐπιμερισμὸν ἡ Ἀφροδίτη ἀκτινοβολικῶς, καὶ ἄμφω οἱ ἀστέρες ἦσαν ἰσοδύναμοι. διὰ μὲν οὖν τὴν φύσιν τῆς Ἀφροδίτης καὶ τὸ ταύτης ἀγαθοποιὸν ⟨εἶναι⟩, εὑρήσει πλοῦτον ὁ τὴν ἐναλλαγὴν ἔχων καὶ γυναικὶ συναφθήσεται καὶ παῖδας ἕξει· διὰ τὴν τοῦ Κρόνου φύσιν τεθνήξονται ὁ τούτου παῖς καὶ ἡ γυνὴ καὶ κλαύσει μεγάλως καὶ λυπηθήσεται ἐπὶ τούτοις· εἰ δὲ δυναμικωτέρα ἐστὶ ἡ Ἀφροδίτη, θάνατον οὐ δηλοῖ. εἰ δὲ ὁ ἐπιμερισμός ἐστί τινος τῶν κακοποιῶν, συνεπιμερίζει ⟨δὲ⟩ αὐτῷ σῶμα ἀγαθοποιοῦ ἢ ἀκτίς, ἐφορᾶται δὲ κατὰ πῆξιν παρά τινος κακοποιοῦ ὁ ἐπιμερίζων, τύχωσι δὲ καὶ τὸ ζῴδιον τοῦ ἔτους καὶ ὁ ὡροσκόπος τῆς ἐναλλαγῆς καὶ οἱ κύριοι αὐτῶν κεκακωμένοι παρὰ τοῦ τοιούτου κακοποιοῦ κατὰ πῆξιν, τύχῃ δὲ καὶ ἀποκαταστατικὸς ἐν τῷ καιρῷ τῆς ἐναλλαγῆς, εὑρέθη⟨σαν⟩ δὲ καὶ ἡ Σελήνη καὶ τὸ ὅριον ἐν ᾧ ἐστιν ὁ ἐπιμερισμὸς ἐν ἐκείνοις τοῖς ἔτεσιν

V: **2** *ὑποβαλλεῖ* || **3** *συνκεκραμένα* | *ἀγαθοῖς* || **15** *τεθνήξεται* || **20** *τύχη*

Isidorus (ϱ): **3** *συνκεκραμένα* || **8.9** *ποδείγματος δὲ χάριν* || **9** *κρόνος*] *ἔστω ὁ κρόνος* | *ἐκοινώνει*] *καὶ κοινωνείτω* || **11** *ἦσαν*] *ὄντες* || **14** post *διὰ* add. *δὲ* || **15** *τεθνήξεται* || **19** *δὲ* || **20** *κακοποιοῦ*] *τῶν κακοποιῶν* | *τύχοι* || **23** *τύχοι* || **24** *εὑρεθείη*

Versio Latina: **3** bonis et malis || **5** aegrotabit || **8.9** verbi gratia || **10** *κατὰ τὸν ἐπιμερισμὸν*] divisione || **11** *οἱ ἀστέρες* om. || **12** *οὖν* om. || **12.13** ipsius benevolentiam || **15** eius filii || **18** alicuius malevoli || **20** *ὁ ἐπιμερίζων* om. || **21** *τοῦ ἔτους*] perfectionis (sic) || **22** *οἱ — κεκακωμένοι*] eorum omnium impedita || **23** fueritque ipsius divisionis terminus || **24** si ... inventi fuerint

ἐν τόπῳ ἐναντίῳ ἢ κεκακωμένοι καὶ ἀβοήθητοι παρὰ τῆς τῶν ἀγαθοποιῶν μαρτυρίας, πάνυ κακὸν τὸ σχῆμα τὸ τοιοῦτον καὶ ἢ ἀποθανεῖται ἢ τῷ θανάτῳ πλησιάσει· εἰ δὲ ὁ ἐπιμερισμός ἐστι κακοποιοῦ καὶ οὐκ ἐνυπάρχει αὐτῷ κατὰ πῆξιν σῶμα ἀγαθοποιοῦ ἢ ἀκτὶς καὶ τύχῃ κατὰ πάροδον ἐκεῖσε ὁ κακοποιὸς ἢ ἀκτὶς τοῦ κακοποιοῦ, δηλοῖ πάνυ χαλεπὰ συμπτώματα· εἰ δὲ σὺν τούτοις τὸ ζῴδιον τοῦ ἔτους καὶ ὁ ὡροσκόπος τῆς ἐναλλαγῆς καὶ οἱ τούτων κύριοι κακοῦνται, πρὸς δὲ καὶ ἡ Σελήνη ὑπὸ κακοποιῶν ὁρᾶται, μεῖζον ἔσται τὸ σύμπτωμα καὶ ἢ τεθνήξεται τῷ ἔτει ἐκείνῳ ἢ πλησίον ἥξει θανάτου.

Τέταρτον εἴπομεν εἶδος τὸ εἶναι τὸν ἐπιμερίζοντα ἀγαθοποιόν, τὸν δὲ συνεπιμερίζοντα αὐτῷ κακοποιόν. καὶ εἰ τοιοῦτόν ἐστι τὸ σχῆμα, σύγκρασιν δηλοῖ τῶν κατ᾽ αὐτὸν καὶ μεσότητα ἀγαθῶν τε καὶ φαύλων καὶ χαρᾶς καὶ λύπης καὶ νόσου καὶ ὑγείας. εἰ δὲ ὁ ἐπιμερισμός ἐστιν ἀγαθοποιοῦ καὶ συνεπιμερίζει αὐτῷ κακοποιός, σχηματίζεται δὲ ὁ κακοποιὸς ἐκεῖνος κατὰ πῆξιν ἀγαθοποιῷ καὶ τύχῃ ὁ ἀγαθοποιὸς ἐκεῖνος ἐν τῷ ζῳδίῳ τοῦ ἔτους ἢ τῷ ὡροσκόπῳ τῆς ἐναλλαγῆς ἢ οἱ κύριοι αὐτῶν ἀγαθυνόμενοι ὑπ᾽ ἐκείνου τοῦ ἀγαθοποιοῦ, καὶ τύχωσιν ἡ Σελήνη καὶ τὸ ὅριον ἐν ᾧ ὑπάρχει ὁ ἐπιμερισμὸς ἐν ἀγαθοῖς τόποις, δηλοῖ ἀγαθὰ πολλὰ καὶ εὐτυχίας προδήλους, ἀλλὰ διὰ τὴν κοινωνίαν τοῦ κακοποιοῦ ἔσται σύμμετρα τὰ

V: **2** *κακοποιῶν* || **3** *ἀποθάνῃ* || **10** *μείζων* || **11** *ἕξει* || **12** in marg. *δ'* || **17** *κακοποιός*] *κακοποιοῦ* || **20** *τοῦ ὡροσκόπου* || **21** *τύχῃ*

Isidorus (*ϱ*): **2** *κακοποιῶν* | *τὸ*¹ om. || **3** *καὶ* om. | post *ἢ* add. *γὰρ* || **5** *τύχοι* || **12** *εἶδος εἴπομεν* || **16** *ἐπιμερίζων* | post *ἐστὶ* add. *μὲν* || **17** *ἀγαθοποιός* | *καὶ — αὐτῷ*] *ὁ δὲ συνεπιμερίζων* | *συσχηματίζεται* || **18** *ἐκεῖνος*] *οὗτος* || **19** *τύχοι* || **20** *τοῦ ὡροσκόπου* || **21** *τύχοι* || **23** *πολλὰ ἀγαθὰ δηλοῖ*

Versio Latina: **1** in locis contrariis || **2** benevolorum || **4** *αὐτῷ* om. || **6** *ἐκεῖσε*] ille | *τοῦ κακοποιοῦ*] eius || **7** *πάνυ χαλεπὰ*] difficilima (sic) || **8** *τοῦ ἔτους*] profectionis || **18** *ἀγαθοποιῷ*] malevolo || **19** malevolus ille | *τοῦ ἔτους*] profectionis

Textus Arabicus:

1.2 ليس يعينها السعود || **18** مسعود || **19** ذلك السعد

ἀγαθά. εἰ δὲ ⟨ὁ⟩ ἐπιμερισμός ἐστιν ἀγαθοποιοῦ καὶ ὑπάρχει ἐν αὐτῷ κακοποιὸς ἐν τῷ καιρῷ τῆς ἐναλλαγῆς ἢ ἀκτὶς κακοποιοῦ, διὰ μὲν τὸν ἐπιμερισμὸν τοῦ ἀγαθοποιοῦ δηλοῖ ⟨εὐ⟩τυχίαν, διὰ δὲ τὴν ἀκτῖνα τοῦ κακοποιοῦ δηλοῖ ἐναντιότητας, καὶ μάλιστα ἐὰν ὁ ἐπιμερίζων καὶ οἱ κύριοι τῶν ἐτῶν καὶ ἡ Σελήνη κεκακωμένοι ὑπάρχουσι καὶ ἐν τόποις ἀνοικείοις.

Πέμπτον εἴπομεν εἶδος τὸ εἶναι ἐπιμερισμὸν ἀστέρος ἀγαθοποιοῦ εἴτε κακοποιοῦ· ὑπάρχει δὲ ὁ ἐπιμερισμὸς κατὰ πῆξιν ἐν τόπῳ ἀνοικείῳ καὶ ἐν αὐτῷ κακοποιὸς ἢ ἀκτὶς κακοποιοῦ ἐξ οἱουδήποτε συσχηματισμοῦ καὶ οὐκ ἐπιβλέπεται τὸ ὅριον ὑπό τινος τῶν ἀγαθοποιῶν ἐνδυνάμου ἢ ἐφορᾶται μὲν ὑπὸ ἀγαθοποιοῦ, ἀλλ' ἀμυδρῶς καὶ ἐλαττόνων ὑπάρχει μοιρῶν ἤπερ ὁ κακοποιὸς, τύχῃ δὲ ἐν τοῖς ζῳδίοις ἐν οἷς ὑπάρχει ὁ ἐπιμερισμὸς κατὰ πῆξιν κακοποιὸς βλάπτων ἅμα καὶ τὸν ἐπιμερίζοντα κατὰ πῆξιν ἢ τὸ ζῴδιον τοῦ ἔτους ἢ τὸν ὡροσκόπον τῆς ἐναλλαγῆς ἢ τοὺς δύο κυρίους αὐτῶν καὶ γένηται ἀποκαταστατικὸς ἐν τῇ ἐναλλαγῇ ὅτε καταντήσει ὁ ἐπιμερισμὸς εἰς τὸ σῶμα τοῦ ἀστέρος ἐκείνου ἢ τὴν ἀκτῖνα, ἀπαράβατος ὁ ἄνθρωπος ἐκεῖνος φονευθήσεται. εἰ δὲ ὁ ἐπιμερισμός ἐστί τινος ἀγαθοποιοῦ ἢ κακοποιοῦ, ὑπάρχει δὲ ἐν αὐτῷ σῶμα ἀγαθοποιοῦ ἢ ἀκτὶς καὶ ἐνυπάρχει αὐτῷ πάλιν σῶμα κακοποιοῦ ἢ ἀκτίς, τύχωσι δὲ καὶ οἱ κύριοι τῶν ἐτῶν ἐκείνων ἀγαθυνόμενοι ἅμα τῷ ἐπιμερίζοντι καὶ τῇ Σελήνῃ, περιπεσεῖται μὲν

V: **8** in marg. ε′ || **14** ἦπερ || **15.16** κακοποιός — πῆξιν supra lineam scr. || **16** τὸν] γιν′

Isidorus (ϱ): **4** εὐτυχίαν || **6** ὑπάρχωσι || **8** post εἶναι add. τὸν | post ἀστέρος add. εἴτε || **12** ἐν δυνάμει || **14** μοιρῶν ὑπάρχει | τύχοι || **16** καὶ om. || **21** φονευθήσεται] ἀπὸ φόνου ἔσται || **24** τύχοι

Versio Latina: **4** prosperitatem || **6** τῶν ἐτῶν] eorum || **10.11** radius vel corpus malevoli || **11** aspectu sit radius || **12** ab aliquo benevolo || **12.13** si inspiciatur | ἀλλ'] tum || **15** βλάπτων] impeditus (pro impediens) || **16.17** τοῦ ἔτους] profectionis || **23** καὶ ἐνυπάρχει αὐτῷ om. | ἢ] ac || **25** ἅμα] similiter cum | divisione

δυσχερέσι [σὶ] πλὴν σωθήσεται· εἰ δὲ ὑπάρχουσι τὰ ἀγαθὰ σχήματα ἀμυδρά, τὰ δὲ ἐναντία ἐπικρατέστερα, οὐ σωθήσεται· εἰ δὲ τοιουτοτρόπως ἔχουσι τὰ προειρημένα σχήματα, ὑπάρχει δὲ κακοποιὸς ἐν τῷ ὁρίῳ ἢ ἀκτὶς κακοποιοῦ κατὰ τὸν καιρὸν τῆς ἐναλλαγῆς, οὐ σωθήσεται πλὴν ἐντίμως ἀποθανεῖται.

Ἕκτον εἴπομεν εἶδος τὸ εἶναι τὸν ἐπιμερισμὸν κακοποιοῦ, διέποντος ἤτοι κυβερνῶντος σώματος κακοποιοῦ ἢ ἀκτῖνος· καὶ τὸ τοιοῦτον σχῆμα δηλοῖ περιστάσεις μεγάλας καὶ σωμάτων νόσους καὶ ἐμποδισμοὺς περὶ τὰς τοῦ βίου ἀναστροφάς, δέος δὲ μή ποτε τελευτήσῃ ἐν τῷ ἔτει ἐν ᾧ ὁ ἐπιμερίζων καὶ ἡ Σελήνη καὶ ὁ ὡροσκόπος τῆς ἐναλλαγῆς καὶ ὁ κύριος αὐτοῦ καὶ ὁ χρονοκράτωρ ὑπάρχουσι κεκακωμένοι, καὶ μάλιστα ὅτε τὸ ζῴδιον ἐν ᾧ ἐστιν ὁ ἐπιμερισμὸς ἦν τόπος κακοποιοῦ κατὰ πῆξιν ἢ κατὰ πάροδον κατὰ τὸν καιρὸν τῆς ἐναλλαγῆς. εἰ δὲ ὁ ἐπιμερίζων ἐστὶ κακοποιὸς καὶ συνεπιμερίζει τούτῳ κακοποιὸς εἴτε κατὰ σῶμα εἴτε κατ᾽ ἀκτῖνα, καὶ κατὰ τὸν καιρὸν τῆς ἐναλλαγῆς ἀκτινοβολήσει τοῦτον ἀγαθοποιός, [f. 277v] *οὐ ῥύσεται τὸν ἄνθρωπον ἀπὸ θανάτου, πλὴν ἔσται ἔντιμος ἐν τῇ νόσῳ αὐτοῦ καὶ εὖ ἕξει τὰ κατ᾽ αὐτὸν μέχρι τοῦ καιροῦ τοῦ θανάτου· εἰ δὲ ἐν τῷ καιρῷ τῆς ἐναλλαγῆς ἐπιβάλλει κακοποιὸς τὴν ἀκτῖνα αὐτοῦ, ὑποστήσεται ἀνάγκην πρὸ τοῦ θανάτου καὶ βασανισθήσεται ἐν τῇ νόσῳ καὶ βαρετὸς ἔσται τοῖς νοσοκομοῦσιν αὐτὸν καὶ τελευτήσει*

V: **6** *ἀποθάνῃ* || **7** *τὸ*] *τὸν* || **11** *τελευτήσῃ*] om., sed *τελευταῖ* in marg. || **19** *ἀκτινοβολίσει* | post *ἀγαθοποιὸς* add. *δέ σε* (?)

Isidorus (*ϱ*): **1** *τισὶ* | post *πλὴν* add. *δὲ* || **8** *ἤτοι*] *καὶ τὸ* | *κυβερνῶν* || **8.9** *σῶμα κακοποιὸν ἢ ἀκτῖνα* || **11** *δέον* || **22** post *θανάτου* add. *αὐτοῦ* || **25** *βαρετὸς*] *ἐπιβαρὴς*

Versio Latina: **1** *δυσχερέσι*] pericula || **8.9** *διέποντος — σχῆμα*] et in ea per corpus vel radium participaverit malevolus alius, et cum talis figura fuerit || **10.11** circa mundanas conversiones || **11** *ποτε* om. || **16** tempore videlicet revolutionis || **20** ille homo || **22** obitus sui || **24** ante obitum suum | *βασανισθήσεται*] cruciabitur

τελευτὴν ἐναντίαν· καὶ εἴπερ εἰσὶν οἱ προδηλωθέντες σημαντῆρες ἐν οἰκείοις τόποις, ἔσται ὁ θάνατος αὐτοῦ ἐν τῇ οἰκείᾳ πατρίδι παρὰ τοῖς συγγενέσιν αὐτοῦ· εἰ δ' ἐν ἀλλοτρίοις, ἔσται παρὰ ἀλλοτρίοις.

Ἕβδομον εἶδος ἦν τὸ εἶναι τὸν ἐπιμερισμὸν ἀγαθοποιοῦ συνεπιμερίζοντος ἀγαθοῦ κατὰ σῶμα ἢ ἀκτινοβολίαν καὶ ⟨τὸ⟩ ἀγαθύνεσθαι ἀμφοτέρους· καὶ ὅτε ἐστὶ σχῆμα τοιοῦτον, ἔσονται οἱ χρόνοι ἐκεῖνοι εὐτυχεῖς καὶ διαβόητοι ἐπ' ἀγαθοῖς, καὶ μάλιστα ⟨εἰ⟩ ὅ τε ἐπιμερίζων καὶ τὸ ζῴδιον τοῦ ἔτους καὶ ὁ κύριος αὐτοῦ καὶ ὁ ὡροσκόπος τῆς ἐναλλαγῆς καὶ ἡ Σελήνη ἀκάκωτοι ὑπάρχουσι, καὶ μάλιστα ἐὰν ὁ ἐπιμερίζων καὶ ὁ κύριος τοῦ ἔτους ἀκτινοβολήσωσι τὸ ὅριον ἐκεῖνο· εἰ δὲ ὁ μὲν κακοῦται, ὁ δὲ ἀγαθύνεται, ἔσται σύμμικτα τὰ ἀποτελέσματα. εἰ δὲ ὁ ἐπιμερισμός ἐστί τινος ἀγαθοποιοῦ, συνεπιμερίζει δὲ τούτῳ σωματικῶς ἢ ἀκτινοβολικῶς κατὰ πῆξιν ἀγαθοποιός, τύχῃ δὲ κατὰ τὸν καιρὸν τῆς ἐναλλαγῆς ἐν τῷ τόπῳ κακοποιὸς ἢ ἀκτὶς κακοποιοῦ, τεύξεται μὲν ὁ ἄνθρωπος ἀγαθῶν, πλὴν οὐκ ἀδεῶς ἐπαπολαύσει τούτων, ἀλλὰ θορυβηθήσεται κατὰ τὴν φύσιν τοῦ κακοποιοῦ. πολλάκις δέ ἐστιν ὁ ἐπιμερισμὸς ὅριόν τινος ἀστέρος καὶ αὐτὸς ⟨ὁ⟩ ἀστὴρ συνεπιμερίζει σωματικῶς ἢ ἀκτινοβολικῶς ἐπὶ χρόνοις τισί, μεθίσταται δὲ ἔν τινι ἔτει ὁ ἐπιμερισμὸς εἰς ἕτερον ἐπιμερισμὸν καὶ παραδίδωσιν ὁ ἐπιμερίζων ἑτέρῳ ἐπιμερίζοντι, καὶ συνίστανται τρόποι ἕξ.

πρῶτος τὸ ὅριον ὅπερ λέγεται πρῶτος ἐπιμερισμός.

δεύτερος ὁ παραδιδοὺς τὸν ἐπιμερισμὸν ὃς λέγεται πρῶτος ἐπιμερίζων.

V: **7** ἀμφότεροι || **26** πρῶτος[1]] πρῶτον

Isidorus (ϱ): **9** μάλιστα ὅτε ὁ || **12** post καὶ[1] add. ἔτι || **14** ἀγαθύνονται || **19** τούτων] πάντων || **21** ὁ

Versio Latina: **4** in alienis penes extraneos || **6** participaverit ei || **9** si || **10** τοῦ ἔτους] perfectionis (sic) || **12** τοῦ ἔτους] eius || **14** eventuum definitiones || **17.18** in loco divisionis || **18** ὁ ἄνθρωπος] ipse || **20.21** saepe quidem contingit quod divisio est || **24.25** divisor tradit dispositionem alii divisori || **25** et de hoc || **27** tradens sive pulsans

τρίτος τὸ ὅριον εἰς ὃ μετέστη ὁ ἐπιμερισμός.
δ' ὁ ἐπιμερίζων ὁ β'.
ε' ὁ συνεπιμερίζων σωματικῶς ἢ ἀκτινοβολικῶς.

Οὗτοι δὲ οἱ ἓξ τρόποι ἐν τῷ καιρῷ τῆς παραδόσεως καὶ παραλήψεως διαιροῦνται εἰς ἑτέρους τρόπους κδ, ὧν τέσσαρές εἰσι τῶν ἐπιμεριζόντων ἰδίᾳ·
καὶ ὁ μὲν πρῶτός ἐστι τὸ μεθίστασθαι τὸν ἐπιμερισμὸν ἀπὸ ὁρίου ἀγαθοποιοῦ ἐπὶ ὅριον ἀγαθοποιοῦ.
ὁ δὲ δεύτερος τὸ μεθίστασθαι ἀπὸ ὁρίου κακοποιοῦ ἐπὶ ὅριον κακοποιοῦ.
τρίτος τὸ μεθίστασθαι ἀπὸ ὁρίου ἀγαθοποιοῦ ἐπὶ ὅριον κακοποιοῦ.
δ' τὸ μεθίστασθαι ἀπὸ ὁρίου κακοποιοῦ ἐπὶ ὅριον ἀγαθοποιοῦ.

Ἕτεροι δὲ τέσσαρες τρόποι συνίστανται ἀπὸ τῶν ἐπιμεριζόντων ἀγαθοποιῶν ἢ κακοποιῶν καὶ τῆς παραδόσεως καὶ τῆς παραλήψεως αὐτῶν·
καὶ πρῶτος ὅτε παραδίδωσιν ἀγαθοποιὸς ἀγαθοποιῷ.
δεύτερος ὅτε παραδίδωσι κακοποιὸς ἀγαθοποιῷ.
τρίτος ὅτε παραδίδωσιν ἀγαθοποιὸς κακοποιῷ.

V: **11** ὁρίου] ὅριον || **12** ἀγαθοποιοῦ, corr. in κακοποιοῦ || **13.14** δ' — ἀγαθοποιοῦ in marg. scr.

Isidorus (ϱ): **2** δ² om. || **3** post ἀκτινοβολικῶς add. ε' et lac. c. 24 litt. || **4** post καὶ add. τῆς || **5.6** ὧν — ἰδίᾳ om. || **11** ἀπὸ bis scr. || **17** τῆς om. | παραλήψεως] λήψεως || **19** post β' iter. **18.19** ὅτε — β'

Versio Latina: **4.5** tempore participationis, traditionis, et receptionis || **7** transitus divisionis propriae || **8** a terminis benevolorum | ἐπὶ ὅριον ἀγαθοποιοῦ om. || **9.10** a terminis benevolorum et in terminos malevolorum || **11** τὸ — ἀπὸ om. || **11.12** terminus benevolorum in terminos malevolorum || **13** τὸ μεθίστασθαι om. || **13.14** a terminis malevolorum in terminos benevolorum || **17** καὶ] vel || **20** malevolus malevolo

Textus Arabicus:
4—6 والسادس الذى ينتقل اليه التدبير فيقبله بالجسد او بالشعاع وهذه الادلاء الستة تكون حالها عند الانتقال فى السعادة والنحوسة على اربعة وعشرين

δ' ὅτε παραδίδωσι κακοποιὸς κακοποιῷ.

Καὶ ἕτεροι η̅ τρόποι λαμβανόμενοι ἐκ τῶν ἐπιμεριζόντων καὶ συνεπιμεριζόντων αὐτοῖς ἀγαθοποιῶν ἢ κακοποιῶν σωματικῶς ἢ ἀκτινοβολικῶς·

ὧν πρῶτος τὸ μεθίστασθαι τὸν ἐπιμερισμὸν ἀπὸ ὁρίου ἀγαθοποιοῦ ἐπὶ ὅριον ἀγαθοποιοῦ συνεπιμερίζοντος ἀγαθοποιοῦ.

δεύτερος τὸ μεθίστασθαι τὸν ἐπιμερισμὸν ἀπὸ ὁρίου ἀγαθοποιοῦ ἐπὶ ὅριον ἀγαθοποιοῦ συνεπιμερίζοντος κακοποιοῦ.

τρίτος τὸ μεθίστασθαι τὸν ἐπιμερισμὸν ἀπὸ ὁρίου κακοποιοῦ ἐπὶ ὅριον ἀγαθοποιοῦ συνεπιμερίζοντος ἀγαθοποιοῦ.

δ' τὸ μεθίστασθαι τὸν ἐπιμερισμὸν ἀπὸ ὁρίου κακοποιοῦ ἐπὶ ὅριον ἀγαθοποιοῦ συνεπιμερίζοντος κακοποιοῦ.

ε' τὸ μεθίστασθαι τὸν ἐπιμερισμὸν ἀπὸ ὁρίων ἀγαθοποιῶν ἐπὶ ὅρια κακοποιῶν συνεπιμερίζοντος ἀγαθοποιοῦ.

ς' τὸ μεθίστασθαι τὸν ἐπιμερισμὸν ἀπὸ ὁρίων ἀγαθοποιοῦ ἐπὶ ὅρια κακοποιοῦ συνεπιμερίζοντος κακοποιοῦ.

ζ' τὸ μεθίστασθαι τὸν ἐπιμερισμὸν ἀπὸ ὁρίων κακοποιοῦ ἐπὶ ὅρια κακοποιοῦ συνεπιμερίζοντος ἀγαθοποιοῦ.

η' τὸ μεθίστασθαι τὸν ἐπιμερισμὸν ἀπὸ ὁρίων κακοποιοῦ ἐπὶ ὅρια κακοποιοῦ συνεπιμερίζοντος κακοποιοῦ.

V: **21** *κακοποιοῦ*] *ἀγαθοποιοῦ*

Isidorus (ϱ): **17** *ὁρίου* | *ἀγαθοποιοῦ* || **18** *ὅριον* | *κακοποιοῦ* || **19** *ὁρίου* || **20** *ὅριον* || **21** *κακοποιοῦ*] *ἀγαθοποιοῦ* || **22** *ὅριον* || **23** *ὁρίου* || **24** *ὅριον*

Versio Latina: **1** benevolus malevolo || **3** condivisoribus sive participantibus eis || **3.4** malevolis vel benevolis vel per corpus || **6** terminis benevolorum | *ἐπὶ* — *ἀγαθοποιοῦ* om. || **6.7** benevolis participantibus || **8.9** a terminis benevolurum in terminos benevolorum || **9.10** participante benevolo || **11.12** a terminis malevolorum in terminis (sic) benevolorum || **14.15** a terminis malevolorum in terminos benevolorum || **19** benevolorum || **20** *κακοποιοῦ*[1]] malevolorum || **21** *κακοποιοῦ*] benevolorum || **22** *κακοποιοῦ*] malevolorum | *ἀγαθοποιοῦ*] malevolo || **23** malevolorum || **24** *κακοποιοῦ*[1]] malevolorum

Συνίστανται δὲ καὶ ἕτεροι ὀκτὼ τρόποι τῶν ἐπιμεριζόντων ἀγαθοποιῶν τε καὶ κακοποιῶν σωματικῶς ἢ ἀκτινοβολικῶς ἔν τε ταῖς παραδόσεσι καὶ ταῖς παραλήψεσιν·

ὧν πρῶτος τὸ μεθίστασθαι τὸν ἐπιμερισμὸν ἀπὸ ἀγαθοποιοῦ ἐπὶ ἀγαθοποιὸν ἐν ὁρίοις ἀγαθοποιοῦ.

δεύτερος τὸ μεθίστασθαι τὸν ἐπιμερισμὸν ἀπὸ [*ὁρίου*] *ἀγαθοποιοῦ ἐπὶ ἀγαθοποιὸν ἐν ὁρίοις κακοποιοῦ.*

τρίτος τὸ μεθίστασθαι ἀπὸ ⟨κακοποιοῦ ἐπὶ⟩ ἀγαθοποιὸν ἐν ὁρίοις ἀγαθοποιοῦ.

δ' τὸ μεθίστασθαι ἀπὸ κακοποιοῦ εἰς ἀγαθοποιὸν ἐν ὁρίοις κακοποιοῦ.

ε' τὸ μεθίστασθαι ἀπὸ ἀγαθοποιοῦ ἐπὶ κακοποιὸν ἐν ὁρίοις ἀγαθοποιοῦ.

ϛ' τὸ μεθίστασθαι ἀπὸ ἀγαθοποιοῦ [f. 278] *ἐπὶ κακοποιὸν ἐν ὁρίοις κακοποιοῦ.*

ζ' τὸ μεθίστασθαι ἀπὸ κακοποιοῦ ἐπὶ κακοποιὸν ἐν ὁρίοις ἀγαθοποιοῦ.

η' τὸ μεθίστασθαι ἀπὸ κακοποιοῦ ἐπὶ κακοποιὸν ἐν ὁρίοις κακοποιοῦ.

Κατὰ τοὺς κδ οὖν τρόπους τούτους γίνονται αἱ μεταθέσεις· συνίστανται δὲ καὶ τῶν σημασιῶν αὐτῶν τρόποι ιβ κατὰ συζυγίαν λεγόμενοι·

ὧν πρῶτος τὸ μεθίστασθαι τὸν ἐπιμερισμὸν ἀπὸ ὁρίων ἀγαθοποιῶν ἐπὶ ὅρια ἀγαθοποιῶν ἢ παραδοῦναι σῶμα ἢ

V: **3** *παραδώσεσι* || **6** *ἀγαθοποιοῦ*] *ἀγαθοποιοῖς* || **8** *κακοποιοῦ*] *ἀγαθοποιοῖς*, corr. in *κακοποιοῖς* || **9** *ἀγαθοποιὸν*] *ἀγαθοποιοῦ* in ras. || **16** *κακοποιοῖς* || **24** *ὡρίων* || **25** *ἀγαθοποιῶν*] *ἀγαθοποιά*

Isidorus (ϱ): **6** *ἐπὶ*] *εἰς* || **7** *ὁρίου* om. || **8** *ἐπὶ*] *εἰς* || **9** post *μεθίστασθαι* add. *τὸν ἐπιμερισμὸν* | *κακοποιοῦ*] *ἀγαθοποιοῦ* | *ἐπὶ*] *εἰς* | *ἀγαθοποιὸν*] *κακοποιὸν* || **17** *ἐπὶ*] *εἰς* || **25** *ἀγαθοποιοῦ*¹ | *ἀγαθαποιοῦ*² | *ἢ*¹] *καὶ* | *σῶμα*—p. 144,1 *ἀγαθοποιοῦ* om.

Versio Latina: **7** terminis || **8** benevolorum | *ἐπὶ ἀγαθοποιὸν*] in terminos benevolorum || **9** mutatio divisionis | benevolo in malevolum || **23** *λεγόμενοι*] decimi (in marg. dicti) || **25** benevoli | in terminos benevolos (sic)

ἀκτῖνα ἀγαθοποιοῦ σώματι ἢ ἀκτῖνι ἑτέρου ἀγαθοποιοῦ· ταῦτα γὰρ ἐπίμονον δηλοῖ τὴν εὐτυχίαν ⟨καὶ⟩ μετάβασιν ἀπὸ εὐτυχίας ἐπὶ εὐτυχίαν.

δεύτερος τὸ μεθίστασθαι τὸν ἐπιμερισμὸν ἢ τὸν ἐπιμερίζοντα ἀπὸ κακοποιοῦ ἐπὶ ἀγαθοποιόν· καὶ δηλοῖ μετάβασιν ἀπὸ δυστυχίας καὶ ταπεινότητος ἐπὶ δόξαν καὶ ὕψος.

τρίτος τὸ μεθίστασθαι τὸν ἐπιμερισμὸν ἢ τὸν ἐπιμερίζοντα ἀπὸ ἀγαθοποιοῦ ἐπὶ κακοποιόν· καὶ δηλοῖ μετάβασιν ἀπὸ ἀγαθῶν ἐπὶ κακὰ καὶ ἐπὶ φόβους θανάτου.

δʹ τὸ μεθίστασθαι τὸν ἐπιμερισμὸν καὶ τὸν ἐπιμερίζοντα ἀπὸ κακοποιοῦ ἐπὶ κακοποιόν· καὶ δηλοῖ κατ' ἐκεῖνον τὸν καιρὸν ἐγκυλινδεῖσθαι τὸν ἄνθρωπον ἀπὸ κακοῦ εἰς κακὸν καὶ ἀπὸ συμπτωμάτων εἰς συμπτώματα καὶ φόβους θανατικούς.

Καὶ οὗτοι μὲν οἱ τέσσαρες τρόποι ἁπλᾶς συζυγίας εἰσίν· οἱ δὲ ἕτεροι η̅ συζυγίας διπλῆς·

ὧν πρῶτος τὸ μεθίστασθαι τὸν ἐπιμερισμὸν ἀπὸ ὁρίων ἀγαθοποιοῦ ἐπὶ ὅρια ἀγαθοποιοῦ ἐπιμερίζοντος ἀγαθοποιοῦ καὶ παραδοῦναι τὸν ἐπιμερίζοντα ἀγαθοποιὸν ὄντα ἑτέρῳ ἀγαθοποιῷ ἐν ὁρίοις ἀγαθοποιοῦ· δηλοῖ γὰρ ἐν ἐκείνῳ τῷ ἔτει εὐτυχίαν καὶ δαψίλειαν ἀγαθῶν.

V: 1 ἀκτῖνος || 2.3 μετάβασιν — εὐτυχίαν supra lineam scr. || 4 δεύτερον || 13 ἐγκαλινδεῖσθαι

Isidorus (ϱ): 2 καὶ || 4 ἢ τὸν ἐπιμερίζοντα om. || 5 ἀπὸ — ἀγαθοποιόν] ἀπὸ ὁρίων κακοποιοῦ ἐπὶ ὅρια ἀγαθοποιοῦ καὶ παραδοῦναι σώματι ἢ ἀκτῖνι ἑτέρου ἀγαθοποιοῦ || 8 ἢ τὸν ἐπιμερίζοντα om. || 9 ἀπὸ — κακοποιόν] ἀπὸ ὁρίων ἀγαθοποιοῦ ἐπὶ ὅρια κακοποιοῦ καὶ παραδοῦναι σώματι ἢ ἀκτῖνι ἑτέρου κακοποιοῦ || 10 post ἀγαθῶν add. ἢ || 11 καὶ τὸν ἐπιμερίζοντα om. || 12 κακοποιοῦ — κακοποιόν] ὁρίων κακοποιοῦ ἐπὶ ὅρια κακοποιοῦ καὶ παραδοῦναι σώματι ἢ ἀκτῖνι ἑτέρου κακοποιοῦ || 13 ἐγκαλινδεῖσθαι || 14 κακῶν | κακὰ || 21.22 δηλοῖ γὰρ] καὶ δηλοῖ

Versio Latina: 1 pulsatio sive traditio || 2 et || 4 divisoris vel divisionis || 6.7 exaltationem et gloriam || 10 timorem || 12 benevolum (in marg. malevolum) || 13 τὸν ἄνθρωπον] ipse || 15 mortis timorem

β' τὸ μεθίστασθαι τὸν ἐπιμερισμὸν ἀπὸ ὁρίων ἀγαθοποιῶν ἐπὶ ὅρια [ἐπὶ ὅρια] ἀγαθοποιῶν ἐπιμερίζοντος κακοποιοῦ ἢ παραδοῦναι ἀγαθοποιὸν ἀγαθοποιῷ ἐν ὁρίοις κακοποιοῦ· δηλοῖ γὰρ ἐν ἐκείνῳ τῷ ἔτει διὰ τὴν τῶν ἀγαθοποιῶν ἐπικράτειαν εὐτυχίαν πλὴν οὐκ ἄκρατον καὶ ἀκηλίδωτον διὰ τὴν τοῦ κακοποιοῦ φύσιν.

γ' τὸ μεθίστασθαι τὸν ἐπιμερισμὸν ἀπὸ ὁρίων κακοποιῶν ἐπὶ ὅρια ἀγαθοποιῶν ἐπιμερίζοντος ἀγαθοποιοῦ ἢ παραδοῦναι κακοποιὸν ἀγαθοποιῷ ἐν ὁρίοις ἀγαθοποιοῦ· δηλοῖ δὲ ἐν τῷ τοιούτῳ ἔτει ἀπὸ δυστυχίας μετάβασιν ἐπὶ εὐτυχίαν.

δ' τὸ μεθίστασθαι τὸν ἐπιμερισμὸν ἀπὸ ὁρίων κακοποιοῦ ἐπὶ ὅρια ἀγαθοποιοῦ συνεπιμερίζοντος κακοποιοῦ ἢ παραδοῦναι κακοποιὸν ἀγαθοποιῷ ἐν ὁρίοις κακοποιοῦ· καὶ δηλοῖ τῷ τοιούτῳ ἔτει μεσότητα κατά τε εὐτυχίαν καὶ δυστυχίαν καὶ ἐν ἀγαθοῖς ⟨καὶ⟩ κακοῖς, πλὴν τὰ καλὰ ἔσται ἐπικρατέστερα.

ε' τὸ μεθίστασθαι τὸν ἐπιμερισμὸν ἀπὸ ὁρίων ἀγαθοποιῶν ἐπὶ ὅρια κακοποιῶν συνεπιμερίζοντος ἀγαθοποιοῦ ἢ παραδοῦναι ἀγαθοποιὸν κακοποιῷ ἐν ὁρίοις ἀγαθοποιοῦ· καὶ δηλοῖ τῷ ἔτει ἐκείνῳ μεσότητα ἀγαθῶν τε καὶ πονηρῶν, καὶ τὰ κακὰ ἔσται ἐπικρατέστερα.

ϛ' τὸ μεθίστασθαι τὸν ἐπιμερισμὸν ἀπὸ ὁρίων ἀγαθοποιῶν ἐπὶ ὅρια κακοποιοῦ συνεπιμερίζοντος κακοποιοῦ

V: **2** *ἀγαθοποιῶν*] *ἀγαθοποιὰ* || **8** *ἀγαθοποιῶν*] *ἀγαθοποιὰ* || **19** *κακοποιὰ* || **20** *ἀγαθοποιὸν*] *ἀγαθοποιῷ*

Isidorus (*ϱ*): **1** *ἀγαθοποιοῦ* || **2** *ἐπὶ ὅρια* om. | *ἀγαθοποιῶν*] *ἀγαθοποιοῦ* || **3** post *ἀγαθοποιὸν* add. *ἑτέρῳ* || **4** *δηλοῖ γὰρ*] *καὶ δηλοῖ* || **4.5** *διὰ — εὐτυχίαν*] *εὐτυχίαν μετρίαν διὰ τὴν τῶν κακῶν ἐπικράτειαν* || **5.6** *καὶ ἀκηλίδωτον* om. || **6** *κακοῦ* || **7** *κακοποιοῦ* || **8** *ἀγαθοποιῶν*] *ἀγαθοποιοῦ* || **15.16** *δυστυχίαν καὶ εὐτυχίαν* || **16** *καὶ* || **18** *ἀγαθοποιοῦ* || **19** *κακοποιῶν*] *κακοῦ* || **22** *καὶ*[2]] *πλὴν* || **23** *ἀγαθοποιοῦ*

Versio Latina: **2** *ἀγαθοποιῶν*] benevolos || **3** pulsatio dispositionis || **9** in terminos || **12** malevolorum || **13** *ἀγαθοποιοῦ*] benevolos | participantes || **14** traditio sive pulsatio || **15** *τοιούτῳ*] ipso || **16** et tam in bonis quam in malis || **19** *κακοποιῶν*] benevolos || **20** *κακοποιῷ — ἀγαθοποιοῦ* om. || **24** *κακοποιοῦ*[1]] malevolorum

ἢ παραδοῦναι τὸν ἐπιμερίζοντα ἀγαθοποιὸν ὄντα κακοποιῷ ἐν ὁρίοις κακοποιοῦ· καὶ δηλοῖ ἐν τῷ τοιούτῳ ἔτει ἐναντιότητας καὶ βλάβας πολλὰς καὶ συμπτώματα καὶ φόβους θανατικούς.

ζ′ τὸ μεθίστασθαι τὸν ἐπιμερισμὸν ἀπὸ ὁρίων κακοποιῶν ἐπὶ ὅρια κακοποιοῦ συνεπιμερίζοντος ἀγαθοποιοῦ ἢ παραδοῦναι κακοποιὸν κακοποιῷ ἐν ὁρίοις ἀγαθοποιοῦ· καὶ δηλοῖ τῷ ἔτει ἐκείνῳ βλάβας μεγίστας καὶ φόβους ἀπὸ θανάτου.

η′ τὸ μεθίστασθαι τὸν ἐπιμερισμὸν ἀπὸ ὁρίων κακοποιοῦ ἐπὶ ὅρια κακοποιοῦ ἐπιμερίζοντος κακοποιοῦ ἢ παραδοῦναι κακοποιὸν κακοποιῷ ἐν ὁρίοις κακοποιοῦ· καὶ σημαίνει τῷ τοιούτῳ ἔτει εἴδη πολλὰ ἐναντιώσεων καὶ θανάτου φόβους. καὶ τὸ μεῖζον κακὸν τὸ εἶναι πάντας κακοποιούς.

Τὸ δὲ εἶδος τῶν ἀγαθῶν καὶ τῶν κακῶν διαγινώσκεται ἀπό τε τῆς τοῦ ἀστέρος φύσεως καὶ τῆς φύσεως τοῦ οἴκου αὐτοῦ καὶ τοῦ τόπου κατά τε πῆξιν καὶ κατὰ πάροδον. ἰσχυροτέραν δὲ δύναμιν ἔχει τῶν τριῶν ὁ ἐπιμερίζων, δευτέραν δὲ ὁ συνεπιμερίζων σωματικῶς· τὸ γὰρ ἀκτινοβολικὸν ἀδρανές. τῶν δὲ ἀκτινοβολιῶν δυνατωτέρα ἡ διάμετρος, εἶτα ἡ τετράγωνος, εἶτα ἡ τρίγωνος· ἡ δὲ ἑξάγωνος ἀσθενεστάτη. ταῦτα δὲ ἃ προείπομεν περὶ τοῦ συνεπιμερίζοντος οὐ δεῖ λαμβάνειν κατὰ πάροδον, ἀλλὰ κατὰ πῆξιν.

Ὅτε δὲ καταντήσει ὁ περίπατος ἀπό τε τοῦ ὡροσκόπου καὶ τῶν λοιπῶν ἀφετῶν ἐπί τινα τῶν ἀπλανῶν ἀστέρων τῶν σημαινόντων εὐτυχίαν, ὁ δὲ τοιοῦτος ἀστὴρ προεδήλου [f. 278v] κατὰ τὴν πῆξιν εὐτυχίαν, τὸ τηνικαῦτα ἐνδείξεται τὴν οἰκείαν ἐνέργειαν. εἰ δὲ κατὰ πῆξιν

Isidorus (ϱ): **5** κακοποιοῦ || **18** κατὰ² om. || **20** post δὲ add. δύναμιν

Versio Latina: **1** τὸν ἐπιμερίζοντα om. || **2** τοιούτῳ] illo || **4** mortis timorem || **5.6** κακοποιῶν ἐπὶ ὅρια om. || **8** magna || **13** ἔτει om. | species multarum adversitatum || **20** qui participat ei || **20** participatio vero per radios || **28** τοιοῦτος] ipsa

οὐκ εἶχέ τινα σημασίαν, μέρος τι παρεισφέρει εὐτυχίας κατὰ τὴν φύσιν τοῦ πλανήτου ἀστέρος οὗτινος ὁ ἀπλανὴς τῇ κράσει συγκέκραται. ὅτε δὲ καταντήσει ὁ περίπατος ἐπί τινα κακοποιὸν ἀστέρα τῶν ἀπλανῶν τὸν δηλοῦντα τύφλωσιν ὀμμάτων ἢ βιαιοθανασίας καὶ φόνους, ἀναφανήσεται τηνικαῦτα μέρος τι τῆς ἐνεργείας τοῦ ἀστέρος.

Ὅσα δὲ προείπομεν ἐν τῷ παρόντι ἡμῶν συγγράμματι ὅτι δηλοῦσι θάνατον τοῦ τὴν ἐναλλαγὴν ἔχοντος ἔν τε τοῖς ἐπιμερισμοῖς καὶ τοῖς περιπάτοις τότε γενήσονται ὅτε καὶ οἱ χρόνοι ἐκεῖνοι συμφωνήσουσι τῷ ἀριθμῷ τῶν χρόνων τῆς ζωῆς ὧν ἐδήλου κατὰ πῆξιν ὁ ἀφέτης ἢ τούτων ἐγγύς· τὸ δ' αὐτὸ νοείσθω σοι ἐπί τε θανάτου γονέων καὶ ἀδελφῶν καὶ ἑτέρων. εἰ γὰρ ἡ ἐναλλαγὴ τοῦ χρόνου θάνατον δηλοῖ καὶ ἀπώλειαν, οὐ τύχῃ δὲ τὸ τηνικαῦτα τὸ πλήρωμα τῶν ἐτῶν ὧν ἐσήμανεν ὁ ἀφέτης, θάνατος μὲν οὐ γενήσεται, σύμπτωμα δὲ μέγα καὶ κινδυνῶδες.

⟨Τρίτον⟩. *Περὶ τῆς σημασίας τοῦ Κρόνου ἐπιμερίζοντος καὶ περὶ τοῦ συνεπιμερισμοῦ τῶν ἀστέρων πρὸς αὐτόν*

Ὅτε ποιήσεις τὸν περίπατόν τινος τῶν ἀφετῶν, ἢ τοῦ Ἡλίου ἢ τῆς Σελήνης ἢ τοῦ ὡροσκόπου ἢ τοῦ κλήρου τῆς τύχης ἢ τῆς μοίρας τῆς συνόδου ἢ τῆς μοίρας τῆς πανσελήνου, γνῶθι τὸν ἐπιμερίζοντα εἴτε σωματικῶς εἴτε ἀκτινο-

V: **11** *ὧν* supra lineam scr. || **14** *ἀπόλειαν*

Isidorus (ϱ): **3** *κράσει*] *φύσει* || **13** post *ἑτέρων* add. *ὧν ἐσήμανεν ὁ ἀφέτης* || **14** *τύχοι* || **18** *περὶ* om.

Versio Latina: **1** *εἶχέ*] habebit (in marg. habuit) || **2** *τοῦ πλανήτου ἀστέρος*] illius planetae || **4** stellam fixam || **6** ipsius stellae || **7** praediximus bis scr. || **11** *ὧν*] quam || **12** item (pro idem) | *σοι* om. || **15** quos videlicet || **17—19** de significatione saturni cum fuerit per divisionem dispositor et de significatione participationis planetarum in divisione || **22** *τῆς πανσελήνου*] praeventionis || **23** planetam divisorem et qui participat ei | per gradum (pro radium)

βολικῶς. ἔχει γὰρ ἕκαστος ἰδίαν σημασίαν ἀγαθῶν ἢ κακῶν· καὶ δυναμικώτερος μὲν τῶν ἄλλων ὁ ἐπιμερίζων ἀπὸ τοῦ ἀφέτου, εἶτα ὁ συνεπιμερίζων αὐτῷ· οἱ δὲ λοιποὶ ἀδρανεῖς εἰσι τὴν δύναμιν.

Ὅτε οὖν ἐπιμερίζει ὁ Κρόνος μή τινος ἀστέρος ἐκεῖνα τὰ ὅρια ἀκτινοβολοῦντος μήτε τὸν Κρόνον ἐφορῶντος, δηλοῖ τῷ ἔτει ἐκείνῳ νόσους μακρὰς ἀπὸ ψυχρότητος καὶ παχέος φλέγματος καὶ βλάβης γαστρὸς καὶ λιθιάσεως καὶ φθίσεως καὶ οἰδήματος καὶ μελαγχολικῶν νόσων καὶ φροντίδων καὶ κατηφείας καὶ στυγνότητος καὶ μεταμελείας καὶ συγχύσεως καὶ βίας καὶ ἐκεχειρίας τῶν ὠφελίμων πράξεων καὶ πλήθους ἐρίδων καὶ ἀθυμίας ἐπί τισι γεγονόσι καὶ κακοοικονομίας.

Εἰ δὲ ὁ αὐτὸς Κρόνος ἐπιμερίζων ἐπιβλέπει τὰ ὅρια, δηλοῖ θάνατον τοῦ ἔχοντος τὸ γενέθλιον ἐν ἐκείνῳ τῷ ἐπιμερισμῷ. εἰ δὲ ὁ Ζεὺς συνεπιμερίζει αὐτῷ, δηλοῖ ἀνάλυσιν τῶν κακῶν καὶ βλάβην τοῦ γεννηθέντος ἀπὸ γονέων καὶ παίδων. εἰ δὲ ὁ Ἄρης συνεπιμερίζει τούτῳ, δηλοῖ συμπτώματα καὶ βλάβας ἀπὸ ἀδελφῶν· εἰ δὲ ὁ Ἄρης συσχηματίζεται τῷ Κρόνῳ μὴ ἐφορώντων τῶν ἀγαθοποιῶν, θάνατον δηλοῖ καὶ νόσους τινὰς καὶ ἐγκεφάλων βλάβην καὶ νεύρων, ἐπικρατήσουσι ⟨δὲ⟩ οἱ ἐχθροὶ αὐτοῦ. εἰ δὲ συνεπιμερίζει τῷ Κρόνῳ ὁ Ἥλιος ἀκάκωτος ὤν, δηλοῖ θανάτου μὲν ῥυσθῆναι τὸν ἄνθρωπον, λύπας δὲ ὑποστῆναι· ἴσως δὲ ὁ πατὴρ αὐτοῦ τελευτήσει καὶ διαφόρους ὑποστήσεται

V: **11** ἐκκεχειρίας

Isidorus (ϱ): **2** δυναμικωτέραν || **5** μή] καί || **13** γεγονέσι || **24** ἴσως δέ] ἴσως δὲ καί

Versio Latina: **1** sive bonorum sive malorum || **3** divisor qui et dispositor dicitur || **7** significatio (pro significat) || **8.9** morbo lapidis velcisis (in marg. incisione scissura) et schiseos ac tumore || **10** significat etiam sollicitudines || **10.11** καί[1] — συγχύσεως] moerores atque moestitias || **11** violentiam || **11.12** ocium || **12** ἐρίδων] revolutionum || **15** τὸ γενέθλιον] revolutio | in ipsa scilicet divisione || **17** καί[2]] vel || **20** aspicientibus eos || **21** cerebri || **24** homo ille

λύπας. εἰ δὲ συνεπιμερίζει αὐτῷ ἡ Ἀφροδίτη, συζευχθήσεται γυναικὶ καὶ τεχθήσεται αὐτῷ παῖς καὶ λύπας ὑποστήσεται καί τις τῶν παίδων αὐτοῦ τελευτήσει καὶ τῶν γυναικῶν. εἰ δὲ συνεπιμερίζει τούτῳ ὁ Ἑρμῆς, δηλοῖ βλάβην παρὰ δούλων καὶ διὰ μαθήσεις καὶ ψηφηφορίας καὶ γραφὰς καὶ τὰς δόσεις καὶ τὰς λήψεις καὶ τὰς πράσεις καὶ τὰς ἀγορα⟨σία⟩ς· εἰ δὲ ὁ Ἑρμῆς ἀκτινοβολεῖ τὸν τόπον ἐκεῖνον καὶ ἐφορᾶται παρὰ τοῦ Ἄρεως, δηλοῖ βλάβην διὰ ψεῦδος καὶ πλαστογραφίας καὶ σκαιωρίας καὶ δόλους καὶ διά τινας λόγους ἢ πράξεις. εἰ δὲ συνεπιμερίζει τούτῳ ἡ Σελήνη, δηλοῖ πλῆθος φροντίδων καὶ ἀθυμιῶν καὶ βίου ἀνωμαλίας καὶ συνταράξεως πραγμάτων καὶ οἰκονομιῶν καὶ πᾶν ὃ ἐγχειρίσει ἐμποδισθήσεται καὶ ἢ ἡ μήτηρ αὐτοῦ ἢ αἱ ἀδελφαὶ αὐτοῦ τελευτήσουσιν· εἰ δὲ μὴ τελε⟨υ⟩τήσουσιν, ὑποστήσονται κλιμακτῆρας βαρεῖς· καὶ ἐν τῷ τοιούτῳ καιρῷ ἐν πάσαις ταῖς αὐτοῦ πράξεσιν ἐμποδισθήσεται.

Εἰ δὲ ὁ Κρόνος ἐπιμερίζων ὑπάρχει κατὰ πῆξιν ἀκάκωτος καὶ ἐν τόπῳ ἀγαθῷ, ἐφορᾶται δὲ ὑπὸ τοῦ Διός, δηλοῖ ὡς ὁ γεννηθεὶς ὠφεληθήσεται διά τι τῶν κειμηλίων καὶ διά τινων ἀρχαίων πραγμάτων ὡσαύτως καὶ δι᾿ ἐγγαίων καὶ οἰκημάτων καὶ διὰ πάντων τῶν πραγμάτων ὧν ἐπέχει ὁ Κρόνος. τότε δὲ γίνεται μάλιστα ἡ ἐπισημασία τῶν ἀστέρων ὅτε ἀκτινοβολήσουσι τὸ ὅριον ἐκεῖνο καθὼς εἴπομεν καὶ πρότερον.

V: **8** *ἄρεος* || **9** *σκαιαρίας* | *δούλους* || **23** *ἀκτινοβολίσειυσι*

Isidorus (*ϱ*): **5** *ψηφοφορίας* || **6** *τὰς*[1] om. | *τὰς*[2] om. | *τὰς*[3] om. | *τὰς*[4] om. || **11** *ῥαθυμιῶν* || **13** *ἐγχειρήσει* || **14** *τελευτήσωσιν* || **19** *τι*] *τινος* || **22** *δὲ*] *γὰρ* | *μάλιστα γίνεται* || **24** *εἴπομεν* u. ad *πρότερον*] *μετὰ ταῦτα λεχθήσεται*

Versio Latina: **1** unus (pro venus) || **6.7** emptiones et venditiones || **8** falsam scripturam || **9** fraudes || **11** vitae inquietudinem || **12** multitudinem conturbationis rerum | in omni || **14** *αὐτοῦ* om. || **16** *αὐτοῦ* om. || **17** disponens in revolutionibus || **19–22** propter thesauros et propter aedificia et habitationes et ab omnibus rebus quarum est significator saturnus || **24** *καὶ πρότερον* om.

Textus Arabicus: **7** الشراء

⟨Τέταρτον⟩. Περὶ τῆς σημασίας τοῦ Ζηνὸς ὅτε ὑπάρχει ἐπιμερίζων καὶ τῆς συνεπισημασίας τῶν συνεπιμεριζόντων αὐτῷ ἀστέρων

Ὅτε ἐπιμερίζει ὁ Ζεὺς μὴ συνεπιμερίζοντος αὐτῷ τινος τῶν ἀστέρων ἢ ἐφορῶντος, ὑπάρχει δὲ ἐν τῷ κατὰ πῆξιν θέματι ἐν ἀγαθῷ τόπῳ, δηλοῖ συζευχθήσεσθαι τὸν τοιοῦτον γυναικὶ ἀγαθῇ ἐν τῷ καιρῷ τοῦ ἐπιμερισμοῦ καὶ γνησίους ⟨εἶναι⟩ αὐτοῦ παῖδας· καὶ συνομιλήσει βασιλεῦσι καὶ ἄρχουσι καὶ ἐνδόξοις ⟨συμ⟩πολίταις αὐτοῦ καὶ προστεθήσεται ἡ ἀξία αὐτοῦ καὶ ἡ δόξα καὶ ἡ τιμή. καὶ εἰ μέν ἐστιν ὁ γεννηθεὶς τῆς μέσης τύχης, ἄρξει τῶν τῆς αὐτῆς τάξεως ὑπαρχόντων καὶ κυριεύσει αὐτῶν ἐν τῇ ἰδίᾳ πατρίδι καὶ πλοῦτον ἐπικτήσεται· εἰ δὲ τῆς ἄνω τύχης ὑπάρχει, τεύξεται ἐξουσίας κατὰ πόλεων καὶ θεμάτων καὶ τῶν ἐν αὐτοῖς οἰκούντων καὶ προστεθήσεται ἡ δόξα αὐτοῦ καὶ ὁ πλοῦτος καὶ γεννηθήσεται παιδίον ἢ τῷ παιδὶ αὐτοῦ παῖς.

[f. 279] Εἰ δὲ συνεπιμερίζει τούτῳ ὁ Κρόνος, δηλοῖ ὡς διαφθείρει τὸν πατρῷον πλοῦτον καὶ τὸν προγονικὸν καὶ συγγενικὸν τὸν ἀπὸ τοῦ πατρὸς καὶ βλαβήσεται παῖς αὐτοῦ καὶ οἱ γονεῖς καὶ λυπηθήσεται καὶ ἀθυμήσει καὶ κλαύσεται καὶ ἀργία ἔσται ἐν ταῖς πράξεσι αὐτοῦ καὶ ὅσα ἐπιζητεῖ ἐμποδισθήσεται καὶ [μὴ] κακοοικονόμητος ἔσται

V: **6** συζευχθήσεται

Isidorus (ϱ): **1.2** ὅτε — ἐπιμερίζων] ἐπιμερίζοντος || **2.3** τῆς u. ad ἀστέρων] τοῦ συνεπιμερισμοῦ τῶν ἀστέρων πρὸς αὐτόν || **8** αὐτοῦ] ἕξειν || **11** post τύχης add. ἐστίν || **16** παιδία || **19** διαφθορεῖ | τὸν[2] om. || **23** μὴ om.

Versio Latina: **1—3** per dispositionem suam et de participantibus planetis || **6** τὸν τοιοῦτον] ipsum || **7** optimae || **8** charos | εἶναι] habere | αὐτοῦ om. || **9** concivibus suis || **12.13** cum patriciis (in marg. patriotis) suis || **16** nascetur ei || **19** corrumpet seu destruet | τὸν προγονικὸν] patrimonia praecessorum suorum || **19.20** καὶ[2] — πατρὸς om. || **22** tardius erit in petitionibus suis || **23** μὴ om.

Textus Arabicus: **9** الرؤساء من اهل مدينته

καὶ νοσήσει διαφόρους νόσους καὶ ἀνακλιθήσεται. εἰ δὲ συνεπιμερίζει τῷ Διῒ ὁ Ἄρης, δηλοῖ σύγχυσιν ὧν εἴπομεν ἀγαθῶν ὧν σημαίνει ὁ Ζεὺς καὶ ἐλάττωσιν καὶ ὕφεσιν αὐτῶν. εἰ δὲ ὁ Ἥλιος συνεπιμερίζει τῷ Διΐ, δηλοῖ κυριεῦσαι αὐτὸν ἀρχῆς τινος καὶ πράξεως καὶ προστεθῆναι τὸν πλοῦτον αὐτοῦ καὶ τὴν εὐτυχίαν καὶ τὴν δόξαν καὶ τὴν ἀξίαν καὶ ὁμιλῆσαι ἄρχουσι καὶ βασιλεῦσι· καὶ πολλοὶ τῇ πύλῃ αὐτοῦ προσελεύσονται καὶ τούτου δεηθήσονται καὶ ἔντιμος ἔσται καὶ ἀνώτερος πάσης βλάβης καὶ μακαριστὸς καὶ εὐφρανθήσεται ἐπὶ γονεῦσι καὶ πάπποις καὶ συγγενέσι καὶ ἐπὶ διαφόροις πράγμασι καὶ κλῆρον ἐπικτήσεται γονικόν. εἰ δὲ συνεπιμερίζει τῷ Διῒ ἡ Ἀφροδίτη, δηλοῖ τοῦτον συζευχθῆναι γυναικὶ ἀγαθῇ συγγενίδι ἢ ἐνδόξῳ καὶ ἐπικτήσασθαι παῖδα ἀγαθὸν καὶ εὐφρανθήσεσθαι ἐπὶ γυναιξὶ καὶ ὠφεληθήσεσθαι δι' αὐτῶν καὶ προσκείσεσθαι μελοποιΐαις καὶ παιδιαῖς καὶ ἀπολαύσεσιν καὶ τεύξεσθαι εὐτυχιῶν ἀξιολόγων· εἰ δὲ κατὰ πῆξιν συσχηματίζεται ὁ Ζεὺς τῇ Ἀφροδίτῃ, προστεθήσεται ἡ εὐτυχία αὐτοῦ καθ' ἑκάστην ἡμέραν καὶ ἀξιόλογον ἐπικτήσεται πλοῦτον καὶ προστεθήσεται ὁ ἱματισμὸς αὐτοῦ καὶ βασιλικὰ ἐνδύσεται ἱμάτια καὶ σχῆμα περιτεθήσεται βασιλέως καὶ πληθυνθήσεται ἡ εὐφροσύνη αὐτοῦ· εἰ δὲ τῆς μέσης ἐστὶ τύχης ὁ ἄνθρωπος, μετρίως τῶν τοιούτων τεύξεται. εἰ δὲ συνεπιμερίζει τῷ Διῒ ὁ Ἑρμῆς καὶ ὑπάρχει ἀκάκωτος, δηλοῖ εὐφροσύνην καὶ ὠφέλειαν διὰ μαθημάτων καὶ παιδεύσεως καὶ προσθήκην ῥητορείας καὶ σοφίας καὶ φιλιωθήσεται ἐνδόξοις καὶ περιφανέσι [καὶ οὐ ξηρίοις] καὶ

V: **9** *βλάβης*] *συλλαβῆς*, corr. in *βλάβης*

Isidorus (ϱ): **4** *ἥλιος*] *ἄρης* || **5** *προστεθήσεσθαι* || **7** *ὁμιλήσειν* || **13** *συζευχθήθεσθαι* (sic) | post *ἀγαθῇ* add. *ἢ* || **14** *ἐπικτήσεσθαι* || **16** *παιδείαις* || **22.23** *μέσης τύχης ὁ ἄνθρωπός ἐστι* || **27** *καὶ οὐ ξηρίοις* om.

Versio Latina: **1** aegritudine diversa | restituetur vel convalescet || **2** *τῷ διῒ*] ei || **4** *τῷ διῒ*] ei || **5** *καὶ*[1]] vel || **7** regibus et principibus || **9** in omni nocumento || **12** ei || **18.19** *καθ' ἑκάστην ἡμέραν* om. || **20** adoletur (in marg. abolentur) (pro addetur) || **23** *τῶν τοιούτων*] praedicta || **24** *τῷ διῒ*] ei || **25** *μαθημάτων*] doctrinam || **27** *καὶ οὐ ξηρίοις* om.

διοικηταῖς τῶν πραγμάτων καὶ ἔσται εὐεπίτευκτος καὶ εὐεπήβολος ἐν ταῖς οἰκονομίαις αὐτοῦ καὶ ταῖς πράξεσι καὶ εὐοδωθήσεται ἐν ταῖς ἀνὰ χεῖρα αὐτοῦ δουλείαις καὶ εὐφρανθήσεται ἐπὶ τέκνοις καὶ προστεθήσεται ἡ εὐτυχία αὐτοῦ καὶ βελτιωθήσεται ἐν τῷ δόγματι αὐτοῦ· εἰ δὲ ὁ Ἑρμῆς ἐστι κεκακωμένος, ἔσται ἐλάττονα τὰ εἰρημένα καὶ τεύξεται μὲν τούτων, πλὴν σύγχυσιν ὑποστήσεται δι᾽ αὐτά. εἰ δὲ συνεπιμερίζει τῷ Διῒ ἡ Σελήνη, δηλοῖ ὑγείαν σώματος καὶ εὐεξίαν καὶ δόξαν καὶ εὐτυχίαν· καὶ εὐφρανθήσεται ἐπὶ ἀδελφαῖς καὶ μητρὶ καὶ τεύξεται ὧν ἤλπιζε καὶ ἐπαινεθήσεται παρὰ πολλῶν καὶ οἰκειωθήσεται βασιλεῦσι καὶ πρόθυμος ἔσται ἐν τοῖς ἔργοις αὐτοῦ.

⟨Πέμπτον⟩. Περὶ τοῦ ἐπιμερισμοῦ τοῦ Ἄρεως καὶ τῶν συνεπιμεριζόντων αὐτῷ ἀστέρων

Ὅτε ἐπιμερίζει ὁ Ἄρης μηδενὸς συνεπιμερίζοντος αὐτῷ ἀστέρος μήτε μὴν ἐπιμαρτυροῦντος, τύχῃ δὲ κατὰ πῆξιν ἀκάκωτος (ἰδὲ καὶ εἰ μέν ἐστιν ὁ γεννηθεὶς τύχης περιφανοῦς), δηλοῖ στρατηγίας μεγίστας καὶ ἀρχὴν παμμεγέθη· καὶ πλῆθος στρατιωτῶν καὶ ἰδιωτῶν ἐπισυναχθήσεται τῇ πύλῃ αὐτοῦ καὶ προστεθήσεται ἡ ἀνδρεία αὐτοῦ καὶ τὰ ὅπλα καὶ τὰ ὑποζύγια· ἱππασίᾳ τε χρήσεται καὶ κατακυριεύσει τῶν ἐχθρῶν αὐτοῦ· χρυσόν τε καὶ ἄργυρον ἐπικτήσεται καὶ πλοῦτον δαψιλῆ καὶ τροπαιοῦχος ἔσται· πολέμοις τε χρήσεται καὶ θράσει καὶ ἀδικίᾳ· εἰ δὲ τῆς

V: **5** βελτιαθήσεται || **13** ἄρεος

Isidorus (ϱ): **3** ταῖς] τοῖς || **13.14** περὶ τῆς σημασίας τοῦ ἄρεως ἐπιμερίζοντος καὶ τοῦ συνεπιμερισμοῦ τῶν ἀστέρων πρὸς αὐτόν || **16** ἀστέρος om. || **21** ἱππασίαις || **21—24** τε — πολέμοις om.

Versio Latina: **3** ἐν — δουλείαις] in exercitiis suis || **4** superfluis (in marg. super filiis) || **5.6** ὁ ἑρμῆς om. || **6** bona praedicta || **7** τούτων] huiusmodi || **8** τῷ διῒ] ei || **13.14** de significatione dispositionis martis et participantium sibi planetarum || **15** per dispositionem diviserit || **18** officia magna || **19** excelsum || **23** adipiscetur, acquiret || **23.24** erit triumphator in praeliis, utetur etiam

μέσης τύχης ἐστὶν ὁ γεννηθείς, δηλοῖ οἰκείωσιν τούτου πρὸς ἐξουσιαστὴν ἐξ οὗ καὶ τεύξεται ὠφελείας καὶ ⟨προσ⟩τεθήσεται ὁ πλοῦτος αὐτοῦ καὶ ἄρξει τινῶν καὶ ἐπίσημος ἔσται παρὰ τοῖς κατ' αὐτόν· εἰ δὲ τῆς κάτω τύχης ἐστί, φιλιωθήσεται πρός τινας ἄρχοντας καὶ εὐτυχήσει δι' αὐτῶν. εἰ δὲ κεκακωμένος ἐστὶν ὁ Ἄρης, δηλοῖ νόσον σωματικὴν ἀπὸ θερμότητος καὶ ἀποστημάτων καὶ αἱμορροίας, ἔτι δὲ καὶ λύπας καὶ φιλονεικίας καὶ ἀχρήστους ἀποδημίας, καὶ μάλιστα ὅτε ὑπάρχει ὁ Ἄρης χρονοκράτωρ κεκακωμένος.

Εἰ δὲ συνεπιμερίζει τούτῳ ὁ Κρόνος, τύχῃ δὲ συσχηματιζόμενος αὐτῷ ἐναντίῳ σχήματι, δηλοῖ νόσον μακρὰν καὶ καχεξίαν σώματος καὶ κίνησιν χυμῶν καὶ νωχελίαν ἐν ταῖς πράξεσιν καὶ πλῆθος φροντίδων καὶ φυγὴν ἐκ τῆς οἰκίας αὐτοῦ· ἴσως δὲ καὶ περιπεσεῖται ἐχθροῖς αὐτοῦ καὶ διαφόροις συμφοραῖς περιπλακήσεται· εἰ δὲ ὁ Ἄρης καὶ ὁ Κρόνος κεκακωμένοι ὁμοῦ ὦσιν, ἴσως καὶ βιαίῳ θανάτῳ περιπεσεῖται ἢ φόνῳ αἰσχρῷ. εἰ δὲ συνεπιμερίζει τῷ Ἄρει ὁ Ζεὺς καὶ ὑπάρχει ὁ Ἄρης ἀκάκωτος κατὰ πῆξιν καὶ ἐν οἴκῳ τοῦ Ζηνὸς ἐφορώμενος ὑπ' αὐτοῦ, τεύξεται εὐτυχίας μείζονος καὶ μετὰ ἀνέσεως καὶ εὐοδώσεως διευθετήσει τὰς πράξεις αὐτοῦ καὶ δικαιοσύνῃ χρήσεται καὶ ἀρίστῃ τάξει καὶ ἔργοις ἀγαθοῖς, καὶ μάλιστα εἰ ὁ Ἥλιος τὸν Δία ἐφορᾷ κατὰ πῆξιν συμφώνῳ σχήματι· τηνικαῦτα γὰρ καὶ πρὸς βασιλεῖς οἰκειωθήσεται. εἰ δὲ κεκακωμένος ὑπάρχει ὁ Ζεύς, ἐναντιώματα ὑποστήσεται παρὰ διοικητῶν καὶ ἐξουσιαστῶν καὶ ἐχθρανθήσονται

V: **17** κεκακωμένος

Isidorus (ϱ): **2** ἐξ] ὑφ' | προστεθήσεται || **17** κεκακωμένος | ὦσιν] εἰσιν || **17.18** θανάτῳ βιαίῳ

Versio Latina: **2** cum potentibus ex quibus | utilitates | augentur || **4** in paribus suis | fortunae minoris || **5** per eas || **6** ὁ ἄρης om. || **7** καὶ[1]] ex || **9** ὁ ἄρης] mercurius || **16** annectetur vel metietur (in marg. morietur) || **19** ei || **20** perveniet ad || **25** tunc enim significat quod famulabitur regibus || **27** ἐξουσιαστῶν] officialibus vel potestatibus

πρὸς αὐτὸν περιφανῆ πρόσωπα καὶ προφάσει τέκνων βλαβήσεται. εἰ δὲ ὁ Ἄρης ἑαυτῷ συνεπιμερίζει καὶ ὑπάρχει κεκακωμένος, περιπεσεῖται [f. 279v] *χερσὶν ἐχθρῶν αὐτοῦ καὶ λῃσταῖς καὶ παντοίοις δεινοῖς περιπλακήσεται καὶ δέος μή ποτε καὶ τελευτήσῃ. ὁ δὲ ἐπιμερισμός ἐστιν τοῦ Ἄρεως καὶ συνεπιμερίζει τούτῳ ὁ Ἥλιος, βλαβήσεται παρὰ γονέων καὶ βασιλέων καὶ μεγιστάνων καὶ συνοχὰς καὶ φυλακὴν ὑποστήσεται καὶ νόσους ἀπὸ θερμότητος καὶ πυρκαιᾶς· εἰ δὲ κεκακωμένοι εἰσί, δέος μή ποτε καὶ τελευτήσῃ. εἰ δὲ τοῦ Ἄρεως ἐπιμερίζοντος συνεπιμερίζει τούτῳ ἡ Ἀφροδίτη, ὑποστήσεται βλάβας παρὰ συγγενῶν καὶ τέκνων ἢ τῇ προφάσει αὐτῶν. εἰ δὲ τοῦ Ἄρεως ἐπιμερίζοντος συνεπιμερίζει τούτῳ ὁ Ἑρμῆς, πείσεται διαφόρους περιστάσεις καὶ αἰσχύνας καὶ πολλοὶ κατηγορήσουσιν αὐτὸν καὶ βλάβας ὑποστήσεται παρὰ τῶν ἐχθρῶν αὐτοῦ καὶ παρά τινων νοταρίων καὶ προφάσει γραμμάτων καὶ ψεύδους καὶ πλαστογραφίας καὶ φιλονεικιῶν καί τινων πράξεων παρ᾽ αὐτοῦ πραττομένων. εἰ δὲ ὁ ἐπιμερισμός ἐστι τοῦ Ἄρεως καὶ συνεπιμερίζει τούτῳ ἡ Σελήνη, ὑποστήσεται νόσους καὶ τῆξιν σώματος καὶ φιλονεικίας διαφόρους καὶ λυπηθήσεται διά τινας οἰκονομίας, ἔτι δὲ καὶ διά τινας πρεσβείας καὶ ἀγγελίας καὶ φήμας καὶ μητέρα καὶ θηλείας ἀδελφάς.*

V: **1** *πρὸς αὐτὸν*] *παρὰ αὐτὴν* | *πρόσωπον* || **6** *ἄρεος* || **9** *κεκακωμένος* || **10** *ἄρεος* || **12** *ἄρεος* || **19** *ἄρεος*

Isidorus (*ϱ*): **2** *συνεπιμερίζει ἑαυτῷ* || **5—9** *ὁ — τελευτήσῃ* in marg. scr. || **9** *κεκακωμένος* | *εἰσί*] *ἐστί* || **17** *φιλονεικίας* || **19** *ἡ σελήνη* om. || **20** *νόσον* || **21.22** *ἔτι — τινας*] *καὶ* || **22** *ἀγγελίας*] *ἀσελγείας*

Versio Latina: **2** *ἑαυτῷ*] iovi || **10—12** *εἰ — αὐτῶν* om. || **17** *τινων* om. || **18** operationum suarum

⟨Ἕκτον⟩. *Περὶ τοῦ ἐπιμερισμοῦ τῆς Ἀφροδίτης καὶ τῶν συνεπιμεριζόν⟨των⟩ αὐτῇ ἀστέρων*

Ὅτε ἐπιμερίζει ἡ Ἀφροδίτη μόνη μηδενὸς συνεπιμερίζοντος αὐτῇ ἀστέρος ἢ συσχηματιζομένου καὶ ὑπάρχει ἀκάκωτος, δηλοῖ γάμον ἀγαθὸν καὶ συμφέροντα καὶ εὐφροσύνην ἐπὶ γυναιξὶ καὶ ὠφέλειαν παρὰ τεθηλυμένων ἀνδρῶν οἷον εὐνούχων καὶ τῶν ὁμοίων καὶ παρὰ βασιλέων καὶ υἱῶν βασιλέων καὶ ἐπι[εὐ]τυχίαν εὐτυχιῶν διαφόρων καὶ μάλιστα ἐν τοῖς καιροῖς ἐν οἷς ὑπάρχει χρονοκράτωρ ἡ Ἀφροδίτη ἢ ἐν ᾧ καιρῷ καταντᾷ ὁ χρόνος εἰς τὸ ζῴδιον ἐν ᾧ ἦν ὁ κλῆρος τοῦ γάμου· καὶ εἰ ἔστιν ὁ γεννηθεὶς τῆς ἄνω τύχης, ἔσται ἐν ἐκείνῳ τῷ ἐπιμερισμῷ πολύτροφος καὶ ἀφθονίαν βίου ἔχων καὶ προστεθήσονται αἱ γυναῖκες αὐτοῦ καὶ οἱ φίλοι καὶ εὐφρανθήσεται ἐπ' αὐτοῖς, κἀκεῖνοι εὐφρανθήσονται ἐπ' αὐτῷ, καὶ προσκείσεται διηνεκῶς ᾄσμασι καὶ μελῳδίαις καὶ ἀγαλλιάσεσι καὶ χαρᾷ· εἰ δὲ τῆς μέσης τύχης ἐστὶν ὁ γεννηθείς, συζευχθήσεται γυναικὶ καὶ τεύξεται παρὰ γυναικῶν ἢ γυναικειωδῶν ἀνδρῶν ἀγαθὰ πολλὰ καὶ ὁμιλήσει ὑπερέχουσιν ἀνδράσι καὶ λαλήσει μετ' αὐτῶν ἐν συνεδρίοις παιδείας.

Εἰ δὲ ἐπιμερίζει ἡ Ἀφροδίτη καὶ συνεπιμερίζει ταύτῃ ὁ Κρόνος, δηλοῦσιν ἐμπόδια περὶ τὰς πράξεις καὶ καταφρόνησιν γυναικῶν καὶ λύπας ἕνεκεν αὐτῶν καὶ νόσον ὁμευνέτιδος ἢ θάνατον καὶ ἔριδας ἕξει καὶ διαφορὰς διαφόρους· εἰ δὲ συνεπιμερίζων ὁ Κρόνος τῇ Ἀφροδίτῃ ἐφορᾷ

V: **4** *αὐτοῦ*

Isidorus (ϱ): **1** *τοῦ ἐπιμερισμοῦ*] *τῆς σημασίας* || **2** *συνεπιμεριζόντων* || **17** *ἐστὶν*] *ἦν* || **18** *γυναικωδῶν* || **21.22** *ὁ κρόνος ταύτῃ* || **23** *τούτων*

Versio Latina: **2** participantium || **4** configurato cum ea || **4.5** ipsa fuerit boni esse || **5** optimum || **8** et obtentum diversarum prosperitatum || **12** supremae fortunae | in dispositione illius fortunae divisionis || **14** *αὐτοῦ*] sibi || **16** *ἀγαλλιάσεσι*] tripudiis || **17** *χαρᾷ*] alacritatibus | *ὁ γεννηθείς* om. || **18.19** a viris effoeminatis ac a mulieribus || **19** praexistentibus (sic) (in marg. excellentibus (pro praestantibus) || **25** et si tum | ei

αὐτὴν καὶ κακοῖ, δηλοῖ εὐφρανθήσεσθαι τοῦτον ἐπὶ γυναιξὶν ἐπ' ὀλίγον καιρόν· εἶτα τελευτήσουσι καὶ διὰ τοῦτο πλείονα λύπην ἕξει καὶ συνεχέστερον δακρύσει καὶ στενάξει. εἰ δὲ ὁ ἐπιμερισμός ἐστι τῆς Ἀφροδίτης καὶ συνεπιμερίζει ταύτῃ ὁ Ζεύς, ὑπάρχει δὲ ὁ γεννηθεὶς τῆς ἄνω τύχης, δηλοῖ συζευχθήσεσθαι τοῦτον γυναικὶ σώφρονι καὶ πλουσίᾳ, κειμήλια ἐχούσῃ διάφορα· καὶ μύροις ἀλειφθήσεται εὐωδέσι καὶ ἀνδράσι προσομιλήσει μελοποιοῖς καὶ παιδεία⟨ι⟩ς χρωμένοις· εἰ δὲ τῆς μέσης τύχης ἐστὶν ὁ γεννηθείς, εὐτυχήσει ἐπὶ τοῖς τοιούτοις μετρίως. εἰ δὲ ἐπιμερίζει ἡ Ἀφροδίτη καὶ συνεπιμερίζει ταύτῃ ὁ Ἄρης, δηλοῦσι νόσον καὶ δεινὴν καὶ ὀξεῖαν ὡς φρενίτιδας καὶ τὰ τοιαῦτα· καὶ τελευτήσει τις τῶν γυναικῶν αὐτοῦ ἢ νοσήσει καὶ βλαβήσεται δι' αὐτῶν καὶ ἔριδας ἕξει πρὸς αὐτὰς καὶ προσκείσεται ἔρωσι καὶ συνουσίαις καὶ ἀχρειωθήσεται διὰ τῶν τοιούτων· εἰ δὲ ὁ Ἄρης κατὰ πῆξιν ἢ κατὰ πάροδον ἐφορᾷ τὴν Ἀφροδίτην καὶ τὸν Ἑρμῆν ἀσυμφώνῳ σχήματι, δηλοῖ ἔχθρας καὶ μάχας διαφόρους καὶ ἐνστάσεις καὶ αἰσχρὰς αἰτίας· εἰ δὲ ὁ Ζεὺς ἐφορᾷ τὸν Ἄρεα ἐν τοῖς δυσὶ καιροῖς, λύει τὰ συμπτώματα. εἰ δὲ συνεπιμερίζει τῇ Ἀφροδίτῃ ὁ Ἥλιος, δηλοῖ δόξαν καὶ προσπάθειαν βασιλέων καὶ ἀρχόντων καὶ ὠφέλειαν παρ' αὐτῶν καὶ παρὰ γονέων. εἰ δὲ συνεπιμερίζει ἑαυτῇ ἡ Ἀφροδίτη, δηλοῖ ἐπιτυχίαν εὐτυχιῶν κατὰ τὴν φύσιν τῆς Ἀφροδίτης· εἰ δὲ κεκακωμένη ἐστίν, ἀτυχιῶν. εἰ δὲ συνεπιμερίζει τῇ Ἀφροδίτῃ ὁ Ἑρμῆς, ὠφεληθήσεται προφάσει παιδεύσεως καὶ κρυφίων μαθημάτων καὶ λεπτο-

V: **1** *εὐφρανθήσεται* || **4** *στενάζει*

Isidorus (ϱ): **2** post *γυναιξὶ* add. *καὶ* || **8** *ἀλειφθήσεσθαι* | *προσομιλήσειν* || **9** *παιδείαις* || **12** *καὶ*[1] om. || **15** *ἔρωτι* || **17** *κατὰ* om. || **23** post *παρὰ* add. *τῶν* || **24** *εὐτυχιῶν*] *μεγίστην*

Versio Latina: **1** significat quod ipse gratulabitur || **2** morietur || **2.3** *διὰ τοῦτο*] postea || **3** continue || **4** dispositio divisionis || **5** si natus fuerit || **7** gazas vel monilia || **8** iocis || **10** *ὁ γεννηθείς* om. || **12** phrenesin || **14** pro eis || **14.15** cum eis || **15** erit in cupidine et coitu || **25** adversitatem || **26** ei || **27** occultorum documentorum || **27** — p. 157,1 *καὶ*[2] — *οἰκονομιῶν* om.

τάτων οἰκονομιῶν καὶ τεύξεται ὠφελείας διὰ γυναικῶν καὶ ἐπαπολαύσει αὐτῶν, πλὴν πρὸς τοῖς τοιούτοις λοιδορηθήσεται παρά τινων προφάσει ἑταιρίδων. εἰ δὲ συνεπιμερίζει τῇ Ἀφροδίτῃ ἡ Σελήνη, συζευχθήσεται συγγενίδι γυναικὶ ὡραιοτάτῃ καὶ ἀγαθῇ καὶ συνουσιάσει διαφόροις γυναιξὶ ὡραιοτάταις καὶ ὠφεληθήσεται προφάσει γυναικῶν καὶ τεύξεται ἀξίας καὶ πλούτου.

⟨Ἕβδομον⟩. Περὶ τοῦ ἐπιμερισμοῦ τοῦ Ἑρμοῦ καὶ τῶν συνεπιμεριζόντων αὐτῷ ἀστέρων

Ὅτε ἐπιμερίζει ὁ Ἑρμῆς μηδενὸς ⟨συν⟩επιμερίζοντος αὐτῷ ἢ συσχηματιζομένου, δηλοῖ προσθήκην γνώσεως καὶ παιδεύσεως καὶ φρονήσεως [f. 280] καὶ πλούτου καὶ προσκείσεται ταῖς γραφαῖς καὶ ταῖς πραγματείαις καὶ τοῖς συναλ⟨λ⟩άγμασι καὶ εὐφρανθήσεται ἐπί τισιν ἑρμαϊκαῖς ὑποθέσεσιν· εἰ δὲ κεκακωμένος ἐστί, νοσήσεται δεινὰ διὰ τὰς τοιαύτας ὑποθέσεις.

Εἰ δὲ συνεπιμερίζει τούτῳ ὁ Κρόνος, ἔσται ταλαίπωρος τῷ σώματι καὶ νοσήσει νόσον δεινὴν καὶ μακρὰν καὶ αἱ πράξεις αὐτοῦ ἐμποδισθήσονται καὶ ὄκνος ἔσται καὶ δυσκίνητος καὶ διαφόροις λύπαις καὶ ἔρισι περιπεσεῖται· εἰ δὲ ἐφορᾷ τοῦτον ὁ Ἄρης ἢ τὸ ὅριον ἔν τισιν ἐναλλαγαῖς τοῦ ἐπιμερισμοῦ ἐκείνου, βλαβήσεται κατὰ πολὺ ὁ γεννηθεὶς καὶ ζημίας ὑποστήσεται καὶ συμφορὰς ἕνεκε λόγων καὶ συντυχιῶν καὶ φιλονεικιῶν καὶ ἀτόπων οἰκονομιῶν·

V: **12** πλοῦτον || **15** νοσείσεται

Isidorus (ϱ): **2** τοῖς τοιούτοις] τούτοις || **8** τοῦ ἐπιμερισμοῦ] τῆς σημασίας | post ἑρμοῦ add. ἐπιμερίζοντος || **10** συνεπιμερίζοντος || **14** συναλλάγμασι || **15** νοσήσεται] πείσεται || **17** post ταλαίπωρος add. ἐν || **23** συμφοραῖς

Versio Latina: **1** pro mulieribus || **3** παρά τινων om. || **4** ei || **5** optimae || **6** pulchris || **7** perveniet ad dignitates et ad divitias || **10** μηδενὸς] in illo (in marg. iove) (pro nullo) | participante || **15** tractatibus vel actibus vel operationibus | patietur mala || **16** causas || **18** pessimam || **20** difficilis mobilis (in marg. δυσκίνητος fortasse, pertinax) || **23** damnaficabitur et patietur pericula || **24** καὶ συντυχιῶν om.

εἰ δὲ πρὸς οἷς εἴπομεν ἡ Σελήνη ἐπιβλέπει τὸ ὅριον ἐναντίῳ σχήματι, μεῖζον ἔσται τὸ κακόν, καὶ μάλιστα εἰ ὁ χρονοκράτωρ κακοποιός ἐστιν. εἰ δὲ συνεπιμερίζει τούτῳ ὁ Ζεύς, δηλοῖ προσθήκην γνώσεως καὶ παιδεύσεως δι᾽ ὧν ὠφεληθήσεται καὶ ἐπικτήσεται ὠφελείας καὶ πλοῦτον παρὰ βασιλέων καὶ ἀρχόντων. εἰ δὲ συνεπιμερίζει τούτῳ ὁ Ἄρης, δηλοῖ νόσον δεινὴν καὶ συκοφαντίας καὶ φιλονεικίας· καὶ κοπάσει τὸν ἴδιον λογισμὸν ἐπὶ βλάβῃ τινῶν καὶ ἔσται ψεγόμενος παρὰ πολλῶν καί τις ἐνσκήψει νόσος τῇ κεφαλῇ αὐτοῦ, καὶ μάλιστα εἰ κατὰ πῆξιν ὁ Ἄρης συσχηματίζεται τῷ Ἑρμῇ ἐναντίῳ σχήματι· εἰ δὲ ὁ Κρόνος ἐπιμαρτυρεῖ τῷ Ἄρει ἢ ἐφορᾷ τὸ ὅριον ἢ ὑπάρχει ὁ Καταβιβάζων ἐν τῷ ζῳδίῳ τοῦ ἐπιμερισμοῦ, ἐμπεσεῖται ταῖς χερσὶ τῶν ἐχθρῶν αὐτοῦ καὶ καταδυναστεύσουσιν αὐτοῦ καὶ νοσήσει νόσον καθ᾽ ἣν οἱ ἰατροὶ ἀπορήσουσι καὶ δύσκρατος ἔσται τὸ σῶμα καὶ τὴν κεφαλήν· εἰ δὲ ὁ Ζεὺς ἐπιβλέψει, λύει τὰ δεινά. καὶ ⟨εἰ⟩ συνεπιμερίζει τῷ Ἑρμῇ ὁ Ἥλιος, δηλοῖ ἐπιτυχίαν πράξεως καὶ προσθήκην δόξης· καὶ ἄρξει πολλῶν καὶ εὐτυχήσει τὰ μέγιστα καὶ προστεθήσεται ὁ πλοῦτος αὐτοῦ καὶ εὐεπήβολος ἔσται καὶ ἀποκαλυφθήσεται αὐτῷ μυστήρια γνώσεως. εἰ δὲ συνεπιμερίζει τῷ Ἑρμῇ ἡ Ἀφροδίτη, δηλοῖ παιδείας καὶ φιλίας καὶ συστάσεις πρός τινας τῶν ἀρχόντων καὶ γνωστικῶν· καὶ γεννηθήσεται αὐτῷ παιδίον καὶ εὐφρανθήσεται ἐπ᾽ ἀδελφοῖς καὶ ἀδελφαῖς καὶ ἡδὺς ἔσται τοῖς λόγοις καὶ οἰκονομικός, ὁμιλήσει δὲ καὶ γυναιξὶ καὶ εὐφρανθήσεται ἐπ᾽ αὐταῖς. εἰ δὲ ὁ Ἑρμῆς συνεπιμερίζει ἑαυτῷ καὶ ὑπάρχει ἀκάκωτος, προδήλους δηλοῖ εὐτυχίας κατὰ τὴν οἰκείαν φύσιν· εἰ δὲ κεκακωμένος ἐστί, το⟨ὐ⟩ναντίον. εἰ δὲ συνεπιμερίζει τῷ Ἑρμῇ ἡ Σελήνη, προστεθήσεται

Isidorus (ϱ): **14** *καταδυναστήσουσιν* || **17** *ἐπιβλέπει* | *καὶ εἰ*] *εἰ δὲ* || **18** *ἐπιτυχίαν*] *εὐτυχίαν* || **22** *τῷ ἑρμῇ*] *τούτῳ* || **29** *τοὔναντίον*

Versio Latina: **7** pessimum || **12.13** fuerit in (in marg. cum) cauda || **16** caput ac corpus || **17** si | ei || **18** *πράξεως*] dignitatis || **22** ei || **30** *τῷ ἑρμῇ* om.

ἡ γνῶσις αὐτοῦ καὶ ἡ παίδευσις καὶ διαλογίσεται περὶ θείων πραγμάτων καὶ οὐρανίων καὶ προφητικῆς γνώσεως καὶ ἀστρονομίας καὶ ἐπίτευκτος ἔσται καὶ δραστήριος ἐν πᾶσιν οἷς ἐγχειρισθήσεται καὶ ὠφεληθήσεται διὰ τούτων καὶ προστεθήσεται ὁ πλοῦτος αὐτοῦ καὶ τὰ κειμήλια.

Ταῦτα δὲ ἃ εἴπομεν περὶ τοῦ ἐπιμερίζοντος καὶ συνεπιμερίζοντός εἰσι θεμέλιά τινα καὶ κανόνες καθολικοί· εἰσὶ δὲ καὶ ἕτερά τινα σημαίνοντα τὰ μερικὰ συμπτώματα. εἰ γὰρ ἐπίδη τινὰ ἐξ αὐτῶν κατά τινα καιρὸν ἀστὴρ ἀγαθοποιὸς ἢ κακοποιός, προστίθησι τοῖς ἀγαθοῖς καὶ ἀφαιρεῖται ἐκ τῶν κακῶν ἢ προστίθησι τοῖς κακοῖς καὶ ἀφαιρεῖται ἐκ τῶν ἀγαθῶν. εἰ γάρ τις ἀστὴρ δηλοῖ εὐτυχίαν, εἶτα ἕτερος ἀστὴρ κακώσει αὐτόν, μετατρέπει τὴν εὐτυχίαν ἐκείνην εἰς δυστυχίαν, καὶ μάλιστα εἰ ἐπίκεντρος εἴη· εἰ δὲ ἀποκεκλικώς, οὐ πάνυ τι ἰσχύει, καὶ μάλιστα εἰ [ἐπίκεντρος ἢ] ἐν τροπικῷ εἴη ζῳδίῳ. εἰ δὲ δηλοῖ βλάβην ἀστήρ τις, ἐφορᾷ δὲ τοῦτον ἀγαθοποιός, τὰ αὐτὰ δηλοῖ τοῖς προειρημένοις.

Δεῖ δέ σε ἐφορᾶν καὶ τοὺς τόπους ἐν οἷς εἰσι, καὶ πρὸς τούτοις ἀποφαίνεσθαι. οἷον ὁ Ἑρμῆς ἔτυχεν ἐν τῷ ὡροσκόπῳ ἀκάκωτος, ἔτυχε δὲ καὶ κύριος τοῦ τόπου τῶν ἐχθρῶν καὶ κύριος τοῦ κλήρου τῆς τύχης, ἔτυχε δὲ πάλιν ἐπιμερίζων· δηλοῖ οὖν βλάβας παρ᾽ ἐχθρῶν καὶ ἔριδας περὶ πλούτου. καὶ οἷον ὁ Κρόνος καὶ ὁ Ζεύς – ἔτυχεν ὁ εἷς ἐπιμερίζων, ⟨ὁ δὲ ἕτερος συνεπιμερίζων⟩, ἔτυχον δὲ ἐχθροὶ ἐν τῇ καταρχῇ· δηλοῦσιν οὖν ἔριδας καὶ ἀκαταστασίας μετὰ γονέων καὶ συγγενῶν. καὶ οἷον ἡ Ἀφροδίτη καὶ

V: **22** *δὲ*] *δ᾽ φ*

Isidorus (*ϱ*): **1** *διαλογισθήσεται* || **3** *ἐπιτευκτικός* || **6** *δὲ*] *τοίνυν* || **7** *θεμέλιά τινα καὶ*]*ὥσπερ τινὲς* || **9** *ἐπίδοι* || **15** *τι*] *τοι* || **16** *ἐπίκεντρος ὢν* || **22** *δὲ πάλιν*] *δὲ ὁ ἑρμῆς καὶ* || **24** *καὶ οἷον*] *πάλιν* || **25** *ἐχθροὶ*] *ἐναντιούμενοι* || **27** *καὶ οἷον*] *πάλιν*

Versio Latina: **6** *ἃ* om. || **15** *ἀποκεκλικώς*] reciderit || **17** planeta benevolus || **20** verbi gratia. accidit quod mercurius || **22. 23** pervenit autem ei divisio || **25** divisor, alter vero in divisione participabat, erant || **26** in nativitatis initio | *οὖν* om.

Textus Arabicus: **25** والاخر صاحب القسمة

ὁ Ἄρης – ἔτυχεν ὁ μὲν ⟨εἷς⟩ ἐπιμερίζων, ὁ δὲ ἕτερος συνεπιμερίζων, ἔβλαπτε δὲ ὁ εἷς τὸν ἕτερον, καὶ ἦσαν ἐν τοῖς ἀλλήλων οἰκείοις τόποις· καὶ δηλοῦσιν ἔριδας μετὰ τῆς οἰκείας γυναικὸς καὶ κατηγορίαν περὶ πορνείας.

Εἰ δὲ δηλοῦσιν οἱ ἀστέρες κατὰ πῆξιν ἐπίμονον τὸ ἀγαθὸν ἢ τὸ κακόν, ἡ μετάβασις καὶ ἡ ἐναλλαγὴ τῶν ὁρίων οὐ μετατίθησι τὰ τοιαῦτα, πλὴν ἀλλοιοῖ ὀλίγην τινὰ ἀλλοίωσιν. τότε δὲ ἐμφανίζει ἕκαστος ἀστὴρ τὰς οἰκείας ἐνεργείας ἀριδηλότερον ἃς ἐδήλου κατὰ πῆξιν ὅτε ⟨δηλοῖ αὐτὰς⟩ ὁ ἐπιμερισμός. καὶ εἰ ἔστιν κατὰ πῆξιν ἐν στερεῷ ζῳδίῳ, ἐπίμονα ἔσται τὰ ἀγαθὰ ἢ τὰ κακὰ ἐν τῷ καιρῷ τοῦ ἐπιμερισμοῦ· εἰ δὲ ἐν δισώμῳ, ἐπίτασιν καὶ ἄνεσιν ἐπιδέξεται· ἐὰν δὲ ἐν τροπικῷ, κατά [f. 280ᵛ] *τινας καιροὺς ἔσται τὸ σύμπτωμα τοῦ ἐπιμερισμοῦ ἐκείνου.*

Ὡσαύτως δεῖ ἐπισκοπεῖν καὶ ἐν τῇ ἀρχῇ τοῦ ἐπιμερισμοῦ ἔνθα ἔτυχεν ὁ ἀστὴρ ὁ ἐπιμερίζων. εἰ γὰρ ἐν στερεῷ ζῳδίῳ τύχῃ ἐν τοῖς δυσὶ τούτοις καιροῖς, ἐπιμονώτερα ἔσται τὰ ἀγαθὰ ἢ τὰ φαῦλα· ὡσαύτως καὶ ἐπὶ τῶν δισώμων καὶ τῶν τροπικῶν παλιμβολώτερα. πολλάκις δὲ ἐμφαίνει ὁ ἐπιμερίζων ἅπαξ τὴν οἰκείαν ἐνέργειαν, πολλάκις δὲ καὶ δὶς ἢ ὁσάκις ἐπιμερίζει· τὸ αὐτὸ δὲ δεῖ νοεῖν καὶ ἐπὶ τοῦ συνεπιμερίζοντος· εἰ γὰρ ὁ ἐπιμερίζων ἐστὶ κατὰ πῆξιν ἐν στερεῷ ζῳδίῳ, οὐκ ἐφορᾷ δὲ τὸν τόπον τοῦ ἐπιμερισμοῦ, ἅπαξ γίνεται ἡ ἐνέργεια τοῦ ἀστέρος, ὅτε δηλαδὴ συμφωνεῖ ὁ ἐπιμερισμὸς τῇ ἀναφορᾷ τοῦ ζῳδίου ἐν ᾧ ἐστι κατὰ πῆξιν ἢ τῷ ἀριθμῷ τῶν ἐτῶν τῶν μεγίστων

V: 13 *ἐπιδέξοντα*

Isidorus (ϱ): **1** *μὲν*] *εἷς* || **3** *οἰκείοις* om. || **6** *τὸ* om. || **13** *ἐπιδέξονται* | *ἐὰν*] *εἰ* || **15** *σκοπεῖν* | *μερισμοῦ* || **17** *τύχοι*

Versio Latina: **2.3** erat alter in locis alterius || **3** *καὶ*] propter quod || **4** *οἰκείας* om. || **6** translatio et mutatio || **8** *δὲ*] enim | quilibet planetarum || **9** manifeste || **9.10** quando manifestat ipsas divisio || **10** et si planeta ipse non fuerit || **12** *καὶ ἄνεσιν* om. || **16** *ἔτυχεν*] pervenerit | *ὁ ἀστὴρ* om. || **17** divisibiliora (in marg. durabiliora) || **19** mutabiliora | *πολλάκις δὲ*] quia || **20.21** *πολλάκις δὲ*] saepius enim contingit et multoties || **24** simul | illius planetae || **26** numerum | *τῶν μεγίστων*] maiorum

Textus Arabicus: **1** احدهما || **9.10** صارت له

ἢ τῶν μέσων ἢ τῶν ἐλαχίστων. εἰ δὲ ὁ ἐπιμερίζων ἢ ὁ συνεπιμερίζων ὑπάρχουσι κατὰ πῆξιν ἐν δισώμῳ ζῳδίῳ, πολλάκις αἱ σημασίαι αὐτῶν ἀνακαινίζονται· εἰ δὲ ἐν τροπικῷ εἴησαν ζῳδίῳ, ἔσονται αἱ σημασίαι αὐτῶν καθ' ἕκαστον ἐπιμερισμὸν καὶ συνεπιμερισμὸν κατὰ τὴν τοῦ ἀστέρος δύναμιν ἐν τοῖς χρόνοις ἐκείνοις.

Τὸ δὲ διαφέρον τῶν διαθέσεων τοῦ ἀνθρώπου ἐν παντὶ ἐπιμερισμῷ ἢ συνεπιμερισμῷ ἔσται κατὰ τὸ διαφέρον τῶν σχημάτων τῶν ἐπιμεριζόντων ἢ συνεπιμεριζόντων ἀστέρων. ἐπιτακτικώτεραι δὲ αἱ ἐνέργειαι αὐτῶν γίνονται ὅτε συμφωνοῦσι τὰ σχήματα αὐτῶν τοῖς σχήμασι τῆς καταρχῆς καὶ ὅτε ἐπιβλέπουσι τὸν τόπον τοῦ μερισμοῦ καὶ τὸν κύριον τοῦ ζῳδίου ἐν ᾧ γέγονεν ὁ ἐπιμερισμὸς καὶ τὸν ὡροσκόπον τῆς καταρχῆς καὶ τὸν κύριον αὐτοῦ ἢ τύχῃ ὁ αὐτὸς ἐπιμερίζων καὶ χρονοκράτωρ ἢ τύχῃ καταντῆσαι τὸ ἔτος εἰς τὸν κατὰ πῆξιν αὐτοῦ τόπον ἢ τὸν κατὰ πάροδον· εἰ δὲ διαφωνήσουσι τὰ τοιαῦτα, ἀσθενῆ ἔσται τὰ ἀποτελέσματα. ὅτε δὲ συμφωνήσουσι [τὰ τοιαῦτα] αἱ σημασίαι τοῦ ἀστέρος τῇ ἀναφορᾷ τοῦ ζῳδίου ἐν ᾧ ἦν κατὰ πῆξιν ἢ τοῖς ἔτεσιν αὐτοῦ, τηνικαῦτα ἐνδύναμα ἔσται τὰ ἀποτελέσματα.

Τμῆμα ὄγδοον. Περὶ τῆς κοινωνίας τοῦ χρονοκράτορος καὶ τοῦ ἐπιμερισμοῦ αὐτοῦ καὶ τοῦ ἐπιμερίζοντος καὶ τοῦ ὡροσκόπου κατὰ τὴν σημασίαν.

Ὅτε εἰσὶν ὁ ἐπιμερισμὸς καὶ ὁ κύριος αὐτοῦ κατὰ πῆξιν καὶ κατὰ πάροδον ἐν ἀγαθῷ τόπῳ καὶ ὑπάρχει ἀγαθο-

V: **12** τῶν τόπων || **18** puncta circa τὰ τοιαῦτα; manu Isidori? || **25** ἐστὶν

Isidorus (ϱ): **2** ὁ om. || **10** ἐπιτευκτικώτεραι || **12** ἐπιμερισμοῦ || **15** καταντῆσαν || **18** τὰ τοιαῦτα om. || **22** τμῆμα ὄγδοον om. || **23—24** τοῦ[2] — σημασίαν] τῆς τοῦ ὡροσκόπου κατ' αὐτοὺς σημασίας || **25** ἐστὶν || **26** κατὰ om.

Versio Latina: **3** mobili || **4.5** per singulas divisiones et participationes || **7** quae pertinent dispositionibus || **9** coparticipantium eis || **12** nativitatis initii || **13** pervenit || **15** ἢ] vel si || **18** eventus indicia || **20** annus || **21** indiciorum eventus || **22** τμῆμα ὄγδοον om.

ποιὸς ὁ ἐπιμερίζων, δηλοῖ μεγίστην εὐτυχίαν· καὶ ὅτε καταντήσει τὸ ἔτος εἰς τὸν δ΄ τόπον μηδενὸς κακοποιοῦ ἐφορῶντος αὐτὸν ἢ τύχῃ τὸν χρονοκράτορα ἐν τῷ τετάρτῳ εἶναι τόπῳ τῆς καταρχῆς ἐν ζῳδίῳ ἐν ᾧ ἔχει λόγον, ὑπάρχει δὲ καὶ ὁ ἐπιμερίζων ἀγαθοποιὸς καὶ ἐν αὐτοῖς τοῖς ὁρίοις τοῦ ἐπιμερισμοῦ καὶ κατὰ πῆξιν ἀκάκωτός ἐστιν, ἐφορᾷ δὲ ἡ Σελήνη τὸν κλῆρον τῆς τύχης καὶ συνοδεύει τῷ Διῒ καὶ ἀκάκωτοι ὦσιν ἀμφότεροι, εὑρήσει ὁ τὴν ἐναλλαγὴν ἔχων πλοῦτον πολὺν καὶ εὐτυχίαν διὰ κληρονομιῶν καὶ παρακαταθηκῶν καὶ θησαυρῶν.

Δεῖ δὲ ἐφορᾶν καὶ τὴν τῆς γενέσεως καταρχήν· καὶ εἴπερ σημαίνει ὅτι εὑρήσει θησαυρὸν ἢ κληρονομίαν, εὑρήσει τὰ τοιαῦτα καὶ ἐξαίφνης πλουτίσει. καὶ εἰ μὲν ὁ Κρόνος ἐστὶν ὁ ἐπιμερίζων, δίδωσι τὰ χωρία καὶ ἀγροὺς καὶ κληρονομίαν παρὰ γονέων καὶ πάππων καὶ γερόντων παλαιῶν· εἰ δὲ ⟨ὁ⟩ Ζεύς, δίδωσι χρυσὸν καὶ ἄργυρον παρὰ ἐξουσιαστῶν καὶ δυναστῶν. εἰ δὲ ὁ χρονοκράτωρ καὶ ὁ ἐπιμερίζων ὑπάρχουσι κακοποιοὶ καὶ εὑρεθῶσιν ἐν τῷ καιρῷ τῆς ἐναλλαγῆς ἐν ἀλλοτρίοις τόποις καὶ συσχηματίζεται τούτοις ἀγαθοποιός, δηλοῦσι μὲν ἀγαθά, πλὴν ἐλάχιστα· εἰ δὲ ὁ ἐπιμερίζων ἐστὶν ἐν ἀνθρωποειδεῖ ζῳδίῳ ἐν τῷ ια΄ καὶ συνῇ τῷ κλήρῳ τῆς τύχης, δηλοῖ πλῆθος εὐποιϊῶν καὶ μεταδόσεων πρὸς πένητα.

Ὅτε δ᾽ ἐστὶν ἐν τῷ καιρῷ τῆς ἐναλλαγῆς ἀστήρ τις ἀπλανὴς τῶν δηλούντων εὐτυχίαν ἐν τῷ ὡροσκόπῳ τοῦ ἔτους ἢ τῷ μεσουρανίσματι ἢ ἐν τῇ μοίρᾳ τοῦ ζῳδίου εἰς ὃ κατήντησε τὸ ἔτος ἢ ἐν τῇ μοίρᾳ τοῦ ἐπιμερισμοῦ

V: **2** *τὸν*] *σὸν* || **9** *ἔχων* supra lineam scr. || **10** *παρακαταθακῶν*

Isidorus (*ϱ*): **2** *ἔτος*] lac. c. 18 litt. || **3** *τὸν* om. || **8** *ὦσιν*] *εἰσιν* || **13** *πλουτήσει* || **14** *τὰ* om. || **16** *ὁ* || **18** post *ἐπιμερίζων* add. *ὑπάρχουσι ἀγαθοποιοί*, sed del. | *εὑρεθεῖεν* || **20** *ἀγαθά*] *ἀγαθοποιά* || **22** *ἐν τῷ ια΄*] *ιά ὄντι τόπῳ* | *σύνεστι* || **23** *πρὸς τοὺς πένητας* || **24** *δέ ἐστιν*

Versio Latina: **4** aliquam dignitatem || **9** ex causa haereditatis || **10** et dispositionis atque thesauri || **11** nativitatis figuram || **12** inventionem thesauri vel haereditatis || **14** exhibet terram || **15.16** viris antiquis || **16** exhibebit | *καὶ* vel || **20** modica || **23** pauperes || **25.26** *τοῦ ἔτους*] revolutionis || **27** *εἰς — μοίρᾳ* om.

ἢ μετὰ τῶν κυρίων αὐτῶν ἢ μετά τινος τῶν β̅ φωστήρων, δηλοῦσιν εὐτυχίαν τῷ ἔτει ἐκείνῳ. ὅτε δέ τις ἀστὴρ ἀπλανὴς ἔχων φύσιν ἑνὸς ἀστέρος ἢ φύσιν ἀστέρων β̅ ⟨ἐστὶν ἔν τινι τόπῳ τῶν δηλωθέντων⟩, ὅτε ἐπιμερίζει ἀστὴρ ἐκεῖνος οὗ ἔχει τὴν φύσιν ἢ οἱ δύο ἀστέρες κατά τινας τῶν χρόνων, ἐμφανίζουσι τὸ τηνικαῦτα τὴν ἰδίαν ἐνέργειαν. ὅτε δὲ φάνῃ κομήτης ἀστὴρ ἐν τῷ ὡροσκόπῳ τῆς καταρχῆς ἢ ἐν τῷ τοῦ ἔτους ζῳδίῳ ἢ ἐν τῷ ὡροσκόπῳ τῆς ἐναλλαγῆς ἢ ἐν τῷ ζῳδίῳ ἐν ᾧ ἐστιν ὁ ἐπιμερισμὸς ἢ ἐν αὐτοῖς τοῖς ὁρίοις τοῦ ἐπιμερισμοῦ ἢ μετὰ τῶν κυρίων τῶν τοιούτων τόπων, εἰ μὲν βασιλεῖς εἶεν, προσταλαιπωρήσουσι πολέμοις καὶ ἀποστατήσουσιν ἀπ᾿ αὐτῶν τινες καὶ φανήσονται ἐχθροὶ αὐτῶν καὶ νοσήσουσι καὶ κοπιάσουσι καὶ λυπηθήσονται καὶ ἀδικήσουσι τὸν ὄχλον, ἴσως δὲ καὶ φθαρήσονται· εἰ δὲ τῶν μέσων εἶεν καὶ τῆς κάτω τύχης, πληθυνθήσονται οἱ ἐχθροὶ αὐτῶν καὶ ὑποστήσονται δεινά.

*Εἰ δὲ ἐκλείψει ὁ Ἥλιος ἢ ἡ Σελήνη ἔν τινι τόπῳ τῶν δηλωθέντων καὶ ὑπάρχουσιν οἱ κύριοι αὐτῶν ἐν τῷ ζῳδίῳ τῆς ἐκλείψεως, δηλοῖ φροντίδας καὶ λύπας καὶ νόσους καὶ ἐχθρῶν ἐπικράτησιν, καὶ μάλιστα εἰ[ς] τὸ ζῴδιον καὶ ὁ κύριος τοῦ ζῳδίου κακοῦνται. ὅτε δὲ τύχῃ ὁ ὡροσκόπος

V: **7** κομίτης || **12** ἀποστητήσουσιν

Isidorus (ϱ): **5** ὁ ἀστὴρ | ἀστέρες om. || **7** ὅταν || **8.9** ἢ[2] — ζῳδίῳ om. || **18** τινι om. || **21** εἰ

Versio Latina: **1** μετὰ[1] — αὐτῶν] cum eisdem gradibus | β̅ om. || **4** fuerit in aliquo praedictorum locorum | per divisionem disponunt || **5.6** ἀστέρες — χρόνων om. || **7** aliquis de cometis || **8** τοῦ ἔτους] profectionis || **9** pervenit || **11** reges hi quorum est revolutio || **13** inimicis eorum || **18.19** in aliquo praedictorum locorum || **21** si

Textus Arabicus: **2—7**
وكان قد دل فى الاصل على شىء من الخير او الشر فهو دبر ذلك الكوكب المتحير او الكوكبين المتحيرين بعض السنين او بعض اوقاتها اظهر طبيعتها واقوى لدلالة ذلك الكوكب المتحير اذا كان فى وقت ما يغتذى به بالتدبير بحال تدل على مثل ذلك الشىء

τοῦ ἔτους [f. 281] *⟨τὸ⟩ ζῴδιον ἐν ᾧ ἦν κακοποιὸς ἐν τῇ καταρχῇ ἢ τὸ ζῴδιον τοῦ ἔτους, λαβὲ τὸν κακοποιὸν ἐκεῖνον ὡς τὸν κύριον τοῦ ὡροσκόπου ἢ ὡς τὸν κύριον τοῦ ἔτους, ἐπεὶ δυναμικώτερός ἐστιν αὐτῶν· τὸ δ' αὐτὸ καὶ ἐπὶ τῶν ἀγαθοποιῶν.*

Μετὰ τοῦτο δὲ ὅρα τὸν χρονοκράτορα καὶ τὸν ἐπιμερίζοντα καὶ τὸν συνεπιμερίζοντα· ὅτε δὲ κατὰ πῆξίν ἐστιν ἔν τινι ζῳδίῳ κακοποιοῦ, ὑπάρχει δὲ τὸ ζῴδιον ἐκεῖνο ὁ ὡροσκόπος τοῦ ἔτους, καὶ κατὰ πῆξιν ὁ κακοποιὸς ἐκεῖνος τύχῃ βλάπτων τὸν ἐπιμερίζοντα ἢ τὸ ζῴδιον τοῦ ἔτους ἢ τὸν κύριον αὐτοῦ, ἔστι σημεῖον ἐναντίον καὶ βλάπτει κατὰ πολύ. ὅτε δὲ οἱ κακοποιοὶ ἴδωσιν ἐν τῇ ἐναλλαγῇ τὸ ζῴδιον τοῦ ἔτους ἢ τὴν Σελήνην μηδενὸς ἀγαθοποιοῦ ἐφορῶντος, δηλοῦσι βλάβην μεγάλην κατὰ τὴν φύσιν τοῦ χρονοκράτορος καὶ τοῦ ἐπιμερίζοντος· ὅτε δὲ μηδεὶς κακοῖ τὸν χρονοκράτορα ἐν τῇ καταρχῇ, ὑπάρχουσι δὲ ὅ τε χρονοκράτωρ καὶ ὁ ἐπιμερίζων κακοποιοί, συνοδεύει δέ τις ἀγαθοποιὸς τῷ χρονοκράτορι ἢ τετραγωνίζει, οὐ βλάπτει διὰ τὴν φύσιν τοῦ ἀγαθοποιοῦ· τὸ δ' αὐτὸ καὶ ἐπὶ τοῦ ἐπιμερίζοντος. ὅτε δὲ ὑπάρχουσιν ὁ χρονοκράτωρ καὶ ὁ ἐπιμερίζων κακοποιοί, κακοῦνται δὲ ἐν τῇ ἐναλλαγῇ δι' ὅλου τοῦ ἔτους, ἀργίαν καὶ ἀνωφελίαν σημαίνουσιν. ὅτε δὲ ὁ ἐπιμερισμὸς καὶ ὁ ἐπιμερίζων εἰσὶ κεκακωμένοι καὶ ἀποκλίνουσιν ἀπὸ τοῦ ὡροσκόπου τοῦ ἔτους, δηλοῦσι περιστάσεις καὶ ἀνάγκας πολλάς· καὶ εἰ μέν ἐστιν ὁ Ἑρμῆς κύριος τοῦ ἔτους, τύχῃ δὲ ἐν τῇ ἐναλλαγῇ μετὰ τοῦ Ἄρεως, δηλοῖ

V: **20** *ὑπάρχει* || **25** *καὶ — ἑρμῆς*] *ὁ ἑρμῆς καὶ εἰ μέν ἐστι* || **26** *ἄρεος*

Isidorus (*ϱ*): **1** post *ἔτους* add. *εἰς* || **7** *τὸν* om. || **11** *σημεῖόν ἐστιν* || **12** *βλέπουσιν* || **17** *ἀγαθοποιὸς*] *ἀγαθὸς* || **21** post *δὲ* add. *καὶ*

Versio Latina: **1** *τοῦ ἔτους*] revolutionis || **1.2** *ἐν τῇ καταρχῇ*] in inceptione vel in nativitatis initio || **2** *τοῦ ἔτους*] profectionis || **4** item (pro idem) || **6** post haec || **8** malevolus || **9** *τοῦ ἔτους*] profectionis || **9.10** *τύχῃ βλάπτων* om. (in marg. aspexerit) || **10** *τοῦ ἔτους*] revolutionis || **12.13** *τοῦ ἔτους*] profectionis || **16** in nativitatis initio || **17** aliquis de benevolis || **22** turbationes || **24** *τοῦ ἔτους*] revolutionis || **25** mercurius et si non fuerit

διαδοχὴν πράξεως, καὶ μάλιστα εἰ κυριεύει τοῦ ἔτους· εἰ δὲ ἐφορᾶται παρὰ τοῦ Διὸς καὶ τύχῃ ἐν ἀγαθῷ τόπῳ καὶ μετὰ τοῦ κλήρου τῆς πράξεως, φημισθήσεται μὲν ἡ διαδοχὴ αὐτοῦ, οὐ μὴν διαδεχθήσεται. ὅτε δέ ἐστιν ὁ χρονοκράτωρ μετά τινος ἀστέρος, δεῖ συμπεριλαβεῖν τούτῳ καὶ τὴν σημασίαν τοῦ ἀστέρος ᾧ σύνεστιν· ὡσαύτως δεῖ σε ἐπιβλέπειν καὶ τὸν συνόντα ἀστέρα τῷ ἐπιμερίζοντι. εἰ μὲν οὖν κακοποιός ἐστι, δηλοῖ νόσους καὶ βλάβας καὶ πλούτου διασκέδασιν· εἰ δὲ ἀγαθοποιός, εὐπραγίαν δηλοῖ καὶ εὐτυχίαν κατὰ τὴν ἰδίαν φύσιν. ὅτε δέ ἐστιν ἀστὴρ κατὰ πῆξιν βλάπτων τὴν καταρχήν, ὅτε γένηται ἀστὴρ ἐκεῖνος ἐν τῇ καταρχῇ τοῦ ἔτους ἐν τῷ κατὰ πῆξιν ὡροσκόπῳ ἢ ἐν τῷ ὡροσκόπῳ τῆς καταρχῆς ἢ ἐν τῷ κατὰ πῆξιν ⟨τόπῳ⟩ τῆς Σελήνης ἢ ἐν τῷ κατὰ πάροδον ἢ ἐν τῷ τοῦ ἐπιμερισμοῦ τόπῳ ἢ ἐν τοῖς ⟨τῶν⟩ κυρίων τῶν τοιούτων τόπων, δηλοῖ βλάβην δεινήν. ὅτε δὲ κατὰ πῆξιν ἀστὴρ δηλώσει εὐτυχίαν καὶ γένηται κατὰ τὸν καιρὸν τῆς ἐναλλαγῆς ἐν οἷς προείπομεν τόποις, εὐτυχίαν δηλοῖ. ὅτε δέ ἐστιν ὁ ἐπιμερίζων ἀγαθοποιὸς καὶ ὁ κύριος τοῦ ὡροσκόπου τῆς ἐναλλαγῆς καὶ ὁ κύριος τῆς Σελήνης ἀγαθοποιοί, ἀποτελέσουσιν ἀγαθά· εἰ δὲ ὁ κύριος τοῦ ζῳδίου τοῦ ἔτους καὶ αὐτὸ τὸ ζῴδιον κακοῦνται, βλάβην καὶ μείωσιν δηλοῦσιν. ὅτε δέ εἰσιν ὁ χρονοκράτωρ καὶ ὁ ἐπιμερίζων ἀγαθοποιοί, ἐν κακῷ δὲ τόπῳ εἰσὶ κατὰ τὸν καιρὸν τοῦ ἔτους ⟨τῆς⟩ ἐναλλαγῆς ἢ ἀνα⟨πο⟩δίζουσιν,

V: **14** *ἡ σελήνη* | *τῷ*[1]] *τοῖς* || **15** *κυρίοις* || **23** *ἐστιν*

Isidorus (*ϱ*): **1** *κυριεύσει* || **2** *τύχοι* | *καὶ*[2] om. || **11** *ὅτε*] *καὶ* | *γίνεται ὁ ἀστὴρ* || **14** *ἡ σελήνη* | *τῷ*[1]] *τοῖς* || **15** *κυρίοις* || **17** post *ἀστὴρ* add. *τις* || **20** *ὡροσκόπου*] *ἔτους* || **23** *ἐστιν* || **25** *τῆς* | *ἀναποδίζουσιν*

Versio Latina: **1** successionem officii || **2** in loco benevolo || **3** parte operis sive regni || **4** tamen ei aliquis non succedet || **7.8** planetam existentem (in marg. participantem) et cum divisor signo malevolus fuerit, significat || **9** dispositionem (in marg. dispendium) || **10** aliquis planeta || **11** *κατὰ πῆξιν*] in nativitatis initio | *ὅτε* om. || **11.12** *ἀστὴρ ἐκεῖνος* om. || **12** *ἐν*[1] — *ἔτους*] in revolutione || **13** revolutionis || **13.14** in nativitatis luna || **15.16** vel cum dominis huiusmodi locorum || **16** *δεινήν*] maximam || **17** aliquis planeta || **17.18** *εὐτυχίαν — τόποις* om. || **22** *τοῦ ἔτους*] profectionis || **25** retrogradi

ὑπάρχει δέ τις τῶν δύο κακοποιῶν ἐν τῇ ἐναλλαγῇ ὡροσκοπῶν ἢ μεσουρανῶν, δηλοῖ κακότητα τοῦ ἔτους καὶ δυσχέρειαν καὶ νίκην τῶν ἐχθρῶν καὶ τραῦμα ἀπὸ σιδήρου ἢ πτῶσιν ἀπὸ ὑψηλοῦ τόπου καὶ ζημίαν.

Ὅτε δὲ κυριεύσουσι τοῦ ἔτους κακοποιοί, ὑπάρχουσι δὲ κατὰ τὸν καιρὸν τῆς ἐναλλαγῆς ἐν τῷ δυτικῷ κέντρῳ ἢ ἐν τόπῳ τοῦ κακοποιοῦ τοῦ βλάπτοντος τὸν χρονοκράτορα ἢ ἐν τῷ τόπῳ τοῦ κακοποιοῦ τοῦ βλάπτοντος τὸ ζῴδιον τοῦ ἔτους, ὑπάρχουσι δὲ ἡ Ἀφροδίτη καὶ ὁ Ἑρμῆς ἐν τῇ ἐναλλαγῇ μετὰ τοῦ κακοποιοῦ ἐκείνου, βλάβη γενήσεται περὶ τοὺς συγγενεῖς καὶ τὰ τέκνα. εἰ δὲ καὶ ὁ Ἥλιος καὶ ἡ Σελήνη συνυπάρχουσι τῷ κακοποιῷ, βλάπτονται οἱ γονεῖς ἢ κατὰ τὸ σῶμα ἢ κατὰ τὸν πλοῦτον ἢ κατὰ τὴν ἐξουσίαν ἢ κατὰ τὴν ἀξίαν. ὅτε δέ ἐστιν ὁ κύριος τοῦ [τοῦ] ἐπιμερισμοῦ κακοποιός, ὑπάρχει δὲ κατὰ πῆξιν ἐν τῷ τῶν νόσων τόπῳ, καὶ ἐν τῇ ἐναλλαγῇ εὑρεθῇ ἐν κακῷ τόπῳ μετὰ τῶν κακοποιῶν, βλαπτομένης καὶ τῆς Σελήνης, δηλοῖ βλάβας καὶ ἀνάγκας. ὅτε δέ ἐστιν ὁ χρονοκράτωρ κακοποιὸς καὶ ὑπάρχει ἐν τῷ καιρῷ τῆς ἐναλλαγῆς ἐν τόπῳ κακῷ ἀργοκίνητος ἢ ὕπαυγος, ἢ ὑπάρχουσιν ὁ ἐπιμερίζων καὶ ἡ Σελήνη ἐν τοῖς δυσὶ καιροῖς ἐν τόπῳ κακῷ ἐφορωμένη ὑπὸ κακοποιῶν, τοῦ χρονοκράτορος ἢ τοῦ ἐπιμερίζοντος ἐν τῷ ἕκτῳ τόπῳ ὑπάρχοντος, βλάβην δηλοῦσι καὶ συνοχὴν τῷ ἔτει ἐκείνῳ· τὸ δ' αὐτὸ δηλοῖ ἐὰν ὁ κύριος τοῦ ἔτους ἀγαθοποιὸς ᾖ καὶ ὑπάρχει κατὰ πῆξιν καὶ κατὰ πάροδον κεκακωμένος. ὅτε δὲ καταντήσει τὸ ἔτος [f. 283v]

V: **9** ὑπάρχει || **16** τόπων || **20** ὑπάρχει || **21** ἐφορωμένης || **26** post ἔτος legitur p. 182, 1 κατὰ

Isidorus (ϱ): **6** supra ἐν² scr. τῷ || **7** τοῦ¹ om. | βλάψαντος || **7.8** τὸν — βλάπτοντος om. || **9** ὑπάρχει || **11** καὶ² om. || **14** τοῦ om. || **16** καὶ ἐν] ἐν δὲ || **20** ὑπάρχει || **21** ὑφορωμένη || **26** post ἔτος legitur p. 182, 1 κατά, et rel. huius capituli non invenitur in ϱ; sed quasi capitulum separatum cum titulo περὶ ὡροσκόπου τῆς καταρχῆς servatur in **ω**

Versio Latina: **1** κακοποιῶν] planetis || **6—8** in loco malevolo vel impedientis divisionem vel in loco malevoli || **8.9** τοῦ ἔτους] profectionis || **16** ad malum locum pervenerit || **21.22** aspicientibus ipsam malevolis || **23** ἕκτῳ] bono || **23.24** impedimentum . . . et laesionem

ἐπὶ τὸν ὡροσκόπον τῆς καταρχῆς, εἰ δὲ καὶ μετρίως βλάψουσιν οἱ κακοποιοί, βλάβην μεγίστην δηλοῦσι, μάλιστα εἰ οὐκ ἐφορᾷ τὸν κύριον τοῦ ἔτους ἀγαθοποιὸς καὶ ὁ ἐπιμερίζων ὑπάρχει κεκακωμένος. ὅτε δέ εἰσιν ὁ χρονοκράτωρ καὶ ὁ ἐπιμερίζων κακοποιοὶ καὶ ὑπάρχουσιν ἐν τῇ ἐναλλαγῇ ἐν τόπῳ κακῷ διαμετροῦντες τοὺς κακοποιούς, μὴ ἐφορώντων τῶν ἀγαθοποιῶν τὸν ὡροσκόπον τοῦ ἔτους, ὑπάρχει δὲ καὶ ὁ κλῆρος τῆς τύχης τοῦ ἔτους τῆς ἐναλλαγῆς κεκακωμένος, δηλοῖ δυσχέρειαν τοῦ ἔτους καὶ συνοχὰς καὶ βλάβας· εἰ δὲ ὁ Ζεὺς καὶ ἡ Ἀφροδίτη συνοδεύσουσι τῇ Σελήνῃ ἢ ἐφορῶσι, δηλοῦσιν ἀπολύτρωσιν τῶν δεινῶν. ὅτε δὲ καταντήσει τὸ ἔτος ἐπὶ τὸν ὡροσκόπον τῆς καταρχῆς καὶ διαμετρεῖ τοῦτον κακοποιὸς ἐν τῇ τοῦ ἔτους ἐναλλαγῇ καὶ ὑπάρχουσι κακοποιοὶ ὅ τε χρονοκράτωρ καὶ ὁ ἐπιμερίζων καὶ βλάπτουσι τὴν Σελήνην, ὡροσκοποῦσι δὲ ἐν τῇ ἐναλλαγῇ ὅ τε Ἥλιος καὶ ἡ Σελήνη καὶ ὁ Ἑρμῆς καὶ τύχωσι πάντες κεκακωμένοι, δηλοῦσι φόβους καὶ φυλακὰς καὶ φιλονεικίαν καὶ ἔριδας μετὰ τῶν ἐχθρῶν.

Ὅτε δέ εἰσιν ὁ χρονοκράτωρ καὶ ὁ ἐπιμερίζων κακοποιοὶ καὶ τύχωσι ὅ τε Ἥλιος καὶ ἡ Σελήνη ἐν τῇ ἐναλλαγῇ ὑπὸ γῆν μὴ ἐφορώμενοι ὑπὸ τῶν ἀγαθοποιῶν, δηλοῦσι νόσον τοῦ ἔχοντος τὴν ἐναλλαγὴν καὶ βλάβην τῶν γονέων καὶ διαφθορὰν τοῦ πλούτου αὐτῶν· ἐὰν δὲ ἐφορᾷ ὁ Ζεὺς ἐν τῇ ἐναλλαγῇ τὸν κλῆρον τοῦ πατρός, σωθήσονται καὶ

V: **4** ἐστιν || **17** τύχουσι || **20** ἐστιν || **21** τύχῃ

Isidorus (ω): **1** ἐπὶ τὸν ὡροσκόπον] ὁ ὡροσκόπος | δὲ om. || **1.2** βλάπτεται ὑπὸ τῶν κακοποιῶν, ἀλλ᾽ οὖν μεγίστην βλάβην || **2** δηλοῖ | post δηλοῖ add. καὶ || **3** post ἀγαθοποιὸς add. ἀλλὰ || **4** ἐστιν || **10** post δὲ add. καὶ | post ζεὺς add. ἢ || **14** τῇ ἐναλλαγῇ τοῦ ἔτους || **18** φιλονεικίας || **20** ἐστιν || **21** τύχοι || **24** αὐτοῦ | ὁ ζεὺς ἐφορᾷ || **24.25** τὸν κλῆρον τοῦ πατρὸς ἐν τῇ ἐναλλαγῇ

Versio Latina: **1** impedierint ipsum || **5** καί[1] om. || **8** ὑπάρχει u. ad ἔτους[2] om. || **16** ἐν τῇ ἐναλλαγῇ om. || **18.19** carcerem et contentiones et rixas cum inimicis || **21** tempore revolutionis || **24.25** revolutionis tempore | partem patrum

ὕφεσιν δέξεται ἡ βλάβη. ὅτε δέ ἐστιν ὁ Ζεὺς χρονοκράτωρ ἢ ἐπιμερίζων καὶ ὑπάρχει ἐν τῇ ἐναλλαγῇ μετὰ τοῦ Κρόνου ὑπὸ γῆν, θάνατον δηλοῖ τῶν τέκνων. ὅτε δέ ἐστιν ὁ ἐπιμερίζων ἀγαθοποιὸς ἢ κακοποιὸς καὶ ὑπάρχει κατὰ πῆξιν καὶ κατὰ πάροδον ἀποκεκλικὼς καὶ μὴ ὑπὸ ἀγαθοποιῶν ἐφορώμενος, τύχωσι δὲ ὅ τε ἐπιμερίζων καὶ ἡ Σελήνη κεκακωμένοι καὶ ὁ χρονοκράτωρ κεκακωμένος καὶ ἐν ἀνοικείῳ τόπῳ, θάνατον δηλοῖ. ὅτε δέ ἐστιν ὁ Κρόνος ἐπιμερίζων καὶ βλάπτουσιν αὐτός τε καὶ ὁ Ἄρης ἐν τῇ ἐναλλαγῇ τὸν τόπον τοῦ ἐπιμερισμοῦ, μὴ ἐφορώντων τοιοῦτον τόπον τῶν ἀγαθοποιῶν, θάνατον δηλοῦσιν. ὅτε δὲ καταντήσει τὸ ἔτος ἐπὶ τὸν ὡροσκόπον τῆς καταρχῆς καὶ τύχωσιν ὅ τε ὡροσκόπος τῆς ἐναλλαγῆς καὶ ⟨ὁ⟩ ὡροσκόπος τῆς καταρχῆς ἓν ζῴδιον, τύχωσι δὲ ὁ ἐπιμερίζων καὶ ὁ χρονοκράτωρ κακοποιοὶ καὶ ἐν τόποις ἀνοικείοις, ὑπάρχουσι δὲ καὶ τὰ σχήματα τῶν ἀστέρων τοιαῦτα ἐν τῇ ἐναλλαγῇ οἷα τὰ τῶν ἀτρόφων γενέσεων, δηλοῦσιν ἀπόγνωσιν ζωῆς ἐν ἐκείνῳ τῷ ἔτει.

Ἀπὸ τοῦ ὡροσκόπου μέχρι τοῦ μεσουρανίσματός ἐστιν ἀνατολικὸν τεταρτημόριον καὶ δηλοῖ τὸ πρῶτον τέταρτον τοῦ ἔτους· ἀπὸ δὲ τοῦ μεσουρανίσματος μέχρι τοῦ ἑβδόμου ἐστὶ νότιον καὶ δηλοῖ τὸ δεύτερον τεταρτημόριον τοῦ ἔτους· ἀπὸ δὲ τοῦ ἑβδόμου μέχρι τοῦ ὑπογείου ἐστὶ

V: 6 *τύχη*

Isidorus (ω): **1** *ὅτε*] *τε* || **4** post *κατά* add. *τε* || **5** *κατὰ* om. | *ἀγαθοποιοῦ* || **10** *ἐπιμερισμοῦ*] *ἐφορισμοῦ* || **11** *τῶν ἀγαθοποιῶν τὸν τοιοῦτον τόπον* || **13** *ὁ* || **14** *ἓν ζῴδιον*] *εἰς τὸ αὐτὸ ζῴδιον* | post *δὲ* add. *καὶ* || **14 15** *ὁ χρονοκράτωρ καὶ ὁ ἐπιμερίζων* || **19** *μεσουρανήματός* | post *ἐστι* add. *τὸ* || **20** *τεταρτημόριον ἀνατολικὸν* | *τέταρτον*] *τρίμηνον* || **21** *μεσουρανήματος* | *ἑβδόμου*] *δύνοντος* || **22** *ἐστὶ* om. | post *δύνοντος* add. *τεταρτημόριον* | *τεταρτημόριον*] *τρίμηνον* || **23** *ἑβδόμου*] *δύνοντος* | post *ἐστὶ* add. *τὸ τεταρτημόριον*

Versio Latina: **2** in revolutionis tempore || **4** *ἢ κακοποιὸς* om. || **4.5** *καὶ — ἀποκεκλικὼς*] fueritque super revolutionem et secundum revolutionem et secundum nativitatem remotus || **8** *ἀνοικείῳ*] non primo (pro proprio) || **11** *τοιοῦτον*] ipsum || **17** in nativitatibus eorum qui non nutriuntur || **20** *πρῶτον*] planeta || **21** usque ad septimum coelum || **22** est 4 meridiana | *δεύτερον* om. | *τεταρτημόριον*] partem || **24** *τοῦ ἑβδόμου*] occidente

λιβικὸν καὶ δηλοῖ τὸ τρίτον τεταρτημόριον τοῦ ἔτους· ἀπὸ δὲ τοῦ ὑπογείου μέχρι τοῦ ὡροσκόπου ἐστὶ βόρειον καὶ δηλοῖ τὸ δ′ τεταρτημόριον τοῦ ἔτους. δεῖ δὲ ὁρᾶν τὸν χρονοκράτορα καὶ τὸν ἐπιμερίζοντα καὶ τοὺς ἀγαθοποιοὺς καὶ τοὺς κακοποιοὺς ἐν ποίῳ τεταρτημορίῳ εἰσίν, καὶ κατὰ τοῦτο ἀποτελεῖν. ὅτε δέ εἰσιν οἱ κακοποιοὶ ἐν τῷ ὡροσκόπῳ ἢ ἐν τῷ ια′ ἢ ἐν τῷ μεσουρανίσματι τῆς ἐναλλαγῆς καὶ οἱ ἀγαθοποιοὶ ὑπὸ γῆν, δηλοῦσι δυσχερείας ἐν τῇ ἀρχῇ τοῦ ἔτους, ἀγαθὰ δὲ ἐν τῷ τέλει αὐτοῦ, καὶ μάλιστα εἰ ἔστι τὸ ζῴδιον τοῦ ἔτους τροπικόν. πολλάκις δὲ δηλοῦσιν οἱ μὲν ἐπίκεντροι τὰ τῆς ἀρχῆς τοῦ ἔτους, οἱ δὲ ἀποκεκλικότες τὰ τελευταῖα.

Δεῖ δέ σε μὴ μόνον τεκμαίρεσθαι τῶν ἀγαθῶν ἢ τῶν ἐναντίων ἀπὸ τοῦ ἐπιμερίζοντος καὶ συνεπιμερίζοντος καὶ τῶν λοιπῶν, ἀλλὰ σκοπεῖν καὶ ποῦ κατήντησαν οἱ κατὰ πῆξιν κλῆροι – ἆρα εἰς ἀγαθοποιοὺς ἢ κακοποιούς – καὶ κατὰ τὰς ἀναφορὰς καὶ κατὰ τοὺς κύκλους ἤτοι κατὰ ζῴδιον ἐνιαυτὸν ἕνα. ἰδὲ δὲ καὶ τὸν χρονοκράτορα καὶ τὸν ἐπιμερίζοντα καὶ συνεπιμερίζοντα ποίου κλήρου δεσπόζουσι κατά τε πῆξιν καὶ κατὰ πάροδον, καὶ κατὰ τοιαῦτα ἀποτέλει.

Ὑποδείγματος χάριν. ἦν ὁ κλῆρος τῶν ἀδελφῶν καὶ ὁ κύριος αὐτοῦ ἐν τῷ θέματι τῆς καταρχῆς ἐν τόπῳ ἀνεπιτηδείῳ μετὰ τῶν κακοποιῶν, καὶ ἐσήμανε τὸ τοιοῦτον·

V: **1** λυβικὸν || **13** μόνων

Isidorus (ω): **1** τεταρτημόριον] τρίμηνον || **2** post ἐστὶ add. τὸ τεταρτημόριον || **3** τεταρτημόριον] τρίμηνον | δὲ] οὖν | post τόν add. τε || **6** ἀποτελεῖν] προλέγειν τὰ ἀποτελούμενα || **7** μεσουρανήματι || **14** ἐπιμερίζοντος] μερίζοντος || **15** καὶ ποῦ κατήντησαν σκοπεῖν || **16** ἆρα] εἴτε | ἢ] εἴτε | καὶ] ἢ || **17–20** καὶ – ἀποτέλει om., lac. c. $2^1/_2$ linearum || **21** ὑποδείγματος χάριν] ὑπόδειγμα. ὑποδείγματος χάριν || **22** αὐτῶν || **23** ἐσήμαινε

Versio Latina: **1** quarta occidentalis | partem || **2** partem || **6** τοῦτο] huiusmodi || **8** δυσχερείας] gravitatem || **9** αὐτοῦ om. | καὶ] ut || **11** planetae qui sunt in angulis | τὰ – ἀποκεκλικότες om. || **13** augmentari || **14** ἀπὸ] in || **14.15** et a reliquis || **17** τοὺς κύκλους] partes || **17.18** scilicet pro signo facias annum unum || **20** diffinias || **21** erat || **22** αὐτοῦ] eorum

ὡς οἱ ἀδελφοὶ τοῦ γεννηθέντος καὶ ἀδελφαὶ βλαβήσονται ἐν τῷ καιρῷ καθ' ὃν ὁ κακοποιὸς ἐπιμερίζει ἢ συνεπιμερίζει. εἰ δὲ ὁ κύριος τοῦ κλήρου τοῦ κατὰ πῆξιν βλάπτει τὸν κύριον τοῦ ὡροσκόπου, βλαβήσεται ὁ γεννηθεὶς κατὰ τὸν καιρὸν ἐκεῖνον.

Τμῆμα θ'. Περὶ τῶν λεγομένων νουπαχρατῶν καὶ τῶν κυρίων αὐτῶν καὶ τοῦ περιπάτου αὐτῶν καὶ τῆς τρίτης διαιρέσεως αὐτῶν, καὶ περὶ διαγνώσεως παντὸς ἐπιμερίζοντος καὶ τῆς σημασίας αὐτοῦ καὶ τῆς σημασίας τοῦ συνεπιμερίζοντος αὐτῷ ἢ κατὰ σῶμα ἢ κατὰ ἀκτῖνα καθὼς οἱ Ἰνδοὶ ἐξέθεντο.

[f. 284] Τῷ μὲν ἐπιμερισμῷ ᾧ προείπομεν ἔναγχος χρῶνται οἵ τε Βαβυλώνιοι καὶ οἱ Πέρσαι καὶ οἱ Αἰγύπτιοι· οἱ μέντοι Ἰνδοὶ καὶ οἱ γειτνιάζοντες αὐτοῖς, ἰδόντες ἐν ἑνὶ ἐπιμερισμῷ διάφορα πάθη τοῖς ἀνθρώποις ἐπισυμβαίνοντα, οὐκ ἐποίησαν τὸν ἐπιμερισμὸν κατὰ τὰ ὅρια ὡς οἱ λοιποί, ἀλλ' ἐποίησαν τοῦτον κατὰ τὰ νουπάχρατες ὡς ἂν ἀκριβέστερον προβαίνωσι τὰ ἀποτελέσματα. δεῖ οὖν ἐν τοῖς περιπάτοις τοῖς δυσὶ χρῆσθαι τρόποις, ἰδίᾳ τῷ ἑνὶ καὶ

PVv: **6** *τμῆμα θ'* om. **P** | *οὐπατραχῶν* **v** || **8** *τρίτης*] *εἰς τρίτα* **v** || **9** *πάντι* **v** || **10** *τῆς* om. **v** | post *σημασίας* add. *καὶ* **P** | *ἐπιμερίζοντος* **P** || **12** *ἰνδεῖς* **v** || **14** *τε* om. **PV** | post *αἰγύπτιοι* add. *καὶ* **v** || **15** *μέντοι* om. **v** | *αὐτῶν* **v** || **16** *συμβαίνοντα* **PV** || **17** *ἐποίησε* **V** || **18** *τὰ*] *τὸ* **P** | *νουπαχράκτης* **V**, *νουπαχράματα* **v** || **20** *χρᾶσθαι* **P** | *ἰδίᾳ* — *καὶ* iter. **v**

Isidorus (ω): **1** post *ἀδελφοὶ* add. *αὐτοῦ* | post *καὶ* add. *αἱ* || **2** *ἐπιμερίζει*] *μερίζει* || **3** *κύριος τοῦ κατὰ τὴν πῆξιν κλήρου* || in loco textus ad p. 176, 21 *πάντων* invenitur in P appendix 1, pp. 240—244

Versio Latina: **1** *βλαβήσονται*] impediente || **3** *ὁ κύριος*] domus (pro dominus) | partis nativitatis || **6** *τμῆμα θ'* om. || **6—12** de novenariis et directione eorum ac in tertium divisionis ipsorum secundum opinionem indorum || **13** *ᾧ*] quemadmodum || **18** nupachrates || **19** iudiciorum eventus

ἰδίᾳ τῷ ἑτέρῳ ὡς ἂν ἀκριβεστέρα γένηται ἡ τῶν κατ᾽ ἔτος γινομένων διάγνωσις.

Τὸ δὲ τοιοῦτον ὄνομα τῇ ᾿Ινδῶν διαλέκτῳ ἑρμηνεύεται τὸ ἔννατον, καὶ ἔστι διακοσίων λεπτῶν ἤτοι τριῶν μοιρῶν καὶ τρίτου μοίρας ὀρθῆς· ἔσται οὖν ἐν ἑκάστῳ ζῳδίῳ ἐννέα ἔννατα, ὧν ἕκαστον ἔχει ἴδιον ἐπικρατήτορα. καὶ εἰ μὲν ἐν τῷ ζῳδίῳ ἐστὶ Κριῷ ἢ Λέοντι ἢ Τοξότῃ, ἔσται ἑκάστου πρώτου ἐννάτου ἐν τοῖς τοιούτοις ζῳδίοις κύριος ὁ τοῦ Κριοῦ οἰκοδεσπότης Ἄρης· τοῦ δὲ δευτέρου ἐννάτου κυριεύσει ἡ Ἀφροδίτη ἡ κυρία τοῦ Ταύρου· τοῦ δὲ τρίτου ἐννάτου κυριεύσει ὁ Ἑρμῆς ὁ κύριος τῶν Διδύμων· τοῦ δὲ τετάρτου ἡ Σελήνη ἡ κυρία τοῦ Καρκίνου· τοῦ δὲ πέμπτου ὁ Ἥλιος ὁ κύριος τοῦ Λέοντος· τοῦ δὲ ς′ ὁ Ἑρμῆς ὁ κύριος τῆς Παρθένου· καὶ οὑτωσὶ ποιῶν εὑρήσεις τὸν κύριον τοῦ ἐννάτου ἐννάτου τὸν Δία τὸν κύριον τοῦ Τοξότου.

Εἰ δέ ἐστι τὸ τρίγωνον τοῦ Ταύρου καὶ τῆς Παρθένου καὶ τοῦ Αἰγοκέρωτος, ἔσται ὁ κύριος τοῦ πρώτου ἐννάτου ὁ Κρόνος ὁ κύριος τοῦ Αἰγοκέρωτος· τοῦ δευτέρου ὁ Κρόνος ὁ κύριος τοῦ Ὑδροχόου· τοῦ δὲ τρίτου ὁ Ζεὺς ὁ κύριος τῶν Ἰχθύων· καὶ οὑτωσὶ ποιῶν εὑρήσεις τὸν κύριον τοῦ ἐννάτου ἐννάτου ἐν ἑκάστῳ τούτων τῶν ζῳδίων τὸν Ἑρμῆν τὸν κύριον τῆς Παρθένου. εἰ δὲ λάβοις τοὺς Διδύμους καὶ τὸν Ζυγὸν καὶ τὸν Ὑδροχόον, ποιήσεις πάλιν τὴν Ἀφροδίτην κυρίαν τοῦ πρώτου ἐννάτου ὡς κυρίαν τοῦ

PVv: **1** *γίνηται* **P**, *γεγένησαι* **V** || **5** *ἐν ἑκάστῳ οὖν* **PV** || **6** *ἐπικρατήρα* **v** || **7** *ἐν* om. **Pv** | *τῷ* om. **P** | *ζῴδιόν* **P** | *ἐστὶ* om. **V** | *κριὸς ἢ λέων ἢ τοξότης* **PVv** || **9** *ἄρης*] *φῶς* **v** || **10.11** *τῷ δὲ τρίτῳ ἐννάτῳ* **v** || **12** *κυρία*] *κύριος* **v** | *τῇ δὲ πέμπτῃ* **v** || **13.14** *τοῦ*[1] u. ad *κύριος* om. **v** || **13** *δὲ* om. **P** || **14** *τῆς* om. **V** || **15** *ἐννάτου*[2] om. **Vv** || **17** *καὶ*] lac. c. 3 litt., post quam *αἰ* **v** || **18** *τοῦ*[1] om. **V** || **19.20** *ὁ κρόνος* bis scr. **V** || **22** *ἐννάτου*[2] om. **v** | post *τὸν* add. *δὲ* **v** || **23** *λάβῃς* **P**, *λάβεις* **v** || **24** *καὶ*[1] om. **P** | *ποιεῖς* **v**

Versio Latina: **2** cogitatio (in marg. cognitio) || **5** et tertius gradus directi || **6** significatorem || **7** signum aries vel leo vel sagittarius || **9** *ὁ — ἄρης*] videlicet arietis primi novenarii est dominus mars | *ἐννάτου* om. || **11** *ἐννάτου* om. || **15.16** sagittarius (sic)

Ζυγοῦ· τοῦ δὲ δευτέρου τὸν Ἄρεα ὡς κύριον τοῦ Σκορπίου· καὶ οὕτως ποιῶν εὑρήσεις τὸν κύριον τοῦ ἐννάτου ἐννάτου τὸν Ἑρμῆν τὸν κύριον τῶν Διδύμων. εἰ δὲ τὸν Καρκίνον ζητεῖς καὶ τὸν Σκορπίον καὶ τοὺς Ἰχθύας, ἔσται κύριος τοῦ πρώτου ἐννάτου ἡ Σελήνη ἡ κυρία τοῦ Καρκίνου· τοῦ δὲ δευτέρου ὁ Ἥλιος ὁ κύριος τοῦ Λέοντος· καὶ τῇ αὐτῇ μεθόδῳ χρώμενος εὑρήσεις τὸν κύριον τοῦ ἐννάτου ἐννάτου τὸν Δία τὸν κύριον τῶν Ἰχθύων.

Ἔστι δὲ καὶ ἑτέρα μέθοδος συντομωτέρα τοιαύτη· ἰδὲ τὸ ζῴδιον οὗ βούλει διαγνῶναι τοὺς κυρίους τῶν ἐν αὐτῷ ἐννάτων ποίου τριγώνου ἐστίν. εὑρήσεις γὰρ ἀεὶ τὸν κύριον τοῦ τροπικοῦ ζῳδίου τὸν αὐτὸν κύριον ὄντα τοῦ πρώτου ἐννάτου ἐν ἑκάστῳ τῶν τριῶν ζῳδίων, τὸν δὲ κύριον τοῦ ἑξῆς ζῳδίου τὸν αὐτὸν ὄντα κύριον τοῦ δευτέρου ἐννάτου, καὶ τὸν τρίτον τοῦ τρίτου· καὶ τῇ αὐτῇ μεθόδῳ χρώμενος εὑρήσεις πάντα τὰ ἔννατα ἐν ἑκάστῳ ζῳδίῳ. τὴν δὲ αἰτίαν τῆς τούτων τῶν ἐννάτων ἐφευρέσεως διεσαφήσαμεν κάλλιστά τε καὶ τελειώτατα ἐν ᾗ ἐξεθέμεθα πρὸς τὴν ἀστρονομίαν εἰσαγωγῇ.

Τὸν δὲ περίπατον τῶν τοιούτων ἐννάτων ἔν τε τοῖς γενεθλίοις καὶ ἐν ἑτέροις καὶ τὴν διαίρεσιν αὐτῶν τὴν εἰς τὰ τρίτα ὡς ἐν μυστηρίῳ κατεῖχον οἱ Ἰνδοί, μὴ ἀποκαλύπτοντες τοῦτο εἰ μή γε μόνοις τοῖς ἐπ᾽ ἄκρον ἐληλακόσι τῆς ἐπιστήμης, ὁρκίζοντες αὐτοὺς πρότερον ἐν μυστηρίῳ ἔχειν τὴν τοιαύτην διδασκαλίαν καὶ μὴ ἀνακοινοῦσθαι ταύτην τοῖς ἀγροικοτέροις, ἀλλὰ μόνοις τοῖς

PVv: **1** *τὸν* om. **P** | *τὸν ἄρεα*] *τὸ φῶς* **v** || **9** *συντομοτέρα* **v** || **10** *οὗ*] *ὃ* **V** | *βούλῃ* **v** | *διαγνῶσαι* **V** | *τῶν*] *τοὺς* **V** || **11** *εὑρήσει* **V** | *ἀεὶ* om. **V** || **12** *τοῦ — κύριον* om. **V** || **14** *τοῦ*[1]] *οὗ* **v** | *ζῳδίου*] *τούτῳ τῷ ξῳδίῳ* **v** || **16** *ἔννατα*] *ἐννέα* **V** || **17** *τούτων τῶν*] *τῶν τοιούτων* **PV** || **18** *τελεώτατα* **PV** || **23** *τούτῳ* **v** | *γε* om. **PV** | *ἐλληλλακῶσιν* **v** || **24** *ἀρκίζοντες* **Vv** || **25** *ἀνακινοῦσθαι* **Vv** || **26** *ἀγρικωτέροις* **v**

Versio Latina: **10** *τὸ ζῴδιον οὗ*] cum || **16.17** in singulis signis || **17** *τούτων*] huiusmodi || **18** bene et optime || **23** *τοῦτο*] huiusmodi | *εἰ μή γε* om. || **25** *τοιαύτην*] ipsam || **26** *ἀγροικοτέροις*] insciis

γινώσκουσι τὸ μέτρον τοῦ μαθήματος καὶ ὅσον ὑπερέχει ὁ ἐπιστήμων τῶν ἄλλων ἀνθρώπων· οἱ δὲ παραλαβόντες τὴν τοιαύτην μέθοδον μεγάλας ὡμολόγουν χάριτας τῷ διδάσκοντι. ὅμως ἡμεῖς τὴν τιμιωτάτην ἡμῶν βίβλον βουλόμενοι κοσμῆσαι πάσῃ μεθόδῳ ἐξεθέμεθα καὶ τὴν τοιαύτην μέθοδον.

Δεῖ οὖν οὑτωσὶ ταύτῃ χρῆσθαι· μετάγαγε ἕκαστον ἔνατον ἐπὶ τὰς ἀναφορὰς τοῦ κλίματος, καὶ ἑκάστην μοῖραν ἀναφορικὴν ποίησον χρόνον. εἶτα τὰ ἐπισυναχθέντα διαίρησον εἰς τρία ἐπίσης, καὶ ποίησον κύριον τῆς πρώτης διαιρέσεως τὸν κύριον αὐτοῦ τοῦ ἐννάτου, καὶ κύριον τῆς δευτέρας τὸν κύριον τοῦ πέμπτου ἀπ᾽ αὐτοῦ τοῦ ζῳδίου, καὶ κύριον τῆς τρίτης διαιρέσεως τὸν κύριον τοῦ ἐννάτου ἀπ᾽ αὐτοῦ τοῦ ζῳδίου· καὶ πρῶτον λαβεῖν σημαντῆρα τὸν κύριον τῆς πρώτης διαιρέσεως, καὶ δεύτερον τὸν κύριον τοῦ πέμπτου ζῳδίου ἀπὸ τοῦ ζῳδίου τοῦ κυρίου τοῦ ἐννάτου, εἶτα τὸν κύριον τοῦ ἐννάτου ζῳδίου ἀπ᾽ αὐτοῦ, εἶτα τὸν κύριον αὐτοῦ τοῦ ἐννάτου. εἰ δὲ ἐργάζῃ, τὰ τῆς τρίτης διαιρέσεως ἄρξαι ἀπὸ τοῦ κυρίου τοῦ ἐννάτου ζῳδίου ἀπὸ τοῦ ζῳδίου τοῦ κυρίου τοῦ ἐννάτου.

Ὑποδείγματος χάριν. ἐγεννήθη τις ἐν τῷ τετάρτῳ κλίματι ἔν τινι τόπῳ πλάτος ἔχοντι λ̅ς̅, καὶ ἦν ὁ ὡροσκόπος ἡ ἀρχὴ τοῦ Κριοῦ. μετετρέψαμεν οὖν τὸ πρῶτον ἔννατον ἐπὶ τὰς ἀναφοράς, καὶ γεγόνασιν αἱ τρεῖς μοῖραι καὶ τὸ τρίτον, μοῖραι β̅ λεπτὰ γ̈ καὶ δεύτερα λεπτὰ κ̅, γινόμενοι

PVv: **3** ὡμολόγους **V** || **5** βουλώμενοι **v** || **7** μετάγαγαι **V** || **8** κλήματος **v** || **9** ἀφορικὴν **V** || **14—16** καὶ — ζῳδίου[1] om. **v** || **16** ζῳδίου[1]] ζῴδια **V** | τοῦ ζῳδίου om. **PV** || **17** ἐννάτου] τε **P** | αὐτοῦ] αὐταῖς **v** || **20** τοῦ ζῳδίου om. **v** || **21** κλήματι **v** || **22** ὁ om. **Pv** || **24** ἐπὶ τὰς] ἀπὸ τῆς **v** || **25** μοιρῶν **V** | λεπτὰ[1]] λέγων **v** | λεπτὰ[2]] λέγων **v** | κ̅] οἴκοσιν **v**, om. **V** | post οἴκοσιν add. δμου **v** | γινόμενα **v**

Versio Latina: **1** τὸ μέτρον] scientiam | posthuic (in marg. praestat hinc) quidem recipientes || **4** honorabilem || **6** τοιαύτην] eandem || **7** intrabis || **8** in ascensione || **8.9** quemlibet gradum de ascensionibus || **9** facies || **10** divides | facies || **12** partis secundae || **14** accipies || **16** a domino || **17.18** εἶτα[1] — ἐννάτου om. || **18** si operari volueris || **19** incipias || **22** graduum 26 (sic) || **25** tertio ipsius novenarii

χρόνοι δύο ἡμέραι κ̅. ἐμερίσαμεν ταῦτα εἰς τρία, καὶ ἐπέβαλον ἑκάστῃ μερίδι μῆνες η̅ ἡμέραι ς̅ ὧραι ις̅. δεδώκαμεν οὖν τὴν πρώτην ταύτην διαίρεσιν τῷ Ἄρει τῷ κυρίῳ τοῦ Κριοῦ, ὃς καὶ σημαίνει τὰ ἐν τῇ τοιαύτῃ διαιρέσει· εἶτα [f. 284v] *μετ᾽ αὐτὸν γίνεται ὁ κύριος τῆς δευτέρας διαιρέσεως ὁ Ἥλιος ὁ κύριος τοῦ Λέοντος, καὶ κυβερνᾷ μῆνας η̅ ἡμέρας ς̅ ὥρας ις̅, ὁμοῦ γινόμενα ἔτος α̅ μῆνες δ̅ ἡμέραι ιγ̅ ὧραι η̅· εἶτα κυριεύει τῆς τρίτης διαιρέσεως ὁ Ζεὺς ὁ κύριος τοῦ Τοξότου, καὶ διέπει μῆνας η̅ ἡμέρας ς̅ ὥρας ις̅, ὁμοῦ ἔτη β̅ ἡμέραι κ̅. εἰ δὲ ἦν ὁ ὡροσκόπος ἢ ὁ κάματος ἐν τῇ δευτέρᾳ διαιρέσει τοῦ τοιούτου ἐννάτου, ἠρξάμεθα ἂν ἀπὸ τοῦ Ἡλίου τοῦ κυρίου τοῦ Λέοντος, εἶτα τοῦ Διὸς τοῦ κυρίου τοῦ Τοξότου, εἶτα τοῦ Ἄρεως τοῦ κυρίου τοῦ Κριοῦ καὶ τοῦ πρώτου ἐννάτου. εἰ δὲ ἦν ὁ ὡροσκόπος ἢ ὁ κάματος ἐν τῇ τρίτῃ διαιρέσει, ἠρξάμεθα ἂν ἀπὸ τοῦ Διὸς τοῦ κυρίου τοῦ Τοξότου, εἶτα τοῦ Ἄρεως, εἶτα τοῦ Ἡλίου. καὶ οὑτωσὶ γίνεται τὰ τῆς τοιαύτης διαιρέσεως ἐν τῷ πρώτῳ ἐννάτῳ.*

Εἰ δὲ ἦν ὁ ὡροσκόπος ἢ ὁ κάματος ἐν τῷ δευτέρῳ ἐννάτῳ τοῦ Κριοῦ ἐν τῇ πρώτῃ διαιρέσει, διείλομεν ἂν καὶ ταύτην εἰς τρία καὶ δεδώκαμεν τὴν κυρίαν τῆς πρώτης διαιρέσεως τῇ Ἀφροδίτῃ τῇ κυρίᾳ τοῦ Ταύρου, τὴν δὲ δευτέραν τῷ Ἑρμῇ τῷ κυρίῳ τῆς Παρθένου, τὴν δὲ τρίτην τῷ Κρόνῳ τῷ κυρίῳ τοῦ Αἰγοκέρωτος. εἰ δὲ ἦν ὁ ὡροσκόπος ἢ ὁ κάματος ἐν τῇ δευτέρᾳ διαιρέσει τοῦ ἐννάτου τούτου, ἠρξάμεθα ἂν ἀπὸ τοῦ Ἑρμοῦ τοῦ κυρίου τῆς

PVv: **2** *ἐπέβαλεν* **PV**, *ἐπέβαλλεν* **v** | *δεδόκαμεν* **V** || **3** *τῷ ἄρει*] *τοῦ φῶτος* **v** || **5** *ὁ* om. **PV** || **9** *τοῦ* om. **V** || **11** *κάμτος* **PV** | *τοῦ τοιούτου*] *τοῦτο οὐ τοῦ* **v** || **12** *τοῦ κυρίου τοῦ ἡλίου* **v** | *τοῦ*[3]] *το* **V** || **13** post *εἶτα*[1] add. *ἀπὸ* **P** || **14** *ἄρεος* **V** || **15** *κάμτος* **PVv** || **17** *ἄρεος* **V** || **19** *κάμτος* **PV** || **21** *τῷ κυρίῳ* **PV**, *τὸ κῦρος* **v** || **22** *ταύρου*] *ζυγοῦ* **v** || **23** *τῆς* om. **V** || **25** *κάμτος* **PVv** | *δευτέρᾳ*] *α´* **v**

Versio Latina: **1** in partes tres || **5** post martem || **10.11** opus (in marg. horoscopus) || **11** *τοιούτου*] ipsius || **15** opus || **17** *οὑτωσὶ*] ut praedicitur || **18** *τοιαύτης* om. | divisionis primi novenarii || **19** opus || **21.22** *τὴν — διαιρέσεως*] primam divisionem || **25** opus

Παρθένου, εἶτα τοῦ Κρόνου τοῦ κυρίου τοῦ Αἰγοκέρωτος, εἶτα τῆς Ἀφροδίτης τῆς κυρίας τοῦ Ταύρου. εἰ δὲ ἦν ὁ ὡροσκόπος ἢ ὁ κάματος ἐν τῇ τρίτῃ διαιρέσει, ἠρξάμεθα ἂν ἀπὸ τοῦ Κρόνου τοῦ κυρίου τοῦ Αἰγοκέρωτος, εἶτα τῆς Ἀφροδίτης τῆς κυρίας τοῦ Ταύρου, εἶτα τοῦ Ἑρμοῦ τοῦ κυρίου τῆς Παρθένου. καὶ πληροῦται τὰ τῆς διαιρέσεως τοῦ δευτέρου ἐννάτου τοῦ Κριοῦ.

Τὸν αὐτὸν δὲ τρόπον ποιοῦμεν καὶ ἐπὶ τοῦ τρίτου ἐννάτου, ὡσαύτως καὶ ἐπὶ τοῦ τετάρτου ἐννάτου τοῦ Κριοῦ, διαιροῦντες τοῦτο εἰς τρία καὶ ποιοῦντες κυρίαν τῆς πρώτης διαιρέσεως τὴν Σελήνην τὴν κυρίαν τοῦ Καρκίνου, εἶτα κύριον τῆς δευτέρας διαιρέσεως τὸν Ἄρεα τὸν κύριον τοῦ Σκορπίου, εἶτα κύριον τῆς τρίτης διαιρέσεως τὸν Δία τὸν κύριον τῶν Ἰχθύων. εἰ δὲ ἦν ὁ ὡροσκόπος ἢ ὁ κάματος ἐν τῇ δευτέρᾳ διαιρέσει τοῦ τοιούτου ἐννάτου, ἠρξάμεθα ἂν ἀπὸ τοῦ Ἄρεως, εἶτα τοῦ Διός, εἶτα τῆς Σελήνης. εἰ δὲ ἦν ⟨ὁ ὡροσκόπος ἢ⟩ ὁ κάματος ἐν τῇ τρίτῃ διαιρέσει τοῦ τοιούτου ἐννάτου, ἠρξάμεθα ἂν ἀπὸ τοῦ Διός, εἶτα τῆς Σελήνης, εἶτα τοῦ Ἄρεως. καὶ οὗτοί εἰσιν οἱ κύριοι τοῦ τετάρτου ἐννάτου τοῦ Κριοῦ.

Εἰ δὲ ἐβουλήθημεν ποιῆσαι τὴν μέθοδον τοῦ πέμπτου ἐννάτου τοῦ Κριοῦ, ἐμερίσαμεν ἂν καὶ τοῦτο εἰς τρία, καὶ τὴν μὲν πρώτην διαίρεσιν ἀπεδώκαμεν ἂν τῷ Ἡλίῳ τῷ κυρίῳ τοῦ Λέοντος, τὴν δὲ δευτέραν τῷ Διῒ τῷ κυρίῳ τοῦ Τοξότου, τὴν δὲ τρίτην τῷ Ἄρει τῷ κυρίῳ τοῦ Κριοῦ. εἰ

PVv: **1** *τοῦ κυρίου* om. v || **3** *κάμτος* **PV** || **9** *τοῦ*² om. **V** || **10** *διαιροῦνται* v || **12.13** *τὸν*¹ — *διαιρέσεως* in marg. scr. **V** || **12** *ἄρην* **V** | *τὸν κύριον* om. **V**v || **14** *κάμτος* **PV**v || **16** *ἄρεος* **V**, *φῶτος* v || **17** *κάμτος* **PV**v || **19** *ἄρεος* **V** || **21.22** *εἰ* — *κριοῦ* om. v || **21** *ἠβουλήθημεν* **P** || **23** *ἂν* om. v || **24.25** *τοῦ τοξότου*] *τῶν ἰχθύων* **P** || **25** *τοξότου* u. ad *τοῦ* om. **V** | *τὴν* — *κριοῦ* om. **P**

Versio Latina: **3** opus || **6** et sic completa divisio || **7** secundum novenarium || **8.9** in tertio et in quarto novenario || **10** *τοῦτο*] novenarium ipsum quartum || **10.11** in prima divisione || **11** *τοῦ καρκίνου*] tauri || **12** in secunda divisionis || **14** opus || **15** *τοιούτου* om. || **17** ascendens vel opus || **18** *τοιούτου*] eiusdem || **21** *τὴν μέθοδον*] opus || **22** in tertia

Textus Arabicus: **17** الطالع او العمل

δὲ ἦν ὁ ὡροσκόπος ἢ ὁ κάματος ἐν τῇ δευτέρᾳ διαιρέσει τοῦ τοιούτου πέμπτου ἐννάτου, ἠρξάμεθα ἂν ἀπὸ τοῦ Διός, εἶτα ἀπὸ τοῦ Ἄρεως, εἶτα ἀπὸ τοῦ Ἡλίου. εἰ δὲ ἦν ὁ ὡροσκόπος ἢ ὁ κάματος ἐν τῇ τρίτῃ διαιρέσει τοῦ τοιούτου ἐννάτου, ἠρξάμεθα ἂν ἀπὸ τοῦ Ἄρεως, εἶτα ἀπὸ τοῦ Ἡλίου, εἶτα ἀπὸ τοῦ Διός.

Ὅτε δὲ τοιουτοτρόπως ἀποτελεσθῶσι τὰ ἔννατα τοῦ Κριοῦ, μεθίσταται ὁ περίπατος ἐπὶ τὸν Ταῦρον· καὶ διαιροῦμεν τὸ πρῶτον ἔννατον εἰς τρία, μεθ' ὃ μετατρέψομεν τὰς μοίρας ἐπὶ τὰς ἀναφορὰς τοῦ κλίματος. γενήσονται οὖν κατὰ τὴν προειρημένην μέθοδον κύριος μὲν τῆς πρώτης διαιρέσεως ὁ Κρόνος ὁ κύριος τοῦ Αἰγοκέρωτος, τῆς δὲ δευτέρας ἡ Ἀφροδίτη ἡ κυρία τοῦ Ταύρου, τῆς δὲ τρίτης ὁ Ἑρμῆς ὁ κύριος τῆς Παρθένου. εἰ δὲ ἦν ὁ ὡροσκόπος ἢ ὁ κάματος ἐν τῇ δευτέρᾳ διαιρέσει τοῦ Ταύρου, ἠρξάμεθα ἂν ἀπὸ τῆς Ἀφροδίτης τῆς κυρίας τοῦ Ταύρου, εἶτα τοῦ Ἑρμοῦ τοῦ κυρίου τῆς Παρθένου, εἶτα τοῦ Κρόνου τοῦ κυρίου τοῦ Αἰγοκέρωτος. εἰ δὲ ἦν ὁ ὡροσκόπος ἢ ὁ κάματος ἐν τῇ τρίτῃ διαιρέσει τοῦ Ταύρου, ἠρξάμεθα ἂν ἀπὸ τοῦ Ἑρμοῦ, εἶτα τοῦ Κρόνου, εἶτα τῆς Ἀφροδίτης. καὶ τοιουτοτρόπως ποιοῦμεν τὸν περίπατον τῶν ἐννάτων τῶν ζῳδίων πάντων, διαγινώσκοντες τοὺς κυρίους ἑκάστης διαιρέσεως ⟨ἑκάστου⟩ ἐννάτου εἴτε ὡροσκοπεῖ τὸ ἔννατον ἐκεῖνο εἴτε εἰς τοῦτο καταντήσει ὁ περίπατος· διαγινώσκονται δὲ τὰ πάθη καὶ τὰ ἀποτελέσματα διὰ τῶν τοιούτων.

PVv: 1 *κάμτος* **PV** || **3** *ἄρεος* **V** || **4** *κάμτος* **PV** || **5** *ἄρεος* **V** || **6** *εἶτα — διός* om. **P** || **8** *ὁ* om. **v** || **10** *τὴν μοῖραν* **v** | *κλήματος* **v** | *γενήσεται* **v** || **12** *ὁ κύριος* om. **v** || **13** *ἡ*[1] om. **v** || **15** *κάμτος* **PV** || **17** *τοῦ κρόνου* om. **v** || **18** *κάμτος* **PV** || **22** *διαγινώσκοντος* **PVv** || **23** *τῷ ἐννάτῳ ἐκείνῳ* **PV** | *εἴτε*[2]] *εἴς τε* **V**

Isidorus (*ϱ*): Post app. 1 seq. in loco **22.23** *διαγινώσκοντες* u. ad *ἐννάτου*] *οὕτω μὲν οὖν γινώσκομεν ἑκάστης διαιρέσεως τῶν ἐνάτων τοὺς κυρίους* || **23.24** *εἴτε*[1] *— περίπατος* om.

Versio Latina: **1** opus || **2** *τοιούτου*] huius || **4** opus || **5** *τοιούτου*] ipsius || **5.6** *εἶτα — ἡλίου* om. || **7** disposita fuerit || **9** in tertia || **9.10** post conversionem graduum || **11** *μέθοδον*] tractatum || **13** tertia || **15** opus || **18** opus || **22.23** uniuscuiusque nonae divisionis

Οὕτως δεῖ ὁρᾶν τὸν κύριον ἑκάστης διαιρέσεως, πῶς ἦν κατὰ πῆξιν καὶ πῶς κατὰ πάροδον καὶ πῶς ἐν τοῖς δυσὶ καιροῖς καὶ εἰ ἐφορᾶται παρὰ τῆς Σελήνης καὶ τῶν ἀγαθοποιῶν ἢ κακοποιῶν καὶ εἰ ἐφορᾶται πάλιν παρὰ τῶν συνεπιμεριζόντων αὐτῷ καὶ εἴτε ἐν δυνάμει ἐστὶν εἴτε ἐν ἀδυναμίᾳ. ὅτε γὰρ ὦσιν ἄμφω ἀκάκωτοι καὶ προσδεχόμενοι ἀλλήλους ἢ πλησιάζοντες ἀλλήλοις ἢ ἐν ἑνὶ ζῳδίῳ ὑπάρχοντες ἢ ἐν μιᾷ μοίρᾳ ἢ τύχωσιν ἐν τῷ τόπῳ τῆς Σελήνης ἢ ἐν τοῖς τόποις τῶν ἀγαθοποιῶν ἢ ταῖς ἀκτῖσιν αὐτῶν, εὐτυχίαν δηλοῦσι· καὶ πάλιν ὅτε τύχωσιν οἱ κύριοι τοῦ ἑνὸς ἐννάτου συσχηματιζόμενοι ἀλλήλοις τριγωνικῶς ἢ ἑξαγωνικῶς καὶ ἀκάκωτοι ὄντες, δηλοῦσιν ὠφέλειαν καὶ εὐτυχίαν μεγίστην· εἰ δὲ σὺν τούτοις συσχηματίζονται ἀλλήλοις τε καὶ τοῖς κυρίοις τῶν οἴκων [f. 285] *αὐτῶν, βεβαιότερα ἔσται τὰ ἀποτελέσματα καὶ πλείονα τὰ ἀγαθά. εἰ δὲ κακοῦνται καὶ συσχηματίζονται ἀλλήλοις, ἐλάττων ἔσται ἡ βλάβη. εἰ δὲ εἷς ἐξ αὐτῶν ἢ πάντες ἐν ἐκείνῳ τῷ ἐννάτῳ γένωνται, καὶ μάλιστα εἰ συντρέχει ἐκεῖσε εἶναι τὸν ἐπιμερισμὸν ἢ τὴν κατὰ πῆξιν τοῦ ἀστέρος ἀκτῖνα, ὠφεληθήσεται ὁ τὴν ἐναλλαγὴν ἔχων. εἰ δὲ κακοῦνται οἱ ἀστέρες καὶ συνάπτουσι κακοποιοῖς καὶ ὑπάρχουσιν ἐν κακοῖς τόποις καὶ ἔχουσι λόγους ἐν τῷ θανατικῷ τόπῳ, δηλοῦσιν ἐναντία καὶ θανάτους· ἡ δὲ κάκωσις τοῦ τοιούτου ἐπιμερισμοῦ ἐστι τὸ ἐφορᾶσθαι παρὰ*

PVv: **5** *καὶ* om. v | *εἴτε*[1]] *εἶτα* v | *εἴτε*[2]] *ἢ καὶ* v || **6** *ἀδυναμείᾳ* v | *κάκωτοι* v || **7** *ἀλλήλους*] *ἀλλήλοις* P, *ἀλλήλων* V || **10** *ἐπιτυχίαν* P || **13** post *σὺν* add. *τού* V || **14** *ἀλλήλους* v | *τῶν* om. v || **15** *βεβαιώτερα* v || **17** *ἐστὶ* v || **18** *γένονται* Pv || **20** *ἐναλαγὴν* v | *ἔχως* v || **23** *ἡ*] *εἰ* PV | *κάκωσιν* V

Isidorus (ϱ): **2.3** *καὶ*[1] — *καιροῖς* om. || **3** post *παρά* add. *τε* || **5** *εἴτε*[2]] *ἢ* || **6** *ὅταν* || **10** *ὅταν* || **10.11** *οἱ* — *ἐννάτου*] *ἐπὶ ἐνάτων τινῶν* || **12** *καὶ* om. || **14** *οἴκων*] *τρόπων* (pro *τόπων*) || **18** *ἐνάτῳ* || **21.22** *καὶ ὑπάρχουσιν*] *ὑπάρχουσι δὲ καὶ*

Versio Latina: **3** *παρὰ τῆς σελήνης* om. || **3.4** benevolus seu malevolus || **7** *ἢ*[1]] et || **13** cum hoc | inspectus fuerit || **14** *ἀλλήλοις τε* om. | cum dominus (sic) || **19** *ἐκεῖσε* om. | illius divisio | ipsius planetae || **20** habebit in eo utilitatem || **22.23** *καὶ* — *τόπῳ*] non vero in loco martis aliquam habuerint dignitatem

κακοποιῶν ἢ καταντῆσαι εἰς τόπους κακοποιῶν ἢ εἰς ἀκτῖνας αὐτῶν τάς τε κατὰ πῆξιν καὶ τὰς κατὰ τὴν ἐναλλαγὴν ἢ ταπεινοῦσθαι τοὺς κυρίους αὐτῶν.

Καὶ δεῖ ἅμα ὁρᾶν τούς τε τόπους τῶν ἐπιμερισμῶν καὶ τοὺς κυρίους αὐτῶν καὶ τὰς διαθέσεις τῆς Σελήνης. ὡσαύτως δεῖ ὁρᾶν καὶ τὸν συνεπιμερίζοντα εἴτε τῷ σώματι εἴτε τῇ ἀκτῖνι· καὶ εἰ μέν ἐστιν ἀγαθοποιός, δηλοῖ ἀγαθὰ καὶ εὐτυχίαν· εἰ δὲ κακοποιός, δηλοῖ διαφθορὰν καὶ κάκωσιν κατὰ τὴν φύσιν τοῦ κακοποιοῦ, καθὼς προείπομεν ἐν τῇ τῶν ὁρίων διαιρέσει καὶ τῶν συνεπιμεριζόντων τοῖς κυρίοις αὐτῶν. εἰ δὲ ὁ ἐπιμερίζων καὶ ὁ συνεπιμερίζων τῆς αὐτῆς ὦσι φύσεως καὶ συσχηματίζονται ἀλλήλοις συμφώνῳ σχήματι καὶ ἐφορῶσι τὸν τόπον τοῦ ἐπιμερισμοῦ, δηλοῦσιν ἀγαθά· τοὐναντίον δὲ εἰ ἐναντίως διάκεινται. δεῖ οὖν ἐπὶ παντὸς πράγματος ἐφορᾶν τόν τε κύριον τοῦ ἐννάτου καὶ τὸν συνεπιμερίζοντα αὐτῷ εἴτε κατὰ σῶμα ἢ ἀκτινοβολικῶς καὶ τὸν παραδιδόντα καὶ τὸν παραλαμβάνοντα, καὶ τοιουτοτρόπως ἐργάζεσθαι.

Τμῆμα δέκατον. Περὶ διαγνώσεως τοῦ χρονοκράτορος ἐκ τῶν ἐννάτων κατὰ τὴν Ἰνδῶν δόξαν

Ὅτε καταντήσει ὁ χρόνος εἴς τι ζῴδιον, λαμβάνουσιν οἱ Ἰνδοὶ χρονοκράτορα τὸν κύριον τοῦ πρώτου ἐννάτου, εἴτε

PVv: **1** *καταντήσει* **V** || **2** *τὰς*² om. **v** || **6** *τοῦ σώματος* **v** || **7.8** *ἀγαθὰ — δηλοῖ* om. **V** || **8** *διαφορὰν* **v** || **10** *ὀρείων* **v** | *διαιρέσεων* **V** || **11** *εἰ*] *δεῖ* **v** || **12** *ὦσε* **v** | *ἀλλήλλοις* **v** || **14** *ἐναντίους* **V** | *δεῖ*] *εἰ* **v** || **19** *τμῆμα δέκατον*] *μῆμα ι´* **v**, om. **P** || **20** *ἐκ τῶν ἐννάτων* om. **P** || **21** *ὅτε*] *τε* **v** | *τι*] *τε* **V** || **22** *ἰνδικοὶ* **P**

Isidorus (*ϱ*): **1** *καταντανεῖν* || **6** *σωματικῶς* || **7** *κατὰ ἀκτῖνα* | *ἀγαθοποιός*] *κακοποιός* || **7.8** *ἀγαθὰ — δηλοῖ* om. || **11** *ὁ*² om. || **12** *ὦσι*] *εἰσι* || **15** *ἐνάτου* || **16** *ἢ*] *εἴτε* | *ἀκτινοβολικῶς*] *κατὰ ἀκτῖνα* || **19** *τμῆμα δέκατον* om. || **20** *ἐνάτων* || **22** *ἐνάτου*

Versio Latina: **1** *κακοποιῶν*] ipsorum || **2** *αὐτῶν* om. || **7.8** prosperitatem et bona || **11** qui ei participat || **16** pulsantem eum || **18** *ἐργάζεσθαι*] diffinitiones eventuum operari || **19** *τμῆμα δέκατον* om. || **21** *χρόνος*] dominus anni

Textus Arabicus: **21** السنة

εἰς τὴν ἀρχὴν τοῦ ζῳδίου κατήντησεν ἡ ἐναλλαγὴ εἴτε εἰς τὸ τέλος. καὶ τὸν τοιοῦτον χρονοκράτορα ὁρῶσι πῶς ἦν κατὰ πῆξιν καὶ πῶς ἐστιν ἐν τῇ ἐναλλαγῇ καὶ εἰ ἐν τῷ οἴκῳ αὐτοῦ ἐστιν ἢ ἐν τῷ ὑψώματι ἢ ἐν τοῖς ὁρίοις ἢ ἐν τῷ οἰκείῳ ἐννάτῳ. καὶ εἰ ἐν ἀλλοτρίῳ ἐστὶ ζῳδίῳ ἢ ἐν καλῷ τόπῳ τυγχάνει μετὰ ἀγαθοποιοῦ ἢ μετὰ τῆς Σελήνης, καὶ κατὰ τὴν διάθεσιν αὐτοῦ ἀπετέλουν τὰ περὶ τοῦ χρόνου παντός. καὶ εἰ μὲν ὁ τοιοῦτος χρονοκράτωρ ἤτοι ὁ κύριος τοῦ πρώτου ἐννάτου ἀγαθυνόμενός ἐστιν ἐν τοῖς δυσὶ καιροῖς, δηλοῖ ἀγαθά· εἰ δὲ κεκακωμένος, δηλοῖ ἐναντία.

Ὑποδείγματος χάριν. κατήντησε τὸ ἔτος εἰς τὴν εἰκοστὴν μοῖραν τοῦ Ταύρου εἴτε εἰς ἐλάττονα εἴτε εἰς πλείονα· κύριος οὖν τῆς τοιαύτης μοίρας ὁ Κρόνος ὁ κύριος τοῦ πρώτου νουπάχρατες. εἰ δὲ καταντήσει τὸ ἔτος τυχὸν ἐπὶ τοὺς Διδύμους εἰς οἱονδήποτε τόπον αὐτῶν, ἔσται ἡ Ἀφροδίτη κυρία τοῦ ἔτους διὰ τὸ κυρίαν αὐτὴν εἶναι τοῦ πρώτου ἐννάτου τῶν Διδύμων· εἰ δὲ τὸ ἔτος καταντήσει ἐπὶ τὸν Καρκίνον, παραλαμβάνουσιν ὡσαύτως οἱ Ἰνδοὶ τὴν Σελήνην κυρίαν τοῦ ἔτους διὰ τὸ κυριεύειν αὐτὴν τοῦ πρώτου ἐννάτου τοῦ Καρκίνου.

Τὸ δὲ αἴτιον τοῦ παραλαβεῖν αὐτοὺς χρονοκράτορας

PVv: 2 τὸ om. **V** || **4** ἐν[3] om. **V** || **5** ζῴδιον **V** || **6** μετὰ[2] om. **PV** || **8** ἤτοι] ἤτο **V** || **9** καιροῖς] καὶ **V** || **10** κεκακωμένη **P** | ἐναντίον **V** || **11** ἐκατήντησε **v** | post τὴν add. εἰς **V** || **14** νουπάχρατις **V**, νουπάχρατ **v** || **15** οἱονδέποτε **V** | τόπων **PV**

Isidorus (ϱ): **1** κατήντησε τοῦ ζῳδίου || **5** ἐνάτῳ | καλῷ] κακῷ || **6** μετὰ[2] om. || **9** ἐνάτου | post ἐστιν add. καὶ | καιροῖς om. || **11** ποδείγματος δὲ χάριν | post χάριν add. ἔστω ὅτε || **12** ταύρου] symbolum Capricorni | post ἐλάττονα add. ταύτης || **13** post κρόνος add. ἐστὶν || **14** νουπάχρατες] ἐνάτου τοῦ αἰγόκερω | κατήντησε || **15** οἱονδήποτε τόπον] οἱανδήποτε μοῖραν || **16** ἔσται — κυρία] ὁ ἑρμῆς ἔσται κύριος | κύριον αὐτὸν || **17** ἐνάτου || **18** κατήντησεν || **18. 19** παραλαμβάνουσιν post ἔτους pon. || **20** ἐνάτου || **21** παραλαμβάνειν | αὐτοὺς] τῶν ἐτῶν

Versio Latina: **5** καὶ εἰ] vel | ἢ] vel si || **7** αὐτοῦ] eorum | esse totius anni || **10** fuerint impediti contrarium || **12. 13** sive plus sive minus || **13** τοιαύτης] huius | saturni (sic) || **14** novenarii

τοὺς κυρίους τοῦ πρώτου νουπάχρατες τῶν ζῳδίων ὅτι ἐσκόπησαν πόσοι νουπάχρατες διῆλθον ἀπὸ τῆς ἡμέρας καθ' ἣν ἐγεννήθη ὁ γεννηθείς, καὶ ἀπολύουσι τούτους ἀπὸ τοῦ ἐννάτου τοῦ ὡροσκόπου τῆς καταρχῆς ἀνὰ ρ̅η̅, εἶτα πάλιν ρ̅η̅· καὶ καθ' ἑκάστην περίοδον ἐκράτουν χρόνον ἕνα καὶ ζῴδιον α̅. καὶ ἔνθα καταντήσει, ἐκεῖσε ἔσται τὸ ζῴδιον ἔνθα κατήντησε τὸ ἔτος, εἰς ἐκεῖνον τὸν τόπον ἔνθα ἐπερατώθη τὰ ἔννατα. περὶ δὲ τῶν κατὰ μῆνα καὶ τῶν καθ' ἡμέραν ἀποτελεσμάτων ἀπὸ τῶν ἐννάτων καθὼς ἐδόξασαν οἱ Ἰνδοὶ διηγησόμεθα εἰς τὸ μετέπειτα, τοῦ Θεοῦ θέλοντος.

PVv: **1** *νουπάχρατις* **V**, *νουπάχρατ* **v** || **2** *νουπάχρατις* **V** || **3** *ἐγενήθη* **v** || **4** *τοῦ*[2] om. **PV** || **7** *ἔνθα*[2] om. **PV** || **8** *δὲ*] *τῶν* **V** || **9** *ἀποτελεσώτων* **V** | *τῶν*] *τὸν* **v** || **10** *τοῦ* om. **P** | *θεὸς* **V** || **11** *ἐθέλοντος* **V**

Isidorus (ϱ): **1** *νουπάχρατες*] *ἐνάτου τοῦ ζῳδίου* || **2** post *ἐσκόπησαν* add. *οἱ ἰνδοὶ* | *πόσα ἔνατα* || **3** *ἐγγενήθη* | *ταῦτα* || **3.4** *ἀπὸ* u. ad *καταρχῆς* om. || **4.5** *εἶτα πάλιν ρ̅η̅* om. || **6.7** *ἔνθα — ἔτος*] *ὅπου κατέληξαν καὶ εἰς οἷον ζῴδιον* || **7** *ἔνθα*[2] om. || **8** *ἐπερατώθη*] *ἔλεγον περατοῦσθαι* | *ἔνατα* || **9** *ἐνάτων* || **10** *διηγησόμεθα*] *ἐροῦμεν* | *μετὰ ταῦτα* | *τοῦ* om.

Versio Latina: **1** novenarii | *τῶν ζῳδίων* om. || **2** novenarii || **10** in subsequentibus || **10.11** *τοῦ θεοῦ θέλοντος* om.

Textus Arabicus: **6—8**

احيث يفنى فهناك برج المنتهى فى الموضع الذى تعد فيه النهبهرات

ΛΟΓΟΣ Δ'

Ἀπὸ τῆς βίβλου τοῦ Ἀπομάσαρ περὶ τῆς τῶν ἐτῶν ἐναλλαγῆς· περὶ τῶν φαρταριτῶν ἤτοι τῶν κύκλων, καὶ διαιρεῖται εἰς τμήματα ζ

Τμῆμα πρῶτον. Περὶ τῆς φαρταρίας τοῦ Ἡλίου

Ἕκαστος ἀστὴρ τῶν ζ̄ καὶ ὁ Ἀναβιβάζων καὶ ὁ Καταβιβάζων ἔχουσι χρόνους τινὰς ὡρισμένους καὶ διοικεῖ ἕκαστος ἀστὴρ τὸν γεννηθέντα κατὰ τὴν οἰκείαν φαρταρίαν. τοῦ μὲν οὖν Ἡλίου ἡ φαρταρία ἐστὶν ἔτη ῑ, τῆς δὲ Ἀφροδίτης η̄, τοῦ δὲ Ἑρμοῦ ιγ̄, τῆς δὲ Σελήνης θ̄, [f. 285[v]] τοῦ δὲ Κρόνου ια̅, τοῦ Διὸς ιβ̄, τοῦ Ἄρεως ζ̄, τοῦ Ἀναβιβάζοντος τρία, τοῦ δὲ Καταβιβάζοντος β̄· ὁμοῦ τὰ πάντα οε̄. Ἐπὶ μὲν οὖν τῶν ἡμερινῶν γενέσεων λαμβάνει τὴν κυβέρνησιν τῆς πρώτης φαρταρίας ὁ Ἥλιος, ἔνθα ἂν καὶ ὑπάρχῃ, εἶτα ἡ Ἀφροδίτη, εἶτα ὁ Ἑρμῆς, εἶτα ἡ Σελήνη,

PV v Weinstock: **1—3** *λόγος — ἐναλλαγῆς* om. **P** || **2** *τοῦ*] *τῆς* **v** || **3** *περὶ*] *ἐκ* **V** Weinstock | *περὶ — ἐναλλαγῆς*] *εἰς τὴν ἐναλλαγήν* **v** || **4** *φαρταριῶν* **P** Weinstock || **5** *καὶ — ζ* om. **P** | *ζ τμήματα* **v** || **6** *τμῆμα πρῶτον* om. **P** | *μῆμα* **v** | *περὶ*] *ἐρὶ* **v** | post *ἡλίου* add. *καὶ τῶν λοιπῶν* **P** || **9** *οἰκείαν*] *ἰδίαν* **v** || **10** *οὖν* om. **P** | *ἡ* om. **V** Weinstock. | *δὲ* om. **P** || **12** *δὲ* om. **Pv** | *ἄρεος* **V** || **13** *τοῦ δὲ*] *καὶ τοῦ* **P** || **14** *οὖν* om. **v** | *ἡμερηνῶν* **v**, *ἐπιμερινῶν* **V** | *λαμβάνειν* **PV** || **15** *ἂν* om. **PV** || **16** *ὑπάρχει* **PV** | *εἶτα ἡ ἀφροδίτη* om. **v** | *εἶτα ὁ ἑρμῆς* om. **V**

Isidorus (ϱ): **1** — p. 182,**1** *λόγος — κρόνος* om.

Versio Latina: **1—5** om. || **6** *τμῆμα πρῶτον* om. || **7** unusquisque septem erraticorum || **13** omnes anni

εἶτα ὁ Κρόνος [f. 281] κατὰ τὴν τῶν ζωνῶν αὐτῶν τάξιν. ἐπὶ δὲ τῶν νυκτερινῶν αὐτῶν γενέσεων λαμβάνει τὴν πρώτην φαρταρίαν ἡ Σελήνη, εἶτα ὁ Κρόνος, εἶτα ὁ Ζεύς, εἶτα ὁ Ἄρης κατὰ τὴν προτέραν τάξιν· πλὴν ὅτε κυβερνήσει τις τῶν ἀστέρων, διέπει αὐτὸς τὸ ζ′ τῶν οἰκείων ἐτῶν, εἶτα κοινωνοῦσιν αὐτῷ οἱ λοιποὶ ἀστέρες ἐπὶ σημασίᾳ τῶν ἀγαθῶν καὶ τῶν κακῶν κατὰ τὸ ζ′ τῆς ἰδίας φαρταρίας. καὶ ἡ μὲν ἀρχὴ ἔσται ἀπὸ τοῦ ἀστέρος τοῦ ἔχοντος [f. 281v] τὴν φαρταρίαν, κοινωνεῖ δὲ αὐτῷ πρῶτον ὁ ἑξῆς αὐτῷ ὑποκείμενος, εἶτα ὁ ἑπόμενος ἐκείνῳ. ἡ δὲ αἰτία τῆς κοινωνίας τῶν λοιπῶν ἀστέρων πρὸς τὸν ἕνα διότι τὰ ἑκάστου ἀστέρος ἔτη τῆς φαρταρίας παρεξεβλήθησαν ἀφ᾽ ὧν ἔχει λόγον εἰς τὰ ιβ ζῴδια· ὁ δὲ Ἀναβιβάζων καὶ ⟨ὁ⟩ Καταβιβάζων ἰδίως διέπουσι μόνοι, μὴ ἐπικοινωνοῦντες ἀστέρι τινί, μετὰ τὸ πληρωθῆναι τὰ ἔτη τῶν ζ ἀστέρων καὶ τελειῶσαι τὸν γεννηθέντα ἑβδομήκοντα ἔτη διότι μὴ ἔχουσιν οἴκους. ἔχουσι δὲ καὶ ἑτέρας αἰτίας τὰ ἔτη ταῦτα ὧν μνημονεύσομεν ἐν ἑτέρᾳ βίβλῳ· ἐνταῦθα δὲ τὰς σημασίας διασαφηνίσομεν τῶν διεπόντων τὰ ἔτη τῆς φαρταρίας τῶν ἀστέρων.

PVv Weinstock: **1** post κρόνος inv. p. 224, 1 καὶ in **V** | ζωνίων **v** || post τάξιν inv. p. 224, 1 καὶ in **P**; rel. huius capituli om. hic cod. || **3** post φαρταρίαν add. lac. 2/3 litt. εἶτα **v** || **5** ἕβδομον **v** || **6** post ἐπὶ add. τῇ **v** || **7** ἕβδομον **v** || **8** ἡ] εἰ **V** | ἀπὸ] κατὰ **V** || **9** αὐτῷ²] αὐτοῦ **v** || **10** post ἑπόμενος add. ἐν **V** || **13** λόγων **v** || **14** ἐπικινωνοῦντες **v** || **15** τὸ] τῷ **v** || **18** μνημονεύομεν **V** || **19** διασαφήσωμεν **v**

Isidorus (ϱ): **2.3** τὸν πρῶτον ἐπιμερισμὸν || **6** post ἐπισημασία add. δὲ || **7** φαρταρίας] περιόδου || **8** ἔσται om. (inc. n. f.) || **9** τὸν ἐπιμερισμὸν || **12** φαρταρίας] περιόδου || **13** ἔχουσι || **14** μὴ] οὐκ || **20** φαρταρίας] περιόδου | post περιόδου add. ταύτης

Versio Latina: **1** deinde alii secundum ordinem circulorum suorum || **2** αὐτῶν om. || **4.5** veruntamen quando huiusmodi dispositio pervenerit ad aliquam planetam || **5** planeta ipse septimam partem tantum annorum suae ferdariae || **7** καὶ] sive | septimam partem annorum uniuscuiusque ferdariae || **10** alius qui post illum, et sic erit intelligendum subsequenter de aliis || **11** societatibus || **12.13** a dignitatibus quas habent planetae ipsi in signis || **14.15** communicantibus eis aliquibus planetis || **15.16** τῶν — ἔτη om. || **19** dispositionum

Ὁ μὲν οὖν ἐν ἡμέρᾳ γεννηθεὶς ἀφ' ἧς ὥρας γεννηθῇ καὶ μέχρι δέκα ἐτῶν κυβερνᾶται παρὰ τοῦ Ἡλίου. καὶ ὅμως ἐπιμερίζει ὁ αὐτὸς Ἥλιος ἔτος ἓν μῆνας ε̅ ἡμέρας δ̅ ὥρας ς̅ ἔγγιστα ἤτοι τὸ ζ' τῶν οἰκείων ἐτῶν· εἶτα ἐπιμερίζει ἕκαστος τῶν λοιπῶν ἀστέρων κατὰ τὸ ἕβδομον τῶν οἰκείων ἐτῶν. ὁ μὲν οὖν Ἥλιος ἐπιμερίζων δηλοῖ τὴν ἀνατροφὴν αὐτῷ γενέσθαι καλλίστην εἴπερ ἀκάκωτός ἐστι κατὰ πῆξιν ὁ Ἥλιος, πλὴν κατὰ τὸν πρῶτον καὶ δεύτερον μῆνα λυπηθήσονται οἱ γονεῖς αὐτοῦ· εἶτα παρέλθῃ ἡ λύπη αὐτῶν καὶ μετατραπήσεται εἰς εὐφροσύνην καὶ χαράν. εἰ δὲ ἐπιμερίζει ὁ Ἥλιος κατὰ τὴν οἰκείαν φαρταρίαν, νέου ὄντος τοῦ γεννηθέντος, εὑρήσει παρὰ ἀρχόντων ἀγαθὰ καὶ κυριεύσει τῶν οἰκείων συγγενῶν καὶ προστεθήσεται ὁ πλοῦτος αὐτοῦ καὶ ἡ εὐφροσύνη· ἐπιμερίζει δὲ φαρταρικῶς ὁ Ἥλιος ἐν νεότητι ὅτε ἐστὶν ἡ γέννησις νυκτερινή. εἰ δὲ ἐπιμερίζει ὁ Ἥλιος ἐν τῇ γεροντικῇ ἡλικίᾳ, εὐφρανθήσεται ἐπὶ συγγενέσι καὶ τέκνοις καὶ τεύξεται ἀξιολόγων εὐτυχιῶν· ἐπιμερίζει δὲ ἐν τῇ γεροντικῇ ἡλικίᾳ τότε ὁ Ἥλιος ὅτε ἐστὶν ἡμερινὴ ἡ γέννησις καὶ διέλθωσι τὰ ο̅ε̅ ἔτη. ὅτε δὲ τύχῃ ὁ Ἥλιος ἐν τῷ ἰδίῳ οἴκῳ ἢ ἐν ὁρίοις Διὸς ἢ ἐν ὁρίοις Ἀφροδίτης καὶ δηλοῖ εὐτυχίαν, ὅτε ἐπιμερίζει εἴτε ἐν τῇ νεότητι εἴτε ἐν

V v Weinstock: **1** in marg. *περὶ τῆς φαρταρίας τοῦ ἡλίου* scr. **V** | *ἐν* om. **V** | *ἐν ἡμέρᾳ*] *ἡμέρας* Weinstock | *γεννηθεῖ* **v** || **2** *μέχρη* **v** || **4** *εὔδομον* **v** || **5** *εὔδομον* **v** || **6** post *οὖν* add. *ὁ* **V** | *μερίζων* **v** || **9** *γωνεῖς* **v** || **10** *παρελεύσεται* Weinstock | *μετατραπήσονται* **V** || **18** *δὲ* om. **V** || **18.19** *ὁ ἥλιος ἐν τῇ γεροντικῇ ἡλικίᾳ τότε* **v** Weinstock || **19** *ἡμερηνὴ* **v** || **20** *γένεσις* **v** | *τύχει* **v** || **21** *ἰδίῳ*] *οἰδίῳ* **v** || **22** *δηλοῖ — ὅτε* om. Weinstock

Isidorus (*ϱ*): **1** Rel. huius libri versio contaminata scr. a Isidoro ed. in app. 2, pp. 245–273 || **7** *γενήσεσθαι* || **8** post *κατὰ*[1] add. *τὴν* || **10** *παρελεύσεται* || **10.11** *εἰς χαρὰν καὶ εὐφροσύνην μετατραπήσονται* || **11.12** *κατὰ — φαρταρίαν* om. || **12** post *γεννηθέντος* add. *καὶ ἐν μεσότητι τῆς ἡλικίας* || **15** *φαρταρικῶς* om. || **19** *τότε* om.

Versio Latina: **2** *ὅμως*] cum || **3** disponit tantummodo || **4.5** deinde disponunt singuli planetarum || **7** *αὐτῷ*] nato || **10** convertetur || **16** *ὁ ἥλιος* om. || **21.22** *καὶ — ἐπιμερίζει* om. || **22** sive sit natus in iuvenili

Textus Arabicus: **21.22** ودلت له فى الاصل على السعادة

τῷ γήρει, δηλοῖ εὐτυχίαν καὶ ὑγείαν καὶ εὐφροσύνην καὶ δυσχερειῶν ἀπαλλαγήν· καὶ προστεθήσεται ἡ φρόνησις αὐτοῦ καὶ ἡ ἀξία καὶ συμβούλῳ χρήσονται αὐτῷ οἱ ἄνθρωποι περὶ τὰς οἰκείας πράξεις καὶ ἔσται εὐπρόσδεκτος τοῖς λόγοις καὶ διαβήσεται ἡ πρόσταξις αὐτοῦ εἰς τὴν οἰκείαν πατρίδα καὶ εὐεργετήσει τοὺς συμπολίτας αὐτοῦ καὶ ἔσται ἐν ἀγαθοῖς καὶ ἐπικτήσεται χρυσὸν καὶ ἄργυρον καὶ λίθους τιμίους καὶ δῶρα βασιλικά· καὶ ἔνθα ἂν ὑπάρχῃ διὰ τιμῆς ἀχθήσεται καὶ ἐπιθυμήσουσιν αὐτοῦ οἱ βασιλεῖς καὶ τῆς ὁμιλίας αὐτοῦ καὶ πολλοὶ τῶν ἀρχόντων προσελεύσονται τῇ πύλῃ αὐτοῦ καὶ κυριεύσει ἐγγαίων καὶ χωρίων καὶ πληθυνθήσονται τὰ δένδρα αὐτοῦ καὶ τέκνα ἕξει· καὶ εἰ ἔστιν αὐτῷ πατήρ, κἀκεῖνος τεύξεται ἀγαθῶν. εἰ δὲ ὁ Ἥλιος κατὰ πῆξίν ἐστιν ἐν τῷ ὡροσκόπῳ ἢ ἅμα τῷ κυρίῳ τοῦ ὡροσκόπου ἑῴῳ ὄντι, δηλοῖ εὐτυχίαν μεγίστην.

Εἶτα παραλαμβάνει ἡ Ἀφροδίτη τὸν ἐπιμερισμὸν ἐν τῇ τοῦ Ἡλίου φαρταρίᾳ ἔτος ἓν μῆνας ε̅ ἡμέρας δ̅ ὥρας ς̅ ἔγγιστα, ὁμοῦ γινόμενα ἔτη δύο μῆνες ι̅ ἡμέραι η̅ καὶ ὧραι ι̅γ̅ ἔγγιστα. καὶ δηλοῖ ὡς ἐν τῷ τοιούτῳ ἐπιμερισμῷ προστεθήσεται ὁ ἱματισμὸς αὐτοῦ καὶ τὰ χρήματα καὶ εἰς λόγους συνελεύσεται περὶ γάμων ἢ καὶ συζευχθήσεται γυναικί, εἴ γε δὴ ἡ καταρχὴ τοῦ γενεθλίου αὐτοῦ τοιοῦτόν τι δηλοῖ· ἴσως δὲ καὶ ἀποδημήσει καὶ νόσον κρυφίαν ἕξει. εἰ δὲ νυκτερινή ἐστιν ἡ γέννησις, ἀπαλλαγήσεται λυπηρῶν καὶ πληθυνθήσεται ὁ πλοῦτος αὐτοῦ καὶ εὐφραν-

V v Weinstock: **1** τῷ om. v || **2** δυσχεριῶν v || **5** πρόστασις Weinstock || **6** οἰκείαν] ἰδίαν v || **11** γαιῶν V || **12** πληθυνθήσεται v Weinstock || **19.20** ὁμοῦ — ἔγγιστα om. V || **19** μῆνας v | ἡμέρας v || **20** ὥρας v || **21** σχήματα V || **25** γέννεσις v

Isidorus (ϱ): **1** γήρα || **11** γαιῶν || **18** φαρταρίᾳ] περιόδῳ || **19.20** ὁμοῦ — ἔγγιστα om. || **21** σχήματα || **23** δὴ om.

Versio Latina: **1** καὶ εὐφροσύνην om. || **3** utentur consilio | αὐτῷ om. || **5** αὐτοῦ om. || **10** sermones suos || **11.12** terrae et oppidis || **19.20** ὁμοῦ — ἔγγιστα om. || **22** περὶ om. || **26** tristitia

θήσεται ἐπὶ γυναιξὶ καὶ τέκνοις καὶ ἀνακαινίσει οἰκοδομήματα θαυμαστὰ καὶ ἐξωνήσεται προάστεια πολλὰ καὶ εὐμετάδοτος ἔσται καὶ διὰ δικαιοσύνην τινὰ ἀποδημήσει καὶ ὁσιότητα καὶ πρὸς θεῖα ἱλαστήρια· ἔν τισι δὲ μορίοις κρυφίοις τοῦ σώματος ἀρρωστίαν ἕξει. εἰ δὲ ὁ Κρόνος καὶ ὁ Ἄρης καὶ ὁ Καταβιβάζων ὦσι μετὰ τῆς Ἀφροδίτης ἢ ἐφορῶσιν αὐτὴν ἀσυμφώνῳ σχήματι, οὐ μόνον ἀφαιρήσουσι τὰ τοιαῦτα, ἀλλὰ καὶ μᾶλλον βλάψουσι προφάσει τῶν τοιούτων.

Εἶτα ἐπιμερίζει ὁ Ἑρμῆς ἐν τῇ τοῦ Ἡλίου φαρταρίᾳ χρόνον ἕνα μῆνας ε̅ ἡμέρας δ̅ ὥρας ϛ̅ ἔγγιστα, ὁμοῦ γινόμενα χρόνοι δ̅ μῆνες γ̅ ἡμέραι ιβ̅ ὧραι κ̅ ἔγγιστα. καὶ δηλοῖ ὡς ἐν τῷ τοιούτῳ ἐπιμερισμῷ ἀπολέσει τινὰ τῶν χρημάτων αὐτοῦ καὶ βλάψει αὐτόν τις τῶν συγγενῶν αὐτοῦ καὶ πεσεῖται ἀπὸ ὑψηλοῦ τόπου ἢ ἐγγὺς ἔλθῃ τοῦ πεσεῖν· ἀλγήσει δὲ καὶ τοὺς ὀφθαλμοὺς καὶ ἀπαλλαγήσεται συντόμως τῆς ὀδύνης. εἰ δὲ νυκτερινή ἐστιν ἡ γέννησις, ἐν τῷ τοιούτῳ ἐπιμερισμῷ [f. 282] καταναλώσει πλοῦτον πολὺν καὶ ἔριδας ἕξει καὶ κόποις προσταλαιπωρήσει· εἰ δὲ καὶ δημοσιεύσεταί τι, ζημιωθήσεται καὶ ὀλιγωθήσεται τὸ κέρδος αὐτοῦ καὶ λυπηθήσεται διὰ

Vv Weinstock: **1** *γυναικὶ* **v** Weinstock | *ἀνακαινήσει* **v**, *ἀνοικοδομήσει* **V** || **2** *προάστια* **v** Weinstock || **3** *δικαιωσύνην* **v** || **3.4** *καὶ ὁσιότητα ἀποδημήσει* Weinstock || **4** *καὶ*[2] om. Cumont et Weinstock | *δὲ* om. **v** || **4.5** *κρυφίοις μορίοις* **v** || **5** *ἐὰν* Weinstock || **7** *αὐτὴν*] *αὐτοῦ* **v** || **8** *μᾶλλον* om. **v** || **11** *ε̅ ἡμέρας* om. **v** || **12** *ἡμέρας* **v** | *ὥρας* **v** | *κ̅*] *εἰ* lac. c. 3 litt. **v** || **13** *ἀπωλέσει* **v** || **14** *αὐτοῦ*] *αὐτῶν* **v** | *βλάψῃ* **v** | *αὐτόν*] *αὐτῇ* **v**, om. **V** || **15** *αὐτοῦ* om. **V** Weinstock | *πεσῆται* **v** | *ἔλθοι* **v** || **16** *φθάλμους* **v** || **19** *πολὴν* **V** | *ταλαιπωρήσει* (supra lin. *προσ*) (sic) **V**, *προσταλαιπορήσει* **v** || **20** *τις* **v** || **21** *ὀλιγοθήσεται* **v**

Isidorus (ϱ): **1** *γυναικὶ* | *ἀνοικοδομήσει* || **5** *ἐὰν* || **10** *φαρταρίᾳ*] *περιόδῳ* || **11.12** *ὁμοῦ — ἔγγιστα* om. || **14.15** *βλάψει — αὐτοῦ*] *τις τῶν συγγενῶν βλάψει αὐτὸν* || **15** *ἔλθῃ*] *ἐλεύσεται* || **18** *γένεσις*

Versio Latina: **2** adhuc emet plura || **4** sa (in marg. sanctimoniam) || **5** languores || **8** *μᾶλλον* om. || **9** eorum || **11** *ἕνα* om. || **12** *ιβ̅*] undecim || **15.16** veniet in periculum cadendi || **16** *τοὺς ὀφθαλμοὺς*] occulte (pro oculos) || **20** si fuerit in officiis publicis

πλαστογραφίας καὶ πεσεῖται ἀπό τινος οἰκίας καὶ οὐ βλαβήσεται καὶ αἱμορροΐδας ἕξει καὶ ἀπαλλαγήσεται ἐξ αὐτῶν.

Εἶτα ἐπιμερίζει ἡ Σελήνη ἐν τῇ τοῦ Ἡλίου φαρταρίᾳ ἔτος ἓν μῆνας ε̄ ἡμέρας δ̄ ὥρας ς̄ ἔγγιστα, ὁμοῦ γινόμενα ἔτη ε̄ μῆνες η̄ ἡμέραι ι̅ζ̄ ὧραι γ̄ ἔγγιστα. ἐν τῷ τοιούτῳ οὖν ἐπιμερισμῷ μεταχειριεῖται πράξεις βλαβερὰς καὶ ὠφεληθήσεται ἐν ἄλλοις καὶ κλαπήσεται καὶ ἀγαπήσει τὸ βλέπειν ὕδατα ἢ διαπλωΐσεται καὶ ἀλγήσει τὴν κεφαλὴν καὶ τοὺς ὀφθαλμούς. εἰ δὲ νυκτερινή ἐστιν ἡ γέννησις, ἐπιχειρήσει πράγμασιν ἀνοήτοις καὶ ἐπικτήσεται πλοῦτον καὶ προστεθήσονται αἱ εἴσοδοι αὐτοῦ καὶ ὠφέλειαι καὶ δωροδοκηθήσεται κρυφίως καὶ θαλάττιος γενήσεται ἔμπορος καὶ πλοῦτον καταναλώσει ἀξιόλογον καὶ ἄρχουσιν ὁμιλήσει καὶ φίλους ἐπικτήσεται καὶ ἀσπάσεται τὸ ἀνεγεῖραι οἰκοδομήματα, κεφαλαλγία τε αὐτῷ δεινὴ ἐπιγενήσεται κατὰ τὸ ἔσχατον τοῦ τοιούτου ἐπιμερισμοῦ.

Εἶτα ἐπιμερίζει ὁ Κρόνος ἐν τῇ τοῦ Ἡλίου φαρταρίᾳ ἔτος ἓν μῆνας ε̄ ἡμέρας δ̄ ὥρας ἓξ ἔγγιστα, ὁμοῦ γινόμενα ἔτη ζ̄ μὴν εἷς ἡμέραι κ̅ᾱ ὧραι δέκα ἔγγιστα. καὶ δηλοῖ λυπηθήσεσθαι τοῦτον ἐν τούτῳ τῷ ἐπιμερισμῷ καὶ βλαβήσεσθαι παρὰ τῶν συγγενῶν αὐτοῦ καὶ ἀλγήσειν τὴν

V v Weinstock: **1** *πλαστογραφίαν* v Weinstock | *οἰκείας* V || **2** *αἱμοροίδας* v || **7** *βλαμμέρας* v || **8** *ἀγαπήσῃ* v | *βλάπτειν* V || **9** *διαπλοίσεται* v || **10** *γέννεσις* v || **11** *ἀνηνύτοις* Cumont et Weinstock || **13** *θαλλάττιος* v || **16** *κεφαλαλγὴ* V | *δεινὴ αὐτῷ* v || **17** *κατὰ*] *καὶ* v || **19** δ̄] ε̄ v || **19.20** *ὁμοῦ — ἔγγιστα* om. v || **21** *λυπηθήσεται* V | *βλαβήσεται* Vv || **22** *ἀλγῆσαι* V Weinstock, *ἀλγήσει* v

Isidorus (ϱ): **1** *οἰκείας* || **4** *φαρταρίᾳ*] *περιόδῳ* || **5.6** *ὁμοῦ — ἔγγιστα* om. || **9** post *ἢ* add. *παρ' ὕδατα διατρίβειν ἢ* || **10** *γένεσις* || **12** *πρόσοδοι* | *καὶ*³ om. || **13** *δωροδοκεισθήσεται* || **18** *φαρταρίᾳ*] *περιόδῳ* || **19.20** *ὁμοῦ — ἔγγιστα* om.

Versio Latina: **11** *ἀνοήτοις*] finienda || **15.16** in aedificiis erigendis pravis et capitis dolor || **16** *δεινὴ* om. || **17** *τοιούτου*] ipsius || **21** *τούτῳ*] huiusmodi

Textus Arabicus: **10.11** يدخل نفسه فيما لا يعنيه

κοιλίαν αὐτοῦ καὶ ἐμπρησθήσεσθαι ἢ ζεματισθήσεσθαι δι' ὕδατος θερμοτάτου· ἀλγήσει τε τοὺς ὀφθαλμοὺς καὶ ἀπαλλαγήσεται τῆς ὀδύνης καὶ μακρὰν ἀποδημήσει ἀποδημίαν καὶ δι' ὕδατος βλαβήσεται. εἰ δὲ νυκτερινή ἐστιν ἡ γέννησις, λυπηθήσεται καὶ ὑπόχυσιν ἕξει περὶ τοὺς ὀφθαλμοὺς καὶ ἀλγήσει τὴν κοιλίαν καὶ διὰ θαλάσσης ἐμπορεύσεται καὶ δι' ὕδατος βλαβήσεται ὡσαύτως καὶ διὰ πυρὸς ἢ ζέοντος ὕδατος διὰ τὴν φύσιν τοῦ Ἡλίου καὶ τοῦ Κρόνου.

Εἶτα ἐπιμερίζει ὁ Ζεὺς ἐν τῇ φαρταρίᾳ τοῦ Ἡλίου ἔτος $\overline{α}$ μῆνας $\overline{ε}$ ἡμέρας $\overline{δ}$ ὥρας $\overline{ς}$ ἔγγιστα, ὁμοῦ ἔτη $\overline{η}$ μῆνες $\overline{ς}$ ἡμέραι $\overline{κε}$ ὧραι $\overline{ιζ}$ ἔγγιστα. καὶ δηλοῖ ὡς ἐν τῷ τοιούτῳ ἐπιμερισμῷ προστεθήσονται τὰ χρήματα αὐτοῦ καὶ τὰ κειμήλια καὶ ὠφεληθήσεται διὰ τῶν γονέων αὐτοῦ, πλὴν πεσεῖται ἀπὸ τόπου ὑψηλοῦ. εἰ δὲ νυκτερινή ἐστιν ἡ γέννησις, προστεθήσεται ἡ ἀξία αὐτοῦ καὶ ἡ δόξα καὶ ἡ εὐτυχία καὶ ἄρξει τῶν ὁμοίων αὐτῷ κατὰ τὴν τύχην· ἐπιχειρήσει δὲ καὶ κτίσμασι καὶ προστεθήσεται ὁ πλοῦτος αὐτοῦ καὶ εὑρήσει θησαυρὸν ἢ κερδήσει πλοῦτον πολὺν χωρὶς κόπου καὶ καθυπερτερήσει τῶν ἐχθρῶν αὐτοῦ, πλὴν πρὸς τῷ τέλει τοῦ ἐπιμερισμοῦ τούτου πεσεῖται ἀπό τινος οἰκίας ἢ ἀπὸ ὑποζυγίου.

Εἶτα ἐπιμερίζει ὁ Ἄρης ἐν τῇ φαρταρίᾳ τοῦ Ἡλίου ἔτος $\overline{α}$ μῆνας $\overline{ε}$ ἡμέρας $\overline{δ}$ ὥρας $\overline{ς}$ ἔγγιστα, ὁμοῦ ἔτη $\overline{ι}$. καὶ δηλοῖ ὡς ἐν τῷ τοιούτῳ ἐπιμερισμῷ μεταστήσεται ἀπὸ

Vv Weinstock: **1** *κοιλίαν*] *κακίαν* **Vv** | *ἐμπρησθῆναι* **V** Weinstock, *ἐμπυρισθῆναι* **v** | *ζεματισθῆναι* **Vv** Weinstock || **1.2** *δι' ὕδατος*] *διὰ ὕδατος* bis scr., *διὰ*[2] del. **v** || **4** *εἰ*] *ἦν* **v** | *γένεσις* **v** || **5** post *ἕξει* add. *περ* **V** || **6** *θαλλάσσης* **v** || **8** *ὕδατος* om. **v** || **15** *γέννεσις* **v** || **16** *ἄρξῃ* **v** | *αὐτοῦ* **v** || **19** *καθυπερτηρήσει* **v** || **21** *οἰκείας* **v**

Isidorus (ϱ): **2** *καὶ ἀπαλλαγήσεται*] *ἀπαλλαγήσεται δὲ* || **4** *γένεσις* || **9** *ἐν — ἡλίου* om. || **10.11** *ὁμοῦ — ἔγγιστα* om. || **13** *ἀπελθήσεται* | *διὰ*] *ὑπὸ* || **15** *γένεσις* || **17** *καὶ*[1] om. || **22** *ἐν — ἡλίου* om. || **23** *ἔγγιστα — ῑ* om. || **24** *μεταβήσεται*

Versio Latina: **1** *αὐτοῦ* om. || **1.2** *ἢ — θερμοτάτου*] sive per ignem sive per calidam aquam || **9** *ἐν*] et || **11** *ἔγγιστα* om. || **20** *τούτου*] huiusmodi

διαθέσεως εἰς διάθεσιν καὶ ἀποδημήσει· ἴσως δὲ καὶ γυναικὶ συζευχθήσεται· ὑποστήσεται δὲ καὶ δεινὰ διὰ δῆγμα ἰοβόλου ἢ πτῶσιν ἢ δαρμὸν καὶ ῥύσις αἵματος ἐξ αὐτοῦ γενήσεται· καὶ ταῦτα ἐν τῇ πρώτῃ τετραμήνῳ. εἰ δὲ νυκτερινή ἐστιν ἡ γέννησις, ἀπό τινος ἔργου μετατεθήσεται ἐφ' ἕτερον καὶ ἀποδημήσει καὶ κόπον ὑποστήσεται πολὺν καὶ ἀγωνισθήσεται ἐπὶ γυναικῶν συνουσίαις καὶ ἐπὶ πορνείαις δι' ἃς καὶ ὑποστήσεται δεινά· ἀδικήσει δὲ καί τινας καὶ βλαβήσεται παρ' αὐτῶν· ἅψεται δὲ καὶ τοῦ σώματος αὐτοῦ σίδηρος· δηχθήσεται δὲ καὶ ὑπὸ κυνὸς καὶ νοσήσει ἡμέρας ι̅α̅· καὶ ὁσάκις κακωθῶσιν ὁ Ἄρης καὶ ὁ Ἥλιος, τοσαυτάκις ἐκεῖνος βλαβήσεται.

⟨*Δεύτερον*⟩. *Περὶ τῆς φαρταρίας τῆς Ἀφροδίτης*

Ἡ δὲ Ἀφροδίτη κυβερνᾷ διὰ τῆς οἰκείας φαρταρίας ἔτη η̅, ἐξ ὧν αὐτὴ ἐπιμερίζει τὸ ζ' ἤτοι ἔτος ἓν μῆνα ἕνα ἡμέρας κ̅⟨α̅⟩ ὥρας ι̅ ἔγγιστα. καὶ δηλοῖ ὡς ἐν τῷ τοιούτῳ ἐπιμερισμῷ εὐφρανθήσεται ὁ γεννηθεὶς καὶ χαρήσεται καὶ ὠφεληθήσεται· ἴσως δὲ καὶ γυναικὶ συζευχθήσεται. εἰ δὲ νυκτερινή ἐστιν ἡ γέννησις, χαρήσεται ἐν τῷ τοιούτῳ ἐπιμερισμῷ καὶ εὐφρανθήσεται ἐπὶ διαφόροις πράγμασι καὶ ἐπὶ τῇ ἰδίᾳ γυναικὶ ἢ συζευχθήσεται ἀλλοτρίᾳ γυναικὶ

Vv Weinstock: **2** post *δεινὰ* add. *καὶ* **V** || **3** *δείγμα* **v** | *ῥύσιν* **V** || **4** *τῷ πρώτῳ* **V** | *τετραγώνῳ* **V** || **5** *γένεσις* **v** || **8** *πορνίαις* **v** || **11** *ὡσάκις* **v** | *κακῶσιν* **v** | *καὶ*[3]] *ἢ* **v** || **12** *τοσαύτικις* **V** | *ἐκείνοις* **V** | *βλαβήσεται*: hic concl. Weinstock || **14** *ἡ*] *εἰ* **V**, om. **v** || **16** *ὥρας ι̅* om. **V** || **19** *χαρίσεται*, corr. in *χαρήσεται* **v**

Isidorus (*ϱ*): **2** post *δεινὰ* iter. **1.2** *ἴσως — δεινὰ* | post *δεινὰ*[2] add. *καὶ* || **4** *τῷ πρώτῳ* || **5** *γένεσις* || **11** post *ὁσάκις* add. *ἂν* || **12** *ἐκεῖνος*] *ὑπ' ἐκείνων* | *βλαβήσεται*: rel. huius libri in hac versione non inv. in *ϱ*; versionem Isidori contaminatam vide in app. 2

Versio Latina: **2.3** ex morsu venenoso || **7** *γυναικῶν συνουσίαις*] mulieribus et coitu || **11.12** sol et mars || **14** ipsa sola || **15** *ἤτοι*] etiam || **16** *κ̅α̅*] 20 | *ὥρας ι̅* om. || **17** divisione sive dispositione

Textus Arabicus: **3** ضرب

καὶ γεννηθήσεται αὐτῷ παιδίον εὐτυχὲς καὶ γάμῳ συνάψει υἱοὺς αὐτοῦ καὶ θυγατέρας καὶ ἐπιχειρήσει κτίσμασι καὶ δένδρων φυτείαις καὶ ἐπὶ τοσοῦτον δαψιλευθήσεται ὁ πλοῦτος αὐτοῦ ὥστε [f. 282ᵛ] *καὶ κειμήλια ἀποθεῖναι· ἐπικτήσεται δὲ καὶ φίλων τῶν ἐν ἀξίαις καὶ πρᾶξιν μεγίστην ἐγχειρισθήσεται καὶ βασιλεῖς αὐτῷ ἱματισμὸν δωρήσονται. ὡς δέ φησιν ὁ Ἑρμῆς,* [*ὡς*] *πέντε μῆνες τοῦ τοιούτου ἐπιμερισμοῦ καὶ κ̅ε̅ ἡμέραι κρείττονές εἰσι τῶν λοιπῶν.*

Εἶτα ἐπιμερίζει ὁ Ἑρμῆς ἐν τῇ φαρταρίᾳ τῆς Ἀφροδίτης ἔτος ἓν μῆνα ἕνα ἡμέρας κ̅⟨α̅⟩ ὥρας ι̅ ἔγγιστα, ὁμοῦ ἔτη β̅ μῆνες τρεῖς ἡμέραι ι̅β̅ ὧραι κ̅ ἔγγιστα. καὶ δηλοῖ ὡς ἐν τῷ τοιούτῳ ἐπιμερισμῷ κλαπήσεται καὶ ἀπολέσει περιουσίαν καὶ βλαβήσεται καὶ νοσήσει καὶ ἀπὸ τόπου εἰς τόπον μεταβήσεται. εἰ δὲ νυκτερινή ἐστιν ἡ γέννησις, πολλὰ ἀναλώσει τῶν ἐπικτηθέντων καὶ ἡττηθήσεται παρὰ τῶν ἐχθρῶν αὐτοῦ καὶ φεύξεται ἐξ αὐτῶν καὶ τοσοῦτον λυπηθήσεται ὥστε βρωτῶν ἀποσχέσθαι καὶ ποτῶν· ἐπισυμβήσεται δὲ καὶ αὐτῷ νόσος ἀπὸ φαρμάκου πόσεως ἢ ἀπὸ χρήσεώς τινος τῶν ἐδεσμάτων.

Εἶτα ἐπιμερίζει ἡ Σελήνη ἐν τῇ φαρταρίᾳ τῆς Ἀφροδίτης ἔτος ἓν μῆνα ἕνα ἡμέρας κ̅⟨α̅⟩ ὥρας ι̅ ἔγγιστα, ὁμοῦ γινόμενα ἔτη τρία μῆνες ε̅ ἡμέραι δ̅ ὧραι ζ̅ ἔγγιστα. καὶ δηλοῖ ὡς ἐν τῷ τοιούτῳ ἐπιμερισμῷ εὖ ἕξει τὰ κατ' αὐτὸν καὶ ὁμιλήσει τισὶν ἄρχουσιν· ἴσως δὲ καὶ γυναικὶ συζευχθήσεται. εἰ δὲ νυκτερινή ἐστιν ἡ γέννησις, δηλοῖ ὡς

Vv: **3** *φυτείας* v | *δαψηλευθήσεται* v || **5** *φίλους* v || **7** *μῆνας* v || **13** *ἀπωλέσει* v || **14.15** *καὶ νοσήσει* post *μεταβήσεται* pon. v || **18** *ἀπωθέσθαι* v || **19** *αὐτῷ καὶ* v | *αὐτῶν* V || **25** *ὠμιλήσι* v | *δὲ* om. V

Versio Latina: **4** ut ex his || **5** amicos de iis qui praesumunt (in marg. excellunt) in dignitatibus || **8** *τοιούτου*] huius | *κ̅ε̅* om. || **11** *μῆνα ἕνα* om. | *κ̅α̅*] 20 || **18** *ὥστε*] quod || **20** aliquorum ciborum || **22** *κ̅α̅*] 20

Textus Arabicus: **7.8**

واجود هذه القسمة على ما ذكر هرمس خمسة اشهر وخمسة وعشرون يوما

ἀπαλλαγήσεται συμφορῶν καὶ ἐπὶ εὐτυχίᾳ ῥέψει τὰ κατ' αὐτὸν καὶ πρὸς πύλας βαδίσει κρειττόνων καὶ τιμηθήσεται παρὰ ἀρχόντων καὶ ἄρξει τῶν συγγενῶν καὶ ἐπισυνάξει πλοῦτον ἱκανόν· εἰ δὲ οὐκ ἔχει γυναῖκα, λήψεται.

Εἶτα ἐπιμερίζει ὁ Κρόνος ἐν τῇ φαρταρίᾳ τῆς Ἀφροδίτης ἔτος ἓν μῆνα ἕνα ἡμέρας κ̅⟨α̅⟩ ὥρας ι̅ ἔγγιστα, ὁμοῦ γινόμενα ἔτη δ̅ μῆνες ϛ̅ ἡμέραι κ̅ε̅ ὧραι ι̅ζ̅ ἔγγιστα. καὶ δηλοῖ ὡς ἐν τῷ τοιούτῳ ἐπιμερισμῷ ἔσται πολύκοπος καὶ προσπαλαίσει ταλαιπωρίαις καὶ βλάψει τινὰ τῶν γυναικῶν καὶ ὑπὸ γυναικῶν βλαβήσεται. εἰ δὲ νυκτερινή ἐστιν ἡ γέννησις, πληθυνθήσονται αἱ φροντίδες αὐτοῦ καὶ οἱ κόποι καὶ σύγχυσιν ἕξει ὁ βίος αὐτοῦ καὶ οὐκ ὠφεληθήσεται δι' ὧν πράξει· προσκαλέσεται δὲ καὶ τοὺς οἰκείους ἐπὶ τροφῇ καὶ πότῳ καὶ λυπηθήσεται ἐπ' αὐτοῖς καὶ τελευτήσει ἡ τούτου γυνὴ ἢ μάχαν ἕξει πρὸς αὐτήν· ἴσως δὲ καὶ ἐκτρώσει ἡ γυνὴ αὐτοῦ εἰ ἔστι ἔγγυος καὶ συμμιγήσεται γυναικὶ πόρνῃ ἢ παιδίσκῃ καὶ βλάψει παῖδα αὐτοῦ ἢ παῖδα ἑτέρου.

Εἶτα ἐπιμερίζει ὁ Ζεὺς ἐν τῇ φαρταρίᾳ τῆς Ἀφροδίτης ἔτος ἓν μῆνα ἕνα ἡμέρας κ̅⟨α̅⟩ ὥρας ι̅ ἔγγιστα, ὁμοῦ ἔτη ε̅ μῆνες η̅ ἡμέραι ι̅ζ̅ ὧραι τρεῖς ἔγγιστα. καὶ δηλοῖ ὡς ἐν τῷ τοιούτῳ ἐπιμερισμῷ εὖ ἕξει τὰ κατ' αὐτὸν καὶ εὐτυχήσει ὁ πατὴρ αὐτοῦ καὶ προστεθήσεται ὁ πλοῦτος αὐτοῦ· εἰ δὲ νυκτερινή ἐστιν ἡ γέννησις, ἀπαλλαγήσεται συμφορῶν ὁ γεννηθεὶς καὶ ἐπαινεθήσεται παρὰ πολλῶν καὶ προστεθήσεται ἡ ἀκίνητος αὐτοῦ περιουσία· εἰ δὲ ἡ καταρχὴ τοῦ γενεθλίου αὐτοῦ δηλοῖ εὐτυχίαν, ἐπὶ μέγα δόξης καταντήσει· εἰ δὲ ἡ Ἀφροδίτη ἐστὶν ἅμα τῷ Ἀνα-

Vv: **1** εὐτυχείᾳ v || **3** ἄρξῃ v || **5** ἀφροδίτης om. v || **7** ϛ̅ om. V || **9** ταλαιπορίαις v | τινὶ v || **13** προσκαλέσετε V || **14** στροφῇ V || **16** συμβήσεται v || **17** βλάψῃ v || **27** μεγάλης v || **28** καταντήσει] δοξασθήσεται v | εἰ] ἡ V | ἡ om. V

Versio Latina: **6** κ̅α̅] 20 || **7** ι̅ζ̅] decem || **9** προσπαλαίσει] lucrabitur | aliquam mulierem || **12** ὁ βίος αὐτοῦ om. || **20** κ̅α̅] 20 || **21** ἔγγιστα om. || **23** προστεθήσεται] multiplicabuntur || **25** ὁ γεννηθεὶς om. || **27** αὐτοῦ om. | magnitudinem

βιβάζοντι ἢ τῷ Διῒ ἐπίκεντρος, κυριεύσει πολλῶν διά τε γῆς καὶ θαλάσσης.

Εἶτα ἐπιμερίζει ὁ Ἄρης ἐν τῇ φαρταρίᾳ τῆς Ἀφροδίτης ἔτος ἓν μῆνα ἕνα ἡμέρας κ̅⟨α̅⟩ ὥρας ι̅ ἔγγιστα, ὁμοῦ ἔτη ϛ̅ μῆνες ι̅ ἡμέραι η̅ ὧραι ι̅γ̅ ἔγγιστα. καὶ δηλοῖ ὡς ἐν τῷ τοιούτῳ ἐπιμερισμῷ κοπιάσει πολλάκις καὶ βλάψει τοὺς ἀδελφοὺς αὐτοῦ· ἴσως δὲ καὶ γάμῳ συνελεύσεται. εἰ δὲ νυκτερινή ἐστιν ἡ γέννησις, πολύμοχθος ἔσται καὶ πολύκοπος καὶ ἀδικήσει τινὰς καὶ βλαβήσονται οἱ τούτου ἀδελφοὶ καὶ γάμῳ συνελεύσεται πρός τι πρόσωπον ἀρχοντικόν.

Εἶτα ἐπιμερίζει ὁ Ἥλιος ἐν τῇ φαρταρίᾳ τῆς Ἀφροδίτης ἔτος ἓν μῆνα ἕνα ἡμέρας κ̅⟨α̅⟩ ὥρας ι̅ ἔγγιστα, ὁμοῦ ἔτη η̅. καὶ δηλοῖ ὡς ἐν τῷ τοιούτῳ ἐπιμερισμῷ ἀρρωστήσει δεινῶς καὶ συναφθήσεταί τισιν ὑπερέχουσιν καὶ προστεθήσεται ἡ δόξα αὐτοῦ καὶ ὁ πλοῦτος καὶ προσδέξεται γυναῖκα πεπαιδευμένην. εἰ δὲ νυκτερινή ἐστιν ἡ γέννησις, νόσῳ περιπεσεῖται δεινῇ καὶ ἀνακλιθήσεται ταύτης καὶ προστεθήσονται οἱ δοῦλοι αὐτοῦ καὶ αἱ δοῦλαι καὶ κόσμον ἀμφιάσεται βασιλικὸν καὶ συναυλισθήσεται βασιλεῦσι καὶ κυριεύσει τῶν ἐχθρῶν αὐτοῦ [f. 283] καὶ συζευχθήσεται γυναικὶ συνετωτάτῃ ἢ νοταρίᾳ. εἰ δὲ ἡ Ἀφροδίτη ἢ ὁ Ἥλιος ἔχει τὴν χρονοκρατορίαν καὶ εἴσιν ἀκάκωτοι, ἐπὶ μέγα δόξης ἀφίξεται· εἰ δὲ ἡ Ἀφροδίτη καλῶς διάκειται, πληθυνθήσονται αἱ ὠφέλειαι αὐτοῦ καὶ συνομιλήσει βασιλεῦσιν.

Vv: **3** *ἀφροδίτης* om. **v** || **5** *ἡμέραι*] *ἡμέρας* **V** || **8** *πολύμοχθος* et *πολύκοπος* transpon. **v** || **17** *ἀνακληθήσεται* **Vv** || **21** *ἢ νοταρίᾳ*] lac. c. 5 litt. **V** || **22** *ἔχουσι* **Vv** | *καὶ εἴσιν*] lac. c. 8 litt. **V** || **23** *δόξα* **V** | *καλῶς*] lac. c. 4 litt. **V**

Versio Latina: **2** mare et terram || **4** *κ̅α̅*] 20 | *ἔτη* om. || **10** ducet uxorem aliquam nobilem || **12** *μῆνα ἕνα* om. | *κ̅α̅*] 20 | *ὁμοῦ*] similiter || **14** pessime || **17** in aliquam aegritudinem pravam | *καὶ ἀνακλιθήσεται ταύτης* om. || **21** *ἢ νοταρίᾳ*] et literatae || **23** magnitudinem

⟨Τρίτον⟩. Περὶ τῆς φαρταρίας τοῦ Ἑρμοῦ.

Τοῦ δὲ Ἑρμοῦ ἡ φαρταρία ἐστὶν ἔτη ι̅γ̅ μετὰ τὴν τῆς Ἀφροδίτης· διέπει δὲ αὐτὸς καὶ τὸ πρῶτον ἕβδομον μέρος, ἤγουν ἔτος ἓν μῆνας ι̅ ἡμέρας η̅ ὥρας ι̅γ̅ ἔγγιστα. καὶ δηλοῖ ὡς ὁ γεννηθεὶς ἐν τῷ πρώτῳ ἡμίσει μέρει τεύξεται ἀγαθῶν, ἐν δὲ τῷ ἐσχάτῳ περιπεσεῖται κακοῖς καὶ ἀποδημήσει ἀπὸ χώρας εἰς χώραν καὶ πάντα ὅσα ἂν ποιῇ οὐ κατευοδωθήσεται· τελευτήσει δὲ καί τις τῶν οἰκείων αὐτοῦ ἀνθρώπων ἢ ἀλόγων καὶ νοσήσει νόσον ἐν ᾗ οὐκ ὠφεληθήσεται διὰ φαρμάκων ἰατρικῶν. εἰ δὲ ὁ Κρόνος κεκακωμένος ὢν ἐφορᾷ αὐτόν, δέος μή ποτε τελευτήσῃ· εἰ δὲ ὁ Ἑρμῆς ἀκάκωτός ἐστιν, ἀφαιρεῖται τὰ δεινά.

Εἶτα ἐπιμερίζει ἡ Σελήνη ἐν τῇ τοῦ Ἑρμοῦ φαρταρίᾳ ἔτος ἓν μῆνας ι̅ ἡμέρας η̅ ὥρας ι̅γ̅ ἔγγιστα, ὁμοῦ ἔτη γ̅ μῆνες η̅ ἡμέραι ι̅ζ̅ ὧραι γ̅ ἔγγιστα. καὶ δηλοῖ ὡς ἐν τῷ τοιούτῳ ἐπιμερισμῷ ἔσται τεταραγμένος κατὰ τὸν βίον, μὴ ἐνηδυνόμενος βρώσει ἢ πόσει, ἀλλ' ἑαυτὸν παρεμπλέκων δεινοῖς· εἰ δὲ καὶ δοῦλον ἀγοράσει, φεύξεται· καὶ εἰ ἐμπορεύσεται, ζημιωθήσεται· εἰ δὲ καὶ ἄρξεται κτίζειν, οὐ τελειώσει τὸ κτίσμα αὐτοῦ· εἰ δὲ γυναῖκα ἔχει, ἀποβαλεῖται αὐτὴν ἢ διαφορὰς ἕξει μετ' αὐτῆς· εἰ δὲ γυναῖκα οὐκ ἔχει, ζητήσει καὶ οὐδὲν ἀνύσει· καὶ νόσον νοσήσει καὶ πεσεῖται ἀπὸ οἰκίας ἢ ἀπὸ ἀλόγου καὶ μέχρι θανάτου ἐγγίσει.

Εἶτα ἐπιμερίζει ὁ Κρόνος ἐν τῇ τοῦ Ἑρμοῦ φαρταρίᾳ ἔτος α̅ μῆνας ι̅ ἡμέρας η̅ ὥρας ι̅γ̅ ἔγγιστα, ὁμοῦ ἔτη ε̅

Vv: **2** *τοῦ*] *οὗ* **v** | *ἔτη* om. **v** || **5** *ἡμίσει*] *ἥμισυ* **v** | *μέρει*] *μέρος* **V** | post *τεύξεται* add. *τῶν* **v** || **7** *πάντι* **v** | *ποιεῖ* **v** || **8** *κατευοδοθήσεται* **v** || **9** *ἐν ᾗ*] *ἢ* **V** || **15** *η̅*] *δ̅* **Vv** | *γ*] *β̅* **Vv** || **17** *ἐνηδόμενος* **V** | *ἑαυτῷ* **v** || || **18** *ψεύξεται* **Vv** || **19** *εἰ*[1] om. **v** || **20** *ἀποβαλλεῖται* **v** || **23** *οἰκείας* **v** || **26**—p. 193,1 *ἔγγιστα*—*ι̅ζ̅* om. **v**

Versio Latina: **2.3** post ferdariam videlicet veneris || **3** *πρῶτον* om. || **4** *ι̅*] sex || **8** evenient sibi prospera || **8.9** aliquis de hominibus his vel equus || **15** *η̅*] quatuor | *γ̅*] duo || **17.18** sed ipsum illa quae habebit malis || **20** *αὐτοῦ* om. || **21** discordiam | *γυναῖκα* om.

μῆνες ς ἡμέραι κε ὧραι ιζ ἔγγιστα. καὶ δηλοῖ ὡς ἐν τῷ τοιούτῳ ἐπιμερισμῷ προστεθήσονται οἱ φίλοι αὐτοῦ καὶ ὁ πλοῦτος καὶ εὐμετάδοτος ἔσται καὶ πλοῦτον ἀποβαλεῖται ἱκανὸν καὶ νοσήσει ἡ γυνὴ αὐτοῦ νόσον δεινὴν ἢ τελευτήσει καὶ λυπηθήσεται ἐπ' αὐτῇ καὶ ἀποδημήσει καὶ ἐν τῇ ἀποδημίᾳ αὐτοῦ κόπον ὑποστήσεται.

Εἶτα ἐπιμερίζει ὁ Ζεὺς ἐν τῇ τοῦ Ἑρμοῦ φαρταρίᾳ ἔτος α μῆνας ι ἡμέρας η ὥρας ιγ ἔγγιστα, ὁμοῦ ἔτη ζ μῆνες ε ἡμέραι δ ὧραι ζ ἔγγιστα. καὶ δηλοῖ ὡς ἐν τῷ τοιούτῳ ἐπιμερισμῷ πλοῦτον κερδήσει ἀπὸ διαφόρων πόρων καὶ ἐπισυνάξει χρυσὸν καὶ ἄργυρον καὶ ἐξοδιάσει πάμπολλα καὶ πρὸς μεγάλα πρόσωπα ἐναντιωθήσεται καὶ παρ' αὐτῶν βλαβήσεται καί τινες εὐτελεῖς φιλονεικήσουσιν αὐτῷ· ὕστερον δὲ τῶν τοιούτων ἀπαλλαγάς, ἐγχειρισθήσεται πρᾶξιν λαμπρὰν καὶ οἰκοδομήσει οἴκημα περιφανές· ψεύδει τε χρήσεται καὶ τοῖς ψευδομένοις φιλιωθήσεται.

Εἶτα ἐπιμερίζει ὁ Ἄρης ἐν τῇ τοῦ Ἑρμοῦ φαρταρίᾳ ἔτος ἓν μῆνας ι ἡμέρας η ὥρας ιγ ἔγγιστα, ὁμοῦ γινόμενα ἔτη θ μῆνες τρεῖς ἡμέραι ιβ ὧραι κ ἔγγιστα. καὶ δηλοῖ ὡς ἐν τῷ τοιούτῳ ἐπιμερισμῷ ἀντιταχθήσεται τοῖς ὑποδεεστέροις αὐτοῦ καὶ καταφεύξεται πρός τινα πρόσωπα ἀξιόλογα καὶ ἀπὸ συμπτώματος περιπεσεῖται εἰς σύμπτωμα καὶ ἐκφεύξεται ἐκ τούτου καὶ κατακυριεύσει τῶν ἐχθρῶν αὐτοῦ καὶ ἀποδημίαν λυπηρὰν ποιήσει· εἰ δὲ καὶ πραγματευθήσεται, ζημιωθήσεται· εἰ δὲ καὶ κοινωνίας συστήσεται πρός τινα, παραμεθήσεται καὶ διὰ πυρὸς

Vv: 8 *η*] *ι* **v** | *ὥρας*] *ὧραι* **V** || **10** *κερδίσει* **v** || **12** *ἐναντιωθήσεται*] *ἐναντία* **V** | *καὶ*] lac. c. 8 litt. **V** || **12.13** *παρ' αὐτῶν βλαβήσεται*] *βλαβήσεται παρ' αὐτῶν* **V** || **13** *φιλονικήσουσιν* **v** || **14** *ἀπαλλαγείς* **v** | *ἐγχειρισθήσε* **V**, *ἐγχειρισθήται* **v** || **16** *ψεύδη* **v** || **17** post *ἄρης* add. *ἐ τῇ* **V** || **19** *ἡμέραι*] *ἡμέρας* **V** || **20** *ἀντιταχθήσεται*] *πλοῦτον κερδήσει ἀπὸ* **v** || **23** *ἐκ* om. **v** || **25** *καὶ*[2] om. **v** | *κοινωνίαν* **v** || **26** *παραμαθήσεται* **V**, *παρα . . . θήσεται* **v**

Versio Latina: **1** *ιζ*] decem et octo || **3.4** usus sufficientes acquiret || **10** ab emolumento diverso || **15** *οἴκημα*] hospitium || **25** societatem || **26** *παραμεθήσεται*] supercedebit (quasi e *παραμένω*)

Textus Arabicus:

25.26 وان شارك فيها انسانا غدر به ذلك الانسان

βλαβήσεται καὶ πεσεῖται ἀπὸ ὑψηλοῦ τόπου ἢ ἐγγίσει τῷ πεσεῖν καὶ νοσήσει νόσον δεινὴν ἐν ᾗ βλαβήσεται ἡ κεφαλὴ αὐτοῦ πλὴν ὑγιανεῖ· εἰ δὲ καὶ γάμῳ συνέλθῃ, τελευτήσει ἡ γυνὴ αὐτοῦ ἐν ἐκείνῳ τῷ χρόνῳ καὶ ἡ μήτηρ αὐτοῦ τελευτήσει· ἀποκλεισθήσεται δὲ καὶ ὁ πατὴρ αὐτοῦ καὶ πάθεσι δεινοῖς περιπεσοῦνται οἱ γονεῖς αὐτοῦ.

Εἶτα ἐπιμερίζει ὁ Ἥλιος ἐν τῇ τοῦ Ἑρμοῦ φαρταρίᾳ ἔτος ἓν μῆνας ι̅ ἡμέρας η̅ ὥρας ι̅γ̅ ἔγγιστα, ὁμοῦ ἔτη ι̅α̅ μὴν εἷς ἡμέραι κ̅⟨α̅⟩ ὧραι ι̅ ἔγγιστα. ἔσται οὖν ἐν τῇ τοιαύτῃ φαρταρίᾳ εὔφρόσυνος καὶ ἱλαρὸς καὶ ὁσημέραι προκόπτων καὶ πληθυνθήσονται οἱ δουλεύοντες αὐτοῦ καὶ προσλήψεται νοτάριον καὶ ἐπισκεπτίτην καὶ παρὰ βασιλέων ποριέσεται πλοῦτον, ἔτι δὲ καὶ παρ' ἑτέρων προσώπων· εὐεργετήσει δὲ καὶ τοὺς ἐν τῇ οἰκίᾳ αὐτοῦ καὶ πάντας τοὺς συνομιλοῦντας αὐτῷ καί τις τῶν ἀδελφῶν αὐτοῦ τελευτήσει· ἴσως δὲ καὶ συνουσιάσει τῇ γυναικὶ τοῦ ἀδελφοῦ αὐτοῦ καὶ τῇ γυναικὶ τοῦ πατρὸς αὐτοῦ.

Εἶτα ἐπιμερίζει ἡ Ἀφροδίτη ἐν τῇ τοῦ Ἑρμοῦ φαρταρίᾳ ἔτος ἓν μῆνας ι̅ ἡμέρας η̅ [f. 283v] ὥρας ι̅γ̅ ἔγγιστα, ὁμοῦ ἔτη ι̅γ̅. καὶ δηλοῖ ὡς ἐν τῷ τοιούτῳ ἐπιμερισμῷ ἔχθρας ἕξει πρός τινας καὶ γυναιξὶ φιλιωθήσεται καὶ ἐπ' αὐταῖς εὐφρανθήσεται καὶ ὁμοιωθήσεται αὐταῖς κατά τε τὸν ἱματισμὸν καὶ τῶν μύρων τὴν χρῆσιν· συλλήψεται δὲ ἡ τούτου γυνὴ καὶ ἐκτρώσει· εἰ δὲ ἤδη παρῆλθε τὸν καιρὸν τῆς συλλήψεως, τελευτήσει υἱὸς αὐτῆς· εἰ δὲ μήτε υἱὸν ἔχει, ὄψεται θάνατόν τινος τῶν ἐν τάξει υἱοῦ.

Vv: **6** *γωνεῖς* v || **12** *νοταρίοις* v | *ἐπισκεπτίτης* V, *ἐπισκεπτεῖται* v || **23** *χρῆσιν* v || **24** *εἰ δὲ* om. V || **25** post *μήτε* add. *τὸν* v

Versio Latina: **4** *ἡ γυνὴ αὐτοῦ*] ipsa || **6** *οἱ γονεῖς αὐτοῦ*] partes (pro parentes) eius || **7** in ferdaria solis (in marg. mercurii) || **8** *ἔγγιστα — ι̅α̅* om. || **9** *κ̅α̅*] 20 || **10** quotidie || **12** notarium et provisorem sive procuratorem || **13** *προσώπων* om. || **21** *γυναιξὶ* om. | in ea || **22** *αὐταῖς*] sibi || **24** *ἐκτρώσει*] patietur abhorsum (pro abortum) || **25** *τελευτήσει* om. || **26** alicuius de iis quos habet in loco filii

⟨*Τέταρτον*⟩ [f. 263ᵛ]. *Περὶ τῆς φαρταρίας τῆς Σελήνης*

Τῆς Σελήνης ἡ φαρταρία ἐστὶ $\overline{\vartheta}$· ἐπιμερίζει δὲ τὸ ἕβδομον μέρος αὕτη ἤτοι ἔτος $\overline{α}$ μῆνας $\overline{γ}$ ἡμέρας $\overline{ιβ}$ ὥρας $\overline{κ}$ ἔγγιστα. καὶ δηλοῖ ὡς παλίμβολος ἔσται ἔν τε τῇ χαρᾷ καὶ τῇ λύπῃ καὶ τῷ πλούτῳ καὶ τῇ πενίᾳ καὶ ἔριδας ἕξει πρὸς τὴν ἰδίαν γυναῖκα καὶ ἀποδημήσει καὶ δεσμηθήσεται· εἶτα αἰφνιδίως ἐπὶ κλέος καὶ δόξαν ἁρπασθήσεται ἐν ᾗ ἐπικτήσεται πλοῦτον ἀξιόλογον· εἶτα πάλιν μετὰ μικρὸν ἀθρόον τῆς δόξης ἐκείνης ἐκπεσεῖται καὶ πάλιν πρὸς αὐτὴν ἐπανακάμψει· καὶ πρὸς τῷ τέλει τούτου τοῦ ἐπιμερισμοῦ σύμπτωμα ὑποστήσεται ἀπὸ σιδήρου ἢ σπάθης ἢ ἀποκλεισθήσεται. εἰ δὲ νυκτερινή ἐστιν ἡ γέννησις καὶ ὑπάρχει κεκακωμένη ἡ Σελήνη, ὑποστήσεται νόσον καὶ ἐπηρείας· εἰ δὲ ἀκάκωτος, εὐεξίαν ἕξει καὶ ἀγαπηθήσεται παρὰ τῶν γονέων αὐτοῦ καὶ ὠφεληθήσεται.

Εἶτα ἐπιμερίζει ὁ Κρόνος ἐν τῇ φαρταρίᾳ τῆς Σελήνης ἔτος ἓν μῆνας $\overline{γ}$ ἡμέρας $\overline{ιβ}$ ὥρας $\overline{κ}$ ἔγγιστα, ὁμοῦ ἔτη $\overline{β}$ μῆνες $\overline{ς}$ ἡμέραι $\overline{κε}$ ὧραι $\overline{ιζ}$ ἔγγιστα. καὶ ἐν τούτῳ τῷ ἐπιμερισμῷ ἔριδας ἕξει πρὸς τοὺς βασιλεῖς καὶ ὅσα λέξει ὡς ψευδῆ λογισθήσονται καὶ βλαβήσεται παρὰ τῶν δούλων αὐτοῦ καὶ φεύξονται ἐξ αὐτοῦ καὶ τὰ ζῷα αὐτοῦ ἀπολοῦνται καὶ ἐξοδιάσει πλοῦτον πολὺν καὶ ἀρρωστήσει καὶ βλαβήσεται ἐκ πυρὸς ἢ θερμότητος ἢ τομῆς σιδήρου ἐκ

Vv: **3** *τῆς*] *ἧς* **v** ‖ **4** *ἤτοι*] *ἢ τὸ* **V** ‖ **6** *πενεῖα* **Vv** ‖ **7** post *δεσμηθήσεται* iter. *τὴν — δεσμηθήσεται* **v** ‖ **8** *αἰφνηδίως* **v** ‖ **11** *αὐτὴν*] *ἐκείνην* **v** | *ἐπανακάμψη* **v** ‖ **12** *τοῦ* om. **V** | *συμπτώματος* **V** ‖ **14** *κεκακωμένα* **V** ‖ **15** *εὐεξίαν*] *δεξίαν* **v** ‖ **16** *γωνέων* **v** ‖ **22** *ἀπωλοῦνται* **v**

Versio Latina: **3** anni novem ‖ **4** septimam partem suam | *αὕτη* om. | $\overline{γ}$] decem ‖ **6** *τῇ πενίᾳ*] prosperitate ‖ **8** *εἶτα*] et **9** divitias famosas fama dignas ‖ **10** *μετὰ μικρὸν ἀθρόον*] post modicum a ‖ **11** *τούτου*] huiusmodi ‖ **15** *ἐπηρείας*] persequutionem | *εὐεξίαν*] dignitatem (ex *ἀξίαν*) ‖ **16** habebit utilitatem ex iis ‖ **19** $\overline{ιζ}$] quatuordecim | *τούτῳ*] huiusmodi ‖ **24** — p. 196, **1** *ἐκ τρίτου*] tribus vicibus

Textus Arabicus: **24** — p. 196, **1** قطع بالحديد ثلث مرات

τρίτου, εἶτα σωθήσεται· εἰ δὲ καὶ ἔγγυός ἐστιν ἡ τούτου γυνή, ἐκτρώσει. εἰ δὲ νυκτερινή ἐστιν ἡ γέννησις, ἀρρωστήσει ἀπὸ θερμότητος καὶ βλαβήσεται ἀπὸ πυρὸς ἢ ὕδατος ζέοντος καὶ διὰ σιδήρου ἰατρευθήσεται καὶ μεταστήσεται ἀπὸ τόπου εἰς τόπον καὶ ἐν τῇ ἀποδημίᾳ βλαβήσεται καὶ κλοπὴν ὑποστήσεται καὶ παρ᾽ ἑνὸς τῶν ὑπουργῶν αὐτοῦ βλαβήσεται καί τι τῶν κειμηλίων αὐτοῦ κλαπήσεται.

Εἶτα ἐπιμερίζει ὁ Ζεὺς ἐν τῇ τῆς Σελήνης φαρταρίᾳ ἔτος ἓν μῆνας $\overline{γ}$ ἡμέρας $\overline{ιβ}$ ὥρας $\overline{κ}$ ἔγγιστα, ὁμοῦ ἔτη $\overline{γ}$ μῆνες $\overline{ι}$ ἡμέραι $\overline{η}$ ὧραι $\overline{ιγ}$ ἔγγιστα. ἐν τούτῳ δὴ τῷ ἐπιμερισμῷ ἐγχειρισθήσεται πρᾶξιν μεγάλην καὶ ὑψωθήσεται τὸ ὄνομα αὐτοῦ καὶ κερδήσει ἀπὸ τῆς πράξεως αὐτοῦ πλοῦτον ἀξιόλογον καὶ καθυπερτερήσει τῶν ἐχθρῶν αὐτοῦ καὶ ὠφεληθήσεται ἀπὸ γῆς πορρωτάτης καὶ ἀπὸ κτημάτων πεδινῶν τε καὶ ὀρεινῶν καὶ φυτεύσει φυτὰ καὶ δούλους καὶ δούλας ἀγοράσει. εἰ δὲ νυκτερινή ἐστιν ἡ γέννησις, προστεθήσεται ὁ ἱματισμὸς αὐτοῦ καὶ ὑπηρετήσει τινί.

Εἶτα ἐπιμερίζει ὁ Ἄρης ἐν τῇ τῆς Σελήνης φαρταρίᾳ ἔτος ἓν μῆνας $\overline{γ}$ ἡμέρας $\overline{ιβ}$ ὥρας $\overline{κ}$ ἔγγιστα, ὁμοῦ ἔτη $\overline{ε}$ μὴν εἷς ἡμέραι $\overline{κ}\langle\overline{α}\rangle$ ὧραι $\overline{ι}$ ἔγγιστα. καὶ δηλοῖ ὡς ἐν τῷ τοιούτῳ ἐπιμερισμῷ λυπηθήσεται κατὰ πολὺ καὶ δεινοῖς περιπλακήσεται καὶ ἀπολέσει τινὰ τῆς κτήσεως αὐτοῦ καὶ ζημιωθήσεται μεγάλας ζημίας δι᾽ ἃς καὶ βασανισθήσεται· εἰ δὲ καὶ ἀποδημήσει, ὀφεόδηκτος γενήσεται ἢ ἐν πλοίῳ βλαβήσεται ἢ ἐκ πυρὸς ἢ ὕδατος καὶ ἐγγίσει θανάτῳ καὶ βλαβήσεται τοὺς ὀφθαλμοὺς καὶ ἐν τοῖς

Vv: 10 *δὴ*] *δηλοῖ* **v** || **12** *αὐτοῦ*² om. **v** || **14** *πορρώτατον* **V** | *πεδηνῶν* **V** || **18** *τῇ φαρταρίᾳ τῆς σελήνης* **v** || **19** *ἔγγιστα* bis scr. **V** || **20** $\overline{ι}$] $\overline{κ}$ **V** || **21** *πολὺ*] *πόλιν* **v** || **22** *ἀπωλέσει* **v** || **23** *ἃς*] *ἃ* **V** || **24.25** *ἢ — βλαβήσεται* om. **v** || **25** post *ἢ*² add. *ἀπὸ* **v**

Versio Latina: **4.5** *μεταστήσεται — βλαβήσεται*] transibit de loco ad locum in recessu suo et periclitabitur || **7** *τι*] aliqua || **10** $\overline{ιγ}$] quatuordecim || **12** *αὐτοῦ*² om. || **14** *πορρωτάτης*] longinqua || **14.15** a possessionibus planis et clivosis || **16** *προστεθήσεται*] multiplicabuntur || **17** *ὑπηρετήσει*] famulabitur || **20** $\overline{κα}$] 20 || **22** admittet (in marg. amittet aliquas) possessionibus suis

αἰδοίοις ἄλγημα ἕξει· εἰ δὲ ἐπιβλέψει καὶ ὁ Ἄρης, πλείονα ἔσται τὰ δεινά. εἰ δὲ νυκτερινή ἐστιν ἡ γέννησις, [f. 264] *ἀρρωστήσει δεινῶς τούς τε ὀφθαλμοὺς καὶ τὴν κοιλίαν· ἴσως δὲ καὶ δηχθήσεται παρὰ ζῴου ἢ ἀπὸ πυρὸς ἢ ὕδατος βλαβήσεται καὶ κλοπὴν ὑποστήσεται καὶ βλαβήσεται παρά τινος τῶν ὑπηρετούντων αὐτῷ.*

Εἶτα ἐπιμερίζει ὁ Ἥλιος ἐν τῇ φαρταρίᾳ τῆς Σελήνης ἔτος ἓν μῆνας γ̅ ἡμέρας ι̅β̅ ὥρας κ̅ ἔγγιστα, ὁμοῦ ἔτη ϛ̅ μῆνες ε̅ ἡμέραι δ̅ ὧραι ϛ̅ ἔγγιστα. καὶ δηλοῖ ὡς ἐν τῷ τοιούτῳ ἐπιμερισμῷ εὐεργετήσει πολλοὺς καὶ διανέμει τὸν ἴδιον πλοῦτον πρός τινας ξένους καὶ ἀλλοδαποὺς καὶ εὐφρανθήσεται ἐπὶ τοῖς ἔργοις αὐτοῦ καὶ ἄρξει τινῶν καὶ ἢ αὐτὸς ἀρρωστήσει ἢ ἡ γυνὴ αὐτοῦ· τῆς δὲ ἀρρωστίας ἀπαλλαγήσεται δι' ἡμερῶν λ̅· εἰ δὲ ἔγγυός ἐστιν ἡ γυνὴ αὐτοῦ, ἐκτρώσει καὶ μετὰ τοῦτο συλλήψεται. εἰ δὲ νυκτερινή ἐστιν ἡ γέννησις, νοσήσει καὶ τόπον ἐκ τόπου ἀμείψεται καὶ προστεθήσεται ἡ τούτου παίδευσις.

Εἶτα ἐπιμερίζει ἡ Ἀφροδίτη ἐν τῇ φαρταρίᾳ τῆς Σελήνης ἔτος α̅ μῆνας γ̅ ἡμέρας ι̅β̅ ὥρας κ̅ ἔγγιστα, ὁμοῦ ἔτη ζ̅ μῆνες ὀκτὼ ἡμέραι ι̅ζ̅ ὧραι γ̅ ἔγγιστα. ἐν τῷ τοιούτῳ οὖν ἐπιμερισμῷ χρήσεται μελῳδίαις καὶ παιδιαῖς καὶ συνουσίαις καί τινες οὐδένες περικυκλώσουσιν αὐτὸν καὶ ἐπαινέσουσιν καὶ ἐν τῇ ἀρχῇ τούτου τοῦ ἐπιμερισμοῦ εὐφρανθήσεται ἐπὶ δούλοις καὶ προστεθήσεται ἡ δόξα αὐτοῦ.

Εἶτα ἐπιμερίζει ὁ Ἑρμῆς ἐν τῇ φαρταρίᾳ τῆς Σελήνης ἔτος ἓν μῆνας γ̅ ἡμέρας ι̅β̅ ὥρας κ̅ ἔγγιστα, ὁμοῦ γινόμενα

Vv: 9 *ἡμέραι*] *ἡμέρας* **V** || **12** *ἄρξη* **v** || **15** *εἰ*] *ἡ* **V** || **20** *ἡμέραι*] *ἡμέρας* **V**, *ἔτη* **v** || **22** *οὐδεῖνες* **V**, *ᾠδεῖνες* ut videtur **v** || **24** *δούλους* **v** | *καὶ — αὐτοῦ* om. **v**

Versio Latina: 3 pessime || **5** *καὶ βλαβήσεται* om. || **8** *ὁμοῦ*] similiter || **11** *τινας* om. | *καὶ ἀλλοδαποὺς* om. | *εὐφρανθήσεται*] exaltabitur et laetabitur || **13** ab aegritudine ipsa || **21** *παιδιαῖς*] tripudiis | coitu || **22** dolores (ex *ᾠδῖνες*) | *αὐτὸν* om.

Textus Arabicus: 22 السفلى

ἔτη ϑ̄. καὶ ἐν τῷ τοιούτῳ ἐπιμερισμῷ πράξει τρὶς καὶ διαδεχϑήσεται τρὶς καὶ ἔριδας ἕξει πρός τινας καὶ ψεύσεται κατά τινων καὶ δόλοις χρήσεται ἀφανέσιν καὶ ἐξοδιάσει πλοῦτον ἀξιόλογον καὶ φοβηϑήσεται ἀπὸ ὕδατος ἢ πυρός· δεῖ γὰρ ἐν τῇ ἀρχῇ τοῦ ἐπιμερισμοῦ παρατηρεῖσϑαι ἀπὸ τῶν τοιούτων ἡμέρας ιζ̄· ἀρρωστήσει δὲ καὶ τέκνον αὐτοῦ ἀπὸ μελαίνης χολῆς. εἰ δὲ νυκτερινή ἐστιν ἡ γέννησις, κατηγορηϑήσεται καὶ τυφϑήσεται καὶ βλαβήσεται παρὰ ὕδατος ἢ πυρὸς καὶ κλαπήσεται.

⟨Πέμπτον⟩. Περὶ τῆς τοῦ Κρόνου φαρταρίας

Τοῦ δὲ Κρόνου ἡ φαρταρία ἐστὶν ἔτη ια̅· ἐπιμερίζει δὲ οὗτος κατ᾽ ἀρχὰς τὸ ἕβδομον τούτων, ἔτος ἓν μῆνας ς̄ ἡμέρας κε̅ ὥρας ιζ̄ ἔγγιστα. καὶ δηλοῖ ὡς ἐν τῷ τοιούτῳ ἐπιμερισμῷ πράξει τι ἐφ᾽ ᾧ μεμφϑήσεται καὶ μωρὸς λογισϑήσεται· φιλονεικήσει τε ματαίως καὶ μῶμον ὑποστήσεται διὰ ϑηλεῖα τέκνα καὶ λυπηϑήσεται ἐπ᾽ αὐτοῖς καὶ ἡ ἔξοδος αὐτοῦ πλείων ἔσται τῆς εἰσόδου καὶ ὀλιγωϑήσεται ὁ πλοῦτος αὐτοῦ καὶ βλαβήσεται ἡ δόξα αὐτοῦ καὶ ἀρρωστήσει δεινῶς· εἰ δὲ ἐφορᾶται παρὰ τοῦ Ἄρεως, καὶ πυρὸς βλάβην ὑποστήσεται ἢ τομὴν σιδήρου. εἰ δὲ νυκτερινὴ ἐστιν ἡ γέννησις, ὠφεληϑήσεται διά τινων προφάσεων ἢ λυπηϑήσεται ἐπὶ διαφόροις πράγμασι καί τις τῶν συγγενῶν αὐτοῦ τεϑνήξεται καὶ κατακυριεύσει αὐτοῦ ἡ μωρία καὶ ἡ ληϑιότης καὶ ἡ ἀργία.

Vv: **1** *τρὶς*] *τρεῖς* **v** || **2** *ψεύψεται* **V** | post *ψεύσεται* iter. **2** *τρὶς* u. ad *ψεύσεται* **v** || **5** *παρατηρεῖσϑαι*] lac. c. 8 litt. **V** || **6** post *καὶ* add. *τὸ* **v** || **10** *περὶ*] *ερὶ* **v** | *φαρταρίας τοῦ κρόνου* **v** || **12** *εὔδομον* **v** || **14** *τι*] *που* **V** | *μωρολογισϑήσεται* **v** || **15** *φιλονεικήσει τε*] *καὶ φιλονικήσει* **v** || **17** *ὀλιγοϑήσεται* **v** || **21** *γένησις* **V** || **24** *λιϑιότης* **Vv**

Versio Latina: **1** promovebitur in officium ter || **2** succedet alius ei ter || **5** *ἢ*] et | huius divisionis | observare se || **8.9** *τυφϑήσεται — κλαπήσεται*] percutietur ab aqua vel igne et furtum patietur vel nocebit ei aqua vel ignis || **12** *τούτων*] annorum suorum || **13** *ἔγγιστα* om. || **14** fatuus deputabitur vel diffamabitur || **18** *βλαβήσεται*] annullabitur || **19** pessime || **24** *ἡ ληϑιότης*] amencia

Textus Arabicus: **23.24** الرعونة والحمق والبطالة

Εἶτα ἐπιμερίζει ὁ Ζεὺς ἐν τῇ φαρταρίᾳ τοῦ Κρόνου ἔτος ἓν μῆνας ϛ̅ ἡμέρας κ̅ε̅ ὥρας ι̅ζ̅ ἔγγιστα, ὁμοῦ ἔτη γ̅ μὴν εἷς ἡμέραι κ̅α̅ ὧραι ι̅ ἔγγιστα. καὶ δηλοῖ ὡς ἐν τῷ τοιούτῳ ἐπιμερισμῷ τιμηθήσεται παρὰ βασιλέων καὶ ὠφεληθήσεται καὶ ἀπὸ δόξης εἰς δόξαν μεταβήσεται καὶ πρὸς τέλος τοῦ ἐπιμερισμοῦ ἀποδημήσει καὶ ἀρρωστήσει. εἰ δὲ νυκτερινή ἐστιν ἡ γέννησις, ὠφεληθήσεται διά τινων προφάσεων καὶ γνωρίσει τινὰς δι᾽ ὧν ὠφεληθήσεται καὶ ἀρρωστήσει καὶ προστεθήσονται οἱ δοῦλοι αὐτοῦ καὶ αἱ δοῦλαι ἢ γυναῖκα λήψεται.

Εἶτα ἐπιμερίζει ὁ Ἄρης ἐν τῇ φαρταρίᾳ τοῦ Κρόνου ἔτος ἓν μῆνας ϛ̅ ἡμέρας κ̅ε̅ ὥρας ι̅ζ̅ ἔγγιστα, ὁμοῦ ἔτη δ̅ μῆνες η̅ ἡμέραι ι̅ζ̅ ὧραι γ̅ ἔγγιστα. καὶ δηλοῖ ὡς ἐν τῷ τοιούτῳ ἐπιμερισμῷ κακῶς ἕξει τὰ κατ᾽ αὐτὸν καὶ ἀνάγκας ὑποστήσεται· ἴσως δὲ καὶ πεσεῖται ἀπὸ οἰκίας [f. 264v] ἢ ἀλόγου ἢ διαφορὰς ἕξει πρὸς τὴν ὁμευνέτιν αὐτοῦ· ἐχθρωδῶς δὲ διακείσεται πρὸς πολλούς καί τινες τῶν συγγενῶν αὐτοῦ νοσήσουσιν ἢ τέκνον αὐτοῦ τελευτήσει. εἰ δὲ νυκτερινή ἐστιν ἡ γέννησις, διαφόρους ὑποστήσεται λύπας καὶ ἔριδας· ἴσως δὲ καὶ ἀφ᾽ ὑψηλοῦ τόπου πεσεῖται.

Εἶτα ἐπιμερίζει ὁ Ἥλιος ἐν τῇ φαρταρίᾳ τοῦ Κρόνου ἔτος ἓν μῆνας ϛ̅ ἡμέρας κ̅ε̅ ὥρας ι̅ζ̅ ἔγγιστα, ὁμοῦ ἔτη ϛ̅ μῆνες γ̅ ἡμέραι ι̅β̅ ὧραι κ̅. καὶ δηλοῖ ὡς ἐν τῷ τοιούτῳ ἐπιμερισμῷ προστεθήσεται ἡ δόξα αὐτοῦ καὶ ἐγχειρισθήσεται κρίσεις τινῶν καὶ δικάσει μεταξὺ πολλῶν καὶ εὐφρανθήσεται ἐπί τισι πράγμασι καὶ ἀποδημίαν ἕξει καὶ κεφαλαλγίαν νοσήσει καὶ ἔριδας ἕξει πρός τινα προέχοντα αὐτοῦ τῇ ἡλικίᾳ καὶ νικήσει αὐτόν.

Εἶτα ἐπιμερίζει ἡ Ἀφροδίτη ἐν τῇ τοῦ Κρόνου φαρταρίᾳ ἔτος ἓν μῆνας ϛ̅ ἡμέρας κ̅ε̅ ὥρας ι̅ζ̅ ἔγγιστα, ὁμοῦ ἔτη ζ̅

Vv: **6** *πρὸς τὰ τέλη* **v** || **15** *οἰκείας* **v** || **17** *δὲ* om. **V** || **20** *ἐφ᾽* **V** || **23** *μῆνας* **Vv** | *ἡμέραι*] *ἡμέρας* **Vv** || **29** *τῇ φαρταρίᾳ τοῦ κρόνου* **v** || **30** ι̅ζ̅] ι̅γ̅ **v**

Versio Latina: **9** *καὶ*[1]] veruntamen || **11** dividet || **12** ι̅ζ̅] duas || **16** *ἢ*[2] om. | erit discors erga uxorem | *αὐτοῦ* om. || **27** *κεφαλαλγίαν νοσήσει*] dolebit caput et aegrotabit

μῆνες ι̅ ἡμέραι η̅ ὧραι ι̅γ̅ ἔγγιστα. καὶ δηλοῖ ὡς ἐν τῷ τοιούτῳ ἐπιμερισμῷ ψεύσονταί τινες κατ' αὐτοῦ καὶ ψευδομαρτυρήσουσι καὶ μακρὰν ἔριδα ἕξει καὶ σωθήσεται ἀπ' αὐτῆς καὶ εὐφρανθήσεται ἐπὶ τῷ θανάτῳ τῶν ἐχθρῶν αὐτοῦ ἢ ἐπὶ μεγίστῳ συμπτώματι αὐτῶν καὶ τὴν κοιλίαν ἀλγήσει ἢ τόπον κρύφιον καὶ ὑγιανεῖ καὶ τελευτήσει ἡ γυνὴ αὐτοῦ καὶ ἀρρωστήσει ὁ παῖς αὐτοῦ.

Εἶτα ἐπιμερίζει ὁ Ἑρμῆς ἐν τῇ τοῦ Κρόνου φαρταρίᾳ ἔτος α̅ μῆνας ϛ̅ ἡμέρας κ̅ε̅ ὥρας ι̅ζ̅ ἔγγιστα, ὁμοῦ ἔτη ϑ̅ μῆνες ε̅ ἡμέραι δ̅ ὧραι ϛ̅ ἔγγιστα. καὶ δηλοῖ ὡς ἐν τῷ τοιούτῳ ἐπιμερισμῷ κοπιάσει καὶ ἀποδημήσει ἐπώδυνον ἀποδημίαν καὶ ἀρρωστήσει ἡ γυνὴ αὐτοῦ καὶ λυπηθήσεται ἐπί τισι γυναιξὶ καὶ ἐπὶ θανάτῳ τινὸς καὶ προστεθήσεται ὁ πλοῦτος αὐτοῦ καὶ ἀπολέσει μέρος ἐξ αὐτοῦ καὶ ἐπὶ φίλοις εὐφρανθήσεται καὶ φροντίσει δούλων καὶ ὑποζυγίων, ἔτι δὲ καὶ βιβλίων καὶ διαλέξεων καὶ κοινωνιῶν ἐν οἷς εὖ καὶ κακῶς πείσεται.

Εἶτα ἐπιμερίζει ἡ Σελήνη ἐν τῇ τοῦ Κρόνου φαρταρίᾳ ἔτος ἓν μῆνας ϛ̅ ἡμέρας κ̅ε̅ ὥρας ι̅ζ̅ ἔγγιστα, ὁμοῦ ἔτη ι̅α̅. καὶ δηλοῖ ὡς ἐν τῷ τοιούτῳ ἐπιμερισμῷ λυπηθήσεται καὶ νοσήσει αὐτός τε καὶ ὁ παῖς αὐτοῦ ἢ τελευτήσει τέκνον αὐτοῦ καὶ μέσος ἔσται μεγέθους καὶ ταπεινότητος καὶ ἀποδημήσει μακρὰν ἀποδημίαν ἐν ᾗ πλοῦτον ἐπικτήσεται· ἴσως δὲ καὶ παρὰ πάντα τὸν καιρὸν τοῦ ἐπιμερισμοῦ τούτου ἐν ξενιτείᾳ ἔσται καὶ πρὸς τῷ τέλει αὐτοῦ ἐπικτήσεται πλοῦτον ἢ ἑτέρᾳ γυναικὶ συζευχθήσεται.

Vv: 1 *ἡμέρας* **Vv** || **5** *μεγίστου* **Vv** || **8** *τῇ φαρταρίᾳ τοῦ κρόνου* **v** || **14** *ἀπωλέσει* **v** || **17** *εὖ* om. **v** | *καὶ* om. **V** || **19** post ϛ̅ add. *καὶ* **V** || **22** *μέσον* **V** || **23** *ἐν ᾗ*] *ἑνὶ* **v** || **25** *ξενητείᾳ* **v** || **26.27** *ἢ* u. ad *συζευχθήσεται* om. **V**

Versio Latina: **1** *ι̅*] quinque || **9.10** *ὁμοῦ — ἔγγιστα* om. || **16** *ὑποζυγίων*] equitaturis | *βιβλίων*] liberis (pro libris) || **17** in quibus bona et mala patietur || **19** *ἔγγιστα* om. || **21** filius eius et ipse || **26.27** *ἢ — συζευχθήσεται* om.

⟨Ἕκτον⟩. *Περὶ τῆς τοῦ Ζηνὸς φαρταρίας*

Τοῦ Ζηνὸς ἡ φαρταρία ἐστὶν ἔτη ιβ̄· ἐπιμερίζει δὲ αὐτὸς κατ' ἀρχὰς τὸ ἕβδομον τούτων, ἔτος ᾱ μῆνας η̄ ἡμέρας ιζ̄ ὥρας γ̄ ἔγγιστα. καὶ δηλοῖ ὡς ἐν τῷ τοιούτῳ ἐπιμερισμῷ μεταβήσεται ἀπὸ κακοπαθείας πάσης ἐπὶ καλοπάθειαν καὶ ἀπὸ παντὸς ἀνιαροῦ ἐπὶ πᾶν θυμῆρές τε καὶ ἀσπάσιον καὶ αὐξηθήσεται ἡ εὐτυχία αὐτοῦ καὶ ὁ πλοῦτος καὶ παρὰ βασιλέων ἐπαινεθήσεται καὶ ἀξιολόγους πράξεις ἐγχειρισθήσεται. εἰ δὲ τύχοι ὁ Ζεὺς ἐν τῇ καταρχῇ ἐν ἰδίοις ⟨ὁρίοις⟩ ἢ ἐν ὁρίοις τῆς Ἀφροδίτης ἢ ἐν οἰκείῳ τριγώνῳ (οἷον Κριῷ, Λέοντι, Τοξότῃ), μείζων ἔσται ἡ τῶν εὐτυχιῶν σημασία· καὶ εἰ ὁ μὲν γεννηθεὶς τῆς ἄνω τύχης ἐστί, κυριεύσει πόλεων καὶ κλιμάτων καὶ πληθυνθήσεται τὸ ὑπήκοον αὐτοῦ καὶ λήψεται γυναῖκα περιφανῆ καὶ δῶρα βασιλέων δέξεται καὶ διαφόρους ἕξει εἰσόδους καὶ πολλοὺς εὐεργετήσει καὶ μεγίστας οἰκοδομὰς κατασκευάσει. εἰ δὲ ἐν τῷ ἰδίῳ ὑψώματί ἐστιν ὁ Ζεύς, ἐπὶ μεῖζον ἔσται τὰ τῆς εὐτυχίας.

Εἶτα ἐπιμερίζει ὁ Ἄρης ἐν τῇ φαρταρίᾳ τοῦ Ζηνὸς ἔτος ᾱ μῆνας η̄ ἡμέρας ιζ̄ ὥρας γ̄ ἔγγιστα, ὁμοῦ ἔτη τρία μῆνες ε̄ ἡμέραι δ̄ ὧραι ζ̄ ἔγγιστα. καὶ δηλοῖ ὡς ἐν τῷ τοιούτῳ ἐπιμερισμῷ ἔσται λελυπημένος καὶ ποιήσει ἐξουσιαστῇ τινι δουλείαν τινὰ δι' ἧς φοβερὸς γενήσεται, πλὴν δι' ἐκείνην τὴν πρᾶξιν ὑποστήσεται δεινὰ συμπτώ-

Vv: **1** *τῆς φαρταρίας τοῦ διός* **v** || **2** *τοῦ*] *οὐ δὲ* **v** | *ζηνὸς*] symbolum Iovis **v** || **3** *εὔδομον* **v** || **5** *πάσης*] lac. c. 5 litt. **V** || **6** *κακοπάθειαν* **Vv** || **7** *τε*] *τι* **V**, om. **v** | *αὐξηνθήσεται* **v** || **9** *τύχῃ* **V** || **10** *ὁρίοις*[1] om. **Vv** || **11** *κριῷ λέοντι*] symbola Saturni atque *καὶ* **v** | *μεῖζον* **v** || **13** *κλημάτων* **v** || **14** *πληθαυθήσεται* **V** || **18** *μεῖζον* a (sic) **v** || **21** ε̄] δ̄ **v**

Versio Latina: **3** *τούτων*] ipsorum annorum | videlicet annum | ᾱ om. || **4** *ὥρας γ̄* om. || **5** *μεταβήσεται*] vel mutabitur vel perveniet, transibit || **6** experientiam bonorum || **6.7** *θυμῆρές τε καὶ ἀσπάσιον*] iucunditatem || **9** *ἐγχειρισθήσεται*] communicabuntur (in marg. committentur) sibi || **9.10** in nativitatis initio || **10** *ὁρίοις*[2] om. || **13** *καὶ κλιμάτων* om. || **16** magna aedificia || **20.21** *ὁμοῦ — ἔγγιστα* om. || **24** *ἐκείνην*] huiusmodi

ματα, καὶ φοβηθήσεται ἀπὸ ὕδατος καὶ εἰς ἀποδημίαν μακρὰν σταλήσεται καὶ τὰς γυναῖκας ἀσπάσεται καὶ γεννηθήσεται αὐτῷ τέκνον.

[f. 265] *Εἶτα ἐπιμερίζει ὁ Ἥλιος ἐν τῇ φαρταρίᾳ τοῦ Διὸς ἔτος ἓν μῆνας η̅ ἡμέρας ι̅ζ̅ ὥρας γ̅ ἔγγιστα, ὁμοῦ ἔτη ε̅ μὴν εἷς ἡμέραι κ̅⟨α̅⟩ ὧραι ι̅ ἔγγιστα. καὶ δηλοῖ ὡς ἐν τῷ τοιούτῳ ἐπιμερισμῷ προστεθήσεται ἡ σύνεσις αὐτοῦ καὶ ἀρχοντικὸς ἔσται καὶ προστεθήσεται ὁ πλοῦτος αὐτοῦ καὶ ἡ εὐτυχία καὶ εὑρήσει θησαυρὸν ἢ κερδήσει πλοῦτον ἀπόνως καὶ ἀκόπως καὶ ἔντιμος ἔσται παρὰ πᾶσι καὶ πρᾶξιν ἐγχειρισθήσεται μεγίστην καὶ γεννηθήσεται αὐτῷ παιδίον εὐτυχές.*

Εἶτα ἐπιμερίζει ἡ Ἀφροδίτη ἐν τῇ τοῦ Ζηνὸς φαρταρίᾳ ἔτος ἓν μῆνας η̅ ἡμέρας ι̅ζ̅ ὥρας γ̅ ἔγγιστα, ὁμοῦ ἔτη ϛ̅ μῆνες ι̅ ἡμέραι η̅ ὧραι ι̅γ̅ ἔγγιστα. καὶ δηλοῖ ὡς ἐν τῷ τοιούτῳ ἐπιμερισμῷ συναυλισθήσεται βασιλεῦσι καὶ φιλιωθήσεται τούτοις καὶ εὑρήσει δόξαν καὶ εὐτυχίαν καὶ πλοῦτον ἀνώδυνον καὶ τεθνήξονται οἱ ἐχθροὶ αὐτοῦ· εἰ δὲ βλάπτεται ὁ Ζεὺς ὑπὸ τοῦ Κρόνου καὶ τοῦ Ἄρεως, ἐλαττοῦνται πάντα τὰ εἰρημένα.

Εἶτα ἐπιμερίζει ὁ Ἑρμῆς ἐν τῇ τοῦ Ζηνὸς φαρταρίᾳ ἔτος α̅ μῆνας η̅ ἡμέρας ι̅ζ̅ ὥρας γ̅ ἔγγιστα, ὁμοῦ ἔτη η̅ μῆνες ἓξ ἡμέραι κ̅ε̅ ὧραι ι̅ζ̅ ἔγγιστα. καὶ δηλοῖ ὡς ἐν τῷ τοιούτῳ ἐπιμερισμῷ ἔσται καλοήθης καὶ οὐδὲν προθυμήσει πρᾶξαι καὶ ἕξει πολλοὺς ἐχθροὺς καὶ ἐχθρανθήσονται αὐτῷ οἱ φίλοι αὐτοῦ καὶ λοιδορηθήσεται παρὰ πολλῶν καὶ γυναικὶ συναφθήσεται καὶ ὑπὸ κυνὸς δηχθήσεται ἢ ἑτέρου ζῴου καὶ καταλυθήσεται ἡ οἰκία αὐτοῦ ἢ μέρος αὐτῆς καὶ πεσεῖται ἀπὸ οἰκίας ἢ ἀπὸ ὑψηλοῦ τόπου.

Vv: 1 *εἰς* om. **V** || **3** *τέκνον*] *παιδίον* **v** || **10** *παρὰ* om. **v** || **13** *διός* **v** || **14.15** *γ̅ — ὧραι* om. **v** || **18** *ἀνόδυνον* **v** || **19** *ἄρεος* **V** || **20** *ἐλαττοῦται* **v** || **21** *τῇ φαρταρίᾳ τοῦ διός* **v** || **22** *γ̅*] *ι̅γ̅* **v** || **22.23** *ὁμοῦ* u. ad *ἔγγιστα* supra lineam scr. **V** || **24** *ἐστι* **V** || **28** *οἰκεῖα* **v** || **29** *οἰκείας* **v**

Versio Latina: **2** valde diliget mulieres || **6** *κ̅α̅*] 21 || **10** *ἀπόνως καὶ ἀκόπως*] sine labore || **14** *ι̅ζ̅*] septem || **14.15** *ὁμοῦ — ἔγγιστα* om. || **24** *καλοήθης*] morigeratus || **24.25** *καὶ — πρᾶξαι* om. || **29** *ὑψηλοῦ*] alio (pro alto)

Εἶτα ἐπιμερίζει ἡ Σελήνη ἐν τῇ φαρταρίᾳ τοῦ Διὸς ἔτος ἓν μῆνας η̅ ἡμέρας ι̅ζ̅ ὥρας γ̅ ἔγγιστα, ὁμοῦ ἔτη ι̅ μῆνες γ̅ ἡμέραι ι̅β̅ ὧραι κ̅ ἔγγιστα. καὶ δηλοῖ ὡς ἐν τῷ τοιούτῳ ἐπιμερισμῷ προστεθήσεται ἡ δόξα αὐτοῦ καὶ ἄρξει πολλῶν καὶ τεύξεται ἀνελπίστων ἀγαθῶν καί ποτε μὲν χαρήσεται, ποτὲ δὲ λυπηθήσεται καί τις ἀδελφὸς μείζων αὐτοῦ τεθνήξεται ἐξ οὗ κληρονομήσει κληρονομίαν· ἀποδημήσει δὲ καὶ μακρὰν ἀποδημίαν καὶ λῃσταῖς περιπεσεῖται, καὶ ταῦτα ἐν τῷ πρώτῳ ἔτει.

Εἶτα ἐπιμερίζει ὁ Κρόνος ἐν τῇ φαρταρίᾳ τοῦ Διὸς ἔτος α̅ μῆνας η̅ ἡμέρας ι̅ζ̅ ὥρας γ̅ ἔγγιστα, ὁμοῦ ἔτη ι̅β̅. καὶ δηλοῖ ὡς ἐν τῷ τοιούτῳ ἐπιμερισμῷ μεταδόσεις ποιήσεται διαφόρους καὶ ἀπομακρύνουσιν ἀπ' αὐτῶν οἱ φίλοι αὐτοῦ καὶ οἰκεῖοι καὶ ἐχθρωδῶς διακείσονται πρὸς αὐτὸν καὶ κατ' αὐτοῦ γενήσονται οἱ πρώην φιλίαν πρὸς αὐτὸν συστησάμενοι· ἴσως δὲ καί τινες ἐξ αὐτῶν ἀποδημήσουσιν· ὑποστήσεται δὲ ὁ γεννηθεὶς φόβους παρὰ βασιλέων καὶ περιστάσεις ἕνεκε τέκνων καὶ ζημιωθήσεται οἴκοθεν πάμπολλα· εἰ δὲ καὶ δανείσει τινὶ πλοῦτον, οὐδέποτε ἀπολήψεται αὐτόν, ἀλλ' εἰ καὶ ἀπολήψεται, μερικῶς καὶ μετὰ βίας πολλῆς· ἐπελεύσονται δὲ τοῖς ἐν τῇ οἰκίᾳ αὐτοῦ λῦπαι καὶ φροντίδες ἐφ' ἡμέραις λ̅ ὑφ' ὧν πλησίον κινδύνου ἐλεύσονται.

Vv: **2** *γ̅*] *ι̅γ̅* **Vv** || **6** *τις*] *ποτε* **v** | *αὐτοῦ μείζων* **v** || **7** *τεθνήσεται* **V** | *κληρονομήσει*] *κερδήσει* **v** || **8** *καὶ*[1] om. **v** | *ἀποδημίαν μακρὰν* **v** || **13** *αὐτῶν*] *αὐτοῦ* **v** || **14** post *καὶ*[1] add. *οἱ* **v** || **15** *φιλείαν* **v** || **18** *ἕνεκεν* **v** | *ζημειωθήσεται* **v**, *ζημισθήσεται* **V** | *οἴκωθεν* **v** || **21** *οἰκείᾳ* **v** || **22** *ἡμέρας* **v**

Versio Latina: **5** *ἀγαθῶν*] res || **6** *ἀδελφὸς* om. | super eius maior eo || **12** *μεταδόσεις*] dominationes (pro donationes) || **13** *ἀπ' αὐτῶν*] ab eo || **14** *οἰκεῖοι*] proximi || **17** timorem || **18** *περιστάσεις*] periculosa || **19** *πάμπολλα*] planeta (in marg. plura) unius | *πλοῦτον* om. || **20** *ἀλλ'*] et || **21** *ἐπελεύσονται δὲ τοῖς* om.

⟨Ἕβδομον⟩. Περὶ τῆς τοῦ Ἄρεως φαρταρίας

Τοῦ δὲ Ἄρεως ἡ φαρταρία ἐστὶν ἔτη ζ̄· ἐπιμερίζει δὲ οὗτος κατ' ἀρχὰς τὸ ζ' τούτων, ἔτος ἕν. καὶ δηλοῖ ὡς ἐν τῷ τοιούτῳ ἐπιμερισμῷ ἔσται ἄδικος καὶ αὐθάδης καὶ ὡς περιπεσεῖται μεγάλῳ πλημμελήματι καὶ μακρᾷ μάχῃ καὶ διεγερθήσονται κατ' αὐτοῦ οἱ ἐχθροὶ αὐτοῦ καὶ μωμώσουσι τὴν ὑπόληψιν αὐτοῦ παρὰ ἄρχουσι καὶ ἐξουσιασταῖς· βλαβήσεται δὲ καὶ παρὰ τῶν οἰκείων γονέων καὶ σωθήσεται καὶ φόβον ὑποστήσεται ἀπὸ θηρὸς ἢ πυρὸς ἢ σιδήρου ἢ ζέοντος ὕδατος ἢ ἀνασκολοπίσεως ἤ τινος τῶν ἀνεσκολοπισμένων· εἰ δὲ σπείρει τινὰ τῷ ἔτει ἐκείνῳ, βλαβήσεται ὁ σπόρος ἀπὸ ὕδατος καὶ ποντισμοῦ· ἀποδημήσει δὲ καὶ μακρὰν ἀποδημίαν καὶ κεφαλαλγίαν ἕξει ἢ ὀδύνην ὀφθαλμῶν. εἰ δὲ σύνεστιν ὁ Ἄρης τῷ Διῒ ἢ ὁ Ζεὺς ἐν ὁρίοις Ἄρεως ᾖ ἢ ἐν ὁρίοις Ἀφροδίτης, βλαβήσεται παρ' ἐχθρῶν καὶ σωθήσεται.

Εἶτα ἐπιμερίζει ὁ Ἥλιος ἐν τῇ τοῦ Ἄρεως φαρταρίᾳ ἔτος ᾱ, ὁμοῦ ἔτη β̄. καὶ δηλοῖ ὡς ἐν τῷ τοιούτῳ ἐπιμερισμῷ ἐχθρωδῶς διακείσονται πρὸς αὐτὸν οἱ ἀδελφοὶ αὐτοῦ καὶ ὡς βλαβήσεται παρά τινος τῶν συγκοινωνῶν αὐτοῦ ἐπὶ ιε̅ [f. 265ᵛ] ἡμέρας καὶ ἔν τινι κρυφίῳ τόπῳ ἀλγηδόνα ἕξει καὶ πεσεῖται ἀπὸ ὑψηλοῦ τόπου καὶ τεθνήξεται ἡ γυνὴ αὐτοῦ καὶ παραφρονήσει εἷς τῶν παίδων αὐτοῦ ἢ τελευτήσει.

Εἶτα ἐπιμερίζει ἡ Ἀφροδίτη ἐν τῇ τοῦ Ἄρεως φαρταρίᾳ ἔτος ᾱ, ὁμοῦ ἔτη γ̄. καὶ ἐν τῷ τοιούτῳ ἐπιμερισμῷ προσ-

Vv: **1** ἄρεος **V** || **2** ἄρεος **V** || **3** εὔδομον **Vv** || **5** πλημμενήματι **V**, πλημελήματι **v** || **10** ἀνασκολοπήσεως **V** || **11** ἀνεσκολοπισμένων] lac. c. 8 litt. **V** || **12** post σπόρος add. ἐκείνου **V** | ποντισμῶν **V** || **15** ἄρεος **V** | ᾖ ἢ] ἢ ι **v** | ἐν ὁρίοις²] ἐν ὁρίοις ι ἢ ἐν ὁρίοις **v** || **17** ἄρεος **V** || **20** συγγενῶν **v** || **23** ἓν **Vv** || **25** ἄρεος **V** || **26** ἔτη] ἔσται **V**

Versio Latina: **3** videlicet annum unum || **4** ὡς om. || **6.7** μωμώσουσι τὴν ὑπόληψιν αὐτοῦ] diffamabunt eum || **10.11** ab aliquo suspenso || **11** εἰ om. | seminabis (in marg. seminibus) (pro seminabit) || **12** semen eius | καὶ] vel | submersione || **14.15** ἢ ὁ ζεὺς] vel saturno || **20** ὡς om. || **21** ιε̅] undecim || **25** ἡ ἀφροδίτη] unus (pro venus)

κείσεται μελῳδίαις καὶ παιδιαῖς καὶ συναυλισθήσεται πόρναις καὶ φιλονεικήσει πρὸς τὴν γυναῖκα αὐτοῦ καὶ λησταῖς ὁμιλήσει καὶ ὠφεληθήσεται δι' αὐτῶν.

Εἶτα ἐπιμερίζει ὁ Ἑρμῆς ἐν τῇ τοῦ Ἄρεως φαρταρίᾳ ἔτος ᾱ, ὁμοῦ ἔτη δ̄. καὶ ἐν τῷ τοιούτῳ ἐπιμερισμῷ βλαβήσεται καὶ ξενιτεύσει καὶ λυπηθήσεται διὰ τὸ κλαπῆναι καὶ ζημιωθῆναι καὶ τοῖς φίλοις αὐτοῦ ἐχθρανθήσεται· ἴσως δὲ καὶ ἀπολεσθήσεται ὑπό τινος συμπτώματος.

Εἶτα ἐπιμερίζει ἡ Σελήνη ἐν τῇ τοῦ Ἄρεως φαρταρίᾳ ἔτος ἕν, ὁμοῦ ἔτη ε̄. καὶ δηλοῖ ὡς ἐν τῷ τοιούτῳ ἐπιμερισμῷ ἀποκλεισθήσεται καὶ κακοῖς περιπεσεῖται· εἶτα ζημιωθήσεται καὶ ἐξόδους ποιήσεται ἐν οἰκοδομήμασιν· καὶ εἰ ἀγοράσει δοῦλον, τεθνήξεται ἢ φύγει· εἰ δὲ ζῇ ὁ πατὴρ αὐτοῦ, τελευτήσει.

Εἶτα ἐπιμερίζει ὁ Κρόνος ἐν τῇ τοῦ Ἄρεως φαρταρίᾳ ἔτος ἕν, ὁμοῦ ἔτη ϛ̄. ἐν τῷ τοιούτῳ οὖν ἐπιμερισμῷ δεινὰ ὑποστήσεται καὶ ζημίας καὶ τεταρταίῳ περιπεσεῖται καὶ διαζύγιον ποιήσει πρὸς τὴν γυναῖκα αὐτοῦ.

Εἶτα ἐπιμερίζει ὁ Ζεὺς ἐν τῇ τοῦ Ἄρεως φαρταρίᾳ ἔτος ᾱ, ὁμοῦ ἔτη ζ̄. καὶ δηλοῖ ὡς ἐν τῷ τοιούτῳ ἐπιμερισμῷ καθυπερτερήσει τῶν ἐχθρῶν καὶ καταφρονήσει πάντων καὶ ὠφεληθήσεται διὰ τῶν φιλονεικιῶν καὶ πληθυνθήσεται ἡ εἴσοδος αὐτοῦ καὶ τεχθήσεται αὐτῷ παιδίον καὶ εὐφρανθήσεται ἐπὶ πᾶσιν.

Εἶτα ἐπιμερίζει ὁ Ἀναβιβάζων μόνος ἔτη γ̄. καὶ δηλοῖ ὡς ἐν τῷ τοιούτῳ ἐπιμερισμῷ ἔσται εὐτυχὴς καὶ ἄρχουσι φιλιωθήσεται καὶ ἄρξει πολλῶν καὶ ἀγοράσει δούλους καὶ δούλας καὶ φιλιωθήσεται παρὰ γυναικῶν.

Vv: **4** *ἄρεος* **V** || **5** *ἔτη*] *ἔσται* **V** || **6** *ξενητεύσει* **v** || **8** *ἀπωλεσθήσεται* **v** || **9** *ἄρεος* **V** || **11** post *ἀποκλεισθήσεται* add. *ἐν φυλακῇ* **v** | *κακοῖς*] *κακῶς* **v** || **12** *οἰκοδομήσει* **V** || **15** *ἄρεος* **V** || **19** *ἄρεος* **V** || **22** *φιλονικειῶν* **v** | *πληθυνθήσεται* **V** || **25** *ὁ* om. **V** || **27** *φιλειωθήσεται* **v** | post *φιλιωθήσεται* add. **28**—p. 206, **1** *παρὰ γυναικῶν εἶτα ἐπιμερίζει* (sic) **V** | *ἄρξῃ* **v** || **28** *φιλειωθήσεται* **v**

Versio Latina: **12** *ζημιωθήσεται καὶ* om. | *ἐξόδους ποιήσεται*] expensas ac dispendia patietur || **13** *δοῦλον* om. || **16** *οὖν* om. || **18** erit inter ipsum et uxorem eius divortium || **22** occasione contentionum

Εἶτα ἐπιμερίζει ὁ Καταβιβάζων μόνος ἔτη β̅. ἐν τῷ τοιούτῳ οὖν ἐπιμερισμῷ ἐχθρανθήσεται πρὸς τοὺς φίλους αὐτοῦ καὶ ζημιωθήσεται καὶ ἐπὶ γυναικὶ λυπηθήσεται καὶ μωμωθήσεται δι' αὐτῆς καὶ νοσήσει νόσον δεινήν.

Καὶ ἐπὶ μὲν τῶν ἡμερινῶν γενέσεων ἐπιμερίζουσιν οἱ σύνδεσμοι μετὰ τὸν Ἄρεα, ἐπὶ δὲ τῶν νυκτερινῶν μετὰ τὸν Ἑρμῆν. ὅτε δὲ τελειωθῶσι τὰ ο̅ε̅ ἔτη, ἀποκαθίσταται ὁ τῆς φαρταρίας ἐπιμερισμὸς εἰς τὸν φωστῆρα ἀφ' οὗ ἤρξατο ἐν τῇ ἀρχῇ τῆς γενέσεως κατὰ τὴν τάξιν ἣν προείπομεν, καὶ προβήσονται τὰ ἀποτελέσματα ἐν τῇ δευτέρᾳ περιόδῳ καθὼς προεσαφηνίσαμεν ἐν τῇ προτέρᾳ. εἰ δὲ ἢ περαιτέρω ὑπερβήσεται ἡ ζωὴ αὐτοῦ τῶν ἑβδομήκοντα πέντε ἐτῶν ἢ ἐλάττων γενήσεται τῶν ο̅ε̅, ἔσται ὁ θάνατος αὐτοῦ ἐν τῇ φαρταρίᾳ τοῦ ἀστέρος εἰς ὃν κατήντησε κατὰ τὴν προεκτεθειμένην μέθοδον. καὶ αὗται μὲν αἱ σημασίαι τῶν ἀστέρων ἐν ταῖς φαρταρίαις αὐτῶν ἴδιαί τε καὶ τῶν ἄλλων κοινωνίαι· δεῖ δὲ πρὸς τούτοις σκοπεῖν καὶ τὰς κατὰ πῆξιν σημασίας αὐτῶν εἴτε ἀγαθυνόμενοι ἦσαν εἴτε κεκακωμένοι, καὶ πρὸς τὴν διάθεσιν αὐτῶν τὴν ἐν τῇ καταρχῇ ἀποφαίνεσθαι καὶ περὶ τῶν μερικῶν ἀποτελεσμάτων.

Vv: **1** *ὁ* om. **V** || **5** *ἡμερηνῶν* **v** | *γεννέσεων* **v** || **6** *τοῦ ἄρεως* **v** || **7** *τοῦ ἑρμοῦ* **v** | *εὐδομηκονταπέντε* **v** || **9** *γεννέσεως* **v** || **10** *τὰ* om. **v** || **12** *ἢ* om. **v** || **13** *ἔλαττον* **v** || **14** *αὐτοῦ* om. **v** || **16** *σημασείαι* **v** || **18** *εἶτα* **v** || **19** *εἶτα* **v** || **20.21** *περὶ τῶν* om. **v** || **21** *ἀποτελεσμάτων*: hic concl. **v**

Versio Latina: **6** praedicti noti (pro nodi) || **8** divisio ferdarum | *φωστῆρα*] planetam || **9** inceperit ferdaria || **10** definitiones eventuum || **10.11** *ἐν — περιόδῳ* om. || **13** vel infra eundem perveniet numerum || **14** eiusdem planetae || **15** praeexpositam tibi doctrinam || **19** dispositiones || **20** quas habebant in nativitatis principio || **21** significationibus eventuum

⟨ΛΟΓΟΣ Ε'⟩

Περὶ τῆς τῶν ἀστέρων ἐπεμβάσεως· διαιρεῖται δὲ εἰς τμήματα ὀκτώ

⟨*Πρῶτον*⟩.

Ἡ ἐν τῇ ἐναλλαγῇ τῶν ἐτῶν ἐπέμβασις τῶν ἀστέρων ἐπὶ τοὺς κατὰ πῆξιν αὐτῶν τόπους καὶ ἐπὶ τοὺς κατὰ πῆξιν ἑτέρων τόπους ἔχει τινὰς ἀπορρήτους σημασίας ἀγαθῶν τε καὶ κακῶν. ἐπισκοπεῖν οὖν δεῖ τοὺς τόπους αὐτῶν. καταντᾷ γὰρ ὁ ἀστὴρ πολλάκις ἐν τῇ ἐναλλαγῇ τοῦ ἔτους εἰς τὴν κατὰ πῆξιν μοῖραν αὐτοῦ, πολλάκις δὲ ἐπὶ τὸ ζῴδιον, οὐ μὴν τὴν μοῖραν. ὅτε δὲ καταντήσει ἐν τῇ τοῦ ἔτους ἐναλλαγῇ ἐπὶ τὴν μοῖραν ἐν ᾗ ἦν κατὰ πῆξιν ἢ εἰς τὸ ὅριον ἐν ᾧ ἦν, τότε ἔσται τελεία ἡ σημασία αὐτοῦ· καὶ εἴπερ ἐστὶν ὁ ἀστὴρ ἐν τῇ τοῦ χρόνου ἐναλλαγῇ ἐν ζωδίῳ τινί, εἶτα ἀναποδίζει ἐπὶ τὸν κατὰ πῆξιν αὐτοῦ τόπον, ἔχει καὶ οὕτως σημασίαν τινά. ὅτε δὲ καταντήσει ἐπὶ τόπον ἑτέρου ἀστέρος, τριχῶς ἐπισκεπτέον.

[f. 266] *Πρῶτον μιγνύειν δεῖ τὰς σημασίας ἀμφοτέρων τῶν ἀστέρων ὅτε ἐ[υ]φορῶσιν ἀλλήλους, εἶτα τὰς φύσεις*

V: **7** *ἑτέρους*

Isidorus (ρ): **3** *διαιρεῖτον — ὀκτώ* om. || **5** *ἡ* om. | post *ἐτῶν* add. *ἡ* || **6** post *κατὰ*[1] add. *τὴν* || **6.7** *καὶ — τινὰς* om. || **7** post *ἀπορρήτους* add. *τινὰς* | post *σημασίας* add. *ἔχει* || **8** post *τοὺς* add. *τοιούτους* || **9** *πολλάκις ὁ ἀστὴρ* || **10** *εἰς — αὐτοῦ*] *εἰς τὴν μοῖραν ἐν ᾗ ἦν κατὰ τὴν πῆξιν* || **11** post *μὴν* add. *καὶ κατὰ* | *δὲ*] *οὖν* || **12** *ἐναλλαγῇ τοῦ ἔτους* | post *κατὰ* add. *τὴν* || **13** *ἡ τελεία σημασία* || **15** post *κατὰ* add. *τὴν* || **16** *ἔχει* om. | post *τινὰ* add. *ἔχει* || **19** *ὅτε* u. ad *ἀλλήλους* om.

Versio Latina: **3** *διαιρεῖται — ὀκτώ* om. || **5** *ἐν*] a || **6** secundum eandem nativitatem || **14** planeta ipse || **15** retrogradabis || **18** considerare seu commiscere || **19** aspiciunt

τούτων ἐπισκοπεῖν. ὥσπερ γὰρ ἀγαθοποιὸς ὅταν ἔλθῃ ἐπὶ τόπον ἀγαθοποιοῦ, ⟨δηλοῖ τὸ βέλτιον·⟩ καὶ ⟨ὅταν ἔλθῃ⟩ ἀγαθοποιὸς ἐπὶ τόπον κακοποιοῦ, ἀγαθύνει [γὰρ] τὴν ἐνέργειαν τοῦ κακοποιοῦ. εἰ δὲ κακοποιὸς ἐπὶ τόπον ἀγαθοποιοῦ καταντήσει, διαφθείρει τὴν ἐνέργειαν τοῦ ἀγαθοποιοῦ· εἰ δὲ κακοποιὸς ἐπὶ τόπον κακοποιοῦ καταντήσει, ἐπιτείνει τὴν κακίαν αὐτοῦ. γʹ ἐπισκοπεῖν δεῖ τὸ ζῴδιον ἐν ᾧ ἦν κατὰ πῆξιν ὁ ἀστὴρ καὶ ποιῆσαι τοῦτο ὡς ὡροσκόπον καὶ κατ' ἐκεῖνο ἀποτελεῖν.

Ὑποδείγματος χάριν. ὁ Ζεὺς κατὰ πῆξιν ἔν τινι ζῳδίῳ, καὶ ἦν τὸ ζῴδιον ἐκεῖνο οἶκος αὐτοῦ ἢ οἶκος ἑτέρου· ἐπέβη δὲ ἡ Ἀφροδίτη ἐν τῇ τοῦ ἔτους ἐναλλαγῇ τῷ τόπῳ τοῦ Διός. ἐποιήσαμεν οὖν ἕκαστον τὸν οἶκον τοῦ Διὸς ὡς ὡροσκόπον, εἶτα εἴδομεν τοὺς τῆς Ἀφροδίτης οἴκους ἐν ποίοις τόποις τυγχάνουσιν ἀπ' ἐκείνων τῶν οἴκων. ἰδόντες οὖν τὸν Ταῦρον ἑκτὸν ἀπὸ τοῦ Τοξότου, εἴπομεν ὡς ἀρρωστήσει· πάλιν ἰδόντες τὸν Ζυγὸν ὡς ιαʹ τόπος ἐστὶν ἀπὸ Τοξότου, εἴπομεν ὡς ἐπικτήσεται φίλους. εἶτα ἐποιήσαμεν

V: 3.4 *ἀγαθύνει — κακοποιοῦ* **supra lineam scr. || 17** *τόπου*

Isidorus (ϱ): 1 *ὥσπερ*] *ὁ* | *ὅταν ἔλθῃ* **om. || 2 post** *ἀγοθοποιοῦ* **add.** *ἐλθών, μᾶλλον ἀγαθύνει* **|| 2.3** *καὶ — ἀγαθοποιὸς* **om. || 3** *ἐπὶ* **u. ad** *κακοποιοῦ*] *ἐπὶ δὲ κακοποιοῦ τόπον ἐλθὼν* **|| 3.4** *ἀγαθύνει* **u. ad** *κακοποιοῦ*] *ἧττον ἀγαθύνει* **|| 4** *εἰ*] *ὁ* **|| 5** *καταντήσει*] *ἐλθὼν* **|| 6** *εἰ δὲ κακοποιὸς*] *κακοποιὸς δὲ* **|| 6.7** *ἐπὶ — ἐπιτείνει*] *ἐπὶ κακοποιὸν ἀπαντήσας μᾶλλον ἐπιτείνει* **|| 8 post** *κατὰ* **add.** *τὴν* **|| 10 post** *ὑποδείγματος* **add.** *δὲ* | **post** *χάριν* **add.** *ἔστω* | **post** *κατὰ* **add.** *τὴν* **|| 10.11** *ζῳδίῳ — ἐκεῖνο*] *ζῳδίῳ οἴκῳ ὄντι* **|| 11** *οἶκος*[1] **om. || 12 post** *τῷ* **add.** *εἰρημένῳ* **|| 13** *ἕκαστον — διὸς*] *τὸν τοιοῦτον τόπον* **|| 14—16** *εἶτα — τοξότου*] *ἔστω δὲ καὶ οἶκος τοῦ διός· καὶ ἢ ὁ τοξότης ἔσται ἢ οἱ ἰχθύες. ἔστω δὴ ὁ τοξότης, καὶ τούτου ὡς ὡροσκόπου ληφθέντος καὶ πρὸς αὐτὸν τῶν τῆς ἀφροδίτης οἴκων λαμβανομένων, τοῦ μὲν ταύρου ὡς ϛʹ ὄντος ἀπὸ τοῦ τοξότου* **|| 16** *εἴπομεν*] *ἐκρίναμεν* | **post** *ἀρρωστήσει* **add.** *ὁ ἄνθρωπος κατὰ τὸ ἔτος ἐκεῖνο* **|| 17.18** *πάλιν — τοξότου*] *τοῦ δὲ ζυγοῦ ὡς ιαʹ* **|| 18 post** *εἶτα* **add.** *πάλιν*

Versio Latina: 1 *τούτων* **om.** | *γὰρ* **om. || 9 secundum illud qualitates eventuum diffinire || 10 verbi gratia || 13 utraque domorum**

Textus Arabicus: 1—3

كالسعد اذا بلغ فى التحويل الى موضع سعد اخر فى الاصل دل على ذلك الخير والصلاح

ὡς ὡροσκόπον τοὺς Ἰχθύας, καὶ εὑρόντες τὸν Ταῦρον τρίτον ἀπ' αὐτῶν, εἴπομεν ὡς ἀποδημήσει· καὶ ἐπεὶ ὁ Ζυγὸς η' ἐστιν ἀπὸ τῶν Ἰχθύων, ἐπικτήσεται πλοῦτον ἀπὸ κληρονομίας καί τις τελευτήσει τῶν γνωρίμων αὐτοῦ καὶ διὰ τῶν κληρονομιῶν εὐτυχήσει. εἰ δέ γε λόγον πλείονα ἔχει ἡ Ἀφροδίτη πρὸς τὸ ζῴδιον τοῦ ἔτους, τοὺς οἴκους αὐτῆς ποιοῦμεν ὡς ὡροσκόπους καὶ ἀπ' αὐτῶν ἀριθμοῦμεν μέχρι τῶν οἴκων τοῦ Διός.

Ὁ δὲ καιρὸς ὅτε γίνεται τὸ ἀποτέλεσμα τότε ἐστὶν ἡνίκα διοικήσει ὁ ἀστὴρ ὁ ἀποκαταστὰς τὸν μῆνα ἢ τὰς ἡμέρας ἐν τῷ ἔτει ἐκείνῳ. εἰ δὲ ἀστὴρ ἐπὶ τόπῳ ἀστέρος καταντήσει, τότε ἐνδείξεται τὴν ἐνέργειαν ὅτε συσχηματισθῇ τῷ ἀστέρι ἐκείνῳ. εἰ δὲ βούλει γνῶναι πόσον διαμείνῃ τὸ ἀποτέλεσμα, ἰδὲ ἐὰν κακοποιὸς καταντήσει εἰς τὸν ἴδιον τόπον, διπλασίασον τὴν περίοδον αὐτοῦ, καὶ τοσοῦτον καιρὸν λέγε διαμεῖναι τὸ ἀποτέλεσμα· εἰ δὲ μή ἐστιν ἐναντίος ὁ τόπος ἐν τῇ ἐναλλαγῇ, ἅπαξ τὴν περίοδον τοῦ ἀστέρος διαμενεῖ τὸ ἀποτέλεσμα.

Ὑποδείγματος χάριν. ἦν ὁ Κρόνος κατὰ πῆξιν ἐν τῷ ἑβδόμῳ καὶ ἔτυχεν ἀποκαταστῆναι αὐτὸν ἔν τινι ἐναλλαγῇ καὶ εὑρεθῆναι εἰς τὸν ἕβδομον τόπον τοῦ ζῳδίου τῆς ἐναλλαγῆς ἢ τὸν ἕβδομον τόπον τοῦ ὡροσκόπου τῆς

V: **9** in marg. *ὁ καιρός* || **10** *διηκήσει* || **16** *λέγει*

Isidorus (ϱ): **2.3** *καὶ — ζυγὸς*] *ὁ δὲ ζυγὸς ἐπεὶ* || **5** *λόγους πλείονας* || **11** *ἐπὶ*] *ἐν* || **12** post *ἐνέργειαν* add. *ἑαυτοῦ* | *συσχηματισθήσεται* || **13** post *γνῶναι* add. *καὶ ἐπὶ* | *διαμενεῖ* || **14** post *κακοποιός* add. *τις* | *καταντᾷ* | *τὸν* om. || **15** post *τόπον* add. *καὶ* || **17** *τοῦ ἀστέρος*] *ποίησον καὶ ἐπὶ τοσοῦτον* || **19** post *ὑποδείγματος* add. *δὲ* | *ἦν*] *ἔστω* | post *κατὰ* add. *τὴν* || **21.22** *εὑρεθῆναι — ἐναλλαγῆς*] *εὑρεθῆναι πάλιν ἐν τῷ ζ' τόπῳ* (*τοῦ ζῳδίου* supra lin.) *τῆς ἐναλλαγῆς* (sic) || **22** post *ἢ* add. *εἰς*

Versio Latina: **4** occasione haereditatis || **5** plures . . . dignitates || **6** unus (pro venus) || **9** *ὅτε — ἀποτέλεσμα*] complementi eventus || **10** menses || **11** alterius planetae || **14** significatio eventus || **14** aspice quod si || **16** significationem eventus || **17** secundum orbem planetae || **18** *διαμενεῖ* om. | ipsa significatio || **19** verbi gratia || **21.22** *τῆς ἐναλλαγῆς*] profectionis

ἐναλλαγῆς. λέγομεν οὖν βλαβῆναι τάς τε γυναῖκας αὐτοῦ καὶ τοὺς ἐχθροὺς δὶς τὴν περίοδον τοῦ ἀστέρος. εἰ δ' ἔτυχεν ἐν τῷ μεσουρανίσματι ἢ ἐν ἀγαθῷ τόπῳ ἑτέρῳ, ἅπαξ τὴν περίοδον διαρκέσει. ὡσαύτως καὶ εἰ καταλλάξει ἀστὴρ ἀγαθοποιὸς ἔν τινι τῶν ἐτῶν εἰς τὸν κατὰ πῆξιν αὐτοῦ τόπον, δηλοῖ ἀγαθά. εἰ δὲ καὶ ἐν τῇ καταρχῇ ἢ κατὰ πάροδον τύχῃ ἐν τόπῳ ἀγαθῷ, διττὴν ἐνεργήσει τὴν περίοδον· εἰ δὲ ἐν φαύλῳ, μοναπλήν.

Γνώσῃ δὲ τὴν περίοδον οὕτως. εἰ μὲν ἐν τροπικῷ εἴη ζῳδίῳ ὁ ἀστήρ, τὴν ἐλαχίστην αὐτοῦ λάβε περίοδον· εἰ δὲ ἐν δισώμῳ, τὴν μέσην· εἰ δὲ ἐν στερεῷ, τὴν μεγίστην. ἕτερος δὲ τρόπος ἐπεμβάσεώς ἐστιν ὅτε τύχῃ ἀστὴρ κατὰ πῆξιν ἔν τινι τόπῳ καὶ κατὰ πάροδον ἐπεμβῇ τῷ τόπῳ ἐκείνῳ ἕτερος ἀστήρ· ἔχει γὰρ σημασίας τινάς. εἰ μὲν οὖν συσχηματίζονται ἀλλήλοις ἐν τῇ ἐναλλαγῇ οἱ τοιοῦτοι ἀστέρες, ἐκφαντικωτέραν ποιήσουσιν τὴν ἐνέργειαν καὶ ἐνεργήσουσιν ἐν ταῖς ἑαυτῶν ἀμφοτέρων περιόδοις, καὶ μάλιστα εἰ ἐν τόποις ἀγαθοῖς εἶεν.

Ὑποδείγματος χάριν. ἦν ὁ Ζεὺς κατὰ πῆξιν ἐν τροπικῷ ζῳδίῳ ἐν τῷ ϛ' [f. 266ᵛ] *τόπῳ. ἔτυχε δὲ ἔν τι⟨νι⟩ ἐναλλαγῇ ἡ Ἀφροδίτη ἐν τῷ τόπῳ τοῦ Διός· ἦν δὲ ὁ τόπος ϛ'*

Isidorus (ϱ): **1** *βλαβήσεσθαι* | *αὐτοῦ* om. || **2** post *ἐχθροὺς* add. *τοῦ ἀνθρώπου* | *δὴς* || **3** *ἐν*² om. | *ἀγαθῷ — ἑτέρῳ*] *ἑτέρῳ ἀγαθῷ τόπῳ* || **4** *καταλήξει* || **5** *ἀγαθοποιὸς*] *ἀγαθὸς* || **6** *ἀγαθὰ δηλοῖ* || **7** *τύχοι* || **9.10** *ζῳδίῳ εἴη* || **12—14** *τύχῃ — ἀστήρ*] *ἐν τῷ τόπῳ ἐν ᾧ ἦν ὁ ἀστὴρ κατὰ τὴν πῆξιν ἕτερος ἀστὴρ κατὰ τὴν πάροδον ἐπεισέρχεται τὸν τόπον ἐκεῖνον* || **14** post *γὰρ* add. *καὶ οὗτος* | *οὖν*] *γὰρ* || **15** *ἀλλήλοις* om. || **17** *ἐν — περιόδοις*] *κατὰ τὰς ἑαυτῶν ἀμφοτέρων περιόδους* || **18** *ἀγαθοῖς τόποις* || **19** post *ὑποδείγματος* add. *δὲ* | *ἦν*] *ἔστω ὅτι ἦν* | post *κατὰ* add. *τὴν* || **20** *ἐν τῷ* om. | post *τόπῳ* add. *ὄντι* || **20.21** *ἐν — ἀφροδίτη*] *ἡ ἀφροδίτη κατὰ τὴν ἐναλλαγὴν* || **21** *τόπῳ*] *τούτῳ* | post *τόπος* add. *οὗτος*

Versio Latina: **2** bis secundum (in marg. locum) planetae || **3.4** secundum orbem suum || **4.5** aliquis benevolus || **5** in aliquo anno || **6** bonum || **8** *εἰ — μοναπλήν* om. || **9** *γνώσῃ*] statues | huiusmodi orbem sic || **10** minorem accipias || **11** maiorem || **14** *γὰρ* om. || **15** *ἀλλήλοις — ἐναλλαγῇ* om. || **16** valde manifestam || **17** operabitus alter in alterius orbe || **19** verbi gratia || **20** *ἐν* u. ad *τόπῳ* om. | quadam || **21** locus ipse sextus

ἀπὸ τοῦ ἐνιαυσίου ζῳδίου ἢ τοῦ ὡροσκόπου τῆς ἐναλλαγῆς. ἐδήλωσεν οὖν ἡ Ἀφροδίτη ἐπεμβᾶσα τῷ Διῒ ὡς ἐμπνευμάτωσιν ἕξει ὁ γεννηθεὶς καὶ τῆς τραχείας ἀρτηρίας ὀδύνην. εἰ μὲν οὖν ἐσχηματίζετο ἡ Ἀφροδίτη τηνικαῦτα τῷ Διΐ, ἠνώσαμεν ἂν τὰς τῶν δύο ἀστέρων περιόδους καὶ εἴπομεν ὡς ἐπὶ εἴκοσιν ἡμέρας διαρκέσει τὸ σύμπτωμα· εἰ δὲ μὴ συσχηματίζονται, ἅπαξ τὴν περίοδον τοῦ ἑνὸς διαρκέσει. ὅτε δὲ ἐν τροπικοῖς εἶεν ζῳδίοις, ἴσως καὶ ὥρας δηλώσουσιν ἢ ἡμέρας, καὶ μάλιστα ἐὰν ἀγαθοποιοὶ ὦσιν· οἱ γὰρ ἀγαθοποιοὶ ταχίστην δηλοῦσι τὴν τῶν δυσχερῶν ἀπαλλαγήν. τῇ δ' αὐτῇ μεθόδῳ χρῶ καὶ ἐπὶ παντὸς ἀστέρος ἀποκαθισταμένου εἰς τὸν ἑαυτοῦ τόπον ἐν τῇ ἐναλλαγῇ ἢ ἐφ' ἑτέρου τόπου ἐπεμβαίνοντος.

Εἰ δὲ β̅ ἀστέρες ἢ καὶ πλείονες ἐπεμβῶσι τόπῳ ἀστέρος ἢ ἀστὴρ ἐπεμβῇ β̅ ἀστέρων τόποις, τὸ αὐτὸ ἔσται ἀποτέλεσμα ὅπερ καὶ ἐφ' ἑκάστου ἰδίᾳ εἴρηται. ὑποδείγματος χάριν. ἦν ἡ Σελήνη κατὰ πῆξιν ἐν τῷ Καρκίνῳ· ἐπέμβη⟨σαν⟩ οὖν ὅ τε [ὁ] Κρόνος καὶ ὁ Ζεὺς ἔν τινι ἐναλλαγῇ τῷ τόπῳ τῆς Σελήνης. εἴπομεν οὖν ὡς ἡ τοῦ Κρόνου ἐπέμβασις βλάβας ἐπάγει προφάσεσι γυναικῶν, ἡ δὲ τοῦ Διὸς εὐεξίαν σώματος καὶ προσθήκην πλούτου καὶ φήμας ἀγαθάς· ἴσως δὲ καὶ τεκνογονήσει. καὶ τῆς μὲν λύπης ἡ διαμονὴ ἔσται κατὰ τὴν τοῦ Κρόνου περίοδον ἢ ἕως ὅτου ἐξέλθῃ ὁ Κρόνος ἀπὸ τῶν ὁρίων ἐν

Isidorus (ϱ): **4** *τηνικαῦτα ἡ ἀφροδίτη* || **7** *μὴ*] *οὐ* | *σχηματίζονται* || **8** *ἴσως* om. || **9** *ἢ*] *καὶ* || **11** *δυσχερῶν*] *δεινῶν* || **13** *ἐφ'* u. ad *τόπου*] *εἰς τόπον ἑτέρου* || **14** *ἐπεμβῶσι*] *ἐπεμβαῖεν* | post *ἀστέρος* add. *τινὸς* || **15** post *ἀστήρ* add. *τις* | *ἐπεμβαίη* | post *αὐτὸ* add. *πάλιν* || **17** *ποδείγματος δὲ χάριν* | post *κατὰ* add. *τὴν* || **18** *ἐπέβη* | *ὁ* om. || **19** post *τόπῳ* add. *τούτῳ* | post *σελήνης* add. *τουτέστι τῷ καρκίνῳ* | *εἴπομεν οὖν*] *ἐροῦμεν τοίνυν* || **23** *ἡ* om. || **24** *ὁ κρόνος* om.

Versio Latina: **1** a signo profectionis || **2** ad locum . . . iovis || **4** venerem || **6** virginis (pro viginti) | duraret || **7** orbis || **8** durabit || **10** velocem || **11** utemur || **12** *παντὸς*] quolibet || **14** *ἀστέρος*] unius || **15** unus planeta | *ἀστέρων* om. || **16** *ὅπερ — εἴρηται* om. || **17** verbi gratia || **18** ingressi sunt || **18.19** tempore revolutionis || **21** laesionem || **22** *φήμας*] mores

οἷς ἐστιν· ὡσαύτως καὶ ἐπὶ τοῦ Διός. εἰ δὲ καὶ ὁ Ζεὺς καὶ ὁ Κρόνος κατὰ πῆξιν ὑπάρχουσιν ἐν τῷ Καρκίνῳ καὶ ἐπεμβῇ τούτοις ἡ Σελήνη κατὰ τὸν καιρὸν τῆς ἐναλλαγῆς, δηλοῖ ἡ μὲν τῆς Σελήνης ἐπὶ τὸν Κρόνον ἐπέμβασις ὡς ὁ τὴν ἐναλλαγὴν ἔχων συνουσιάσει προβεβηκυίαις γυναιξίν, ἡ δὲ ἐπὶ τὸν Δία ἐπέμβασις δηλοῖ ὡς ἀποδημήσει ἐπί τινας ὑδατώδεις τόπους καὶ ἀπ᾽ ἐκείνων ἐφ᾽ ἑτέρους.

Τμῆμα β′. Περὶ τῆς ἐπεμβάσεως τοῦ Κρόνου ἐφ᾽ ἑαυτὸν καὶ ἐπὶ τοὺς λοιποὺς ἀστέρας

Ὁ Κρόνος ἀποκαταστὰς ἐν τῇ ἐναλλαγῇ εἰς τὸν ἴδιον τόπον καὶ εὖ διακείμενος ἐν τοῖς δυσὶ καιροῖς ἀνακαινίζει πρᾶξιν τῷ γεννηθέντι καὶ ἀπὸ ἀξίας ἀνάγει εἰς ἀξίαν. εἰ δὲ τύχῃ ἐν τῇ ἐναλλαγῇ ἐπίκεντρος, μειζόνων τεύξεται ἀγαθῶν· εἰ μὲν ἐν τῷ μεσουρανίσματι, ἀπὸ ἐξουσιαστῶν· εἰ δὲ ἐν τῷ ζ′, ἀπ ὀγυναικῶν καὶ ἐναντίων· καὶ τοιουτοτρόπως ἐν τοῖς ια̅ τόποις.

Ὅτε δὲ καταντήσει εἰς τὸν τόπον τοῦ Διὸς ἐν τῇ ἐναλλαγῇ, τύχῃ δὲ ὁ Κρόνος κατὰ πῆξιν ἢ κατὰ πάροδον κύριος τοῦ ὡροσκόπου ἢ κύριος τοῦ κλήρου τῆς τύχης ἢ κύριος

V: **5** προβεβηκείαις (sic) || **6** ἐπί[1]] ὑπό || **7** ἀπ᾽] ἐπ᾽ || **13** εἰ] ἡ

Isidorus (ϱ): **1** δὲ καὶ ὁ] δ᾽ ὁ || **2** post κατὰ add. τὴν | ὑπῆρχον || **2.3** καὶ ἐπεμβῇ] ἐπενέβη δὲ || **6** ἐπί[1]] ὑπό || **8** τμῆμα β′ om. || **12** γεννηθέντι] ἀνθρώπῳ | post ἀξίαν add. μείζονα || **13** τύχοι || **13.14** μειζόνων — ἀγαθῶν] μείζονα ἀγαθὰ δηλώσει καὶ || **14** ἀπὸ om. | ἐξουσιαστικά || **15** ζ′] δυτικῷ || **15.16** καὶ[2] — τόποις om. || **17** καταντήσει — ἐναλλαγῇ] κατὰ τὴν ἐναλλαγὴν εἰς τὸν τοῦ διὸς τόπον καταντήσει || **18** τύχῃ] ἔστι | post κατὰ[1] add. τὴν | post κατὰ[2] add. τὴν | πάροδον] ἐναλλαγὴν || **18.19** κύριος τοῦ ὡροσκόπου] ἐν τῷ ὡροσκόπῳ

Versio Latina: **4** significat quod per ingressum lunae super saturnum || **5** vetustissimis vel decrepitis || **6** per ingressionem vero super iovem || **8** τμῆμα β′ om. || **9** ad loca sua et reliquorum planetarum || **14** εἰ] et | ἀπὸ] vel | habentibus dignitatem a potentibus || **15** εἰ om. | vel a mulieribus vel ab hostibus || **15.16** similiter diffinias de duodecim locis

τῆς Σελήνης νυκτὸς ἢ κύριος τοῦ Ἡλίου ἡμέρας, δηλοῖ εὐεξίαν καὶ φίλων προσθήκην καὶ πλούτου καὶ προσόδων. εἰ δὲ οὐκ ἔχει λόγον πρὸς οὓς εἴπομεν τόπους, βλάπτει τὸν πλοῦτον καὶ τὴν ἀκίνητον κτῆσιν καὶ ὁσάκις ἀναποδίσει ἐν ἐκείνῳ τῷ ζῳδίῳ, ἕξει διαφορὰς μετὰ τῶν οἰκείων φίλων.

Εἰ δὲ καταντήσει ὁ Κρόνος ἐν τῇ τοῦ ἔτους ἐναλλαγῇ ἐπὶ τὸν τόπον τοῦ Ἄρεως καὶ ἔχει ὁ Κρόνος λόγον εἴτε εἰς τὸν ὡροσκόπον τῆς καταρχῆς εἴτε εἰς τὸν ὡροσκόπον τῆς ἐναλλαγῆς εἴτε εἰς τὸν κλῆρον τῆς τύχης, δηλοῖ ἀποδημίαν καὶ χρείαν εἰς ἀδελφοὺς καὶ φίλους καὶ ὠφέλειαν ἐξ αὐτῶν· ἁμαρτήσει δὲ περὶ τὰς οἰκείας πράξεις καὶ ἀργὸς ἔσται ἐν ταῖς ἀνατροφαῖς καὶ πονηροὶ ἔσονται οἱ διαλογισμοὶ αὐτοῦ καὶ ὀλιγόπιστος ἔσται ἐν τῷ οἰκείῳ δόγματι καὶ κατηγορηθήσεται ἕνεκε τούτου. εἰ δὲ λόγον οὐκ ἔχει πρὸς τὰ εἰρημένα ὁ Κρόνος, δεινὰ ὑποστήσεται καὶ λυπηθήσεται δι' ἀδελφοὺς καὶ φίλους καὶ ἐν ἀποδημίᾳ καὶ ξενιτείᾳ.

Εἰ δὲ συνοδεύσει τῷ Ἡλίῳ ἐν τῇ τοῦ ἔτους ἐναλλαγῇ καὶ ἔχει λόγον εἰς τοὺς δηλωθέντας τόπους, νόσῳ περιπεσεῖται ὀξείᾳ καὶ ἐπικινδύνῳ καί τινα φόβον ἕξει παρὰ ἐξουσιαστῇ καὶ ἔριδας μετὰ γυναικῶν. [f. 267] εἰ δὲ οὐκ ἔχει λόγον ὁ Κρόνος εἰς τοὺς δηλωθέντας τόπους, ἔριδας ὑποστήσεται καὶ τελευτήσει μία τῶν γυναικῶν

V: **8** *ἄρεος* || **13** *οἱ*] *ἱ*

Isidorus (ϱ): **1** post *τῆς* add. *μὲν* | *ἢ κύριος* om. | post *τοῦ* add. *δὲ* || **1.2** *εὐεξίαν δηλοῖ* || **5** *ἕξει διαφορὰς*] *διαφορὰς ποιήσει* || **7** *καταντήσει — ἐναλλαγῇ* om. || **8** post *ἄρεως* add. *καταντήσει* | *καὶ ἔχει*] *ἔχει δὲ* | *ὁ κρόνος* om. | *εἴτε*] *ἢ* || **9** *εἴτε*] *ἢ* || **10** *εἴτε*] *ἢ* | *ἀποδημίαν δηλοῖ* || **16** *ὁ κρόνος* om. | *ὑποστήσεται*] *σημαίνει ὑποστήσεσθαι τὸν ἄνθρωπον* || **18** post *ξενιτείᾳ* add. *ἔσται* || **21** *κινδύνῳ* || **22** *ἐξουσιαστικῶν* || **23** *ὁ κρόνος* om. || **24 — p. 214, 1** *μία τῶν γυναικῶν αὐτοῦ τελευτήσει*

Versio Latina: **2** *εὐεξίαν*] dignitatem (ex *ἀξίαν*) || **3** in locis ipsis || **4** rebus stabilibus | *ὁσάκις*] quot || **7** tempore revolutionis || **17.18** *ἐν — ξενιτείᾳ*] iter arripiet et peregrinabitur || **19** tempore revolutionis || **22** a potestate vel ab eo qui habet dignitatem

αὐτοῦ καὶ ἐγγὺς κινδύνου ἐλεύσεται ὁ πατὴρ αὐτοῦ καὶ εἰ δουλεύει τινί, βλαβήσεται ὁ κύριος αὐτοῦ· εἰ δὲ μή, βλαβήσεται περὶ τὴν ἀξίαν αὐτοῦ.

Εἰ δὲ καταντήσει ὁ Κρόνος ἐπὶ τὸν τῆς Ἀφροδίτης τόπον, ἀποδημήσει ὁ τὴν ἐναλλαγὴν ἔχων καὶ ἐπιχειρήσει συζευχθῆναι γυναικί, ἀλλ' ἐμποδισθήσεται καὶ ὀλίγη ἔσται ἡ συνουσία αὐτοῦ· εἰ δὲ τεκνογονίαν δηλοῖ τὸ θεμέλιον αὐτοῦ, τεκνογονήσει καὶ ἔρωτι περιπεσεῖται.

Εἰ δὲ ⟨ὁ⟩ Κρόνος ἐν τῇ τοῦ ἔτους ἐναλλαγῇ [εἰ] ἐπὶ τὸν τοῦ Ἑρμοῦ τόπον παραγίνηται, βραδυνόητος ἔσται καὶ ἀποδημήσει· εἰ δὲ παῖδας ἔχει, λυπηθήσεται δι' αὐτοὺς καὶ μεγάλων ἐγχειρήσεων κατατολμήσει καὶ φόβον ἕξει διά τινας πράξεις καὶ βλαβήσεται ὑπὸ τῶν λόγων αὐτοῦ καὶ ἡ ἐμπορία αὐτοῦ καὶ ἡ πρᾶξις πτωθήσεται.

Εἰ δὲ ἐπὶ τὸν τῆς Σελήνης τόπον ἥξει ὁ Κρόνος ἐν τῇ τοῦ ἔτους ἐναλλαγῇ, διὰ γυναικείας προφάσεις μεμφθήσεται καὶ καταφρονηθήσεται. εἰ δὲ τύχῃ ἐπίκεντρος ἡ Σελήνη ἐν τῇ ἐναλλαγῇ, μεγίστη ἔσται ἡ βλάβη καὶ κατὰ τὴν τοῦ ζῳδίου φύσιν ἐν ᾧ ἐστιν· εἰ μὲν γὰρ ἐν ἀνθρωποειδεῖ ἐστι ζῳδίῳ, παρὰ ἀνθρώπων ἔσται ἡ βλάβη· εἰ δὲ ἐν θηριώδει, παρὰ θηρίων· εἰ δὲ ἐν τῷ Σκορπίῳ, διὰ ἰοβόλων· εἰ δὲ ἐν τῷ Καρκίνῳ ἢ τοῖς Ἰχθύσι, παρὰ

V: **8** ἔρωτι] ἔξωτε, sed ἔρωτι in marg. || **14** πτωθήσεται: e πίπτω (cf. πτῶμα)

Isidorus (ϱ): **1—3** καὶ² — αὐτοῦ om. || **7.8** εἰ — περιπεσεῖται om. || **9** εἰ¹] ἐὰν | ὁ κρόνος om. | κατὰ τὴν ἐναλλαγὴν τοῦ ἔτους || **10** καταντήσῃ || **11** εἰ δὲ] καὶ εἰ || **14** πτοηθήσεται || **15.16** ὁ — ἐναλλαγῇ om. || **16** μέμψιν ὑποστήσεται || **17.18** τύχοι εἶναι τὴν σελήνην ἐπίκεντρον || **18** ἐν τῇ ἐναλλαγῇ om. || **20** ζῳδίῳ ἐστί || **21** εἰ δὲ] καὶ εἰ | δι' || **22** τῷ om.

Versio Latina: **1** ὁ — αὐτοῦ² om. || **2** εἰ δὲ μή] sin autem || **4** ὁ κρόνος om. || **8** αὐτοῦ om. | amorem || **9** εἰ² om. || **10** βραδυνόητος] cordi multis || **12** μεγάλων] sublimium || **13** ab equitaturis suis || **15.16** tempore revolutionis || **18** tempore revolutionis || **19** εἰ μὲν γὰρ] quod si || **19.20** de signis similitudinis hominum || **21** similitudines (sic) ferarum

Textus Arabicus: **14** يفسد

ἑρπετῶν ὑδατείων καὶ τῶν ὁμοίων· εἰ δὲ ἐν τῷ τῆς καταρχῆς ὡροσκόπῳ ἐστὶν ἡ Σελήνη, νόσῳ περιπεσεῖται ἐπικινδύνῳ.

⟨Τρίτον⟩. Περὶ τῆς ἐπεμβάσεως τοῦ Διὸς ἐπὶ τὸν ἴδιον τόπον καὶ ἐπὶ τοὺς τῶν ἀστέρων τόπους

Εἰ δὲ ὁ Ζεὺς καταντήσει ἐπὶ τὸν τοῦ Κρόνου τόπον, εὐτυχίαν δώσει καὶ διορθώσεται ἅπερ ὁ Κρόνος ἔβλαψεν ἐν τῇ καταρχῇ· ἔσται δὲ εὐγνωμονέστατος καὶ πιστότατος καὶ εὐοδωθήσεται ἐν ταῖς δουλείαις αὐτοῦ καὶ ἀγαθὰ παρὰ φίλων ἕξει καὶ εἰρηνεύσουσι πρὸς αὐτὸν οἱ ἐχθροὶ αὐτοῦ καὶ ἀγαπήσουσιν αὐτόν.

Ὅτε δὲ ἀποκαταστῇ ὁ Ζεὺς εἰς τὸν ἴδιον τόπον, ἀνακαινίζει τὰς ἐν τῇ καταρχῇ τῆς γενέσεως εὐτυχίας καὶ πλοῦτον παρέχει ἀπὸ ἀνελπίστου πόρου.

Ἐπὶ δὲ τὸν Ἄρεα παραγενόμενος ἀποδημίαν ποιήσει καὶ ὠφέλειαν ἐξ αὐτῆς καὶ ἀπὸ ἐξουσιαστῶν καὶ στρατιωτῶν· ἴσως δὲ καὶ τεκνογονήσει· ὠφεληθήσονται δὲ οἱ ἀδελφοὶ αὐτοῦ ἢ τινες οὓς ἔχει ὡς ἀδελφούς.

Ὅτε δὲ τὸν τόπον τοῦ Ἡλίου καταλάβῃ καὶ γένηται ὕπαυγος καὶ ἔχει λόγον εἰς τὸν ὡροσκόπον τῆς καταρχῆς ἢ εἰς τὸ ζῴδιον τοῦ ἔτους, δέος ἐστὶ περὶ τῆς ἀπωλείας

V: 21 *δέον*

Isidorus (ϱ): **1** *ὑδατίων* || **2** *ἡ σελήνη ἐστί* || **4.5** *ἐπὶ — τόπον*] *ἐφ' ἑαυτὸν* || **5** *τῶν ἀστέρων τόπους*] *λοιποὺς ἀστέρας* || **6** *δ' ὁ* || **12** *ὅταν* || **15** *τὸν τόπον τοῦ ἄρεως* || **16** *καὶ ἀπὸ*] *ἀπό τε* | post *καὶ*[2] add. *ἀπὸ* || **17** post *δὲ*[2] add. *καὶ* || **19** *ὅταν* || **20** *ἔχῃ* || **21** *ἔσται* | *περὶ τῆς* om.

Versio Latina: **1** *τῆς καταρχῆς*] revolutionis || **5** *τόπον* om. | reliquorum planetarum || **7** diliget (in marg. diriget) || **8** gratiosus || **9** *δουλείαις*] negotiis || **14** inseperato (in marg. inseperato [sic]) (pro insperato) || **15** ad locum vero martis || **16** *ἐξ αὐτῆς* om. (in marg. exhibebit) | *στρατιωτῶν*] mulieribus (pro militibus) vel habentibus potestatem || **19** *τόπον*] directionem || **20** *τῆς καταρχῆς*] revolutionis || **21** *τοῦ ἔτους*] profectionis

αὐτοῦ ἄχρις ὅτου ἔξαυγος γένηται· εἰ δὲ σωθῇ, ἄχρις οὗ ἔξαυγος γένηται φόβους ὑποστήσεται μόνους παρὰ ἐξουσιαστῶν καὶ κρυβήσεται ἀπ' αὐτῶν καὶ νοσήσει. εἰ δὲ ἔξαυγός ἐστιν ὁ Ζεύς, καὶ εὐτυχήσει.

Ὅτε δὲ καταλάβῃ ὁ Ζεὺς τὸν τόπον τῆς Ἀφροδίτης ἐν τῇ ἐναλλαγῇ, νοσήσει καὶ τακήσεται τὸ σῶμα αὐτοῦ καὶ ⟨προστεθήσεται⟩ ἡ δόξα καὶ πληθυνθήσονται οἱ φίλοι αὐτοῦ καὶ ἐπαινετὸς ἔσται. εἰ δὲ κεκακωμένη ἐστὶν ἡ Ἀφροδίτη, δέος γενήσεται περὶ αὐτοῦ.

Ὅτε δὲ καταλάβῃ ὁ Ζεὺς τὸν τόπον τοῦ Ἑρμοῦ, προστεθήσεται ἡ γνῶσις αὐτοῦ καὶ ἡ παίδευσις καὶ τεύξεται ἀξίας· εἰ δὲ ἔξαυγός ἐστιν ὁ Ζεύς, πλειόνων τεύξεται ἀγαθῶν.

Τῇ δὲ Σελήνῃ ὁ Ζεὺς ἐπεμβὰς εὐεξίαν σώματος δηλοῖ καὶ προσθήκην πλούτου καὶ παῖδα καὶ φήμας ἀγαθάς· εἰ δὲ συσχηματισθῇ ὁ Ζεὺς τῇ Σελήνῃ τῆς καταρχῆς, ἀπαλλάσσει παντὸς κακοῦ.

Ὅτε δὲ τύχῃ ἐν τῇ ἐναλλαγῇ ἐν τῷ ὡροσκόπῳ ἢ ἐν τῷ ε' τόπῳ ἢ ἐν τοῖς κυρίοις αὐτῶν ἢ ἐν τῷ τόπῳ τῆς Ἀφροδίτης ἢ τῆς Σελήνης ἢ τῷ κλήρῳ τῶν τέκνων, δηλοῖ γέννησιν παιδός.

V: 6 *τακείσεται* || **8** *κεκακωμένος* || **17** *ἀπαλάσσει*

Isidorus (ϱ): **1** *ὅτου*] *ἂν* | *ἔξαυγος γένηται*] *γένηται ἔξαυγος* | *δὲ*] *μέντοι* | *σωθείη* | *οὗ*] *ἂν* || **2** *ἔξαυγος γένηται*] *γένηται ἔξαυγος* || **5** *ὅταν* || **7** post *δόξα* add. *αὐτοῦ* et lac. c. 7 litt. || **8** *κεκακωμένη*] *εἰς κεκακωμένον τόπον* || **10** *ὅταν* | *καταλάβῃ — ἑρμοῦ*] *τὸν τόπον τοῦ ἑρμοῦ καταλάβῃ* || **11** *ἡ*[1] om. | *ἡ*[2] om. || **12** post *δὲ* add. *καὶ* || **15** *παίδων* || **16** *συσχηματισθείη* || **18** *τύχοι* | *κατὰ τὴν ἐναλλαγὴν*

Versio Latina: **1** iupiter fuerit || **1.2** *εἰ — γένηται* om. || **5** *ὅτε*] quoniam || **7** augetur dignitas eius ac gloria || **10** *ὅτε*] quoniam || **12** *ἀξίας — τεύξεται* om. || **14** ad locum vero lunae | *ὁ ζεὺς* om. | *εὐεξίαν*] dignitatem (ex *ἀξίαν*) || **15** filiorum || **16** revolutionis || **18** *ἐν τῷ ὡροσκόπῳ*] eius ascendens || **19** *ἐν*[1]] cum || **20** cum luna

Textus Arabicus: **6—8**

عرضت له امراض ويفسد مزاج بدنه ويهزل حسه ويزيد فى منزلته وجاهه ويحسن حاله ويكثر اصدقاوه ويكون محمودا

⟨Τέταρτον⟩ [f. 267v]. *Περὶ τῆς ἐπεμβάσεως τοῦ Ἄρεως ἐφ' ἑαυτόν τε καὶ τοὺς λοιπούς*

Ὁ Ἄρης ἐπεμβὰς τῷ Κρόνῳ ἐν τῷ καιρῷ τῆς ἐναλλαγῆς προσθήκην ποιεῖ ἀδελφῶν καὶ φίλων καὶ ἀποδημίαν ἀποδημήσει πλησίον. εἰ δὲ ἔχει λόγον εἰς τὸ ἔτος ὁ Ἄρης, δηλοῖ ἀργίαν καὶ νωχελίαν· εἰ δὲ ὁ Κρόνος ἔχει λόγον εἰς τὸ ἔτος, νοσήσει ἀπὸ τραύματος. εἰ δὲ ὅ τε [ἐπεμβῇ ὁ] Ἄρης τῷ τόπῳ τοῦ Κρόνου ἐπεμβῇ καὶ ὁ Κρόνος τῷ τόπῳ τοῦ Ἄρεως, δηλοῖ καὶ φυγὴν ἀπὸ πατρίδος.

Τῷ δὲ τόπῳ τοῦ Διὸς ἐπεμβὰς ὁ Ἄρης δηλοῖ ἀποδημίας καὶ ὠφελείας διὰ ὑποζυγίων· ὅτε δηλονότι καὶ ὁ Ζεὺς ἐπεμβῇ τῷ τόπῳ τοῦ Ἄρεως.

Εἰς δὲ ἑαυτὸν ἀποκαταστατικὸς γενόμενος καὶ λόγον ἔχων εἰς τὸ ἔτος καὶ καλῶς ἐν τῇ καταρχῇ διακείμενος, εὑρήσει ἀξίαν καὶ ἀγαθὰ ὁ τὴν ἐναλλαγὴν ἔχων, καὶ μάλιστα παρὰ στρατιωτῶν. εἰ δὲ ἀποκλίνῃ καὶ τὸν ὡροσκόπον ἐφορᾷ, δηλοῖ ἀποδημίαν καὶ προσθήκην ὑπηρετῶν· εἰ δὲ ἀποκλίνῃ τοῦ ζῳδίου τοῦ ἔτους ἢ τοῦ ὡροσκόπου καὶ ἔχει λόγον πρὸς αὐτόν, εὑρήσει ἀγαθὰ διὰ σιδήρου καὶ αἵματος.

Τῷ δὲ Ἡλίῳ ἐπεμβὰς ἡμερινῆς οὔσης τῆς ἐναλλαγῆς, λυπηθήσεται παρὰ ἐξουσιαστοῦ καὶ ἀπὸ θερμότητος

V: **2** ἄρεος || **6** νωχθελίαν || **7** γράμματος || **9** ἄρεος || **12** ἄρεος

Isidorus (ϱ): **2** τε om. | post καὶ add. ἐπὶ | post λοιποὺς add. ἀστέρας || **4** ποιεῖ om. | post προσθήκην add. τῶν | ἀποδημήσει om. || **5** post πλησίον add. ποιήσει | post ἔχει add. καὶ || **7** γράμματος | ἐὰν | ὅ τε om. | ἐπεμβῇ ὁ || **8** ἐπεμβῇ om. | καὶ] ἢ || **9** καὶ om. | post ἀπὸ add. τῆς || **11** δι' | ὅτε] τὸ αὐτὸ δὲ ἔσται καὶ ὅταν || **13** δ' || **14** κείμενος || **16** δ' || **17** ὑπηρετῶν] ἐπ' ἀρεταῖς | δ'

Versio Latina: **2** ἐφ' — λοιπούς om. || **3** ad locum saturni || **4** multiplicationem || **7** vulnere || **7. 8** ingredietur ... ingredietur || **13** si vero mars fuerit in locum proprium constitutus || **13–15** in anno habeat (in marg. dignitatem, habebit bona et ipsa) | καὶ[2] u. ad ἀξίαν om. || **18** signum declinaverit profectionis || **20** ad locum autem solis

Textus Arabicus: **7** قروح وخراج

νοσήσει. εἰ δὲ ὁ Ἄρης κύριός ἐστι τοῦ ἔτους καὶ ὑπάρχει ἐν ζῳδίῳ θερμῷ καὶ ξηρῷ, δέος περὶ αὐτοῦ ἀπὸ πυρὸς καὶ θερμότητος· εἰ δὲ ἐν θερμῷ καὶ ὑγρῷ, δέος περὶ σφαγῆς. εἰ δὲ νυκτερινή ἐστιν ἡ ἐναλλαγή, εὐχερῆ ἔσται τὰ συμπτώματα.

Τῇ δὲ Ἀφροδίτῃ ἐπεμβὰς ὁ Ἄρης δηλοῖ προσθήκην συνουσίας καὶ ὄρεξιν πολλὴν καὶ διέγερσιν πρὸς τὰ γυναικεῖα· καὶ ἀσπάσεται τὴν τρυφὴν καὶ προστεθήσεται ἡ δόξα αὐτοῦ καὶ ἡ ἀξία καὶ μεμφθήσεται ἕνεκε γυναικῶν καὶ πληθυνθήσονται οἱ φίλοι αὐτοῦ καὶ ἔσται ἐπαινετός. εἰ δὲ ἔχει λόγον ὁ Ἄρης εἰς τὸ ἔτος, νοσήσει ἀπὸ πλησμονῆς ἐδεσμάτων ἢ ἀπὸ πλήθους συνουσίας· εἰ δὲ ἔχει λόγον εἰς τὸ ἔτος ἡ Ἀφροδίτη, νοσήσει ἐκ φαρμακοποσίας καὶ τῆς τραχείας ἀρτηρίας ὀδύνης· εἰ δὲ πρὸς τούτῳ κεκακωμένη ἐστὶν ἡ Ἀφροδίτη, δέος μή ποτε τελευτήσῃ.

Εἰ δὲ ἐπὶ τὸν Ἑρμῆν παραγένηται ὁ Ἄρης, πλαστογραφίαις χρήσεται καί τις τῶν μικρῶν ἀδελφῶν αὐτοῦ τελευτήσει.

Τῇ δὲ Σελήνῃ ἐπεμβὰς ὁ Ἄρης ἐν τόπῳ καλῷ οὔσῃ, εὑρήσει ἀξίαν καὶ ἴσως τεκνογονήσει. εἰ δὲ ὁ Ἄρης ἔχει λόγον εἰς τὸ ἔτος, ἀποδημήσει καὶ λυπηθήσεται διὰ συγγενεῖς καὶ γυναῖκας· εἰ δὲ ἐξουσίαν ἔχει, ἀποβαλεῖται αὐτήν.

Isidorus (ϱ): **1** ἐστι] γενήσεται | ὑπάρχει] ἐστιν || **3** περὶ] ἀπὸ || **7** συνουσίας] ἀφροδισίων || **8** γυναικεῖα] τοιαῦτα || **9** καὶ μεμφθήσεται] μεμφθήσεται δὲ | ἕνεκε γυναικῶν] διὰ τὰ ἀφροδίσια || **10** καὶ πληθυνθήσονται] πληθυνθήσονται δὲ | post καὶ[2] add. διὰ τοῦτο | ἐπαινετὸς ἔσται || **14** τῆς — ὀδύνης] ὀδυνηθήσεται τὴν τραχεῖαν ἀρτηρίαν | post τούτῳ add. καὶ || **16** ἐὰν | ἑρμῆν] ἄρην | ἄρης] ἑρμῆς || **19** ὁ ἄρης om. || **20** καὶ ἴσως] ἴσως δὲ καὶ

Versio Latina: **2.3** αὐτοῦ — περὶ om. || **6** ad locum quidem veneris || **7** erectionem vel excitationem || **8** τὴν τρυφὴν] in voluptatibus || **9** manifestabitur (in marg. infortunabitur) || **16** ad locum mercurii || **19** ad locum vero lunae | ὁ ἄρης om. || **22** εἰ δὲ] qui sic

⟨*Πέμπτον*⟩. *Περὶ τῆς τοῦ Ἡλίου σημασίας καθ' ἕκαστον ζῴδιον*

Ὅτε ὑπάρχει κατὰ τὸν καιρὸν τῆς ἐναλλαγῆς ὁ Ἥλιος ἐν τῷ Λέοντι, ἔστι ⟨δὲ⟩ ἐπίκεντρος καὶ ἀκάκωτος καὶ ἔχων λόγον εἰς τὸ ἔτος ἢ ἐν τῇ καταρχῇ, ἔσται ὑγιὴς τὸ σῶμα καὶ ὠφεληθήσεται πάμπολλα. εἰ δὲ κεκακωμένος ἐστί, νόσοις περιπεσεῖται· εἰ δὲ ἐν ἀποκλίματί ἐστιν, ἔσονται αἱ νόσοι ἐλαφρότεραι.

Εἰ δὲ ἐν τῇ Παρθένῳ ὑπάρχει ὑπὲρ γῆν ὡροσκόπον ἐφορῶν καὶ ἔχων τινὰ σημασίαν εἰς τὸ ἔτος, δηλοῖ ἀγῶνα τοῦ ἔχοντος τὴν ἐναλλαγὴν περὶ τὸν πλοῦτον καὶ τὴν παίδευσιν. εἰ δὲ καὶ ἐπιμαρτυρήσωσιν ἀγαθοποιοί, τεύξεται τῶν ἐπιχειρημάτων αὐτοῦ· εἰ δὲ κακοποιοί, στερηθήσεται.

Εἰ δὲ ὁ Ἥλιος ἐν τῷ Ζυγῷ ὑπάρχει ὑπὲρ γῆν καὶ ἔχων λόγον εἰς τὸ ἔτος, δηλοῖ ἀποδημίαν· ἡ δὲ ἀποδημία ἐστὶ χρηστὴ ἐὰν [δὲ] ὁ Ἥλιος ἀγαθοποιῷ συσχηματισθῇ.

Εἰ δὲ ἐν τῷ Σκορπίῳ ὑπάρχει ἐπίκεντρος καὶ ἀκάκωτος, καὶ μάλιστα ἐν τῷ μεσουρανίσματι, καὶ ἔχει λόγον εἰς τὸ ἔτος, εὑρήσει ἀξίαν καὶ δόξαν καὶ ἀγαθά. εἰ δὲ ἐν ἀποκλίματι ᾖ τὸν ὡροσκόπον ἐφορῶν, εὑρήσει ἀγαθὰ ὁ τὴν ἐναλλαγὴν ἔχων καὶ κτίσμασιν ἐπιχειρήσει.

V: **5** *ἔχον* || **9** *γῆν*] *γνωτόν* || **15** *εἰ*] *ὁ* | *ὑπάρχων*

Isidorus (ϱ): **1.2** *περὶ τῆς ἐπεμβάσεως τοῦ ἡλίου ἐφ' ἑαυτὸν καὶ ἐπὶ τοὺς λοιποὺς ἀστέρας* || **3.4** *ὅτε — λέοντι*] *ὁ ἥλιος ἐὰν κατὰ τὸν καιρὸν τῆς ἐναλλαγῆς ἐν λέοντι γένηται* || **4** *ἔστι*] *ᾖ* | *δὲ* | post *ἐπίκεντρός* add. *τε* || **5.6** *ἔσται — καὶ*] *ὑγιῆ δηλοῖ ἔσεσθαι τὸν τὴν ἐναλλαγὴν ἔχοντα ὅστις καὶ* || **7** *ἐστιν*[2]] *εἴη* || **8** *αἱ νόσοι ἐλαφρότεραι ἔσονται* || **9** *δ'* || **9.10** *ἐφορῶν τὸν ὡροσκόπον* || **11** *τὸν* om. | *τὴν* om. || **12** *ἀγαθοποιοὶ ἐπιμαρτυρήσουσι* || **15** *εἰ δὲ*] *ὁ δ'* | *ὁ ἥλιος* om. | *ὑπὲρ γῆν* om. || **15.16** *λόγον ἔχει* || **16.17** *χρηστὴ ἔσται* || **17** *ἐὰν δὲ*] *καὶ μάλιστα ἐὰν* | *ἀγαθοποιῷ*] *ἀγαθῷ* || **18** post *ἐπίκεντρός* add. *τε* || **20** *δ'* || **21** *ᾖ*] *ὢν* | *ἐφορᾷ* || **22** *κτίσμασιν*] *οἰκοδομαῖς*

Versio Latina: **1.2** in singulis signis || **4** fueritque || **5** in nativitatis initio || **6** habebit proficua plurima || **12** doctrinas || **13** propositum suum | privabitur eo || **17** *δὲ* om. || **20.21** *ἀξίαν — εὑρήσει* om.

Εἰ δὲ ἐν Τοξότῃ ὑπάρχει καὶ ἔχει λόγον εἰς τὸ ἔτος καὶ ᾖ ἐπίκεντρος καὶ ἀκάκωτος, εὑρήσει ὁ τὴν ἐναλλαγὴν ἔχων ἀγαθὰ καὶ εὐφρανθήσεται καὶ ἴσως τεκνογονήσει. εἰ δὲ κεκακωμένος ἐστί, πληθυνθήσονται αἱ λύπαι αὐτοῦ καὶ φόβον ἕξει περὶ παιδὸς αὐτοῦ.

Εἰ ἐν τῷ Αἰγοκέρωτί ἐστιν, ἔχει τε λόγον εἰς τὸ ἔτος, δηλοῖ νόσους καὶ λύπας καὶ δυστυχίας καὶ ἐνδείας.

Εἰ δὲ ἐν τῷ Ὑδροχόῳ ἐστὶ καὶ ἔχει λόγον εἰς τὸ ἔτος, [f. 268] *δηλοῖ γάμον καὶ προσθήκην συγγενῶν καὶ ὑπηκόων. εἰ δὲ κεκακωμένος ἐστί, δηλοῖ θανάτους συγγενῶν καὶ ὑπηκόων καὶ ἔριδας καὶ φιλονεικίας.*

Εἰ δὲ ἐν τοῖς Ἰχθύσι ἐστὶ κεκακωμένος, δηλοῖ λύπας καὶ θανατηφόρους μερίμνας. εἰ δὲ ἀκάκωτός ἐστι, λυπηθήσεται χωρὶς προφάσεώς τινος.

Εἰ δὲ ἐν τῷ Κριῷ ἐστιν ἀκάκωτος καὶ ἔχει λόγον πρὸς τὸ ἔτος, δηλοῖ ἀποδημίαν ἀγαθήν. εἰ δὲ κεκακωμένος ἐστί, δηλοῖ λύπας ἐν τῇ ἀποδημίᾳ καὶ ὀλιγοπιστίαν.

Εἰ δὲ ἐν τῷ Ταύρῳ ἐστὶ καὶ ἔχει λόγον εἰς τὸ ἔτος ἀκάκωτος ὤν, ὁμιλήσει ἐξουσιασταῖς καὶ ὠφεληθήσεται δι᾽ αὐτῶν. εἰ δὲ κεκακωμένος ἐστί, λυπηθήσεται καὶ ἀθυμήσει, καὶ μάλιστα ἐὰν ἐπίκεντρος ᾖ.

Εἰ δὲ ἐν τοῖς Διδύμοις ἐστὶ καὶ ἔχει λόγον εἰς τὸ ἔτος καὶ ὑπάρχει ἀκάκωτος ὑπὲρ γῆν ἐφορῶν τὸν ὡροσκόπον καὶ τὸ ζῴδιον τῆς ἐναλλαγῆς, δηλοῖ προσθήκην φίλων καὶ ἴσως τεχθήσεται αὐτῷ παιδίον. εἰ δὲ κεκακωμένος ἐστί, λυπηθήσεται καὶ αἱ δουλεῖαι αὐτοῦ ἐμποδισθήσονται.

Εἰ δὲ ἐν τῷ Καρκίνῳ ἐστὶ καὶ ἔχει λόγον εἰς τὸ ἔτος καὶ τύχῃ ὑπὸ γῆν, ἐπικρατήσουσιν αὐτῷ οἱ ἐχθροὶ αὐτοῦ, καὶ μάλιστα ἐὰν οὐκ ἐφορᾷ ἡ Σελήνη.

Isidorus (ϱ): **1** *λόγον ἔχει* || **1.2** *καὶ ᾖ*] *ἔστι δὲ καὶ* || **3** *καὶ ἴσως*] *ἴσως δὲ καὶ* || **6** post *εἰ* add. *δ᾽* | *τε*] *δὲ καὶ* || **7.8** *δηλοῖ — ἔτος* om., sed in marg. scr. || **8** *δ᾽* || **11** *καὶ²* om. || **12** post *ἐστὶ* add. *δὲ καὶ* || **15** *ἀκάκωτός ἐστι* || **25** *καὶ ἴσως*] *ἴσως δὲ* | post *αὐτῷ* add. *καὶ*

Versio Latina: **1** in domo (in marg. anno) || **5** de proprio suo || **10.11** *εἰ — ὑπηκόων* om. || **24** *τῆς ἐναλλαγῆς*] profectionis | multiplicationem || **26** *δουλεῖαι*] negotia || **29** aspexerit eum

⟨Ἕκτον⟩. *Περὶ τῆς ἐπεμβάσεως τῆς Ἀφροδίτης ἐπί τε τὸν τόπον αὐτῆς καὶ ἐπὶ τοὺς ⟨τῶν⟩ λοιπῶν ἀστέρων*

Ὅτε καταλάβῃ ἡ Ἀφροδίτη τὸν κατὰ πῆξιν τόπον τοῦ Κρόνου, δηλοῖ ἀγῶνα περὶ τὰ ἀφροδίσια ἔργα. καὶ εἰ μέν ἐστιν ἀκάκωτος, νομίμους ἀσπάσεται συνουσίας· εἰ δὲ κεκακωμένη, αἰσχρὰς δι' ἃς πολλάκις μεμφθήσεται. καὶ εἰ μέν ἐστιν ἡ Ἀφροδίτη ὑπὸ γῆν, ἔσται τὰ τοιαῦτα ἐν τῷ κρυπτῷ· εἰ δὲ μή, τοὐναντίον. εἰ δὲ λόγον ἔχει ἡ Ἀφροδίτη εἰς τὸ ἔτος, λυπηθήσεται διὰ γυναῖκας· ἀσπάσεται δὲ τὰ ὕδατα καὶ τὰ νίμ⟨μ⟩ατα καὶ τὸ παίζειν σὺν τῷ ὕδατι· εἰ δὲ ὁ Κρόνος ἔχει λόγον εἰς τὸ ἔτος, δηλοῖ ἀποδημίας καὶ συνουσίας καὶ τεχθήσεται αὐτῷ ἴσως παιδίον ἢ συλλήψεται ἐκ τούτου γυνή.

Εἰ δὲ καταλάβῃ τὸν τόπον τοῦ Διός, δηλοῖ πίστιν πολλὴν καὶ ἀποδημίαν εἰς τοὺς ἱεροὺς τόπους· καὶ κληρονομήσει πλοῦτον καὶ πρὸς φίλους ἀποδημήσει καὶ νέους φίλους ἐπικτήσεται ἄρχοντας καὶ νοσήσει καὶ ὑγιανεῖ. εἰ δὲ λόγον ἔχει ἡ Ἀφροδίτη εἰς τὸ ἔτος, ἀλγήσει τὸν τράχηλον· εἰ δὲ ὁ Ζεὺς ἔχει λόγον εἰς τὸ ἔτος, νοσήσει ἀπὸ μελαίνης χολῆς.

Εἰ δὲ ἐπεμβῇ τῷ τόπῳ τοῦ Ἄρεως, δηλοῖ ἐπιμέλειαν περὶ τὰ ἀφροδίσια καὶ τὰ γαμήλια. εἰ δὲ σχηματισθῶσιν

V: **4** *τρόπον* || **5** *κρόνου*] *ἡλίου* || **7** *κεκακωμένος* || **8** *ὑπὲρ* || **11.12** *τῷ ὕδατι*] *τὰ ὕδατα* || **22** *ἄρεος*

Isidorus (ϱ): **2** *ἐπὶ*[1] — *αὐτῆς*] *ἐφ' ἑαυτὴν* || **2.3** *τῶν λοιπῶν ἀστέρων*] *λοιποὺς ἀστέρας* || **4** *ὅταν* | *ἡ ἀφροδίτη καταλάβῃ* | post *κατὰ* add. *τὴν* || **5** *κρόνου*] *ἡλίου* || **7** *κεκακωμένος* | *πολλάκις*] *καὶ* || **10–12** *ἀσπάσεται — ὕδατι* om. || **12** *λόγον ἔχει ὁ κρόνος* || **13** *καὶ*[2]] *ἴσως δὲ* | *ἴσως*] *καὶ* || **15** *ἐὰν* || **16** *τοὺς* om. || **18** *νοσήσει καὶ ὑγιανεῖ*] *νοσήσας ὑγιανεῖ* || **22** *ἐὰν* || **23** *ἐὰν*

Versio Latina: **2** *ἐπὶ τοὺς* om. || **5** *ἀγῶνα*] curam || **7** illicitos || **8** sub terra || **9** *εἰ δὲ μή*] si super terram || **12** peregrinationem || **16** *ἱεροὺς*] sicca (pro sacra) || **19** aliquam dignitatem || **20** aliquam dignitatem

Textus Arabicus: **8** تحت

ἀλλήλοις, ἐπιτεύξεται πάντων τῶν ἐπιζητουμένων παρ' αὐτοῦ ἐν τοῖς τοιούτοις.

Εἰ δὲ τῷ τοῦ Ἡλίου τόπῳ ἐπεμβῇ καὶ ἔχει σημασίαν πρὸς τὸ ἔτος καὶ ὑπάρχουσιν ἐπίκεντροι, ἀνάγκας ὑποστήσεται καὶ δειλιάσει ἐξουσιαστήν· εἰ δὲ ἀποκλίνουσι, νοσήσει ἀπὸ θερμότητος. εἰ δὲ μαρτυρίαν ἔχει ὁ Ἑρμῆς εἰς τὸ ἔτος, προστεθήσεται ἡ δόξα αὐτοῦ καὶ τεύξεται ἀξίαν καὶ ἀποδημήσει καὶ ἐρασθήσεται.

Εἰ δὲ τῷ τόπῳ αὐτῆς ἐπεμβῇ ἡ Ἀφροδίτη, ἀνακαινίζει ἃ ἐσήμανεν ἐν τῇ καταρχῇ· καὶ προστεθήσονται τὰ κειμήλια αὐτοῦ.

Εἰ δὲ ἐπεμβῇ τῷ τόπῳ τοῦ Ἑρμοῦ, δηλοῖ δύναμιν λόγου καὶ ῥητορείαν καὶ παίδευσιν. εἰ δὲ λόγον ἔχει ἡ Ἀφροδίτη εἰς τὸ ἔτος, ὁμιλήσει αὐληταῖς καὶ κιθαρῳδοῖς καὶ ἀστείοις. εἰ δὲ κεκακωμένοι ὦσι, βλαβήσεται.

Εἰ δὲ ⟨τῷ⟩ τόπῳ ἐπεμβῇ τῆς Σελήνης καὶ ὑπάρχει ἡ Σελήνη ἀκάκωτος καὶ ἔχει τις αὐτῶν λόγον εἰς τὸ ἔτος, δηλοῖ εὐεξίαν αὐτοῦ τε καὶ τῶν συγγενῶν καὶ ὁμιλίαν ἐξουσιαστῶν καί τινα φίλον ἐπικτήσεται ἴσον ἀδελφῷ.

⟨Ἕβδομον⟩. Περὶ τῆς τοῦ Ἑρμοῦ σημασίας ὅτε ἐπεμβῇ ἑαυτῷ καὶ τοῖς λοιποῖς ἀστράσι

Ὁ δὲ Ἑρμῆς, ὅτε ἐπεμβῇ τῷ κατὰ πῆξιν τόπῳ τοῦ Κρόνου καὶ ἔχει σημασίαν εἰς τὸ ἔτος καὶ ὑπάρχει ἀκά-

V: **5** δηλιάσει || **9** αὐτῆς] αὐτῷ || **15** κεκακωμένος

Isidorus (ϱ): **3** ἐὰν | ἔχῃ || **4** ὑπάρχωσιν || **6—8** εἰ — ἐρασθήσεται om. || **7** ἀξίας || **9** ἐὰν | αὐτῆς] τοῦ ἑρμοῦ || **11** post αὐτοῦ add. **6—8** εἰ — ἐρασθήσεται || **12** ἐὰν | τοῦ ἑρμοῦ] τῆς ἀφροδίτης ὁ ἑρμῆς || **15** ἐὰν || **16** ἐὰν | τῷ | ὑπάρχῃ || **17** ἔχῃ || **18** post συγγενῶν add. αὐτοῦ | ἐξουσιαστῶν] πρὸς ἐξουσιαστὰς || **20.21** περὶ τῆς ἐπεμβάσεως τοῦ ἑρμοῦ ἐφ' ἑαυτὸν καὶ ἐπὶ τοὺς λοιποὺς ἀστέρας || **22** ὅταν || **23** ἔχῃ | καὶ ὑπάρχει] ὑπάρχῃ δὲ καὶ

Versio Latina: **4** ambo in angulis || **5** timebit praesides || **6** ὁ ἑρμῆς] sol || **7** multiplicabitur || **11** thesaurus eius || **21** ἑαυτῷ u. ad ἀστράσι] ad loca

κωτος, δηλοῖ ἀποδημίαν [οὐ] χρηστήν· καὶ ἴσως τεχθήσεται αὐτῷ παῖς. εἰ δὲ ἔχει σημασίαν ὁ Κρόνος εἰς τὸ ἔτος, δηλοῖ θάνατον παίδων καὶ νόσον τοῦ τὴν ἐναλλαγὴν ἔχοντος καὶ ἀβελτερίαν καὶ ἀπιστίαν καὶ καταφρόνησιν τῶν νενομοθετημένων.

Εἰ δὲ τῷ Διῒ ἐπεμβῇ καὶ ἔχει τις ἐξ αὐτῶν λόγον εἰς τὸ ἔτος, εὑρήσει ἀξίαν παρά τινος ὑπερέχοντος καὶ προστεθήσεται ἡ παίδευσις αὐτοῦ καὶ ἡ πρᾶξις. εἰ δὲ κεκακωμένοι ὦσι, δηλοῦσι βλάβας καὶ ἔριδας πρὸς ἐχθρούς.

Εἰ δὲ τῷ τόπῳ τοῦ Ἄρεως ἐπεμβῇ, δηλοῖ ὡς ὁ τὴν ἐναλλαγὴν [f. 268v] ἔχων ἐπιτηδεύσεται ψεύδη καὶ πλαστογραφίας. εἰ δὲ ἀναποδίζει τις αὐτῶν, δηλοῖ καὶ κλοπάς. εἰ δὲ σημασίαν ἔχει ὁ Ἑρμῆς εἰς τὸ ἔτος καὶ κακοῦται παρὰ τοῦ Ἄρεως, ἐπικίνδυνον ἔσται τὸ ἔτος. εἰ δὲ σὺν τούτοις καὶ ὕπαυγος ᾖ, δέος μή ποτε ἐπὶ ξένης ἀναιρεθῇ.

Εἰ δὲ τῷ Ἡλίῳ ἐπεμβῇ καὶ ὑπάρχουσιν ἐπίκεντροι, εὑρή⟨σει⟩ ἀξίαν καὶ δόξαν, καὶ μάλιστα εἰ μεσουρανοῦσιν.

Εἰ δὲ τῇ Ἀφροδίτῃ ἐπεμβῇ καὶ ἔχει λόγον εἰς τὸ ἔτος, δηλοῖ ζήτησιν τῶν μυθωδῶν καὶ τῶν ἐμμέτρων λόγων καὶ τῶν μελῳδιῶν.

Εἰ δὲ ἐπὶ τὸν οἰκεῖον τόπον ἀποκαταστῇ καὶ ἔχει λόγον εἰς τὸ ἔτος καὶ ὑπάρχει ἐπίκεντρος, δηλοῖ προσθήκην δόξης καὶ πλούτου. εἰ δὲ κεκακωμένος ἐστί, δηλοῖ διαφόρους κακώσεις.

V: **3** νόσου || **4** ἀβελτηρίαν || **10** ἄρεος || **14** ἄρεος || **15** ᾖ] εἰ || **19** μυθωδῶν] μεθωδῶν, corr. in μυθωδῶν

Isidorus (ϱ): **1** καὶ] πλὴν || **2** post αὐτῷ add. καὶ | παιδίον | post δὲ add. μὴ | ὁ κρόνος om. || **6** ἐὰν | διὶ] τοῦ διὸς | post ἐπεμβῇ add. τόπῳ | ἔχῃ | ἐξ om. || **7** ὑπερέχοντος] ἄρχοντος || **9** ὦσι] εἶεν || **10** ἐὰν || **12** ἀναποδίζῃ | καὶ om. || **15** ᾖ] εἴη || **16** ἐὰν | τῷ τοῦ ἡλίου τόπῳ | ὑπάρχωσιν || **17** εὑρήσει ἀξίαν] εὐημερίαν | post δόξαν add. σημαίνουσι | μεσουρανοῦσιν] κατὰ τὸ μεσουράνημα εἶεν || **18** ἐὰν | ἔχῃ || **20** μελωδῶν

Versio Latina: **1** οὐ om. || **6.7** εἰς — ἀξίαν om. || **10.11** ὁ — ἔχων om. || **17** inveniet || **19** μυθωδῶν] fabularum | versuum

Εἰ δὲ [ἐν] τῇ Σελήνῃ ἐπεμβῇ [f. 285^{v}] καὶ ἔχει λόγον εἰς τὸ ἔτος ἡ Σελήνη, δηλοῖ ἀποδημίαν καὶ ἔριδας ἐν ταῖς ὁδοιπορίαις καὶ ἐχθρῶν ἐπαναστάσεις καὶ δειλίαν ἀπ' αὐτῶν· εἰ δὲ ἔχει λόγον ὁ Ἑρμῆς εἰς τὸ ἔτος, εὑρήσει ἀγαθὰ καὶ πληθυνθήσονται οἱ φίλοι αὐτοῦ καὶ ἔσται ἐπαινούμενος. εἰ δὲ κεκακωμένη ἐστὶν ἡ Σελήνη, λυπηθήσεται δι' ἃς προείπομεν αἰτίας.

⟨Ὄγδοον⟩. Περὶ τῆς ἐπεμβάσεως τῆς Σελήνης ἐπί τε ἑαυτὴν καὶ ἐπὶ τοὺς τόπους τῶν λοιπῶν ἀστέρων

Ἡ Σελήνη κατὰ τὸν τῆς ἐναλλαγῆς καιρὸν ἐπεμβᾶσα τῷ Κρόνῳ καὶ ἔχουσα μαρτυρίαν εἰς τὸ ἔτος δηλοῖ διαθέσεις ἐρωτικὰς πρός τινας παρηβηκυίας. εἰ δὲ κεκακωμένη ἐστίν, δηλοῖ συνοχὰς καὶ ἔριδας· εἰ δὲ καὶ κλιμακτὴρ πρόκειται τῷ ἔτει ἐκείνῳ, ἴσως καὶ τεθνήξεται. εἰ δὲ καὶ ὁ Κρόνος λόγον ἔχει εἰς τὸ ἔτος, δηλοῖ φήμας ἐναντίας καὶ λυπηράς.

Ἐπὶ δὲ τὸν τόπον τοῦ Διὸς παραγενομένη καὶ ἀκάκωτος οὖσα δηλοῖ ἀποδημίαν ἐπὶ τόπους ὑδατώδεις, κἀκ τούτων ἐπὶ ἑτέρους. εἰ δὲ κεκακωμένη ἐστί, περιπεσεῖται δεινοῖς καὶ νοσήσει.

Ἐπὶ δὲ τὸν [τὸν] τόπον τοῦ Ἄρεως ἐπεμβᾶσα ἀκακώτου ὄντος, εὑρήσει ἐξουσίαν καὶ ἑνωθήσεται στρατ⟨ι⟩ώταις καὶ νοσήσει ἀπὸ θερμότητος καὶ αἱμόρροιαν ὑποστήσεται.

PV: **1–7** *καὶ — αἰτίας* seq. p. 182, 1 *κρόνος* in **V**, *τάξιν* in **P** || **1** *καὶ εἰ ἔχει* **P** || **6** *κεκακωμένος* **V** | *ἐστὶν* om. **P** || **7** *αἰτίας*: hic concl. **P** || **13** *παρηβηκείας* **V** || **22** *ἄρεος* **V**

Isidorus (*ρω*): **1–7** *καὶ — αἰτίας* om. *ρ* post p. 260, 13 *ἄρει* add. *ω* || **1.2** *καὶ — σελήνη*] *ἐν δὲ τῷ ἐπιμερισμῷ τῆς σελήνης ω* || **6** *ἐστὶν*] *ἔσται ω* || **7** *αἰτίας*: hic concl. *ω* || **13** *παρηβηκότας* || **13.14** *ἐστι καὶ κεκακωμένη* || **22** *τὸν* om. || **23** *στρατιώταις*

Versio Latina: **8–10** de significatione ingressus lunae || **12** *μαρτυρίαν*] significationem | vetustissimas vel decrepitas vel capidineas || **14** de periculo vitae timetur || **24** *αἱμόρροιαν*] | enormia

εἰ δὲ κεκακωμένος ἐστί, νόσον δεινὴν ὑποστήσεται καὶ φόβους παρὰ ἐξουσιαστῶν καὶ ἀποδημήσει ἄχρηστον ἀποδημίαν· εἰ δὲ ⟨ἡ⟩ Σελήνη κεκακωμένη ὑπάρχει κατά τε πῆξιν καὶ ἐν τῇ ἐναλλαγῇ καὶ συνοδεύσει τῷ Ἄρει κεκακωμένῳ ὄντι, κατ᾽ ἐκείνην τὴν ἡμέραν ἐκχυθήσεται τὸ αἷμα αὐτοῦ διά τινος τρόπου καὶ φιλονεικίας ἕξει καὶ ἀδικίας.

Εἰ δὲ τῷ Ἡλίῳ ἐπεμβῇ καὶ ἔχει λόγον εἰς τὸ ἔτος, ὑποστήσεται δεινὰ παρὰ ἐξουσιαστοῦ ἢ παρὰ μειζόνων προσώπων. εἰ δὲ ὁ Ἥλιος ἔχει λόγον εἰς τὸ ἔτος, τεύξεται ἐξουσίας τινὸς καὶ στερηθήσεται ἴσως ματρὸς ἢ ὁμοίων προσώπων ματρί.

Εἰ δὲ τῇ Ἀφροδίτῃ ἐπεμβῇ ἀκάκωτος οὖσα, δηλοῖ ἐμποδισμοὺς περὶ τὰς κινήσεις καὶ λυπηθήσεται διὰ συγγενεῖς καὶ ἔσται ἐν ἀναπαύσει καὶ τρυφῇ καὶ ἐπικτήσεται ἀκίνητον περιουσίαν. εἰ δὲ κεκακωμένη ἐστί, τεύξεται δόξης καὶ ὠφεληθήσονται δι᾽ αὐτοῦ οἱ συγγενεῖς αὐτοῦ.

Ἐπὶ δὲ τὸν ⟨Ἑρμῆν παρα⟩γενομένη δηλοῖ ἀποδημίαν καὶ βλάβην παρ᾽ ἐχθρῶν. εἰ δὲ λόγον ἔχει ὁ Ἑρμῆς εἰς τὸ ἔτος, εὐ⟨τυχήσει τὰ⟩ κατ᾽ αὐτὸν ⟨καὶ⟩ κερδήσει πλοῦτον καὶ ἐπαινεθήσεται παρὰ πολλῶν.

Ἐπὶ δὲ ἑ⟨αυτὴν παρα⟩γενομένη, νυκτερινῆς οὔσης τῆς ἐναλλαγῆς, ἔσται ἐν ὑγείᾳ καὶ εὐρωστίᾳ καὶ ἐπικτήσεται

V: **10** *τεύξεται*] *τύχη* || **16** *τεύξεται*] *τύχη* || **18** lac. c. 4 litt. | *γενόμενος* || **20** *εὐτυχήσει τὰ*] *εὐ* et lac. c. 7 litt. || **22** *ἑ* et lac. c. 10 litt. | *γενόμενος*

Isidorus (ϱ): **3** *ἡ* || **6** *τὸ*] *πολὺ* | post *αἷμα* add. *ἐξ* | *κατά τινα τρόπον* || **8** *ἐὰν* | *ἔχῃ* || **9** *ἐξουσιαστῶν* || **11** *στερεωθήσεται* | post *ἴσως* add. *ὑπὸ* || **13** *ἐὰν* || **14** *λυπηθήσεται*] *λύπας* || **15** *καὶ ἔσται*] *εἶτα* | post *ἀναπαύσει* add. *ἔσται* || **18** *ἑρμῆν* || **20** *εὐτυχήσει* | *καὶ* || **22** *ἑαυτὴν*] lac. c. 10 litt. || **23** *ἐν* om.

Versio Latina: **1** *εἰ — ὑποστήσεται* om. || **5** in malo esse || **6** *αὐτοῦ* om. || **7** *ἀδικίας*] iniustias vel calumnias || **8** ad locum solis | *εἰς τὸ ἔτος* om. || **9** potestate vel ab habentibus potestatem || **11.12** matre vel patre loco matris || **13** ad locum veneris || **16** *κεκακωμένη*] domina || **18** ad locum mercurii || **20** erit prosperum esse suum et || **22** unumquemque || **23** — p. 226, **1** consequetur utilitatem ex eo

ἐξ ⟨ἐξουσιαστοῦ⟩. καὶ εἰ ἐφορῶσίν τινες ἀστέρες τὴν Σελήνην, ἐκφανοῦσιν ἕκαστος τὴν οἰκείαν ἐνέργειαν. εἰ δὲ κεκακωμένη ἐστὶν ἡ Σελήνη καὶ καταντήσει εἰς τετράγωνον τοῦ κατὰ πῆξιν αὐτῆς τόπου ἢ διάμετρον, ⟨δηλοῖ βλά⟩βην ἐν ἐκείνῃ τῇ ἡμέρᾳ. εἰ δὲ καταντήσει κακοποιὸς ἐπὶ τὸν τῆς Σελήνης τόπον ἐν τῇ ἐναλλαγῇ τὴν Σελήνην ⟨ἐφορῶν⟩, δηλοῖ νόσους καὶ λύπας καὶ στενοχωρίας, καὶ μάλιστα εἰ κακοποιός ἐστιν ὁ κύριος τοῦ ἔτους καὶ ὑπάρχει ἐν τῇ ἐναλλαγῇ ἐν τόπῳ ἐναντίῳ· εἰ δὲ καὶ καταντήσει ἡ Σελήνη εἰς τόπον κακοποιοῦ κατὰ πῆξιν, τὸ αὐτὸ συμβήσεται. ὅτε δέ ἐστιν ἡ Σελήνη ἐν τῇ τοῦ ἔτους ἐναλλαγῇ ἀγαθοποιῷ συσχηματιζομένη ἢ κακοποιῷ, ὅτε καταντήσει εἰς τὸ σῶμα τοῦ ἀγαθοποιοῦ ἐκείνου ἢ κακοποιοῦ ἢ ἐπὶ ἀκτῖνά τινα ἐξ αὐτῶν, δηλοῖ ἀγαθὰ ἢ κακὰ κατὰ τὴν τοῦ ἀστέρος φύσιν. ὅτε δὲ καταντήσει ἡ Σελήνη εἰς ἀστέρα δηλοῦντα κατὰ πῆξιν ἀγαθὸν ἢ κακόν, ἐν ἐκείνῃ τῇ ἡμέρᾳ ἐκφανεῖ τὴν ἐνέργειαν.

Καὶ ὅτε ἐπεμβῇ ἀστὴρ κατά τινα καιρὸν τῇ μοίρᾳ ἐν ᾗ ἐστιν ὁ ἐπιμερισμὸς ἢ τῷ ἐπιμερίζοντι ἢ τῇ μοίρᾳ τοῦ ὡροσκόπου τῆς καταρχῆς ἢ τῇ μοίρᾳ τοῦ ὡροσκόπου τῆς ἐναλλαγῆς ἢ τῇ μοίρᾳ τοῦ ζῳδίου τοῦ ἔτους ἢ τῇ μοίρᾳ τῆς Σελή-

V: **1** lac. c. 9 litt. || **4** *τρίγωνον* | *διάμετρον*] *καρκίνον* || **5** *δηλοῖ βλάβην*] lac. c. 4 litt. et *βην*

Isidorus (ϱ): **1** lac. c. 27 litt. | *καὶ εἰ*] *εἰ δὲ καὶ* || **4** *τρίγωνον* || **4.5** *διάμετρον δηλοῖ βλάβην*] lac. c. 15 litt. || **6.7** *τὴν σελήνην* om. || **9** *καὶ ὑπάρχει*] *ὑπάρχει δὲ καὶ* || **10** post *κακοποιοῦ* add. *τοῦ* || **13** *ὅτε*] *καὶ* || **14** post *ἢ*[1] add. *τοῦ* | *τινα*] *τινος* || **17** *ἐκφανεῖ*] *ἐκφανῇ ποιήσει* || **18** *καὶ ὅτε*] *ὅταν δὲ*

Versio Latina: **1.2** *τὴν σελήνην*] eum || **2** singuli operationem eorum || **3.4** *εἰς — διάμετρον*] ad locum suum secundum nativitatem vel ad eius oppositum || **5** habebit periculum || **6.7** et aspexerit lunam || **14** *τινα*] alicuius || **15** secundum nativitatem planetae || **15.16** *ἡ σελήνη* om. || **18** aliquis planeta || **19** divisor || **21** — p. 227, **1** *ἢ*[1] — *ἐναλλαγῆς* om.

Textus Arabicus: **1** السلطان || **4** تربيع مكانه | مقابلته || **5** مضر || **7** يدل على المكروه والضرر

νης τῆς καταρχῆς ἢ τῆς ἐναλλαγῆς ἢ ἐπὶ ἀκτῖνας ἀστέρων τινῶν ἢ κλήρους ἢ δωδεκατημόρια ἢ τοὺς κυρίους αὐτῶν, κινεῖ [f. 286] σημασίαν τινὰ κατὰ τὴν οἰκείαν φύσιν· καὶ εἰ ἐπίδῃ ἀστὴρ τόπον ἑτέρου ἀστέρος ἀφ' οἱουδήτινος σχηματισμοῦ, ἀνακαινίζει τὴν σημασίαν αὐτοῦ. καὶ ὅτε ἐπεμβῇ ἀστὴρ ἔχων λόγον εἰς τὸ ἔτος ἐπὶ δωδεκατημόριον ζῳδίου ἢ ἀστέρος, ὧν ἐστι τὸ δωδεκατημόριον, τὰ αὐτὰ δηλοῖ, τὴν σημασίαν τῶν εἰρημένων τοῦ τε ζῳδίου καὶ τοῦ ἀστέρος.

Ὑποδείγματος χάριν. τὸ δωδεκατημόριον τοῦ δ' τόπου πέπτωκεν ἐν τῷ β' ζῳδίῳ. λέγομεν οὖν ὡς ὅτε ἐπεμβῇ τῷ τόπῳ ἐκείνῳ ἀστὴρ ἔχων λόγον εἰς τὸ ἔτος, μεταχειρίσεται τὰ τῶν οἰκημάτων καὶ τοῦ πλούτου· ἔχουσι δὲ καὶ ἑτέραν σημασίαν οἱ ἀστέρες κατὰ τὴν ἀπόστασιν τῶν οἴκων τοῦ ἑνὸς ἀπὸ τοῦ ἑτέρου, περὶ ὧν οὐδὲν λέγομεν διὰ τὸ δύνασθαι τὸν μανθάνοντα ἐκ τῶν εἰρημένων καταστοχάζεσθαι αὐτά. ὅτε δὲ σημαίνουσί τι οἱ ἀστέρες κατὰ πῆξιν ὁμοῦ καὶ κατὰ [τὰ] τὴν ἐναλλαγήν, βεβαιότερα ἔσται τὰ ἀποτελέσματα.

Δεῖ δὲ ὁρᾶν ἐν ταῖς ἐπεμβάσεσι τίνι συσχηματίζεται ὁ ἐπεμβαίνων ἀστὴρ τῶν κατὰ πῆξιν ἀστέρων ἢ κατὰ πάροδον. καὶ εἰ μὲν συσχηματίζεται ἀστέρι κατὰ πῆξιν, δηλοῖ τὸ ἀποτέλεσμα ἔσεσθαι διά τινα προγενομένην

V: **4** ἑτέρῳ ἀστέρι

Isidorus (ϱ): **1** τῆς καταρχῆς] τῇ ἐν τῇ καταρχῇ | τῆς ἐναλλαγῆς] τῇ ἐν τῇ ἐναλλαγῇ || **3** κινήσει || **4** ἐὰν || **4.5** καθ' οἱονδήτινα σχηματισμόν || **5** καὶ ὅτε] ὅταν δὲ || **6** λόγον ἔχων || **8** post δηλοῖ add. τουτέστι || **10** ποδείγματος δὲ χάριν || **11** ὅταν || **13** post καὶ[1] add. τὰ || **16** post εἰρημένων add. καὶ περὶ τούτων || **17** αὐτά om. | post κατά add. τε || **18** τὰ om. || **22** post ἀστέρι add. τῶν

Versio Latina: **3** τινὰ om. || **7** ὧν] cuius || **7.8** significat eandem significationem || **8.9** planetae ac signi || **10** verbi gratia || **14** alias significationes || **16** τὸν μανθάνοντα] addicens (in marg. addiscens) | ἐκ τῶν εἰρημένων om. || **18** definitiones eventuum || **23** eventum | τινα om.

αἰτίαν· εἰ δὲ κατὰ τὴν ἐναλλαγὴν συσχηματίζεται, δηλοῖ διά τινα ἐπιφυεῖ⟨σ⟩αν αἰτίαν. εἰ δὲ οὐδενὶ συσχηματίζεται τῶν κατὰ πῆξιν ἢ κατὰ πάροδον ἀστέρων, δηλοῖ τὸ ἀποτέλεσμα ἔσεσθαι ἐξ ἀπροόπτου αἰτίας.

Isidorus (ϱ): 1 post *δέ* add. *τινι τῶν* || 2 *ἐπιφυεῖσαν* | post *συσχηματίζεται* add. *οὔτε* || 3 post *ἢ* add. *οὔτε τῶν*

Versio Latina: 1 configurantur (sic) planetae || 2 *τινα* om. || 3 *ἀστέρων* om. | eventum

[f. 156] ’ΕΚ ΤΟΥ Θ' ΛΟΓΟΥ

Τμῆμα ζ'. Περὶ τῶν δηλωτικῶν περὶ τῶν ἡμερῶν καὶ τῶν ὡρῶν καὶ τῆς τούτων σημασίας

Τὰς ἡμέρας καὶ τὰς ὥρας εἰς ἐννέα διαιρέσεις διαιροῦμεν· ἀρχόμεθα δὲ ἀπὸ τῶν ἡμερῶν τῶν τῆς ἑβδομάδος δηλωτικῶν, αἵτινες συμφωνοῦσι τῷ ἀριθμῷ τῶν ἑπτὰ ἀστέρων. καὶ ὁ μὲν πρῶτος ἐκ τούτων δηλωτικός ἐστιν ἵνα ἐπιβλέπῃ⟨ς⟩ πρὸς πάσας τὰς ἡμέρας τοῦ κυηθέντος ἀπ’ ἀρχῆς τοῦ καιροῦ τῆς αὐτοῦ γεννήσεως καὶ ἄχρι περαιώσεως ἐνιαυτοῦ. καὶ ἐπιμερίζῃς ταύτας κατὰ τὴν ποσότητα τῶν ἑπτά· καὶ ὅσα γίνονται ἀπὸ τοῦ ἐπιμερισμοῦ, ταῦτά εἰσιν αἱ περίοδοι τῶν ἑβδομάδων· ὅσα δὲ λοιπάζονται πρὸς τὸ ἕβδομον ἀριθμόν εἰσιν ἀπὸ τῶν ἡμερῶν τῆς ἑβδομάδος. ἔπειτα ἵνα ἐπιδώσεις ἑνὶ ἑκάστῳ ἀστέρι μίαν περίοδον ἐξ ἐκείνων τῶν περιόδων, ἀρξάμενος ἀπὸ τοῦ κυρίου τοῦ ὡροσκόπου [τοῦ κυρίου τῆς], ἔπειτα τῷ ὑποκάτωθεν αὐτοῦ ὄντι ἀστέρι, καὶ οὕτως τῷ μετ’ ἐκεῖνον ὄντι ἄχρι οὗ πληρωθῶσιν αἱ περίοδοι ἐκεῖναι καὶ καταντᾷ ὁ ἀριθμὸς πρὸς τὰς ὑπολοίπους [ἐκείνας] ἡμέρας τῆς ἑβδομάδος. καὶ ὁ ἀστὴρ ὁ ἔχων τὰς ἡμέρας ἐκείνας οὕτως κυβερνᾷ τοῦ χρόνου εἰσερχομένου ἐν ταῖς τοιαύταις τοῦ ἀστέρος ἡμέραις· κυβερνᾷ δὲ ὁ ἀστὴρ ἀπ’ ἀρχῆς τοῦ ἔτους ἔστ’ ἂν περαιωθῶσιν αἱ ἡμέραι αὐτοῦ. καὶ οὕτως παραλαμβάνει ὁ μετ’ ἐκεῖνον ἀστήρ, καὶ οὕτως ὁ μετ’ ἐκεῖνον, καὶ καθεξῆς μέχρις ἂν παραλάβῃ ὁ ἀστὴρ ἐκεῖνος ὁ κύριος τὴν ἀρχὴν τοῦ ἔτους κυβερνῶν· καὶ πάλιν [f. 156v] *παραλαμβάνει ὁ μετ’ ἐκεῖνον, ποιῶν οὕτως καθ’ ὅλον τὸν*

P: **1** *λόγου*] *τμήματος* || **2** *τμῆμα*] *λόγος* || **13** *λειπάζονται* || **21** *οὗτος* || **23** *οὗτος*

τῆς ζωῆς αὐτοῦ χρόνον ἔστ' ἂν καταλάβῃ ἡ κυβέρνησις ἐπ' αὐτῷ τῷ ζητουμένῳ ἔτει καὶ ταῖς τοῦ ἔτους ζητουμέναις ἡμέραις. ὅτε κυβερνᾷ τις τῶν ἀστέρων μίαν ἑβδομάδα τῶν ἑβδομάδων, αὐτὸς κυβερνᾷ τὴν πρώτην ἡμέραν τῆς ἑβδομάδος ἐκείνης, καὶ καθεξῆς. εἶτα ὁ ἀστὴρ ὁ ἔχων τὴν ἡμέραν ἐκείνην κυβερνᾷ ἀπὸ τῆς αὐτῆς ἡμέρας τρεῖς ὥρας καὶ τρία ἕβδομα τῆς μιᾶς ὥρας· ὁ δέ γε μετ' αὐτὸν ἀστὴρ κυβερνᾷ καὶ αὐτὸς ὁμοίως· καὶ κατὰ τοῦτον τὸν τρόπον γίνεται καὶ ἡ τῶν ὡρῶν ἑκάστου ἀστέρος κυβέρνησις μέχρι περαιώσεως τῶν κδ ὡρῶν τοῦ νυχθημέρου.

Ὁ δὲ δεύτερος δηλωτικὸς ἵνα ἐπιβλέπῃς πρὸς τὸν κύριον τῆς περιόδου ὡς ἔχει κατὰ τὸ ζητούμενον ἔτος καθὼς εἰρήκαμεν ἐν τῷ πρώτῳ λόγῳ τοῦ ς' τμήματος καὶ δώσεις αὐτῷ ἡμέρας ζ ⟨ἀρξάμενος⟩ ἀπ' αὐτῆς τῆς πρώτης ἡμέρας τῆς ἐναλλαγῆς τοῦ ἔτους· εἶτα ἐπιδώσεις τῷ ἀστέρι τῷ ὑποκάτωθεν ὄντι τῷ κυρίῳ τῆς περιόδου ἑτέρας ἡμέρας ζ, καὶ καθεξῆς ἔστ' ἂν περαιωθῶσι αἱ ἑβδομάδες τῶν ἑπτὰ ἀστέρων. πάλιν ἐπανακάμψεις πρὸς τὸν κύριον τῆς περιόδου ἄχρι συμπληρώσεως τῶν ἡμερῶν τοῦ τοιούτου ἔτους. ⟨ἡ⟩ δὲ κυβέρνησις τῶν ἀστέρων ἡ[ν] κυβερνῶ⟨σα⟩ τὰς ἡμέρας ἑκάστης ἑβδομάδος τῶν ἡμερῶν τούτων ἢ τῶν ὡρῶν αὐτῶν ἔσται ὡς ἡ προλαβοῦσα κυβέρνησις.

Ὁ δὲ τρίτος δηλωτικὸς ἵνα ἐπιβλέπῃς πρὸς πάσας τὰς ἡμέρας τοῦ ἔτους αἵτινές εἰσι τξε καὶ τέταρτον ἡμέρας ἐκτός τινος μέρους τῶν τριακοσίων ἐκ μιᾶς ἡμέρας. καὶ μερίζεις αὐτὰς εἰς ἑβδομάδας αἵτινες καλοῦνται μείζονες ἑβδομάδες, καὶ ἐπιδώσεις μίαν ἑβδομάδα τῶν ἑβδομάδων τῶν ἡμερῶν τοῦ ἔτους αἵτινές εἰσι τῷ ἀριθμῷ δύο ⟨καὶ πεντήκοντα⟩ ἡμέραι καὶ ὧραι δ καὶ ἔγγιστα τοῦ τετάρτου τῆς ὥρας ἀπ' ἀρχῆς τῆς πρώτης ἡμέρας τῆς ἐναλλαγῆς

P: **3** ὅτι ‖ **21** ἡ] lac. c. 1 litt. ‖ **26** τξε] τῆς ε'

Textus Arabicus: **21.22** تدبير الكواكب لايام

τῷ κυρίῳ τοῦ ὡροσκόπου τῆς ἐναλλαγῆς [τῷ κυρίῳ τοῦ ὡροσκόπου τῆς ἐναλλαγῆς]· εἶτα ἐπιδώσει⟨ς⟩ τῷ ἑτέρῳ ἀστέρι τῷ ὑποκάτωθεν αὐτοῦ ὄντι ἑτέραν μίαν ἑβδομάδα, καὶ οὕτως τῷ μετ' αὐτὸν ἔστ' ἂν τελειωθῇ ἡ κυβέρνησις τῶν ἑπτὰ ἀστέρων ἐπὶ ταῖς ὅλαις ἡμέραις τοῦ ἔτους. μερίζεται δ' αὖθις ἑκάστη ἑβδομὰς τῶν ἑβδομάδων τούτων ἐπὶ τοῖς ἑπτὰ ἄστροις πρὸς τὸ ἕβδομον τῆς μείζονος ἑβδομάδος ὅ ἐστιν ἡμέραι ζ καὶ ὧραι ι̅ ἔγγιστα· καὶ καλεῖται ἡ ἑκάστη τούτων ἐλάττων ἑβδομάς. εἶτα παρέχεις τῷ ἀστέρι τῷ κυβερνῶντι τὴν μείζονα ἑβδομάδα τὴν μικρὰν ταύτην ⟨τὴν⟩ πρώτην ἑβδομάδα· εἶτα τὴν δευτέραν ἑβδομάδα τῷ μετ' αὐτόν, καὶ καθεξῆς ὅπως ἡ μεγάλη ἑβδομὰς ἐπὶ τοῖς ζ ἄστροις μερισθῇ. ἡ δὲ κυβέρνησις τῶν ἡμερῶν ἐν ἑκάστῃ ἑβδομάδι τῶν ἐλαττόνων ἑβδομάδων καὶ τῶν ὡρῶν αὐτῶν παρεκβληθήσεται ὡς εἰρήκαμεν.

Ὁ δὲ δʹ δηλωτικὸς ἵνα ἐπιβλέπῃς πρὸς τὰς περιόδους τῶν ἑβδομάδων ὧν πεποίηκας ἐκ πασῶν τῶν ἡμερῶν τοῦ κυηθέντος καὶ τὸ λοιπαζόμενον ἀπὸ τῶν ἡμερῶν τῆς μιᾶς ἑβδομάδος τῶν προρρηθεισῶν παρ' ἡμῶν ⟨καὶ⟩ ἐπιδώσεις ἑνὶ ἑκάστῳ ζῳδίῳ τῶν ζῳδίων περίοδον μίαν ἐξ ἐκείνων τῶν περιόδων· καὶ ἄρξαι ἀπὸ τοῦ ζῳδίου τοῦ κατὰ πῆξιν, εἶτα τῷ τόπῳ τῆς οὐσίας, καὶ οὕτως τῷ οἴκῳ ἢ τῷ τόπῳ τῶν ἀδελφῶν ἄχρι τῶν ι̅β̅ ζῳδίων. εἶτα ἐπανακάμψεις πρὸς τὸν ὡροσκόπον τὸν κατὰ πῆξιν καὶ οὕτως πληρωθῶσιν αἱ περίοδοι ἐκεῖναι καὶ καταντᾷ ὁ ἀριθμὸς πρὸς τὰς ἐπιλοίπους τῆς ἑβδομάδος ἡμέρας καὶ τὸ ζῴδιον τὸ ἔχον τὰς ἡμέρας ἐκείνας. εἰσέρχεται ⟨δὲ⟩ ὁ χρόνος ἐν τῇ ἑβδομάδι αὐτοῦ καὶ κυβερνᾷ τὸ ζῴδιον ἐκεῖνο ἀπ' ἀρχῆς τοῦ ἔτους τὰς ὑπολοίπους τῆς ἑβδομάδος ἐκείνης ἡμέρας· εἶτα ἡ μετ' ἐκείνην τὴν ἑβδομάδα ἑβδομὰς [f. 157] ἔσται εἰς κυβέρνησιν τοῦ ζῳδίου τοῦ μετ' ἐκεῖνο τὸ ζῴδιον, καὶ οὕτως τὸ μετ' ἐκεῖνο. ὡσαύτως ἔσονται αἱ περίοδοι τῶν ἑβδομάδων τῶν ἡμερῶν ἐπὶ τοῖς ζῳδίοις καθ' ὅλον τὸ ἔτος καὶ τὸν τῆς ζωῆς τοῦ

P: **10** κυβερνοῦντι || **15** παρεκηλήσκεται || **21** ἄρξῃ || **34** τῶν ζῳδίων

ἀνθρώπου χρόνον σύμπαντα [χρόνον]. καὶ ὅτε τι τῶν ζῳδίων κυβερνᾷ ἑβδομάδα μίαν τῶν ἑβδομάδων, αὐτὸ κυβερνᾷ ἀπ᾽ ἀρχῆς τῆς ἑβδομάδος ἐκείνης ὥρας ιδ· εἶτα τὸ μετ᾽ ἐκεῖνο ζῴδιον κυβερνᾷ κατὰ τὸν αὐτὸν ἀριθμὸν τῶν ὡρῶν, καὶ κατὰ τοῦτον τὸν τρόπον ἔσται ἡ κυβέρνησις τῶν λοιπῶν ζῳδίων καθεξῆς ἕως οὗ πληρωθῇ ἡ ἑβδομὰς τοῦ ζῳδίου ἐκείνου.

Ὁ δὲ ε′ δηλωτικός ἐστιν ἵνα ὑφέλῃς ἀπὸ πασῶν τῶν ἡμερῶν τοῦ κυηθέντος δωδεκάδας πρὸς τὸν τῶν ζῳδίων ἀριθμόν, καὶ αἱ ἀπολειφθεῖσαι ἡμέραι ἐλάττονες τῶν δώδεκα ἀπολύονται ἀπὸ τοῦ κατὰ πῆξιν ὡροσκόπου, παρέχων ἑκάστῳ ζῳδίῳ ἡμέραν μίαν· καὶ ἐν ᾧ ζῳδίῳ καταντᾷ ὁ ἀριθμός, ἐκεῖνό ἐστι τὸ τὴν ἡμέραν κυβερνῶν ἐκείνην. τὸ τοιοῦτον ζῴδιόν ἐστι τὸ κυβερνῶν αὐτὴν τὴν ἡμέραν τῆς [τῆς] τοῦ ἔτους εἰσόδου. εἶτα ἐπιδώσεις τῷ ζῳδίῳ ἐκείνῳ ἀπ᾽ ἐκείνης τῆς ἡμέρας κυβέρνησιν ὡρῶν δύο, καὶ τῷ μετ᾽ ἐκεῖνο κυβέρνησιν ἑτέρων ὡρῶν β, καὶ οὕτως ποιήσεις ἔστ᾽ ἂν ἀποπληρωθῶσιν αἱ κδ ὧραι πρὸς τὰ ιβ ζῴδια. ἐπιβλέπε δὲ πρὸς τοὺς πάντας τρόπους τούτους τοὺς ἐν ταῖς ἑβδομάσι καὶ πρὸς τὴν ἡμέραν τοῦ ζῳδίου τοῦ ἔτους. καὶ εἰ μὲν ὁ κύριος τῆς ἑβδομάδος τοῦ ἔτους καὶ ὁ κύριος τῆς ἡμέρας τοῦ ζῳδίου αὐτοῦ ὦσιν ἀγαθοποιοὶ ἐν διαθέσει ἀγαθῇ, δηλοῦσι τὸ ἀγαθὸν ἐν ἐκείνῳ τῷ ἔτει· εἰ δὲ ὦσι κακοποιοὶ καὶ ἐν διαθέσει κακῇ, δηλοῦσι τὸ κακόν. ὡσαύτως δηλοῦσιν ὅτε κυβερνῶσί τινας τῶν ἑβδομάδων καὶ τῶν ἡμερῶν.

Ὁ δὲ ς′ δηλωτικὸς ἵνα ἐπιβλέπῃς ἐν τῇ ἐναλλαγῇ τοῦ ἔτους πρὸς τὴν μοῖραν τοῦ ζῳδίου πρὸς ὃ καταντᾷ τὸ ἔτος ἀπὸ τοῦ κατὰ πῆξιν ὡροσκόπου. καὶ εἰ μέν ἐστιν ἐν ἐκείνῃ τῇ μοίρᾳ σῶμα ἀστέρος ἢ ἀκτίς, ἔσται ἡ κυβέρνησις τῶν ἡμερῶν ἐκείνων κυβέρνησις τοῦ τοιούτου ἀστέρος ἔστ᾽ ἂν καταντηθῇ ὑφ᾽ ἑτέρου ἀστέρος ⟨κατὰ⟩ σῶμα ἢ ἀκτῖνα· εἰ δὲ οὐχ εὑρεθῇ σῶμα ἢ ἀκτὶς ἀστέρος, ἔστιν κυβερνήτης ὁ ὁριοκράτωρ τῆς μοίρας ἐκείνης ἔστ᾽ ἂν

P: **5** ἡμερῶν || **10** ἐλάττους || **13** κυβερνοῦν

εὑρεθῇ σῶμα ἀστέρος ἢ ἀκτίς. αἱ δὲ ἡμέραι τῆς κυβερνήσεως ἐπιγινώσκονται οὕτως· ἵνα ἐπιβλέπῃς τὴν ὑπεροχὴν τὴν μέσον τῆς μοίρας τοῦ καταντήματος καὶ τοῦ σώματος ἢ τῆς ἀκτῖνος τοῦ ἀστέρος, καὶ τὰς εὑρεθείσας μοίρας καὶ τὰ λεπτὰ πολλαπλασιάσεις ἐπὶ ἡμέρας ιβ καὶ λεπτὰ ι καὶ δευτερόλεπτα λ, ἅτινά εἰσιν ἕκτον μιᾶς ἡμέρας καὶ ἥμισυ ἐκ τοῦ δεκάτου ⟨τοῦ ἕκτου⟩ μιᾶς ἡμέρας, καὶ ἐπὶ τῷ ἀναβιβασθέντι ποσῷ καταντᾷ ἡ κυβέρνησις κατὰ τὸν ἀριθμὸν ἐκείνων τῶν ἡμερῶν τῶν ἀριθμουμένων ἀπ᾽ ἀρχῆς τῆς πρώτης ἡμέρας τῆς ἐναλλαγῆς. καὶ εἰ μὲν ὁ ἀστὴρ πρὸς ὃν καταντᾷ ἡ κυβέρνησίς ἐστιν ἀγαθοποιός, δηλοῖ τὸ ἀγαθὸν ἐν ἐκείνῳ τῷ καιρῷ ἕστ᾽ ἂν κυβερνᾷ· εἰ δὲ κακοποιός, δηλοῖ τὸ κακόν. ὡσαύτως ποιήσεις τὸν περίπατον τῶν μηνῶν τῶν ζῳδίων πρὸς ἣν μοῖραν καταντᾷ τὸ ἔτος ἀπό τε τοῦ πατρικοῦ κλήρου καὶ τοῦ μητρικοῦ, καὶ ἀπὸ πάντων τῶν κλήρων καὶ τῶν οἴκων ἤτοι τῶν τόπων αὐτῶν κατὰ πῆξιν, λογιζόμενος ὑπὲρ ἑκάστου ζῳδίου ἔτος ἕν· πρὸς δήλωσιν δὲ τῶν ἡμερῶν τῆς κυβερνήσεως τοῦ τε ἀγαθοῦ καὶ τοῦ ἐναντίου πολλαπλασιαζόμεναι [δὲ] αἱ λ μοῖραι τοῦ ζῳδίου τοῦ καταντήματος ἐπὶ ταῖς ῥηθείσαις ιβ ἡμέραις καὶ ι λεπτοῖς ⟨καὶ λ δευτερολέπτοις⟩ γίνονται ἡμέραι τξε τέταρτον, αἱ ἡμέραι δηλονότι τοῦ ἔτους ἔγγιστα. καὶ δῆλον ἐκ τούτου ὅτι ἑκάστῃ μοίρᾳ τοῦ καταντήματος ἀναλογοῦσιν ἡμέραι ιβ καὶ ὧραι δ πέμπτον, αἵτινες ἡμέραι ὀνομάζονται μέγισται.

Ὁ δὲ ζʹ δηλωτικὸς ἐπιγινώσκεται οὕτως· ἵνα ἐπιβλέπῃς τὴν μοῖραν τοῦ ὡροσκόπου τῆς ἐναλλαγῆς τοῦ ἔτους καὶ ποιῇς τὴν περίοδον αὐτῆς, παρέχων ἑκάστῃ ἡμέρᾳ λεπτὰ νθ καὶ δευτερόλεπτα η πρὸς τὸ ἐπιγνῶναι τὰς διαθέσεις τῶν ἡμερῶν. [f. 157ᵛ] ποιῇς δὲ τοῦτο ἀπ᾽ αὐτῆς τῆς ἀρχῆς τῆς μοίρας τοῦ ὡροσκόπου τῆς ἐναλλαγῆς ἕστ᾽ ἂν ἐπανακάμψῃς αὖθις πρὸς αὐτὴν κατὰ τὸ τέλος τοῦ ἔτους. εἰ δὲ εὑρεθῇ κατ᾽ αὐτὴν τὴν μοῖραν τοῦ ὡροσκόπου τῆς ἐναλλαγῆς σῶμα ἀστέρος ἢ ἀκτίς, ἔσται ἡ κυβέρνησις τῆς μοίρας τοῦ ὡροσκόπου κυβέρνησις τοῦ αὐτοῦ ἀστέρος ἕστ᾽ ἂν συναντᾷ σῶμα ἑτέρου ἀστέρος ἢ ἀκτῖνα· εἰ δ' οὐχ εὑρεθῇ σῶμα ἀστέρος ἢ ἀκτὶς ἐν τῇ μοίρᾳ τοῦ ὡροσκόπου, κυβερνήτην ἕξομεν τὸν ὁριοκράτορα τῆς τοιαύτης μοίρας ἔστ' ἂν συναντᾷ ἡ μοῖρα πρὸς σῶμα ἢ ἀκτῖνα ἀστέρος. οὕτως γὰρ ὀφείλεις ποιεῖν πρὸς πάντας τοὺς περιπάτους τῶν ἀστέρων καὶ τῶν κλήρων καὶ τῶν τόπων ἐν τοῖς $\overline{\iota\beta}$ ζῳδίοις ἐπὶ ταῖς ἡμέραις δηλονότι τοῦ ὅλου ἐνιαυτοῦ. καλεῖται δὲ ἡ τοιαύτη κυβέρνησις τῶν μικρῶν ἡμερῶν· ἡ χρῆσις δὲ αὕτη ἐστὶ χρησιμωτάτη διὰ τὸ γίνεσθαι ταύτην κατὰ τὴν ἀνώμαλον κίνησιν τοῦ Ἡλίου ἐφ' ἑκάστῃ ἡμέρᾳ, οὐ πάνυ δὲ ἀκριβεστάτη διὰ τὸ τὸν Ἥλιον πατεῖν ποτε μὲν ἐπέκεινα τῆς μοίρας, ποτὲ δὲ ἔλαττον, τέως δ' οὖν οὐ πολλὴ ἡ διαφορά. ὅτε δὲ καταντᾷ ἡ κυβέρνησις πρὸς ἀγαθοποιὸν ἀστέρα ἤ ἐστιν ἀγαθοποιὸς ἀστὴρ ὁ κυβερνῶν ἀπὸ τῶν ὁρίων, σημαίνει ἀγαθά· εἰ δὲ ἐναντίος, ἐναντία.

Ὁ δὲ η' δηλωτικὸς ὁ κυβερνῶν τὰς ἡμέρας τῶν μηνῶν καὶ τὰς ὥρας ἀπὸ τῶν ζῳδίων γινώσκεται κατὰ τρόπους δύο. κατὰ μὲν τὸν πρῶτον ἵνα ἐπιβλέπῃς πρὸς τὴν μοῖραν τοῦ ζῳδίου πρὸς ἣν καταντᾷ ὁ μὴν ἀπὸ τῶν τεσσάρων κεφαλαιωδῶν δηλωτικῶν καὶ πρὸς τὴν μοῖραν τοῦ ὡροσκόπου τοῦ μηνὸς καὶ τὴν μοῖραν τοῦ κλήρου τῆς τύχης τοῦ μηνὸς καὶ τὴν μοῖραν τῆς Σελήνης τοῦ μηνός· καὶ ποιῇς τὸν περίπατον ἑκάστου τούτων λογιζόμενος ἐπὶ ἑκάστῃ μοίρᾳ ἡμέραν μίαν μέχρι περαιώσεως τῶν $\overline{\lambda}$ ἡμερῶν. καὶ εἰ μὲν βουλόμεθα τὸν περίπατον τοῦ μηνὸς τοῦ ὡροσκόπου ποιῆσαι ὡς εἴρηται, ὀφείλομεν ποιῆσαι ὡς ἀγαθὰ σημαίνειν καταντήσαντα ἐπὶ ἀγαθοποιούς, ὥσπερ ἐναντία καταντήσαντα ἐπὶ κακοποιούς. τὸν αὐτὸν οὖν περίπατον ὀφείλεις ποιεῖν καὶ ἐπὶ τοῖς λοιποῖς $\overline{\iota\alpha}$ τόποις τοῦ θέματος. κατὰ δὲ τὸν δεύτερον τρόπον ἵνα ἐπιβλέπῃς πρὸς τοὺς ῥηθέντας δηλωτικοὺς καὶ ποιῇς ἀπ' ἀρχῆς τοῦ τόπου ἑνὸς ἑκάστου τούτων μερισμὸν πρὸς δύο ἥμισυ ἡμέρας ἑκάστῳ ζῳδίῳ, ἀπαριθμῶν τὰς $\overline{\lambda}$ ἡμέρας διὰ τῶν $\overline{\iota\beta}$ ζῳδίων, καὶ ἐπιγινώσκῃς ἑκάστου

P: **32** ἑνὶ ἑκάστῳ || **34** ἐπιγινώσκειν || **34**—p. 235,1 ἕκαστον μερισμὸν

μερισμοῦ τῶν $\overline{β}$ ἥμισυ ἡμερῶν τὸ σημαντικὸν τὸ τοιοῦτον [δύο ἥμισυ ἡμερῶν] ζῴδιον. εἶτα ὀφείλεις ποιεῖν ἕτερον μερισμὸν λεπτότερον οἷον [ὅτι] ἵνα μερίσῃς τὰς $\overline{β}$ ἥμισυ ἡμέρας τὰς γινομένας ὥρας $\overline{ξ}$ ἐπὶ τοῖς $\overline{ιβ}$ ζῳδίοις, καὶ ἀναλογοῦσιν ἑκάστῳ ζῳδίῳ ὧραι $\overline{ε}$. πάρασχε οὖν τὰς τοιαύτας πρώτας $\overline{ε}$ ὥρας τῷ ὡροσκόπῳ, τὰς δὲ μετ᾽ αὐτὰς ἑτέρας $\overline{ε}$ ὥρας τῷ δευτέρῳ ζῳδίῳ, καὶ καθεξῆς μέχρι περαιώσεως τῶν $\overline{ιβ}$ ζῳδίων καὶ τῶν $\overline{ξ}$ ὡρῶν. ὅτε δὲ εὑρεθῇ μὴν ἔχων ἡμέρας $\overline{λα}$, ἐπανάκαμψον ἐπὶ τῇ λα′ ἡμέρᾳ καὶ ποίησον τὴν χρῆσιν καθὼς ἄρα πεποίηκας αὐτὴν κατὰ τὴν α′ ἡμέραν τοῦ μηνός, καὶ οὕτως προχώρει ἐπὶ τὴν ἀρχὴν τοῦ ἑτέρου μηνός, καὶ καθεξῆς. τῇ αὐτῇ οὖν χρήσει χρῆσαι ἐπὶ τοῖς $\overline{η}$ δηλωτικοῖς εἴπερ βούλεσαι λεπτοτέραν διαγνῶναι διάγνωσιν. καὶ ὅτε εὑρεθῇ εἶναι τῶν τε ἡμερῶν καὶ τῶν ὡρῶν κυβερνήτην ἀγαθοποιὸν ἀστέρα, ὑπόφαινε ἀγαθά· εἰ δὲ κακοποιόν, ἐναντία.

Ὁ δὲ θ′ δηλωτικὸς κυβερνᾷ τὰς ἡμέρας τῶν μηνῶν καὶ τὰς ὥρας διὰ τῶν ἐννατημορίων ἤτοι τῶν νουπαχράτων, ὧν ἡ ἀρχὴ λαμβάνεται ἐν τῇ τοῦ ἔτους εἰσόδῳ. λαμβάνεται δὲ ἀπὸ τῶν τριῶν, ἤγουν ἀπὸ τοῦ ζῳδίου τοῦ καταντήματος, ἀπὸ τοῦ ὡροσκόπου τῆς ἐναλλαγῆς τοῦ ἔτους, καὶ ἀπὸ τῆς Σελήνης. κατὰ τὸ μὲν [τὸ] ἀπὸ τοῦ ζῳδίου τοῦ καταντήματος ὀφείλεις ποιεῖν οὕτως· ἵνα ἐπιβλέπῃς πρὸς τὸν κύριον τοῦ κατα⟨ντήματος⟩ ὅς ἐστιν κύριος τοῦ πρώτου ἐννατημορίου [τοῦ ἀπαντήματος] τοῦ ζῳδίου ὡς οἱ Ἰνδοὶ δοξάζουσι, καθὼς ἐδηλώσαμεν ἐν τῷ τρίτῳ τμήματι ταύτης τῆς βίβλου. καὶ ποιήσῃς κυβερνήτην τοῦ α′ ἐννατημορίου τοῦ ζῳδίου τοῦ καταντήματος αὐτὸν τὸν κύριον τοῦ ζῳδίου, τοῦ δὲ δευτέρου ἐννατημορίου αὐτὸν τὸν κύριον [f. 158] τοῦ δευτέρου ζῳδίου ἀπὸ τοῦ καταντήματος, τοῦ δὲ τρίτου ἐννατημορίου αὐτὸν τὸν κύριον τοῦ τρίτου ζῳδίου ἀπὸ τοῦ καταντήματος, καὶ καθεξῆς ἔστ᾽ ἂν τελεσθῶσι τὰ $\overline{θ}$ ἐννατημόρια τοῦ ζῳδίου ἐπὶ τὸν α′ μῆνα. ἔπειτα μεταβαίνει ἡ κυβέρνησις κατὰ τὸν κύριον

P: **1** τοῦ τοιούτου || **4** $\overline{ξ}$] ζ′ || **8** $\overline{ξ}$] ζ′ || **9** ἡμέραν || **13** χρῆσον || **17** κυβερνῶν

⟨τοῦ⟩ μηνὸς ἐπὶ τὴν ἀρχὴν τοῦ ζῳδίου ⟨τοῦ⟩ δευτέρου ἀπὸ τοῦ καταντήματος, καὶ κυβερνᾷ αὐτὸν ὁ κύριος τοῦ πρώτου ἐννατημορίου τοῦ ζῳδίου, καὶ τοῦ δευτέρου ἐννατημορίου ὁ κύριος τοῦ τοιούτου ἐννατημορίου ὡς ἐδιδάχθης ἔστ' ἂν ἀπαριθμῶσιν ἐπὶ τὸν δεύτερον ὅλον μῆνα τὰ ϑ̅ ἐννατημόρια τοῦ τοιούτου ζῳδίου. ἡ αὐτὴ χρῆσις ὀφείλει γίνεσθαι καὶ ἐπὶ τοῖς λοιποῖς ζῳδίοις καὶ μησὶν ὥστε γενέσθαι τὸν μερισμὸν τῶν ρ̅η̅ ἐννατημορίων ἐπὶ τοῖς ι̅β̅ μησίν, τοῦ πρώτου ἐννατημορίου τοῦ ζῳδίου κυβερνῶντος τὸν ὅλον μῆνα καθὼς προείπομεν. εἰ δὲ βουληθῶμεν λεπτοτέραν τὴν ψῆφον ποιῆσαι, μερίζομεν τὸν ἀριθμὸν τοῦ ἑνὸς ἐννατημορίου εἰς τρία μέρη ἴσα, ἑκάστῃ δηλονότι μερίδι ⟨λογιζόμενοι⟩ ἡμέραν μίαν καὶ ἔννατον ἡμέρας· καὶ τὴν μὲν πρώτην ἡμέραν κυβερνᾷ τὸ πρῶτον ἐννατημόριον τοῦ ζῳδίου ἤτοι ὁ κύριος αὐτοῦ ⟨τοῦ⟩ ἐννατημορίου, τὴν δευτέραν ὁ κύριος τοῦ ε' ζῳδίου, τὴν τρίτην ὁ κύριος τοῦ ἐννάτου ζῳδίου. εἰ δὲ βουληθῶμεν λεπτοτέραν τὴν ψῆφον καὶ αὖθις ποιῆσαι, μερίζομεν αὐτὴν τὴν μίαν ἡμέραν καὶ τὸ ἔννατον τῆς ἡμέρας εἰς μέρη ϑ̅. καὶ κυβερνᾷ ἕκαστον ἐννατημόριον τοῦ μερισμοῦ τοῦ τοιούτου ἕκαστος ἀστὴρ οὕτως· τοῦ μὲν πρώτου ἐννατημορίου ὁ κύριος αὐτοῦ τοῦ πρώτου ἐννατημορίου τοῦ μερισμοῦ τῶν ὡρῶν, τοῦ δευτέρου ὁ δεύτερος, καὶ καθεξῆς καθὼς εἰρήκαμεν ἐπὶ ταῖς ἡμέραις. εἰ δὲ βουληθῶμεν λεπτοτέραν ψῆφον ποιῆσαι, μερίζομεν πάλιν ἐπὶ ϑ̅ τὰς τοιαύτας ὥρας τοῦ ἐννατημορίου, καὶ εὑρίσκομεν τὸν μερισμὸν τῶν λεπτῶν τῶν ὡρῶν, καὶ χρώμεθα καὶ ἐπὶ τούτοις χρήσει οἵαν ἐδηλώσαμεν ἐπὶ ταῖς ἡμέραις καὶ ταῖς ὥραις. αἱ ῥηθεῖσαι γοῦν τρεῖς τρίτον μοῖραι ἑκάστου ἐννατημορίου γίνονται ἡμέραι γ̅ καὶ ὧραι ϑ̅ ἕκτον, ἅτινα πολλαπλασιαζόμενα ἐπὶ τοῖς ϑ̅ ἐννατημορίοις γίνονται ἡμέραι λ̅ καὶ ὧραι ι̅ ἥμισυ. ὁ αὐτὸς γοῦν ἀριθμὸς παρὰ τοῖς Ἰνδοῖς ἐστι ἑκάστου μηνός, διότι ποιοῦσι τὰς ἡμέρας τῶν ὅλων μηνῶν τῶν γενεθλιακῶν ἐτῶν ἴσας ὥστε μὴ εἶναι τὸν

P: 2 αὐτός

ἕνα μῆνα ἐλάττονα ἢ μείζονα τοῦ ἑτέρου. πολλαπλασιαζόμεναι δὲ αἱ λ̅ ἡμέραι καὶ αἱ δέκα ἥμισυ ὧραι ἑκάστου μηνὸς ὡς εἴρηται ἐπὶ τοῖς ι̅β̅ μησὶ γίνονται ἡμέραι τ̅ξ̅ε̅ τέταρτον, τοῦ ἡλιακοῦ ἔτους ἔγγιστα· αἱ δέ γε παρ' ἡμῶν ῥηθεῖσαι πᾶσαι ὧραι ἰσημεριναί εἰσιν.

Ὑπόδειγμα τῆς τοιαύτης χρήσεως. κατήντησεν ἔτος τινὸς ἀνθρώπου ἐπὶ κ̅ μοίραις Ταύρου· ἔστι δὲ ὁ κύριος τοῦ πρώτου ἐννατημορίου τοῦ Ταύρου Κρόνος ὁ κύριος δηλονότι τοῦ Αἰγοκέρωτος, ὃς Κρόνος κύριος ⟨ἦν⟩ [ἐπὶ] τοῦ ἔτους, καὶ κυβερνᾷ ἡμέρας γ̅ καὶ ὥρας ϑ̅ ἕκτον. βουλόμενοι δὲ ποιῆσαι λεπτοτέραν τὴν χρῆσιν, ἐμερίσαμεν τὸ τοιοῦτον ἐννατημόριον εἰς τρία μέρη, καὶ ἀναλογοῦσιν ἑκάστῃ μερίδι μοῖρα α̅ λεπτὰ ς̅ καὶ δευτερόλεπτα μ̅. καὶ ὁ μὲν Κρόνος ὁ κύριος τοῦ Αἰγοκέρωτος καὶ ὁ κύριος τοῦ πρώτου ἐννατημορίου κυβερνᾷ τὴν πρώτην μερίδα ἥτις ἐστὶν ὡρῶν κ̅ζ̅ καὶ ἥμισυ ἐννάτου· ἡ δὲ Ἀφροδίτη ἡ κυρία τοῦ Ταύρου τοῦ ε' δηλονότι ζῳδίου ἀπὸ τοῦ Αἰγοκέρωτος κυριεύει τοῦ δευτέρου μέρους, ἀριθμοῦ δηλονότι ὡρῶν ὅσων εἰρήκαμεν· τῆς δὲ τρίτης μερίδος κυβερνᾷ ὁ Ἑρμῆς ὁ κύριος τῆς Παρθένου τοῦ ϑ' δηλονότι ζῳδίου ἀπὸ Αἰγοκέρωτος. εἰ δὲ βουληθῶμεν λεπτοτέραν τὴν χρῆσιν ποιῆσαι, μερίσομεν τὴν τοιαύτην ἑκάστην μερίδα ἐπὶ ἐννέα, καὶ γίνεται ἑκάστη μερὶς λεπτὰ ζ̅ δευτερόλεπτα κ̅ε̅ καὶ τριτόλεπτα λ̅γ̅, γινόμενα ὧραι γ̅ καὶ μέρος τι. καὶ κυβερνᾷ ὁ ⟨Κρόνος ὁ⟩ κύριος τοῦ Αἰγοκέρωτος καὶ ὁ κύριος τοῦ πρώτου ἐννατημορίου τὴν πρώτην ταύτην μερίδα, τῆς δὲ δευτέρας μερίδος καὶ αὖθις ὁ Κρόνος ὁ κύριος τοῦ Ὑδροχόου καὶ κύριος τοῦ β' ἐννατημορίου, τῆς δὲ τρίτης μερίδος [f. 158v] *ὁ Ζεὺς ὁ κύριος τῶν Ἰχθύων καὶ κύριος τοῦ τρίτου ἐννατημορίου· κατὰ τοῦτον γοῦν τὸν τρόπον ὀφείλεις ἐπιγνῶναι τοὺς κυρίους τῶν ἐννατημορίων πάσης χρήσεως.*

Ἀλλὰ καὶ τοῖς ἐννατημορίοις τοῦ ὡροσκόπου τῆς ἐναλ-

P: 5 *ἰσημερικαί*

λαγῆς οὕτως ὀφείλεις χρήσασθαι καθὼς προειρήκαμεν ἐπὶ τῷ ζῳδίῳ τοῦ καταντήματος, ποιῶν τὴν ἀρχὴν τῆς κυβερνήσεως τοῦ ἐννατημορίου ἀπ᾿ ἀρχῆς τοῦ τοιούτου ζῳδίου τοῦ ὡροσκόπου, καθὼς ἐδηλώσαμεν καὶ ἐπὶ τῷ καταντήματι, μὴ ἀποβλέπων πρὸς τὰς εὑρεθείσας τοῦ ζῳδίου μοίρας. τὴν δὲ Σελήνην ὀφείλεις ἰδεῖν ἐν τῇ ἐναλλαγῇ τοῦ ἔτους ἐν ποίῳ ἐννατημορίῳ ὑπάρχῃ ἀπὸ τῶν ἐννατημορίων τῆς μοίρας τοῦ ζῳδίου ἐν ᾧ ἐστιν, καὶ ποιεῖν τὴν ἀρχὴν τῆς κυβερνήσεως τῶν ἡμερῶν ἀπ᾿ ἐκείνου τοῦ ἐννατημορίου τῆς μοίρας τῆς Σελήνης τοῦ λεγομένου νουπάχρατις. εἶθ᾿ οὕτως χρήσῃ⟨ς⟩ τοῖς λοιποῖς καθὼς ἄρα ἐδηλώσαμεν ἐπὶ τῷ ζῳδίῳ τοῦ καταντήματος. ἀλλὰ καὶ ἐπὶ τοῖς ἐννατημορίοις [τοῖς λοιποῖς ἄστροις] τῶν λοιπῶν ἀστέρων οὕτως ὀφείλεις ποιεῖν τὴν χρῆσιν καθὼς εἰρήκαμεν καὶ ἐπὶ τῆς Σελήνης ὥστε λαμβάνειν τὴν ἀρχὴν τοῦ ἐννατημορίου ἀπ᾿ αὐτῆς τῆς μοίρας τοῦ ἀστέρος.

Ἐπὶ πᾶσι δὲ τοῖς παρ᾿ ἡμῶν ῥηθεῖσιν ἐνταῦθα ἐννέα τρόποις περὶ τῆς κυβερνήσεως τῶν ἀστέρων ἐπί τε ταῖς ἑβδομάσι καὶ ταῖς ἡμέραις καὶ ταῖς ὥραις κατὰ τούτους τοὺς δύο λόγους ἔσται ἡ σημασία τοῦ κυβερνῶντος ἀστέρος· καθ᾿ ἕνα μὲν λόγον τὸ φανῆναι ἐν ἐκείνῳ τῷ καιρῷ τὸ κατὰ πῆξιν σημανθὲν εἴτε κατὰ τὸν ἐνιαυτὸν εἴτε κατὰ τὸν μῆνα, καθ᾿ ἕτερον δὲ τὸ φανῆναι μὲν μέρος τοῦ σημανθέντος κατὰ τὸν τοιοῦτον καιρὸν ἀπὸ τῆς σημασίας τῆς οἰκείας φύσεως τῆς διαθέσεως ἧς εὑρεθῇ ἔχων, ἐπὶ πράγμασί τισι ταχέ[ι]ως ἀλλοιούμενον ὥσπερ ὑπὸ εὐνοιῶν τινων καὶ λογισμῶν καὶ φροντίδων καὶ ὁραμάτων. ὅτε δὲ καταλάβῃ ὁ Ἥλιος πρὸς τὴν σημασίαν τῆς ἑβδομάδος ἢ τῆς ἡμέρας ἢ τῆς ὥρας, ἐπενέγκῃ κυρίως τὴν προρρηθεῖσαν σημασίαν, εἴτε ἀγαθή ἐστιν εἴτε ἐναντία. ὅτε δὲ ἡ σημασία τῆς ἑβδομάδος ἢ τῆς ἡμέρας ἢ τῆς ὥρας ἢ αὐτῆς τῆς Σελήνης καταλάβῃ ἔν τισι καιροῖς πρός τινα τῶν ἀπλανῶν ἀστέρων ἢ ἔχει τινὰ συνοικείωσιν καὶ ἀναλογίαν παρὰ τὰς μορφώσεις τῶν $\overline{\lambda\varsigma}$ ζῳδίων τῶν τε βορείων καὶ τῶν

P: **20** διὰ λόγους

νοτίων ὥστε ἵνα καταλάβῃ ὁ τῆς ἑβδομάδος δηλωτικὸς ἢ τῆς ἡμέρας ἢ τῆς ὥρας ἐν μορφῇ τινι, φανερωθήσεται μέρος τι τῆς σημασίας ἐκείνου τοῦ πράγματος. εἰ δὲ καταλάβῃ εἷς τῶν δηλωτικῶν ἐκ τούτων ἐν μοίρᾳ δηλούσᾳ εὐδαιμονίαν ἢ ἐν μοίραις φωτειναῖς ἢ ἐν δεκανοῖς χρωμένοις κατὰ τὸ δερπεζᾶν ἢ ἐν νουπαχράτοις ἢ ἐν δωδεκατημορίοις ἢ ἀκτῖσι τῶν ἀγαθοποιῶν ἢ ἐν κυβερνήσει τινῶν τῶν δηλούντων ἀγαθά, δηλοῖ τινα ὀλίγην προσθήκην εὐδαιμονίας ἐν ἐκείνῳ τῷ καιρῷ· εἰ δὲ ἐν ταῖς σκοτειναῖς μοίραις καταλάβῃ ὁ δηλωτικὸς ἢ ἐν μοίρᾳ κενῇ ἢ νεφελοειδεῖ ἢ ἐν ἀκτῖσι καὶ κλήροις καὶ τόποις κακοῖς, δηλοῖ ἐναντία.

Ἡ δὲ ἐναλλαγὴ τῶν ἡμερῶν καὶ ὡρῶν γίνεται ⟨οὕτως⟩. ὅταν ὁ Ἥλιος καταλάβῃ ἐπὶ τὴν δευτέραν μοῖραν ⟨ἀπὸ⟩ τῆς κατὰ πῆξιν πρώτης μοίρας, τότε γίνεται ἡ ἐναλλαγὴ τῆς β′ ἡμέρας, χρώμενος ταῖς μοίραις ἀντὶ ἡμερῶν· ἀλλὰ καὶ ἐπὶ ταῖς ἐναλλαγαῖς τῶν ὡρῶν, τότε γίνεται ἡ ἐναλλαγὴ τῆς β′ ὥρας ὅτε κινηθῇ ὁ Ἥλιος λεπτὰ β̅. εἰ δ' ἴσως βουληθῶμεν ποιῆσαι ἐναλλαγὴν ἡμερῶν καὶ ὡρῶν καὶ εὑρεῖν ὡροσκόπον τῆς τοιαύτης ἐναλλαγῆς καὶ τὰς ἐποχὰς τῶν ἀστέρων, ὀφείλομεν ποιῆσαι καθὼς προεδηλώσαμεν, κἂν οὐκ ἔστι ἀναγκαία ἡ τούτων χρῆσις ὡς ἀρκούντων τῶν ῥηθέντων πάντων ἐν τοῖς δηλωθεῖσι ἐννέα δηλωτικοῖς περί τε τῶν ἡμερῶν ⟨καὶ⟩ τῶν ὡρῶν καὶ τῶν λεπτῶν.

P: **11** δηλοῦσι

APPENDIX 1

(cf. 3, 9, pp. 170–176)

. . . ἀλλὰ τοὺς αὐτῇ τῇ μιᾷ μοίρᾳ ἀνήκοντας. εὑρίσκονται δὲ οὗτοι τῶν ἔγγιστα ἐλαττόνων ἀφαιρουμένων ἀπ᾿ αὐτῶν τῶν παρακειμένων τῇ ζητουμένῃ μοίρᾳ. οἷον ἔσται ζητεῖν ἡμᾶς πόσοι εἰσὶν οἱ ὀφείλοντες παρακεῖσθαι τῇ α' μοίρᾳ τοῦ Ταύρου ἀναφορικοὶ χρόνοι. καὶ ἐπειδὴ ἐν τῷ κανόνι τῶν ἀναφορικῶν χρόνων ἐπί τινος κλίματος – φέρε εἰπεῖν τοῦ διὰ Ῥόδου – τῇ αὐτῇ μοίρᾳ τοῦ Ταύρου παράκεινται κατ᾿ ἐπισυναγωγὴν χρόνοι ιθ νδ, ἐκ τούτων ἀφαιρουμένων τῶν ἔγγιστα ἐλαττόνων ιθ ιβ ἤγουν τῶν τῇ λ' τοῦ Κριοῦ παρακειμένων, λείπονται ο μβ· καὶ οὗτοί εἰσιν οἱ ἀνήκοντες αὐτῇ τῇ α' μοίρᾳ τοῦ Ταύρου.

Ἵνα δ᾿ ἐξ ἐφόδου τὰς τοιαύτας χρονικὰς διαιρέσεις λαμβάνωμεν, ἐκθετέον ταύτας πινακικῶς· καὶ ἔστωσαν αὗται·

πρώτου τριγώνου – Κριοῦ, Λέοντος, Τοξότου

πρώτου ἐνάτου τριῶν μεριδῶν πρώτης διαιρέσεως κύριοι Ἄρης, Ἥλιος, Ζεύς.
β' διαιρέσεως Ἥλιος, Ζεύς, Ἄρης
τρίτης Ζεύς, Ἄρης, Ἥλιος

δευτέρου ἐνάτου α' διαιρέσεως κύριοι Ἀφροδίτη, Ἑρμῆς, Κρόνος
δευτέρας διαιρέσεως Ἑρμῆς, Κρόνος, Ἀφροδίτη
τρίτης διαιρέσεως Κρόνος, Ἀφροδίτη, Ἑρμῆς

Isidorus (ϱ): **15** *πρώτου τριγώνου* in marg. || **17** *ζεύς*] symbolum Sagittarii || **18** *ζεύς*] symbolum Sagittarii || **19** *ζεύς*] symbolum Sagittarii

τρίτου ἐνάτου πρώτης διαιρέσεως Ἑρμῆς, Ἀφροδίτη, Κρόνος
δευτέρας διαιρέσεως Ἀφροδίτη, Κρόνος, Ἑρμῆς
τρίτης διαιρέσεως Κρόνος, Ἑρμῆς, Ἀφροδίτη
τετάρτου ἐνάτου α′ διαιρέσεως Σελήνη, Ἄρης, Ζεύς
β′ διαιρέσεως Ἄρης, Ζεύς, Σελήνη
γ′ Ζεύς, Σελήνη, Ἄρης
πέμπτου ἐνάτου πρώτης διαιρέσεως Ἥλιος, Ζεύς, Ἄρης
β′ διαιρέσεως Ζεύς, Ἄρης, Ἥλιος
τρίτης διαιρέσεως Ἄρης, Ἥλιος, Ζεύς
ἕκτου ἐνάτου α′ διαιρέσεως Ἑρμῆς, Κρόνος, Ἀφροδίτη
β′ διαιρέσεως Κρόνος, Ἀφροδίτη, Ἑρμῆς
γ′ διαιρέσεως Αφροδίτη, Ἑρμῆς, Κρόνος
ἑβδόμου ἐνάτου α′ διαιρέσεως Ἀφροδίτη, Κρόνος, Ἑρμῆς
β′ διαιρέσεως Κρόνος, Ἑρμῆς, Ἀφροδίτη
γ′ διαιρέσεως Ἑρμῆς, Ἀφροδίτη, Κρόνος
ὀγδόου ἐνάτου α′ διαιρέσεως Ἄρης, Ζεύς, Σελήνη
β′ διαιρέσεως Ζεύς, Σελήνη, Ἄρης
γ′ διαιρέσεως Σελήνη, Ἄρης, Ζεύς
τελευταίου ἐνάτου α′ διαιρέσεως Ζεύς, Ἄρης, Ἥλιος
β′ διαιρέσεως Ἄρης, Ἥλιος, Ζεύς
γ′ διαιρέσεως Ἥλιος, Ζεύς, Ἄρης

β′ τριγώνου – Ταύρου, Παρθένου, Αἰγοκέρωτος
πρώτου ἐνάτου α′ διαιρέσεως Κρόνος, Ἀφροδίτη, Ἑρμῆς
β′ διαιρέσεως Ἀφροδίτη, Ἑρμῆς, Κρόνος
γ′ διαιρέσεως Ἑρμῆς, Κρόνος, Ἀφροδίτη
δευτέρου ἐνάτου α′ διαιρέσεως Κρόνος, Ἑρμῆς, Ἀφροδίτη
β′ διαιρέσεως Ἑρμῆς, Ἀφροδίτη, Κρόνος
γ′ διαιρέσεως Ἀφροδίτη, Κρόνος, Ἑρμῆς

Isidorus (ϱ): 25 β′ τριγώνου in marg.

τρίτου ἐνάτου πρώτης διαιρέσεως Ζεύς, Σελήνη, Ἄρης
β′ διαιρέσεως Σελήνη, Ἄρης, Ζεύς
γ′ διαιρέσεως Ἄρης, Ζεύς, Σελήνη

τετάρτου ἐνάτου α′ διαιρέσεως Ἄρης, Ἥλιος, Ζεύς
β′ διαιρέσεως Ἥλιος, Ζεύς, Ἄρης
γ′ διαιρέσεως Ζεύς, Ἄρης, Ἥλιος

πέμπτου ἐνάτου α′ διαιρέσεως Ἀφροδίτη, Ἑρμῆς, Κρόνος
β′ διαιρέσεως Ἑρμῆς, Κρόνος, Ἀφροδίτη
γ′ διαιρέσεως Κρόνος, Ἀφροδίτη, Ἑρμῆς

ἕκτου ἐνάτου α′ διαιρέσεως Ἑρμῆς, Ἀφροδίτη, Κρόνος
β′ διαιρέσεως Ἀφροδίτη, Κρόνος, Ἑρμῆς
γ′ διαιρέσεως Κρόνος, Ἑρμῆς, Ἀφροδίτη

ἑβδόμου ἐνάτου πρώτης διαιρέσεως Σελήνη, Ἄρης, Ζεύς
β′ διαιρέσεως Ἄρης, Ζεύς, Σελήνη
γ′ διαιρέσεως Ζεύς, Σελήνη, Ἄρης

ὀγδόου ἐνάτου α′ διαιρέσεως Ἥλιος, Ζεύς, Ἄρης
β′ διαιρέσεως Ζεύς, Ἄρης, Ἥλιος
γ′ διαιρέσεως Ἄρης, Ἥλιος, Ζεύς

τελευταίου ἐνάτου α′ διαιρέσεως Ἑρμῆς, Κρόνος, Ἀφροδίτη
β′ διαιρέσεως Κρόνος, Ἀφροδίτη, Ἑρμῆς
γ′ διαιρέσεως Ἀφροδίτη, Ἑρμῆς, Κρόνος

γ′ τριγώνου – Διδύμων, Ζυγοῦ, Ὑδροχόου

πρώτου ἐνάτου α′ διαιρέσεως Ἑρμῆς, Ἀφροδίτη, Κρόνος
β′ διαιρέσεως Ἀφροδίτη, Κρόνος, Ἑρμῆς
γ′ διαιρέσεως Κρόνος, Ἑρμῆς, Ἀφροδίτη

δευτέρου ἐνάτου α′ διαιρέσεως Σελήνη, Ἄρης, Ζεύς
β′ διαιρέσεως Ἄρης, Ζεύς, Σελήνη
γ′ διαιρέσεως Ζεύς, Σελήνη, Ἄρης

Isidorus (ϱ): **4** *ζεύς*] symbolum Sagittarii ‖ **5** *ζεύς*] symbolum Sagittarii ‖ **6** *ζεύς*] symbolum Sagittarii ‖ **16** *ζεύς*] symbolum Sagittarii ‖ **17** *ζεύς*] symbolum Sagittarii ‖ **18** *ζεύς*] symbolum Sagittarii ‖ **22** *γ′ τριγώνου* in marg. ‖ **25** *γ′ – ἀφροδίτη* in marg.

τρίτου ἐνάτου α' διαιρέσεως Ἥλιος, Ζεύς, Ἄρης
β' διαιρέσεως Ζεύς, Ἄρης, Ἥλιος
γ' διαιρέσεως Ἄρης, Ἥλιος, Ζεύς

τετάρτου ἐνάτου α' διαιρέσεως Ἑρμῆς, Κρόνος, Ἀφροδίτη
β' διαιρέσεως Κρόνος, Ἀφροδίτη, Ἑρμῆς
γ' διαιρέσεως Ἀφροδίτη, Ἑρμῆς, Κρόνος

πέμπτου ἐνάτου α' διαιρέσεως Ἀφροδίτη, Κρόνος, Ἑρμῆς
β' διαιρέσεως Κρόνος, Ἑρμῆς, Ἀφροδίτη
γ' διαιρέσεως Ἑρμῆς, Ἀφροδίτη, Κρόνος

ἕκτου ἐνάτου α' διαιρέσεως Ἄρης, Ζεύς, Σελήνη
β' διαιρέσεως Ζεύς, Σελήνη, Ἄρης
γ' διαιρέσεως Σελήνη, Ἄρης, Ζεύς

ἑβδόμου ἐνάτου πρώτης διαιρέσεως Ζεύς, Ἄρης, Ἥλιος
β' διαιρέσεως Ἄρης, Ἥλιος, Ζεύς
γ' διαιρέσεως Ἥλιος, Ζεύς, Ἄρης

ὀγδόου ἐνάτου α' διαιρέσεως Κρόνος, Ἀφροδίτη, Ἑρμῆς
β' διαιρέσεως Ἀφροδίτη, Ἑρμῆς, Κρόνος
γ' διαιρέσεως Ἑρμῆς, Κρόνος, Ἀφροδίτη

τελευταίου ἐνάτου α' διαιρέσεως Κρόνος, Ἑρμῆς, Ἀφροδίτη
β' διαιρέσεως Ἑρμῆς, Ἀφροδίτη, Κρόνος
γ' διαιρέσεως Ἀφροδίτη, Κρόνος, Ἑρμῆς

δ' τριγώνου – Καρκίνου, Σκορπίου, Ἰχθύων

πρώτου ἐνάτου α' διαιρέσεως Σελήνη, Ἄρης, Ζεύς
β' διαιρέσεως Ἄρης, Ζεύς, Σελήνη
γ' διαιρέσεως Ζεύς, Σελήνη, Ἄρης

δευτέρου ἐνάτου α' διαιρέσεως Ἥλιος, Ζεύς, Ἄρης
β' διαιρέσεως Ζεύς, Ἄρης, Ἥλιος
γ' διαιρέσεως Ἄρης, Ἥλιος, Ζεύς

τρίτου ἐνάτου α' διαιρέσεως Ἑρμῆς, Κρόνος, Ἀφροδίτη
β' διαιρέσεως Κρόνος, Ἀφροδίτη, Ἑρμῆς
γ' διαιρέσεως Ἀφροδίτη, Ἑρμῆς, Κρόνος

Isidorus (ϱ): **13** [β]ζεύς, ἄρης, ἥλιος [α]πρώτης διαιρέσεως (sic) || **22** δ' τριγώνου in marg.

τετάρτου ἐνάτου α' διαιρέσεως Ἀφροδίτη, Κρόνος,Ἑρμῆς
β' διαιρέσεως Κρόνος,Ἑρμῆς, Ἀφροδίτη
γ' διαιρέσεως Ἑρμῆς, Ἀφροδίτη, Κρόνος
πέμπτου ἐνάτου α' διαιρέσεως Ἄρης, Ζεύς, Σελήνη
β' διαιρέσεως Ζεύς, Σελήνη, Ἄρης
γ' διαιρέσεως Σελήνη, Ἄρης, Ζεύς
ἕκτου ἐνάτου α' διαιρέσεως Ζεύς, Ἄρης, Ἥλιος
β' ⟨διαιρέσεως⟩ Ἄρης, Ἥλιος, Ζεύς
γ' ⟨διαιρέσεως⟩ Ἥλιος, Ζεύς, Ἄρης
ἑβδόμου ἐνάτου α' διαιρέσεως Κρόνος, Ἀφροδίτη, Ἑρμῆς
β' διαιρέσεως Ἀφροδίτη, Ἑρμῆς, Κρόνος
γ' διαιρέσεως Ἑρμῆς, Κρόνος, Ἀφροδίτη
ὀγδόου ἐνάτου α' διαιρέσεως Κρόνος, Ἑρμῆς, Ἀφροδίτη
β' διαιρέσεως Ἑρμῆς, Ἀφροδίτη Κρόνος
γ' διαιρέσεως Ἀφροδίτη, Κρόνος, Ἑρμῆς
τελευταίου ἐνάτου α' διαιρέσεως Ζεύς, Σελήνη, Ἄρης
β' διαιρέσεως Σελήνη, Ἄρης, Ζεύς
γ' διαιρέσεως Ἄρης, Ζεύς, Σελήνη

Isidorus (ϱ): **11** *ἑρμῆς, ἀφροδίτη, κρόνος* || **12** *ἀφροδίτη, κρόνος, ἑρμῆς*

APPENDIX 2

(cf. 4, pp. 183–206)

Περὶ τῆς τοῦ Κρόνου κράσεως

Ὁ Κρόνος φύσεώς ἐστι ψυχρᾶς καὶ ξηρᾶς καὶ εἴδους σκοτεινοῦ· κυριεύει δὲ τοῦ σώματος σκελῶν, γονάτων, νεύρων, ἰχώρων, φλεγμάτων, κύστεως, καὶ τῶν ἀποκρύφων· ποιεῖ δὲ ὅσα διὰ ψύξεως καὶ ὑγρότητος συμβαίνει, ποδάγρας, χειράγρας· σημαίνει δὲ πατέρα, ἀδελφοὺς μείζονας, ὀρφανίαν υἱῶν, γεωπονίας· ἀποτελεῖ δὲ στυγνούς, ἐνδομύχους, ῥυπαρούς, βραδεῖς, μονοτρόπους, τυφώδεις, μελανείμονας, κληρονομικούς, πλευστικούς, βιαίους. ἔστι δὲ Νεμέσεως ἀστὴρ καὶ ἡμερινῆς αἱρέσεως, τῇ γεύσει στυφός· ἐπέχει δὲ ἐν μετάλλοις μόλιβδον· ἐπικοινωνεῖ δὲ καὶ τῇ Ἀφροδίτῃ ἐν τοῖς μυκτῆρσι.

Ποιεῖ δὲ φάσεις ε̅· ἀνατολήν, δύσιν, πρῶτον στηριγμόν, δεύτερον στηριγμόν, ἀκρόνυκτον. πρῶτον μὲν γὰρ ἀνατέλλει, εἶτα στηρίζει τὸν πρῶτον στηριγμόν, εἶτα τὴν ἀκρόνυκτον φάσιν, μεθ' ἣν τὸν β' στηριγμόν, εἶτα δύνει. ἀποστὰς μὲν γὰρ τοῦ Ἡλίου μοίρας ι̅ ἀνατολὴν ποιεῖται ἑῴαν· ἀποστὰς δὲ αὐτοῦ ρ̅κ̅ μοίρας τὸν πρῶτον ποιεῖται στηριγμόν· καὶ ἐκ τούτου ἀναποδίζει. ὅταν δὲ ἀποστῇ

Rhetorius (V): **1** *περὶ φύσεως καὶ κράσεως καὶ γεύσεως τῶν ξ̅ ἀστέρων* || **2.3** *σκοτεινοῦ εἴδους* || **5** *ποιεῖ δὲ* om. | *συμβαίνει* om. || **6.7** *μείζονας ἀδελφούς* || **7** *ἀποτελεῖ δὲ* om. || **10** *καὶ*] *ἔστι δὲ τῆς* || **11** post *τῇ* add. *δὲ* | post *ἐν* add. *τοῖς* | post *μετάλλοις* add. *τὸν* || **12** *καὶ* om. || **13** *ποιεῖ*] *ἔχει* || **13.14** *πρῶτον στηριγμόν, δεύτερον στηριγμόν* in marg. || **14** post *στηριγμόν* add. *εἶτα* | post *ἀκρόνυκτον* add. *φάσιν* | *μὲν γὰρ*] *οὖν* || **15** *τὴν* om. || **16** *μεθ' ἣν*] *εἶτα* | *τὸν* om. | *δύνει*] *τὴν δύσιν* || **17** *ἀποστὰς*] *ἀποσπάσαντος* | *μὲν* om. | post *γὰρ* add. *αὐτοῦ ἀπὸ* || **18.19** *ἀποστὰς — στηριγμόν*] *ὁμοίως ἀποσπάσαντος ἀπ' αὐτοῦ τοῦ ἡλίου μοίρας ρ̅κ̅ τὸν πρῶτον στηριγμὸν ποιεῖται* || **19** *καὶ ἐκ τούτου*] *προσερχομένου δὲ τοῦ ἡλίου αὐτόν* | *ἀποστῇ*] *ἀποσπάσῃ*

αὐτοῦ ὁ Ἥλιος μοίρας ρ̅π̅, ποιεῖται τὴν ἀκρόνυκτον φάσιν· καί ἐστι ὑποποδίζων ἄχρις ἂν ἐπὶ διαστάσει ἀπὸ τοῦ Ἡλίου μοίρας σ̅μ̅ τὸν β′ στηριγμὸν ποιήσῃ· καὶ τότε ἄρχεται τὴν εἰς τὰ πρόσω πορείαν ποιεῖσθαι ἤγουν προποδίζειν· ἐγγίζων δὲ τῷ Ἡλίῳ πρὸ μοιρῶν ῑ δύσιν ἑσπερίαν ποιεῖται καὶ μένει ὕπαυγος ἄχρις ἂν συνοδεύσαι τῷ Ἡλίῳ, καὶ ἀποστὰς αὐτοῦ μοίρας ῑ ἄρχεται ἀνατέλλειν.

Οὗτος ὁ ἀστὴρ λαχὼν τὴν οἰκοδεσποτίαν τῆς γενέσεως ὡς ἐπὶ τὸ πλεῖστον ἐνδομύχους ποιεῖ καὶ σκοτεινοὺς καὶ μονογνώμονας καὶ σιγηροὺς καὶ βαθυπονήρους καὶ ἀφαντασιώτους καὶ κακοπαθεῖς καὶ κατηφεστέρους· πλευστικούς τε καὶ πρὸς τὸ θεῖον περιεργοτέρως διακειμένους, περὶ δὲ τὰ τέκνα καὶ τοὺς ἀδελφοὺς οὐκ εὐτυχεῖς. χρηματίζων δὲ ἐν ἡμερινῇ γενέσει ἐν ἰδίοις οἴκοις ἢ ὑψώματι ἢ ἐν συναιρετιστοῦ ⟨οἴκῳ⟩ ἐπίκεντρος ἢ ἐπαναφερόμενος καὶ ἀνατολικὸς ὢν ἀγρῶν ἢ θεμελίων ἢ ἐνύγρων κτημάτων κυρίαν δίδωσι καὶ περιουσίαν ἢ ἀλλοτρίων κτῆσιν ἢ κληρονομίαν ἢ εὑρέματα τό τε ἄλλους ὑποτάξαι καὶ καταδυναστεῦσαι ἢ ἀπ᾽ ἀλλοτρίας αὐξηθῆναι βλάβης ἔκ τε παλαιῶν ἢ ἀνακεχωρηκότων πραγμάτων ἢ πρεσβυτέρων προσώπων ὠφεληθῆναι. ἐν νυκτερινῇ δὲ γενέσει χρηματίζων καὶ ἐν ἀνθαιρετιστοῦ οἴκῳ ἢ ὑψώματι ἐπίκεντρος ἢ ἐπαναφερόμενος βλάπτει, ἀπὸ δυνατῶν ἢ πρεσβυτέρων ἐπάγων κινδύνους διὰ παλαιὰ καὶ ἀνακεχωρηκότα πράγματα εἰς

Rhetorius (V): **1** *αὐτοῦ*] *αὐτὸν* | *ποιεῖται*] *τότε ἄρχεται ποιεῖσθαι* | *τὴν* om. || **2–7** *καί — ἀνατέλλειν*] *ὁμοίως εἰς τοὐπίσω τροχάζων ποιεῖται στηριγμὸν δεύτερον. ἐπὰν δὲ ἀποσπάσῃ ἀπ᾽ αὐτοῦ ὁ ἥλιος μοίρας σ̅μ̅, τότε ἄρχεται τὴν κατὰ φύσιν πορείαν ποιεῖσθαι· καὶ πάλιν καταλαμβάνων αὐτὸν πρὸ μοιρῶν ῑ δύσιν αὐτὸν ποιεῖται ἑσπερίαν· καὶ μένει ἐν τῇ δύσει ἕως ὅτε πάλιν ἀποσπάσῃ τὰς ῑ μοίρας* || **8** *οὗτος*] *αὐτὸς* | *οἰκοδεσποτείαν* || **8.9** *ὡς — πλεῖστον*] *τὸ μὲν πλεῖον καὶ* || **9** *ἐνδόμυχον* | *ποιεῖ* om. | *σκοτεινὸν* | *μονόγνωμον* || **10** *σιγηρὸν* | *βαθυπόνηρον* | *ἀφαντασίωτον* || **11** *κακόπαθον* | *κατηφέστερον*, post quod add. *ἐς ὄψε τῶν χρόνων* | post *τε* add. *ποιεῖ* || **12** *περιέργως* || **13** *τοὺς* om. | *ἐν* om. || **14** *ἢ ἐν*] *μὲν* || **15** *οἴκῳ* om. | *καὶ* om. | *ἀνατολικὸν* | *ὢν* om. || **16** *κυρείαν* | *δώσει* || **20** *ὠφέλειαν* || **22** *οἴκου* | *ἢ ὑψώματι* om. | post *ἐπαναφερόμενος* add. *ἀπὸ τῶν β′* || **23** *ἢ*] *καὶ* | post *πρεσβυτέρων* add. *προσώπων*

τε δάνεια καὶ κληρονομίας ἀπὸ διαθηκῶν καὶ συκοφαντίας ἢ φυλακὰς ἢ δεσμὰ ἢ κοσμοστροφίας καὶ φυγὰς ἄγει καὶ χρονίας συμφορὰς καὶ φαρμακείας καὶ ῥεύματα καὶ ψύξεις καὶ νευρικὰ πάθη καὶ μακρονοσίας ἢ κρυπτῶν τόπων ἀσθενείας προξενεῖ. καθ᾽ αὑτὸν μὲν οὖν ἐπὶ τῆς γενέσεως οἰκοδεσποτήσας τοιαῦτα ποιεῖ τὰ ἀποτελέσματα· συσχηματισθεὶς δὲ ἑτέροις ἢ τοῖς οἴκοις ἐκείνων ὅσα κατὰ σύγκρασιν τούτων ἀποτελεῖ ἐν τοῖς ἑξῆς ῥηθήσεται, ὅταν περὶ τῆς συγκράσεως τῶν πλανωμένων ὑποτάξομεν.

Κυρείαν δὲ τοῦ θανάτου λαβὼν ποιεῖ διὰ νόσων πολυχρονίων ἢ φθίσεων ἢ ῥευματισμῶν ἢ ῥιγοπυρέτων ἢ κωλικῶν καὶ ὑστερικῶν διαθέσεων καὶ ὅσα κατὰ πλεονασμὸν ὑγροῦ συνίσταται. ⟨ὡ⟩ροσκοπῶν δὲ ποιεῖ μέλανας, δυσειδεῖς, αὐχμηρούς, σκυθρωπούς, σπανοπώγωνας, κοιλοφθάλμους, ὀχληρούς, γοργούς, μικροφυεῖς, ψεύστας, κακοτρόπους, κλέπτας, ῥέμβους, καταφρονητάς, ὑποκριτάς, λαθροπότας, εὐλαβὲς σχῆμα ἔχοντας ἢ μονάζοντας ἢ ἐκκλησιαστικοὺς ἢ ἐν ἅπασι στυγνούς.

Ἔστι δὲ ἡ χρονικὴ περίοδος αὐτοῦ ἔτη ι̅α̅· ἐκ τούτων ἐπιμερίζει ἑαυτῷ τὸ κατ᾽ ἀρχὰς ζʹ, ἤγουν ἔτος ἓν μῆνας ς̅ ἡμέρας κ̅ε̅ καὶ ὥρας ι̅ζ̅ ἔγγιστα. καὶ δηλοῖ ὡς ἐν τῷ τοιούτῳ ἐπιμερισμῷ πράξει τι ὁ γεννηθεὶς ἐφ᾽ ᾧ μέμψιν ὑποστήσεται καὶ μωρὸς λογισθήσεται, φιλονεικήσει τε ματαίως καὶ μῶμον ὑποστήσεται διὰ θήλεα τέκνα καὶ λυπηθήσεται ἐπ᾽ αὐτοῖς· καὶ ἡ ἔξοδος αὐτοῦ πλείων ἔσται τῆς εἰσόδου καὶ ὀλιγωθήσεται ὁ πλοῦτος αὐτοῦ καὶ

Isidorus (ω): **9** ὑποτάξωμεν

Rhetorius (V): **1** κληρονομίας ἀπὸ διαθηκῶν] εἱργμοὺς || **2** κομοτροφίας || **3** καὶ[2] om. | καὶ[3]] τε ἢ || **5** προξενεῖ om. | post ἀσθενείας add. νοεῖν δὲ χρήσει | οὖν ἐπὶ] κυρίως φανεὶς | οἰκοδεσποτήσας om. || **6** συσχηματιζόμενος || **7** τοῖς om. | ἐκείνων] αὐτῶν || **7—9** κατὰ — πλανωμένων] ἐπικίρνησιν ἐν τοῖς ἑξῆς περὶ συγκράσεως λέγοντες || **10** κυρείαν δὲ] κρόνος τὴν κυρίαν || **11** ἢ[2]] καὶ | ἢ[3]] καὶ | ἢ[4]] καὶ || **13** ὡροσκοπῶν δὲ] κρόνος μοίρᾳ ὡροσκοπούσῃ || **17** λαθροπίνους | post ἢ add. καὶ || **18** ἢ[1] om. | ἢ[2] om. || **19** — p. 249, **22** ἔστι — πλοῦτον non inv. Isidorus in Rhetorii capitulo, sed in De rev. nat. 4, 5

βλαβήσεται ἡ δόξα αὐτοῦ καὶ ἀρρωστήσει δεινῶς. καὶ εἰ ἐφορᾶται παρὰ τοῦ Ἄρεως, καὶ ἐκ πυρὸς βλάβην ὑποστήσεται ἢ ἐκ τομῆς σιδήρου. εἰ δὲ νυκτερινή ἐστιν ἡ γένεσις, ὠφεληθήσεται διά τινων προφάσεων ἢ λυπηθήσεται ἐπὶ διαφόροις πράγμασι καί τις τῶν συγγενῶν αὐτοῦ τεθνήξεται καὶ κατακυριεύσει αὐτοῦ μωρία καὶ ἠλιθιότης καὶ ἀργία.

Εἶτα ἐπιμερίζει τῷ Διῒ ὁμοίως ἔτος α̅ μῆνας ϛ̅ ἡμέρας κε̅ ὥρας ιζ̅ ἔγγιστα. καὶ δηλοῖ ὡς ἐν τῷ τοιούτῳ ἐπιμερισμῷ τιμηθήσεται παρὰ βασιλέων καὶ ὠφεληθήσεται καὶ ἀπὸ δόξης εἰς δόξαν μεταβήσεται καὶ πρὸς τῷ τέλει τοῦ ἐπιμερισμοῦ ἀποδημήσει καὶ ἀρρωστήσει. εἰ δὲ νυκτερινή ἐστιν ἡ γένεσις, ὠφεληθήσεται διά τινων προφάσεων καὶ γνωρίσει τινὰς δι' ὧν ὠφεληθήσεται καὶ ἀρρωστήσει καὶ προστεθήσονται οἱ δοῦλοι καὶ αἱ δοῦλαι αὐτοῦ ἢ γυναῖκα λήψεται.

Εἶτα ἐπιμερίζει τῷ Ἄρει ἔτος α̅ μῆνας ϛ̅ ἡμέρας κε̅ ὥρας ιζ̅ ἔγγιστα. καὶ δηλοῖ ἐν τῷ τοιούτῳ ἐπιμερισμῷ κακῶς ἕξειν τὰ κατ' αὐτὸν καὶ ἀνάγκας ὑποστήσεσθαι· ἴσως δὲ καὶ πεσεῖσθαι ἀπὸ ὕψους οἰκίας ἢ ἀλόγου καὶ διαφορὰς ἕξειν πρὸς τὴν ὁμευνέτιν αὐτοῦ· ἐχθρωδῶς δὲ διακείσεσθαι πρὸς πολλούς· καί τινες τῶν συγγενῶν αὐτοῦ νοσήσουσι καὶ τέκνον αὐτοῦ τελευτήσει. εἰ δὲ νυκτερινή ἐστιν ἡ γένεσις, διαφόρους ὑποστήσεται λύπας καὶ ἔριδας· ἴσως δὲ καὶ ἀφ' ὑψηλοῦ τόπου πεσεῖται.

Εἶτα ἐπιμερίζει τῷ Ἡλίῳ ἔτος α̅ μῆνας ϛ̅ ἡμέρας κε̅ ὥρας ιζ̅ ἔγγιστα. καὶ δηλοῖ ὡς ἐν τῷ τοιούτῳ ἐπιμερισμῷ προστεθήσεται ἡ δόξα αὐτοῦ καὶ ἐγχειρισθήσεται κρίσεις τινῶν καὶ δικάσει μεταξὺ πολλῶν καὶ εὐφρανθήσεται ἐπί τισι πράγμασι καὶ εἰς ἀποδημίαν ἥξει καὶ κεφαλαλγίαν νοσήσει καὶ ἔριδας ἕξει πρός τινα προέχοντα αὐτοῦ τῇ ἡλικίᾳ καὶ νικήσει αὐτόν.

Εἶτα ἐπιμερίζει τῇ Ἀφροδίτῃ ἔτος α̅ μῆνας ϛ̅ ἡμέρας κε̅ καὶ ὥρας ιζ̅ ἔγγιστα. καὶ δηλοῖ ὡς ἐν τῷ τοιούτῳ ἐπι-

Isidorus (ϱω): Incipit l. 12 ἀποδημήσει ϱ || **18** post δηλοῖ add. ὡς ϱ(V) || **19** ἕξει ϱ(V) || **30** ἥξει] ἕξει ϱ(V)

μερισμῷ ψεύσονταί τινες κατ᾽ αὐτοῦ καὶ ψευδομαρτυρήσουσι καὶ μακρὰν ἔριν ἕξει πρός τινα καὶ σωθήσεται ἀπ᾽ αὐτῆς καὶ εὐφρανθήσεται ἐπὶ τῷ θανάτῳ τοῦ ἐχθροῦ αὐτοῦ ἢ ἐπὶ μεγίστῳ συμπτώματι αὐτῶν καὶ τὴν κοιλίαν ἀλγήσει ἢ τόπον κρύφιον καὶ ὑγιανεῖ ἀπὸ ταύτης· τελευτήσει δὲ ἡ γυνὴ αὐτοῦ καὶ ἀρρωστήσει ὁ παῖς αὐτοῦ.

Εἶτα ἐπιμερίζει τῷ Ἑρμῇ ἔτος α̅ μῆνας ϛ̅ ἡμέρας κε̅ καὶ ὥρας ιζ̅ ἔγγιστα. καὶ δηλοῖ ὡς ἐν τῷ τοιούτῳ ἐπιμερισμῷ κοπιάσει καὶ ἀποδημήσει ἐπώδυνον ἀποδημίαν καὶ ἀρρωστήσει ἡ γυνὴ αὐτοῦ καὶ λυπηθήσεται ἐπί τισι γυναιξὶ καὶ ἐπὶ θανάτῳ τινὸς καὶ προστεθήσεται ὁ πλοῦτος αὐτοῦ καὶ ἀπολέσει μέρος ἐξ αὐτοῦ καὶ ἐπὶ φίλοις εὐφρανθήσεται καὶ φροντίσει δούλων καὶ ὑποζυγίων· ἔτι δὲ βιβλίων καὶ διαλέξεων καὶ κοινωνιῶν ἐν αἷς εὖ ἢ κακῶς πείσεται.

Εἶτα ἐπιμερίζει τῇ Σελήνῃ ἔτος ἓν μῆνας ϛ̅ ἡμέρας κε̅ καὶ ὥρας ιζ̅ ἔγγιστα. καὶ δηλοῖ ὡς ἐν τῷ τοιούτῳ ἐπιμερισμῷ λυπηθήσεται καὶ νοσήσει αὐτός τε καὶ ὁ παῖς αὐτοῦ ἢ τελευτήσει τέκνον αὐτοῦ καὶ μέσον ἔσται μεγέθους καὶ ταπεινότητος καὶ ἀποδημήσει μακρὰν ἀποδημίαν ἐν ᾗ πλοῦτον ἐπικτήσεται· ἴσως δὲ καὶ παρὰ πάντα τὸν καιρὸν τοῦ ἐπιμερισμοῦ τούτου ἐν ξενιτείᾳ ἔσται καὶ πρὸς τῷ τέλει αὐτοῦ ἐπικτήσεται πλοῦτον.

Περὶ τῆς τοῦ Διὸς κράσεως

Ὁ Ζεὺς φύσεώς ἐστι πνευματικῆς καὶ γονίμου· κυριεύει δὲ τοῦ σώματος μηρῶν, ποδῶν, σπορᾶς, μήτρας, ἥπατος, δεξιῶν μερῶν, καὶ ὀδόντων· σημαίνει δὲ τέκνωσιν, γονήν, συστάσεις, γνώσεις, φιλίας μεγάλων ἀνδρῶν, χρημάτων ὄρεξιν καὶ δαψιλῆ κτῆσιν, εὐπορίας ἢ δωρεάς, δικαιο-

Isidorus (ϱω): **3** *τῶν ἐχθρῶν* ϱ(V) || **14** *πήσεται* ω || **23** *περὶ* u. ad *κράσεως* in marg. ϱ || **25** *μήπας* ϱ, om. ω || **26** *δεξεῶν* ϱ

Rhetorius (V): **23** *περὶ — κράσεως* om.; symbolum Iovis in marg. || **24** *καὶ* om. | *γονίμου*] *γονῆς* || **26** *μοιρῶν* || **28** *δαψιλῆ κτῆσιν*] *δαψιλείας* | *εὐπορίαν* | *δικαιοσύνην*

σύνας, ἀρχάς, πολιτείας, δόξας, προστασίας, ἱερωσύνας, πίστεις, νίκας. ἔστι δὲ τῆς ἡμερινῆς αἱρέσεως, τῇ δὲ χροᾷ φαιός, τῇ δὲ γεύσει γλυκύς· ἐπέχει δὲ ἐν τοῖς μετάλλοις τὸν ἄργυρον, καὶ ἐν τοῖς ὠσὶν ἐπικοινωνεῖ τῷ Ἑρμῇ. Ἔχει δὲ φάσεις ε̅· ἀνατολήν, δύσιν, α′ στηριγμόν, β′ στηριγμόν, ἀκρόνυκτον. πρῶτον οὖν ἀνατέλλει, εἶτα στηρίζει τὸν α′ στηριγμόν, εἶτα ποιεῖ ἀκρόνυκτον, μεθ᾽ ἣν τὸν β′ στηριγμόν, καὶ οὕτως ποιεῖται δύσιν. ἀποστάντος γὰρ τοῦ Ἡλίου ἀπ᾽ αὐτοῦ μοίρας ι̅ ἀνατολὴν ποιεῖται ἑῴαν· ἀποστάντος δὲ τοῦ Ἡλίου ἀπ᾽ αὐτοῦ μοίρας ρ̅κ̅ τὸν α′ στηριγμὸν ποιεῖται, μέχρι τούτου προποδίζων· μετὰ δὲ τὸν α′ στηριγμὸν ἄρχεται ὑποποδίζειν, καὶ ὅταν ἀποστῇ τοῦ Ἡλίου μοίρας ρ̅π̅, ποιεῖται τὴν ἀκρόνυκτον φάσιν, μεθ᾽ ἣν ὁμοίως εἰς τοὐπίσω τρέχων ποιεῖται β′ στηριγμόν· τοῦ δὲ Ἡλίου ἀποστάντος αὐτοῦ μοίρας σ̅μ̅, ἄρχεται πάλιν προποδίζειν· καὶ καταλαμβάνων αὐτὸν πρὸ μοιρῶν ι̅ δύσιν ποιεῖται ἑσπερίαν, καὶ μένει ὕπαυγος ἕως πάλιν ἀποστῇ αὐτοῦ τὰς ι̅ μοίρας· καὶ τότε πάλιν ἄρχεται ἀνατέλλειν.

Οὗτος ὁ ἀστὴρ λαχὼν τὴν οἰκοδεσποτίαν τῆς γενέσεως ἐν ἡμερινῇ γενέσει καὶ ὢν ἐπίκεντρος ἐν ἰδίοις οἴκοις ἢ ὑψώματι ἢ συναιρετιστοῦ μεγάλους ἀποτελεῖ καὶ ἐνδόξους,

Isidorus (**ρω**): **3** φαιός] γαλατίζων **ω** | γεύσει om. **ρ** || **8** οὕτω **ω** || **14** ποιεῖ, post quod add. τὸν **ω** || **20** οἰκοδεσποτείαν **ω**

Rhetorius (**V**): **1** πολίτας || **4** ἄργυρον — ἑρμῇ] ἄσημον. ἐπίκοινος δὲ τῷ ἑρμῇ ἐν τοῖς ὠσίν || **7** ποιεῖ ἀκρόνυκτον] ἀκρόνυκτον φάσιν || **7** μεθ᾽ ἣν] εἶτα || **8** τὸν om. | καὶ οὕτως ποιεῖται] εἶτα τὴν | ἀποσπάσαντος || **9** ἀνατολικὴν || **10** post ἑῴαν add. ὡσαύτως | ἀποσπάσαντος | δὲ om. | ἀπ᾽ αὐτοῦ ἡλίου || **11.12** μέχρι — ὑποποδίζειν] προσερχομένου δὲ τοῦ ἡλίου αὐτοῦ ἀναποδίζει || **12** καὶ ὅταν] ὅταν δὲ || **13** ἀποσπάσῃ | τοῦ ἡλίου] ἀπ᾽ αὐτοῦ ἥλιος | ποιεῖται] τότε ἄρχεται ποιεῖσθαι | τὴν om. || **14** μεθ᾽ ἣν om. | τροχάζων || **14.15** στηριγμὸν δεύτερον || **15** τοῦ — αὐτοῦ] ἐπὰν δὲ ἀποσπάσῃ ἀπ᾽ αὐτοῦ ὁ ἥλιος || **16** ἄρχεται — προποδίζειν] τότε ἄρχεται τὴν κατὰ φύσιν πορείαν ποιεῖσθαι | post καὶ add. πάλιν || **17** post δύσιν add. αὐτὸν | ὕπαυγος] ἐν τῇ δύσει || **18** πάλιν] ὅτε | ἀποσπάσῃ | αὐτοῦ om. || **18.19** καὶ — ἀνατέλλειν] διαπορεύεται δὲ τὸν ζῳδιακὸν κύκλον ἐν ἔτεσι ι̅β̅ || **20** οὗτος ὁ ἀστὴρ om. | post λαχὼν add. δὲ | οἰκοδεσποτείαν || **21** ἐν — ἐπίκεντρος] ἐπίκεντρος ἐν ἡμερινῇ γενέσει || **21.22** ἢ ὑψώματι om. || **22** post συναιρετιστοῦ add. χρηματίζων

δεκτούς, σεμνούς, ἀγαθούς, εὐήθεις, λαμπροψύχους, ὑπὲρ πόλεων ἢ ὄχλων πραγματείας κατορθοῦντας, ἀποδοχήν τε ἔχοντας ἐν ἀλλήλοις ἢ βασιλεῦσιν ἢ μεγιστᾶσιν, εὐφημουμένους δι᾽ ἀρετὴν καὶ εὐσέβειαν, τιμαῖς ἀναθημάτων κοσμουμένους ἢ ἱερωσύναις, φιλοστόργους τῶν οἰκείων καὶ εὐεργετικοὺς εἰς φιλίαν, ἐπί τε γυναικὶ καὶ τέκνοις εὐφραινομένους, ἐκτὸς ἐὰν μὴ ἐν τῷ δυτικῷ τύχῃ κέντρῳ (τότε γὰρ οὐχ οὕτως εὐτεκνώσει· καταβλάπτεται γὰρ ὑπὸ τοῦ τόπου)· καὶ ὁμοιοτρόπους μέν, ἐλάσσονας δὲ κατὰ πολὺ τὰς δυνάμεις τῆς λαμπροψυχίας ἔχοντας καὶ ἐπιφθόνους τὰς προκοπάς. ταῦτα μὲν οὖν καθ᾽ ἑαυτὸν ποιεῖται ἀποτελέσματα· ὅσα δὲ συσχηματιζόμενος τοῖς ἄλλοις ποιεῖ ἐν τοῖς ἑξῆς ῥηθήσεται ἡνίκα περὶ τῆς κράσεως τῶν ἀστέρων ἐροῦμεν.

Ὡροσκοπῶν δὲ ποιεῖ λευκούς, εὐσάρκους, μεγαλοευπώγωνας, ἀγαθοὺς τοῖς τρόποις, ἀξιωματικούς, εὐμεγέθεις, εὐρυμετώπους, χαροποιούς, τρίχας ἔχοντας ἐν τοῖς μυκτῆρσιν, ἀναφαλαντίας, μεγαλοκεφάλους, καλοσυμβούλους. τὴν κυρείαν δὲ τοῦ θανάτου λαβὼν θανατοῖ ἀπὸ συνάγχης, περιπνευμονίας, κεφαλαλγίας, καρδιακῶν διαθέσεων, ἀποπληξίας, καὶ ὅσα κατὰ πλεονασμὸν πνεύματος συνίσταται.

Ἔστι δὲ ἡ χρονικὴ περίοδος αὐτοῦ ἔτη ιβ̄, καὶ ἐπιμερίζει πρῶτον ἑαυτῷ τὸ ἕβδομον τούτων, ἤγουν ἔτος ᾱ μῆνας η̄ ἡμέρας ιζ̄ καὶ ὥρας γ̄ ἔγγιστα. καὶ δηλοῖ ὡς ἐν τῷ τοιούτῳ ἐπιμερισμῷ μεταβήσεται ἀπὸ κακοπαθείας εἰς εὐπάθειαν καὶ ἀπὸ παντὸς ἀνιαροῦ ἐπὶ πᾶν θυμῆρές τε καὶ ἐφετὸν

Isidorus (ρω): **5** ἱεροσύναις ρ || **12** ποιεῖται] ποιεῖ τὰ ω || **13** τῆς] τε ρ

Rhetorius (V): **1** post ὑπὲρ add. δύναμιν || **3** ἐν] παρ᾽ || **5** ἢ om. | φιλοστούργους || **7** ἐν om. || **8** post οὕτως add. εἰς τέκνα | καταβλάπτηται || **9** γὰρ — καὶ] ὑπὸ φθοροποιοῦ ἐπικόπτοντος αὐτοῦ τὰς εὐεργεσίας | μέν om. || **10** κατὰ om. || **11** ἐπιφθόνους τὰς προκοπάς] ἐπιφθανοῦνται αἱ προκοπαί || **11—14** ταῦτα — ἐροῦμεν] ὁμοίως δὲ καὶ αὐτὸς καθ᾽ αὐτὸν ὅμοια ἔχει τὰ ἀποτελέσματα· ὅσα δὲ ἐν τοῖς ἄλλοις συσχηματιζόμενος ποιεῖ ἐν τοῖς ἑξῆς εἴρηται || **15** ὡροσκοπῶν δὲ ποιεῖ om.; lac. c. 4 litt. || **17** χαραπούς || **18** post καλοσυμβούλους add. πᾶσι συνερχομένους. οὗτος || **19** τὴν — λαβὼν om. || **22**—p. 253, 32 ἔστι — λ̄ inv. Isidorus in De rev. nat. 4, 6

καὶ αὐξηθήσεται ἡ τύχη αὐτοῦ καὶ ὁ πλοῦτος καὶ παρὰ βασιλέων ἐπαινεθήσεται καὶ ἀξιολόγους πράξεις ἐγχειρισθήσεται. εἰ δὲ τύχοι ὁ τοιοῦτος ἀστὴρ ἐν τῇ τοιαύτῃ καταρχῇ τοῦ ἐπιμερισμοῦ ἐν ἰδίοις ὁρίοις ἢ τῆς Ἀφροδίτης ἢ ἐν οἰκείῳ τριγώνῳ (οἷον Κριῷ Λέοντι Τοξότῃ), μείζων ἔσται ἡ τῶν εὐτυχιῶν σημασία· καὶ ἐὰν ὁ γεννηθεὶς τῆς ἄνω τύχης ᾖ, κυριεύσει πόλεων καὶ χωρῶν καὶ πληθυνθήσεται τὸ ὑπήκοον αὐτοῦ καὶ λήψεται γυναῖκα περιφανῆ καὶ δῶρα βασιλέων δέξεται καὶ διαφόρους ἕξει προόδους καὶ πολλοὺς εὐεργετήσει καὶ μεγίστας οἰκοδομὰς κατασκευάσει· εἰ δὲ ἐν ἰδίῳ ἔσται ὑψώματι, ἐπὶ μεῖζον ἔσται τὰ τῆς εὐτυχίας.

Εἶτα ἐπιμερίζει τῷ Ἄρει ὁμοίως ἔτος α̅ μῆνας η̅ ἡμέρας ιζ̅ καὶ ὥρας γ̅ ἔγγιστα, ὁμοῦ ἔτη γ̅ μῆνες ε̅ ἡμέραι δ̅ ὧραι ζ̅ ἔγγιστα. δηλοῖ οὖν ὡς ἐν τῷ τοιούτῳ ἐπιμερισμῷ ἔσται λελυπημένος καὶ ποιήσει ἐξουσιαστῇ τινι δουλείαν τινὰ δι' ἧς φοβερὸς γενήσεται, πλὴν δι' ἐκείνην τὴν πρᾶξιν ὑποστήσεται δεινὰ συμπτώματα καὶ ἀπὸ ὕδατος φοβηθήσεται καὶ εἰς ἀποδημίαν μακρὰν σταλήσεται καὶ τὰς γυναῖκας ἀσπάσεται καὶ γεννηθήσεται αὐτῷ τέκνον.

Εἶτα ἐπιμερίζει τῷ Ἡλίῳ ἔτος α̅ μῆνας η̅ ἡμέρας ιζ̅ καὶ ὥρας γ̅ ἔγγιστα, ὁμοῦ ἔτη ε̅ μὴν α̅ ἡμέραι κα̅ ὧραι ι̅ ἔγγιστα. καὶ δηλοῖ ὡς ἐν τῷ τοιούτῳ ἐπιμερισμῷ προστεθήσεται ἡ σύνεσις αὐτοῦ καὶ ἀρχοντικὸς ἔσται καὶ προστεθήσεται ὁ πλοῦτος αὐτοῦ καὶ ἡ εὐτυχία καὶ εὑρήσει θησαυρὸν ἢ κερδήσει πλοῦτον ἀπόνως καὶ ἀκόπως καὶ ἔντιμος ἔσται παρὰ πᾶσι καὶ πρᾶξιν ἐγχειρισθήσεται μεγίστην καὶ γεννηθήσεται αὐτῷ παιδίον εὐτυχές.

Εἶτα ἐπιμερίζει τῇ Ἀφροδίτῃ ἔτος α̅ μῆνας η̅ ἡμέρας ιζ̅ καὶ ὥρας γ ἔγγιστα, ὁμοῦ ἔτη ς̅ μῆνες ι̅ ἡμέραι η̅ ὧραι ιγ̅ ἔγγιστα. καὶ δηλοῖ ὡς ἐν τῷ τοιούτῳ ἐπιμερισμῷ συναυλισθήσεται βασιλεῦσι καὶ φιλιωθήσεται τούτοις καὶ εὑρήσει δόξαν καὶ εὐτυχίαν καὶ πλοῦτον ἀνώδυνον καὶ

Isidorus (ρω): **10** *ἐπιόδους* (?) ρ || **11** *ἔσται* om. ρ || **15** *οὖν* om. ρ(V) || **16** *ποιεῖ* ρ || **20** *γενηθήσεται* ω || **22** *καὶ* om. ρ(V) || **28** *γενήσεται* ω

τεθνήξονται οἱ ἐχθροὶ αὐτοῦ. εἰ δὲ βλάπτεται ὁ Ζεὺς ὑπὸ τοῦ Κρόνου ἢ τοῦ Ἄρεως, ἐλαττοῦνται πάντα τὰ εἰρημένα.

Εἶτα ἐπιμερίζει τῷ Ἑρμῇ ἔτος α̅ μῆνας η̅ ἡμέρας ι̅ζ̅ καὶ ὥρας γ̅ ἔγγιστα, ὁμοῦ ἔτη η̅ μῆνες ς̅ ἡμέραι κ̅ε̅ καὶ ὧραι ι̅ζ̅ ἔγγιστα. καὶ δηλοῖ ὡς ἐν τῷ τοιούτῳ ἐπιμερισμῷ ἔσται καλοήθης καὶ οὐδὲν προθυμήσει πρᾶξαι καὶ ἕξει πολλοὺς ἐχθροὺς καὶ ἔχθραν θήσουσιν αὐτῷ οἱ φίλοι αὐτοῦ καὶ λοιδορηθήσεται παρὰ πολλῶν καὶ γυναικὶ συναφθήσεται καὶ ὑπὸ κυνὸς δηχθήσεται ἢ ἑτέρου ζῴου καὶ καταλυθήσεται ἡ οἰκία αὐτοῦ ἢ μέρος αὐτῆς καὶ πεσεῖται ἀπὸ οἰκίας ἢ ἀπὸ ὑψηλοῦ τόπου.

Εἶτα ἐπιμερίζει τῇ Σελήνῃ ἔτος α̅ μῆνας η̅ ἡμέρας ι̅ζ̅ καὶ ὥρας γ̅ ἔγγιστα, ὁμοῦ ἔτη ι̅ μῆνες γ̅ ἡμέραι ι̅β̅ ὧραι κ̅ ἔγγιστα. καὶ δηλοῖ ὡς ἐν τῷ τοιούτῳ ἐπιμερισμῷ προστεθήσεται ἡ δόξα αὐτοῦ καὶ ἄρξει πολλῶν καὶ τεύξεται ἀνελπίστων ἀγαθῶν καί ποτε μὲν χαρήσεται, ποτὲ δὲ λυπηθήσεται καί τις μείζων αὐτοῦ ἀδελφὸς τεθνήξεται, ἐξ οὗ καὶ λήψεται κληρονομίαν· ἀποδημήσει δὲ καὶ μακρὰν ἀποδημίαν καὶ λῃσταῖς περιπεσεῖται καὶ ταῦτα ἐν τῷ α' ἔτει.

Εἶτα ἐπιμερίζει τῷ Κρόνῳ ἔτος α̅ μῆνας η̅ ἡμέρας ι̅ζ̅ ὥρας γ̅ ἔγγιστα, ὁμοῦ ἔτη ι̅β̅. καὶ δηλοῖ ὡς ἐν τῷ τοιούτῳ ἐπιμερισμῷ μεταδόσεις ποιήσεται διαφόρους καὶ μακρυνοῦσιν ἀπ' αὐτοῦ οἵ τε φίλοι καὶ οἱ οἰκεῖοι καὶ ἐχθρωδῶς διακείσονται πρὸς αὐτὸν καὶ κατ' αὐτοῦ γενήσονται οἱ πρώην φιλίαν πρὸς αὐτὸν ἐσχηκότες· ἴσως δὲ καί τινες ἐξ αὐτῶν ἀποδημήσουσιν· ὑποστήσεται δὲ καὶ παρὰ βασιλέως φόβους καὶ περιστάσεις ἕνεκε τέκνων καὶ ζημιωθήσεται οἴκοθεν πολλά· εἰ δὲ καὶ δανείσει τινὶ χρήματα, οὐδέποτε ἀναλήψεται ἀπ' αὐτοῦ· ἀλλ' εἰ καὶ ἀπολήψεται, μερικῶς καὶ μετὰ βίας πολλῆς· ἐπελεύσονται δὲ τοῖς ἐν τῇ οἰκίᾳ αὐτοῦ λύπαι καὶ φροντίδες ἐν ἡμέραις λ̅.

Isidorus (*ρω*): 3 *μερίζει ω* || 12 *καὶ* om. *ρ* (V) || 28 *ζημιωσθήσεται ρ* || 29 *πάμπολλα ρ* (V) | *χρῆμα ρ* || 30 *ἀπ' αὐτοῦ*] *αὐτόν ρ* (V) || 32 *ἐν*] *ἐφ' ρ* (V)

Περὶ τῆς τοῦ Ἄρεως κράσεως

Ὁ Ἄρης φύσεώς ἐστι πυρώδους καὶ καυσώδους καὶ ξηραντικῆς· κυριεύει δὲ τοῦ σώματος κεφαλῆς, ἕδρας, μορίων, χολῆς, αἱμάτων, σκυβάλων ἐκκρίσεως, ὀπισθίων μερῶν· σημαίνει δὲ μέσους ἀδελφοὺς καὶ σίνη καὶ πάθη, βίας, φθόνους, πολέμους, ἁρπαγάς, ἐμπρησμούς, μοιχείας, φυγαδείας, αἰχμαλωσίας, φθορὰς γυναικῶν, ἐμβρύων ἀποβολάς, τομὰς καὶ λύσεις, στρατιωτικὰς ἢ ληστρικὰς ἐφόδους, κυβείας, ψεύδη, κλοπάς, ἐπιορκίας, τοιχορυχίας, τυμβορυχίας, καὶ ὅσα τούτοις παραπλήσια. ἔστι δὲ τῆς νυκτερινῆς αἱρέσεως, τῇ δὲ χροιᾷ ἐρυθρός, τῇ δὲ γεύσει πικρός· ἐπέχει δὲ ἐν τοῖς μετάλλοις τὸν σίδηρον· ἐπικοινωνεῖ δὲ τῷ Ἑρμῇ ἐν τῷ στόματι.

Ποιεῖται δὲ σχήματα ζ̄· ἀνατολήν, ἐνενηκονθήμερον α΄, στηριγμὸν α΄, ἀκρόνυκτον, εἶτα στηριγμὸν β΄ καὶ β΄ ἐνενηκονθήμερον καὶ δύσιν. ἀποστάντος γὰρ ἀπὸ αὐτοῦ τοῦ Ἡλίου μοίρας ῑ, ποιεῖται ἀνατολὴν ἑῴαν· εἶτα τὴν α΄ ἐνενηκονθήμερον· καὶ ὅταν ὁ Ἥλιος τετραγωνίσῃ τὸν ἀστέρα, ποιεῖ τὸν α΄ στηριγμὸν ἄχρι τριγωνικῆς διαστά-

Isidorus (ρω): **1** *περὶ τῆς κράσεως τοῦ ἄρεως* **ω** || **6** *φθόρους* **ω** || **8** *καὶ λύσεις*] *κολάσεις* **ω** || **9** *τοιχωρυχίας* **ω** || **16** *ἀπ᾽* **ω**

Rhetorius (V): **1** *περὶ — κράσεως* om. || **2** *ὁ*] *τῆς* | *ξηραινούσης* || **3** *μορίου* || **7** *ἐμβρυοτομίας* || **8** *καὶ λύσεις*] *κολλήσεις* || **9** *ψευδοκλοπάς,* post quod iter. **2—9** *τῆς* (pro *ὁ*) *ἄρης — ψεύδη, κλοπάς* | *τοιχωρυχίας* || **10** *τυμβορύχους* || **11** *χροᾷ* || **13** post *δὲ* add. *ἐπὶ* || **14** *ἐνενηκονθήμερον α΄*] *ἡμέραις ἐννενήκοντα καὶ* || **15** post *α΄* add. *καὶ* | post *ἀκρόνυκτον* add. *φάσιν* | *εἶτα*] *καὶ* || **16** *ἐννενηκονθήμερον* | *ἀποσπάσαντος* | *ἀπ᾽* || **17.18** *εἶτα — καὶ*] *ἐννενηκονθήμερον δεύτερον* || **19** — p. 255, **12** *ποιεῖ — ἀνατολήν*] *στηριγμὸν πρῶτον δὲ ὅταν ὁ ἥλιος κατὰ τρίγωνον αὐτοῦ γένηται καὶ ἀποσπάσῃ ἀπ᾽ αὐτοῦ μοίρας ρ̄κ̄· καὶ τότε ἄρχεται ὁ ἀστὴρ στηρίζειν καὶ εἰς τοὐπίσω ἀναποδίζειν. καὶ τὴν ἀκρόνυκτον φάσιν ποιεῖται ἐπὰν ὁ ἥλιος διαμετρήσῃ τὸν ἀστέρα καὶ ἀποσπάσῃ ἀπ᾽ αὐτοῦ μοίρας ρ̄π̄. ὡσαύτως μὲν ἀπὸ τοῦ ἀναποδισμοῦ· γενομένῳ δὲ τῷ ἡλίῳ τῷ δεξιῷ τριγώνῳ τοῦ ἀστέρος καὶ ἀποσπάσαντος ἀπ᾽ αὐτοῦ μοίρας σ̄μ̄ στηρίζει τὸν δεύτερον στηριγμὸν καὶ τὴν κατὰ φύσιν πορείαν ποιεῖται καὶ προστίθησι τὰς μοίρας. γενομένου δὲ τοῦ ἡλίου κατὰ τὸ τετράγωνον αὐτοῦ τὸ δεξιόν, τότε ποιεῖται τὴν δευτέραν ἐννενηκονθήμερον· καὶ πάλιν ὁ ἥλιος προσερχόμενος αὐτῷ πρὸ ῑ μοιρῶν ποιεῖται αὐτῷ πρὸς δύσιν ἑσπερίαν*

σεως ἤγουν μοίρας $\overline{ρπ}$, καὶ οὕτως ἄρχεται ἀναποδίζειν· διαμετρήσαντος δὲ τοῦ Ἡλίου τὸν ἀστέρα ἤγουν ἀποστάντος ἀπ᾽ αὐτοῦ μοίρας $\overline{ρπ}$, ποιεῖται τὴν ἀκρόνυκτον φάσιν, καὶ ἔτι ἀναποδίζων ἄχρις ἂν γένηται ὁ Ἥλιος ἐν τῷ δεξιῷ τριγώνῳ τοῦ ἀστέρος ἤγουν περὶ μοίρας $\overline{σμ}$· καὶ οὕτως στηρίζει τὸν β′ στηριγμὸν ἄχρι τοῦ δεξιοῦ τετραγώνου ἤγουν μοιρῶν $\overline{σο}$, μεθ᾽ ὃν προποδίζων προστίθησι ταῖς τῆς κινήσεως μοίραις, ἀπαρτίζων τὴν β′ ἐνενηκονθήμερον· καὶ οὕτω προσερχομένου αὐτῷ τοῦ Ἡλίου πρὸ $\overline{ι}$ μοιρῶν, ποιεῖται δύσιν ἑσπερίαν, μένων ὕπαυγος ἄχρις ἄν, πάλιν ἀποστάντος ἀπ᾽ αὐτοῦ τοῦ Ἡλίου τὰς $\overline{ι}$ μοίρας, ποιήσηται τὴν ἑῴαν ἀνατολήν.

Οὗτος ὁ ἀστὴρ λαβὼν τὸν τῆς οἰκοδεσποτίας λόγον ἐν νυκτερινῇ γενέσει καὶ ὢν ἀνατολικὸς ἐν ἰδίοις οἴκοις ἢ συναιρετιστοῦ ποιεῖ θαρσεῖς, ἀλκίμους, παραβόλους, δεινούς, ἀνυποτάκτους, ἀδεεῖς ἐν σκυλμοῖς καὶ ἐν ξενιτείαις, πολυκινδύνους, πατρικῶν δὲ καὶ ματρικῶν καὶ τῶν ἐπὶ πρώτης ἡλικίας κτηθέντων στερισκομένους, τραυμάτων ἢ τομῶν πεῖραν λαμβάνοντας, μάλιστα ἐὰν δὲ τὴν Σελήνην βλέπῃ, καὶ καύσεως αἴτιος γίνεται· ἐὰν δὲ τὸν Ἥλιον, ἀστάτους περὶ τὰς γυναῖκας καὶ ἀκρατεῖς, ἀναξίαις ἢ μοιχάσι περιπλεκομένους, ὅθεν αὐτοῖς καὶ ὁ περὶ τέκνων ἄστατος καὶ λυπηρὸς γίνεται λόγος. ἐὰν δὲ ἐν ἡμερινῇ γενέσει εὑρεθῇ χρηματίζων ἐν ἀνθαιρετιστοῦ οἴκῳ, τὰ προειρημένα ἐπὶ τὸ χεῖρον τρέψει, ποιήσας αὐθάδεις, ἀθέους, βλασφήμους, πολλοὺς ἀδικοῦντας, ἀκρατεστάτους, μὴ διευθυδρομοῦντας τὰς πράξεις, εὐπεριστρέπτους, μηδενὸς

Isidorus (ϱω): **6.7** ἄχρι — $\overline{σο}$ in marg. ϱ ‖ **7** μοίρας ω | ἢν ϱ ‖ **17** μητρικῶν ω ‖ **20** καὶ om. ω

Rhetorius (V): **13** οὗτος ὁ ἀστὴρ om. | post λαβὼν add. δὲ | οἰκοδεσποτείας καὶ κυρείας | λόγον ἐν] καὶ χρηματίζει ‖ **14** καὶ ὢν om. | οἴκοις] ζῳδίοις ‖ **15** ποιήσει | θαρσηρούς ‖ **16** ἀδεεῖς] ἠδέους | ἐν² om. ‖ **17** μητρικῶν ‖ **18** κτισθέντων ‖ **19** δὲ om. ‖ **19.20** τῇ σελήνῃ ‖ **20** καὶ om. | αἴτιος γίνεται om. | post δὲ add. καὶ ‖ **20.21** ὁ ἥλιος ‖ **21** τὰς om. ‖ **22** μοιχοῦσι ‖ **23** λυπρὰς ‖ **26** πολλὰ ‖ **27** εὐπεριτρέπτους

φειδομένους, ὑπὸ ὄχλων ἢ μεγιστάνων χειμαζομένους ἐπὶ τοῖς ἀδικήμασι, τά τε εἰς τὸ σῶμα πάθη χαλεπώτερον ὑπομένοντας. καθόλου γὰρ εἰδέναι χρὴ ὅτι τῶν ἀστέρων οἱ μὲν ἀγαθοποιοὶ ἐλαττοῦσι τὰς εὐεργεσίας παρ᾿ αἵρεσιν χρηματίζοντες, οἱ δὲ κακοποιοὶ ἐν μὲν ἰδίοις οἴκοις καὶ καθ᾿ αἵρεσιν μετὰ τοῦ βλαβεροῦ καὶ ἐπικίνδυνα καὶ κακότροπα παρέχονται πράγματα, ἐν ἀνθαιρετιστοῦ δὲ τόποις καὶ παρ᾿ αἵρεσιν χρηματίζοντες καὶ ἔτι χαλεπωτέρας τὰς βλάβας παρέχονται· ὅσοι δ᾿ ἂν ἐν ἀχρηματίστοις τύχωσι τόποις ἢ δεδυκότες καὶ ὕπαυγοι κύριοι γένωνται τῶν γενέσεων ἢ οἰκοδεσπόται εὑρεθῶσι ταπεινὰς ἀποδεικνύουσι τὰς γενέσεις καὶ προκοπῆς ἀμοίρους. ὅσα μέντοι ὁ Ἄρης τοῖς ἄλλοις σχηματιζόμενος ποιεῖ ἐν τοῖς ἑξῆς ῥηθήσεται.

Ὡροσκοπῶν δὲ ὁ Ἄρης ποιεῖ ξανθούς, γλαυκοὺς τοῖς ὄμμασι, μικρὰ τὰ ὦτα ἔχοντας, εὐμεγέθεις, εὐπόρους, ταχεῖς, θρασεῖς, τραύματα ἐν τῷ σώματι ἔχοντας, ἀκαταφρονήτους, πολεμιστάς, κακοπαθεῖς, μοιχούς, πολυπότας· κυριεύων δὲ τοῦ θανάτου διὰ πυρετῶν ἐπάγει τὸν θάνατον συνεχῶν ἡμιτριταϊκῶν, αἰφνιδίων πληγῶν, νεφριτικῶν, ἐρυσιπελάτων, αἵματος πτύσεως, αἱμορραγίας, ἐκτρώσεως ἐμβρύων, καὶ ὅσα γίνονται κατ᾿ ἐκπύρωσιν καὶ ἀμετρίαν θερμοῦ.

Isidorus (ϱω): **22** *κατὰ πήρωσιν* ϱ

Rhetorius (V): **3** *καθόλου γὰρ εἰδέναι*] *τὸ γὰρ ὅλον νοεῖν* | *τῶν ἀστέρων*] *ἀστέρες* || **5** *φθοροποιοί*, post quod add. *τὸ δραστήριον* | *μὲν* om. || **7** *πράγματα* om. || **8** *παρὰ τὴν αἵρεσιν* | *καὶ ἔτι χαλεπωτέρας*] *χαλεπώτερον εἰς* || **9** *παρέχονται* om. | post *ἐν* add. *τοῖς* || **10** *τόποις*] *ζῳδίοις* | *ἢ δεδυκότες*] *οἱ δεδοικότες* | *καὶ ὕπαυγοι*] *ὑπὸ τὰς αὐγὰς* | *γένωνται* om. || **11** *εὑρεθέντες* | post *ταπεινὰς* add. *αὐτὰς* | *ἀποδείξουσι* || **12** *τὰς γενέσεις* om. | *προκοπῇ* || **12—14** *ὅσα — ῥηθήσεται*] *ὁμοίως ἄρης ὅσα διαλλάσσει ἐν τοῖς πρὸς τοὺς ἄλλους σχηματισμοῖς ἐν τοῖς ἑξῆς ὑποτέτακται* || **15** *ὡροσκοπῶν δὲ* om. || **16** *τὰ ὦτα μικρὰ* || **17** *ἀκαταφρονητάς* || **18** post *κακοπαθεῖς* add. *φύσει* || **19** post *θανάτου* add. *ποιεῖ ἐκεῖ* || **19.20** *ἐπάγει τὸν θάνατον* om. || **21** *αἱμοπτυικῶν* || **22** *ἐκτρώσεως ἐμβρύων*] *ἐκτρωσμῶν*, post quod add. *ὄλεθρον* | *γίνεται*

Ἔστι δὲ ἡ χρονικὴ περίοδος αὐτοῦ ἔτη ζ̄, καὶ τούτων τὸ ἕβδομον ὅπερ ἐστὶν ἔτος ᾱ ἐπιμερίζει κατ' ἀρχὰς ἑαυτῷ. καὶ δηλοῖ ὡς ἐν τῷ τοιούτῳ ἐπιμερισμῷ ἄδικος ἔσται καὶ αὐθάδης, καὶ ὡς περιπεσεῖται μεγάλῳ πλημμελήματι καὶ μακρᾷ μάχῃ καὶ διεγερθήσονται κατ' αὐτοῦ οἱ ἐχθροὶ αὐτοῦ καὶ μωμήσουσι τὴν ὑπόληψιν αὐτοῦ παρὰ ἄρχουσι καὶ ἐξουσιασταῖς· βλαβήσεται δὲ καὶ παρὰ τῶν οἰκείων γονέων καὶ σωθήσεται καὶ φόβον ὑποστήσεται ἀπὸ θηρὸς ἢ πυρὸς ἢ σιδήρου ἢ ζέοντος ὕδατος ἢ ἀνασκολοπίσεως ἢ ἑτέρου τινὸς τοιούτου· ἐὰν δὲ σπείρῃ τῷ ἔτει ἐκείνῳ, βλαβήσεται ὁ σπόρος ἐκείνου ἐξ ὕδατος καὶ ποντισμῶν· ἀποδημήσει δὲ καὶ μακρὰν ἀποδημίαν καὶ κεφαλαλγίαν ἕξει ἢ ὀδύνην ὀφθαλμῶν. εἰ δὲ σύνεστιν ὁ Ἄρης τῷ Διῒ ἢ ὁ Ζεὺς ἐν ὁρίοις Ἄρεως εἴη ἢ ἐν ὁρίοις Ἀφροδίτης, βλαβήσεται παρ' ἐχθρῶν καὶ σωθήσεται.

Εἶτα ἐπιμερίζει τῷ Ἡλίῳ ἔτος ᾱ, ὁμοῦ ἔτη β̄. καὶ δηλοῖ ὡς ἐν τῷ τοιούτῳ ἐπιμερισμῷ ἐχθρωδῶς διακείσονται πρὸς αὐτὸν οἱ ἀδελφοὶ αὐτοῦ καὶ ὡς βλαβήσεται παρά τινος τῶν συγγενῶν αὐτοῦ ἐπὶ ἡμέρας ῑε̄ καὶ ἔν τινι κρυφίῳ τόπῳ ἀλγηδόνα ἕξει καὶ πεσεῖται ἀπὸ ὑψηλοῦ τόπου καὶ τεθνήξεται ἡ γυνὴ αὐτοῦ καὶ παραφρονήσει ἓν τῶν παιδίων αὐτοῦ ἢ τελευτήσει.

Εἶτα ἐπιμερίζει τῇ Ἀφροδίτῃ ἔτος ᾱ, ὁμοῦ ἔτη γ̄. καὶ δηλοῖ ὡς ἐν τῷ τοιούτῳ ἐπιμερισμῷ προσκείσεται μελῳδίαις καὶ παιδείαις καὶ συναυλισθήσεται πόρναις καὶ φιλονεικήσει πρὸς τὴν γυναῖκα αὐτοῦ καὶ λῃσταῖς ὁμιλήσει καὶ ὠφεληθήσεται δι' αὐτῶν.

Εἶτα ἐπιμερίζει τῷ Ἑρμῇ ἔτος ᾱ, ὁμοῦ ἔτη δ̄. καὶ δηλοῖ ὡς ἐν τῷ τοιούτῳ ἐπιμερισμῷ βλαβήσεται καὶ ξενιτεύσει

Isidorus (**ϱω**): **1** ζ̄ om. **ϱ** || **1.2** καὶ — ἑαυτῷ] καὶ δῆλον ὅτι ἐπιμερίζει ἑαυτῷ πρῶτον ἔτος ᾱ κατ' ἀρχάς, ὅπερ ἐστὶ τὸ ζ̄ **ϱ** || **3** δηλοῖ] δῆλον ὅτι **ϱ** || **9** ἀνασκολοπιάσεως **ω** || **10** post σπείρῃ add. ἐν **ω** || **12** post μακρὰν iter. ἀποδημήσει — μακρὰν **ω** || **13** ἢ[1]] καὶ **ω** || **25** παιδιαῖς **ω**(**V**)

Rhetorius (**V**): **1** — p. 259, 9 ἔστι — ῥηθήσεται inv. Isidorus in De rev. nat. 4, 7

καὶ λυπηθήσεται διὰ κλοπὴν καὶ ζημίαν καὶ πρὸς τοὺς φίλους αὐτοῦ ἐχθρωδῶς διατεθήσεται· ἴσως δὲ καὶ ὑπό τινος ἀπολεσθήσεται συμπτώματος.

Εἶτα ἐπιμερίζει τῇ Σελήνῃ ἔτος ᾱ, ὁμοῦ ἔτη ε̄. καὶ δηλοῖ ὡς ἐν τῷ τοιούτῳ ἐπιμερισμῷ ἀποκλεισθήσεται καὶ κακοῖς περιπεσεῖται· εἶτα ζημιωθήσεται καὶ ἐξόδους ποιήσεται ἐν οἰκοδομήσει· καὶ εἰ ἀγοράσει δοῦλον, τεθνήξεται ἢ φεύξεται· εἰ δὲ ζῇ ὁ πατὴρ αὐτοῦ, τελευτήσει.

Εἶτα ἐπιμερίζει τῷ Κρόνῳ ἔτος ᾱ, ὁμοῦ ἔτη ϛ̄. καὶ δηλοῖ ὡς ἐν τῷ τοιούτῳ ἐπιμερισμῷ δεινὰ ὑποστήσεται καὶ ζημίας καὶ τεταρταίῳ περιπεσεῖται καὶ διαζευχθήσεται τῆς αὐτοῦ γυναικός.

Εἶτα ἐπιμερίζει τῷ Διῒ ἔτος ᾱ, ὁμοῦ ἔτη ζ̄. καὶ δηλοῖ ὡς ἐν τῷ τοιούτῳ ἐπιμερισμῷ καθυπερτερήσει τῶν ἐχθρῶν καὶ καταφρονήσει πάντων καὶ ὠφεληθήσεται διὰ φιλονεικιῶν καὶ πληθυνθήσεται ἡ εἴσοδος αὐτοῦ καὶ τεχθήσεται αὐτῷ παιδίον καὶ εὐφρανθήσεται ἐπὶ πᾶσιν.

Εἶτα ἐπιμερίζει ὁ Ἀναβιβάζων μόνος ἔτη γ̄. καὶ δηλοῖ ὡς ἐν τῷ τοιούτῳ ἐπιμερισμῷ ἔσται εὐτυχὴς καὶ ἄρχουσι φιλιωθήσεται καὶ ἄρξει πολλῶν καὶ ἀγοράσει δούλους καὶ δούλας καὶ φιλιωθήσεται παρὰ γυναικῶν.

Εἶτα ἐπιμερίζει ὁ Καταβιβάζων μόνος ἔτη β̄. καὶ δηλοῖ ὡς ἐν τῷ τοιούτῳ ἐπιμερισμῷ ἔχθραν θήσει πρὸς τοὺς φίλους αὐτοῦ καὶ ζημιωθήσεται καὶ ἐπὶ γυναικὶ λυπηθήσεται καὶ μωμηθήσεται δι' αὐτῆς καὶ νοσήσει νόσον δεινήν.

Καὶ ἐπὶ μὲν τῶν ἡμερινῶν γενέσεων ἐπιμερίζουσιν οἱ σύνδεσμοι μετὰ τὸν Ἄρεα, ἐπὶ δὲ τῶν νυκτερινῶν μετὰ τὸν Ἑρμῆν. ὅταν δὲ τελεσθῶσι τὰ οε̄ ἔτη τῶν περιόδων τῶν ἀστέρων καὶ τῶν συνδέσμων, ἀποκαθίσταται ὁ ἐπιμερισμὸς εἰς τὸν ἀστέρα ἀφ' οὗ ἤρξατο ἡ ἀρχὴ τῆς γενέσεως κατὰ τὴν τάξιν ἣν προείπομεν, καὶ προβήσονται τὰ ἀποτελέσματα ἐν τῇ β' περιόδῳ καθὼς προεσαφηνίσαμεν ἐν τῇ προτέρᾳ. εἰ δὲ ἢ περαιτέρω τῶν οε̄ ἐτῶν ὑπερβήσεται ἡ ζωὴ αὐτοῦ

Isidorus (ρω): 13 εἶτα] ἶτα ω || 18 εἶτα] ἶτα ω

ἢ ἐλάττων γενήσεται τῶν $\overline{οε}$ ἐτῶν, ἔσται ὁ θάνατος αὐτοῦ εἰς τὸν ἀστέρα εἰς ὃν κατήντησεν ὁ ἐπιμερισμὸς τῆς περιόδου κατὰ τὴν προεκτεθειμένην μέθοδον, καὶ αἱ αὐταὶ σημασίαι τῶν ἀστέρων ἴδιαί τε καὶ κατὰ τὴν τῶν ἄλλων κοινωνίαν. δεῖ δὲ πρὸς τούτοις σκοπεῖν καὶ τὰς κατὰ πῆξιν σημασίας αὐτῶν εἴτε ἀγαθυνόμενοι ἦσαν εἴτε κακούμενοι, καὶ πρὸς τὴν διάθεσιν αὐτῶν τὴν ἐν τῇ καταρχῇ ἀποφαίνεσθαι, καὶ περὶ τῶν μερικῶν ἀποτελεσμάτων ὡς ἐν τοῖς μετὰ ταῦτα ῥηθήσεται.

Περὶ τῆς τοῦ Ἡλίου κράσεως

Ὁ Ἥλιος φύσεώς ἐστι θερμῆς καὶ ξηρᾶς, φῶς νοερόν, ψυχῆς ταμίας· κυριεύει δὲ τοῦ σώματος κεφαλῆς, αἰσθητηρίων, ὀφθαλμοῦ δεξιοῦ, πλευρῶν, καρδίας· σημαίνει δὲ βασιλέα, πατέρα, δεσπότην, ἀδελφὸν μείζονα, ἀξίαν. ἔστι δὲ τῆς ἡμερινῆς αἱρέσεως καὶ τῇ μὲν χροιᾷ κίτρινος, τῇ δὲ γεύσει δριμύς· ἐπέχει δ' ἐν μετάλλοις τὸν χρυσόν· ἐπικοινωνεῖ δὲ τῇ Σελήνῃ ἐν τοῖς ὀφθαλμοῖς.

Ποιεῖται δὲ σχήματα $\overline{δ}$· $\overline{β}$ τροπικὰ καὶ $\overline{β}$ ἰσημερινά. καὶ ἐν μὲν τῇ ἀρχῇ τοῦ Καρκίνου ποιεῖται θερινὴν τροπὴν καὶ ἄρχεται ἀφαιρεῖν τῆς ἡμέρας καὶ προστιθέναι τῇ νυκτί· ἐν δὲ τῇ ἀρχῇ τοῦ Ζυγοῦ ποιεῖται ἰσημερινὴν μετοπωρινὴν καὶ ἄρχεται ποιεῖν μείζονα τὴν νύκτα τῆς ἡμέρας· ἐν δὲ τῇ ἀρχῇ τοῦ Αἰγοκέρωτος ποιεῖται τροπὴν χειμερινὴν

Isidorus (ρω Weinstock): **10** *περὶ τῆς κράσεως τοῦ ἡλίου ω* || **16** *μετάλοις ω* || **21** *ἰσημερίαν ω*

Rhetorius (V): **10** *περὶ ἡλίου* in marg. || **12** post *ταμίας* add. *δεσπότης* || **14** post *μείζονα* add. *θεόν, δαίμονα* || **15** *καὶ* om. | *μὲν*] *δὲ* || **16** *δ' ἐν*] *δὲ ἐν τοῖς* || **18** $\overline{β}$[1] — *ἰσημερινά*] *αἳ δὴ τροπαὶ λέγονται* || **18.19** *καὶ*[2] — *καρκίνου*] *οἷον ἐν καρκίνῳ μὲν ὁ ἥλιος* || **19** post *τροπὴν* add. *περὶ μοῖραν μίαν* || **20.21** *ἐν* — *ζυγοῦ*] *ἐν δὲ τῷ ζυγῷ* || **21** *ἰσημερίαν* | post *μετοπωρινὴν* add. *ἐπὶ τῆς αὐτῆς μοίρας πρώτης* || **22** *ἄρχεται* — *ἡμέρας*] *ὡσαύτως ἀφαιρεῖ τῆς ἡμέρας καὶ προστίθησι τῇ νυκτί* || **22.23** *ἐν* — *ἀρχῇ*] *ἐπὶ δὲ τῆς πρώτης μοίρας* || **23** *χειμερινὴν τροπὴν*

καὶ ἄρχεται ἀφαιρεῖν τῆς νυκτὸς καὶ προστιθέναι τῇ ἡμέρᾳ· ἐν δὲ τῇ ἀρχῇ τοῦ Κριοῦ ποιεῖται ἰσημερινὴν ἐαρινὴν καὶ ἄρχεται ποιεῖν τὴν ἡμέραν μείζονα τῆς νυκτός. ὁ Ἥλιος συντρέπεται μὲν ἐν οἷς ἂν τύχοι καὶ ἡ Σελήνη, ἰδίᾳ δέ· ὁ μὲν Ἥλιος εὐτραφεῖς καὶ εὐεκτικοὺς ποιεῖ, ἡ δὲ Σελήνη εὐκράτους, εὐσάρκους, εὐειδεῖς, ὡραίους, ταχεῖς, ἀληθεῖς, ὁδοιπορικούς, τῇ ἡλικίᾳ συμμέτρους.

Ἔστι δὲ ἡ περίοδος τοῦ Ἡλίου ἔτη ῑ· καὶ ἐν ἡμερινῇ γενέσει λαμβάνει πρῶτος αὐτὸς τὸ ζ′ τῆς οἰκείας περιόδου ἔτος ᾱ μῆνας ε̄ ἡμέρας δ̄ ὥρας ζ̄ ἔγγιστα. καθεξῆς δ᾽ ἐπιμερίζει τῇ Ἀφροδίτῃ τὸ αὐτὸ ζ′, εἶτα τῷ Ἑρμῇ, μεθ᾽ ὃν τῇ Σελήνῃ, εἶτα τῷ Κρόνῳ, καὶ μετὰ τοῦτον τῷ Διΐ, καὶ τελευταῖον τῷ Ἄρει.

Περὶ τῆς κράσεως τῆς Ἀφροδίτης

Ἡ Ἀφροδίτη κράσεώς ἐστιν εὐκράτου καὶ ὑγρᾶς· κυριεύει δὲ ὀσφρήσεως καὶ πάντων τῶν ὀπισθίων μερῶν, συνουσίας μορίων, τῶν δὲ ἐντὸς πνεύμονος, καὶ ἡδονῆς· σημαίνει δὲ μητέρα, μικροτέρους ἀδελφούς, ἔρωτας, ἐπιθυμίας, διαφόρους μίξεις (ἀρρενόθηλυς γὰρ ὁ ἀστήρ), ἱερωσύνας, στεμματοφορίας, εὐφροσύνας, φιλίας, γάμους, τέκνα, τέχνας, κιθαρῳδίας, μουσουργίας, ζωγραφίας, εὐμορφίας, χρωμάτων κράσεις, βαφάς, ποικίλματα, ἀγοράς, εὐνομίας, μέτρα, σταθμούς, γέλωτα, ἱλαροψυχίαν. ἔστι δὲ τῆς νυκτερινῆς αἱρέσεως καὶ τῇ μὲν χροιᾷ λευκή ἐστι, τῇ

Isidorus (ϱω): **1** *νυκτὸς*] *ἡμέρας* ϱ || **2** *ἡμέρᾳ*] *νυκτί* ϱ | *ἰσημερίαν* ω || **5** *καὶ* om. ω || **6** *εὐκράτους*] *εὐκόσμους* ϱ || **9** *λαμβάνει*: hic concl. ϱ || **13** post *ἄρει* add. e De rev. nat. 5, 7, p. 224, 1—7, *ἐν — αἰτίας* ω || **24** *αἱρέσεως*] *γενέσεως* ω

Rhetorius (V): **2—4** *ἐν — νυκτός*] *μέχρις ὅτε εἰς τὴν πρώτην μοῖραν τοῦ κριοῦ παραγενόμενος ἰσάσει πάλιν ὥσπερ ἐν ζυγῷ τὴν ἡμέραν καὶ τὴν νύκτα ποιούμενος τροπὴν τοῦ ἔαρος* || **4** *ἐν* om. | *τύχῃ* || **5** *καὶ* om. || **6** post *ὡραίους* add. *ἀγγελικούς* || **8—13** *ἔστι — ἄρει* der. Isidorus e De rev. nat. 4, 1 || **14** *περὶ ἀφροδίτης* || **16** post *μερῶν* add. *ἢ* || **17** *μορίου* || **19** *ὁ ἀστήρ*] *ἡ θεός* || **21** *κιθαρίας* || **22** *ἀγοράς, εὐνομίας*] *ἀγορανομίας* || **24** *καὶ* om. | *χροᾷ* | *ἐστι* om.

δὲ γεύσει πίων· ἐπέχει δὲ ἐν τοῖς μετάλλοις τὸν κασσιτερόν· ⟨ἐπικοινωνεῖ δὲ τῷ Κρόνῳ ἐν τοῖς μυκτῆρσι.⟩

Ποιεῖται δὲ σχήματα ϛ̅· καὶ πρῶτον ἄρχεται ἀπὸ ἑσπερίας ἀνατολῆς ⟨. . .⟩ οὖσα τῇ κινήσει· εἶτα ποιεῖται στηριγμὸν α′, μεθ' ὃν δύσιν ἑσπερίαν, εἶτα ἑῴαν ἀνατολήν, μεθ' ἣν στηριγμὸν β′, καὶ τελευταῖον ἑῴαν δύσιν. καὶ τὴν μὲν ἑσπερίαν ἀνατολὴν ποιεῖται ἀποστᾶσα τοῦ Ἡλίου μοίρας κ̅· τὸν δὲ α′ στηριγμὸν ἀποστᾶσα αὐτοῦ μοίρας μ̅ϛ̅· ἑσπερίαν δύσιν ἐπὰν καταλάβῃ αὐτὴν ὁ Ἥλιος πρὸ μοίρας ϛ̅· τὴν δὲ ἑῴαν ἀνατολὴν ποιεῖται ἀποστᾶσα τοῦ Ἡλίου μοίρας ε̅· ἀποστᾶσα δ' αὐτοῦ μοίρας μ̅ ποιεῖται τὸν β′ στηριγμόν, μεθ' ὃν καταλαμβάνουσα τὸν Ἥλιον πρὸ μοιρῶν β̅ ποιεῖται τὴν ἑῴαν δύσιν.

Οὗτος ὁ ἀστὴρ λαχὼν τὴν οἰκοδεσποτίαν τῆς γενέσεως ἐν νυκτερινῇ γενέσει καὶ χρηματίζων ἐν ἰδίοις οἴκοις ἢ ἐν συναιρετιστοῦ ἀνατολικὸς ὢν εὐμόρφους ποιεῖ, χαρίεντας, καθαρείους, ἐπιφανεῖς, θρησκώδεις, φιλοστόργους, ἐπιτευκτικοὺς ἀρχῆς, ἀξιουμένους παρά τε ὄχλοις ἢ ὑπερέχουσι προσώποις, χρυσοφόρους, ἱερεῖς ἢ τοιαύταις κοσμουμένους τιμαῖς, εὐπόρους, ἐπισήμους, ἐπὶ καλῷ ψεγομένους, εὐεργετουμένους ὑπὸ γυναικῶν, καὶ γυναῖκας ὑπ'

Isidorus (ω Weinstock): **4** lac. c. 8 litt. ω

Rhetorius (V): **1** πίων] ἐνλιποτάτη || **2** ἐπικοινωνεῖ — μυκτῆρσι || **3** καὶ — ἄρχεται] ἀρξαμένη || **3.4** ἀνατολῆς ἑσπερίας || **4** οὖσα τῇ κινήσει om. | ποιεῖται om. || **5** α′] ἑσπέριον | μεθ' ὃν] εἶτα | ἀνατολὴν ἑῴαν || **6** μεθ' ἣν] εἶτα | β′] ἑῷον | καὶ τελευταῖον] εἶτα | δύσιν ἑῴαν | καὶ² om. || **7** ἀποσπάσασα || **8** α′] ἑσπέριον | ἀποστᾶσα] ἐπὰν ἀποσπάσῃ | αὐτοῦ] τοῦ ἡλίου || **9** μ̅ϛ̅] μ̅β̅ | ἑσπερίαν δύσιν] τὴν δὲ δύσιν τὴν ἑσπερίαν | καταλάβῃ — ἥλιος] ὁ ἥλιος καταλάβῃ τὸν ἀστέρα || **10—13** τὴν — δύσιν] οἷον ἔστω τὴν ἀφροδίτην εἶναι ἐν κριῷ μοίρᾳ ι′, τὸν δὲ ἥλιον ἐν τῷ αὐτῷ μοίρᾳ δ′· τὴν δὲ ἀνατολὴν ἑσπερίαν ποιήσει, ἐπὰν ἀποσπάσῃ τοῦ ἡλίου μοίρας ε̅· στηρίζει δὲ τὸν ἑῷον στηριγμόν, ἐπὰν ἀποσπάσῃ τοῦ ἀστέρος μοίρας μ̅· δύσιν ἑῴαν ποιεῖται, ἐπὰν καταλάβῃ τὸν ἥλιον ὁ ἀστὴρ πρὸ μοιρῶν γενόμενος αὐτοῦ β̅ || **14** οὗτος ὁ ἀστὴρ om. | λαχοῦσα, post quod add. δὲ | οἰκοδεσποτείαν || **14.15** τῆς — καὶ om. || **15** χρηματίζουσα, post quod add. μὲν | post ἐν add. τοῖς | οἴκοις om. || **16** ἀνατολικὴ | ὢν om. | ποιήσει || **17** καθαρίους || **18** ἀρχῆς] ἀποχῆς || **19** χρυσοφόρους] ἐν χρυσοφοροῦσιν || **20** post καλῷ add. δὲ | ψογιζομένους || **21** καὶ] τάς τε

ἀνδρῶν· ἐὰν δὲ παρ' αἵρεσιν χρηματίζῃ, μειοῖ τὰς εὐεργεσίας· ἐπίφθονον γὰρ ποιεῖ τὸ τέλος τῶν εὐτυχημάτων καὶ μεῖ' οὐρίζει· τοῖς ἄλλοις δὲ συσχηματιζομένη ἐκεῖνα ποιεῖ ὅσα ἐν τῷ συγκρατικῷ ἐροῦμεν λόγῳ.

Ὡροσκοποῦσα δὲ ἡ Ἀφροδίτη ποιεῖ λευκούς, εὐσάρκους, εὐπώγωνας, ἀγαθοὺς τοῖς τρόποις, ἁβρούς, εὐόπτους, μακροφυεῖς, ἀξίας πλήρεις, μελανοχρόας, εὐτυχεῖς, μεγαλοψύχους, ἐπαφροδίτους, πλουσίους, ἐπιχαρεῖς, φιλουμένους ὑπὸ γυναικῶν, ἐρωτικούς, σημεῖον ἀφροδισιαστικὸν ἐν τῷ σώματι ἔχοντας ὥσπερ φακούς, ὑποκαγκελίζοντας τοὺς ὀφθαλμούς. τοὺς δὲ θανάτους ἀποτελεῖ διὰ στομαχικῶν παθῶν καὶ ἡπατικῶν καὶ δυσεντερίων καὶ συρίγγων καὶ ὅσα τοῦ ὑγροῦ φθαρέντος ἢ πλεονάσαντος.

Ἡ δὲ περίοδος τῆς Ἀφροδίτης ἐστὶν ἔτη η̅· ἐκ τούτων ἐπιμερίζει ἑαυτῇ πρῶτον τὸ ζ', ἤτοι ἔτος α̅ μῆνα α̅ ἡμέρας κ̅α̅ ὥρας ι̅ ἔγγιστα. καὶ δηλοῖ ὡς ἐν τῷ τοιούτῳ ἐπιμερισμῷ εὐφρανθήσεται ὁ γεννηθεὶς καὶ χαρήσεται καὶ ὠφεληθήσεται· ἴσως δὲ καὶ γυναικὶ συζευχθήσεται. εἰ δέ ἐστι καὶ νυκτερινὴ ἡ γένεσις, χαρήσεται ἐν τῷ τοιούτῳ ἐπιμερισμῷ καὶ εὐφρανθήσεται ἐν διαφόροις πράγμασι καὶ ἐπὶ τῇ ἰδίᾳ γυναικὶ ἢ συζευχθήσεται ἀλλοτρίᾳ γυναικὶ καὶ γεννηθήσεται αὐτῷ παιδίον εὐτυχὲς καὶ γάμῳ συνάψει τοὺς υἱοὺς αὐτοῦ καὶ τὰς θυγατέρας καὶ ἐπιχειρήσει κτίσμασι καὶ δένδρων φυτείαις καὶ ἐπὶ τοσοῦτον δαψιλευθήσεται ὁ πλοῦτος αὐτοῦ ὥστε καὶ κειμήλια ἀποθεῖναι· ἐπικτήσεται δὲ καὶ φίλους τῶν ἐν ἀξιώμασι καὶ πρᾶξιν ἐγχειρισθήσεται μεγίστην καὶ βασιλεῖς αὐτῷ ἱματισμὸν δωρήσονται. ὡς δέ φησιν ὁ τρισμέγιστος Ἑρμῆς

Isidorus (**ω** Weinstock): **3** *μειουρίζει*, corr. Cumont.

Rhetorius (**V**): **2** *ἐπιφθονοῦνται* | *ποιεῖ* om. || **3** *μειουρίζει* || **3.4** *τοῖς — ποιεῖ*] *καὶ αὐτὴ δὲ πρὸς τὰς τῶν ἄλλων μαρτυρίας ἐναλλάσσει* || **4** *κρατικῷ* || **5** *ὡροσκοποῦσα δὲ* om. | *ποιεῖται* || **7** *μικροφυεῖς* | *μελανοχρόους*, post quod add. *μικρο*ͅ (sic) (*μικρόποδας* Boll.) || **8** *εὐαφροδίτους* || **9** *ἀφροδισιακὸν* || **11** *θανάτῳ* || **12** post *ἡπατικῶν* add. *καὶ λειχήνων* || **13** post *πλεονάσαντος* add. *ἀποτελεῖται συμπτώματα* || **14 — p. 264, 33** *ἡ — βασιλεῦσιν* inv. Isidorus in De rev. nat. 4, 2

ὅτι οἱ ε̅ μῆνες τοῦ τοιούτου ἐπιμερισμοῦ καὶ ἡμέραι κ̅ε̅ κρείττονές εἰσι τῶν λοιπῶν.

Εἶτα ἐπιμερίζει τῷ Ἑρμῇ ὁμοίως ἔτος α̅ μῆνα α̅ ἡμέρας κ̅α̅ ὥρας ι̅ ἔγγιστα, ὁμοῦ ἔτη β̅ μῆνες γ̅ ἡμέραι ι̅β̅ ὧραι κ̅ ἔγγιστα. καὶ δηλοῖ ὡς ἐν τῷ τοιούτῳ ἐπιμερισμῷ κλαπήσεται καὶ ἀπολέσει περιουσίαν καὶ βλαβήσεται καὶ νοσήσει καὶ ἀπὸ τόπου εἰς τόπον μεταβήσεται. εἰ δὲ καὶ νυκτερινή ἐστιν ἡ γέννησις, προαναλώσει τῶν ἐπικτήτων καὶ ἡττηθήσεται παρὰ τῶν ἐχθρῶν αὐτοῦ καὶ φεύξεται ἐξ αὐτῶν καὶ τοσοῦτον λυπηθήσεται ὥστε βρωτῶν ἀπέχεσθαι καὶ ποτῶν· ἐπισυμβήσεται δὲ αὐτῷ καὶ νόσος ἀπὸ φαρμακοποσίας ἢ ἀπὸ χρήσεώς τινος τῶν ἐδεσμάτων.

Εἶτα ἐπιμερίζει τῇ Σελήνῃ ἔτος α̅ μῆνα α̅ ἡμέρας κ̅α̅ ὥρας ι̅ ἔγγιστα, ὁμοῦ γινόμενα ἔτη γ̅ μῆνες ε̅ ἡμέραι δ̅ ὧραι ζ̅ ἔγγιστα. καὶ δηλοῖ ὡς ἐν τῷ τοιούτῳ ἐπιμερισμῷ εὖ ἕξει τὰ κατ᾽ αὐτὸν καὶ ὁμιλήσει τισὶν ἄρχουσιν· ἴσως καὶ γυναικὶ συζευχθήσεται. εἰ δέ ἐστι καὶ νυκτερινὴ ἡ γένεσις, δηλοῖ ὡς ἀπαλλαγήσεται συμφορῶν καὶ εὐτυχία ῥέψει τὰ κατ᾽ αὐτὸν καὶ πρὸς πύλας βαδίσει κρειττόνων καὶ τιμηθήσεται παρὰ ἀρχόντων καὶ ἄρξει τῶν συγγενῶν καὶ ἐπισυνάξει πλοῦτον ἱκανόν· εἰ δ᾽ οὐκ ἔχει γυναῖκα, λήψεται.

Εἶτα ἐπιμερίζει τῷ Κρόνῳ ἔτος α̅ μῆνα α̅ ἡμέρας κ̅α̅ ὥρας ι̅α̅ ἔγγιστα, ὁμοῦ ἔτη δ̅ μῆνες ϛ̅ ἡμέραι κ̅ε̅ ὧραι ι̅η̅. καὶ δηλοῖ ὡς ἐν τῷ τοιούτῳ ἐπιμερισμῷ ἔσται πολύκοπος καὶ προσπαλαίσει ταλαιπωρίαις καὶ βλάψει τινὰ τῶν γυναικῶν ἢ ὑπὸ γυναικὸς βλαβήσεται. εἰ δέ ἐστι καὶ νυκτερινὴ ἡ γένεσις, πληθυνθήσονται αἱ φροντίδες αὐτοῦ καὶ οἱ κόποι καὶ σύγχυσιν ἕξει ὁ βίος αὐτοῦ καὶ οὐκ ὠφεληθήσεται ἐξ ὧν πράξει· προσκαλέσεται δὲ καὶ τοὺς οἰκείους ἐπὶ τροφῇ καὶ πόσει καὶ λυπηθήσεται ἐπ᾽ αὐτοῖς καὶ τελευτήσει ἡ γυνὴ αὐτοῦ ἢ μάχαν ἕξει πρὸς αὐτήν· ἴσως δὲ καὶ ἐκτρώσει ἡ γυνὴ αὐτοῦ εἴ ἐστιν ἔγγυος καὶ συμμιγήσεται γυναικὶ πόρνῃ ἢ παιδίσκῃ καὶ βλάψει παῖδα αὐτοῦ ἢ παῖδα ἑτέρου.

Isidorus (ω Weinstock): 1 *ὅτι*] *ὅστι ω*

Εἶτα ἐπιμερίζει τῷ Διῒ ἔτος α̅ μῆνα α̅ ἡμέρας κ̅α̅ καὶ ὥρας ι̅ ἔγγιστα, ὁμοῦ ἔτη ε̅ μῆνες η̅ ἡμέραι ι̅ζ̅ ὧραι δ̅ ἔγγιστα. καὶ δηλοῖ ὡς ἐν τῷ τοιούτῳ ἐπιμερισμῷ εὖ ἕξει τὰ κατ' αὐτὸν καὶ εὐτυχήσει ὁ πατὴρ αὐτοῦ καὶ προστεθήσεται ὁ πλοῦτος αὐτοῦ. εἰ δέ ἐστι καὶ νυκτερινὴ ἡ γένεσις, ἀπαλλαγήσεται συμφορῶν ὁ γεννηθεὶς καὶ ἐπαινεθήσεται παρὰ πολλῶν καὶ προστεθήσεται ἡ ἀκίνητος αὐτοῦ περιουσία· εἰ δὲ καὶ ἡ καταρχὴ τοῦ γενεθλίου αὐτοῦ δηλοῖ εὐτυχίαν, ἐπὶ μέγα δόξης καταντήσει· εἰ δὲ ἡ Ἀφροδίτη ἅμα τῷ Ἀναβιβάζοντι ἢ τῷ Διῒ ἐστιν ἐπίκεντρος, κυριεύσει πολλῶν διά τε γῆς καὶ θαλάσσης.

Εἶτα ἐπιμερίζει τῷ Ἄρει ἔτος α̅ μῆνα α̅ ἡμέρας κ̅α̅ ὥρας ι̅ ἔγγιστα, ὁμοῦ ἔτη ς̅ μῆνες ι̅ ἡμέραι η̅ ὧραι δ̅ ἔγγιστα. καὶ δηλοῖ ὡς ἐν τῷ τοιούτῳ ἐπιμερισμῷ κοπιάσει πολλάκις καὶ βλάψει τοὺς ἀδελφοὺς αὐτοῦ· ἴσως δὲ καὶ γάμῳ συμπλακήσεται. εἰ δέ ἐστι καὶ νυκτερινὴ ἡ γένεσις, πολύμοχθος ἔσται καὶ πολύκοπος καὶ ἀδικήσει τινὰς καὶ βλαβήσονται οἱ τούτου ἀδελφοὶ καὶ γάμον ποιήσει πρός τι πρόσωπον ἀρχοντικόν.

Εἶτα ἐπιμερίζει τῷ Ἡλίῳ ἔτος α̅ μῆνα α̅ ἡμέρας κ̅α̅ καὶ ὥρας ι̅α̅ ἔγγιστα, ὁμοῦ ἔτη η̅. καὶ δηλοῖ ὡς ἐν τῷ τοιούτῳ ἐπιμερισμῷ ἀρρωστήσει δεινῶς καὶ συναφθήσεταί τισιν ὑπερέχουσι καὶ προστιθήσεται ἡ δόξα αὐτοῦ καὶ ὁ πλοῦτος καὶ προσδέξεται γυναῖκα πεπαιδευμένην. εἰ δέ ἐστι καὶ νυκτερινὴ ἡ γένεσις, νόσῳ περιπεσεῖται δεινῇ καὶ ἀνακληθήσεται ταύτης καὶ προστεθήσονται οἱ δοῦλοι αὐτοῦ καὶ αἱ δοῦλαι καὶ κόσμον ἀμφιάσεται βασιλικὸν καὶ συναυλισθήσεται βασιλεῦσι καὶ κυριεύσει τῶν ἐχθρῶν αὐτοῦ καὶ συζευχθήσεται γυναικὶ συνετωτάτῃ. εἰ δὲ ἡ Ἀφροδίτη ἢ ὁ Ἥλιος ἔχουσι τὴν χρονοκρατορίαν ἀκάκωτον, ἐπὶ μέγα δόξης ἀφίξεται· καὶ ἐὰν ἡ Ἀφροδίτη ⟨. . .⟩ διάκειται, πληθυνθήσονται αἱ ὠφέλειαι αὐτοῦ καὶ συνομιλήσει βασιλεῦσιν.

Isidorus (ω Weinstock): **31** Supplendum est *καλῶς*; sed Isidorus habet lac. c. 7 litt., ut **V** lac. c. 4 litt.

Περὶ τῆς κράσεως τοῦ Ἑρμοῦ

Ὁ Ἑρμῆς φύσεώς ἐστί ποτε μὲν ὑγρᾶς, ποτὲ δὲ ξηρᾶς· κυριεύει δὲ τοῦ σώματος χειρῶν, ὤμων, δακτύλων, ἄρθρων, ποικίλων, ἐντέρων, νεφρῶν, ἀρτηριῶν, γλώσσης· σημαίνει δὲ μικροτέρους ἀδελφούς, μάθησιν, λόγων σοφίαν, ψῆφον, γεωμετρίαν, ἐμπορίαν, ἀγγελίαν, πρόγνωσιν, μαντείαν, ἄθλησιν. ἔστι δὲ τὴν αἵρεσιν ἐπίκοινος, τουτέστι καὶ ἡμερινὸς καὶ νυκτερινός· καὶ τῇ μὲν χροιᾷ βένετος, τῇ δὲ γεύσει ὀξώδης· ἐπέχει δὲ ἐν τοῖς μετάλλοις τὸν χαλκόν· κοινωνεῖ δὲ τῷ Ἄρει ἐν τῷ στόματι.

Ποιεῖ δὲ σχήματα δ̅· ἀνατολὴν ἑσπερίαν, δύσιν ἑσπερίαν, ἀνατολὴν ἑῴαν, καὶ δύσιν ἑῴαν. τὴν [καὶ τὴν] μὲν ἑσπερίαν ἀνατολὴν ποιεῖται ἐπὰν ἀποστῇ τοῦ Ἡλίου μοίρας γ̅· δύνει δὲ ἐπὰν καταλάβῃ αὐτὸν ὁ Ἥλιος πρὸ μοιρῶν β̅, καὶ μετὰ ταῦτα ἑῴαν ἀνατολὴν ποιεῖται ἀποστάντος τοῦ Ἡλίου ἀπ' αὐτοῦ μοίρας γ̅· καὶ τελευταῖον δύνει ἐπὰν [ἕως] καταλάβῃ τὸν Ἥλιον πρὸ μοιρῶν β̅.

Οὗτος ὁ ἀστὴρ λαχὼν τὴν κυρείαν τῆς γενέσεως, κοινὸς ὑπάρχων, ὅσα μὲν προσλαμβάνει συσχηματιζόμενος τοῖς ἄλλοις καὶ ἐν ταῖς τῶν οἴκων συγκράσεσιν ἑξῆς ἐροῦμεν. χρηματίζων δὲ ἀνατολικός, μάλιστα ἐν ἰδίοις τόποις ἢ ἀγαθοποιοῦ, εὐρύθμους μὲν τῷ σώματι καὶ φιλοπόνους ποιεῖ, μάλιστα δὲ ἐὰν τῇ Σελήνῃ σχηματίζηται, ἐπιστήμονάς τε καὶ νουνεχεῖς, παιδείας ἐχομένους, εὐφυεῖς πρὸς πάντα, εὐμαθεῖς τε καὶ διδακτικοὺς καὶ πλέον τι ὧν διδάσκονται

Rhetorius (V): **1** *περὶ ἑρμοῦ* || **2** *ἑρμοῦ* || **4** *ἀρτηρίας* || **5** *λόγον* || **7** *τῆς αἱρέσεως* || **7.8** *τουτέστι — νυκτερινός* om. || **8** *καὶ* om. | *χροᾷ* || **9** *ὄξινος* || **11** post *ἑσπερίαν*[2] add. *καὶ* || **12** *καὶ τὴν* om. || **13** *ἀποσπάσῃ* || **14** *ὁ — β̅*] *μοίρᾳ β' ἥλιος* || **14.15** *καὶ μετὰ ταῦτα*] *τὴν δὲ* || **15.16** *ἀποστάντος — αὐτοῦ*] *ἐπὰν ἀποσπάσῃ αὐτοῦ ἥλιος* || **16** *καὶ τελευταῖον* om. | post *δύνει* add. *δὲ ἑῷος* | *ἕως* om. || **17** *τὸν* u. ad *πρὸ*] *ὁ ἀστὴρ γενόμενος ἀπ' αὐτοῦ ἀπὸ* || **18** *οὗτος ὁ ἀστὴρ* om. | post *λαχὼν* add. *δὲ* | *τὴν — γενέσεως*] *τὸν τῆς κυρείας καὶ οἰκοδεσποτείας λόγον* || **19** post *ὑπάρχων* add. *ἀστὴρ* | *προλαμβάνει* || **19.20** *συσχηματιζόμενος τοῖς ἄλλοις*] *ἐν ταῖς ἐπιμαρτυρίαις* || **20** post *συγκράσεσιν* add. *ἐν τοῖς* || **21** *ἐν* om. || **23** *δὲ* om. | *τῇ — σχηματίζηται*] *τὴν σελήνην βλέπῃ* || **24** post *νουνεχεῖς* add. *λογισμούς*

ἐπινοοῦντας, ἐπιτευκτικοὺς εἰς διάνοιαν πραγμάτων, πολυφίλους, κοινωνικούς, ἐμπόρους, ἐκδημητικούς, ὑπὸ πολλῶν τιμωμένους, ἐν πολλαῖς μεταβολαῖς γινομένους πραγμάτων καὶ τούτοις πολυγνώστους. ἐὰν δὲ τῆς γενέσεως οἰκοδεσπότης ὢν καλῶς κεῖται, ὁ δὲ συνοικοδεσπότης ἢ κύριος τοῦ ζῳδίου ἐν ᾧ ὁ οἰκοδεσπότης εὕρηται φαύλως, μέρος τοῦ βίου εὐτυχήσει, μέρος δὲ ἀστοχήσει. βλέπε καὶ ἐν ποίῳ τεταρτημορίῳ ἐστὶν ἕκαστος· οἱ μὲν γὰρ περὶ τὸ ἀπὸ ὡροσκόπου ἄχρι τοῦ μεσουρανήματος τῆς προτέρας ἡλικίας εἰσὶ δηλωτικοί, οἱ δὲ περὶ τὸ ἀπὸ τοῦ μεσουρανήματος ἄχρι τοῦ δύνοντος τῆς μέσης, οἱ δὲ περὶ τὸ ἀπὸ τοῦ δύνοντος ἄχρι τοῦ ὑπογείου τῆς ὑστέρας.

Ὡροσκοπῶν δὲ ὁ Ἑρμῆς ἀποτελεῖ ἰσχνούς, ὠχρούς, συμμέτρους, οὐλοκόμους, εὐπώγωνας, φακοὺς ἐν τῇ ὄψει ἔχοντας, παχεῖς, εὐλάλους, ψεύστας, κλέπτας, γράμματα εἰδότας, κυβευτάς, εἰς μάχην διώκτας, ἐπιθέτας, πολυλάλους, μακροὺς τραπεζέτας, νομικούς, νοταρίους. τοὺς δὲ θανάτους διὰ μανιῶν καὶ ἐκστάσεων καὶ μελαγχολιῶν ἐπάγει καὶ συμπτωματικῶν καὶ ἀναφορικῶν νοσημάτων καὶ ὅσα τοῦ ξηροῦ πλεονάσαντος ἢ φθαρέντος συνίσταται.

Ἡ δὲ περίοδος αὐτοῦ ἐστιν ἔτη ιγ̅· καὶ πρῶτον μερίζει ἑαυτῷ τὸ ζʹ τούτων, ὅ ἐστιν ἔτος α̅ μῆνες ι̅ ἡμέραι η̅ ὧραι ιδ̅ ἔγγιστα. καὶ δηλοῖ ὡς ἐν τῷ τοιούτῳ μερισμῷ κατὰ μὲν τὸ πρῶτον ἥμισυ αὐτοῦ ὁ γεννηθεὶς τεύξεται ἀγαθῶν, ἐν δὲ τῷ ἐσχάτῳ περιπεσεῖται κακοῖς καὶ ἀποδημήσει ἀπὸ χώρας εἰς χώραν καὶ πάντα ὅσα ἂν ποιῇ οὐ κατευοδωθήσεται· τελευτήσει δὲ καί τις τῶν οἰκείων αὐτοῦ ἀνθρώπων

Isidorus (*ω* Weinstock): **5** *κέηται ω*

Rhetorius (V): **1** *ἐπιτευκτικοὺς*] *εὐκτικοὺς* || **2** *εὐπόρους* || **4** *τούτων* || **4.5** *τῆς — ὢν*] *εὑρεθεὶς τῆς γενέσεως κύριος ἢ οἰκοδεσπότης* || **7** *ἀστοχήσει*] *ἀτυχήσει* | *καὶ*] *δὲ* || **8** *τεταρτημορίῳ — ἕκαστος*] *ἑκάστοτε κλίματι κεῖται* || **8.9** *τὸ — μεσουρανήματος*] *τὸν ὡροσκόπον* || **9.10** *ἡλικίας εἰσὶ*] *εἰσὶν κιλικίας* || **10** *οἱ* om. || **10.11** *ἀπὸ — δύνοντος* om. || **11** *ἀπὸ τοῦ δύνοντος*] *δῦνον καὶ* || **12** *μέχρι* | *τοῦ* om. || **13** *ὡροσκοπῶν δὲ* om. || **14** post *εὐπώγωνας* add. *ἀλλὰ* || **17** *ττοὺς* || **18** *θανάτῳ* || **19** *ἐπάγει* om. | *πτωματισμῶν* || **21** — p. 268, **30** *ἡ* u. ad *υἱοῦ* inv. Isidorus in De rev. nat. 4, 3

ἢ ἀλόγων καὶ νοσήσει νόσον καὶ οὐκ ὠφεληθήσεται διὰ φαρμάκων ἰατρικῶν. εἰ δὲ ὁ Κρόνος κεκακωμένος ὢν ἐφορᾷ αὐτόν, δέος μή ποτε τελευτήσῃ· εἰ δὲ ὁ Ἑρμῆς ἀκάκωτός ἐστιν, ἀφαιρήσει τὰ δεινά.

Εἶτα ἐπιμερίζει τῇ Σελήνῃ ὁμοίως ἔτος α̅ μῆνας ι̅ ἡμέρας η̅ καὶ ὥρας ι̅δ̅ ἔγγιστα, ὁμοῦ ἔτη γ̅ μῆνες η̅ ἡμέραι ι̅ζ̅ καὶ ὧραι δ̅ ἔγγιστα. καὶ δηλοῖ ὡς ἐν τῷ τοιούτῳ ἐπιμερισμῷ ἔσται τεταραγμένος κατὰ τὸν βίον, μὴ ἐνηδόμενος βρώσει ἢ πόσει, ἀλλ᾽ ἑαυτὸν παρεμπλέκων δεινοῖς· εἰ δὲ καὶ δοῦλον ἀγοράσει, φεύξεται καὶ εἰ ἐμπορεύσεται, ζημιωθήσεται· εἰ δὲ καὶ ἄρξεται κτίζειν, οὐ τελειώσει· εἰ δὲ γυναῖκα ἔχει, ἀποβαλεῖται αὐτὴν ἢ διαφορὰς ἕξει μετ᾽ αὐτῆς· εἰ δὲ γυναῖκα οὐκ ἔχει, ζητήσει καὶ οὐδὲν ἀνύσει καὶ νοσήσει νόσον καὶ πεσεῖται ἀπὸ οἰκίας ἢ ἀπὸ ἀλόγου ζῴου καὶ μέχρι θανάτου ἐγγίσει.

Εἶτα ἐπιμερίζει τῷ Κρόνῳ ἔτος α̅ μῆνας ι̅ ἡμέρας η̅ ὥρας ι̅δ̅ ἔγγιστα, ὁμοῦ ἔτη ε̅ μῆνες ϛ̅ ἡμέραι κ̅ε̅ ὧραι ι̅η̅ ἔγγιστα. καὶ δηλοῖ ὡς ἐν τῷ τοιούτῳ ἐπιμερισμῷ προστεθήσονται καὶ οἱ φίλοι αὐτοῦ καὶ ὁ πλοῦτος καὶ εὐμετάδοτος ἔσται καὶ πλοῦτον ἀποβαλεῖται ἱκανὸν καὶ νοσήσει ἡ γυνὴ αὐτοῦ νόσον δεινὴν ἢ τελευτήσει ἢ λυπηθήσεται ἐπ᾽ αὐτῇ καὶ ἀποδημήσει καὶ ἐν τῇ ἀποδημίᾳ κόπον ὑποστήσεται.

Εἶτα ἐπιμερίζει τῷ Διΐ ἔτος α̅ μῆνας ι̅ ἡμέρας η̅ καὶ ὥρας ι̅δ̅ ἔγγιστα, ὁμοῦ ἔτη ζ̅ μῆνες ε̅ ἡμέραι η̅ ὧραι ι̅δ̅ ἔγγιστα. καὶ δηλοῖ ὡς ἐν τῷ τοιούτῳ ἐπιμερισμῷ πλοῦτον κερδήσει ἀπὸ διαφόρων πόνων καὶ ἐπισυνάξει χρυσὸν καὶ ἄργυρον καὶ ἐξοδιάσει πάμπολλα καὶ πρὸς μεγάλα πρόσωπα ἐναντιότητα ἕξει καὶ παρ᾽ αὐτῶν βλαβήσεται καί τινες εὐτελεῖς φιλονεικήσουσιν αὐτῷ· ὕστερον δὲ τῶν τοιούτων ἀπαλλαγεὶς ἐγχειρισθήσεται πρᾶξιν λαμπρὰν καὶ οἰκοδομήσει οἴκημα περιφανές· ψεύστης τε ἔσται καὶ τοῖς ψευδομένοις φιλιωθήσεται.

Εἶτα ἐπιμερίζει τῷ Ἄρει ἔτος α̅ μῆνας ι̅ ἡμέρας η̅ ὥρας ιγ ἔγγιστα, ὁμοῦ ἔτη θ̅ μῆνες γ̅ ἡμέραι ι̅β̅ ὧραι κ̅β̅ ἔγγιστα. καὶ δηλοῖ ὡς ἐν τῷ τοιούτῳ ἐπιμερισμῷ ἀντιταχθήσεται τοῖς ὑποδεεστέροις αὐτοῦ καὶ καταφεύξεται πρός τινα *πρόσωπα ἀξιόλογα καὶ ἀπὸ συμπτώματος περιπεσεῖται εἰς σύμπτωμα καὶ ἐκφεύξεται ἐκ τούτου καὶ κατακυριεύσει τῶν ἐχθρῶν αὐτοῦ καὶ ἀποδημίαν λυπηρὰν ποιήσει· εἰ δὲ καὶ πραγματεύσεται, ζημιωθήσεται· εἰ δὲ καὶ κοινωνίαν συστήσεται πρός τινα, παραβαθήσεται καὶ διὰ πυρὸς βλαβήσεται καὶ πεσεῖται ἀπὸ ὑψηλοῦ τόπου ἢ ἐγγίσει τοῦ πεσεῖν καὶ νοσήσει νόσον δεινὴν ἐν ᾗ βλαβήσεται ἡ κεφαλὴ αὐτοῦ, πλὴν ὑγιανεῖ· εἰ δὲ καὶ γάμῳ συνέλθῃ, τελευτήσει ἡ γυνὴ αὐτοῦ ἐν ἐκείνῳ τῷ χρόνῳ καὶ ἡ μητὴρ αὐτοῦ τελευτήσει, ὁ δὲ πατὴρ αὐτοῦ εἰς εἱρκτὴν ἐμβληθήσεται καὶ πάθεσι δεινοῖς περιπεσοῦνται οἱ γονεῖς αὐτοῦ.*

Εἶτα ἐπιμερίζει τῷ Ἡλίῳ ἔτος α̅ μῆνας ι̅ ἡμέρας η̅ ὥρας ι̅γ̅ ἔγγιστα, ὁμοῦ ἔτη ι̅α̅ μὴν α̅ ἡμέραι κ̅ ὧραι ι̅α̅ ἔγγιστα. καὶ δηλοῖ ὡς ἐν τῷ τοιούτῳ ἐπιμερισμῷ ἱλαρὸς ἔσται καὶ εὔφρόσυνος καὶ ὁσημέραι προκόπτων καὶ πλησθήσονται οἱ δουλεύοντες αὐτῷ καὶ προσλήψεται νοταρίους καὶ ἐπισκεπτίτης ἔσται καὶ παρὰ βασιλέων πορίσεται πλοῦτον, ἔτι δὲ καὶ παρ᾽ ἑτέρων προσώπων· εὐεργετήσει δὲ καὶ τοὺς ἐν τῇ οἰκίᾳ αὐτοῦ καί τις τῶν ἀδελφῶν αὐτοῦ τελευτήσει· ἴσως δὲ καὶ συνουσιάσει τῇ γυναικὶ τοῦ ἀδελφοῦ αὐτοῦ καὶ τῇ γυναικὶ τοῦ πατρὸς αὐτοῦ.

Εἶτα ἐπιμερίζει τῇ Ἀφροδίτῃ ἔτος α̅ μῆνας ι̅ ἡμέρας η̅ ὥρας ι̅γ̅ ἔγγιστα, ὁμοῦ ἔτη ι̅γ̅. καὶ δηλοῖ ὡς ἐν τῷ τοιούτῳ ἐπιμερισμῷ ἔχθρας ἕξει πρός τινας καὶ γυναιξὶ φιλιωθήσεται καὶ ἐπ᾽ αὐταῖς εὐφρανθήσεται καὶ ὁμοιωθήσεται αὐταῖς κατά τε τὸν ἱματισμὸν καὶ τῶν μύρων τὴν χρῖσιν· συλλήψεται δὲ ἡ τούτου γυνὴ καὶ ἐκτρώσει· εἰ δὲ μὴ συλλήψεται, τελευτήσει ὁ ἕτερος υἱὸς αὐτοῦ· εἰ δὲ μὴ ἕτερον υἱὸν ἔχει, ὄψεται θάνατόν τινος ὃν ἔχει ἐν τάξει υἱοῦ.

Isidorus (*ω* Weinstock): **8** *συνελ . . . ω, συνέλθῃ* V v, *συνελεύσεται* coni. Cumont

APP. 2

Περὶ τῆς κράσεως τῆς Σελήνης

Ἡ Σελήνη φύσεώς ἐστιν ὑγρᾶς καὶ ψυχρᾶς· κυριεύει δὲ τοῦ σώματος ὀφθαλμοῦ ἀριστεροῦ, στομάχου, μαζῶν, φύσης· σημαίνει δὲ βασιλίδα, δέσποιναν, μητέρα, σύλληψιν, γάμον νόμιμον καὶ τροφὸν καὶ ἀδελφὴν καὶ μείζονα μορφὴν προσώπων, θέαν, τύχην. ἔστι δὲ τῆς νυκτερινῆς αἱρέσεως καὶ τῇ μὲν χροιᾷ πράσινος, τῇ δὲ γεύσει ἁλμυρά· ἐπέχει δὲ ἐν τοῖς μετάλλοις τὸν ὕελον· ἐπικοινωνεῖ δὲ τῷ Ἡλίῳ ἐν τοῖς ὀφθαλμοῖς.

Ἔχει δὲ σχήματα ῑ ἅπερ καλοῦσι φάσεις. εἰσὶ δὲ τάδε· σύνοδος, γέννα, ἀνατολή, μηνοειδὴς α′, διχότομος α′, ἀμφίκυρτος α′, πανσέληνος, ἀμφίκυρτος β′, διχότομος β′, μηνοειδὴς β′ · τινὲς δὲ προστιθέασι καὶ ια′ τὸ πλησισέληνον. καὶ σύνοδος μέν ἐστιν ὅταν ἡ Σελήνη ἰσομοίρως τῷ Ἡλίῳ μετὰ τοῦ ζῳδίου τύχῃ· γέννα ὅταν τὸν Ἥλιον παρέλθῃ μοῖραν μίαν· ἀνατολὴ ὅταν μοίρας ι̅ε̅ παραλλάξῃ· μηνοειδὴς πρώτη ὅταν ἡ Σελήνη εἰς τὰ ἑπόμενα τοῦ Ἡλίου ἀποδιαστῇ μοίρας ξ̅, ἑξαγωνικῶς σχηματισθεῖσα τῷ Ἡλίῳ· διχότομος α′ ὅταν ὁμοίως εἰς τὰ ἑπόμενα ἀποστῇ τοῦ Ἡλίου μοίρας ϛ̅, τετραγωνικῶς σχηματισθεῖσα πρὸς αὐτόν· ἀμφίκυρτος α′ ὅταν ρ̅κ̅, τρίγωνον ποιοῦσα σχηματισμόν· πλησισέληνος ὅταν μοίρας ρ̅ν̅ ἤτοι ζῴδιον ε′·

Isidorus (ω Weinstock): **10** ι̅α̅ ω

Rhetorius (V): **1** περὶ σελήνης || **4** φύσας | post μητέρα add. ὅρασιν ἀριστεράν, σῶμα || **7** καὶ om. | χροᾷ || **10** καλοῦνται || **11** α′[1]] β′ || **11—13** διχότομος — β′] διχότομοι β̅, ἀμφίκυρτοι δύο, πανσέληνος || **13** προστιθέασι] βούλονται | post ια′ add. προστιθέναι || **15** μετὰ] κατὰ (?) | post γέννα add. δὲ || **16** post ἀνατολὴ add. δὲ || **17** post μηνοειδὴς add. δὲ φαίνεται | τὸ ἑπόμενον μέρος || **18** ἐπὶ ἑξαγωνικοῦ σχήματος | σχηματισθεῖσα] καθεστῶσα || **19** post διχότομος add. δέ ἐστι | post ὅταν add. ἡ σελήνη | ὁμοίως om. || **19.20** τὰ — ἡλίου] τὸ ἑπόμενον μέρος τοῦ ἡλίου ἀποδιαστῇ || **20.21** τετραγωνικῶς — αὐτόν] ἐπὶ τετραγώνου πλευρᾶς τυγχάνουσα || **21** post ἀμφίκυρτος add. δέ ἐστι | post ὅταν add. ἡ σελήνη εἰς τὸ ἑπόμενον μέρος τοῦ ἡλίου ἀποστῇ μοίρας | τρίγωνον — σχηματισμόν] ἐπὶ τριγώνου πλευρᾶς καθεστῶσα || **22** post πλησισέληνος add. δὲ | μοίρας — ε′] ἀπὸ ε′ ζῳδίου μοίρας ρ̅ν̅ ἐν τοῖς ἑπομένοις ζῳδίοις τοῦ ἡλίου τυγχάνῃ μήπω τὴν διάμετρον ποιησαμένη

πανσέληνος δὲ ὅταν ἀκριβῶς διαμετρήσῃ τὸν Ἥλιον, μοίρας ρπ ἀποστᾶσα αὐτοῦ (καλοῦσι δὲ ταύτην καὶ σύνδεσμον πανσεληνιακόν)· ἀπόκρουσις ὅταν παραλλάξῃ ἡ Σελήνη τὴν διάμετρον στάσιν μοῖραν ᾱ, καθ' ἣν ἄρχεται μειοῦσθαι τὸ φῶς αὐτῆς· β' ἀμφίκυρτος ὅταν ἐν τοῖς προηγουμένοις τοῦ Ἡλίου ἀποστῇ μοίρας ρκ, τριγωνίζουσα αὐτόν· διχότομος β' ὅταν ὁμοίως ϛ, τετραγωνίζουσα· καὶ μηνοειδὴς β' ὅταν ξ, ἑξαγωνίζουσα. ὅθεν οἰκείως καὶ κατὰ τὴν τῶν σχημάτων ἐναλλαγὴν τὰς ὀνομασίας ἔσχεν. σύνοδος γὰρ ἐκλήθη ἀπὸ τοῦ συνιέναι τῷ Ἡλίῳ κατὰ τὴν αὐτὴν μοῖραν· γέννα δὲ διὸ παραλλάξασα τὸν Ἥλιον μοῖραν ᾱ ἀρχὴν λαμβάνει τοῦ φωτίζεσθαι τὸ πρὸς ἡμᾶς μέρος· ἀνατολὴ δὲ ὅτι παρελθοῦσα τὸν Ἥλιον ἄρχεται ἡμῖν φαίνεσθαι· μηνοειδὴς δὲ ἐκλήθη ὅτι εἶδος μήνης ἤτοι νέας Σελήνης τότε δείκνυσι· διχότομος δὲ ὅτι κατὰ τὸ ἥμισυ τοῦ πρὸς ἡμᾶς μέρους πεφώτισται· ἀμφίκυρτος ἐπειδὴ ἐξ ἀμφοτέρων τῶν μερῶν κυρταῖς γραμμαῖς περιώρισται· πλησι-

Rhetorius (V): **1** post *δέ* add. *ἐστιν* | *ἀκριβῶς — ἥλιον*] *εἰς τὸ ἑπόμενον μέρος τοῦ ἡλίου ἀποστῇ* || **2.3** *ἀποστᾶσα — πανσεληνιακόν*] *ἐπὶ διαμέτρου συστάσεως καθεστῶσα, ὃ καλεῖται πανσεληνιακὸς σύνδεσμος* || **3** post *ἀπόκρουσις* add. *δέ ἐστιν* | *ἡ σελήνη παραλλάξῃ* || **4.5** *διάμετρον — αὐτῆς*] *κατὰ διάμετρον ἡλιακὴν μοῖραν, ὃ καλεῖται μείωσις ἕως μοιρῶν* ξ̄ || **5** *β' ἀμφίκυρτος*] *ἀμφίκυρτος δέ ἐστι δευτέρα* || **5.6** *ἐν — ἡλίου*] *ἐκ τοῦ ὄπισθεν μέρους τοῦ ἡλίου* || **6** *τριγωνίζουσα αὐτόν*] *ἐπὶ τριγώνου πλευρᾶς καθεστῶσα* | post *διχότομος* add. *δὲ* || **7** *ὁμοίως*] *ἡ σελήνη ἐκ τοῦ ὄπισθεν μέρους τοῦ ἡλίου ἀποστῇ μοίρας* | *τετραγωνίζουσα*] *ἐπὶ τετραγώνου πλευρᾶς ὑπάρχουσα* | *καὶ* om. | post *μηνοειδὴς* add. *δέ ἐστι* || **8** ξ̄] *ἐκ τοῦ ὄπισθεν μέρους τοῦ ἡλίου ἀποστῇ μέρος τοῦ ἡλίου* (sic) *μοίρας* | *ἑξαγωνίζουσα*] *ἐπὶ ἑξαγώνου σχήματος οὖσα* | *καὶ* om. || **9** post *ἐναλλαγὴν* add. *καὶ* | *τὸ ὄνομα* || **10** *κατὰ — μοῖραν*] *τὴν σελήνην καὶ τὴν αὐτὴν αὐτὸν ὁδὸν τροχάζειν* || **11** post *δὲ* add. *ἐκλήθη* | *διὸ*] *ἐπεὶ* | *τὸν ἥλιον*] *αὐτὸν* || **11.12** *ἀρχὴν — τὸ*] *ἄρχεται φαίνεσθαι οὐχ ὡς* || **12** *μέρος* om. || **13** *ὅτι*] *ὅταν* | *τὸν — φαίνεσθαι*] *μοίρας* ιε̄ *γραμμοειδὲς φῶς ἀναλαβοῦσα φαίνηται* || **14** *ὅτι*] *ἐπειδὴ* || **14.15** *εἶδος — δείκνυσι*] *τὴν ὁμοίαν αὐτῆς ἰδέαν ἀναλαβοῦσα φαίνεται· αὕτη γὰρ ἡ σελήνη καλεῖται ἐπειδὴ μηνιαίαν τὴν ἀνατολὴν ποιεῖται* || **15** post *δὲ* add. *ἐκλήθη* | *ὅτι*] *ἐπειδὴ* || **15.16** *κατὰ* u. ad *πεφώτισται*] *καθ' ἡμίσειαν τοῦ τελείου φωτὸς γινομένη διχοτομία φαίνεται* || **16** post *ἀμφίκυρτος* add. *δὲ ἐκλήθη* || **17** *τῶν μερῶν* om. | *κυρταῖς — περιώρισται*] *κυρτοειδὴς ἡ θεωρία τοῦ φωτὸς αὐτῆς φαίνεται* | post *πλησισέληνος* add. *δὲ ἐκλήθη*

σέληνος ἐπειδὴ ἔγγιστα τῆς πανσελήνου φϑάνει· πανσέληνος διὰ τὸ τελείως φωτεινὸν εἶναι τὸ πρὸς ἡμᾶς ἡμισφαίριον αὐτῆς· ἀπόκρουσις δὲ ἐπειδὴ ἀπόκρουσιν καὶ μείωσιν τῶν φώτων ἄρχεται ποιεῖν. τὰ δὲ ἐφεξῆς σχήματα ὅμοια τοῖς πρὸ τῆς πανσελήνου ὄντα ὁμοίως ἐκείνοις ἐκλήϑησαν. σκοπεῖν οὖν δεῖ τὴν Σελήνην ἐφ᾽ ἑκάστου τῶν τοιούτων σχημάτων τίνι τῶν ἀστέρων τὴν συναφὴν ποιεῖται ἢ τίνος ἀπόρροιαν, καὶ οὕτως ἀποφαίνεσϑαι· ἐὰν μὲν γὰρ ἀγαϑοποιῷ συνάπτῃ, ἀγαϑὰ δηλοῖ· ἐὰν δὲ κακοποιῷ, φαῦλα.

Ἀποτελεῖ δὲ ἡ Σελήνη ἔχοντας σκέλη παχέα, πλατυγονάτους, χοντρούς, κοντούς, εὐοφϑάλμους, γυναικοπροσώπους, γυναικοειδεῖς, εὐτραφεῖς.

Ἡ δὲ περίοδός ἐστιν αὐτῆς ἔτη ϑ̄· ἐπιμερίζει δὲ πρῶτον ἑαυτῇ τὸ ζ′ τούτων, ἤτοι ἔτος ᾱ μῆνας γ̄ ἡμέρας ιβ̄ ὥρας κ̄ ἔγγιστα. καὶ δηλοῖ ὡς ἐν τῷ τοιούτῳ ἐπιμερισμῷ παλίμβολος ἔσται ἔν τε χαρᾷ καὶ λύπῃ καὶ πλούτῳ καὶ πενίᾳ καὶ ἔριδας ἕξει πρὸς τὴν ἰδίαν γυναῖκα καὶ ἀποδημήσει καὶ δεσμευϑήσεται· εἶτα αἰφνιδίως ἐπὶ κλέος καὶ δόξαν ἁρπασϑήσεται, ἐν ᾗ ἐπικτήσεται πλοῦτον ἀξιόλογον· εἶτα πάλιν μετὰ μικρὸν ἀϑρόον τῆς δόξης ἐκείνης ἐκπεσεῖται καὶ πάλιν πρὸς αὐτὴν ἐπανακάμψει καὶ πρὸς τῷ τέλει τούτου τοῦ ἐπιμερισμοῦ συμπτώματα ὑποστήσεται ἀπὸ σιδήρου ἢ σπάϑης ἢ ἀποκλεισϑήσεται. εἰ δὲ νυκτερινή ἐστιν ἡ γέννησις

Isidorus (**ω** Weinstock): **13** ἔτη] ἔτει **ω**, corr. Weinstock

Rhetorius (**V**): **1** ἐπειδὴ — φϑάνει] ἀπὸ ϛ̄ ζῳδίων αὐτῷ φανεῖσα | post πανσέληνος add. δὲ || **2.3** διὰ — αὐτῆς] ὅτι πεπλήρωται τῷ φωτὶ ἀπὸ τῶν τοῦ ἡλίου αὐγῶν, κατὰ διάμετρον στάσιν αὐτῷ φανεῖσα, ἅπαν τὸ σέλας τοῦ φωτὸς πεπληρωμένον ἔχουσα· ὅϑεν καὶ αὐτὴ ὁμοία αὐτῷ κυκλοειδὴς φαίνεται πανσέληνος γενομένη || **3** ἀποκρουστικὴ | post δὲ add. ἐκλήϑη | ἐπειδὴ] ἐπείπερ || **3.4** ἀπόκρουσιν — ποιεῖν] διαλλάξασα τὰς κατὰ διάμετρον ἀκτῖνας ἀπὸ τότε ἐκρουσμὸν καὶ μείωσιν τῶν φωτῶν αὐτῆς ἔχει || **4.5** τὰ — ἐκλήϑησαν om. || **6** σκοπεῖν οὖν δεῖ] σκόπει δὲ | post σελήνην add. ὅταν εὑρίσκηται | ἑκάστου] ἑνὸς | τοιούτων] προειρημένων || **7** σχημάτων] τόπων | συναφῇ | πεποίηται | τίνος] τίνι, post quod add. τὴν || **8** ἀποφαίνου || **9** συνάπτει | δηλοῖ om. | εἰ | post φαῦλα add. δηλοῖ || **10** ἡ σελήνη ἀποτελεῖ || **13** — p. 273,33 ἡ — ὑποστήσεται inv. Isidorus in De rev. nat. 4, 4

καὶ ὑπάρχει κεκακωμένη ἡ Σελήνη, ὑποστήσεται νόσον καὶ ἐπηρείας· εἰ δὲ ἀκάκωτος, εὐεξίαν ἕξει καὶ ἀγαπηθήσεται παρὰ τῶν γονέων αὐτοῦ καὶ ὠφεληθήσεται.

Εἶτα ἐπιμερίζει τῷ Κρόνῳ ἔτος α̅ μῆνας γ̅ ἡμέρας ι̅β̅ ὥρας κ̅α̅ ἔγγιστα, ὁμοῦ ἔτη β̅ μῆνες ϛ̅ ἡμέραι κ̅ε̅ ὧραι ι̅ζ̅ ἔγγιστα. καὶ δηλοῖ ὡς ἐν τούτῳ τῷ ἐπιμερισμῷ ἔριδας ἕξει πρὸς βασιλεῖς καὶ ὅσα λέξει ὡς ψευδῆ λογισθήσεται καὶ βλαβήσεται παρὰ τῶν δούλων αὐτοῦ καὶ φεύξονται ἐξ αὐτοῦ καὶ τὰ ζῷα αὐτοῦ ἀπολοῦνται καὶ ἐξοδιάσει πλοῦτον πολὺν καὶ ἀρρωστήσει καὶ βλαβήσεται ἐκ πυρὸς ἢ θερμότητος ἢ τομῆς σιδήρου ἐκ τρίτου, εἶτα σωθήσεται· εἰ δὲ καὶ ἔγγυός ἐστιν ἡ τούτου γυνή, ἐκτρώσει· εἰ δὲ νυκτερινή ἐστιν ἡ γένεσις, μεταστήσεται ἀπὸ τόπου εἰς τόπον καὶ ἐν τῇ ἀποδημίᾳ βλαβήσεται καὶ ἀρρωστήσει ἀπὸ θερμότητος καὶ βλαβήσεται ἀπὸ πυρὸς ἢ ὕδατος ζέοντος ἢ διὰ σιδήρου· ἰατρευθήσεται καὶ κλοπὴν ὑποστήσεται καὶ παρ᾿ ἑνὸς τῶν ὑπουργῶν αὐτοῦ βλαβήσεται καί τι τῶν κειμηλίων αὐτοῦ κλαπήσεται.

Εἶτα ἐπιμερίζει τῷ Διΐ ἔτος α̅ μῆνας γ̅ ἡμέρας ι̅β̅ ὥρας κ̅α̅ ἔγγιστα, ὁμοῦ ἔτη γ̅ μῆνες ι̅ ἡμέραι η̅ ὧραι ι̅γ̅ ἔγγιστα. καὶ δηλοῖ ὡς ἐν τούτῳ τῷ ἐπιμερισμῷ ἐγχειρισθήσεται πρᾶξιν μεγάλην καὶ ὑψωθήσεται τὸ ὄνομα αὐτοῦ καὶ κερδήσει ἀπὸ τῆς πράξεως πλοῦτον ἀξιόλογον καὶ καθυπερτερήσει τῶν ἐχθρῶν αὐτοῦ καὶ ὠφεληθήσεται ἀπὸ μακρᾶς ἀποδημίας καὶ ἀπὸ κτημάτων πεδινῶν τε καὶ ὀρεινῶν καὶ φυτεύσει φυτὰ καὶ δούλους καὶ δούλας ἀγοράσει. εἰ δὲ νυκτερινή ἐστιν ἡ γένεσις, προστεθήσεται ὁ ἱματισμὸς αὐτοῦ καὶ ὑπηρετήσει τινί.

Εἶτα ἐπιμερίζει τῷ Ἄρει ἔτος α̅ μῆνας γ̅ ἡμέρας ι̅β̅ ὥρας κ̅α̅ ἔγγιστα, ὁμοῦ ἔτη ε̅ μὴν εἷς ἡμέραι κ̅ ὧραι ι̅. καὶ δηλοῖ ὡς ἐν τῷ τοιούτῳ ἐπιμερισμῷ λυπηθήσεται κατὰ πολὺ καὶ δεινοῖς περιπλακήσεται καὶ ἀπολέσει τινὰ τῆς κτήσεως αὐτοῦ καὶ ζημιωθήσεται πολλὰς ζημίας δι᾿ ἃ καὶ βασανισθήσεται· εἰ δὲ καὶ ἀποδημήσει, ὀφεώδηκτος γενήσεται ἢ ἐν πλοίῳ βλαβήσεται ἢ ἐκ πυρὸς ἢ ὕδατος καὶ ἐγγίσει θανάτῳ καὶ βλαβήσεται τοὺς ὀφθαλμοὺς καὶ ἐν τοῖς αἰδοίοις ἄλγημα ἕξει. εἰ δὲ ἐπιβλέπει καὶ ὁ Ἄρης, πλείονα ἔσται τὰ δεινά. εἰ δὲ νυκτερινή ἐστιν ἡ γένεσις, ἀρρωστήσει δεινῶς τούς τε ὀφθαλμοὺς καὶ τὴν κοιλίαν· ἴσως δὲ καὶ δηχθήσεται παρὰ ζῴου ἢ ἀπὸ πυρὸς ἢ ὕδατος βλαβήσεται καὶ κλοπὴν ὑποστήσεται καὶ βλαβήσεται παρά τινος τῶν ὑπηρετούντων αὐτῷ.

Εἶτα ἐπιμερίζει τῷ Ἡλίῳ ἔτος ᾱ μῆνας γ̄ ἡμέρας ῑβ̄ ὥρας κ̄ ἔγγιστα, ὁμοῦ ἔτη ς̄ μῆνες ε̄ ἡμέραι δ̄ ὧραι ς̄ ἔγγιστα. καὶ δηλοῖ ὡς ἐν τῷ τοιούτῳ ἐπιμερισμῷ εὐεργετήσει πολλοὺς καὶ διαμενεῖ τὸν ἴδιον πλοῦτον πρός τινας φίλους καὶ ἀλλοδαποὺς καὶ εὐφρανθήσεται ἐπὶ τοῖς ἔργοις αὐτοῦ καὶ ἄρξει τινῶν καὶ ἢ αὐτὸς ἀρρωστήσει ἢ ἡ γυνὴ αὐτοῦ, τῆς δὲ ἀρρωστίας ἀπαλλαγήσεται δι' ἡμερῶν λ̄· εἰ δὲ ἔγγυός ἐστιν ἡ γυνὴ αὐτοῦ, ἐκτρώσει καὶ μετὰ τοῦτο συλλήψεται. εἰ δὲ νυκτερινή ἐστιν ἡ γένεσις, νοσήσει καὶ τόπον ἐκ τόπου ἀμείψεται καὶ προστεθήσεται ἡ τούτου παίδευσις.

Εἶτα ἐπιμερίζει τῇ Ἀφροδίτῃ ἔτος ᾱ μῆνας γ̄ ἡμέρας ῑβ̄ ὥρας κ̄ ἔγγιστα, ὁμοῦ ἔτη ζ̄ μῆνες η̄ ἡμέραι ῑζ̄ ὧραι γ̄ ἔγγιστα. καὶ δηλοῖ ὡς ἐν τῷ τοιούτῳ ἐπιμερισμῷ χρήσεται μελῳδίαις καὶ παιδιαῖς καὶ συνουσίαις καί τινες περικυκλώσουσιν αὐτὸν καὶ ἐπαινέσουσι καὶ ἐν τῇ ἀρχῇ τούτου τοῦ ἐπιμερισμοῦ εὐφρανθήσεται ἐπὶ δούλοις καὶ προστεθήσεται ἡ δόξα αὐτοῦ.

Εἶτα ἐπιμερίζει τῷ Ἑρμῇ ἔτος ᾱ μῆνας γ̄ ἡμέρας ῑβ̄ ὥρας κ̄ ἔγγιστα, καὶ ὁμοῦ ἔτη θ̄. καὶ δηλοῖ ὡς ἐν τῷ τοιούτῳ ἐπιμερισμῷ πράξει τι καὶ διαδεχθήσεται τρὶς καὶ ἔριδας ἕξει πρός τινας καὶ ψεύσεται κατά τινων καὶ δόλοις χρήσεται ἀφανέσι καὶ ἐξοδιάσει πλοῦτον ἀξιόλογον καὶ φοβηθήσεται ἀπὸ ὕδατος ἢ πυρός· ἀπὸ δὲ τῆς ἀρχῆς τοῦ ἐπιμερισμοῦ τούτου ἄχρις ἡμερῶν ῑζ̄ ἀρρωστήσει τέκνον αὐτοῦ ἀπὸ μελαίνης χολῆς. εἰ δὲ νυκτερινή ἐστιν ἡ γένεσις, κατηγορηθήσεται καὶ τυφθήσεται καὶ βλαβήσεται ὑπὸ ὕδατος ἢ πυρὸς καὶ κλοπὴν ὑποστήσεται.

Isidorus (ω Weinstock): **20** *παιδείαις* ω, corr. Weinstock

APPENDIX 3

(collectio locorum rationibus incertis notiorum)

[f. 286] *Περὶ τοῦ ἐπιμερισμοῦ τοῦ Ἀναβιβάζοντος καὶ τοῦ Καταβιβάζοντος*

Ἐπιμερίζει δὲ ὁ Ἀναβιβάζων ἔτη τρία· καὶ δηλοῖ εὐτυχίαν καὶ πλοῦτον ἀπὸ μάχης καὶ φιλίαν πρὸς ὑπερέχοντα πρόσωπα· καὶ τὰς κρίσεις ἀσπάσεται καὶ ἀγαθῶν εὐμοιρήσει καὶ πιστευθήσεται διηγούμενος καὶ ἄρξει πολλῶν καὶ ἀπὸ κληρονομίας ὠφεληθήσεται καὶ ἀπὸ μαγείας βλαβήσεται καὶ ὑγιανεῖ.

Εἶτα ἐπιμερίζει ὁ Καταβιβάζων ἔτη δύο· καὶ δηλοῖ ὡς ἐν τοῖς τοιούτοις ἔτεσιν ὑποστήσεται δεινὰ καὶ ἐχθρανθήσεται πρὸς φίλους αὐτοῦ καὶ ζημιωθήσεται αὐτός τε καὶ ἡ γυνὴ αὐτοῦ καὶ νοσήσει νόσον δεινὴν καὶ σωθήσεται ἐξ αὐτῆς.

Εἰ δὲ εὕρῃς τὸν Ἀναβιβάζοντα κατὰ πῆξιν ἐν τῷ ὡροσκόπῳ, ζήσεται καὶ ἐν τοῖς τρισὶν ἔτεσιν ὁ ἄνθρωπος οὗτος ζωὴν βασιλικήν· εἰ δὲ σύνεστι αὐτῷ ὁ Ζεὺς ἢ ἡ Σελήνη ἢ ἡ Ἀφροδίτη, προστεθήσεται ἡ δόξα αὐτοῦ. εἰ δὲ ὁ Καταβιβάζων ἐστὶ ἐν τῷ ὡροσκόπῳ, συναντήσει δεινοῖς.

V: **3–13** cf. pp. 205, 25–206, 4 || **14** καταβιβάζοντα || **16** αὐτῷ] αὐτὸ || **18** δεινῶς

Isidorus (ϱ): **3** δὲ om. || **5** ἀσπάσεται τὰς κρίσεις || **7** post βλαβήσεται add. μέν || **8** καὶ ὑγιανεῖ] ὑγιανεῖ δέ || **9** εἶτα — καταβιβάζων] ὁ δὲ καταβιβάζων ἐπιμερίζει | ὡς] ὅτι || **10** ἐν — ἔτεσιν om. | ἔχθραν θήσει || **12** καὶ[2]] εἶτα || **14** ἐὰν || **16** post αὐτῷ add. καὶ

Versio Latina: **10** τοιούτοις] his || **12** pessimam || **14** εὕρης] veneris (pro invenies) || **18** ruet in prava

Καὶ εἰ μέν ἐστι ⟨ὁ⟩ Ἀναβιβάζων ἐν τῷ δευτέρῳ, πλουτήσει· εἰ δὲ ὁ Καταβιβάζων, πτωχεύσει.

Καὶ εἰ ἔστιν ὁ Ἀναβιβάζων ἐν τῷ τρίτῳ τόπῳ, ἄρξει τῶν ἀδελφῶν αὐτοῦ· εἰ δὲ ὁ Καταβιβάζων, ἔσται εὐτελέστερος τῶν ἀδελφῶν αὐτοῦ.

Δεῖ δὲ ἐν τῇ ἐναλλαγῇ τοῦ ἔτους ὁρᾶν τὴν Σελήνην καὶ τὸν οἰκοδεσπότην αὐτῆς εἰ ὦσιν ἀκάκωτοι καὶ ἀγαθοποιοῖς συνεσχηματισμένοι· δηλοῦσι γὰρ εὐεξίαν καὶ ὑγείαν καὶ εὐόδωσιν. εἰ δὲ κεκακωμένοι ὦσιν, οὐ γενήσεται ἀγαθὸν τῷ ἔτει ἐκείνῳ. ἰδὲ δὲ καὶ τὸ δωδεκατημόριον τῆς Σελήνης· καὶ εἰ ἐφορᾶται ὑπὸ κακοποιῶν, ἔτι δεινότερον· εἰ δὲ οὐκ ἐφορᾶται ἡ Σελήνη παρά τινος οὐδέ[ν] ἐφορᾷ τὸν ὡροσκόπον, ἀγωνισθήσεται μὲν ἐν ἐκείνῳ τῷ χρόνῳ ἐπικτήσασθαί τι, οὐ μὴν ἐπικτήσεται.

Καὶ ἴσθι ὡς ὁ Ἥλιος καίων τοὺς ἀστέρας χείρων ἐστὶ κακοποιοῦ. εἰ δὲ ⟨διὰ⟩ κακοποιοῦ βλέπεται, δηλοῖ καύσεις καὶ ἐξορίας. καὶ εἰ μὲν διὰ τοῦ Κρόνου βλέπεται, νόσον μακρὰν ὑποστήσεται ἢ θάνατον· εἰ δὲ διὰ τοῦ Ἄρεως, φόνον ἢ φυγήν.

Εἰ μὲν οὖν ὁ Ζεὺς καὶ ἡ Ἀφροδίτη ἐπίκεντροι ὦσιν ἢ ἐπαναφερόμενοι κέντρῳ κατὰ πῆξιν ἢ ἐν τῇ ἐναλλαγῇ, δηλοῦσιν ἀγαθὰ καὶ δόξαν παρὰ ἀνθρώποις καὶ συστάσεις φιλίας· ἡ δὲ Ἀφροδίτη οὐκ ἔχει τὴν αὐτὴν δύναμιν τῷ Διῒ πλὴν εἰς τὰ γυναικεῖα καὶ εἰς τὰς παρὰ γυναικῶν ἐνδόξων ὠφελείας· ἔτι δὲ καὶ εἰς τὰς τρυφάς. εἰ δὲ ὁ Ἄρης καὶ ὁ Κρόνος ἐν τοῖς τοιούτοις τύχωσι τόποις, κακοπαθείας

V: **1** *δευτέρῳ*] symbolum Tauri || **10** *ἴδω* || **18** *ἄρεος* || **23** *ἡ*] *εἰ*

Isidorus (ϱ): **1** *ὁ* | *δευτέρῳ*] symbolum Arietis || **2—4** *πτωχεύσει — καταβιβάζων* in marg. scr. || **7** *ἐὰν* || **9** *ἐὰν* || **10** *ἰδὲ*] *ὅρα* || **12** *οὐδὲ* || **14** *οὐ μὴν*] *πλὴν οὐκ* || **15** *καὶ ἴσθι*] *ἴσθι δὲ* || **16** *δὲ διὰ*] *δ᾽ ὑπὸ* || **17** *διὰ*] *ὑπὸ* | *βλέπεται* om. || **18** *ἢ θάνατον ὑποστήσεται* | *δὲ διὰ*] *δ᾽ ὑπὸ* || **20** *εἰ μὲν οὖν*] *καὶ εἰ μὲν* | *εἶεν* || **22** *παρ᾽* | post *συστάσεις* add. *πρὸς* || **23** *οὐκ ἔχει δὲ ἡ ἀφροδίτη* || **25** *ἐὰν*

Versio Latina: **1** *δευτέρῳ*] ariete || **4** minimus || **7** dominum || **10** aspicias || **12** nec || **13** ipsum ascendens || **19** figuram (in marg. fugam) || **21** *κέντρῳ*] angulorum

δηλοῦσιν ὡς τὸν γεννηθέντα ἀγαθὸν [f. 286ᵛ] *ποιοῦντα ψέγεσθαι· καὶ ἐχθρανθήσονται πρὸς αὐτὸν οἱ ἄνθρωποι οὓς οὐκ ἔβλαψεν· ἀλλὰ καὶ εἰ βασιλεὺς ἔσται, ἀκαταστήσει τὰ τῆς βασιλείας αὐτοῦ καὶ τὰ τῆς συγγενείας καὶ τὰ τῆς ἐπικρατείας καὶ ἐμπεσεῖται μεγίσταις συμφοραῖς ὡς ἐνδεῆ ⟨γε⟩νέσθαι τῶν ἀναγκαίων· εἰ δὲ τῶν μέσων εἴη, ἀκαταστήσει τὰ τῆς οἰκίας αὐτοῦ. καὶ εἰ μὲν ὁ Κρόνος εἴη* [*ὡς*] *ἐν τοῖς τοιούτοις τόποις, ἔσται ἀεὶ σύννους καὶ ἔμφροντις, ἑαυτῷ καταμεμφόμενος καὶ βλαβερὸς πρὸς ἄλλους· εἰ δὲ ὁ Ἄρης, ἔσται τολμηρὸς καὶ κοῦφος καὶ πολλοῖς πράγμασι περισπώμενος.*

Εἰ δὲ ⟨ὁ⟩ Ἑρμῆς σύνεστι τῷ Διΐ, ἔσται εὔστοχος καὶ συμβουλευτικὸς καὶ λόγιος καὶ σύνετος καὶ παρὰ πάντων ἀγαπώμενος καὶ παρὰ βασιλέων ἐπαινούμενος ὥστε καὶ ψευδῆ λέγων πιστευθήσεται· ἴσως δὲ καὶ βασιλέων νοτάριος γενήσεται.

Εἰ δὲ βούλεταί τις γνῶναι ἐν ποίῳ καιρῷ δέξεται ἀγγελίας εὐφροσύνους καὶ ἐν ποίῳ καιρῷ δέξεται ἀγγελίας λυπηράς, ὁράτω τὸν κατὰ πῆξιν Ἑρμῆν αὐτοῦ. ὅτε γὰρ ἐφορῶσιν αὐτὸν οἱ ἀγαθοποιοὶ ἢ σύμφωνος ἀκτὶς Ἡλίου ἢ Σελήνης, ἐλεύσεται πρὸς αὐτὸν ἀγγελία ἀγαθή· εἰ δ' ἐστὶν ἐν ἐκείνῳ τῷ ζῳδίῳ ἡ Σελήνη καὶ κακοποιὸς μετ' αὐτῆς, δέξεται ἀγγελίας λυπηράς· εἰ δὲ ἑῷός ἐστιν ὁ Ἑρμῆς καὶ ἐφορᾶται ὑπὸ ἀγαθοποιῶν καὶ κακοποιῶν, δέξεται ἀγγελίας μικτάς. ὁσάκις δὲ καταντήσει ὁ Ζεὺς καὶ ἡ Ἀφροδίτη ἐπὶ τὸν τόπον τοῦ Ἡλίου ἢ τῆς Σελήνης ἢ τὰ τετράγωνα αὐτῶν καὶ ὑπάρχει τὸ ζῴδιον ἐν τῇ καταρχῇ ἓν τῶν κέντρων καὶ

V: **6** *γενέσθαι*] lac. c. 2 litt. et *νέσθαι* || **21** *ἢ*] *ἡ*

Isidorus (*ϱ*): **1** *ὥστε* | *ποιοῦσι* || **2** *ἔχθραν θήσουσι* || **3** *ἀκαταστατήσει* || **6** *γενέσθαι* || **7** *ἀκαταστατήσει* || **8** *ὡς* om. || **10** *ἄλλους*] *ἑτέρους* || **12** *ὁ* || **21** *δέ ἐστιν*

Versio Latina: **1** in natis benefaciendo vituperabitur || **4.5** *τῆς ἐπικρατείας*] domus (pro dominatus) || **5** maxima infortunia | fiat || **7** tractabitur || **8** *ὡς* om. || **14** delectabilis vel dilectus | *παρὰ βασιλέων*] ab omnibus | *ὥστε* om. || **25** *μικτάς*] minus || **27** *ἐν τῇ καταρχῇ* om.

κατὰ πάροδον μὴ ἐφορᾶται ὑπὸ τῶν κακοποιῶν αὐτὸ [τε] μηδὲ ὁ Ἑρμῆς, ἐλεύσονται ἀγγελίαι ἀγαθαὶ καὶ εὐφρόσυνοι καὶ ὠφέλιμοι.

Ὁ οὖν χρονοκράτωρ ἐν τῇ ἐναλλαγῇ καλῶς ἔχων δηλοῖ σωτηρίαν καὶ ὑγείαν σώματος· ὁ δὲ κύριος τοῦ κλήρου τῆς τύχης εὖ ἔχων δηλοῖ πλοῦτον καὶ ὠφέλειαν· εἰ δὲ κακῶς ἔχουσι, τοὐναντίον.

Ποίει δὲ καὶ τὸν περίπατον λαμβάνων τοῦτον ἐπὶ μηνῶν καὶ ἡμερῶν. ὅτε δὲ καταντήσει ὁ Ἥλιος ἐπὶ τὸν τόπον ἔνθα ἦν ὁ Ἄρης καὶ τύχῃ τὸν Ἄρεα εἶναι ἔνθα ⟨ἦν⟩ ἡ Σελήνη κατὰ πῆξιν, λέγε ῥυῆναι ἐκ τοῦ γεννηθέντος αἷμα. καὶ ὅτε καταντήσει ἡ Σελήνη ἐπὶ τὸν τόπον τῆς Ἀφροδίτης, κακοποιοῦ μὴ σύνοντος, βέλτιστον· εἰ δὲ σύνεστιν ὁ Ἄρης, τεύξεται κυθεριείων ἔργων· εἰ δὲ ὁ Κρόνος ἐφορᾷ ἢ σύνεστι, δηλοῖ ψυχρότητα τῶν τοιούτων. ὅτε καταντήσει ὁ Κρόνος ἐπὶ τὸ οἰκεῖον τρίγωνον, προξενεῖ ὠφελείας. ὅτε δὲ καταντήσει ἡ Σελήνη ἐπὶ τὸν τόπον τοῦ Ἑρμοῦ, πρὸς τὸν τόπον καὶ ἀποφαίνου· καὶ ὅτε καταντήσει εἰς τὸν ὡροσκόπον, μετ⟨ε⟩ωρίζει τοὺς διαλογισμούς· ὅτε δὲ καταντήσει ἐπὶ τὸ μεσουράνημα, δηλοῖ κατὰ τὴν φύσιν τῶν ἐφορώντων αὐτὸ ἀστέρων (ἔστιν ἀγαθὸν τὸ σχῆμα πρὸς τὸν ζητοῦντα πρᾶξιν)· ὅτε δὲ καταντήσει ἐπὶ τὸ ὑπόγειον, ἀγαθὴ ἔσται εἰς τὰ μυστηριώδη καὶ τὰ συμβουλεύματα καὶ τὰς κλεψίας καὶ τὰς μαγείας καὶ εἰς τὸ καταπιστεύεσθαι μυστήρια.

V: **1** *αὐτὸ*] *αὐτοί*

Isidorus (ϱ): **1** *αὐτοί τε* || **8** *λαμβάνων τοῦτον*] *τούτων λαμβάνων* || **10** *τύχοι* | post *σελήνη* add. *ἦν* || **17** *δὲ* om. || **18** *καὶ*[1] om. | *καὶ*[2] om. || **19** *μετεωρίζει* || **21.22** *ἔστιν — πρᾶξιν* om. || **22** post *τὸ* add. *δύνον*, post quod lac. c. 32 litt. et **22** *ὅτε — τὸ* iter. || **23** *βουλεύματα*

Versio Latina: **1** malevolo || **1.2** *αὐτὸ μηδὲ*] tempore nativitatis || **6** *εὖ ἔχων*] bene disponit et || **7** fuerint mali esse || **8** facias || **11** dicas || **13** *σύνοντος*] existente | erit cum marte || **14** operationes venereas || **15** *ψυχρότητα*] fritatem (pro frigiditatem) | *τῶν τοιούτων*] ipsorum || **16** *τρίγωνον*] terminum (pro trinum) | *προξενεῖ*] inducit || **17.18** secundum qualitatem loci diffinias || **19** elevat || **24** *τὰς μαγείας*] incantationes vel veneficia

APPENDIX 4

(Non est pars libri Albumasaris)

[f. 286^{v}] *Περὶ σίνους τοῦ γεννηθέντος*

Ὅτε ἴδῃς τοὺς δύο φωστῆρας κεκακωμένους, λέγε τοὺς ὀφθαλμοὺς βλαβῆναι τοῦ γεννηθέντος, καὶ μάλιστα ὅτε ὦσιν ὑπὲρ γῆν. εἰ δὲ κακοῦνται ὁ Ἄρης καὶ ἡ Ἀφροδίτη καὶ ὑπάρχουσιν ὑπὲρ γῆν, λέγε βλαβήσεσθαι τοὺς μυκτῆρας. ὅτε δὲ ἴδῃς τὸν Ἑρμῆν κεκακωμένον, λέγε βλαβήσεσθαι τὴν γλῶτταν.

Καὶ ἡ μὲν κοιλία καὶ ὁ σπλὴν τῷ Κρόνῳ, τὸ δὲ ἧπαρ τῷ Διΐ, ὁ δὲ στόμαχος τῷ Ἄρεϊ, ὁ δὲ ἐγκέφαλος τῷ Ἡλίῳ, ἡ δὲ χοληδόχος κύστις τῷ Ἑρμῇ, οἱ ⟨δὲ⟩ νεφροὶ τῇ Ἀφροδίτῃ, ὁ δὲ πνεύμων τῇ Σελήνῃ· καὶ ὅτε ἴδῃς τινὰ τῶν τοιούτων κεκακωμένον, λέγε τὴν βλάβην ἔσεσθαι περὶ ἐκεῖνο τὸ μόριον.

V: **4** *κακοῦται* || **5** *γῆν*] *οὔ* || **11** *τῆς σελήνης*

Isidorus (*ϱ*): **1** *περὶ τοῦ τόπου τοῦ ἀποτελέσματος* || **3** *βλαβήσεσθαι* | *ὅτε*] *εἴπερ* || **4** *ὦσιν*] *εἰσὶ καὶ ἀμφότεροι* | *κακοῦται* || **5** *γῆν*] lac. c. 3 litt. || **6** *ὅταν* || **8** *καὶ*[1] om. | post *μὲν* add. *γὰρ* | post *κρόνῳ* add. *ὑπόκειται* || **11** *ὅταν*

INDEX AD ALBVMASARIS LIBRVM PERTINENS

INDEX

INDEX
AD APPENDICES 1 ET 2 PERTINENS

www.ingramcontent.com/pod-product-compliance
Lightning Source LLC
Chambersburg PA
CBHW060640310726
48982CB00003B/831
9783110263923